万绳楠全集

庄华峰 敬题

"十四五"安徽省重点出版物规划项目

中国长江流域开发史

万绳楠 庄华峰 陈梁舟 ◎ 著

安徽师范大学出版社
ANHUI NORMAL UNIVERSITY PRESS

·芜湖·

图书在版编目(CIP)数据

中国长江流域开发史/万绳楠,庄华峰,陈梁舟著. — 芜湖:安徽师范大学出版社,2023.10

(万绳楠全集)

ISBN 978-7-5676-6350-3

Ⅰ.①中… Ⅱ.①万… ②庄… ③陈… Ⅲ.①长江流域—区域经济发展—经济史 Ⅳ.①F129

中国国家版本馆CIP数据核字(2023)第181817号

安徽省高峰学科安徽师范大学中国史建设项目

中国长江流域开发史

万绳楠 庄华峰 陈梁舟◎著

ZHONGGUO CHANGJIANG LIUYU KAIFASHI

封面题字:庄华峰	策划编辑:孙新文
责任编辑:蒋　璐	责任校对:李慧芳
装帧设计:王晴晴　汤彬彬	责任印制:桑国磊

出版发行:安徽师范大学出版社
　　　　　芜湖市北京中路2号安徽师范大学赭山校区　　邮政编码:241000
网　　址:http://www.ahnupress.com/
发 行 部:0553-3883578　　5910327　　5910310(传真)
印　　刷:江苏凤凰数码印务有限公司
版　　次:2023年10月第1版
印　　次:2023年10月第1次印刷
规　　格:700 mm×1000 mm　1/16
印　　张:41.5　　插页:4
字　　数:644千字
书　　号:ISBN 978-7-5676-6350-3
定　　价:336.00元

凡发现图书有质量问题,请与我社联系(联系电话:0553-5910315)

万绳楠先生

(1923—1996)

序言

曹操诗，古往今来，没有人为之编年。说实在的话，难度较大。然而，如果不知道曹操写的二十首诗的写作年代，就会对曹操的思想看不清楚。人们常说曹操"性不信天命之事"，在济南禁断淫祀，是一个唯物主义的思想家，可是却为他的游仙诗与诗中所表现追求仙道与神药的思想所困惑。人们常说曹操的游仙诗，是我国古典诗歌中游仙诗之祖，可是却为他不信天命的思想与禁断淫祀的行为所困惑。人们常说曹操的诗歌是现实主义的，但是注释起来，又变成理想主义的了。因此亟待为曹操诗作出笺证，进行编年。

万绳楠先生手迹之一

大家都承认建安文学所表现出来的"建安风力"或风骨，标志着我国"文艺复兴"时代的到临，而曹操是建安风力的开创者，或如鲁迅先生所说，是"改造文章的祖师"。但是如果分开来，认为曹操诗是：理想的诗写理想，现实的诗写现实，游仙的诗写游仙，那就大大地降低了曹操诗的价值，这样的诗，无论如何也不能开创建安一代文学的风力；这样的诗人，无论如何也不能成为改造文章的祖师。

曹操诗的价值之高，就在于能把理想主义、浪漫主义与现实主义作高度的结合。有些诗，看起来是理想主义的，其实那种理想完全建立在现实的基础之上。如《对酒》写的，看来是纯理想主义的东西，其实却是当时的政局在陈蕃、窦武上台后，突现清明的反映。他心目中

万绳楠先生手迹之二

的"太平时",是当时千家万姓心目中的太平时。非他一人闭门造车,突发奇想。有些诗看来神仙思想很浓,其实是浪漫主义的,而这种浪漫主义往往又与现实主义结合在一起。他一直都没有被仙道思想所俘虏,且叹惜过"痛哉世人",见欺神仙。他的游仙诗都不是坐在家里想出,而是到过、看过被称为有仙迹之地,生出连想,才操笔赋诗,诗中必有他当时的感情与志趣。如《游君山》、《华阴山》以及"歌以言志"的《愿登泰华山》、《晨上散关山》,都是这样的作品。还有一些诗,在历史上便是一个谜,没有人解释清楚。如《短歌行·对酒当歌》。

　　陈寅恪先生常说文与史应当结合起来考察,才能把文章的内容、历史的事实弄清楚。本稿即是采用以史证文和以文证史的方法,阐述曹

《万绳楠全集》整理工作委员会

顾　　　问：卜宪群　陈　力　庄华峰　汪福宝
　　　　　　马志冰　王世华　裘士京　房列曙
　　　　　　李琳琦　徐　彬
主　　　任：刘道胜
副　主　任：丁修真　梁仁志　韩家炳
整理负责人：刘萃峰　张庆路　林生海　康　健
参与整理者：蒋振泽　谭书龙　马晓琼　丁雨晴
　　　　　　白晓纬　姜文浩　李英睿　庞格格
　　　　　　罗世淇　王吉永　刘春晓　蔡家锋
　　　　　　谷汝梦　黄京京　吴　倩　武婷婷
　　　　　　姚芳芳　刘瞳玥　张丽雯　高　松
　　　　　　张昕妍　宋雨薇　陶雅洁　王　宇
　　　　　　郑玖如　冯子曼　程雯裕　包准玮
　　　　　　李　静　李金柱　欧阳嘉豪
　　　　　　郭宇琴

治学贵在求真创新
——写在《万绳楠全集》出版之际

卜宪群

2023年是我的老师万绳楠先生诞辰一百周年，母校安徽师范大学历史学院组织整理的《万绳楠全集》（简称《全集》）也即将由安徽师范大学出版社出版。《全集》十卷，近300万字，比较系统地收录了万绳楠先生一生的学术论著。2023年初，负责这项工作的刘道胜院长给我打电话，约我给《全集》写个序。论在先生门下的资历、年龄和学问，我都深感不足以承担这个重任。后与同届师姐陈力通电话，她也认为我应该来写写万先生，因为师兄师姐们大都已经退休，寻找资料不方便，有的则联系不上，而我尚在科研岗位上，对各方面的情况熟悉一些。鉴于此，我也不再推脱了。当然也有另外一层因素，我从安徽师范大学硕士毕业后，学术研究的范围大体不出秦汉魏晋南北朝，随着年龄和阅历的增长，我对先生学问的敬仰之情益发浓厚，对先生在人生理想信念上的追求、在学术上的追求也理解得更通透一些。因此，我便不揣浅陋，以"治学贵在求真创新"为题，谈一点对先生史学研究思想与成就的粗浅看法。

一、治学信奉马克思主义

万绳楠先生是当代著名的魏晋南北朝史学家，在20世纪后半期的魏晋南北朝史学界和中国古代史学界有较大影响。但由于种种原因，关于他的生平事迹、学术经历，大家知道的很有限，对他的学术思想研究得也很不够。我认为,他是一位信奉马克思主义的史学家,这里谈几点看法。

万绳楠先生是一位坚定不移跟党走的史学家。先生1923年11月22日出生于江西南昌县。1929年9月至1935年7月在南昌市滕王阁小学学习,1935年9月至1939年在南昌第二中学学习,1940年至1942年7月在吉安市第十三中学学习,1942年9月至1946年7月在昆明西南联合大学历史系学习,1946年9月至1949年3月在北平清华大学历史研究所学习。在那个风雨如晦的时代,先生不仅饱受社会动荡、外族入侵的苦难,也历经了从小丧失双亲的痛苦。艰苦岁月培育了先生坚强的品格,也培养了他勤奋刻苦、依靠自己努力改变命运的顽强毅力,这是他能够考取西南联大历史系(同时还考取了交通大学电机系和浙江大学土木工程系),后又考取清华大学历史研究所的原因所在。随着解放战争的节节胜利,先生投笔从戎,加入解放军,先是在位于河北正定的华北大学学习(1949年3月至1949年6月),后在解放军南下工作团二分团十四中队(1949年6月至1949年8月)、第十五兵团政治部民运工作队(1949年8月至1950年)、第四十一军政治部宣传部(1950年至1953年)、中南军区文化速成学校与文化师范学校(1953年至1956年)、解放军军委文化师范学校(1956年至1958年)、北京市第五中学(1958年至1960年)工作。1960年,先生从北京来到安徽,先后在安徽大学历史系(1960年至1964年)、合肥师范学院历史系(1964年至1973年)、安徽师范大学历史系(1973年至1996年)工作。①从20世纪40年代末到60年代,先生转换这么多的工作岗位,在当时的环境下,岗位转换显然不完全是出自他自己的挑选,而是服从组织需要的结果。作为一名知识分子,万先生的一生是比较坎坷的,特别是"文革"期间,几乎九死一生。由于他在西南联大时是吴晗教过的学生,后又参加过吴晗主编的《中国历史小丛书》的写作,"文革"初期被作为"三家村"在安徽的代表进行批判,下放基层接受教育改造,直到"文革"结束后,先生才彻底平反回到教学科研岗位。虽然经历了常人难以忍受的痛苦,但丝毫没

---

① 以上先生的学习工作经历均根据安徽师范大学档案馆提供的1988年由其本人填写的"干部履历表"编写。

有动摇先生对党的信念、对教育工作的热爱。在1988年保存的"干部履历表"中，有一份先生亲笔书写的"本人总结"，其中写道："自党的十一届三中全会以来，国家生机蓬勃，四化速度加快，人的精神振奋。我决心把'文革'中失去的时间补上来，为四化多做一些工作，因此不辞教学任务重，科研项目多。当党要我同时担任低年级基础课、高年级选修课并招收指导研究生的时候，我愉快地接受下来。在教学和科研上，我永远是年轻的。任务多且重，是党对我的信任，是我有生之年价值之所在。"文中满满的正能量，哪能看得出这是出自一位曾经饱受文革之苦的人之手呢！对党的热爱是万先生的真诚信念，加入党组织是他一生的追求。1984年12月，万先生被接受为中国共产党党员，实现了他多年来的梦想。在"本人总结"中他写道："1984.12，我实现了自己多年来的梦想，被接受为光荣的中国共产党党员。当此改革之年、充满希望之年，我愿本着共产党员奋斗不息的精神，为教育改革更好地培养青年一代，为发展马克思主义的史学，分秒必争。"那时我在系里读研究生，也幸运地参加了先生入党的支部大会，我清楚记得会上先生是含着热泪说出这段话的。政治上的执着追求是万先生工作上异常勤奋的重要原因，体现了一位知识分子对党的真诚热爱。1996年10月3日，安徽师范大学在先生逝世的"讣告"中写道："万绳楠同志早年投身革命，拥护中国共产党的领导，热爱社会主义祖国，为革命和党的教育事业献出了毕生精力。"这个评价完全符合先生一生的实际。

万先生是一位善于运用唯物史观观察分析历史的史学家。新中国成立前，先生分别求学于西南联大历史系和清华大学历史研究所，那时的大学，马克思主义理论是进不了课堂的。我猜想，他系统学习并接受马克思主义理论应当是他进入革命队伍以后的事。从那时开始，先生的研究就彰显出以马克思主义唯物史观为指导的鲜明色彩。

一是坚持人民是推动历史前进的群众史观。人民群众是历史的创造者，是推动历史前进的动力，这是唯物史观的一条基本原理。评价历代统治阶级的统治政策是否具有进步意义，主要是看这些政策是否能够顺应时代和人民的要求，先生的研究贯穿着这一指导思想。根据"干部履历表"中的《万绳楠著述编年》（据字迹判断应当是先生自己所写），新中国成立后先生发表的第一篇论文是1956年的《关于曹操在历史上的地位问题》。这篇文章否定了历来将曹操作为"一个反面典型"的历史观，从曹操对中国古代经济文化发展所起的积极作用上，得出了"他对社会发展所起的促进作用比他所起的破坏作用是要大的，他在历史上的地位是应该肯定的"[①]观点。这篇短短五千多字的文章，有8处提到"人民"二字（不计算注释），强调曹操的政策符合人民的愿望、解放了人民的思想。这是非常有说服力的看法。关于曹操，先生还写了一系列文章，秉持的都是曹操顺应了历史发展潮流的观点。在《论诸葛亮的"治实"精神》一文中，先生充分肯定了诸葛亮治蜀的政策"符合黄巾起义以来客观存在的要求"[②]，这个"客观存在的要求"当然就是人民的希望与时代的要求，诸葛亮死后"黎庶追思"，就是人民对他的怀念。在《魏晋南北朝史论稿》中，先生认为淝水之战前东晋"镇之以静"的政策"为宽众息役，发展生产，稳定江东社会经济形势，开拓了一条道路"[③]，这个看法一反过去认为东晋政府只是门阀士族利益代表的观点。需要看到的是，虽然先生充分肯定曹操、诸葛亮、王导等人的历史作用，但他认为他们只是统治阶级的代表，真正发展生产、推动历史前进的还是广大劳动人民群众。这种从历史进步的群众史观出发分析历史的立场，在先生的论著中随处可以看到。

二是坚持阶级分析方法。阶级分析是观察历史非常重要的一种方法，唯物史观与阶级分析相结合，是把握一定时期社会经济关系和政治关系变动的钥匙。万先生的论著中，始终秉持这一原则，《曹魏政治派别的分野及其升降》就是一篇具有代表性的作品。此文不仅首次揭示了曹操手下存在着汝颍、谯沛两大政治集团的事实，而且揭示了这两大集团的历史渊源

---

① 万绳楠：《关于曹操在历史上的地位问题》，《新史学通讯》1956年第6期。
② 万绳楠：《论诸葛亮的"治实"精神》，《安徽师大学报（哲学社会科学版）》1978年第3期。
③ 万绳楠：《魏晋南北朝史论稿》，安徽教育出版社，1983年，第162页。

和经济基础的不同,指出汝颍集团可溯源于后汉的党锢之祸,而"党锢人物都是后汉形成起来的大田庄主或田庄主的子弟"①,他们是世族地主势力的代表,谯沛集团则代表了庶族地主的利益,他们在镇压黄巾起义的过程中联合起来,但政治集团上的分野又使他们最终分道扬镳。经济关系是阶级关系的基础,汝颍集团在斗争中战胜谯沛集团,是"封建大土地所有制的胜利,屯田制的失败。这是当时历史发展的必然结果"②,先生将两大集团的政治升降和汉魏政治权力的转移最终归结为经济关系的变动,并视为历史发展的必然,是阶级阶层分析方法的科学运用,有很强的说服力。阶级往往是由等级构成的,等级研究是阶级研究的重要内容。在《南朝的阶级分化问题》一文中,先生对南朝士族和寒门中出现的等级分化做了精辟的分析,认为士族的衰落与寒门的兴起体现的是历史进步③,这使我们对南朝出现的诸多关于士族贫富升降的历史现象有了科学认识。经济基础决定上层建筑是唯物史观的基本观点,也是阶级分析方法的基本出发点。在《从南北朝社会经济与政治的差异看南北门阀》一文中,先生提出北方重农、南方重商,经济基础不同,政治形态也不同。"南方士族既然立脚于家庭与商业之上,聚居于都邑,其社会经济基础自然不及北方士族雄厚。这种士族及由此而形成的士族制度,容易腐朽,经不起风浪。"④这就使我们对为什么南朝士族较北朝士族分化衰落得要快找到了一个答案。阶级分析方法是一把利器,但万先生并不盲目运用阶级分析,即使在十分重视阶级斗争的年代,也能够坚持实事求是的精神。在《魏末北镇暴动是阶级斗争还是统治阶级内部的斗争》一文中,先生对北镇暴动即六镇起兵的性质提出了不同看法。先生坚持阶级观点与历史主义相统一的原则,认为暴动由豪强这一阶级发动并左右,不是人民起义,只能是统治阶级内部

---

① 万绳楠:《曹魏政治派别的分野及其升降》,《历史教学》1964年第1期。
② 万绳楠:《曹魏政治派别的分野及其升降》,《历史教学》1964年第1期。
③ 万绳楠:《南朝的阶级分化问题》,《安徽师大学报(哲学社会科学版)》1983年第2期。
④ 万绳楠:《从南北朝社会经济与政治的差异看南北门阀》,《安徽大学学报》1963年第1期。

的斗争。①在《五斗米道与孙恩起兵》一文中，先生本着这一原则，同样否定其起兵是农民起义的性质。先生还专门写了《什么是农民起义？什么人才可以称为农民起义军的领袖？——评〈简明中国通史〉关于农民起义问题的论述》，借对吕振羽《简明中国通史》中关于农民起义问题的评价，系统阐释了他对历史上农民起义问题的看法。

三是坚持辩证唯物主义的联系观。辩证唯物主义重视事物之间的普遍联系，用辩证的、联系的观点把握事物的前后关系、局部与整体的关系，把一定的历史现象放到一定的历史环境之中去考察。万先生在《研究问题要注意事物之间的联系》一文中指出："对于历史上的任何一个问题，都不能作孤立、静止的研究，必须充分掌握资料，注意事物之间的联系。"②先生例举了陈寅恪将华佗的记载与佛经故事联系起来看的事例，指出"他（指陈寅恪）不只是根据我国的史籍，孤立地研究华佗，而是比较中印记载、语音影响，在一个大系统中进行全面研究"③，先生用此来强调联系的方法在史学研究中的重要性。他又例举了自己用联系的方法对曹操《短歌行·对酒》一诗解读的事例，指出"曹操的《短歌行·对酒》是建安元年在许都接待宾客时，主人与宾客在宴会上的酬唱之辞，并非曹操一人所写"④。纵览先生的研究，辩证联系的方法始终贯穿其中，正是这种辩证联系观，使先生能够在同一事物之间、众多事物之间或不同事物之间找出其中的联系，每每使他的文章能够发前人之所未发，给人耳目一新之感。

除了上述之外，唯物史观的社会形态学说在先生的论著中也十分突出。他注重奴隶社会和封建社会不同社会形态下的政治经济文化制度特点研究，秉持封建地主土地所有制说，肯定魏晋南北朝时期各民族政权封建化的历史进步意义，强调政治集团与阶级关系演变背后的经济因素，都是坚持社会形态学说的典型表现。从以上这些可以看到，先生虽然毕业于新

---

① 万绳楠：《魏末北镇暴动是阶级斗争还是统治阶级内部的斗争》，《史学月刊》1964年第9期。
② 万绳楠：《研究问题要注意事物之间的联系》，《文史哲》1987年第1期。
③ 万绳楠：《研究问题要注意事物之间的联系》，《文史哲》1987年第1期。
④ 万绳楠：《研究问题要注意事物之间的联系》，《文史哲》1987年第1期。

中国成立前的大学,但新中国成立后他学习马克思主义,坚持马克思主义,运用马克思主义,完全可以说他毕生追求马克思主义,是一位新中国培养起来的马克思主义史学家。

二、广博的治学领域与突出成就

万绳楠先生的治学领域很广博,涉及魏晋南北朝史研究、宋史研究和区域经济史研究等,尤以魏晋南北朝史研究见长。

(一)魏晋南北朝史多领域的突出成就

20世纪中国古代史在通史、断代史、专门史等各研究领域都取得了很大成绩,其中在断代史研究上,魏晋南北朝史所取得的成绩尤为突出。从20世纪初开始,人们逐步改变了对中国历史上分裂时期的历史或所谓"乱世"历史的一些不全面认识,运用新的历史理论与方法,开启了魏晋南北朝历史的新探索。曹文柱、李传军在《二十世纪魏晋南北朝史研究》一文中,将20世纪中国魏晋南北朝史研究以1949年为限划分为前后两个时期。前一个时期可分为1901—1929年和1930—1949年两个阶段。后一个时期可分为1949—1966年、1966—1978年和1978—2000年三个阶段。[①]万先生在魏晋南北朝史研究上,基本上完整经历了后一个时期的"三个阶段"。厚实的史学功底,敏锐的洞察力,勤奋的治学精神,长期的不懈探索,使他在魏晋南北朝史多个领域取得了十分突出的成就,他所思考的许多问题,在当时也明显具有学术前沿的性质。这里我选取若干领域做一简要介绍。

政治史领域深耕细耘。万先生继承了中国史学向来重视政治史研究的传统特点,又得20世纪上半叶以来中国实证史学派的方法精华,以唯物史观为指导,在魏晋南北朝政治史研究领域取得了突出成就,这是他一生学

---

① 曹文柱、李传军:《二十世纪魏晋南北朝史研究》,《历史研究》2002年第5期。

术成就的主要代表。首先,关于曹操和曹魏政治派别的研究。历史上对曹操的评判大体不离正统史观,史家、政治家根据各自的需要取舍,毁誉参半,缺乏科学的指导。受宋元以后戏曲小说的影响,在普通民众中曹操更成为一个反面典型。先生在《关于曹操在历史上的地位问题》一文中,从汉末黄河流域经济衰败的客观历史出发,认为曹操的屯田、抑制豪强兼并、减轻田租、提倡节俭等经济措施具有积极进步的意义。①先生又从曹操在思想文化上的贡献,肯定了他破除汉代以来儒家思想束缚的作用和倡导现实主义文风的意义。因此,先生认为"从曹操总的方面来衡量,曹操在历史上的地位是应该肯定的"②。这是新中国成立后率先对曹操历史地位提出肯定的史学家。先生对曹操的研究深入细致,《廓清曹操少年时代的迷雾》一文十分精彩,将曹操少年时代的事迹考证揭示出来,有力说明了曹操少年时品行不好却又能举孝廉入仕的原因,也说明了后来曹操政治思想与政治行为与他少年时的经历有十分紧密的关系。③在《曹魏政治派别的分野及其升降》一文中,先生对曹魏内部政治集团的精湛划分及其阶级基础的深刻揭示,可以说是为解剖曹魏政治演变和门阀政治的形成提供了一把崭新的钥匙。④其次,关于蜀、吴政治和两晋南北朝政治的研究。在《论诸葛亮的"治实"精神》一文中,先生将诸葛亮治蜀的精神归纳为"治实",并从哲学、政治军事、自然科学三个方面对诸葛亮的治实精神进行了深入阐释。⑤这篇文章发表在"文革"结束后不久,澄清了在诸葛亮问题上被"四人帮"搞乱了的是非,并对诸葛亮这个历史人物,力求作出合乎科学的解释。在《魏晋南北朝史论稿》一书中,先生对孙吴立国江东问题做出了深入考察。先生指出,孙吴政权是靠江东名宗大族的支持建立

---

① 万绳楠:《关于曹操在历史上的地位问题》,《新史学通讯》1956年第6期。
② 万绳楠:《关于曹操在历史上的地位问题》,《新史学通讯》1956年第6期。
③ 万绳楠:《廓清曹操少年时代的迷雾》,《安徽师大学报(哲学社会科学版)》1988年第2期。
④ 万绳楠:《曹魏政治派别的分野及其升降》,《历史教学》1964年第1期。
⑤ 万绳楠:《论诸葛亮的"治实"精神》,《安徽师大学报(哲学社会科学版)》1978年第3期。

起来的，论孙吴的治国之道，必须先明江东经济的发展与大族的产生。孙吴的"限江自保""施德缓刑"以及"外仗顾、陆、朱、张，内近胡综、薛综"等治国方针与政策，是孙吴复客制、世袭领兵制、屯田制等重大政策形成的阶级基础和社会基础。①这是史学界较早全面对孙吴政权立国基础的政治考察，对我们理解孙吴政治与魏、蜀政治的区别有重要启示。在《东晋的镇之以静政策和淝水之战的胜利》一文中，先生将东晋前期的政治总结为"镇之以静"，并在王导、桓温、谢安时期一以贯之，认为这是东晋之所以取得淝水之战胜利的原因。②这个观点一改东晋政权只是偏安江南的旧识，推进了东晋政治史研究的深化。历史的必然性与人的主观能动性是相辅相成的。在《从陈、齐、周三方关系的演变看隋的统一》一文中，先生对为什么由继承北周的隋朝来统一，而不由北齐或者陈朝来统一做了细密周到的分析，指出"可知统一之所以由北不由南，而北又不由北齐而由北周及其继承者隋朝，是因为本来要与北齐结好的南朝，却偏偏走上了联周反齐之路"③。这一观点较以往只重视隋文帝在统一中的作用的观点更加全面。先生的政治史研究不限于魏晋南北朝，如《论隋炀帝》《武则天与进士新阶层》等文章，在隋唐政治史研究上都有新见解。

经济史领域开拓创新。20世纪魏晋南北朝经济史研究主要集中在社会性质问题、土地制度问题、赋税制度问题、户籍制度问题、部门经济与区域经济等问题上。万先生在上述领域中大都有创新性的研究。关于土地制度问题，先生在《魏晋南北朝史论稿》中对曹魏小块土地所有制、屯田制、田庄制三种土地所有制形式进行了比较，认为曹魏以保护自由农为主体的小块土地所有制为主体，但又能使三种土地所有制在一定时期内并存，发挥各自的作用，使汉末受到严重破坏的生产力，得以复苏。④这是曹操在经济政策上强于其他军阀之处所在。田庄经济是魏晋南北朝经济的

---

① 万绳楠：《魏晋南北朝史论稿》，安徽教育出版社，1983年，第62—71页。
② 万绳楠：《东晋的镇之以静政策和淝水之战的胜利》，《江淮论坛》1980年第4期。
③ 万绳楠：《从陈、齐、周三方关系的演变看隋的统一》，《安徽师大学报（哲学社会科学版）》1985年第4期。
④ 万绳楠：《魏晋南北朝史论稿》，安徽教育出版社，1983年，第26—35页。

重要组成部分，先生在很多论著中都谈到这个问题，比如上述曹魏三种土地所有制比较中，就谈到了曹魏时期的田庄"无疑起着组织生产的作用，有一定的活力，不失为当时一支重要的、仍占主导地位的生产力量"①。田庄经济不是一成不变的，随着时代变化，田庄经济也在发生变化，先生正是用这种发展变化的观点看待田庄经济，并分别写出了《南朝时代江南的田庄制度》和《南朝田庄制度的变革》二文。在前文中，先生对南朝江南田庄兴起的历史背景和南朝江南田庄的特点进行了仔细分析，得出了南朝时代江南的田庄制度，是随着江南的开发与庶族地主、商人的兴起而发展起来的，是建立在家族而非宗族地主对佃客、奴隶的剥削与压迫的基础之上的重要结论。②在后文中，先生指出，南朝的田庄主土地占有形态，和唐朝是一个类型，和汉、魏已自不同。唐朝的庄园制度源自南朝。南朝田庄制度的变革，是中古土地制度的一个重大变化。先生在文中还对南朝大家族（宗族组织）的破坏、田庄中部曲组织的消亡、剥削方式的变化进行了详细论证。③先生的系列研究将南朝江南田庄与之前及同时代其他政权下的田庄制度清楚地区分开来，使我们看到了田庄经济在不同时期的发展变化和历史影响。魏晋南北朝是一个人口大流动大迁徙的时期，人口流动所带来的行政区划变化以及户籍制度的新形态，是影响魏晋南北朝社会经济发展的重要问题。侨郡县是东晋南朝时期安置迁徙流动人口的一项行政措施，它是一个政治问题，更是一个经济问题。在《晋、宋时期安徽侨郡县考》和《江东侨郡县的建立与经济的开发》二文中，先生分别对安徽境内和江东地区的侨郡县进行了详细考证，前文首次对晋、宋时期安徽境内的侨郡县状况，以及北方流民进入安徽和安徽本部人向南流动的大致情况进行了系统梳理④，后文则对江东侨郡县的分布特点以及江东政权对侨

---

① 万绳楠：《魏晋南北朝史论稿》，安徽教育出版社，1983年，第35页。
② 万绳楠：《南朝时代江南的田庄制度》，《历史教学》1965年第11期。
③ 万绳楠：《南朝田庄制度的变革》，《安徽师大学报（哲学社会科学版）》1980年第2期。
④ 万绳楠：《晋、宋时期安徽侨郡县考》，《安徽师大学报（哲学社会科学版）》1982年第2期。

民的政策进行了全面分析[①]。侨郡县的设置不仅在政治上稳定了因战乱而造成的流动人口，更重要的是推动了安徽特别是皖南和江东地区的经济开发与文化发展。江东地区尤其是沿江地区经济的开发，与江东政权对待流人的政策不可分。正如先生所指出的那样："论江南经济开发的文章，我所见到的颇为不少，惜乎语焉不详，且不中肯綮，故立论如上。"[②]从侨郡县的设置及其政策看安徽和江东地区经济开发是一个新的视角，先生的研究走在了当时经济史研究的前列。户籍向来是经济史研究的重要内容，魏晋南北朝的户籍问题因人口迁徙和侨郡县的设置尤其显得复杂化，文献上出现的"白籍""黄籍"究竟何指，"土断"与黄、白籍究竟什么关系，古今史家莫衷一是。先生在《论黄白籍、土断及其有关问题》《江东侨郡县的建立与经济的开发》等文中，对这些问题做了细密考证。先生指出："黄籍是两晋南朝包括士族和庶民在内的编户齐家的统一的户籍。士族的黄籍，注有位宦高卑，庶民无之。士族可凭黄籍上的爵位证明为士族，免去徭役。庶民已在官役的，可以在黄籍上注明何人。白籍则是在特定时期产生的、有特定含义的户籍。它出现在东晋初，为自拔南奔的侨人所持有。他们大都住在侨郡县中。之所以谓之为白籍，是因为夹注有北方原地的籍贯，好作将来回到北方入籍的凭证。持白籍的不交税，不服役。"[③]由于人口不断南迁给东晋政府带来严重的社会经济问题，因而有了咸和二年（327）土断。这次土断中整理出来的黄籍，称为《晋籍》。它是南方土著人民和以土著为断的北方侨人的统一的户籍，此籍一直沿用到宋元嘉二十七年（450）。咸康、兴宁、义熙年间的阅实编户与依界土断，是咸和二年（327）土断的整顿与补充。侨人一经土断，白籍即换成黄籍。南齐大力进行土断，罢除侨邦，是白籍行将消亡的反映。其最后消亡，可以梁天监元年（502）罢除最后一个侨邦南徐州为标志。此后所谓土断，是土断杂居

---

① 万绳楠：《江东侨郡县的建立与经济的开发》，《中国史研究》1992年第3期。
② 万绳楠：《江东侨郡县的建立与经济的开发》，《中国史研究》1992年第3期。
③ 万绳楠：《论黄白籍、土断及其有关问题》，载《魏晋南北朝史研究》，四川社会科学院出版社，1986年，第286页。

流寓的人户。①先生的这些观点，厘清了复杂多变的东晋南朝政权下户籍变化的线索，辨清了史书上模糊不清的土断、白籍、黄籍等概念，为经济史研究提供了基本的史实基础，可以说是一个重大贡献。先生在经济史上的研究还有西晋的经济制度、北魏的均田制和地主土地所有制以及江南经济开发等诸多问题，彰显出他在经济史研究上的深厚功力。需要指出的是，先生的经济史研究坚持以唯物史观为指导，将地主土地所有制作为观察分析魏晋南北朝经济史的基本出发点，并将经济变化与政治变化相联系，使他的经济史研究充满了时代感。

思想文化史领域视野宽阔。与两汉相比，魏晋南北朝思想文化突破了经学独尊的束缚，呈现出多元化的趋势，域外文化与华夏文明交往交流，开启了文化交融的新时期。20世纪后半期，特别是改革开放以后，魏晋南北朝思想文化史研究呈现出繁盛局面。其中，万先生以其宽阔的学术视野，在魏晋南北朝思想文化史领域独树一帜，取得了突出成就，其研究涉及政治文化、哲学思想、宗教思想、史学思想、艺术与科技、少数民族文化等诸多领域，特别是《魏晋南北朝文化史》一书，是他关于魏晋南北朝思想文化史研究的系统思考。这里我选取若干角度做一介绍。首先，关于文化史研究的理论思考和魏晋南北朝思想文化的整体史观。早在20世纪90年代初，先生在《对文化史研究的思考》一文中就对文化史的概念与研究对象做过界定，指出："现在文化与文明两个概念常被混淆。按照摩尔根所说人类自野蛮时代进入文明时代，以文字的发明为标志，而文字的发明又是文化的开端。可知文化者，乃用文字写下来的各科知识也。"②但是先生认为，文化史又不仅只是各科知识史、有关制度史，而且要把各科知识所达到的深度及所反映的文明程度揭示出来。易言之，即要揭示出黑格尔所说的"时代精神"。③后来他又指出："因此，凡属文化知识领域中的问

---

① 万绳楠：《论黄白籍、土断及其有关问题》，载《魏晋南北朝史研究》，四川社会科学院出版社，1986年。
② 万绳楠：《对文化史研究的思考》，《文史哲》1993年第3期。
③ 万绳楠：《对文化史研究的思考》，《文史哲》1993年第3期。

题，都应当是文化史所应讨论的问题。如果缺了一个部门或项目，那就不是一部全面的文化史，就无从窥探某个时期或时代文化的全貌、相互作用、发展停滞或萎缩的总原因与具体原因。"①文化史绝不是儒术史，也绝不是哲学史。文学、史学、艺术、自然科学、各派经济思想、政治思想、社会思想、各族文化状况、文化交流……无一不在文化史探讨的范围中。从这个角度出发，先生把职官制度、选举制度、学校制度、哲学思想、政治思想、经济思想、社会组织与社会风俗、文学、艺术、史学、自然科学、道教、佛教以及各族文化状况、中外文化交流等内容，都纳入了他考察的范围，形成了他以制度文化和精神文化为主体的文化史观。关于魏晋南北朝思想文化的历史地位，先生认为，魏晋南北朝时代是各科文化蓬勃发展的时代，把汉朝远远抛在后头。现在已经没有人相信甚么"黑暗时代"的陈旧说法。先生还具体指出了这个时期文化长足发展的原因是专制主义的削弱、儒术独尊地位的跌落、官营王有制度的失败、大家族的解体和个性的解放。其次，深入挖掘时代的思想文化精华。在立足魏晋南北朝思想文化整体史观的基础上，先生对这一时期思想文化及其流派和代表人物等很多问题都有自己深刻独到的见解，是他史学思想极具闪光的一面。在《嵇康新论》一文中，先生将嵇康的思想从所谓"竹林七贤"中其他人的思想分离开来，高度赞扬了嵇康反对封建儒学，富有民主精华的进步思想。②在《略谈玄学的产生、派别与影响》一文和《魏晋南北朝史论稿》第五章第二节，以及《魏晋南北朝文化史》第三章中，先生对魏正始年间何晏、王弼创立的玄学及其意义和派别分野进行了开创性研究。他指出："玄学并非消极的东西。它好比一颗灿烂的明星，进入魏晋时代的思想界天空，放出了奇光异彩。"③但是正始之音并不是只有一种声音，何晏标榜无为，把无和有对立起来，是二元的；王弼标榜无为，把无当本体，把有当派生的东西，是一元的，因此何晏与王弼是玄学内部两种不同的声音。究其原因，

---

① 万绳楠：《魏晋南北朝文化史·序言》，黄山书社，1989年，第1页。
② 万绳楠：《嵇康新论》，《江淮论坛》1979年第1期。
③ 万绳楠：《略谈玄学的产生、派别与影响》，《孔子研究》1994年第3期。

是他们各自代表了不同政治集团的思想，是当时曹魏政治上两大派别斗争的反映。先生将玄学研究与政治派别分野结合起来分析，是一卓识。尽管玄学在这一时期高调登场，但先生认为魏晋南北朝时期的主流思想仍然是儒学而不是玄学①，先生在20世纪50年代得出的这个结论，在后来的魏晋南北朝思想史研究中应该是得到了大多数人的认同。在思想文化史研究中，先生始终高举唯物史观大旗，高扬唯物论思想的积极意义，批判唯心论的消极作用，特别是在对君主专制的批判上毫不留情，是他思想文化史研究上极富战斗性的一面。在宗教思想研究上，先生多有发明。在《"太平道"与"五斗米道"》一文中，先生对《太平经》的性质及其与黄巾起义的关系做了细致辨析，认为它们之间既有联系更有本质区别，不能把《太平经》与作为"异教"的"太平道"混为一谈，而五斗米道从一开始，就是地主阶级的宗教，是地主阶级用来剥削、压迫与愚弄农民的宗教组织，教义上没有任何积极的东西，只有消极的影响。②先生的这个思想产生在20世纪60年代初，那个时期对阶级斗争和农民起义高度重视，能够用这样冷静客观的态度对待太平道和五斗米道，是十分可贵的求真精神。先生对道教的研究并不限于这些局部，而是从整体上对魏晋南北朝时期道教的产生与发展做了系统梳理，新意迭出。③在佛教研究上，先生不仅对佛教传入中国的过程及其地位的确立有细致考证，而且提出了佛教"异端"思想产生的背景与斗争这一重要问题，明确指出"中国的佛教异端，是在南北朝时代，在北方形成的"，其原因乃是北朝佛教的僵化所致。④从思想文化史的视角出发，先生还对魏晋南北朝时期的史学、艺术、文学、风俗、科技以及社会生活与文化交流等诸多内容也有精湛研究，这里不再一一介绍。

---

① 万绳楠：《魏晋南北朝时代的思想主流是什么》，《史学月刊》1957年第8期。
② 万绳楠：《"太平道"与"五斗米道"》，《历史教学》1964年第6期。
③ 参见万绳楠：《魏晋南北朝文化史》第十二章"我国道教的产生与发展"，黄山书社，1989年，第298—325页。
④ 参见万绳楠：《魏晋南北朝史论稿》第十五章"论佛教在南北朝时期的传播"，安徽教育出版社，1983年，第330—350页；万绳楠：《魏晋南北朝文化史》第十三章"佛教的勃兴与弥勒异端的产生"，黄山书社，1989年，第326—348页。

（二）宋史研究的倾力奉献

万先生是一个学术旨趣十分广泛的学者，他不仅在魏晋南北朝史领域取得了突出成就，在宋史领域也收获不菲，为宋史研究做出了一定的贡献。先生在宋史领域的贡献主要体现在《文天祥传》和《关于南宋初年的抗金斗争》《关于王安石变法的几点商榷》《宋江打方腊是难以否定的》《诗史奇观——文天祥〈集杜诗〉》等系列文章上，这里重点介绍《文天祥传》。文天祥是南宋后期民族矛盾尖锐时期产生的一位民族英雄，他去世后，事迹广为流传，自古就有不少人为他立传。但如同先生所说的那样，所有的文天祥传都有两个基本缺陷，一是从忠君立论，二是但述事实经过，而又偏重起兵勤王以后的经历。新中国成立以后关于宋代民族英雄的研究明显又偏重于岳飞，对文天祥的研究稍显不足。先生的《文天祥传》就是在这样的背景下从史学传记的角度写作而成的。该传用近30万字、十章（另附事迹编年）的篇幅，详述了文天祥的生平事迹、爱国思想、文学成就、事迹流传等重大问题，首次全面揭示了文天祥的一生经历，考证了很多模糊不清的史事，并对与之有关的宋元历史进行了评论，是传、论、考相结合的典范。《文天祥传》发明甚多。首先，廓清了文天祥籍贯和生平事迹问题。通过详细辩证，先生认为文天祥的籍贯应该是吉州庐陵县富川镇，而不是以往所认为的富田，宋时只有富川而无富田，富田替代富川是元朝以后的事。宋代富川是镇，地位与乡相等，不属于淳化乡，亦不属于顺化乡，将富田归属于淳化乡，是清朝以后的事。[①]籍贯问题虽然很具体，但是研究文天祥必不可少的基本问题。先生还对文天祥中状元时的年龄、某些重要作品的写作年代等问题进行了考证，为进一步研究文天祥奠定了扎实基础。其次，深入挖掘了文天祥的爱国思想。先生认为，文天祥不仅是一个爱国者，而且是一个政治家、思想家，他的爱国思想不是古已有之，而有他的特殊点，这个特殊点就是他的哲学思想和政治

---

① 万绳楠：《文天祥传》，河南人民出版社，1985年，第1—7页。

表现。先生指出:"七百年来,都以为文天祥爱国是受儒家思想乃至理学熏陶的结果。殊不知他的爱国思想扎根于他的生气勃勃的唯物思想中,具有强烈的反理学意义。"①与宋代死守祖宗之法不同,文天祥的哲学思想根植于《易》学的唯物辩证思想,特别是他强调自强不息精神对个人和国家的重要意义,正是他一生爱国不息、斗争不息、改革不息的哲学基础。②这个看法虽不无可商榷之处,但却在一定程度上揭示了文天祥为什么能够在社会危机和民族危机深重的南宋后期,坚决为国奋斗不息直至献出生命的根源所在。先生认为,文天祥爱国思想在政治上的表现不只是抗元,更重要的方面"是他不仅要求改革,而且要求改革不息;不仅要求改革宋太祖、太宗制定下来的祖宗之法,而且要求一直改下去,直到实现天下为公"③。先生还具体指出了文天祥主张改革不息"三个具体的、带根本性的问题"④,即地方问题、三省六部问题和用人问题。文天祥的改革思想虽然"近于空想",不可能在当时的南宋实现,但"应当承认它在我国政治思想发展史上所具有的划时代的意义和里程碑的地位"⑤。改革不息论是文天祥政治思想中也是爱国思想中最本质的东西,也是最重要的内容。不改革便不能抗元,爱国首先就应要求改革。这是我们研究他在抗元中所表现出来的爱国思想时,必须理解的东西。文天祥的抗元是与他"法天不息"的唯物主义思想联系在一起,而非与儒家的忠孝仁义相联系,是为了"生民"的利益,而非与地主阶级、赵家王朝的利益相联系。⑥这些看法都极大丰富了我们对文天祥爱国思想内涵的认识。第三,对宋元之际历史变化的深刻洞察。既往研究文天祥较少考虑宋元之际历史变化的必然性和偶

---

① 万绳楠:《文天祥传》,河南人民出版社,1985年,第266页。
② 参见万绳楠:《文天祥传》第八章第一节"文天祥爱国思想的哲学基础",河南人民出版社,1985年,第266—275页。
③ 万绳楠:《文天祥传》,河南人民出版社,1985年,第275页。
④ 万绳楠:《文天祥传》,河南人民出版社,1985年,第277页。
⑤ 万绳楠:《文天祥传》,河南人民出版社,1985年,第282页。
⑥ 参见万绳楠:《文天祥传》第八章第三节"文天祥爱国思想在抗元方面的表现",河南人民出版社,1985年,第282—289页。

然性问题。先生指出,文天祥生活在南宋内忧外患十分深重的年代,"但这个时代并非南宋注定要灭亡、元朝必定要统治全中国的时代,而是黑暗中有光明。这光明就是:只要南宋改革导致社会危机和民族危机的守内虚外之法,就不会是元兵南进,而是宋旗北指"①。但南宋政权并不采纳文天祥的主张,一再错过历史给予的机遇,抱住祖宗之法不放,致使拥有军队七十多万,经济力量远胜于蒙古,且有文天祥这样贤才的南宋,不断屈膝投降,根本原因就是以皇帝为首的最高统治集团的守内虚外的国策,"这个国策培育出来的最高统治集团,对外以妥协投降,对内以镇压人民、削弱地方、排斥贤才、反对任何改革为特征。这个国策不变,统治集团也就不会倒;统治集团不倒,这个国策也就不会变"②。南宋不是必然灭亡,元朝不是必然胜利,文天祥不是愚忠献身。先生对宋元之际历史的深刻洞察,使我们对文天祥抗元斗争直至献出生命的历史意义有了比以往更加深入的认识。第四,确立了文天祥在中国文学史上的地位。先生在传中用一章四节的篇幅论述了文天祥在文学上的成就,指出"文天祥在文学上的成就,比之唐、宋各大名家,毫无逊色"③。文天祥一改南宋文体、诗体破碎、卑弱,朱熹以后鬼头神面之论,"不赞成有意为诗""主张动乎情性",提出了"自鸣与共鸣之说",先生认为与自鸣相结合的共鸣论,"是文天祥对文学理论尤其是现实主义文学理论的一大贡献"④。先生还对文天祥的诗歌进行了分期,对其不同时期诗歌的内容与特点进行了细致分析,深刻揭示了文天祥作为"现实主义文学巨匠",其诗歌具有"振起过一代文风""是我国文学宝库中的无上珍品"的历史地位。⑤先生一生的学术重点不是宋史,但从《文天祥传》中可以看到他不仅对文天祥有深入研究,也对宋代政治史、思想史和文化史有独到的见解。

---

① 万绳楠:《文天祥传》,河南人民出版社,1985年,第18页。
② 万绳楠:《文天祥传》,河南人民出版社,1985年,第97页。
③ 万绳楠:《文天祥传》,河南人民出版社,1985年,第290页。
④ 万绳楠:《文天祥传》,河南人民出版社,1985年,第291—293页。
⑤ 参见万绳楠:《文天祥传》第九章"文天祥在文学上的成就",河南人民出版社,1985年,第290—336页。

（三）区域经济史研究的开辟

有学者指出："区域经济的研究是80年代以来学者们着意很多的课题，取得的成就相当可观。"①但万先生从20世纪60年代开始就十分关注魏晋南北朝区域经济史的研究，从60年代到90年代，他撰写了《六朝时代江南的开发问题》《南朝时代江南的田庄制度》《南朝田庄制度的变革》《江东侨郡县的建立与经济开发》等一系列论文，对长江中下游区域经济史就有了深入研究。在此基础上，1997年，万先生等著的《中国长江流域开发史》一书出版，该书是原国家教委"八五"社会科学重点科研项目的结项成果，也是国家"九五"重点规划图书。全书用八章50万字的篇幅，从历史纵向角度，全面考察了从石器时代到明清时期长江流域开发的整体历程，是我国第一部全面论述长江流域社会经济与文明发展进程的著作。该书首次对长江流域各历史时期的经济开发与文明发展历程做了系统总结。例如关于石器时代的长江流域，该书指出，与黄河流域一样，长江流域也有它自己的石器时代与人类。论文化并不比黄河流域有任何逊色。该书用丰富的考古资料论证了旧石器时代的长江流域是人类起源的重要地区、新石器时代晚期的良渚文化是长江流域跨入文明门槛的前夜。从青铜器的制作和江西清江吴城出土的刻划文字符号看，"炎帝神农氏时期，南方长江流域当已进入文明时代。其文明程度不会下于轩辕氏所代表的北方文明"②，甚至"南方长江流域当比北方更早地进入文明时代"③。关于列国时期的长江流域，该书认为这是一个经济、文化突飞猛进的发展时期，楚、吴、越、巴、蜀等国农、工、商业综合发展，但秦的征服，则使整个长江流域的开发，遇到了一次大顿挫。关于秦汉时期的长江流域，该书使用了"曲折性"三个字来概括。秦的落后政策，将长江流域的开发拉向后退，开发无闻。汉初政策调整，长江流域的开发也在继续抬头。两汉长江

---

① 曹文柱、李传军：《二十世纪魏晋南北朝史研究》，《历史研究》2002年第5期。
② 万绳楠、庄华峰、陈梁舟：《中国长江流域开发史》，黄山书社，1997年，第25页。
③ 万绳楠、庄华峰、陈梁舟：《中国长江流域开发史》，黄山书社，1997年，第23页。

流域开发虽在继续，但又不断受到"虎狼之政"的破坏，是"曲折性"的反映。关于魏晋南北朝时期的长江流域，该书用"迅速发展与几度猝然跌落"来概括。吴、魏、蜀时期长江流域的交通运输业、城市与商业、农业发展迅速，西晋由于政治原因，长江流域开发陷于停滞状态。东晋"镇之以静"的政策，以及侨郡县的设置与对待流人的政策，促进了江东社会经济的发展，江南腹地及沿海地区得到开发。南北朝末年至隋，由于侯景之乱和隋的政策原因，长江流域开发又陷于停顿。关于唐五代时期的长江流域，该书用"继续发展与经济中心的逐渐南移"来概括。唐继承了南北朝以来的重要经济制度和隋朝留下的大运河，长江流域整体经济结构与发展水平上了新台阶，天宝以后，经济重心南移。五代十国，长江流域有八国，仍可见到长江流域农、工、商业在唐朝开发的基础上进一步深入发展。关于宋元时期的长江流域，该书认为两宋长江流域又获得了进一步的开发，农业、手工业、交通运输业、商业与城市都有了新的发展，经济形态呈现出新变化，四大发明是在长江流域完成的。但由于两宋在政治上都执行"守内虚外"的政策，这种开发仍旧受到限制。到蒙古入主中原，甚至一度逆转。关于明清时期的长江流域，该书用"经济开发的新发展"和"艰难曲折性"来概括。由于统治政策的调整，明清时期长江流域社会经济有了长足发展，生产力水平的提高，资本主义生产关系的萌芽已在明中后期，出现于长江中下游地区商品经济极为发达的苏、杭一带，并逐渐扩展至其他地区。这是一个新现象。清前期，我国资本主义萌芽继续缓慢发展，在整个长江流域显现得更为突出。然而，由于种种历史条件未能具备，中国资本主义的胎儿始终没有冲出孕育了它的封建社会的母体，滋长壮大，这不能不是中国历史发展进程中的一个极大的令人深以为憾的曲折和不幸。纵览该书，其特点非常鲜明：一是十分重视我国历史上统治阶级的政策与经济发展的关系，将经济发展与政治环境相联系，深刻阐明了上层建筑对经济基础的反作用；二是十分重视经济发展与科技文化发展的关系，该书几乎在论述每个时代经济开发之后，都要论述该时期科技文化发展的状况，可以说该书也是一部长江流域科技文化发展史。总之，通过该书,我们不仅可以认识到长江流域文明发展史在中华文明发展史上的重要地位,把握长江流域经济开发的历史经验教训,也能为今天长江流域的开发提供历史借鉴。

以上总结虽远远不能涵盖先生的全部学术成就,但从中也可以窥见先生广博的学术视野、深刻的问题意识和极具前沿性的探索精神。

三、丰厚的治学思想遗产

万绳楠先生用其一生的心血,给我们留下了300余万字的史学论著,这是一笔宝贵的史学遗产。据我目力所及,对先生史学成就评价、总结和研究的文章目前有周一良《评介三部魏晋南北朝史著作》①,朱瑞熙《宋人传记的佳作——评〈文天祥传〉》②,彦雨《一部反映出时代精神的新文化史——评万绳楠教授的〈魏晋南北朝文化史〉》③,汪姝婕《简评〈中国长江流域开发史〉》④,卫丛姗《万绳楠史学成就研究》⑤等,这些文章从不同侧面对先生的史学成就进行了评述和研究。还有不少学者和先生的学术观点进行商榷。⑥无论是评述还是商榷先生的论著,也无论是赞

---

① 周一良:《评介三部魏晋南北朝史著作》,《北京大学学报(哲学社会科学版)》1985年第2期。
② 朱瑞熙:《宋人传记的佳作——评〈文天祥传〉》,《中州学刊》1986年第3期。
③ 彦雨:《一部反映出时代精神的新文化史——评万绳楠教授的〈魏晋南北朝文化史〉》,《安徽史学》1991年第1期。
④ 汪姝婕:《简评〈中国长江流域开发史〉》,《光明日报》1999年8月13日。
⑤ 卫丛姗:《万绳楠史学成就研究》,鲁东大学硕士学位论文,见"中国知网",2021年。
⑥ 如曹永年、周增义:《论隋炀帝的"功"与"过"——兼与万绳楠先生商榷》,《史学月刊》1959年第12期;魏福昌:《隋炀帝是不折不扣的暴君——与万绳楠同志商榷》,《史学月刊》1959年第12期;孙醒:《试论文天祥的哲学思想——兼与万绳楠同志商榷》,《河南大学学报(哲学社会科学版)》1989年第1期;王琳祥:《赤壁战地辨析——与万绳楠先生商榷》,《安徽师大学报(哲学社会科学版)》1992年第4期;高华平:《也谈陈寅恪先生"以诗证史、以史说诗"的治学方法——兼与万绳楠先生商榷》,《华中师范大学学报(哲社版)》1992年第6期;张旭华:《梁代无中正说辨析——与万绳楠先生商榷》,《许昌师范学院学报》1993年第3期;等等。

同或不赞同先生的观点，都说明先生的论著产生了十分广泛的学术影响。先生取得的这些学术成就与他的治学思想是不可分割的，在前人研究的基础上，我对先生的治学思想谈三点感想。

（一）吸收三种史学的精华

观察万先生治学方法，明显可以看到三种史学思想对他的影响。首先是受我国传统史学求真致用思想的影响。"多闻阙疑，慎言其余"[①]，"故疑则传疑，盖其慎也"[②]。我国传统史学倡导严谨求实的治学态度，在追求史实真相上不遗余力，从不随意揣测，历代史学秉笔直书精神和发达的考据学，就是这种求真思想的具体体现。求真是对事物本来面貌的揭示，对史学研究而言，全面掌握史料是求真的基础。先生十分强调在史学研究上要打好基础，在读书上下功夫。先生指出："说基础知识浅，容易学，这表现出对基础知识缺乏了解。一般来说，基础知识包括三个方面，一是基本理论知识，二是基本专业知识，三是基本技能或基本治学能力。三者缺一，都不能说基础好。"[③]打好基础的关键是读书，先生说："历史上凡是维护真理的人，没有一个不苦功读书。"[④]读书要有一定的方法，先生总结出古人读书的方法，指出："批点、注释和校补，是古人成功的读书方法。"每一种方法都有其独特的价值和作用，"我们总是说要读几本基础书，同时要多读其他书，但总是苦于不知怎么读，怎么掌握，如果能分别或同时采用以上三法，我觉得不管哪一类的书，都可读深读透"[⑤]。仅仅读书还不行，还要做卡片，"卡片一万张，学问涨一丈"是先生的一句名言，就是强调知识积累的重要意义。仅仅有卡片也不行，还要思考，先生说："读书最怕思之不深，览之不博，不然，是会出错误的。"[⑥]刻苦读书

---

① 何晏注，邢昺疏：《论语注疏》卷二《为政》，北京大学出版社，2000年，第22页。
② [汉]司马迁：《史记》卷十三《三代世表》，中华书局，1982年，第488页。
③ 万绳楠：《基础容易打吗?》，《安徽日报》1962年1月5日。
④ 万绳楠：《"百家争鸣"三题》，《安徽日报》1961年9月27日。
⑤ 万绳楠：《批点、注释和校补》，《安徽日报》1961年11月17日。
⑥ 万绳楠：《白门新考》，《南京史志》1992年第2期。

勤于思考，使先生的论著在很多方面能够发前人之所未发，读过他的论著的人应当感受到，他的许多真知灼见，就是在广博的知识积累和勤奋思考之上而产生的。致用是我国传统史学的又一大特色，是我国传统史家治史的重要追求。我国传统史学的致用思想体现在为现实政治提供借鉴，为社会教化提供是非善恶标准，为文化自信提供精神向导等方面。我国史学的这一优秀传统同样深刻体现在先生身上，他的群众史观思想，就是反映了他的历史研究是为中国共产党领导下的新中国人民服务的。他用唯物史观的基本原理来分析历史人物、历史思潮、历史事件、历史变迁，不仅为史学界，也为社会大众提供了评判历史是非功过的马克思主义观点。他书写的魏晋南北朝政治史、经济史、思想史、文化史、民族史，以及宋史和长江流域开发史等等，为增强文化自信和对中华文明的统一性与多样性认识提供了丰富的精神源泉。其次是受近代实证史学思想的影响。近代实证史学（过去也经常称为近代资产阶级史学）是在吸收传统史学的精华和近代西方史学理论方法基础上产生的，它突破了传统史学方法和视野的局限，开创了中国历史研究的新局面。作为近代实证史学的重要代表人物陈寅恪先生的学生，先生的史学研究明显受到陈寅恪的影响。陈寅恪先生精于史实考证，学术视野宽阔，注重从地域、集团、阶级、文化出发分析历史，"还很重视历史现象的前因后果和历史发展的基本线索，往往能提出一些独到的见解"[①]。先生还将他于1947年至1949年在清华大学历史研究所听陈寅恪先生的讲课笔记整理出来，出版了《陈寅恪魏晋南北朝史讲演录》一书，极大丰富了陈寅恪先生关于魏晋南北朝史研究的系统理论观点，弥补了陈寅恪先生史学思想研究资料缺乏的重大缺憾，这是先生的又一重大史学贡献。先生在史学研究中，明显使用了地域、集团、文化、阶级等理论方法分析魏晋南北朝史中的许多历史问题，如论曹魏时期的政治派别划分及其阶级基础、正始之音与集团斗争、孙吴立国的阶级基础等，都充分运用了这些方法。以诗证史、以史说诗是陈寅恪扩展史料、开拓史学新领

[①] 林甘泉：《20世纪的中国历史学》，载《林甘泉文集》，上海辞书出版社，2005年，第353页。

域的重要方法，先生受其影响不仅对魏晋南北朝文学研究情有独钟，而且经常将这一时期的政治经济状况与诗歌产生的背景相联系，对相关问题进行研究，如《木兰诗》和《孔雀东南飞》的写作时间及故事发生背景，以及运用诗歌中描写的景色来论证江南的开发等等。先生还撰写了《曹操诗赋编年笺证》一书，是他继承老师诗史互证传统并运用于史学实践的最好说明。第三是全面接受马克思主义唯物史观。我认为，传统史学和近代实证史学对万先生的史学思想影响虽然很大，但也只限于方法论层面，决定先生史学研究的根本指导思想还是唯物史观，唯物史观的社会形态理论、群众史观、阶级分析方法、辩证联系的方法，我在前述"治学信奉马克思主义"一节中已经有过分析，这里再做一点补充。在《陈寅恪魏晋南北朝史讲演录》的"前言"中，万先生认为，阶级分析和集团分析（实际上也是阶级分析）方法"贯穿在陈老师的全部讲述之中"，并提出了"陈老师不仅是我国近代资产阶级史学的开创者和奠基人，而且是从资产阶级史学过渡到马克思主义史学的桥梁"的观点。[①]那么先生的阶级分析方法与陈寅恪的阶级分析方法是什么关系呢？我以为先生秉承的是唯物史观的阶级分析方法，与陈寅恪先生的阶级分析有区别。陈寅恪先生在讲述中确实使用了"社会阶级"这个概念来分析魏晋南朝社会的变化，但是很明显，陈寅恪先生使用的"社会阶级"或指文化（主要指儒家文化）背景不同的"豪族"与"寒族"，或指"高门"与"寒门"（士族与庶族），它与唯物史观以一定生产体系中所处的地位不同、对生产资料的占有关系不同、在社会劳动组织中所起作用的不同来划分阶级的标准是不一样的。纵观万先生的研究，他使用的阶级分析方法显然是唯物史观的阶级分析法而不是前者。我的看法是否符合万先生的原意已不可求证，但我想学术界可以研究。

[①] 参见万绳楠整理：《陈寅恪魏晋南北朝史讲演录·前言》，黄山书社，1987年，第2页。

(二) 秉持创新思考的精神

治学贵在创新。万先生学术研究的一个突出特点就是始终秉持创新思考的精神，从不人云亦云。在《魏晋南北朝史论稿》的"前言"中他讲到该书的三个宗旨：一是努力运用马克思主义的立场、观点、方法，研究这段历史，力求得到一个接近科学的解释。二是对这段历史中尚未解决的问题，进行探讨。三是各章各节概以论为主，提出个人的看法，力求言之有理、有据。不重复众所熟知的东西，不作如同教材一类的叙述，并保持一个较为完整的系统，以窥全豹，故也不同于论集。这也可以说是体例上的一个"创新"吧。[①]可见先生的这部书，除了理论上他使用了"运用"一词之外，其他都是在追求"个人的看法""不重复众所熟知的东西"，甚至书稿的体例也试图"创新"。在《魏晋南北朝文化史》的"序言"中他说道："不因袭，重新思考，在科学的基础上，写出一个综合性的、能反映出时代精神的新文化史，是我写这本书时，对自己所作的要求。"[②]创新需要一定的方法，先生一生谈治学方法的文章不多，《史学方法新思考》是其中少有的一篇，此文虽然极短，但却是他总结治学方法的一个缩影："要推动历史学向前发展，我感到历史研究的方法，似亦有重新考虑的必要。我深感我们的史学工作者虽然研究各有重点，但无妨去涉猎中外古今的历史；虽然以研究政治经济史为方向，但无妨去学一点文学史、宗教史、思想史。有时候一个问题的解决，有待于运用经、政、文三结合或文、史两结合的方法，以求互相发明。研究问题，列宁是主张全面占有材料，掌握一切媒介的。这确是一个好方法。"[③]有专攻、通古今、跨学科、求关联、文史结合、相互发明与全面占有材料，正是先生治学的基本方法。读过先生论著的人都可以感受到，他的论著从标题到文风都有自己的特点，从标题上看，每级标题的问题意识都极强，从具体问题入手，抽丝

---

① 参见万绳楠：《魏晋南北朝史论稿·前言》，安徽教育出版社，1983年，第1页。
② 万绳楠：《魏晋南北朝文化史·序言》，黄山书社，1989年，第3页。
③ 万绳楠：《史学方法新思考》，《社会科学家》1989年第4期。

剥茧，层层深入；从文风看，语言洗练干净，抓住问题直奔主题，不绕弯子。这种治学精神，使先生的论著以解决历史问题作为基本出发点，以深厚的史学素养和理论素养洞察历史变化，在众多领域取得了很多创新性认识。限于篇幅，我不再一一例举。

（三）充满时代进步的气息

如何处理历史与现实的关系是古往今来史学家都要面临的问题，往往也要对他们的史学研究产生一定的影响。万先生是一位经历了民国时期、新中国建立直至改革开放后的史学家，长期活跃在新中国的史坛和教坛上。在近50年的革命、教学和研究生涯里，他坚持马克思主义立场，立足现实，以辩证唯物主义和历史唯物主义的观点观察分析历史，使他的研究充满着时代进步的气息。首先，对封建君主专制制度的深刻批判。新中国的建立推翻了压在中国人民头上的帝国主义、封建主义、官僚资本主义三座大山，但影响中国两千多年的封建主义思想在人们的脑海中并不容易消除，对封建主义特别是其总代表君主专制制度的批判，是史学界的重要任务。先生的史学论著中，对封建专制制度的揭示和批判是深刻无情的。在《嵇康新论》一文中，先生指出君主专制制度的最大特点就是"宰割天下，以奉其私"，嵇康主张"以天下为公"，反对"割天下以自私"，抨击君权，把这当作是一切祸害的总根，具有民主进步意义的色彩。①君主专制还是一切政治动荡的总根源，先生运用马克思主义观点阐释了中国古代君权产生的政治和经济基础，指出我国君主专制制度是建立在自由农的小块土地所有制和地主的土地所有制基础之上的。这个基础很牢固。但君主专制又表现为个人和"行政权力支配社会"。"当皇帝和封建官僚机构是强有力的时候，或者说个人和行政权力能够真正支配社会的时候，国家尚能保持稳定或苟安；但当皇帝昏庸，官僚机构又转动不灵的时候，那就必然要变乱丛生。"②西晋的八王之乱不是分封制度造成的，其内在的或最后的原因，

---

① 参见万绳楠：《嵇康新论》，《江淮论坛》1979年第1期。
② 万绳楠：《魏晋南北朝史论稿》，安徽教育出版社，1983年，第121页。

应当从君主专制制度本身去找。①这一论断改变了过去只从分封角度去看八王之乱的窠臼,令人耳目一新。除了嵇康外,先生还高度肯定了魏晋南北朝时期鲍敬言、陶潜反君主专制的思想。先生指出,产生于两晋之交的鲍敬言的无君无司论,是世界上最早的无政府主义论,鲍敬言看出了"有君"是一切祸害的总根源,看清了"君权神授"的谎言,要求把皇帝连同国家机器一起废掉。君主专制是封建政治制度的骨髓,在我国中古时代,产生这样一种有君有司为害,无君无司为利的思想,无疑是封建长夜中出现的一颗明星。先生认为,陶潜所理想的世界,是一个无君长,无官吏的世界。②"《桃花源诗并记》表现的陶潜思想,可用一言以蔽之——反对君主专制主义及其所维护的封建制度。"③其次,对儒家专制思想的尖锐批判。自汉武帝独尊儒术,以纲常思想为核心的封建儒学与天、神相结合,严重束缚了人们的思想。基于这一认识,先生在其论著中对儒家思想阻碍历史的进步予以深刻揭露,对历史上批判儒家思想、突破儒家思想束缚的种种行为给予高度评价。在评价汉代选举制度中的重"德"因素时,先生指出:"而所谓德,是和神学结合在一起的、标榜王道三纲来源于天的儒学。这种儒学,是统治阶级加在人们思想上的桎梏,是图抹在选举制度上的神光。"④君为臣纲是儒学理论的核心,是封建专制主义的灵魂。先生高度赞赏嵇康,也正是从他猛烈地反对儒教、在反对"割天下以自私"的斗争中,形成了他"以天下为公"的带有民主性的政治思想角度出发的。先生在《对文化史研究的思考》一文中认为,魏晋南北朝时代是各科文化蓬勃发展的时代,把汉朝远远抛在后头,其中重要原因就是这个时期专制主义的削弱和儒学独尊地位的跌落。⑤在《魏晋南北朝文化史》"序言"中

---

① 参见万绳楠:《魏晋南北朝史论稿》第六章第四节"八王之乱",安徽教育出版社,1983年,第119—123页。
② 参见万绳楠:《魏晋南北朝文化史》第三章第三节"反对封建君主专制主义的思想闪光(嵇康、鲍敬言与陶潜)",黄山书社,1989年,第81—88页。
③ 万绳楠:《魏晋南北朝文化史》,黄山书社,1989年,第87页。
④ 万绳楠:《魏晋南北朝史论稿》,安徽教育出版社,1983年,第23页。
⑤ 万绳楠:《对文化史研究的思考》,《文史哲》1993年第3期。

先生更明确指出：孔孟之道"并不能代表我国的文化传统。不但不能代表，儒家的三纲五常之教一旦被突破，我国文化便将以澎湃之势向前发展。在文化领域，无疑始终存在着以儒术为代表的封建专制文化与进步的、民主的、科学的文化的斗争"①。先生对儒家思想的批判是要区别古代文化遗产中民主性和革命性的东西，是要剔除其封建性的糟粕，吸收其民主性的精华，是要肃清"四人帮"的流毒，扫除两千多年来地主阶级所散布的封建儒学思想的影响，这正是先生史学思想与时代同呼吸的精神所在。需要看到的是，先生所批判的是儒学中的三纲五常、君权神授等腐朽糟粕，并不是一股脑否定儒学的文化价值。比如先生高度肯定各少数民族政权崇尚儒学、学习传播儒家文化的历史价值，如后秦姚兴大力提倡儒学和佛教"对封建文化和佛教文化的传播，是起了作用的。而这却是一个羌人做出的贡献"②。第三，始终站在人民的立场。万先生批判君主专制和儒学中的封建糟粕，目的都是为了人民，这是他群众史观在历史研究中的具体表现。对一种思想、一种政策、一种制度，一个人物、一个集团的评价，就是要看是否有利于人民，有利于历史的进步。先生指出，东汉的外戚尤其是宦官的统治，给人民带来了巨大的灾难，曹操维护和发展小块土地所有制的政策就是有利于人民的，曹操统一北方是有利于人民的，孙吴对待山越的政策是不利于人民的，是应当否定的，西晋士族地主的腐朽统治和军阀混战是人民大流亡的根本原因，各族人民是推动民族融合的力量，氐族人民对祖国历史发展作出了成绩，《孔雀东南飞》充分体现了我国人民运用文学形式反对封建压迫的优良传统，《吴歌》《西曲歌》形象地反映出劳动人民的情操，孝文帝推行汉化政策使黄河流域的人民生活比较安定，凡此等等，在先生的论著中随处可见，是先生一切皆以人民群众为中心的历史观的生动体现。

先生离开我们近三十年了，今天的魏晋南北朝史研究较三十年前无论在史料的扩展、理论方法的更新、研究视角的转化等方面都发生了很大变

---

① 万绳楠：《魏晋南北朝文化史·序言》，黄山书社，1989年，第2页。
② 万绳楠：《魏晋南北朝史论稿》，安徽教育出版社，1983年，第181页。

化,但是我想,以唯物史观作为历史研究的指导思想没有变,实事求是的史学方法没有变,史学为人民服务的经世致用精神没有变。《全集》是先生给我们留下的丰富史学遗产,它一定会、也能够会为新时代中国史学"三大体系"的构建发挥重要作用,也一定会深深慰藉先生的在天之灵。最后,作为先生的学生,我代表各位师姐师兄师弟,向安徽师范大学历史学院表示深深敬意!向安徽师范大学出版社表示深深谢意!向所有为《全集》出版付出辛勤劳动的各位同志及万先生的亲属、向长期以来关心万绳楠先生的各位同志表示衷心的感谢!

(作者系中国社会科学院古代史研究所所长、研究员)

万绳楠先生的学术成就与治学特色

庄华峰

2023年11月是我国著名历史学家万绳楠先生诞辰一百周年,回忆跟随先生攻读历史学硕士学位、有幸忝列门墙至今已有36个年头,翻阅案头珍藏先生的几部经典著作,顿时百感交集。在感慨先生的论著论证严谨、考述精致、新见迭出之余,也感觉学界对于先生学术成就、治学精神和治学方法的研究尚属滞后,至今鲜见有这方面的成果问世。鉴于此,笔者谨就自己所知,对先生的治学道路、学术成就及其治学特色作一论述,以期对后学有所启迪,同时也借此表达我对先生的崇敬和缅怀之情。

一、风雨兼程:万绳楠先生的治学道路

了解万绳楠先生的人都知道,他的一生充满坎坷,尤其是其前半生苦难总是与他如影相随。先生是江西南昌人,1923年11月出生于一个国文教员家庭,兄弟姐妹4人,4岁时母亲离世,12岁时父亲又撒手人寰。两个哥哥在抗日战争初期当了兵,妹妹也迫于生活压力给人家当了童养媳。先生自己则几乎沦为孤儿。悲凄的家庭命运铸就了先生坚毅的品格,正是这种优良的品格使先生在数十年的风雨历程中踔厉奋发,勇毅前行。

先生天资聪颖,七八岁就开始读《论语》《孟子》《中庸》等书,进入小学、中学后,又广泛阅读其他一些经、史、子、集方面的典籍。还阅读

了包括《诗经》《左传》《庄子》《楚辞》等在内的古典文学作品。先生读书有两个习惯，对于一般图书泛泛浏览即可，而对于重要书籍或文章则反复精读，甚至将其背诵下来，由此锻炼出超强的记忆力。他给学生授课，常常征引大量史料来论证自己的观点，他对史籍十分熟悉，往往达到了信手拈来、如数家珍的程度。他说，这都得益于平时的知识积累。他常跟自己的研究生说，他做学问的一条重要经验是"熟读深思"。他说："旧书不厌百回读，熟读深思子自知。"对于一些重要的书，必须反复阅读，最好能把书中精要的部分背诵下来，使其成为自己的东西，这样，在思考问题时，就能够信手拈来，运用自如。

先生在少年时代所经受的这些训练，为其以后的学术研究奠定了扎实的基础。他不止一次这样谆谆告诫学生说："基础材料如果没有弄清楚，就及早微言大义，肯定不会得出科学的结论。"所以他一直主张做学问要从基础工作做起，要靠日积月累，而积累知识的一种有效途径就是要善于做读书卡片。他曾说："卡片一万张，学问涨一丈。"

由于先生基础扎实，加之学习勤奋，他成为学校的尖子生。读初中时，先生因成绩优异被南昌二中将其姓名刻入石碑；高中时，先生的论文获得过政府奖励，被全班同学传读。1942年，由于成绩优异，先生同时被西南联大历史系、交通大学电机系和浙江大学土木工程系录取。由于家庭经济拮据，先生上了三所学校中助学金较为丰厚的西南联大历史系读书。西南联大，这所"抗战"时由清华大学、北京大学和南开大学合并的集北国学者精英的特殊高校，对先生有着极大的吸引力。先生没有想到，他将在这里与吴晗、陈寅恪这两位著名历史学家相遇、相知，更不会想到他们俩为自己种下一生的因果。在本科学习阶段，先生过人的禀赋和治史才华博得陈寅恪的赏识。四年后，先生如愿考取清华大学历史研究所研究生，师从陈寅恪先生治魏晋南北朝史和隋唐史。陈寅恪被后世称为"教授中的教授"，有幸成为陈寅恪先生的关门弟子，对于当时还是一个青葱小伙的先生而言是一件多么幸运的事情。三年的研究生学习，先生打下了坚实的基础，特别是陈寅恪先生的治学方法和治学精神对先生产生了极大影响。

先生曾在其整理的《陈寅恪魏晋南北朝史讲演录》一书"前言"中说：

> 陈老师（按：指陈寅恪）的学问博大精深，兼解十余种语言文字，为国内外所熟知，无待我来讲。我当年感觉最深的是，陈老师治学，能将文、史、哲、古今、中外结合起来研究，互相发明，因而能不断提出新问题，新见解，新发现。而每一个新见解，新发现，都有众多的史料作根据，科学性、说服力很强。因此，陈老师能不断地把史学推向前进。那时我便想如果能把陈老师这种治学方法学到手上，也是得益不浅的，更不消说学问了。①

在课堂上，先生也曾对研究生如是说："我的老师陈寅恪先生有'三不讲'，就是书上有的不讲，别人讲过的不讲，自己讲过的不讲。我想这里的'三不讲'，是不讲而讲，不重复既有，发前人所未发，成自家独创之言。老师的'三不讲'是我的座右铭，无论是讲课还是搞研究，我都力求有新的东西呈现。"可见，对于老师的治学方法，先生是拳拳服膺，并身体力行的。

1948年12月上旬，东北野战军包围了平津一线国民党的50万大军，12月15日，清华园一带已解放。先生受"学运"思潮影响很深，这时，他和无数要求进步的学生一起，穿上军装参加了东北野战军。一向持"独立自由精神"思想的陈寅恪了解到先生这一举动后，大为恼怒，要不是师母唐筼的再三劝说，险些与先生断绝师生关系。我想，先生并非要忤逆老师的尊严，他的所作所为，实质上是在诠释着"我爱我师，我更爱真理"的深刻内涵。

1960年，先生从北京来到安徽，先后执教于安徽大学、合肥师范学院历史系。自此，先生一边给学生讲课，一边研究魏晋南北朝史，每有心得，写成文章，在报刊上发表。此时，先生已在史学界崭露头角。这段时

---

① 万绳楠整理：《陈寅恪魏晋南北朝史讲演录·前言》，黄山书社，1987年，第1页。

间里，他发表了《关于曹操在历史上的地位问题》（《新史学通讯》1956年第6期）、《关于南宋初年的抗金斗争》（《新史学通讯》1956年第9期）、《魏晋南北朝时代的思想主流是什么》（《史学月刊》1957年第8期）、《论隋炀帝》（《史学月刊》1959年第9期）等文章。这些文章多发前人之所未发，彰显出很高的学术造诣和敏锐的学术眼光。如1959年初，学术界曾经掀起过一场为曹操翻案的运动，郭沫若、翦伯赞等历史学家纷纷撰文替曹操翻案。而先生早在1956年就发表了《关于曹操在历史上的地位问题》一文，对曹操在历史上的地位予以肯定，认为他对我国历史所起的推动作用比破坏作用要大。用今天的眼光看先生的观点几乎是"常识"，但在当时确属"惊世骇俗"的见解。先生的观点在史学界引起很大的反响。从1961年到1965年的几年间，先生发表了《从南北朝社会经济与政治的差异看南北门阀》（《安徽大学学报》1963年第1期）、《六朝时代江南的开发问题》（《历史教学》1963年第3期）、《曹魏政治派别的分野及其升降》（《历史教学》1964年第1期）、《"太平道"与"五斗米道"》（《历史教学》1964年第6期）、《魏末北镇暴动是阶级斗争还是统治阶级内部的斗争》（《史学月刊》1964年第9期）、《南朝时代江南的田庄制度》（《历史教学》1965年第11期）等十多篇文章。这些文章视角新颖，考订精审，为学界所重视。李凭先生充分肯定了万先生对学术研究的贡献，指出："他一直远离学术研究的中心，却独立地作出过大量的深入的研究，是值得我们纪念的。"①诚哉斯言。

先生从北京来到合肥后，吴晗邀请先生为其主编的《中国历史小丛书》写几本小册子，很快，先生撰写的《文成公主》《冼夫人》《隋末农民战争》等相继而成，在安徽，先生与吴晗的师生关系因此被许多人知晓。恰因如此，先生在"文革"中受到牵连，全国批"三家村"，安徽批万绳楠，先生成为安徽"文革"初期第一个被全省批判的"反动学术权威"。1966年6月3日省内一家大报发文批判先生，指责他是"吴晗的忠实门徒，

---

① 李凭：《曹操形象的变化》，《安徽史学》2011年第2期。

'三家村'的黑闯将"。1971年，先生被下放到淮北利辛县农村。在那里，先生经受了精神与肉体上的双重折磨，罚沉重劳役，险些丧生。

面对如此险恶的环境，先生仍不忘初心，一有闲暇时间，就埋头看书、做学问。虽身处逆境，仍心系天下，忧国忧民，并敢于针砭时弊，彰显出一个正直知识分子敢说真话的赤诚之心。

阳光总在风雨后。随着十年"文革"梦魇的终结，先生获得彻底平反，重新回到他魂牵梦绕的大学校园，随合肥师范学院历史系整体搬回位于芜湖市的安徽师范大学历史系任教，找回了一度失落的书桌和讲坛。当时，先生现身说法告诫他的研究生们："人要有一点奋斗精神。对我来说，被耽误的时间实在是太多了，我要用有生之年，为教育事业多做些有意义的工作。"他在实践中践行着自己的诺言。先生重返校园时虽已年近花甲之年，但他仍然牢记使命，壮心不已，一面教书育人，一面笔耕不息，在学术上更臻新境。自20世纪80年代已降，先生先后发表《东晋的镇之以静政策和淝水之战的胜利》（《江淮论坛》1980年第4、5期）、《安徽在先秦历史上的地位》（《安徽史学》1984年第4期）、《廓清曹操少年时代的迷雾》（《安徽师大学报（哲学社会科学版）》1988年第2期）、《江东侨郡县的建立与经济的开发》（《中国史研究》1992年第3期）、《略谈玄学的产生、派别与影响》（《孔子研究》1994年第3期）、《武则天与进士新阶层》（《中国史研究》1994年第3期）等40多篇文章，这些文章或被转载，或被引用，在学界产生很大反响。同时，在这一阶段，先生还出版了5部著作，即《魏晋南北朝史论稿》（安徽教育出版社，1983年）、《文天祥传》（河南人民出版社，1985年）、《陈寅恪魏晋南北朝史讲演录》（黄山书社，1987年）、《魏晋南北朝文化史》（黄山书社，1989年）、《中国长江流域开发史》（黄山书社，1997年）。5部著作总计150余万字，几乎是每两年推出一部专著，而且在大陆和台湾同时出版。先生治学具有不因陈说、锐意创新的特点，因此他的论著阐幽发覆，多有创见，获得一致好评。如对于《魏晋南北朝史论稿》一书，著名历史学家周一良先生指出："本书读起来确实多少给人以清新之感。"①《魏晋南北朝文化史》出版后，有学者指出："万著以扎实的文献材料、考古材料为基础，提出许多创见"，是"一部反映出时代精神的新文化史"②。《陈寅恪魏晋南北朝史讲演录》一书是陈寅恪1947—1948年在清华大学开设"魏晋南北朝史研究"的课程讲义，由先生根据其听课笔记整理而成。陈寅恪著作甚富，但在其已出版的著述中，尚无系统的断代史之作，本书的出版能补陈书之阙，因而被誉为"稀世之珍"。卞僧慧先生评价道：本书"由万教授精心整理，厥功甚伟，至可珍惜"③。先生也因其非凡的学术成就，成为史学界公认的魏晋南北朝史研究大家，被誉为魏晋南北朝研究领域的"四小名旦"之一。④

1995年底，万先生因积劳成疾住进医院，接受治疗。在病床上，他仍为《今注本廿四史》笔耕不辍。在弥留之际，他还念念不忘自己的导师，他用颤抖的手作七律一首《怀念陈寅恪先师》："忆昔幽燕求学时，清华何幸得良师。南天雪影说三国，满耳蝉声听杜诗。庭户为穿情切切，烛花挑尽夜迟迟。依稀梦笑今犹在，独占春风第一枝。"1996年9月30日，先生带着对教育事业的无限眷恋匆匆地告别了人世。已故北京师范大学著名教授黎虎先生在唁电中说："万绳楠先生学术上正达炉火纯青境界，他还可以做出更多更辉煌的成就。先生的学问和道德堪称楷模。他走了，真是太可惜了！"

万先生一生致力于教学和科研工作，取得了丰硕的研究成果，培养了大批优秀人才，他曾于1984年被评为"安徽省劳动模范"，第二年又获全国"五一劳动奖章"和"全国优秀教育工作者"光荣称号。

---

① 周一良：《评介三部魏晋南北朝史著作》，《北京大学学报（哲学社会科学版）》1985年第2期。

② 彦雨：《一部反映出时代精神的新文化史——评万绳楠教授的〈魏晋南北朝文化史〉》，《安徽史学》1991年第1期。

③ 卞僧慧：《陈寅恪先生年谱长编（初稿）》，中华书局，2010年，第245页。

④ 在魏晋南北朝史研究领域，有"四大名旦""四小名旦"之称誉，前者指唐长孺、周一良、王仲荦、何兹全，后者指田余庆、韩国磐、高敏、万绳楠。参见刁培俊、韩能跃：《探索中国古史的深层底蕴——高敏先生访谈录》，《史学月刊》2004年第2期。

二、孤明独发:万绳楠先生的学术成就

万先生从事史学研究近50载,一直致力于中国古代史的教学与研究,发表论文80多篇,出版著作多部,为我国的史学发展做出了突出贡献。先生精于魏晋南北朝史研究,同时在中国古代史其他领域也取得了丰硕的成果。综合起来看,先生的学术成就主要表现在以下几个方面:

(一)魏晋南北朝史研究成就

万先生在魏晋南北朝史研究领域著作等身,成就卓然,限于篇幅,难以悉数呈现,这里仅就其最具代表性的成果略作评述。

1.曹魏政治派别研究。六十多年前,陈寅恪先生在《书世说新语文学类钟会撰四本论始毕条后》一文中说:"魏为东汉内廷阉宦阶级之代表,晋则外廷士大夫阶级之代表,故魏、晋之兴亡递嬗乃东汉晚年两统治阶级之竞争胜败问题。"[1]陈寅恪用他的阶级分析学说,阐述汉晋之际的政治变迁,指出"作为一个阶级来说,儒家豪族是与寒族出身的曹氏对立的"[2],具体到曹操本人的作为而言,就是"寒族出身的曹氏"与"儒家豪族人物如袁绍之辈相竞争"。陈寅恪的阶级分析方法很有影响,对后续相关研究具有发凡起例的意义。万先生师承陈寅恪的研究方法,把曹魏政治派别的研究向前推进了一步。他在1964年发表的《魏晋政治派别及其升降》一文中指出,曹操统治集团中有两个以地区相结合的派别,即"汝颍集团"和"谯沛集团"。汝颍集团标榜儒学,主要担任文职。谯沛集团则以武风见称,主要担任武职。在汝颍与谯沛两集团之间,有尖锐矛盾,这种矛盾到曹操晚年就逐步明晰化。高平陵事件成为曹魏政权转移的转折点,最终以

---

[1] 陈寅恪:《书世说新语文学类钟会撰四本论始毕条后》,《金明馆丛稿初编》,生活·读书·新知三联书店,2001年,第48页。

[2] 万绳楠整理:《陈寅恪魏晋南北朝史讲演录》,黄山书社,1987年,第13页。

司马师为代表的汝颍集团取得了胜利,"亡魏成晋"之势已成。①先生对政治派别研究范式的学术推进,具有重要意义。时至今日,"汝颍集团"和"谯沛集团"的概念仍被学界屡屡援引和强调。

万先生对陈寅恪阶级升降、政治集团学说的拓展主要表现在两个方面。一是在研究的时段上,陈寅恪的研究侧重分析曹魏后期曹、马之争的性质,而对曹魏中前期的政治问题则未涉及,而先生则主要论述曹魏中前期的政治史,通过对汝颍、谯沛这两个政治集团的考述,弥补了陈寅恪东汉末年士大夫和宦官斗争一直持续到西晋初年这一假说在时间链条上所缺失的一环。二是陈寅恪主要以社会阶层、文化熏习来区分曹、马两党,而先生则引入了地域这一分析维度,强调汝颍、谯沛两个政治集团的地域特征,同时揭示了汝颍多任文职、谯沛多为武人这一文武分途的特征。②

2.南朝田庄制度研究。史学界历来把汉、魏、两晋及南北朝时代的田庄主土地占有形态,看作是同一个类型。万先生则认为南朝田庄主的土地占有形态与唐朝是一个类型,和汉、魏已有不同。他认为,南朝田庄主土地占有形态的变化主要表现在以下三个方面:一是汉魏田庄主是聚族而居的,社会经济的基本单位是一个个名宗大族。直到东晋和北朝,北方仍然是"百室合户,千丁共籍"。而南方大家族在南朝已经分崩离析,个体家庭已经成为社会经济的基本单位。二是南朝在个体家庭所有制基础上形成起来的田庄或庄园,没有部曲家兵,只有农奴。凡是南朝史料中所见的部曲,都是国家的兵。南朝部曲家兵随着宗族组织的解散而解散,是一个自然的普遍的现象。三是南朝田庄是地主阶级个体家庭的庄园,它实行农业、手工业和商业等多种经营,雇佣和租佃都已在南朝出现。这是一种进步。③先生指出,南朝田庄制度的变革,是中古土地制度的一个重大变

---

① 万绳楠:《曹魏政治派别的分野及其升降》,《历史教学》1964年第1期;万绳楠:《魏晋南北朝史论稿》,安徽教育出版社,1983年,第78—92页。

② 参见仇鹿鸣:《魏晋之际的政治权力与家族网络》,上海古籍出版社,2015年,第3页。

③ 万绳楠:《魏晋南北朝史论稿》,安徽教育出版社,1983年,第208—217页。

化。①先生的这些观点发人之所未发,得到学界的充分肯定。有学者指出:"《论稿》关于南朝田庄制度的变革之说,是近几年来,在土地制度研究上作了一次值得重视的探讨。这可能影响到对南北朝以及隋唐社会历史的认识。"②先生所撰《南朝田庄制度的变革》一文也被1981年版《中国历史学年鉴》作为重点文章予以推介。③

3.东晋黄白籍研究。一直以来,学界对于东晋土断后黄、白籍的关系问题都存有不同的看法,有的学者认为户籍的黄白之分即士庶之别,更多的学者又认为土断是改黄籍为白籍。万先生不同意这些看法。他认为,黄籍是两晋南朝包括士族和庶民在内的编户齐家的统一的户籍,白籍则是在特定时期产生的、旨在安置侨民的临时户籍。由此可知白籍是"侨籍"。持白籍的不交税,不服役。而咸和二年(327)土断整理出来的"晋籍"是黄籍,是征发税收徭役的依据。持白籍的侨人,一经土断,白籍就变成了黄籍,编入当地闾伍之中,按照规定纳税服役。那么,史学界为何普遍认为土断是改黄籍为白籍呢?先生认为这种颠倒来自胡三省。胡三省在《资治通鉴》中,为成帝咸康七年(341)的令文"实编户,王公已下皆正土断白籍"做注时误解其意,以为此令意为土断后将南迁的王公庶人著之白籍,学者据此便认为土断是将黄籍改为白籍了。先生认为此令的重点在于"实"字,即查验编户的户籍是否皆为黄籍。这说明胡三省对黄、白籍并未研究过。④

万先生关于黄白籍的论说不仅博得国内史学界的首肯,还蜚声海外,受到国外史学界的关注。1980年5月,先生接受了美国华盛顿大学历史学

---

① 万绳楠:《南朝田庄制度的变革》,《安徽师大学报(哲学社会科学版)》1980年第2期。
② 卞恩才:《一部勇于创新的断代史专著——读〈魏晋南北朝史论稿〉》,《安徽史学》1984年第3期。
③ 《中国历史学年鉴》,人民出版社,1981年,第30—31页。
④ 万绳楠:《论黄白籍、土断及其有关问题》,载《魏晋南北朝史研究》,四川社会科学院出版社,1986年;万绳楠:《魏晋南北朝史论稿》,安徽教育出版社,1983年,第157—161页。

博士孔为廉的慕名专访，先生如数家珍地解答了孔博士提出的东晋南朝的土断与黄、白籍的关系问题。孔博士指出，日本和中国学者对此问题有不同的意见，日本学者认为黄、白籍为贵贱之别；中国学者认为侨人包括贵族在内，经过土断，纳入白籍。万先生根据自己深入的研究，认为白籍为侨籍，黄籍为土著户籍，土断变侨民为土著，变白籍为黄籍，变不纳税服役户为纳税服役户，并回答了以往中日学者何以出错的原因。孔博士十分信服地接受了先生的学术观点，激动地说："万先生的回答不仅为我本人，而且也为我的美国同行解决了一个历史疑难问题，我不虚此行！"

4.魏晋南北朝民族问题研究。魏晋南北朝时期的民族大融合给中国历史带来长久而深远的变化，并直接为隋唐大一统和经济文化的高度繁荣奠定了基础。恰因如此，大凡治魏晋南北朝史者，都会关注这一时期的民族问题。万先生也不例外。他在这方面的成果主要体现在其力作《魏晋南北朝史论稿》中。该书凡十六章，涉及民族问题的有五章（第七章、第九章、第十二章、第十三章、第十四章），足见先生对民族问题用力之勤。在论及"五胡十六国"历史时，先生强调，各民族要求和平、友好、融合，是一种历史发展趋势。尽管历史有曲折，不过这种曲折不是倒退，而是历史的更高一级的循环。基于这样的认知，先生考察了五胡各国政权的政策。他一方面阐明早期有像匈奴刘氏、羯胡石氏那样采取依靠"国人"武力，背离民族融合大势的举措，同时又指出前燕鲜卑慕容氏凭借汉人和魏晋旧法，消除民族之间的冲突与隔阂，顺应了民族融合的发展趋势。先生指出，在民族问题上，苻坚一反西晋以来民族压迫的弊政，采取了"魏降和戎之术"，这一政策，是永嘉以来，在民族融合的道路上，迈出的极可贵的一步。苻坚的政治眼光，较西晋以来各族统治者为远。在论及淝水战后后秦等政权时，先生也多从它们在民族融合方面所发挥的作用这个角度讨论。在论及"淝水战后北方各族的斗争、进步与融合"问题时，先生这样写道："淝水战后，是北方分裂得最细但也是各少数民族与汉族接触最频繁的时代。透过这一时期各族斗争纷纭复杂的现象，我们可以看到，在北魏统一北方之前，进入中原的各族，都在这一时期与汉族融合。"因此可以说："这一百三十六年（指304年到439年）是北方各个少数民族获得进步之年，与汉族自然同化之年，各族大融合之年，我国这个多民族的国家获得发展之年。"[1]著名历史学家周一良先生对万先生的这一看法予以肯定，指出："作者这样的估计是不为过分的。"[2]

5. 魏晋南北朝南方经济发展研究。万先生充分肯定魏晋南北朝四百年历史的进步性，其中包括充分认识到这一时期生产力的发展，特别是南方经济的开发和社会的进步，这一认识集中体现在其代表作《魏晋南北朝史论稿》和相关论文中，并在学界产生了很大的反响。

万先生对于此时期南方经济开发的研究，有一个鲜明的特色，即注意揭示政治、经济政策对于经济发展的影响。如先生在论述江左政权对待侨民的政策时指出："建置在丹阳江乘县与毗陵丹徒、武进二县即建置在自今南京东至无锡沿江一线所有的侨郡县中的侨民，在咸和二年第一次土断前，凭所持白籍与政策规定，都曾免除税役多则十一年，少则以太宁元年（323）计算也有五年。这对江东自建康以东至无锡一线侨郡县的开发，无疑是有益的。"[3]在讨论南朝经济政策的变化与江南的开发问题时，先生坚持"促进江南普遍获得开发的重大因素，是南朝田庄制度的变革，经济政策的变化，生产关系的改造"[4]的基本判断，指出"占山格"的颁布，第一次以法律的形式肯定了山林川泽的私人占有，是汉末以来南方大土地所有制的一个重大发展；以"三调"为形式的财产税（赀税）的出现，对无财产或少财产的人来说，减轻了负担，提高了他们从事生产的积极性；而营造工人"皆资雇借"，不再是征发而来，是役法上的一个重大进步，这对农业和民间手工业的发展，大有好处。[5]先生同时指出，江东政治的发展，与六朝江南经济开发次第，是相适应的。这表明一点，那就是政治与

---

[1] 万绳楠：《魏晋南北朝史论稿》，安徽教育出版社，1983年，第188页。
[2] 周一良：《评介三部魏晋南北朝史著作》，《北京大学学报（哲学社会科学版）》1985年第2期。
[3] 万绳楠：《江东侨郡县的建立与经济的开发》，《中国史研究》1992年第3期。
[4] 万绳楠：《魏晋南北朝史论稿》，安徽教育出版社，1983年，第223页。
[5] 万绳楠：《魏晋南北朝史论稿》，安徽教育出版社，1983年，第218—227页。

经济是不可分割的关系。①

6.对于魏晋南北朝文化若干问题的思考。万先生对于魏晋南北朝文化的研究，用力甚勤，除了出版《魏晋南北朝文化史》一书外，还发表了系列论文，直接推动了此时期文化史的研究。"不因袭，重新思考"是先生研究魏晋南北朝文化的立足点，因而他在许多地方都提出了不少持之有据、言之成理的新论点，这是十分难得的，仅举几例说明。

先生认为孔孟之道并不能代表中国的传统文化。指出"儒家的三纲五常之教一旦被突破，我国文化便将以澎湃之势向前发展"。"在文化领域，无疑始终存在着以儒术为代表的封建专制文化与进步的、民主的、科学的文化的斗争。进步思想家嵇康以反对儒家纲常的罪名被杀；科学家祖冲之将岁差应用于历法，被指责为'违天背经'。"所以他认为研究文化史的重要任务之一，便是揭露这两种文化之间的斗争，阐发进步文化所蕴藏的生命力与发展的曲折性。②这样的论点对于我们深入研究魏晋南北朝文化史无疑具有启发意义。

先生提出了"正始之音"不同一性之说。对于魏晋玄学的分派问题，学界往往将曹魏时期何晏、王弼这两个玄学创始者的言论不加区别地都称之为"正始之音"。而先生则认为何晏和王弼虽然都祖述《老》《庄》，都标榜"无""无为"，但他们所论有本质上的区别。何晏讲圣人无情，认为无和有是相互排斥的，无和有是二元；而王弼则讲圣人有情，认为无和有不是对立的关系，无和有是一元（无生有）。因此，"正始之音应当说是两种声音，不是一种"。先生同时指出，何晏在政治上属于谯沛集团，而王弼的言论所反映的则是以司马氏为首的汝颍集团的要求。值得一提的是，先生不是孤立的研究何、王二人的玄学思想，而是把他们思想的重大差异同"九品中正制"和"四本论"联系起来加以考察，从而说明汝颍和谯沛两大集团在正始时期进入决斗之时，玄学的产生绝不是偶然的。先生把玄

---

① 万绳楠：《六朝时代江南的开发问题》，《历史教学》1963年第3期。
② 万绳楠：《魏晋南北朝文化史·序言》，黄山书社，1989年，第3页。

学思想与当时的政治风云结合起来考察,使研究得到了深化。①

先生还提出了佛教异端之说。认为"中国的佛教异端是在南北朝时代,在北方出现的。高举'新佛出世,除去旧魔'旗帜的法庆起义,揆其实质,即佛教异端的起义"。唐长孺先生在《魏晋南北朝史论拾遗》一书中,也曾提出弥勒信仰为佛教异端的看法。②在佛教异端上,万先生与唐先生同时提出同一个结论,不过万先生讨论的问题更多,他分析了佛教异端产生的佛经依据,又论述了佛教异端产生在北方而不是南方的原因。③这是研究佛教史的一项重要成果。

他如,曹魏时期的外朝台阁制度与选举制度、五斗米道与太平道的关系、"苍天已死,黄天当立,岁在甲子,天下大吉"口号的含义等问题,先生都进行了探讨,提出了颇具洞见的观点。

(二) 宋史研究成就

万先生对宋史研究倾心倾力,除了发表《关于南宋初年的抗金斗争》(《新史学通讯》1956年第9期)、《关于王安石变法的几点商榷》(《安徽日报》1962年1月6日)、《宋江打方腊是难以否定的》(《光明日报》1978年12月5日)、《诗史奇观——文天祥〈集杜诗〉》(《中华魂》1996年第5期)等多篇论文外,还于1985年推出了他的精心之作《文天祥传》。本书是作为史学传记来写的,通过文天祥的一生活动,把历史上一个兼具哲学家、政治家、文学家的民族英雄的形象,呈现在读者眼前,并借此对南宋晚期的历史,作些必要的清理工作。综观全书,有这样几个特色:一是叙述全面,内容丰赡。此前有关文天祥的著作,其篇幅都相对较小,最多的也不过13万字。而先生的著作则洋洋洒洒,有近30万字的篇幅。该书对文天祥的生平事迹,尤其是对他的政治、哲学思想和文学成就,作了富有创见的论述,不仅是文天祥传中最为丰富详实之一种,也是宋元之交的一

---

① 万绳楠:《魏晋南北朝史论稿》,安徽教育出版社,1983年,第88—89页。
② 唐长孺:《魏晋南北朝史论拾遗》,中华书局,1983年,第203页。
③ 万绳楠:《魏晋南北朝文化史》,黄山书社,1989年,第346页。

部信史或实录。二是做到传、论、考相结合。书中对以往被忽略的问题,如文天祥的哲学思想、政治思想、文学成就以及具体事迹的思想基础等,进行了论述。对以往记载有出入的问题,如文天祥究竟是哪里人,多少岁中状元,某些作品写于何时等,作了考证。对以往记载较为混乱的问题,如南宋太皇太后谢氏投降的经过,利用各种史料,进行了梳理。对事迹本身,则力求言之有据。凡此,都做到史论结合。三是提出了一些新看法。如先生认为,文天祥是在南宋内忧既迫、外患又深的年代里成长起来的。但这个时代并非南宋注定要灭亡、元朝必定要统治全中国的时代,而是黑暗中有光明。只要南宋政府改革导致社会危机和民族危机的守内虚外之法,就不会是元兵南进,而是宋旗北指。先生进一步指出,如果只看到蒙古兵南犯时所取得的局部胜利及其不可一世的嚣张气焰,那就会得出元朝必胜,南宋必亡的错误结论。而如果既能看到蒙古胜利中也有困难,也看到南宋只要"一念振刷,犹能转弱为强",那就不仅可以理解南宋本来不会灭亡的道理,而且还可以理解文天祥所进行的斗争其意义之重大。[①]又如在论及文天祥的诗歌成就时,先生指出,文天祥的诗文,尽洗南宋卑弱、破碎、凡陋、装腔作势的文体与诗体,揭开了我国文学史的新的一页。[②]先生还强调,不应当忘记"他在南宋文坛上,振起过一代文风;不应当忘记他是我国古典作家中,现实主义文学巨匠之一"[③]。这样的新见解,都发前人所未发,言前人所未言,颇有学术价值。书中类似的新观点还能举出许多。著名宋史研究专家朱瑞熙先生对该书给予了高度评价,指出"与同类著作相比,万绳楠同志的著作别开生面,具有一些新的特色",是"宋人传记的佳作"。[④]

[①] 万绳楠:《文天祥传》,河南人民出版社,1985年,第18页。
[②] 万绳楠:《文天祥传》,河南人民出版社,1985年,第346页。
[③] 万绳楠:《文天祥传》,河南人民出版社,1985年,第336页。
[④] 朱瑞熙:《宋人传记的佳作——评〈文天祥传〉》,《中州学刊》1986年第3期。

（三）长江流域经济开发研究

万先生的《中国长江流域开发史》一书于1997年出版，该书是原国家教委"八五"社会科学重点科研项目的结项成果，也是国家"九五"重点规划图书。全书按朝代对荆、扬、益三州的农业、工业、商业、科学技术、城市经济以及户口、赋税、生态环境等方面进行了有益探索，是我国第一部全面系统阐述长江流域开发的开创性力作，具有很高的理论意义和学术价值。该书体大思精，屡有创获。例如，对于秦始皇修驰道，学界认为其有利于商业往来，万先生在查阅《史记》后认为这与始皇封禅书"尚农除末"不符，指出"商人都被赶到南方戍守五岭去了，秦朝根本无商业（除末）。从裴骃《集解》中，我们又发现秦驰道为'天子道'，封闭式，只有始皇封禅的车子才能通行"[1]。它如关于唐朝雇佣、雇借、和市、赀税与南朝的关系的论述、关于五代时期长江流域诸国的政策与开发的关系的论述、关于宋代长江下游圩田开发与生态环境关系的论述，以及关于明清长江流域赋役制度的论述等，也都不囿于传统的观点，提出了具有较高学术价值的新见解。还值得一提的是，先生还着力揭示经济开发与文化兴盛之间的互动关系，如老庄哲学及楚辞的出现之于战国经济的发展，南方文人的涌现之于唐宋经济的开发，明清长江流域的开发与科学技术的兴盛等，都有独到分析，给人耳目一新的感觉与启迪。该书出版后，学界给予了高度评价。有学者指出，该书"是国内外第一部全面、系统研究长江流域经济开发的学术力作"，其特点有四：一、史论结合，析理深邃；二、不囿陈说，推陈出新；三、充分利用考古资料；四、注意经济开发与文化发展之间的相互关系。[2]

---

[1] 万绳楠、庄华峰、陈梁舟：《中国长江流域开发史·序言》，黄山书社，1997年，第2页。

[2] 汪姝婕：《简评〈中国长江流域开发史〉》，《光明日报》1999年8月13日。

（四）学术普及工作

让学术走向大众，用通俗易懂的方式向人民传播优秀的历史文化，这是当代哲学社会科学界专家学者的神圣使命。在这方面，万先生为我们树立了榜样。先生不是一位象牙塔里的专业研究者，只会写高头讲章和专业论文，而是在从事学术研究的同时，十分关注学术普及工作，写了许多深入浅出、通俗易懂的图书与文章，为历史学走向大众做出了较大贡献。这也彰显了先生"经世致用"的治学理念。

20世纪五六十年代，由于当时以青少年为主要阅读对象的历史知识普及性优秀读物很少，于是以吴晗为首的一批学者组织编写了《中国历史小丛书》，万先生受邀为小丛书撰写了《文天祥》《文成公主》《隋末农民战争》几本小册子；20世纪80年代初，吴晗主编的"中国历史小丛书"恢复出版时，先生又为丛书撰写了《冼夫人》。1981年先生又出版《安徽史话》（合著）一书。先生撰写的这几册书虽是"史话"体例，具有普及推广的性质，却不乏学术性和思想性，加上文风活泼，内容生动，所以备受读者青睐。时至今日，几十年过去了，这几本小书并未过时，仍是值得一读的优秀通俗读物。

我们注意到，万先生撰写的通俗性文章，大多是其学术研究的拓展和延伸，并用通俗化的方式将其呈现出来。比如，《鲍敬言：横迈时空的预言家》一文，先生写了东晋时期鲍敬言与葛洪在栖霞山上的几次争论，其中的一次论辩先生是这样描述的："鲍、葛二人攀上了栖霞山巅。山巅风光吸引了鲍敬言，他游目四望，发出了一声慨叹：'江山谁作主，花鸟自迎春。'葛洪眼光一闪，似乎抓到了机会，应声道：'江山君为主，临民有百官。'鲍敬言也不看葛洪，只是一连摇头道：'不行，不行，不行。有君不如无君，有司不如无司……''无君无臣，天下岂不是要大乱？''不会的，先生。'鲍敬言眼里出现了异彩。'上古之世，无君无臣，民自为主，穿井而饮，耕田而食，日出而作，日入而息……势利不萌，祸乱不作，干戈不用，城池不设……但闻天下大治，不闻天下大乱。'葛洪闻言含笑道：

'老弟才高八斗,出口成章。上古之世,无君无臣,民自为主,祸乱不作,诚如弟言。但当今之世,却不可无君无臣,道理何在?老弟自明。'鲍敬言笑道:'晚生并未说现在就要把君臣废掉,但君臣必废,时间或迟或早而已。'葛洪正色道:'天不变,道亦不变。君臣之道,现在不会废,将来也不会废。'鲍敬言哂道:'先生又说天道了。晚生读百家之言,察阴阳之变,以为天地之间,但有阴阳二气。二气化生万物,决定万物的属性。万物各依其性,各附所安,乐阳则云飞,好阴则川处,无尊无卑。若论天道明阳,反足可证天地之间,本无君臣上下。君臣现在虽然存在,可以预言,将来必归于无有。一旦君臣都被取消,太平世界立可出现。''老弟思路何至于此!这是叛逆思想,太危险了!'葛洪叹惜道。'哈!哈!哈!哈!哈!'鲍敬言站在山头,向着苍穹大笑。"①又如,在《萧墙祸——侯景之乱》一文中,先生这样描写江南的繁荣景象:"秦淮河的北边有大市场一百多个。连接秦淮河南北两岸的浮桥——朱雀桁,每天天明通桁,过桥的人熙熙攘攘。商人挑着与推着商品,付了过桥税,也就可以把他们的商品运到秦淮河北岸的大小市场中去卖掉。市场里有官员,对每个商人的商品进行估价与征税。商税是梁朝朝廷的大宗收入。江南腹地经济也有起色。永嘉(今浙江温州市)成了闽中与会稽郡(今浙江绍兴市)海上交通的要埠与货物集散的中心。抚河流域的临川(今江西抚州市)成了一个新的粮仓,家家有剩余……江南变得很美。文学家写道:'暮春三月,江南草长,杂花生树,群莺乱飞。'年轻的姑娘们唱道:'朝日照北林,春花锦绣色。谁能不春思,独在机中织?'照这样下去,经济还会有发展,江南还会变得更美。可是,梁武帝老了,八十五岁了,活在世上的日子不多了,他的儿孙正在酝酿着一场争夺皇位的斗争。侯景之乱,成了这场斗争的导火索。自侯景乱起,在南方,历史的车轮突然逆转。"②在这里,先生

---

① 万绳楠:《鲍敬言:横迈时空的预言家》,载范炯主编:《伟人的困惑:古中国思想者卷》,辽宁人民出版社,1992年,第145—146页。

② 万绳楠:《萧墙祸——侯景之乱》,载范振国等撰:《历史的顿挫:古中国的悲剧·事变卷》,中州古籍出版社,1989年,第81—82页。

用准确简洁、引人入胜的文字,把从来是枯燥难读、只为业内人士独自享用的"史学",变成通俗的"讲历史",将点滴菁华烩成众多人可以分享的精神食粮,其意义自不待言。

值得一提的是,万先生在安徽区域历史的普及方面也做出了不俗的成绩。从20世纪80年代以降,先生先后发表了《"江左第一"的音乐家桓伊》(《艺谭》1981年第3期)、《睢、涣之间出文章》(《安徽日报通讯》1981年8月)、《夏朝的建立与安徽》(《安徽师大报》1981年12月16日)、《安徽是商朝的发祥地》(《安徽师大报》1982年2月22日)、《淮夷——安徽古代的重要民族》(《安徽师大报》1982年4月8日)、《安徽是相对论的故乡》(《安徽师大报》1982年6月3日)、《秦末起义与安徽》(《安徽师大报》1982年9月6日)等二十多篇文章。先生的这些文章深入浅出,兼具趣味性和叙事性,既具有深厚的学术底蕴,又充实丰富了相关问题,同时也为宣传安徽,增强安徽文化软实力做出了贡献。

三、沾溉学林:万绳楠先生的治学特色

万先生近50载甘之如饴地奉献着自己的学术智慧,积累了丰厚的治史思想和治学方法,沾被后学良多,厥功甚伟。其治学特色,概而言之,约有五端。

(一)注重运用阶级分析方法

万先生在魏晋南北朝史研究中十分注重阶级的分析,如对于孙恩起兵,先生引用《晋书》卷六十四《会稽文孝王道子传附子元显传》所记,指出司马元显"又发东土诸郡免奴为客者,号曰'乐属',移置京师,以充兵役",结果"东土嚣然,人不堪命,天下苦之矣,既而孙恩乘衅作乱"。对照《晋书》卷七十七《何充传》所记庾翼曾"悉发江、荆二州编户奴以充兵役,士、庶嗷然",先生认为,司马元显征发东土诸郡免奴为"客"者当兵,这样便大大地影响到了士庶地主的利益。"所谓'东土嚣

然'与骚动,十分明白,是士庶地主的不满,与庾翼发奴为兵,引起'士、庶嗷然'正同。"所以,先生得出结论说:(孙恩起兵)"不是农民起义,而是一次五斗米道上层士族地主利用宗教发动的、维护本身利益的反晋暴动。就阶级属性来说,是东晋淝水战后,统治阶级内部斗争的继续与扩大。"①

在讨论六镇起兵的性质时,先生也从对领导人的阶级分析出发,提出自己新的看法。他指出,"分析六镇起兵性质时,必须分析镇人中的阶级性"。他认为破六韩拔陵的起兵,"应看到它是由地位降低了的镇民发动的,且有铁勒部人参加,有起义的意义"。而后期葛荣的斗争,性质有了变化,"葛荣部下将领概非镇兵,而全是北镇上层人物"。先生认为,"六镇降户自转到葛荣手上,斗争性质便转化成为统治阶级内部的斗争,转化成为北镇鲜卑化军人集团反对洛阳汉化集团的斗争,转化成为鲜卑化和汉化乃至鲜卑人和汉人的斗争"②。先生的这些论点是值得肯定的。

(二)娴熟运用文史互证的方法

陈寅恪先生在治学方法上,为世人所称道的,是他考察问题时,从文、史、哲多种视角,博综古今、触类旁通的思考,和由此而总结的"以史证诗、以诗证史"的方法。万先生继承了陈先生的治学方法,文史结合,文史兼擅。这在当代史学工作者中是不多见的。他的许多论文,以及《曹操诗赋编年笺证》等专著,都是文史结合的产物。如曹操的《短歌行·对酒》自问世以来,仁者见仁,智者见智,褒贬不一,先生经过研究提出了此诗并非曹操一人所作的新见解,其理由有三:一是诗中"对酒当歌,人生几何,譬如朝露,去日苦多"诸句,与"老骥伏枥,志在千里,烈士暮年,壮心不已"等语相比,情调极不协调,并非一人所写;二是有些诗句如"越陌度阡,枉用相存",令人费解。曹操在这里是在对谁讲话呢?是承蒙谁的错爱("枉用相存")呢?三是全诗连贯不起来,如"何

---

① 万绳楠:《魏晋南北朝史论稿》,安徽教育出版社,1983年,第204—207页。
② 万绳楠:《魏晋南北朝史论稿》,安徽教育出版社,1983年,第294页。

以解忧，惟有杜康"，一下子转到"青青子衿，悠悠我心"，显得很突兀。带着这些问题，先生查阅《后汉书》《三国志》发现，曹操底下的众多名人（共28人）都是在建安初年来到许都的，再联系春秋战国以来，接待宾客要唱诗的事实，先生得出结论：曹操的《短歌行·对酒》是建安元年（196）在许都接待宾客时，主人与宾客在宴会上的酬唱之辞，并非曹操一人所写。①经先生如此一解读，此诗便豁然贯通了。而这种解读却是从文史结合中得来，即把此诗放到一个更大的系统中考察得来。

万先生在考证《木兰诗》《孔雀东南飞》的写作时间以及故事发生背景时，同样使用了文史互证的方法，他从社会经济发展状况入手，研究出《孔雀东南飞》创作于建安五年（200）到建安十三年（208）的九年中②，《木兰诗》则创作于太和二十年（496）到正始四年（507）的十二年中③。这样的结论是颇具说服力的。

（三）坚持用联系的观点研究问题

万先生认为，研究历史上的任何一个问题，都不能作孤立、静止的研究，因为任何事物都不能孤立存在，都与其他事物存在或多或少的联系，因此，必须充分掌握资料，注意事物之间的联系。④正是基于这样的认识，先生一直坚持用联系的观点探讨问题。如南北朝晚期，为什么由继承北周的隋朝来统一，而不由北齐或者陈朝来完成统一任务，先生对此进行了有益的探讨。先生认为，以往学界研究隋时南北的统一问题，强调的仅仅是隋文帝个人的作用，而忽视了对陈、齐、周三方复杂的外交、军事等关系及其演变过程的分析。为此先生从当时陈、齐、周三方力量的对比入手进行探讨，指出："吕梁覆车后的南北形势是：陈朝只占有长江以南的土地，军队主力被全部歼灭；北周占有的土地则北抵突厥，南抵长江，实力远远

---

① 万绳楠：《研究问题要注意事物之间的联系》，《文史哲》1987年第1期。
② 万绳楠：《魏晋南北朝文化史》，黄山书社，1989年，第152—154页。
③ 万绳楠：《魏晋南北朝文化史》，黄山书社，1989年，第187—189页。
④ 万绳楠：《研究问题要注意事物之间的联系》，《文史哲》1987年第1期。

超过陈朝……北周只要再作一两次重大攻击,就完全可以灭掉陈朝,统一无须等待隋朝。"然而为何北周没有统一呢?先生指出:"这是由于北方突厥的兴起,从周武帝起,便采取了先安定北疆而后灭陈的政策。……隋文帝在突厥问题基本得到解决,北疆基本稳定之后,出兵很容易地便灭掉了陈朝,实现了南北统一。可隋的统一,基础却是在北周时期奠定的。"①这样的分析与联系,颇具启发意义。

对于"八王之乱",人们都说是西晋的分封制造成的。先生不同意此说法,认为西晋的分封是"以郡为国",与东汉、东晋、南朝的封国制度,实质上并无区别,与西周、西汉的分封,则大不相同。他引用干宝在《晋纪总论》中所记及梁武帝的说法指出,"八王之乱,原因在于西晋的封建专制机器转动不灵,在于晋惠帝是'庸主'"。"如果仅仅从'分封'二字立论,我们就必然要犯片面性的错误"②。先生这种对事物进行具体分析,辩证地加以考察,发现其间的内在联系的研究方法,是值得肯定的。

(四)注重开展调查研究

我们知道,社会调查在史料学上占着十分重要的地位,从事社会调查,可以使文献的史料得到进一步的补充和印证。在史学研究中,万先生很注意开展调查研究工作。如20世纪六七十年代,学界在研究农民战争过程中,有学者开展了对方腊研究的学术争鸣,引起了学术界的关注。为了进一步弄清楚方腊起义的真实情况,先生等受北京文物出版社委托,于1975年初带领4名学生深入到皖南、浙西一带考察与方腊有关的历史资料。此时,先生已年过半百,他与几位二十几岁的小伙子一道跋山涉水,在歙县、绩溪、祁门、齐云山、屯溪以及浙江的淳安一带民间四处寻找方氏族谱。"纸上得来终觉浅,绝知此事要躬行。"经过近一年的不懈努力,三下徽州,历尽千辛万苦,终于找到了不少散落在各地的方氏谱牒以及碑刻材

---

① 万绳楠:《从陈、齐、周三方关系的演变看隋的统一》,《安徽师大学报(哲学社会科学版)》1985年第4期。

② 万绳楠:《研究历史要尽量避免片面性》,《光明日报》1984年5月9日。

料，这些资料大多是第一次面世，是学术界未曾注意或利用的，弥足珍贵。先生通过对这些第一手资料的研究，最后得出"方腊是安徽歙县人"的结论，推翻了历史上认为"方腊是浙江人"一说，具有重要的史料价值。这一成果很快便在当时的《红旗》杂志上发表，后又出版了《方腊起义研究》一书（安徽人民出版社，1980年），同时还发表了《关于方腊的出身和早期革命活动》[《安徽师大学报（哲学社会科学版）》1975年第3期]、《方腊是雇工出身的农民起义领袖》（《光明日报》1975年12月4日）等文章，对于深入研究方腊起义，促进学术争鸣，是有裨益的。

（五）强调开展跨学科研究

近年来，跨学科研究成为学术界关注的热点。实际上任何一项学术研究单靠本学科的知识都是无法完成的，研究者一定程度上都要借助于其他学科的知识和方法，历史研究自然不能例外。对此，万先生早在20世纪80年代就提出了开展跨学科研究的主张：

> 研究历史，知识要广一点才好，中外历史、文史哲都应当去涉猎，去掌握。研究东方文明，不联系农业与家族社会是不行的。研究孙恩、卢循起兵，不了解道教是不行的。研究玄学中的派别斗争，不分析曹魏末年政治上的派别之争是不行的，如此等等。只有纵横相连，才能左右逢源，得心应手。①

他又指出："我深感我们的史学工作者虽然研究各有重点，但无妨去涉猎中外古今的历史；虽然以研究政治经济史为方向，但无妨去学一点文学史、宗教史、思想史。有时候一个问题的解决，有待于运用经、政、文三结合或文、史两结合的方法，以求互相发明。"② 作为一个历史学家，先生闳博淹通，能娴熟地将哲学、文学、政治学、经济学等学科的研究方

---

① 万绳楠：《研究问题要注意事物之间的联系》，《文史哲》1987年第1期。

② 万绳楠：《史学方法新思考》，《社会科学家》1989年第4期。

法运用于历史研究当中,从而在跨学科研究方面为我们树立了典范。

先生之风,山高水长。万先生作为当代著名的历史学家,其在史学研究领域的卓越成就,绝非本文所能尽述。我们回顾先生近50年走过的治学道路不难发现,先生非凡的学术成就固然缘于其过人的禀赋,但最主要的还是得益于其心无旁骛、奋发进取的品格,得益于其独立思考、勇于创新的精神。他留下的数百万言学术论著,以及他的治学精神和治学方法,对后学而言是一笔宝贵的精神财富,我们应继承好先生躬耕一生不舍昼夜的学人精神,专心致志,踔厉奋发,努力多出成果,出好成果,这应是今天纪念先生应有的题中之义。

(作者系安徽师范大学历史学院二级教授、博士生导师)

整理说明

一、为保存和反映万绳楠先生的学术研究成果及其对中国古代史研究的重要贡献，兹整理编辑出版《万绳楠全集》。

二、全集分卷收录万绳楠先生所撰写的专著、论文、科普文章、小说等文字。由于作者写作时间近50年，中经战乱及运动影响，部分早期文章未能查到原文，只好暂付阙如，待将来查考后再作补遗。

三、全集编排原则为：专著、整本小说，仍作整体收入，不打乱原书；论文及科普文章，大体依所撰内容时代编排，并经编委会讨论后命名为《中国古代史论集（一）》《中国古代史论集（二）》；至于其他书信、诗歌、序跋等文字今后将另编补遗之卷以彰学术成就。

四、全集整理编辑已发表过的著作、论文等，正文部分以保存作者著述原貌为原则，即有关撰著形式、行文风格及用词习惯等均尽量尊重原作，仅对错讹之处进行修改。

五、全集注释体例在遵循著述原貌的基础上，分作夹注与页下注两类。在核查文献史料原文后，尽量写明版本、卷帙、页码等信息，以便读者阅读、查考。所核文献均取用万绳楠先生去世以前版本，以存其真。

六、为尽可能准确反映万绳楠先生的学术思想，全集整理编辑过程中，尽量对所收论著与可见到的作者原稿相核校，或与已出版、发表后作者亲笔修改之处相修正，凡此改动之处，限于体例，不再逐一作出校改说明。

七、尽管编者已尽力核校全集文字,但囿于学识、水平及条件所限,其中仍难免出现讹误之处,责任理应由编者承担,并欢迎各位读者来信指正,以便将来修订重版。

编 者

2023 年 10 月

序 言

在考虑写《中国长江流域开发史》时与在写作进程中，遇到不少问题。

其一，石器时代的写法问题。我们认为在摩尔根等人研究的基础上，恩格斯写的《家庭、私有制和国家的起源》一书，不失为研究长江流域石器时代开发的一本有指导意义的著作。因此紧扣这本书，进行了分期论证。

其二，《尚书·禹贡》提到荆、扬二州贡物时，有"金三品"的记载，而他州无之。又江西清江发现了商代的青铜器，经过我们调查研究，实可与商代北方青铜器比美。器上花纹，人们以为有北方花纹，因而认为南方青铜器为承袭北方发展而来。其实，时间既然同属商朝，难道不可谓北方青铜器承袭南方而来？这或许难令人同意，但北方用以制造青铜器的原料，为荆、扬二州所贡的"金三品"，则《尚书》有明文。湖北大冶发现了古铜矿与作坊，江西考古诸先生甚至以为清江一带曾建立与商朝并峙的王国。据此，我们确立了一个实事求是的原则，既不夸张也不贬低长江流域青铜器时代的开发，该辩处则辩之。

其三，人们往往认为统一的时候光明，分裂的时候黑暗。然而，事实上战国时代经济文化很发达，而秦朝则二世而亡；三国魏、蜀、吴政治、经济状况，较之汉末与招致"五胡乱华"的西晋要好。晋南北朝曾被称为"黑暗时代"，而江南的开发却在东晋南朝的时候。更有进者，汉初"七国之乱"的吴国，据《史记》《汉书》记载，却是一个连赋税也不起征的经济很发达的地方。因此，我们认为论开发，重要的是看政策，不是看统一或分裂。恩格斯在《致康拉德·施米特》的信中说："国家权力对于经济发展的反作用可能有三种：它可以沿着同一方向起作用，在这种情况下就会发展得比较快；它可以沿着相反方向起作用，在这种情况下它现在在每个大民族中经过一定的时期就都要遭到崩溃；或者是它可以阻碍经济发展沿着某些方向走，而推动它沿着另一种方向走，这第三种情况归根到底还是归结为前两种情况中一种。但是很明显，在第二和第三种情况下，政治权力能给经济发展造成巨大的损害，并能引起大量人力和物力的浪费。"用恩格斯说的第二和第三种情况来解释秦二世而亡，就知其症结所在了。恩格斯所说的三种情况，便是从政策立论。

其四，官营和民营的问题。人们往往称赞汉武帝的官办盐、铁政策，而事实上官家制造的盐铁质量低劣，"苦恶"；为经营盐铁而掀起的"杨可告缗"，造成"中家以上皆破"之局，这显然不利于社会经济的发展。王莽进一步宣布"王田"制，实行"五均""六筦"，结果招致了绿林、赤眉的起兵反抗。为此，我们认为写开发史，不仅要实事求是，而且要掌握历史规律与当时历史发展的趋势，不能随意比附。写汉武、王莽的官营政策是这样，写明清资本主义的萌芽也是这样。该否定的否定，该肯定的肯定。

其五，学术性问题。在论证某一问题的时候，必须根据历史文献、考古材料，不能人云亦云，以为没有问题，匆忙写下去。如秦始皇修驰道，人们认为对商业往来有利，在写驰道时，我们强调必须先查《史记》而后着笔。结果，发现了在始皇的封禅书中，有"尚农除末"的话，商人都被赶到南方戍守五岭去了，秦朝根本无商业（除末）。从裴骃《集解》中，我们又发现秦驰道为"天子道"，封闭式，只有始皇封禅的车子才能通行。这项要求查考第一手资料的提出，不仅防止了错误，而且提高了学术性。换言之，即必须做到"言必有据"，运用第一手材料立论，不能用第二手、第三手材料，不能怕麻烦、费力气，以致沿袭前人的错误。一些前人未解决的问题，如湖南"虎食人卣"含义，要求尽可能依据资料解决。

其六，兴废问题。人们往往从通史著作得出一个错觉，以为一朝比一朝发展，前一朝写进步了，后一朝就不好写了。其实，如其他一切事物的发展一样，历史的发展并不是直线式的，而是曲线式的，有进步也有后退，有繁荣也有衰落，有兴也有废，有发展也有顿挫。特别在君主专制时代，反复性很强烈。譬如在南朝出现的雇佃、雇借、和市、赀税，到唐朝有所发展，而宋时雇佃没有了，完全变成租佃，主客户的关系成为地主与佃户的关系，这便是顿挫、倒退。明清资本主义萌芽，雇佣劳动以新的面貌出现，这又是发展。历史发展的总趋势是前进的，但绝不是说某一阶段或某一时期无曲折、起伏。为此，我们强调了写开发史，必须体现其波浪形、曲折性，阐明其因果关系。

其七，范围问题。主要是写荆、扬、益三州。需联系的如福建建安，原为会稽郡南部都尉所治，属于扬州，可一并论述。但绝不能将长江流域开发史写成中国经济发展史。例如写唐朝，不能在初期均田制上做文章，但像庸法与和雇有关，可以提及，主要应写中后期长江流域的庄园制与长江流域的开发情况。但有些看来是全国性的，其起源却在长江流域，应该抓住详写。如东汉耒阳人蔡伦最早用树皮造纸，雕版印刷起源于杭州、成都民间，都应大书特书。这里面牵涉到考古与文献资料，须作考证与有说服力的说明。总之，必须紧扣长江流域而又有根有据写出它的开发状况。

写开发主要是写农业、工业、商业和科学技术，各个时期有各个时期的特点与侧重面。文化写不写？我们以为如与经济开发有关，可以写，否则不写。例如战国老庄哲学的形成与楚辞的出现，唐宋南方文人的涌现，显然与南方经济的发展有关，便可以一述，以明经济发展与文化发展之间的关系。如果一种文化思想起到了促进经济开发与发展的作用，那就更应该写。如越国计然的重商主义，便应当作重点来写。

概而言之，我们是想通过以上七点考虑，把本书写成一部理论意义、学术价值都较好的作品，以期对长江流域的开发事业有所裨益。

附记：

本稿由万绳楠教授主编，自石器时代至唐朝由万绳楠撰写，自五代至元朝由庄华峰副教授撰写，明清由陈梁舟先生撰写。

万绳楠

1996.1

目 录

第一章　石器时代长江流域的开发 ·················· 1

　　第一节　长江流域的旧石器时代 ·················· 1
　　第二节　长江流域的新石器时代 ·················· 9
　　第三节　社会状况的理论推测 ·················· 23

第二章　长江流域文明时代的到临 ·················· 32

　　第一节　文明时代到临的理论说明与文献记录 ·················· 32
　　第二节　文明时代到临的地下证据 ·················· 40
　　第三节　吴、楚、巴、蜀等国家的出现 ·················· 55

第三章　列国时代长江流域经济、文化的突飞猛进及所遭受的挫折 ·················· 67

　　第一节　楚国的勃兴与顿挫 ·················· 67
　　第二节　吴、越二国相继兴起与灭亡 ·················· 76

第三节　列国时代巴、蜀经济的开发 …………………………83
  第四节　列国时代长江流域文化高潮的到来 …………………91

第四章　秦汉时代长江流域经济开发的曲折性……………………105

  第一节　秦时长江流域经济开发与文化发展的顿挫 …………105
  第二节　西汉前期社会的复苏与长江流域开发的重振 ………118
  第三节　汉武帝的盐铁官营政策与王莽改制对长江流域经济开发的
　　　　　影响 ………………………………………………………123
  第四节　东汉长江流域经济开发的进展，末年的大破坏 ……129

第五章　魏晋南北朝时期长江流域经济的迅速发展与几度猝然
　　　　　跌落 ……………………………………………………………149

  第一节　孙吴时期长江中下游与海外航运事业的重大发展 …149
  第二节　长江中下游魏、吴控制区农业的振兴与发展 ………157
  第三节　诸葛亮的治实精神与益州经济的重振 ………………164
  第四节　西晋时期历史的顿挫 …………………………………170
  第五节　江东侨郡县的建立及其政策 …………………………175
  第六节　江东沿江地区与内地各郡经济的开发 ………………187
  第七节　占山格与江南庄园经济的发展 ………………………197
  第八节　江、湘、荆、雍、郢等州开发的进展与持续 ………204
  第九节　科学技术的进步 ………………………………………217
  第十节　南北朝末叶与隋时长江流域经济开发的再次受挫 …221

第六章 唐和五代长江流域开发的继续发展与经济重心的逐渐南移······233

  第一节 唐代对南北朝已经出现的几项重要制度的接受······233
  第二节 长江流域农田水利的继续开发······241
  第三节 长江流域茶叶的开发与所遭挫折(附蔗糖)······251
  第四节 长江流域白纻与红绫的开发(附纸张)······257
  第五节 长江流域海盐、井盐与铜铁金银等矿的开发······264
  第六节 扬州等城市的兴起,工商业的新发展······273
  第七节 雕版印刷术的发明,文化重心的南移······285
  第八节 五代时期长江下游经济的重振与发展······295
  第九节 五代时期长江中上游经济的重振与发展······311

第七章 宋元时期长江流域经济的开发问题······326

  第一节 宋代的农业政策及水土资源的开发······326
  第二节 粮食种植业的发展与经济作物种植的扩大······347
  第三节 手工业的开发······370
  第四节 商业的开发······400
  第五节 四大发明在长江流域的完成······432
  附:文化重心的进一步南移······453

第八章 明清时期长江流域经济开发的新发展及其艰难曲折性······457

  第一节 明清两朝初期社会经济的残破及对策······457

第二节 赋役制度的调整与改革 …………………………………… 474

第三节 土地与水利资源的进一步利用 …………………………… 486

第四节 劳动力资源开发问题 ……………………………………… 499

第五节 纺织、制瓷、造纸、制盐等业 …………………………… 508

第六节 采矿业和矿业资源的开发 ………………………………… 527

第七节 明清之际长江流域资本主义的萌芽与缓慢发展 ………… 557

第八节 明清长江流域地区的科学文化 …………………………… 583

编后记 ……………………………………………………………………… 599

第一章　石器时代长江流域的开发

与黄河流域一样，长江流域也有它自己的石器时代与人类，论文化并不比黄河流域逊色。下分旧石器与新石器二时代论述。

第一节　长江流域的旧石器时代

首先是猿人。迄今为止，在安徽和县、湖北郧阳、河南南召都发现了猿人化石。另在湖北的大冶东北石龙山的南坡，发现一处洞穴遗址，虽无猿人化石，但从石器与动物化石来看，此处人类当与猿人生活的时代同步，即同属于旧石器时代早期。

最重要的是安徽和县猿人完整的头盖骨的发现。

1980年，在安徽省和县陶店镇汪家山的龙潭洞棕红色砂质粘土层，发现一个较完整的头盖骨，一块左下颌骨，还有5颗单个牙齿，代表着3个不同的个体。

经鉴定，头盖骨的特征是骨壁较厚，顶骨结节部位厚达11厘米，颅骨较宽，最宽点在两耳平面，额顶略短于顶骨而且比较低平，顶骨的矢状脊较明显，眉骨特别粗壮，两侧连成一条突出的横脊，两侧平缓，眉脊与额部之间以浅沟相连，有较发达的枕骨圆枕。此头骨为一男性个体。

伴随猿人化石出土的动物化石约有40种。其中有华南类型的东方剑齿象、大熊猫、小型猪、中国貘，华北类型的肿骨大角鹿、葛氏斑鹿、棕熊、大河狸、剑齿虎、中国鬣狗，以及华东特有的四不像鹿、扬子鳄等。

另外伴随出土的还有打制的石器、骨器，火烧的骨头与灰烬等。

和县猿人生活的时代，经鉴定，与北京猿人相近。

和县猿人的发现，是一个划时代的发现，它说明在四五十万年前，长江下游便有了人类，与华北的人类在同一个水平上进行生产与生活活动。火烧骨头与灰烬说明和县猿人已知用火。

长江流域其他地带如何？

1975年，在湖北郧县梅铺的龙骨洞，发现了3颗猿人牙齿化石。其中门齿比较硕大，齿冠两侧缘向内卷起，臼齿粗壮。经鉴定，这些特征与北京猿人相似，应属于旧石器时代早期。

与猿人化石一同出土的动物化石有剑齿虎、大熊猫、乳齿象、剑齿象、桑氏鬣狗等。

1976年，在湖北郧西县神雾岭白龙洞，又发现2颗猿人牙齿化石。特点与郧县出土的猿人牙齿化石相近。伴随出土的还有大熊猫和东方剑齿象等动物化石。

郧县、郧西县均在汉水上游、秦岭以南。这一带猿人化石和许多动物化石的发现，对于研究我国南北交界地区人类的起源与动植物的分布，有极重要的意义。

此外，1978年在汉水支流上的南召县（现属河南省）云阳镇杏花山，还发现了一颗青年个体的第二前臼齿化石。齿冠硕大，沟纹明显，具有旧石器时代早期猿人牙齿特征。伴随出土的有剑齿象、剑齿虎、肿骨鹿和中国鬣狗等动物化石。

在杏花山西面约3公里的小空山，也发现了一处旧石器时代早期的洞穴遗址，有灰烬和打制的石器。小空山虽无猿人化石的发现，但灰烬的发现却补充了邻近杏花山发现的不足之处。灰烬表明这一带的猿人与和县猿人一样，懂得了使用火。

1971年，在湖北省长江南岸的大冶石龙山的南坡，发现了一处旧石器时代早期人类活动的遗址，有打制的石器和动物化石。动物化石有大熊猫、剑齿虎、豪猪、中国犀牛、鬣狗与斑鹿等。这一处的发现很重要，因为它说明了长江南岸早在旧石器时代初期就有人类活动。

这里，我想提一下云南元谋猿人的化石。

元谋县地处金沙江南岸，金沙江为长江上游，元谋人应是生活于长江上游南岸的猿人。论长江流域的旧石器时代，不能弃置云南元谋猿人。

元谋猿人化石是1965年发现的，仅有2颗猿人的左右上内侧门齿，同属于一个青年男性个体。牙齿形态与北京猿人牙齿基本相同，或更原始些。

伴随元谋猿人出土的打制石器有7件，动物化石有28种。根据元谋猿人出土地方的沉淀物地层和哺乳动物化石分析与古地磁法的测定，年代为距今170±10万年。

元谋猿人化石的出土，说明长江上游人类文化起步时间与和县猿人、北京猿人一致。

大约距今（1997年）二三十年前，人类的体质由猿人阶段发展到了智人阶段。智人分为早期智人和晚期智人，早期智人也称为"古人"，晚期智人也称为"新人"或"真人"。自猿人到真人是一个经历几十万年的缓慢发展阶段。从石器来说，约当旧石器时代的中晚期。

早期智人的特征：脑壳逐渐变薄，脑量逐渐增大，前额增高，眉脊骨小而平，嘴部不像"猿人"那样突出，腿骨弯曲度较小。从猿人遗留下来的原始体质的特征，虽然还没有完全消失，但已经向前发展了一大步。

1956年，在长江流域湖北省长阳县的下钟家湾附近的一个洞穴中，发现一块带有两颗牙齿的人的下颌骨碎块。其特征：吻部不甚向前突出，上颌骨的倾斜度没有北京猿人明显，但还有一些原始性。1980年，又在长阳县城龙舟坪对岸果酒岸的一个岩层下，发现了古人类的头骨与肢骨化石。头骨包括额骨、左右顶骨、颞骨、蝶骨、颧骨、枕骨等，肢骨包括左肱骨和左右肢骨等。其特点：头骨壁较厚，肢骨髓腔较小，臼齿较粗壮，下颌角较大。两处发现的人骨化石，被称为"长阳人"。

下钟家湾有动物化石伴随人骨化石出土。动物化石有剑齿象、中国犀、中国鬣狗、虎与熊猫等。

经鉴定，长阳人为生活在旧石器时代中期的早期智人。

1980年，陕西汉中地区梁山龙岗寺发现旧石器。龙岗寺位于梁山伸向江汉平原的山麓地带。在这里，地面上就散布着打制的石器。龙岗寺旧石器大都比较定型了，种类有尖状器、刮削器、砍砸器和石球等。其中以刮削器为最多。尖状器中又可分为三棱大尖状器、手斧式尖状器与四棱尖状器。这与山西省丁村人遗址和许家窑人遗址发现的旧石器相近，二者同为生活于旧石器时代中期的早期智人的遗物。

在打制石器的过程中，因两石对击而生火，这样就导致了人工取火方法的发明。这种发明，在和县猿人时期已经出现。经过几十万年的经验积累，到早期智人时期，当更能掌握这种技术，并运用到实际生活中去。这种技术被叫作"摩擦生火"。摩擦生火第一次使人支配一种自然力，从而使人最终摆脱了茹毛饮血的生活与猿人的体质，向晚期智人即新人、真人迈进。

在长江流域，旧石器时代晚期智人化石也有发现。这就是四川资阳人骨化石和江苏下草湾人骨化石。

1951年，在四川资阳城南的黄鳝溪砂砾层中，发现一个老年女性的头骨颅顶部分和一块硬腭骨的化石。头骨较高，最宽处在两侧顶结节的地方。冠状缝和矢状缝的锯齿纹较简单，与现代人很相似。眉骨较发达，两内侧端几乎相连，前囟点位置较现代人靠后，颞骨蝶部较低缓而平整，弯曲度不如现代人。考古界对于资阳人的年代有不同的看法，但一般认为属于旧石器晚期的新人类型。

1954年，在江苏省泗洪县下草湾，又发现半段右侧股骨化石。股骨较直，骨壁较厚。其支数与北京周口店山顶洞人接近。经鉴定，应属旧石器时代晚期智人化石。

资阳在长江上游，泗洪在长江下游，这两处发现说明与北方山顶洞人一样，长江流域上下游在距今四五万年前普遍进入了晚期智人即新人或真人时代。

资阳和泗洪未发现石器,但在四川汉源县的富林镇与铜梁县的张二塘都发现了属于旧石器时代晚期真人所使用的石器。

考古学家在富林发现了大量的打制石器以及火烧灰烬、木炭、烧骨和动物化石。石料以燧石为主,并有石英、水晶、砂岩、花岗石等。石器的制法以锤击法居多,少量为砸击法。石器中以小石核、小石片为主,种类有刮削器、尖状器、砍砸器和雕刻器等。伴随出土的动物化石有小熊、野猪、鹿和麂等,并有一些软体动物化石。石器形制,考古学家认为与华北旧石器时代晚期河南安阳小南海出土的石器接近。

考古学家在张二塘乌木层发掘出了打制石器300余件和一些动物化石。石料以石英岩为主,打制方法主要为锤击法,次为碰砧法。其中多数是复向第二步加工,次为背面加工,也有错向加工。石器种类以刮削器为主,并有砍砸器与尖状器。有些石器加工细致,形制比较规整,如"锛形砍砸器""有肩尖状器",制作就相当规整而锋利。伴随出土的动物化石有东方剑齿象、中国犀、印度象、巨貘、水牛、黑鹿、羊、熊等。其时代经考古学家对乌木层(泥炭层)层土的测定,为距今 21550 ± 310 年,属于旧石器时代晚期。

另在云南省元谋县的白龙江两岸,也曾有旧石器时代晚期用锤击法打制的石器出土。

以上说的是长江流域旧石器时代人类发展的三个阶段:猿人、早期智人与晚期智人(新人、真人)。约当旧石器时代早、中、晚三期。

那时候的长江两岸,森林茂密,河水纵横,湖泊萦带,芦苇丛生,凶猛的野兽在林中嘶吼,扬子鳄鱼在江中穿行,人类生活的艰苦可想而知。他们究竟过的是一种什么生活呢?

恩格斯曾在《家庭、私有制和国家的起源》这本书中说到蒙昧时代中级阶段从何开始。他说:

> 从采用鱼类(虾类、贝壳类及其他水栖动物都包括在内)作为食物和使用火开始……石器时代早期的粗制的、未加磨制的石器,即所

谓旧石器时代的石器（这些石器完全属于或大部分都属于这一阶段）遍布于一切大陆上。①

这里说了三事：渔猎、使用火、未加磨制的旧石器。

恩格斯曾用弓箭的发明来区分人类蒙昧时代的中级阶段和高级阶段。在我国长江流域，在旧石器时代，无论早、中、晚期，均无石镞出土。华北旧石器时代晚期遗址中，也只个别遗址有石镞。因此，我们可以说长江流域旧石器时代自猿人到早期智人和晚期智人，一直处在蒙昧时代的中级阶段。但也要看到在旧石器时代早期和县猿人遗址与河南南召猿人遗址中，已发现有火烧骨头与灰烬，表明早在旧石器时代早期，长江流域的人们便已掌握了使用火或取火的本领。长江流域江河湖泊处处都有，比之于北方，更适宜于人们采用鱼类作为食物。凭借未加磨制的石器与取火的本领，在与森林中的猛兽、与江水中的鳄鱼斗争中，长江流域的人们总算度过了蒙昧时代的中级阶段。这段时间达几十万年之久，真可谓长夜漫漫。

由于自然条件的艰苦，当时人们是不能离群独立生活的，于是有了群体或社会组织。恩格斯按照摩尔根所说，在《家庭、私有制和国家的起源》中写到人类大概很早就从杂乱性交关系中发展出了几种家庭形式。而最早的形式为"血缘家庭"。恩格斯写道：

血缘家庭——这是家庭的第一个阶段。在这里，婚姻集团是按照辈数来划分的：在家庭范围以内的所有祖父和祖母，都互为夫妻；他们的子女，即父亲和母亲，也是如此；同样，后者的子女，构成第三个共同夫妻圈子。而他们的子女，即第一个集团的曾孙和曾孙女们，又构成第四个圈子。这样，这一家庭形式中，仅仅排斥了祖先和子孙之间、双亲和子女之间互为夫妻的权利和义务（用现代的说法）……这种家庭的典型形式，应该是一对配偶的子孙中每一代都互为兄弟姊

---

① [德]恩格斯著，中共中央马克思恩格斯列宁斯大林著作编译局译：《家庭、私有制和国家的起源》，人民出版社，1976年，第20页。

妹，正因为如此，也互为夫妻。①

这即是说：家庭的第一个阶段，婚姻集团是按照辈数来划分的。对原始状态杂乱的性交关系而言，血缘家庭作为社会组织第一个形式出现，无疑是一个大进步，但仍处在血缘群婚阶段中。

由血缘家庭向前发展，经过漫长的时期，在家庭组织上出现了又一个进步，即"普那路亚家庭"的产生。普那路亚即亲密的同伴，亦即伙伴的意思。恩格斯说：

> 如果说家庭组织上的第一个进步在于排除了父母和子女之间相互的性交关系，那末，第二个进步就在于对于姊妹和兄弟也排除了这种关系。这一进步，由于当事者的年龄比较接近，所以比第一个进步重要得多，但也困难得多。这一进步是逐渐实现的，大概先从排除同胞的（即母方的）兄弟和姊妹之间的性交关系开始，起初是在个别场合，以后逐渐成为惯例，……按照摩尔根的看法，这一进步可以作为"自然选择原则是在怎样发生作用的最好例证"。②

这一自然选择，使血缘家庭进步到了普那路亚家庭，换句话说，即由血缘家庭内部的群婚进至族外的群婚。这不仅导致了血缘家庭的破坏，而且导致了氏族的形成。恩格斯继续说：

> 这一进步的影响有多么强大，可以由氏族的建立来作证明；氏族就是由这一进步直接引起的，而且远远超出了最初的目的，它构成地

---

① ［德］恩格斯著，中共中央马克思恩格斯列宁斯大林著作编译局译：《家庭、私有制和国家的起源》，人民出版社，1976年，第33—34页。
② ［德］恩格斯著，中共中央马克思恩格斯列宁斯大林著作编译局译：《家庭、私有制和国家的起源》，人民出版社，1976年，第35页。

球上即使不是所有的也是多数的野蛮民族的社会制度的基础。[①]

在族外群婚下，世系虽然仍旧只能从母亲方面来确定，但毕竟与族内群婚不同了。在一个由一群姊妹连同她们的子女以及她们母方的同胞兄弟和血统较远的兄弟所组成的集团中，那些姊妹的丈夫们，已经不能是她们的兄弟，不能与她们同出于一个女祖先，不能与她们同属于一个血缘亲属集团。但那些姊妹与丈夫所生的子女，却属于这个集团。这是因为当时只有唯一确知的母方世系才具有决定的作用。

于是，恩格斯又继续说：

> 自一切兄弟和姊妹间，甚至母方最远的旁系亲属间的性交关系的禁例一经确立，上述的集团便转化为氏族了，换言之，即组成一个确定的、彼此不能结婚的女系血缘亲属集团。[②]

氏族在何时发生？恩格斯清楚地说道：

> 氏族在蒙昧时代中级阶段发生，在高级阶段继续发展起来，就我们所有的资料来判断，到了野蛮时代低级阶段，它便达到了全盛时代。[③]

很明白，氏族是在蒙昧时代中级阶段发生的。

这就可以解说我国长江流域旧石器时代的人们，虽然仍处于蒙昧时代的中级阶段，但至少可以说到旧石器时代晚期即真人时期，社会组织形式

---

① [德]恩格斯著，中共中央马克思恩格斯列宁斯大林著作编译局译：《家庭、私有制和国家的起源》，人民出版社，1976年，第35页。

② [德]恩格斯著，中共中央马克思恩格斯列宁斯大林著作编译局译：《家庭、私有制和国家的起源》，人民出版社，1976年，第39页。

③ [德]恩格斯著，中共中央马克思恩格斯列宁斯大林著作编译局译：《家庭、私有制和国家的起源》，人民出版社，1976年，第155页。

已达到普那路亚家庭阶段,并从其中发展出了氏族组织。而此所谓氏族,仍是女系氏族或母权制氏族。

普那路亚家庭"是群婚的最高发展阶段"[①]。氏族由普那路亚家庭中直接发生。但在蒙昧时代的中级阶段,氏族还只是刚刚发生而已。其发展要等待弓箭发明进入蒙昧时代高级阶段之时。这在我国长江流域,要待新石器时代来到。而这一时代,毕竟来到了。

第二节　长江流域的新石器时代

新石器时代的出现,有人称之是一场"新石器革命"。原来的渔猎与采集经济,到这个时代发展成为饲养家畜与农耕生产。原来的打制石器,到这个时代发展成为磨制的石器,斧、锛、凿、铲、石楔、石犁次第出现。原来所没有的陶器,这时发明出来。原来穴居野外的生活,这时开始变为筑房定居。原来缝制树叶、兽皮为衣,这时有了陶纺轮、石纺轮和纺织品出现。这一切说明新石器时代的人们,无论是在生产上还是在生活上,比之于旧石器时代,都有了长足的进步。

长江流域,包括四川东部、湖北、湖南、河南西南部、江西、安徽、江苏、浙江的一部分,都有新石器时代文化遗址发现。现就长江中下游两岸此类文化遗址的分布与所属时代的早晚,述之如下。

1.澧县彭头山新石器时代早期文化遗存

澧县位于湖南省东北、长江中游南岸的洞庭湖区。已发现的遗址除见于澧县大坪乡彭头山之外,还见于李家岗等一些地方。

考古学家认为彭头山出土的陶器,陶质以砂质和泥质夹炭为主,陶色多呈红褐和灰褐,胎壁薄厚不匀,纹饰以拍印和压印的绳纹为主。纹饰整体错乱,不甚规则。陶器都是手制,火候很低。所见陶器都是圜底,不见三足器、圈足器和平底器。这些情况反映了彭头山陶器尚较原始的特征,

---

① [德]恩格斯著,中共中央马克思恩格斯列宁斯大林著作编译局译:《家庭、私有制和国家的起源》,人民出版社,1976年,第43页。

与澧县三元宫、丁家岗出土的属于大溪文化的陶器比较，年代要早多了。彭头山文化应属于新石器时代早期文化，接下来便是大溪文化了。

2.大溪文化

大溪属于四川省巫山县。大溪文化因大溪遗址而得名，但非发现于大溪一地。此类文化遗址，已发现的除了大溪以外，在巫山县城、湖北秭归朝天嘴、宜昌杨家湾、清水滩、宜都红花套、枝江关庙山、江陵毛家山、松滋桂花树、公安王家岗，湖南澧县三元宫、丁家岗与安乡汤家岗等地，都有发现。

大溪文化有早晚之分，其中，晚期年代距今6000—5000多年，大体与黄河中游地区的仰韶文化中期相当或稍早，属于新石器时代中期。

大溪文化表现出以下一些特征：

经济生活。以农业生产为主，兼营畜牧与渔猎。农业生产又以种水稻为主。如在大溪文化房屋建筑遗迹的红烧土块中，夹杂着大量稻谷壳与稻末。在大溪文化的部分陶器胎质中，发现有用稻壳作为羼和料的。湖北红花套遗址中出土的稻壳，经鉴定属于粳稻。

又在大溪文化遗址中发现有牛、羊、猪等家畜与野生动物、鱼类的遗骸，还有矛、镞等狩猎工具。

村落遗址。房屋建筑方式有半地穴式和地面建筑两种。红花套和关庙山遗址中发现的房屋有圆形、方形和长方形。房屋的筑造，一般是在房基周围先立柱或挖槽立柱，然后在柱与柱间捆绑编织的竹片或竹竿作为墙的骨架，内外再涂抹草拌泥。房屋内的地面上有柱洞，埋置木柱以支撑房顶。室内地面的铺法是先铺垫一层红烧土块，再涂细泥面并用火烘烤。房门外有门道，门道两侧有小柱洞。特别是有些房屋前面还有防雨的檐廊设施。

灰坑。多为圆竖井形，也有一些椭圆形和不规则形的。挖筑较规整的灰坑原先应是作为储存东西的窖穴。

工具。以石器数量为最多，除年代偏早的遗址中还有少量打制的以外，多数都是经过精制细磨的石器，棱角分明，刃部锋利。种类有铲、斧、凿、锛、矛、镞等。还发现一些骨矛、骨镞、陶纺轮。

陶器。陶质以砂质红陶和泥质红陶为主，其次是灰陶与黑陶，并有少量白陶。陶器都是手制，火候较低。陶器表面的纹饰有戳印纹、弦纹、刻划纹、附加堆纹、镂刻纹和彩绘。戳印纹是大溪文化陶器花纹中独具风格的一种纹饰，它是在制作陶坯时用圆形、半圆形等印模拍印上去的，拍印部位往往在陶器的圈足部分。彩陶不多，一般是用黑彩或赭彩在涂有陶衣的红陶器表面绘出花纹，也有在白陶衣上绘出黑彩或红彩花纹的。彩陶纹样有绞索纹、平行线纹、菱纹、回纹、锯齿纹、旋涡纹、谷穗纹等，器类以筒形彩陶瓶和薄胎（近似蛋壳）单耳彩陶杯为主，造型大方，是大溪文化中很具有代表性的陶器。另，墓葬中尚发现有象牙手镯。

3.屈家岭文化

屈家岭文化因首先发现于湖北省京山屈家岭而得名。屈家岭文化直接承袭当地的大溪文化发展而来。其分布范围以江汉平原为中心，南到湖南北部澧县三元宫遗址，北到河南西南部淅川下王岗、黄楝树、下集、唐河寨茨岗等遗址。年代经考古学家测定，为距今5000—4000年，大体和黄河中游的仰韶文化晚期及龙山文化早期相当，属于新石器时代中晚期。

屈家岭文化表现出以下一些特征：

经济生活。以种植水稻为主，兼营畜牧与渔猎。在屈家岭文化遗址的许多房屋墙壁和红烧土块内，都发现夹杂有不少的稻草和稻壳。据鉴定，稻谷颗粒大，属于粳稻，与现在长江流域种植的粳稻品种相近。另外还发现饲养的猪、狗、羊等家畜骨骸。

村落遗址。屈家岭村落遗址内房屋建筑已具有比较完整的结构，多为地面建筑，有方形和长方形的，有单间和套间的，也有排房。有些房屋的门外有架棚。房屋的筑法一般是先在墙基下面挖出基础槽，然后在槽内埋置立柱，填土夯实。为了防止立柱下沉，往往在立柱底部铺垫碎陶片作为柱基。房屋墙壁用草拌泥或红烧土块构筑，并在墙的内外用泥涂抹。房内地面多用烧红土块铺垫，再用泥涂抹，也有在地面上涂抹白灰面或铺设竹篾的。多数房屋的地面上筑有灶台或火塘。有些房内地面上还有支撑房顶立柱的柱洞。

灰坑。有圆竖井形与口部大于底部的圜底形。前一种灰坑可能用于储藏东西。其中最大的灰坑口径为1.9~2米，深1.5~1.8米。发掘时坑内都填满灰土和陶片等遗物。

工具。石器都是磨制的。早期磨制较粗糙，晚期较细致。种类有铲、斧、锛、凿、锄、镰、镞、纺轮等。有些石铲和石斧的中部钻有圆孔。还发现一些骨铲、骨镞、陶弹丸与陶纺轮等。陶纺轮上多有彩绘图案，颇具代表性。

陶器。以砂质和泥质陶为多，黑陶次之，红陶与黄陶更次之。砂质陶内除掺有砂粒外，也有掺碎陶末和稻壳的。陶器的制法仍以手制为主，但多经过慢轮修整。器表以素面磨光者居多，也有一些饰有篦点纹、弦纹、划纹、瓦棱纹与镂刻纹。彩陶是在泥质红陶、灰陶和黑陶表面先涂上一层同色的陶衣，然后用不同的色彩在器表通体或上部绘出平行线纹、方格纹等图案。其中陶胎薄、制作精致、彩色鲜艳的蛋壳彩陶杯和高柄壶，是屈家岭文化中的艺术珍品。陶器以圈足器最有特色，数量也多，且圈足上多有镂刻花纹。其中曲腹宽足鼎、曲腹圈足豆、曲腹圈足碗和高柄彩陶壶等，是屈家岭文化中具有代表性的陶器。

4. 湖北龙山文化（湖北青龙泉三期文化）

湖北青龙泉三期（即上层）文化的器物特征，有许多与黄河中下游地区的龙山文化相近似，但也有明显的地域性。因首先发现于湖北省郧县青龙泉遗址三期，所以称作青龙泉三期文化，一称湖北龙山文化。此类文化分布范围与屈家岭文化分布范围略同。已发掘的，主要有郧县青龙泉、郧县大寺、均县乱石堆、房县七里河、孝感碧公台、涨水庙、天门石家河、当阳季家湖、江陵泰家台、张家山、蕲春易家山、松滋桂花树、河南淅川下王岗等遗址。年代据考古学家测定，约距今4000年。

湖北青龙泉三期文化表现出以下一些特征：

经济生活。以种植稻谷的农业生产为主，兼营渔猎与畜牧。考古学家在该地区发现的许多青龙泉三期文化遗址红烧土块中，夹杂有稻草和稻壳遗存，并有饲养的羊、猪、狗的遗骸出土。在石家河邓家湾遗址中，还发现有陶塑制品，包括猪、狗、羊、鸡等家禽、家畜，象、豹、猴、龟、长尾鸟等动物，以及人的塑像。这是当时的人们务农兼营畜牧业与渔猎经济的最佳写照。

村落。一般分布在河岸台地上或平原地区的高地上。房屋以地上建筑为主，有方形和圆形两种。

灰坑。有圆竖井形、椭圆形和袋形三种。袋形坑一般比较规整，应属当时储藏东西用的窖穴。

工具。以石器为主，有石铲、带孔石刀、石斧等，并有一些蚌镰、骨镞和骨锥。

陶器。陶质以砂质和泥质灰陶为主，并有少量棕灰陶与黑陶。器表纹饰以篮纹为最多，也有一些附加堆纹、方格纹、绳纹和划纹。主要陶器有敛口浅腹宽扁足鼎、敛口卷沿长颈袋足斝、小口折沿深圆腹罐、袋足鬶、敞口圈足豆、圈足盘、敞口盆形圈足甑、高柄杯、长颈壶、小口高领瓮、大口厚胎缸、漏斗形澄滤器与器盖等。从陶器器形和纹饰看，显然是承袭当地的屈家岭文化发展而来，但也受到中原地区龙山文化的影响。

以上最可注意的是江南地区澧县彭头山新石器时代早期文化遗址，澧县三元宫、丁家岗与安乡汤家岗大溪文化遗址，澧县三元宫屈家岭文化遗址，松滋桂花树青龙泉三期文化遗址。澧县和安乡都在洞庭湖地区，属湖南省。澧县在北，安乡在南。松滋在湖北省，当澧县之北。这些遗址的发现表明，洞庭湖地区的人们在新石器时代就已进入以种植水稻为主的农业生活，兼营畜牧与渔猎，懂得纺织与制作陶器，村落亦已出现。这足以否定江南经济到秦汉时期仍然落后之说。

我们再把目光移向鄱阳湖地区。

鄱阳湖及赣江流域位于长江中下游，在这一地区内存在着一种具有明显地方色彩的新石器时代文化遗存，代表性的有仙人洞文化遗存和山背文化遗存。

1. 江西仙人洞遗存

此仙人洞位于江西省万年县大源，为一处洞穴遗址。考古学家测定年代为距今7000多年或更早些，应属于新石器时代早期。

在仙人洞遗址的洞口文化堆积中，曾发现有烧火痕迹和遗留下来的火烧灰烬、木炭屑、烧土、石块、蚌螺壳、鱼骨、鳖骨及鹿、野猪、狗、羊等兽骨，说明当时的人们是以渔猎和采集为主要生活来源。

仙人洞发现的生产工具主要是石器，其中打制石器为多，磨制石器较少。器形有锥形器、凿行器、扁圆形钻孔石器、扁平钻孔石锛和两端尖的梭形器等，还有磨制的骨锥、骨针、骨凿、骨刀、骨镞、骨鱼镖、骨矛和蚌器等。

在仙人洞遗址中也发现一些陶片，上下层所出有别。下层的陶片多是砂质红陶，纯系手制，厚薄不匀，相当原始，器表多饰粗绳纹，兼有刻画的小方格纹、圆窝纹。器形只见直口（或口微外侈）圜底罐。上层所出陶片虽仍以砂质红陶为主，但也有泥质红陶和少量灰陶。在砂质陶胎内有细砂和蚌末的羼和料。器表饰绳纹、篮纹、方格纹。

根据仙人洞上下层出土的石器和陶器不同的特征，证明该遗存有早晚之分，但似非前后相承的关系。

2. 山背文化遗存

因首先发现于江西省修水县山背一带而得名，是一种新石器时代晚期遗存。经过发掘的主要遗址有修水山背跑马岭、清江营盘里、清江筑卫城遗址等。

山背文化表现出以下一些特征：

经济生活。跑马岭遗址中发现的房屋墙壁内包含有稻壳，有一件陶器体内残存着炭化稻谷痕迹。出土的农业生产工具也较多，证明当时江西修水、清江一带的经济已进入以稻作农业为主的阶段。

村落。人们的居住点已形成大小不等的村落。村落多分布在小坡上。人们居住的房屋多为地面建筑。在山背遗址中发现的一座地面房屋，呈圆角长方形。房屋的筑法是先在墙基下面挖柱洞，放置柱础石，然后立柱，沿柱用红砂土掺稻壳泥筑墙，并在房内加筑隔墙成为套间房。房门南向，屋内有灶。房外靠西墙处还挖有排水沟。发掘时房基内出土有石制工具和许多陶器。在杨家坪遗址中发掘的一座房屋，为圆形地面建筑。房门南向，房内有灶和四个柱洞。地面建筑的房屋一般说来已比较进步。

工具。以磨制的石器为主，有带孔铲、锛、斧、刀等。具有地方特征的是有段石锛、有段石斧、双肩石斧与带有单孔（或双孔、四孔）的半月形（或长方形、梯形）的石刀。有些石器磨制得相当精致。另有一些磨制的骨器。

陶器。以砂质红陶和泥质红陶为主，还有一些泥质灰陶与黑陶。器表纹饰中有拍印的方格纹、圆圈纹、曲折纹、涡纹、叶脉纹、云雷纹、席纹等几何形纹。器形有小口深圆腹罐形鼎、敛口圆腹圈底钵、细直颈大袋足鬶、大口浅盘高柄豆、圆腹或扁腹圈足壶等。在筑卫城遗址中层内还发现有几何印纹硬陶与釉陶（或为原始瓷器）。

山背文化陶器的纹饰以几何印纹为主。尤其在筑卫城遗址中，又发现几何印纹硬陶与釉陶，对于研究本地区新石器时代的文化以及印纹硬陶、釉陶的起源，有极为重要的意义。

山背文化的发现表明，鄱阳湖及赣江流域地区的人们，在新石器时代晚期，与洞庭湖地区的人们一样，也已进入以种植水稻为主的农业定居生活。山背文化中的几何印纹硬陶与釉陶的出土，则表明这一地区的人们，在制陶工业上获得了非凡的成就。釉陶或为原始瓷器，表明江西制瓷工业的渊源可直溯新石器时代晚期，这又击破了江西农业与手工业经济到秦汉仍然落后之说。

3.北阴阳营新石器时代文化遗存

我们再把眼光向东移到南京及其周围地区，这里有以北阴阳营命名的新石器时代文化遗存。

北阴阳营新石器时代文化遗存包括南京周围的丘陵地区与安徽南部的长江南北地区，具有代表性的是南京北阴阳营遗址。

北阴阳营遗址表现出以下一些特点：

经济生活。北阴阳营人墓内随葬大量磨制精致的石质农业生产工具。在遗址中还发现一些残破的房基烧土面、灶坑和灰坑，说明当时的人们在南京丘陵地区与安徽长江两岸亦已进入农业定居生活。另有石纺轮、陶纺轮、陶纺锤发现，表明当时已有纺织业。随葬的玉器玛瑙制品竟有近300件之多。

工具。磨制的石器相当精致，器种有铲、斧、锛、凿、刀、纺轮等。有的石铲、石斧和石刀中部还钻有单孔、双孔或多孔。有一件大型石刀上，竟钻有七个圆孔。其中双孔石斧、七孔石刀、石锄和环形石锛等，制作技术已相当进步，是北阴阳营遗址中具有代表性的器物，为其他新石器时代遗址所少见。另即陶制纺织工具的发现。

陶器。以砂质红陶为多，泥质红陶次之，并有少量的砂质灰陶与泥质黑陶。陶器主要是手制。陶器表面以素面为多，也有磨光与涂有细泥陶衣的。器表纹饰有弦纹、划纹、附加堆纹、窝点纹、镂刻纹和彩陶。彩陶是在泥质红陶器表面先涂上一层红色或白色的陶衣，然后在上面用红彩或黑彩绘出条带纹、网纹、十字纹、弧线纹等几何图案。彩绘纹饰多在器表上部，也有施于内壁的。器形多种多样，有敛口折沿深腹罐形高足鼎、敞口盆形矮足泥质鼎、小口长颈扁圆腹带把壶、浅盘高柄豆、管状嘴带把（或带鼻）盉、有握手的器盖和杯等。

让我们再把眼光移向长江下游及杭州湾地区。

本地区新石器时代文化遗存所在地点以太湖平原和杭州地区为中心，包括江苏南部、上海市和浙江北部地区。下面就时代早晚分次叙述。

1.新石器时代早期的河姆渡文化

此文化因1973年首先在浙江余姚河姆渡发现而得名，也是目前该地区发现年代最早的新石器时代文化遗址。河姆渡文化主要分布在浙江东部的宁波、绍兴地区。已发现的同类型遗址还有余姚茅湖、鄞县蜃蛟、宁波八字桥与舟山白泉等。河姆渡文化遗址可分为早晚二期，年代据测定为距今7000—5000多年。早期文化属于新石器时代早期。

河姆渡文化表现出以下一些特征：

经济生活。以稻作农业为主，兼营畜牧、采集与渔猎。在遗址中，普遍发现有稻谷、谷壳、稻秆、稻叶等遗存。其中堆积最厚的有达1米多的。有些遗址中还发现有稻谷颗粒。有关稻谷遗存保存数量之多和保存之好，都是已发掘的新石器时代文化遗址中少有的。河姆渡文化遗址出土的稻谷经鉴定属于栽培稻的籼亚种晚稻型水稻。这是我国目前发现的最早的人工栽培水稻，而它的时代却在新石器时代早期。这就完全证明我国江南是世界上种植水稻最早的地区之一。

遗址中还出土有许多动植物遗存，如橡子、菱角、桃子、酸枣、葫芦、薏仁米、菌米与藻类植物遗存。还有狗、猪、鹿、象、犀牛、四不像、猴和鱼类的骨骼。其中以猪骨和鹿骨数量为多，反映了猪是当时饲养的主要家畜，而鹿则是当时的狩猎对象。

村落。河姆渡文化时期人们的居住地已形成大小各异的村落。在村落遗址中有许多房屋建筑基址。由于该地属于河岸沼泽区，房屋建筑形式和结构与中原和长江中游地区发现的房屋有明显的不同。如木构建筑，筑法有两种：一种是栽桩架板的干栏式建筑。这种建筑是在楼板下栽立成排的木柱，木柱上再架设大梁、小梁，以承托楼板，构成架空的建筑基桩。在楼板上再立柱、架梁与盖顶，高出地面的干栏式房屋即告筑成。在房基内还发现有席的遗存。另一种比较晚的房屋建筑属于栽桩式地面建筑。即在拟建的房基周围立柱，柱下垫木板和红烧土块作为基础，然后筑墙与盖顶。

在河姆渡文化遗址中还发现一座建筑十分完备的井干式水井。

工具。以石器、木器为多，骨器次之。石器多为磨制，早期磨制得比较粗糙，常留有打琢痕。其种类有斧、锛、凿、刀、铲、镞、弹丸、纺轮等。木制工器有耜、棒、铲、桨、杵、锤、布棍、刀、矛、纺织工具等。骨角器有耜、镞、针、匕、棱形器、哨等。特别是用水牛肩胛骨制作的带孔骨耜，不仅数量多，而且制作精致适用。像这种农业工具，北方瞠乎其后。另有陶纺轮。遗址中发掘出的骨耜、木耜、石铲、石刀等农业生产工具与骨镞、石镞、木矛、石弹丸、骨哨、陶球等渔猎生产工具是大量的，可以想见当时农耕与渔猎的繁忙。

陶器。河姆渡人的生活用具以陶器为主，并有少量的木器。陶器的胎质有夹炭黑陶、砂质灰陶、砂质红陶等。夹炭黑陶是在陶胎内掺杂植物的茎叶碎末和谷壳等有机物质烧制而成。这种陶器胎质内含有大量的晶粒，质松，火候低。早期的夹炭黑陶比较多，晚期逐渐减少，而砂质灰陶与红陶逐渐增加。陶器都是手制，纹饰有绳纹、刻划纹、镂孔纹，并有施红色陶衣的陶器。陶器中以陶釜的形式早晚变化较大，多种多样，有小口卷沿扁圆腹底釜、敞口颈内收深圆腹圜底釜、带鋬釜等。这是河姆渡人的主要炊器。特别是还出土有木碗、木盆，其中有的木碗还施有红色涂料与漆，微显光泽。它是我国出土最早的漆木制品。

雕塑。河姆渡出土的雕塑品颇有特色，其中双鸟朝阳象牙雕、鸟形象牙圆雕、木雕鱼形柄、圆雕木鱼、刻纹骨簪、陶塑鱼、陶塑人像、陶塑狗形器钮，刻划在陶器上的稻谷穗、叶纹和猪纹图形，以及玉质的璜、玦、管、珠等，制作精致，形象生动，为新石器时代早期所鲜见。

河姆渡文化的发现，说明杭州湾地区在新石器时代早期即已进入栽培水稻，开凿水井，制作陶器、木器生活用具的农业定居生活，狩猎在其次。雕塑艺术在河姆渡人手中也发展起来了。

2.马家浜文化

此文化因发现于浙江嘉兴马家浜而得名，主要分布区域在浙江北部、上海与江苏东南部太湖周围一带。已发掘的主要遗址还有浙江崇德桐乡罗家角、吴兴邱城，江苏吴江梅埝袁家埭，吴县草鞋山、张陵山，苏州越城，常州圩墩，武进潘家塘、寺墩，上海市青浦崧泽等。

根据出土遗物的特征和地层叠压关系看，马家浜文化可以分为三个类型：早期罗家角类型、中期马家浜类型与晚期崧泽类型。此就陶器而言。

马家浜文化表现出以下一些特征：

经济生活。以稻作农业为主，兼营饲养家畜、采集与渔猎。在吴县草鞋山与上海崧泽遗址中，曾发现更多的稻草茎叶、稻谷、炭化谷粒与米粒等。经鉴定,除有籼稻外,还有粳稻。粳稻是由籼稻发展而来的。它是我国目前发现的最早的粳稻。还有桃核、杏梅、圆菱角等。另发现有牛骨和鹿、四不像、獐、麝、野猪等野生动物的骨骼。龟、鼋、鳖等水生动物的骨骼也有不少发现。

村落。都选择在靠近山丘或高地上。房屋都是平地式建筑,即在平地上立柱筑墙和盖顶。房基的形状有圆形和长方形两种。马家浜遗址中的一座长方形房屋,门向东,四周有一圈柱洞,有些柱洞内还残留木柱和柱底下所垫的木板。房内地面是经过加工的坚硬地面。吴兴邱城遗址的一座长方形房基残面,有间距为3.5米的两排柱洞,洞底也垫有木板。室内地面铺垫有碎石、陶片、砂粒、螺壳和粘土掺和物,并经夯打与火烤,相当坚硬。吴县草鞋山遗址发现的一座圆形房屋,周围有10个柱洞,居住地面也很坚硬。有些室内地面上还铺垫有蛤蜊壳、芦苇、芦席、篾席、草绳等物。

工具。石器以磨制为主,形制有扁平穿孔石铲、长方穿孔石斧、扁石锛、条形石锛与石凿、石刀、石镞等。还有骨镞、骨鱼镖、乙形鹿角器、陶网坠与陶纺轮等。

陶器。崇德罗家角出土的早期类型陶器,陶质以夹砂和夹蚌末的灰红陶与灰黑陶为主,纹饰有绳纹和附加堆纹。陶器种类较少,仅有釜、罐、钵、盆、盘和平底鬶。马家浜中期类型陶器,陶质以砂质红陶和泥质红陶为主,砂质陶胎内也掺有砂粒和蚌末。泥质红陶有表红里黑或表红胎黑的。砂质与泥质陶器器表有施陶衣的,器表纹饰有弦纹、附加堆纹、镂刻纹与少量彩陶。主要器形有釜、鼎、盉、双耳罐、豆、盆、钵等。崧泽晚期类型陶器,陶质以砂质红陶和砂质灰陶为主,有少量泥质红陶和黑皮陶。这种陶质是马家浜中期类型陶器所没有的。器表施陶衣的已少见。纹饰有附加堆纹、弦纹、压划纹、镂孔纹。另有少量彩陶与彩绘陶,而且还有白衣彩陶。主要器形有鼎、釜、罐、壶、盆、豆、杯、瓠、甑、澄滤器。有些器型为马家浜中期类型陶器所不见。陶鼎明显增多,陶釜大为减少。

马家浜文化填补了该地区河姆渡文化与良渚文化之间的缺环。

3. 良渚文化

良渚文化是20世纪30年代发现的，因首先于浙江省余杭良渚发现而得名。其分布范围大体与马家浜文化相当，不过向南则扩展到了宁波、绍兴地区。已发掘的主要遗址除良渚外，还有杭州老和山、水田畈、钱山漾、嘉兴双桥、雀幕桥，江苏省的草鞋山、张陵山、澄湖，吴江梅埝袁家埭、团结村大三瑾、苏州越城、无锡仙蠡墩、武进寺墩、昆山荣庄、陈墓镇，上海市的松江广富林、金山亭林等遗址。其年代据测定为距今4000年左右，大致与中原地区的龙山文化相当。

良渚文化表现出以下一些特征：

经济生活。仍以种植水稻为主，兼有家畜饲养与渔猎。但比马家浜文化有较明显的进步。如在杭州水田畈、钱山漾和余杭良渚等遗址的发掘中，曾发现成堆的稻谷和稻壳，经鉴定，有籼稻与粳稻。在钱山漾遗址中还发现有花生、芝麻、蚕豆、两角菱、甜瓜子、毛桃核、酸枣核、葫芦等植物种子。

良渚文化的手工业生产发展比较全面，有纺织、竹编、制木、制玉和制陶等，值得密切注意。

纺织品遗存。在各地的良渚文化遗址中，曾出土较多的丝和麻纺织品残片。如在钱山漾遗址中出土过麻布残片和细麻绳，经鉴定属苎麻。麻织品多为平纹，经纬分明，密度与现在的平纹麻布近似。丝织品有绢片、丝带和丝线，经鉴定属家蚕丝织成。在吴江梅埝袁家埭遗址中，发现黑陶上刻划有蚕形图案。陶纺轮和骨梭等纺织工具时有发现。据此可知良渚文化已有纺织手工业的专门生产部门，自农业中分离出来。

竹编遗存。在钱山漾遗址中，曾出土竹编物200多件（片），有竹篓、竹篮、谷箩、竹簸、竹箕、竹筸、竹倒梢（捕鱼用）、竹席、竹篷盖、竹门扉、竹绳等。编织的竹篾多经刮光，十分细薄。编织纹样有十字纹、人字纹、梅花眼纹、菱格纹，做工精致，编扎紧密。竹编织器往往在口部用细篾造成"辫子口"收口，与现代竹编器相似。

木器遗存。钱山漾和水田畈遗址中曾出土木桨、木盆、木槽、木杵、木锤等。木桨有宽翼和窄翼两种。宽翼木桨装有桨柄。木盆形制较大,其中一件口径34厘米,深12.3厘米,系用整木剜成。说明当时制木手工业已达到相当高的水平。

玉雕品遗存。在良渚、草鞋山、张陵山、双桥、寺墩等地的良渚文化遗址中,曾出土了大量磨制细腻、雕刻精细、花纹图案精美、种类繁多的玉器,如璧、瑗、琮、璜、玦、珠、管、坠、镯、蝉等。玉琮上雕刻着兽面的图案,十分庄严。有些玉器制作之精细和花纹之美观,已达到制玉工艺的空前水平。

村落。良渚文化时期人们居住的村落比马家浜文化时期大为增多,但范围不是很大,且较分散。钱山漾发现的一座房屋遗迹,按东西向竖立着一些木桩,正中架设一根长木,上面盖着几层竹席。在双桥遗址中,曾发现有坚硬的红烧土地面,有些硬面上还有席痕。良渚文化的房屋仍以木构为主。

工具。在良渚文化的生产工具中,石器仍占很大的比例,一般磨制得较精细且光滑。器形有三角形穿孔石犁、扁平体带孔石铲、长方形石刀、半月形石刀、扁平石锛、有段石锛、石斧、石凿、石镰、石镞等。另有双翼上翘、中部可以装柄的石农具,或可称为耘田器。

陶器。陶质以砂质黑陶和泥质灰胎黑皮陶为多,并有一些薄胎黑陶与少量砂质、泥质的橙红陶。部分器表施有黑色陶衣。陶器制法都是轮制。陶器表面除多素面磨光外,还有饰弦纹、刻划纹、网状纹、卷云纹、螺旋纹、圆圈纹、三角纹等图案纹。鸟纹与鱼纹也引人注目。彩陶、彩绘陶和漆绘陶数量很少。彩绘陶一般是用红、黄二色绘出简单带条。在吴江团结村遗址和梅堰遗址中,曾发现漆绘陶,它是在黑陶壶的表面先涂一层棕色漆,然后再用金黄和棕红两色漆在器表绘出绞丝纹图案。陶器的器形主要有敛口卷沿深鼓腹罐形高足鼎、大口浅腹盆形高足鼎。鼎足又有鱼鳍形、三角形、丁字形之分。另有鬶、盉、豆、盘、簋、壶、尊、罐、杯、缸与器盖等。

墓葬。良渚文化的墓葬值得留意。在草鞋山遗址中，有一座墓在长约4米的范围内竟放了3组随葬品，近70件。其中有黑陶、黑皮陶、穿孔石斧、玉珠、玉镯、玉管、玉玦、玉坠和1件玉璧，3件刻纹玉琮。在武进寺墩遗址中的一座墓内，有随葬玉璧5件，玉球2件，玉环、玉管、玉坠共18件。而小墓则很少有随葬品。可见良渚文化的墓葬已反映出贫富的差别。

从良渚文化农业的发展，各种手工业的发达，以及墓内随葬品的悬殊，特别是大型墓内还随葬有玉璧、玉琮等特权象征的礼器来看，良渚文化所处时代有可能已进入阶级社会的初期阶段。

这里须回过头去看一下位于金沙江南岸高原盆地中的元谋大墩子新石器时代的遗存。

元谋大墩子遗址南距元谋猿人遗址仅4公里，分早晚二期，年代经测定距今3000多年。早期石制生产工具较少，器形有梯形石斧、石锛和凸圆陶纺轮。陶器多为砂质灰褐陶，纹饰以箆纹、粗绳纹为主，器形有钵、盆、窄沿鼓腹罐和小口宽肩罐等。房基四周挖有基础沟槽，火塘周边有草拌泥圆脊。晚期石制生产工具数量与品种增多，器形有长条石斧、石锛、扁平石纺轮和陶纺轮。陶器除砂质外，出现了泥质红陶和灰陶。纹饰以篮纹、附加纹与印制的线点纹为主。器形除罐外，还有瓮、壶、瓶、杯等。房屋四周一般不挖基础沟槽，屋内火塘多为浅竖穴坑。

元谋大墩子遗址中有硬化的粳稻颗粒遗存，窖穴内堆积又有谷糠与禾草类粉末等遗存，可知当时当地的人们亦已进入以种植水稻为主的农业生活。另外在遗址中还发现有猪、狗、牛、羊、鸡等家畜骨骼以及蚌、鱼、田螺等遗骸，鹿、豪猪等兽骨，表明当时当地人们兼营畜牧与渔猎。

然则，长江流域西自金沙江，东至海滨，萦带云梦、洞庭、鄱阳、太湖诸湖，在新石器时代，人们都已进入以种植水稻为主的农业定居生活。这是共性。当然发展有快有慢，快的如良渚文化，已出现专门从事纺织手工业的生产部门。认识这一点极为重要，它可以帮助我们认识楚文化、吴越文化的渊源，帮助我们认识南方各少数民族的发展水平，在石器时代曾与北方汉族齐头并进。

附记：此节采用1992年上海古籍出版社出版的安金槐主编的《中国考古》①一书有关记述。

第三节　社会状况的理论推测

恩格斯在《家庭、私有制和国家的起源》一书中曾说：

> 高级阶段。从弓箭的发明开始。由于有了弓箭。猎物便成了日常的食物，而打猎也成了普通的劳动部门之一。弓、弦、箭已经是很复杂的工具，发明这些工具需要有长期积累的经验和较发达的智力，因而也要同时熟悉其他许多发明。如果把已经知道弓箭，但还不知道制陶术（摩尔根认为向野蛮时代过渡就是从制陶术开始）的各民族，彼此对照一下，我们的确就可以看到，已经有定居而成村落的某些萌芽，以及对生活资料生产的某种程度的掌握，如：木制的容器和用具，用木质纤维作成的手工织物（没有织机），用树皮或芦苇编成的篮子，以及磨制的（新石器时代的）石器。②

恩格斯在这段话中讲到了几个问题。一、蒙昧时代的高级阶段从弓箭的发明开始；二、弓箭的发明需要有长期积累的经验和较发达的智力；三、也要同时熟悉其他发明，如：已经有定居而成村落的某些萌芽，对生活资料生产的某种程度的掌握，磨制的（新石器时代的）石器，但还不知道制陶术。如果懂得制陶术，那就由蒙昧时代的高级阶段向野蛮时代的低级阶段过渡了。或者说野蛮时代的低级阶段，"从学会制陶术开始"。

恩格斯讲的弓箭的发明需要有长期积累的经验和较发达的智力，这只

---

① 安金槐：《中国考古》，上海古籍出版社，1992年。
② [德]恩格斯著,中共中央马克思恩格斯列宁斯大林著作编译局译：《家庭、私有制和国家的起源》，人民出版社，1976年，第20—21页。

有在旧石器时代晚期"新人"或"真人"（晚期智人）身上才能找到。1963年，我国在山西省朔县峙峪村发现晚期智人枕骨化石，伴随着石镞出土。但这只是一例。弓箭的发明并非都在旧石器时代晚期真人时代。

如果照恩格斯所说，发明弓箭"也要同时熟悉其他许多发明"，而他所举的其他发明，有一项是磨制的石器，我们便可理解：弓箭的发明，更多地应在新石器时代早期，因为石镞非磨制不能成功。

再回头来看一下长江流域的新石器时代。

在长江流域新石器时代早期的江西仙人洞的遗存中，发现了骨镞及蚌螺壳、鱼骨、鳖骨以及狗、羊、鹿、野猪等兽骨，无农产品发现，表明当时仙人洞一带的人们是以渔猎为主要生活来源。这因为弓箭已由他们发明。

如果单就这一点来说，仙人洞的人们已由蒙昧时代中级阶段进入高级阶段。但不要忘记，在仙人洞遗址中也发现了一些陶片，表明当时人们已经懂得了制陶术。虽然陶器相当原始，却表明他们已脱离人类的蒙昧时代，进入野蛮时代的初级阶段了。

在新石器时代早期的浙江河姆渡文化遗存中，也有骨镞发现。早期的夹黑炭陶胎质内含有大量碳的晶粒，质松、火候低，表明也很原始。但河姆渡人在早期便已进入以稻作农业为主，兼营畜牧、采集和渔猎的生活，比之于仙人洞的人们更进步。如果说他们也处在野蛮时代的初级阶段，但已到了从初级阶段向中级阶段过渡的时候了。

恩格斯又说：

> 野蛮时代的特有的标志，是动物的驯养、繁殖和植物的种植。东大陆，即所谓旧大陆，差不多有着一切适于驯养的动物和除一种以外一切适于种植的谷物。①

---

① [德]恩格斯著，中共中央马克思恩格斯列宁斯大林著作编译局译：《家庭、私有制和国家的起源》，人民出版社，1976年，第21页。

这是就整个野蛮时代而言。内中提及东大陆。

恩格斯在述及野蛮时代的中级阶段时，曾将东大陆与西大陆作了区分，说东大陆的野蛮时代中级阶段，"是从驯养家畜开始"[①]；又说"畜群的形成，在适于畜牧的地方导致了游牧生活"[②]。我国长江流域的情况与此有异。倒是他说的西大陆的野蛮时代中级阶段，"是从靠灌溉之助栽培食用植物以及在建筑上使用干砖（即用阳光晒干的生砖）和石头开始"[③]，与我国长江流域新石器时代中期或稍早的情况相当。

迄今所发现的我国长江流域新石器时代的文化，早期除湖南澧县彭头山文化遗存与江西仙人洞文化遗存未见栽培食用植物遗迹及定居的村落外，河姆渡文化遗存则表明即在新石器时代早期，我国长江下游及杭州湾地区，人们已经进入农业定居生活了。创造河姆渡文化的人们，无疑率先进入了野蛮时代的中级阶段。

到新石器时代中晚期，我国长江流域上、中、下游，根据已发掘的遗址：元谋大墩子遗址、江汉地区大溪文化遗址、屈家岭文化遗址、湖北青龙泉三期文化遗址、鄱阳湖及赣江流域地区的山背文化遗址、南京及周围地区的北阴阳营文化遗址、长江下游马家浜文化遗址、良渚文化遗址，都有石质农业生产工具与水稻壳、粒出土，且有村落遗迹，表明已普遍进入了农业定居生活。也可说普遍进入了野蛮时代的中级阶段。

这样，我们就可以进而论述长江流域新石器时代的社会状况了。

前引恩格斯的话曾说道："氏族在蒙昧时代中级阶段发生，在高级阶段继续发展起来。"到了野蛮时代低级阶段，氏族"便达到了全盛时代"。照此说来，我国长江流域的人们在新石器时代早期发明弓箭，进入蒙昧时代高级阶段以后，氏族应获得了发展。到新石器时代中期，制陶术普遍被

---

① [德]恩格斯著,中共中央马克思恩格斯列宁斯大林著作编译局译:《家庭、私有制和国家的起源》,人民出版社,1976年,第22页。

② [德]恩格斯著,中共中央马克思恩格斯列宁斯大林著作编译局译:《家庭、私有制和国家的起源》,人民出版社,1976年,第23页。

③ [德]恩格斯著,中共中央马克思恩格斯列宁斯大林著作编译局译:《家庭、私有制和国家的起源》,人民出版社,1976年,第22页。

采用，进入野蛮时代低级阶段，氏族的全盛时代便在我国长江流域上、中、下游到临。

氏族是从普那路亚家庭中发生的，而普那路亚家庭仍旧是群婚家庭，只是已非血缘家族内部的群婚，而为族外群婚罢了。依照恩格斯所说：

> 只要存在着群婚，那末世系就只能从母亲方面来确定，因此，也只承认女系。①

在长江流域新石器时代早期或者说蒙昧时代高级阶段发展起来的氏族，便只能是女系氏族。恩格斯说女系的发现是巴霍芬的功绩。巴霍芬把这种只从母亲方面确认世系的情况和随着时间的进展而由此发展起来的继承关系，叫作"母权制"。恩格斯虽有不同意见，但保留了这个名称。

然则，长江万里地区进入新石器时代早期与中期，或蒙昧时代高级阶段与野蛮时代低级阶段，诸如籼稻与粳稻的栽培（如浙江河姆渡籼亚种晚稻型水稻、马家浜粳稻、湖北红花套与屈家岭粳稻），复合农具骨耜的出现（如河姆渡人用牛肩胛骨制作的带孔骨耜），蔬菜瓜果的种植（如河姆渡与杭州钱山漾的葫芦，马家浜的桃杏，钱山漾的花生、芝麻、蚕豆），几何印纹硬陶与原始瓷器釉陶的发明（江西清江筑卫城），丝麻竹芦等编织物的问世（如钱山漾的苎麻与蚕丝织物、马家浜与钱山漾的竹编与芦苇编织产品），工艺品玉雕、牙雕、骨雕、木雕、陶塑的纷呈（如北阴阳营的玉器玛瑙，河姆渡与钱山漾的玉璜、玉玦，大溪文化墓葬中的象牙手镯，河姆渡的双头乌骨匕与漆木制品，钱山漾的木器，河姆渡与湖北青龙泉的陶塑人像），木构建筑的耸立与水井的开凿（如河姆渡木构房屋、井干式水井），等等，都应说是女性或者主要是女性的功劳。因为她们是氏族的主宰者，村落的主人公。

然而，女性世界的危机却在不知不觉中到临。

---

① ［德］恩格斯著,中共中央马克思恩格斯列宁斯大林著作编译局译：《家庭、私有制和国家的起源》,人民出版社,1976年,第38页。

普那路亚家庭向前跨进一步便出现了对偶家庭。恩格斯说:

> 对偶家庭产生于蒙昧时代和野蛮时代交替的时期,大部分是在蒙昧时代高级阶段,只有个别地方是在野蛮时代低级阶段。这是野蛮时代所特有的家庭形式,正如群婚之于蒙昧时代,一夫一妻制之于文明时代一样。①

这是就婚姻形态来说的。蒙昧时代是群婚,但在高级阶段已产生了对偶家庭。到野蛮时代,对偶家庭遂以特有的家庭形式存在于各个氏族中。恩格斯曾说到对偶家庭产生的原因,他说:

> 某种或长或短时期内的成对配偶制,在群婚制度下,或者更早的时候,就已经发生了;一个男子在许多妻子中有一个主妻(还不能称为爱妻),而他对于这个女子来说也是她的许多丈夫中的一个主夫。……这种习惯上的成对配偶制,随着氏族日趋发达,随着不许互相通婚的"兄弟"和"姊妹"类别的日益增多,必然要日益巩固起来。氏族在禁止血缘亲属结婚方面所起的推动作用,使情况更加向前发展了。……由于这种婚姻禁例日益错综复杂,群婚就越来越不可能;群婚就被对偶家庭排挤了。②

说得很明白,对偶婚的产生,是由于氏族对群婚所加的禁例日益错综复杂,使群婚变得越来越不可能。不要忘记,他所说的氏族为女系氏族。

为女子掌握的氏族为什么要对群婚深恶痛绝呢?恩格斯继续说:

---

① [德]恩格斯著,中共中央马克思恩格斯列宁斯大林著作编译局译:《家庭、私有制和国家的起源》,人民出版社,1976年,第50页。
② [德]恩格斯著,中共中央马克思恩格斯列宁斯大林著作编译局译:《家庭、私有制和国家的起源》,人民出版社,1976年,第43—44页。

巴霍芬坚决地断定，从他所谓的"杂婚制"或"污泥生殖"向个体婚制的过渡，主要是由妇女所完成，这是绝对正确的。古代遗传下来的两性间的关系，愈是随着经济生活条件的发展，……就愈使妇女感到屈辱和难堪；妇女也就愈迫切地要求取得保持贞操、暂时地或长久地只同一个男子结婚的权利作为解救的办法。这个进步决不可能发生在男子方面，这完全是由于男子从来不会想到甚至直到今天也不会想到要放弃事实上的群婚的便利。只有在由妇女实现了向对偶婚的过渡以后，男子才能实行严格的一夫一妻制——自然，这种一夫一妻制只是对妇女而言的。①

说得非常深刻，群婚只便利了男子，而对女子却极为有害，因此为女性所掌握的氏族不得不加以禁止。这是一个长过程，但毕竟由妇女实现了向对偶婚的过渡。

就我国长江流域而言，在弓箭发明进入蒙昧时代高级阶段即进入新石器时代早期阶段的时候，对偶婚大部分都已产生。一到野蛮时代的低级阶段，即新石器时代中期，对偶家庭遂成了我国长江流域女系氏族制下特有的家庭形式。

在女系氏族与对偶家庭时代，妇女留在本氏族内，死后就在本氏族的墓地单独或者与同班辈的妇女集体埋葬。由对偶婚结成的丈夫，因为是其他氏族同班辈的男子，死后必须分别归葬到原来的氏族墓地，所以大都是二次迁移葬。

已发掘的湖北屈家岭文化的墓葬有一次葬和二次葬。一次葬多为单身葬，二次葬中多为三人或四人合葬，但也有十几人合葬的。南京北阴阳营文化的墓葬一般为单身葬，亦有二次葬。浙江马家浜文化中期的墓葬，随葬品最多的是女性墓。这反映了我国长江流域到新石器时代中期或野蛮时

---

① [德]恩格斯著,中共中央马克思恩格斯列宁斯大林著作编译局译:《家庭、私有制和国家的起源》,人民出版社,1976年,第49—50页。

代初期阶段,女系氏族与对偶家庭已普遍出现。

对偶家庭再进一步向前发展便出现了一夫一妻制家庭。关于一夫一妻制家庭,恩格斯说:

> 它是在野蛮时代的中级阶段和高级阶段交替的时期从对偶家庭中产生的;它的最后胜利乃是文明时代开始的标志之一。它是建立在丈夫的统治之上的,其明显的目的就是生育确凿无疑的出自一定父亲的子女;而确定出生自一定的父亲之所以必要,是因为子女将来要以亲生的继承人的资格继承他们父亲的财产。①

简而言之,即财产继承问题在对偶家庭中发生了。对偶家庭比普那路亚家庭多了一个东西,即"除了生身的母亲以外,它又确立了确实的生身的父亲"②。到野蛮时代中级阶段,如我国长江流域,普遍进入了以种植水稻为特色并且驯养家畜的时代。按照当时家庭内部的分工,丈夫的责任是获得食物和为此制作所必需的劳动工具,从而他也取得了劳动工具和生活资料(例如畜群)的所有权。随着财富的增加,于是产生了两个东西。用恩格斯的话说,一方面是"使丈夫在家庭中占据比妻子更重要的地位",另一方面是"又产生了利用这个增强了的地位来改变传统的继承制度使之有利于子女的意图"。但是,当世系还是按母权制来确定的时候,想改变是不可能的。因为根据母权制,氏族成员死亡以后是由他的同氏族亲属继承的。财产必须留在氏族以内。而男性死者的子女并不属于死者的氏族,而是属于他们的母亲的氏族。他们不能继承自己父亲的财产。"因此,必须废除母权制,而它也就被废除了。"③

---

① [德]恩格斯著,中共中央马克思恩格斯列宁斯大林著作编译局译:《家庭、私有制和国家的起源》,人民出版社,1976年,第58—59页。
② [德]恩格斯著,中共中央马克思恩格斯列宁斯大林著作编译局译:《家庭、私有制和国家的起源》,人民出版社,1976年,第52页。
③ [德]恩格斯著,中共中央马克思恩格斯列宁斯大林著作编译局译:《家庭、私有制和国家的起源》,人民出版社,1976年,第52页。

恩格斯说：这是"人类所经历过的最激进的革命之一"。但并不像我们现在所想象的那样困难。"只要有一个简单的决定，规定以后氏族男性成员的子女应该留在本氏族内，而女性成员的子女应该离开本氏族，而转到他们父亲的氏族中去，就行了。"而这样一来，"就废除了按女系计算世系的办法和母系的继承权，而确立了按男系计算世系的办法和父系的继承权"①。恩格斯称：

母权制的被推翻，乃是女性的具有世界历史意义的失败。②

至此，家长制家庭与一夫一妻制遂告产生。

在我国长江流域新石器时代晚期相当于野蛮时代中级阶段或稍早的墓葬中，已有家长制家庭与一夫一妻制的反映。马家浜墓葬有单人葬、同性合葬和男女合葬。男女合葬墓一般是男左女右。这种男女合葬在对偶家庭时代是不可能有的，它只能是一夫一妻制的表征。马家浜文化晚期崧泽类型的墓葬中，随葬品较多的是男性墓，与中期马家浜类型墓葬随葬品最多的为女性墓形成了鲜明的对照，它反映了晚期家长制家庭的来临。

至于野蛮时代高级阶段，恩格斯在《家庭、私有制和国家的起源》中《野蛮时代和文明时代》一节中写到几个情况：

一、关于石器。"最初的铁往往比青铜软。所以，石器只是慢慢消失的。"

二、关于分工。在亚洲，游牧部落从其余的野蛮人群中分离出来，是第一次社会大分工。这对于长江流域来说，可以勿论。第二次大分工是"手工业和农业分离"。由此"出现了富人和穷人间的差别"，"各个家庭首长之间的财产差别"。这就"炸毁了各地仍然保存着的旧的共产制家庭公

---

① [德]恩格斯著，中共中央马克思恩格斯列宁斯大林著作编译局译：《家庭、私有制和国家的起源》，人民出版社，1976年，第53页。
② [德]恩格斯著，中共中央马克思恩格斯列宁斯大林著作编译局译：《家庭、私有制和国家的起源》，人民出版社，1976年，第54页。

社；同时也炸毁了在这种公社范围内进行的共同耕作制"。耕地起初是暂时地，后来便永久地"分配给各个家庭使用"。至此，个体家庭开始成为"社会的经济单位"了。整个氏族制度转化为自己的对立物，"它从一个自由处理自己事务的部落组织转变为掠夺和压迫邻人的组织，而它的各机关也相应地从人民意志的工具转变为旨在反对自己人民的一个独立的统治和压迫机关了"。

这样，我们就走到了文明时代的门槛。

从我国长江流域新石器时代晚期良渚文化的遗存中，可以看到手工业生产发展已比较全面，有纺织、竹编、制木、制玉和制陶等。以麻织、丝织为鲜明特色的纺织手工业，已成为专门的生产部门，苎麻织品和现在的平纹麻布近似，丝织品为家蚕丝织成。竹编织器往往在口部用细篾编造成"辫子口"收口，与现代的竹编器相似。木器中有用整木剜成的木盆。玉器的出土是大量的，磨制细腻，雕刻精细，花纹图案精美，种类繁多。陶器制法都是轮制。这些特征说明良渚文化的手工业生产已从农业中分离出来，形成了恩格斯所讲的第二次大分工。

再看良渚文化的墓葬。大型墓内的殉葬品很多。如草鞋山遗址有一座墓殉葬品近70件，其中有黑陶、黑皮陶、穿孔石斧、玉珠、玉镯、玉管、玉玦、玉坠与1件玉璧、3件刻纹玉琮。在寺墩遗址的一座墓内，随葬玉璧5件，玉琮2件，还有玉环、玉管、玉坠共18件。玉璧、玉琮是象征特权的礼器。而良渚文化小墓则很少有随葬品。这反映出了氏族成员已有富人和穷人、统治者和被统治者的差别。良渚文化的人们已走到了文明时代的门槛了。

第二章　长江流域文明时代的到临

第一节　文明时代到临的理论说明与文献记录

恩格斯在《家庭、私有制和国家的起源》一书中论述野蛮时代的高级阶段时曾说：

> 从铁矿的冶炼开始，并由于文字的发明及其应用于文献记录而过渡到文明时代。①

这里说了两个历史情况：一为野蛮时代的高级阶段从铁矿的冶炼开始，二为一到文字发明并应用于文献记录，即进入文明时代。文字的发明与应用，在某种意义上说来，是文化的真正的开端。文明程度的高低与文化水平的高低成正比。文化水平越高，文明程度也就越高。二者的关系是文明程度的高低取决于文化水平的高低。

同书《野蛮时代和文明时代》一节又说到野蛮时代中级阶段的两个成就：

---

① ［德］恩格斯著，中共中央马克思恩格斯列宁斯大林著作编译局译：《家庭、私有制和国家的起源》，人民出版社，1976年，第23页。

> 第一是织布机;第二是矿石冶炼和金属加工。铜、锡以及二者的合金——青铜是顶顶重要的金属,青铜可以制造有用的工具和武器,但是并不能排挤掉石器,这一点只有铁才能做到,而当时还不知道冶铁。①

这里所说的野蛮时代中级阶段的两个成就,一为织布机,二为青铜器。且谓当时还不知道冶铁。所以仍是中级阶段。

可是,在论野蛮时代高级阶段时,恩格斯又说:

> 最初的铁往往比青铜软。所以,石器只是慢慢地消失的;不仅在《希尔德布兰德之歌》中,而且在1066年的海斯丁斯会战中都还使用石斧。②

由此可知人类进入文明时代,并非一下子就进入铁剑、铁犁、铁斧的时代。文明时代来临的主要标志就是青铜器的冶炼与文字的发明。

在论及文明时代的来临时,还要注意恩格斯说的社会分工问题。恩格斯说:

> 文明时代是社会发展的一个阶段,在这个阶段上,分工,由分工而产生的个人之间的交换,以及把这两个过程结合起来的商品生产,得到了充分的发展,完全改变了先前的整个社会。③

---

① [德]恩格斯著,中共中央马克思恩格斯列宁斯大林著作编译局译:《家庭、私有制和国家的起源》,人民出版社,1976年,第158页。
② [德]恩格斯著,中共中央马克思恩格斯列宁斯大林著作编译局译:《家庭、私有制和国家的起源》,人民出版社,1976年,第160页。
③ [德]恩格斯著,中共中央马克思恩格斯列宁斯大林著作编译局译:《家庭、私有制和国家的起源》,人民出版社,1976年,第171页。

恩格斯曾详细述及了野蛮时代高级阶段农业和手工业之间发生了进一步的分工，即第二次大分工，从而发生了直接为了交换的、日益增加的一部分劳动产品的生产。"这就使单个生产者之间的交换变成了社会的迫切需要"。文明时代巩固并加强了所有这些在它以前发生的各次分工，此外，它又加上了一个"第三次的、它所特有的、有决定意义的重要分工"，即创造了一个"不从事生产而只从事产品交换的阶级——商人"[①]。

由此说来，文明时代的到临尚有一个征象，即交换的发展、商品生产的产生、商人的出现。

我们再看文献记录。

在提到文献记录之前，我想提出一个问题，当前，我国南方与北方都发现过青铜器，人们都以为南方的青铜器受北方的影响，意即先有北方的青铜器，后有南方的青铜器。我读《太史公书》，发现了一个很有意思的问题，即《夏本纪》中所记冀、沇、青、徐、扬、荆、豫、梁、雍等九州，唯扬州与荆州贡赋中有"金三品"。《集解》金三品："孔安国曰：'金、银、铜。'郑玄曰：'铜三色也。'"

郑玄的解释是对的，金三品即铜三色。不妨将《夏本纪》九州贡赋列之如下，以作比较说明。

冀州。"赋上上错。"《集解》："孔安国曰：'上上，第一。错，杂也，杂出第二之赋。'"

沇州。"赋贞，作十有三年乃同。其贡漆丝，其篚织文。"《集解》："郑玄曰：'贞，正也。治此州正作不休，十三年乃有赋，与八州同，言功难也。其赋下下。'"又引孔安国语云："织文，锦绮之属，盛之筐筐而贡焉。"

青州。"厥贡盐绨，海物维错，岱畎丝、枲、铅、松、怪石。"《集解》："孔安国曰：'绨，细葛。错，杂，非一种。'郑玄曰：'海物，海鱼也。鱼种类尤杂。'"又引孔安国语云："畎，谷也，怪异好石似玉者。岱山之谷

---

① [德]恩格斯著，中共中央马克思恩格斯列宁斯大林著作编译局译：《家庭、私有制和国家的起源》，人民出版社，1976年，第163页。

出此五物,皆贡之。"

徐州。"贡维土五色,羽畎夏翟,峄阳孤桐,泗滨浮磬,淮夷蠙珠泉鱼,其篚玄纤缟。"《集解》引孔安国语曰:"夏翟,翟,雉名也。羽中旌旄,羽山之谷有之。"又《正义》:"玄,黑。纤,细。缟,白缯。以细缯染为黑色。"

扬州。"贡金三品,瑶、琨、竹箭、齿、革、羽、毛,岛夷卉服,其篚织贝,其包橘、柚、锡贡。"《集解》引孔安国语云:"织,细纻也。贝,水物也。"又引郑玄语云:"贝,锦名也。""有锡则贡之,或时乏则不贡。"

荆州。"贡羽、旄、齿、革、金三品、杶、榦、栝、柏,砺、砥、砮、丹……"

豫州。"贡漆、丝、缔、纻……"

梁州。"贡璆、铁、银、镂、砮、磬,熊、罴、狐狸、织皮。"《集解》引孔安国语云:"织皮,今罽也。"

雍州。"贡璆、琳、琅玕。"

由上可知贡赋中有矿产的,唯青(贡铅)、扬(贡金三品与锡)、荆(贡金三品)、梁(贡铁、银、镂)四州。而贡金三品即三种不同颜色的铜的,唯扬、荆州两州。而这两州都在南方长江流域。

南方本为铜矿产地,其贡金三品,是很自然的。北方不见出铜,今出土的北方铜器,其原材料无疑是由荆、扬当作赋税进贡而来。扬州又贡锡,制作青铜器少不了它。殷墟发现的司母戊大方鼎,经过化学分析,证明它的合金比例为铜84.77%,锡11.64%,铅2.79%。《周礼·考工记》有钟鼎之剂"六分其金(铜),而锡居一"之谓。铜、锡均来自南方,作为铜、锡产地的南方,其制作青铜器,应在北方制作之前无疑。今人谓南方青铜器受北方影响,我看,反过来讲北方青铜器受南方青铜器影响,似更合乎事实。

然则,就青铜器的制作而言,南方长江流域当比北方更早地进入文明时代。下节论长江流域青铜器,当细述之。

《尚书》有《禹贡》篇,所记与《史记》略同。《禹贡》九州在文献中是指夏朝而言。现在南方发现的青铜器，上面均冠以商、周朝代名，但只是从花纹立论。殊不知南方青铜器有更早于北方、施影响于北方者。

《禹贡》九州中的梁州亦可注意。梁州贡赋有铁、银、镂。镂，《集解》引郑玄语谓为"刚铁，可以刻镂也"。恩格斯说野蛮时代高级阶段从铁矿的冶炼开始，将铁矿的冶炼提得很早。人们常以为与我国的情况不符。我想《禹贡》中梁州有铁，可以释疑。恩格斯讲的早期的铁，是比青铜软的铁，是连石器也未排挤掉的铁。非如我们想象的铁剑、铁犁、铁斧。这样一种"软铁"，应该是早已有之，但未应用而已。

或云《禹贡》及《夏本纪》所述不能视为夏代情况。然而，谁能否认"夏载历山川"呢？谁能否认无论夏、商或周，唯扬州与荆州独有"金三品"呢？谁能否认商、周制造青铜器的铜与锡取自扬州与荆州呢？铜与锡既产于扬州与荆州，谁又能不承认南方制作青铜器应早于北方呢？

南方铜、锡等物除了作为贡赋上献北方王庭之外，另一条途径即由交换进入北方。须知恩格斯所说的交换，早在野蛮时代中级阶段，由于手工业从农业中分离出来，即所谓第二次大分工，便已开始。《史记·货殖列传》记了这样一段话：

> 夫山西饶材、竹、谷、纑、旄、玉石；山东多鱼、盐、漆、丝、声色；江南出楠、梓、姜、桂、金（铜）、锡（注意这里又一次明确提出铜、锡产于江南）、连（铅之未炼者）、丹沙、犀、玳瑁、珠玑、齿革；龙门、碣石北多马、牛、羊、旃裘、筋角；铜、铁则千里往往山出棋置：此其大较也。皆中国人民所喜好。谣俗被服饮食奉生送死之具也。故待农而食之，虞而出之，工而成之，商而通之。此宁有政教发征期会哉？……不召而自来，不求而民出之。岂非道之所符，而自然之验邪？

前章提到新石器时代晚期的良渚文化，从遗存中可以明显看出手工业已成为独立部门，与农业分离。这就必须要出现交换。良渚文化适当野蛮时代中期，遗存显示了与恩格斯所论的一致性。太史公司马迁虽然没有讲他说的东南西北四方各以其产物通过贸易之途交换是在何时，然可肯定最晚到青铜器制作时代，即出现恩格斯所说的"矿石冶炼和金属加工"的野蛮时代中高级阶段，商贸必已出现。北方需要南方的铜、锡、铅正殷，普通人除了依靠"商而通之"，此外别无他途。到了这个时候，交换真成了"不召而自来，不求而民出之，岂非道之所符，而自然之验"邪？

青铜器有了，交换有了，剩下来的便是文字的发明与应用。有了文字，人类便由野蛮时代高级阶段进入文明时代。

近世发现的甲骨文字，就字形、字体、字音而论，绝非最早的文字。现在有一个错觉，以为刻在甲骨上的文字比刻在铜器上的文字要早，殊不知甲骨文为占卜文，商代一些刻在其他器具上的文字并不比刻在甲骨上的文字晚。如在郑州二里岗发掘的商城，陶文与符号在城内外出土的陶大口尊上多有发现，并有三片骨刻文字，刻法与文字结构基本上和安阳殷墟出土的甲骨文相同，被认为是迄今发现的最早的甲骨文。则二里岗商城的陶文，绝不会比甲骨文晚。

《史记》第一篇《五帝本纪》的第一帝即黄帝，对于黄帝，太史公写了这样一段话赞美他：

> 邑于涿鹿之阿……举风后、力牧、常先、大鸿以治民。顺天地之纪，幽明之占，死生之说，存亡之难。时播百谷草木，淳化鸟兽虫蛾，旁罗日月星辰水波土石金玉，劳勤心力耳目，节用水火材物。有土德之瑞，故号黄帝……黄帝居轩辕之丘而娶于西陵之女，是为嫘祖。

从太史公的这段描述中，我想很少会有人否认黄帝时已进入文明时代。但青铜或铁器呢？文字呢？

《管子》记载黄帝的对手蚩尤"受卢山之金而作五兵"。《史记·五帝本纪》云："黄帝摄政，有蚩尤兄弟八十一人，并兽身人语，铜头铁额，食沙,造五兵仗刀戟大弩,威振天下,诛杀无道。"黄帝"修德振兵",先与炎帝战于阪泉之野,后又与蚩尤战于涿鹿之野。看来黄帝熔金为兵,绝不会比蚩尤受卢山之金而作的五兵差了。

黄帝有"臣"名沮诵、仓颉,传说他们体验卦画,模仿鸟迹,触类旁通,文字之形始立。

我想这些记述虽无地下材料作证,但可反映黄帝时已进入文明时代。

或谓黄帝时期尚处于恩格斯说的"英雄时代"。从恩格斯的话"英雄时代的希腊妇女比文明时代的妇女更受尊敬"[①],我们可知恩格斯所云"英雄时代",相当于野蛮时代高级阶段。而恩格斯所说的野蛮时代高级阶段是从"矿石冶炼和金属加工"开始的。这就是说"英雄时代"已有了青铜兵器,不然,何能征战?又何能被称为"英雄"?

现在来看南方。《史记·五帝本纪》述及神农氏,又述及炎帝,话是这样说的:

> 轩辕之时,神农氏世衰。诸侯相侵伐,暴虐百姓,而神农氏弗能征。于是轩辕乃习用干戈,以征不享,诸侯咸来宾从。而蚩尤最为暴,莫能伐。炎帝欲侵陵诸侯,诸侯咸归轩辕。轩辕乃修德振兵……以与炎帝战于阪泉之野。

《集解》引皇甫谧的话说:"《易》称庖牺氏没,神农氏作,是为炎帝。"则神农氏与炎帝为一人。《正义》引《帝王世纪》又说:

> 神农氏,姜姓也。母曰任姒,有蟜氏女,登为少典妃,游华阳,有神龙首,感生炎帝。人身牛首,长于姜水。有圣德,以火德王,故号炎帝。……又曰列山氏。

---

① [德]恩格斯著,中共中央马克思恩格斯列宁斯大林著作编译局译:《家庭、私有制和国家的起源》,人民出版社,1976年,第60页。

列山,《正义》曾引《括地志》解释,其言云:

> 厉山在随州随县北百里,山东有石穴。昔神农生于厉乡,所谓列山氏也。春秋时为厉国。

按《五帝本纪》谓黄帝"有土德之瑞,故号黄帝"。据五行说,土居中。而神农氏即炎帝,为"以火德王"。按五行说,火居南。炎帝居于南方,为黄帝的争衡者之一,可以明矣。更何况炎帝的出生地又在随州随县北100里的列山厉乡。

《元和郡县图志》卷二十一"随州随县"条记有厉山,"亦名烈山,在县北一百里。《礼记》曰厉山氏,炎帝也,起于厉山,故曰厉山氏"。厉山氏即《括地志》所谓列山氏。

《宋本方舆胜览》卷三十二"京西路随州"条引《荆州记》又说厉山"山有二穴,云是神农所生,遂即此地为神农社,常年祀之"。

随州随县地在江汉流域,炎帝神农氏为南方长江流域的代表人物,与黄帝并时,于此可以得到确证。

《史记》卷一《五帝本纪》载,神农,班固说:"教民耕农,故号曰神农。"实则不止于此,文献记载尚谓神农氏"耕而作陶",在发展农耕的同时,又发展了制陶术;神农氏尝百草,发明了医药;神农氏"日中为市",开始了交换事业。《五帝本纪》所记黄帝与炎帝战于阪泉之野,实为炎帝自南向北打到阪泉。阪泉在涿鹿东北。"三战",黄帝才取得胜利。炎帝神农氏与黄帝、蚩尤一样能造"五兵",即能造青铜兵器,又当无疑问。

文献无炎帝造文字的记载。但南方长江流域在远古时代并非无自己的文字,江西清江吴城出土的部分石范上,即有刻划的文字与符号。

我们可这样说:炎帝神农氏时期,南方长江流域当已进入文明时代。其文明程度不会低于轩辕氏所代表的北方文明。

有些书上把炎帝神农氏置于黄帝之前,当作早于黄帝时代的北方代表。还有一些书把神农氏放在母系社会中谈论。这与《史记》所记不相符合，需要澄清。

其一，《正义》引《帝王世纪》明言神农氏"母曰任姒，有蟜氏女，登为少典妃"。此与黄帝娶西陵氏之女嫘祖为正妃，并无不同。文献记载的神农氏与黄帝均已进入一夫一妻制、世系以父系计算的时代。

其二，《五帝本纪》明言黄帝与炎帝神农氏战于阪泉之野。炎帝之为神农氏，前引《史记·集解》所记皇甫谧与班固语、《正义》所记《帝王世纪》语，都说得非常明白。《宋本方舆胜览》注引《荆州记》亦明言随州随县厉山"是神农氏所生"，与厉山氏炎帝实为一人。惟《礼记》卷四十六《祭法》曾谓："是故厉山氏之有天下也，其子曰农，能殖百谷。"《祭法》所云厉山氏当指少典，"其子曰农"，当指神农氏。这与班固、皇甫谧及《荆州记》作者盛弘之之言，并无矛盾。神农氏实与黄帝同时代。

殊不知炎帝神农氏与黄帝轩辕氏实为两个文化系统。一属火，一属土；一在南，一在北。无承属关系。现在把黄帝当作各族人民共同的祖先，那是因为炎帝神农氏被黄帝战败。就长江流域"蛮夷"而言，共同的祖先应是炎帝神农氏而非黄帝。命之为"神农"，且立"神农社"常年祠祀，正是因为他有"圣德"，且为南方各族的共同祖先。

有一种说法比较符合事实，即将中华各族视为"炎黄子孙"。南方诸夷蛮为炎帝子孙，北方诸夏为黄帝子孙，统一起来便变成"炎黄子孙"了。

我无意抬高南方远古文明。我总觉得南方绝非人们想象的那样，到秦汉时生产技术还要从渡江南来的北方人输进。南方有自己的开发史与文明史，炎、黄并称，早已表明南北在开发上、文明上并驾齐驱。只是很少有人认真思考这个问题，写入历史罢了。我国民族是多元的，文化也是多元的。我想这种提法，无人会反对。

第二节　文明时代到临的地下证据

在未谈论这个问题之前，我想先引一些考古学家的话，以明长江流域地下遗存着青铜器等的特殊性。

"湖南发现的商代青铜器……以往有学者怀疑它们是自北方传入的，现在通过科学分析，指出湖南商代青铜器多含有一定数量的锑，和北方器物不同，这便将输入的可能排除了。"①

"从新干大墓出土的青铜器来看，其造型奇特，纹饰瑰丽，铸工精细，实属罕见。这一发现，以无可辩驳的事实证明，远在3000多年前，以吴城文化为代表的南方地区已有高度发达的青铜文明。……它建立在本地区传统文化的基础上，论族属应是古越民族的一支——扬越人。"②

我想，考古学家对湖南和江西出土青铜器的看法已足够说明南方长江流域"青铜文明"的特殊性。它非北来，它是本地区民族的传统文化的表征，它的发达程度至少可说能与北方同时代的青铜文明媲美。

这样我们就可论述长江流域文明时代到临的地下证据了，就不会再被北来论所俘虏，不会只谈南方青铜文明所受北方影响，而想也不会去想北方青铜文明所受南方的影响了。

以下分地区叙述。

（一）湖北黄陂盘龙城遗址

黄陂在今武汉市北，西北距涢水沿岸神农氏的出生地随州厉山并不远。

盘龙城顾名思义是一座城址。恩格斯在《家庭、私有制和国家的起源》一书中曾述及野蛮时代高级阶段城市的出现。他说：

> 进步现在是不可遏止地、更少间断地、更加迅速地进行着。用石墙、城楼、雉堞围绕着石造或砖造房屋的城市，已经成为部落或部落联盟的中心；这是建筑艺术上的巨大进步，同时也是危险增加和防卫

---

① 四川大学博物馆、中国古代铜鼓研究学会：《南方民族考古》（第一辑），四川大学出版社，1987年，第37页。
② 彭适凡、刘林、詹开逊：《江西新干大洋洲商墓发掘简报》，《文物》，1991年第10期。

需要增加的标志。……在新的设防城市的周围屹立着高峻的墙壁并非无故：它们的壕沟深陷为氏族制度的墓穴，而它们的城楼已经耸入文明时代了。①

盘龙城便是一座这样的城市，它的城楼已经耸入文明时代了。

考古学家认为盘龙城的城垣规模不算很大，但"宫殿"的建筑却十分雄伟，墓葬中的随葬品非常丰富，且发现3名殉葬人，认为它可能是一个方国统治的中心所在地。

盘龙城城址坐落在三面环水的半岛上，城垣平面略近方形，南北长290米，东西宽约260米。现存于地面上的城墙墙体还有1~3米之高。城墙用土分层夯筑而成。采用板筑法。宫殿建筑群遗址位于城内东北部地势较高的地方，筑法是先在基址底部填洼去高，筑起约1米的夯土台基，台基南北长100米以上。台基上修宫殿，已发现上层宫殿基址3座。其中1号宫殿基址已清理出来，考古学家认为它是一座四周有回廊、中央有四室的"四阿重屋高台建筑"。2号与3号宫殿基址在1号宫殿基址的南北中轴线上。

墓葬主要分布在盘龙城外东、西、北三面。李家嘴第2号墓墓主为男性，墓内随葬有鼎、鬲、甗、斝、簋、盘、罍、盉、觚、爵等青铜容器23件，斧、锛、凿、锯、刀、矛、钺、戈、镞等青铜工具与武器40件，并有鬲、瓮、罐、带流罐等陶器和绿松石饰、玉饰。3名殉葬人中2名为成年，1名为儿童。从殉葬器物看，生产工具仍以石器为多，有铲、斧、凿、锛、刀、镰等。另有骨镞和骨锥。陶器陶质以砂质灰陶和泥质灰陶为多，并有一定数量的红陶、印纹硬陶与原始瓷器。器表饰绳纹最多，还有一些弦纹、划纹、附加堆纹、云雷纹、圆圈纹、方格纹。

盘龙城城址与宫殿基址、青铜容器、工具与武器、殉葬人等，是长江流域新石器时代晚期所没有的东西。但印纹硬陶与原始瓷器（或被视为釉

---

① [德]恩格斯著，中共中央马克思恩格斯列宁斯大林著作编译局译：《家庭、私有制和国家的起源》，人民出版社，1976年，第160—162页。

陶）在新石器时代晚期江西修水县山背文化中已经出现（见第一章）。陶纹弦纹、划纹、云雷纹、圆圈纹、方格纹亦见于山背陶器纹饰。尤其是原始瓷器，在江西清江吴城遗址中发现"龙窑"，表明江西是我国原始瓷器的发源地。盘龙城文化显然承自长江流域本地新石器时代晚期文化，与本地吴城文化等一齐跨入了自己的文明时代。

或谓盘龙城是一座相当于商代二里岗期的城址。郑州二里岗商城墓葬有印纹硬陶和原始瓷器。可是，人们会问，印纹硬陶与原始瓷器是先南后北，还是先北后南？

毫无疑问，考古证明这两种东西本是长江流域江西特产，后来越过长江到了江北，如盘龙城之地，再向黄河流域进发，到了中原，如郑州二里岗商城之地。即此一端，便能说明盘龙城文化早于郑州二里岗商城文化，而不是相当。

或谓盘龙城青铜器有容器、工具与兵器，相当丰富；郑州商城青铜器也有容器、工具与兵器，同样丰富，岂非时代相当之证？这个问题可用荆、扬出铜，贡赋唯此二州有"金三品"来解决。盘龙城地处荆州产铜区，冶炼青铜较之靠输入铜、锡等矿的北方要早，是无可怀疑的。郑州二里岗商城青铜制造达到盘龙城的水平，并不表明两处文化时代相当，而只能表明距今3500年左右郑州二里岗商城制造青铜的技术，终于达到盘龙城文化的水平而已。

考古学家承认盘龙城陶片中有相当于二里头文化的陶片。二里头在河南西部。考古学家认为二里头文化时代相当于夏代。二里头文化晚期已发现有宫殿建筑基址，可能是夏代晚期的都城遗址。陶器也有印纹硬陶出土。

这样看来，我想，把湖北黄陂盘龙城文化的时代提到相当于文献记载的夏朝去，完全可以成立。

至于在盘龙城发现3个殉葬人（一般认为是奴隶）的问题，并不能表示盘龙城文化要晚到商代。恩格斯曾说野蛮时代的高级阶段已经产生奴隶制,只不过是"刚刚产生并且是零散现象的奴隶制"①而已。

人类历史的发展有共同性,也有特殊性。盘龙城文化实为炎帝文化的一支。炎帝诞生地就在附近不远,无须将之归入中原黄帝系统的文化传流。

(二)湖南石门皂市等地遗址

湖南出土的青铜器等远古遗存,遍布石门、华容、岳阳、桃源、安化、宁乡、长沙、湘潭、湘乡、醴陵、邵阳、衡阳、常宁、浏阳等许多地点,部分铜器上有铭文,铸造精细,造型奇特,花纹美观。其中有一种铜器"虎食人卣",特别有名,受到国内外考古学家的重视。

前面提到湖南青铜器多含有一定数量的锑。锑为湖南著名矿产之一。现在已没有人说湖南青铜器为北方传入的器物了。即是本地的土产。而"虎食人卣",不仅是湖南的土产,且为特产。

李学勤先生所作《试论虎食人卣》一文,介绍了日本泉屋博古馆藏卣和法国赛努施基博物馆藏卣。日本藏卣"通体作虎形,踞坐以后足及尾支持,前爪抱持一人,张口啖食人首"。法国所藏与日本所藏形制、纹饰基本相同。李学勤先生提及容庚先生曾说,此种虎食人卣"传出于湖南";湖南学者证实出于宁乡沩山与安化界附近。李先生所指虽为盛伯羲藏卣,要知此种卣确出自湖南,北方并无"虎食人卣"其器。

李学勤先生对"虎食人卣"作了一些解释,例如:人的"面上表情均为肃穆,并没有恐惧或欣喜的状貌";"披发";衣服"非博裾长袖";"蹲踞",并据《论语·宪问》"原壤夷俟",解释"夷俟"即蹲踞而俟。这已牵连到其他民族。还说"虎也神话化了"。然而,李先生的解释到此未再前进。人们要问这种人,这种虎,意义究竟何指?来源究竟何在?

按《后汉书》列传第七十六《南蛮西南夷传》"巴郡南郡蛮"条云:

---

① [德]恩格斯著,中共中央马克思恩格斯列宁斯大林著作编译局译:《家庭、私有制和国家的起源》,人民出版社,1976年,第161页。

第二章　长江流域文明时代的到临

> 巴郡南郡蛮，本有五姓：巴氏、樊氏、瞫（音审）氏、相氏、郑氏，皆出于武落钟离山。（代本曰廪君之先，故出巫诞也。）其山有赤黑二穴，巴氏之子生于赤穴，四姓之子皆生黑穴。未有君长，俱事鬼神，乃共掷剑于石穴，约能中者，奉以为君。巴氏子务相乃独中之，众皆叹。又令各乘土船，约能浮者，当以为君。余姓悉沉，唯务相独浮，因共立之，是为廪君。……廪君于是君乎夷城。（此以上并见代本也。）四姓皆臣之。廪君死，魂魄世为白虎。巴氏以虎饮人血，遂以人祠焉。

此"虎食人"也。巴，巴夷，即世所谓廪君蛮。廪君死后，魂魄世为白虎，巴氏以人祠之，所以，"虎食人卣"上的人"面上表情均为肃穆，并没有恐惧或欣喜的状貌"。披发、蹲踞均为夷俗。卣上人即巴人、巴夷、巴蛮或廪君蛮人，可以明矣。

问题在于此支以白虎为图腾的巴人或廪君蛮人，是不是到了湘江流域湖南之地？如果到了并定居下来，湖南所出"虎食人卣"，其渊源、含义就完全可以解决了。

巴人或廪君蛮人自巴郡向东到了南郡，这在《后汉书》中已经写明。《南方民族考古》第一辑载有张勋燎《古代巴人起源及其与蜀人、僚人的关系》①一文，其第三节专谈巴人的南迁问题，提到洞庭湖岸有山名巴丘，亦曰巴陵，而湖亦因之名曰巴丘湖或巴陵湖。这些地名，都是迁过去的巴人活动所留下的遗迹。此语完全正确。巴蛮分布以往常认为是一个复杂而使人头痛、不易搞清的问题。我在《魏晋南北朝史论稿》中，举出蛮人有三：一为廪君蛮，其迁徙方向是沿江东出江汉，而又分出两支，一支沿汉水北向，一支沿洞庭湖与湘水南向，巴丘、巴陵的巴，即此支蛮人留下的痕迹。此支蛮人以白虎为图腾。二为板楯蛮，亦曰巴人，其迁徙方向是北

---

① 张勋燎：《古代巴人的起源及其与蜀人、僚人的关系》，载四川大学博物馆，中国古代铜鼓研究学会：《南方民族考古》（第一辑），四川大学出版社，1987年，第45—72页。

到汉中、关西。此支蛮人以板楯为标志。三为槃瓠蛮人，亦名溪人。五溪蛮便是此种蛮人。此支蛮人以犬为图腾。湖南既以有白虎为图腾的廪君蛮人，又有以犬为图腾的槃瓠蛮人。虽然居处相错，但因图腾不同，不难分别。"虎食人卣"的制作者，除了为居住于湖南的廪君蛮人之外，再无第二种、第三种人能造出此种卣器。

张文提及邝露《赤雅》"巴人"条，《赤雅》巴人远在广西柳州（当时名怀远）。广东南部茂名市以南，古又有南巴县。则巴人分布，地区极广。石门南靠澧水，桃源南靠沅江，安化南靠资水，此三水均东入洞庭湖。廪君蛮人迁居这些县，取铜、锑制作"虎食人卣"，以示对祖先廪君的崇敬，自是意中之事。除此之外，没有别的解释。

廪君相当于什么时代，《后汉书》中没有讲到。考古学家把湖南石门等地发现的青铜器文化，说成是商代我国南方的青铜器文化。但从石门出土的陶器来看，与石门同在一条澧水之上，西距石门很近的澧县，曾有新石器时代早期的陶器出土，比之于青铜时代石门的陶器，陶质与纹饰虽有差别优劣之分，可是这种分别不是很大。澧县陶器的特征：陶质以砂质和泥质夹炭为主，陶色多呈红褐和灰褐。纹饰以拍印和压印的绳纹为主，并有刺剔的三角形纹等。石门陶器的特征：陶质以砂质红陶、泥质灰陶与黑皮陶为多，纹饰以粗、细绳纹为主，也有少量的三角形纹。器形较之澧县陶器要多。如果说澧县陶器的原始形质为长江流域进入野蛮时代低级阶段之证，则与青铜器并存的石门陶器，按恩格斯的理论，当已进入野蛮时代高级阶段了。而湖南青铜器上部分有铭文，则为过渡到文明时代的证明。

我想，湖南石门的青铜文化，其时代似亦可以提到夏朝。湖南出土青铜器的地点不少，所属时代不可能如一。

(三)江西清江吴城与新干大洋洲遗址、遗存

吴城遗址位于江西中北部赣江流域的清江县吴城内，已发掘的遗址和遗物特征令人有目不暇接之感，分述如下：

房屋与长廊式道路。

发现的皆为南北长方形的半地穴房屋。房门向东南或向南。房基中央及周围墙壁中，有一座有7个柱洞，房内设灶台。1986年进行的第六次发掘，发现了两条路，其中一条路的两旁有柱洞，已清理出65个。这些柱洞有的排列规整，呈对称分布于路的两旁，有的则无规律可循。尤其是在路拐角处的北面，柱洞分布密集。根据清理现场分析，有规律排列的柱洞大约有12对，其间距约为40～60厘米。柱洞洞径约为16～20厘米，深约为14～24厘米不等，大多为圆形和椭圆形。洞内填土多为灰黄土。在路的两旁分布有排列规整的柱洞，表明在路面上有建筑物，很可能是一条长廊式建筑覆盖的路，长廊式道路的发现，说明吴城遗址不是一般的村落遗址，而是较大的聚落遗址，或是都邑，或是方国[①]。

青铜器与铸铜作坊。

仅在比较集中的吴城几个灰坑内，发现填埋有与制造青铜器有关的石范、木炭屑、铜炼渣和黏附有铜渣的粗砂厚质陶片，以及红烧土块等遗物。其中比较成形的石范有68块，能辨认的有戈范（合范一套）、钺范、斝范、镞范等。这表明吴城必有铸造青铜器的作坊存在。

吴城墓葬中虽有铜锛、铜凿、铜斝等青铜器出土，但10余年来，一直未曾探测到大型墓葬与青铜重器。这一缺憾，为1989年对江西新干大洋洲大型墓葬的发掘填补了。吴城遗址在赣江西岸，大洋洲大型墓葬遗址在赣江东岸，两地相距仅20公里。

从新干大墓出土的青铜器来看，其造型奇特，纹饰瑰丽，铸工精细，实属罕见。它以无可辩驳的事实证明，远在3000多年前（经对墓中朽木的碳十四测定，其年代为距今3110±330），以吴城文化为代表的南方地区已有高度发达的青铜文明。这批青铜器就铸铜作坊的发现与器形的奇特来讲，都是本地铸造。像异形剑、匕首、柳叶形矛、四棱锥形矛、长铤单翼镞、长铤圆锋镞、手斧、裁制刀、溜肩四斧和犁铧等，在全国出土的商代器物中前所未见。戣，是目前已知的最早标本。器物组合中，不见中原地

[①] 周广明、吴诗池、李家和：《清江吴城遗址第六次发掘的主要收获》，《江西历史文物》，1987年第2期。

区常见的爵、觚、斝等酒器。纹样上盛行独有的带状燕尾纹。装饰附件上盛行虎等雕塑性动物形象。湖南有独特的"虎食人卣",江西吴城文化有"卧虎大方鼎""扁虎足鼎",可谓无独有偶。

扁虎足鼎共出土9件,均为双立耳微外撇,浅腹,圜底。其中7件立耳上饰有卧虎。三扁足以往多误认为足夔形而称偏夔足,实则与中原地区那种侧身扁平夔足不同,而是体呈圆雕状,如去掉脊上和腹下的扉棱,一只突目、张嘴、曲背、尾上卷的虎就显示出来。口中的三角形利齿咬住器底腹。扁虎足正好与立耳上的卧虎相对应。构思之妙,实夺天工。

从新干大墓出土的青铜器可以看出长江流域青铜文明的相互影响。如"锥足鼎",与湖北盘龙城出土的某件铜鼎(Ⅲ式铜鼎)相近。"瓒",以觚形器为体,有形如圭的柄。其体部敞口、尖唇、微束腰、喇叭形圈足外撇,上饰三个等距分布的十字形镂孔,很像盘龙城出土的某件觚(Ⅲ式觚)。"圆涡纹鼎",腹上部饰一周乳丁泡状圆涡纹,间以四瓣目纹。此种纹饰在南方颇为流行,如湖北沙市和湖南岳阳鲂鱼山出土的铜罍上都装饰有这种纹饰。"羊罍",新干所出四羊罍与1987年湖北沙市东岳村出土的罍最为相近。新干、沙市铜罍个体都较大,纹饰的构图和风格基本相同,均以云雷纹衬底,由分解式双夔构成兽面纹,鼻上有直竖的冠,尾下卷,兽面主纹浮于器面,上有阴线云雷纹。这种分解式浮雕兽面纹,在湖南的一些青铜器上多有所见。如1966年华容出土的三羊尊腹部的兽面纹饰。"鬲鼎",颈部饰一周鱼带纹,这在中原地区少见,在南方一些青铜器上倒屡有发现。如湖南岳阳鲂鱼山出土的铜罍腹部就饰有一周鱼纹①。

至于与中原青铜器比较,我们必须打破两种观念:一为器形相似,即受中原影响的观念;二为发达程度相似,即达到中原某期的观念。相应地应树立两种思想:一为"金三品"产于南方,南方实为青铜器的故乡与发源地;二为南北青铜器文化如发达程度相似,并不表明时期相同。一条水平线,应是南方先到,北方后到。根据有关碳十四测定数据,李伯谦先生

---

① 彭适凡、刘林、詹开逊:《关于新干大洋洲商墓年代问题的探讨》,《文物》,1991年第10期。

认为吴城遗址第一期"约相当于商代前期",第二、三期"约相当于商代后期"。我无意去持异议。但同一类型的器具,年代南早北晚已有人鉴定过,提出过,如"长胡三穿戈",时代便比殷墟发现的中胡或长胡戈要早。"圆涡纹鼎",时代也比殷墟的"父壬圆鼎"与"圆涡纹鼎"为早。

龙窑与陶瓷。

新干大墓遗存有窑炉10座,其中4座为平焰龙窑,6座为升焰式圆角三角形或圆角方形窑。10座窑炉均分布于库南区数千平方米范围内的丘陵山坡上,说明那里是一个大型窑区。

龙窑的发现,表明早在3000多年前龙窑就已在我国瓷器之乡——江西出现。这在我国陶瓷史上是一项重大的突破。龙窑的发现,还表明吴城遗址大量出土的原始瓷器都是在当地用龙窑烧造成的。这样就解决了它的来源问题,显示出江西本来就是我国原始瓷器的发源地。新石器时代晚期江西修水县山背文化遗存中,已见印纹硬陶与釉陶(或为原始瓷器)。新干龙窑的出现是这一文化在制作陶瓷上一个重大的发展。将新干龙窑与修水原始瓷器联系起来看,原始瓷器的发源地,除了江西,还有哪一个地方可获此称誉呢?龙窑的发现还从另一个方面表明,吴城遗址的手工业内部分工已达到一定的水平,数千平方米的范围分布着4座平焰龙窑与6座升焰式窑,可以肯定,这是一个陶瓷手工业作坊区。且由于一定结构的窑炉才能熔烧一定质地的陶瓷器,因此,龙窑和升焰式窑分布在一个区域内,说明原始瓷器和陶器的烧造可能已经分开。而手工业分工的精细,又说明吴城遗址的手工业已达到相当的水平[①]。

吴城菜园区有大宗陶器和青瓷片出土。陶器器形有鬲、罐、盆、罍、豆、尊、盂、壶、瓤形器、纺轮、网坠、陶垫、陶刀等,颇为不少。

文字与符号。

从吴城遗址的陶器与陶片上,发现了记有文字与符号的陶器与陶片21件。除"臣"字为压印上去的之外,其余均为刻划上去。压印文字"臣"

---

① 周广明、吴诗池、李家和:《清江吴城遗址第六次发掘的主要收获》,《江西历史文物》,1987年第2期。

的发现，是当时吴城地区已进入阶级社会的佐证。

今将《清江吴城遗址第六次发掘的主要收获》一文所附吴城遗址文字与符号统计表列之于下：

吴城遗址文字与符号统计表

出土层位编号	器物名称	刻划部位	摹文	分期
86清吴水管局采集	夹砂灰硬陶杯	杯底		2
86清吴T_{16}②2	泥质灰硬陶片	器表		2
86清吴水管局采集	泥质釉陶片	器表		2
86清吴水管局采集	泥质灰硬陶瓮	口沿		2
86清吴水管局采集	泥质灰硬陶片	器表		2
86清吴T_{19}③:25	泥质灰软陶圈足	器底		2
86清吴T_{15}②:1	泥质灰硬陶片	器底		2
86清吴T_{15}②:21	泥质灰硬陶片	口沿		2
86清吴T_{10}③:32	泥质灰硬陶圈足	器底		2
86清吴T_{4}③:3	泥质灰硬陶圈足	器底		2
86清吴T_{18}③:14	泥质红硬陶刀	器表		2

续　表

出土层位编号	器物名称	刻划部位	摹文	分期
86清吴水管局采集	泥质灰硬陶片	器表		2
86清吴T₁₅②:25	泥质灰硬陶片	器表		2
86清吴T₁₈H₃:3	泥质灰硬陶片	器表		2
86清吴水管局采集	泥质灰硬陶片	器表		2
86清吴水管局采集	泥质灰硬陶刀	器表		2
86清吴T₉③:13	泥质灰硬陶鬲	腹部器表		2
86清吴T₁₆②:9	泥质灰硬陶片	器表		2
86清吴T₁₀②:6	泥质灰硬陶刀	器表		2
86清吴水管局采集	泥质灰硬陶片	器表		2
86清吴水管局采集	泥质灰硬陶片	器表		2

备注：这批文字与符号共21件，除一"臣"字为压印上去，其余均为刻划上去的。其时代皆为吴城二期。

关于文字符号，1983年，在江西省鹰潭市角山一处烧造陶瓷遗址中，在陶器上尚曾发现符号1489个，最为引人注目。陶器符号数量之多，居国内古文化遗址出土之首。与北方甲骨文、金文比较，两者属不同体系。

分析表明符号的作者无疑是南方古代越族或其先民。

角山符号记数之法，经研究，采用五基数进位，有两个最基本的记数符号")"和"✕"，")"代表1，"✕"代表5。5以下的序数符号，按累加法)、))、)))、))))，至5用"✕"。5以上又用累加法重复使用基本符号")"和"✕"，组成5以上的数✕)、✕))、✕)))、✕))))，共9个数。9以上又有"⼼"的合文"廾"符号等。这种五进制记数符号，是世界上现今所知最早的符号，它的发现为中华文化增添了新的光彩①。

角山陶文在记数符号中发现不多，但可看出它基本上还是属于吴城系统的范畴之内。因为角山陶文中的大部分字形，都可以从其中找到相同或相类似的形体。

然则江西远古文字与记数符号的发展，有它自己的历程，并非北方文字符号南传，又可知矣。

江西的发现：长廊式道路、青铜犁铧与容器的铜伏虎装饰、平焰龙窑与青瓷、陶纺轮、文字与记数符号、青铜镈与"臣"字。如果把这些加到一起看，一个用青铜犁铧耕地，用龙窑造瓷器，用纺轮编织苎麻与蚕丝，用文字与符号记事记数，用镈与铙等乐器奏乐，有臣，有勾戟一类兵器，有长廊式道路与宫室的独立方国的状貌，立刻就在我们的眼前展现。姑且不论此方国的时代是否早于殷商，但必与北方的殷商王国并存于世，一南一北。我想承认吴城遗址为一方国遗址的人们，都会同意这一看法。

（四）湖熟文化与屯溪遗存

长江下游具有代表性的文明时代遗存是湖熟文化遗存。湖熟文化，因首先发现于江苏省江宁的湖熟镇而得名。这类文化遗址在苏皖南部的长江两岸已发现200多处。考古学家认为相当于商周时期。

人们居住的房屋，多建筑在经过夯打拍平的地面上，有的地面还经过

---

① 廖根深：《角山商代记数符号分组研究》，《江西历史文物》，1987年第2期。

火烤，厚度有12厘米左右。房屋基址地面直径约10米。陶器中以砂质红陶和砂质灰陶为最多，有陶拍、陶垫、陶印模、陶纺轮，并有一些几何印纹硬陶与原始瓷器。印纹硬陶主要有小口深腹（或浅腹）平底罐。原始瓷器有小口圆腹平底罐、敞口圈足碗、敛口圈足豆和直口假圈足盘等。陶窑在南京北阴阳营发现2座，形制均为长方形。青铜器有铜方鼎、铜提梁卣、铜盘、铜戈、铜镞等。江苏溧水乌山发掘的一座墓葬，随葬有铜方鼎、铜提梁卣、铜盘、铜戈各1件，并有陶鼎2件，陶尊1件，陶盘1件，印纹硬陶坛2件与原始瓷豆1件。从随葬的遗物看，应是一座贵族墓。

几何印纹硬陶与原始瓷器的出土，表明湖熟文化与江西清江吴城文化有一致性。它们同是长江流域进入自己的文明时代的象征。

安徽屯溪发现的2座墓葬，墓内随葬品较多，内容丰富。其中青铜器有鼎、簋、盂、卣、盘、尊、三足器、五柱钟形乐器与鸟形饰等20件。铜尊上有族徽铭文。原始瓷器有碗、盂、豆、尊、盉、盘、罐等71件。陶器有盂和钵3件，另有印纹硬陶罐1件。还有陶纺轮、方石块、玉饰和砺石等。

屯溪地处皖南山区深远之地，为古代山越人民所居。这些山区越民未尝离开过他们的山居，青铜器、原始瓷器、印纹硬陶应该说都是他们自己的创造，铜尊上的铭文也应是他们自己的文字。屯溪距瓷器的发源地江西较近，原始瓷器进入皖南山区并不困难。也有可能屯溪亦为原始瓷器发源地之一。山越人民在史籍上被描绘得很落后，我想屯溪这两座古墓葬的发现，可以说明山越也有值得自己骄傲的远古文明。

(五)巴蜀文明——广汉三星堆遗址

四川广汉三星堆——月亮湾遗址经过半个多世纪的发掘，根据地层学与器物类型学分析，可分为四期：第一期出土为新石器时代晚期的东西，经碳十四测定，距今约4800年，是先蜀文化，即蜀文化的前身。第二、三期文化是早蜀文化的堆积，从类型学排比，被断为相当于中原的夏商。第四期继续发展，达到鼎盛，经碳十四测定，距今为2876 ± 80年，即殷末周初。人们认为三星堆遗址的二至四期都应叫"早蜀文化"。

三星堆遗址群方圆6公里，被人工堆积的土埂——"城墙"所环绕。这里不仅有"木骨泥墙"面积10平方米左右的小房舍，也有面积超过60平方米的穿斗结构大房子与抬梁结构的厅堂。房舍厅堂间还有沟渠相连，形成聚落。在这些房舍聚落内出土了大量的金、玉、铜、陶、骨器，还有陶塑、石雕、石磬、雕花镂孔的漆木器、象牙等等。反映出这里应该是一座文明古城的废墟，而不是一般原始村落的遗迹。

青铜器很特殊。其中有青铜人面像、青铜人立像。最大的青铜人面像通耳宽134厘米，额高70厘米，是世界上最大的人面青铜造像。形象生动，有的眼珠柱状突出如螃蟹，有的鼻梁有槽可镶嵌云雷突饰，有的鼓眼龇嘴作愤怒凶相，有的定睛咧嘴作欢欣状。每个面像四角和额头都有方孔，便于悬挂。若配上头躯，按比例算来都是2米以上到六七米的巨大神灵偶像，从面像来看似乎都是男性。三星堆出土的铜神像，数量之多，形体之大，雕塑之精美，相貌之诡异，实在超出人们的想象①。

另有青铜神树两棵。其一有三脚架座，座的三面各跪一小铜人。树干挺立高约1.4米，上分丫杈，花叶茂盛，结的果实如卵而有托。丫枝上有许多人、兽、鸟、蛇、钟和圆形挂饰，还有一只昂首垂尾的公鸡，可谓奇绝。另一棵甚高，上有三杈。

铜神面像与铜神树的出土，说明城邑里的居民有他们自己的信仰。

陶器繁多，有酒器、食器、乐器（陶埙），工艺陶塑有虎、象、牛、猪、羊、鸮、杜鹃、鱼、蛙等。有一坑满放着大小不等的21件瓶形杯，中间有一把盉，周围放着许多平底盘、豆、小平底罐等盛食器，或以为似乎是一个酒餐具贮藏柜，属于这里的上层人物所有。石雕中有一座双手反缚跪坐的人像，当属下层。阶级已分出来了。

凡此皆可表示这里有自己的宗教信仰，有自己的比较发达的农业与畜牧业，有自己的酿造手工业和用酒的需要。居民中已有阶级之分。如说三

---

① 林向:《蜀酒探原——巴蜀的"萨满式文化"研究之一》，载四川大学博物馆，中国古代铜鼓研究学会:《南方民族考古》（第一辑），四川大学出版社，1987年，第73—86页。

星堆遗址为蜀地一个古国的统治中心,似亦无不可。

将上述盘龙城、吴城、三星堆遗址等综合起来看,当夏、商、周三代在北方延续与交替之时,当北方创造出自己的青铜文明之时,南方长江流域也出现了自己的方国与文明古城,拥有了并不逊于北方的青铜文明。

第三节 吴、楚、巴、蜀等国家的出现

恩格斯说:"国家并不是从来就有的。曾经有过不需要国家而且根本不知国家和国家权力为何物的社会。在经济发展到一定阶段而必然使社会分裂为阶级时,国家就由于这种分裂而成为必要了。"①又说:"这种从社会中产生但又自居于社会之上并且日益同社会脱离的力量,就是国家。"②

国家的形成有它自己的历程。一般说是由氏族而部落,由部落而部落联盟,由部落联盟而国家。国家产生的契机,正如恩格斯所说,是"在经济发展到一定阶段而必然使社会分裂为阶级时"。因为到这个时候,"社会陷入了不可解决的自我矛盾",既分裂成为不可调和的对立面而又无力摆脱这些对立面,而为了使这些对立面"不致在无谓的斗争中把自己和社会消灭,就需要有一种表面上驾于社会之上的力量"来缓和冲突,把冲突保持在"秩序"的范围以内③。这便是国家。

长江流域吴、楚、巴、蜀等国家的出现,正是如此。那时候长江上中下游由于经济的发展,普遍进入文明时代,有了穷人与富人、被统治者与统治者的区别,文明古城出现了,方国出现了,后来形成吴、楚等国。

长江下游的吴、越,中游的楚国,上游的巴、蜀,见之于文献。论长江流域的进一步开发,必追溯其形成。因为这些国家形成的时代都在青铜

---

① [德]恩格斯著,中共中央马克思恩格斯列宁斯大林著作编译局译:《家庭、私有制和国家的起源》,人民出版社,1976年,第171页。

② [德]恩格斯著,中共中央马克思恩格斯列宁斯大林著作编译局译:《家庭、私有制和国家的起源》,人民出版社,1976年,第168页。

③ [德]恩格斯著,中共中央马克思恩格斯列宁斯大林著作编译局译:《家庭、私有制和国家的起源》,人民出版社,1976年,第167—168页。

文明时代，故于此间言之。

(一) 吴、越

《史记》卷三十一《吴太伯世家》清晰地叙述了吴国的由来，其言云：

> 吴太伯，太伯弟仲雍，皆周太王之子，而王季历之兄也。季历贤，而有圣子昌，太王欲立季历以及昌，于是太伯、仲雍二人乃奔荆蛮，文身断发，示不可用，以避季历。季历果立，是为王季，而昌为文王。太伯之奔荆蛮，自号句吴。荆蛮义之，从而归之千余家，立为吴太伯。

《集解》引韦昭曰："后武王追封为吴伯，故曰吴太伯。"

《正义》："吴，国号也。太伯居梅里，在常州无锡县东南六十里。至十九世孙寿梦居之，号句吴。寿梦卒，诸樊南徙吴。至二十一代孙光，使子胥筑阖闾城都之，今苏州也。"

《索隐》："荆者，楚之旧号，以州而言之曰荆。蛮者，闽也，南夷之名；蛮亦称越。此言自号句吴，吴名起于太伯，明以前未有吴号。地在楚越之界，故称荆蛮。颜师古注《汉书》，以吴言'句'者，夷之发声，犹言'于越'耳。此言'号句吴'，当如颜解。"

我想，吴国的起源，这里说得很清楚了。时间在商朝。地点在梅里，今江苏无锡东南60里或苏州北50里许。建立者为太伯，太伯自号"句吴"，"以吴言'句'者，夷之发声，犹言'于越'耳"。后来，周武王追封太伯为吴伯，故称吴太伯。

太伯何以能立国于吴？这就要看到吴国当长江下游江南之地，在这一带，先后曾有河姆渡文化、马家浜文化、良渚文化与湖熟文化的兴起。河姆渡文化属于新石器时代早期，可是却在这一文化遗存中发现了我国最早的人工栽培的籼亚种水稻。在马家浜文化遗存中又发现粳稻。良渚文化遗存则不仅有籼稻、粳稻，而且有花生、芝麻、蚕豆、葫芦等植物种子；纺织手工业成了专门的生产部门，贫富的分别已经出现，国家已呼之欲出了。

湖熟文化以首先发现于江宁县湖熟镇而得名，实则包括苏、皖南部长江两岸文化遗址。此文化极有可能为吴国早期文化。在太伯被追封为吴伯的同时，周初在长江下游还分封了一个宜国。在江苏丹徒烟墩山出土的一批属于湖熟文化的青铜器中，有一件"宜侯夨簋"，浅腹，四耳，高圈足，有铭文120多个字。铭文记述周王册命夨为宜侯，并赐以鬯、鬲、弓矢、土地、附庸等事。宜侯夨的时代虽较吴太伯为晚，但"宜侯夨簋"的发现，倒是湖熟文化为吴早期文化的一个佐证。

国家一般由部落联盟发展而来。在太伯南来之前，长江下游似未出现国家组织，地下亦无城堡遗址发现。这或许是太伯以周人而能立国于吴的原因。不过，这位周人已经"荆蛮"化了，"文身断发"，便是一个表现。周武王曾求太伯、仲雍之后，得周章。"周章已君吴，因而封之"。同时，又封夨为宜侯。看来夨被封为宜侯，来到长江下游江南之地，含有吴的助国之意。

《史记》卷四十一《越王勾践世家》记载勾践的先世曾说：

> 其先禹之苗裔，而夏后帝少康之庶子也。封于会稽，以奉守禹之祀。文身断发，披草莱而邑焉。后二十余世，至于允常。允常之时，与吴王阖庐战而相怨伐。允常卒，子勾践立，是为越王。
>
> 《正义》《吴越春秋》云："……至少康，恐禹迹宗庙祭祀之绝，乃封其庶子于越，号曰无余。"贺循《会稽记》云："少康，其少子，号曰于越，越国之称始此。"《越绝记》云："无余都，会稽山南故越城是也。"
>
> 《正义》《舆地志》云："越侯传国三十余叶，历殷至周敬王时，有越侯夫谭，子曰允常，拓土始大，称王，《春秋》贬为子，号为于越。"杜注云："于，语发声也。"
>
> 颜师古注《汉书》，谓句吴以吴而言句者，夷语之发声，犹言"于

越"。少康封其庶子于越，贺循谓号曰"于越"，并谓越国之称始此。杜注《春秋》左氏传，谓"于"为语之发声，于越即越。吴之言句吴，可称为"于越吴"，亦可称为"越吴"。越吴者，越之吴国或越地之吴国。而越则成了越国的专称。越究竟包括了哪些地区？

《史记·秦始皇本纪》二十五年说："王翦遂定荆江南地，降越君，置会稽郡。"《淮南子·人间训》说秦始皇使尉屠睢用兵于越，"为五军，一军塞谭城之岭，一军守九嶷之塞，一军处番禺之都，一军守南野之界，一军结余干之水"。这把江南、岭南都当作越地了。《史记》中有南越、东越，《汉书》中作南粤、东粤，是越又作粤。百越也就是百粤。越和粤本无区分，后世才将越和粤分开，各有所指。无余号称于越在夏少康时，太伯号称句（于越）吴则在商朝，越之称早于吴，故吴亦号句吴。无余建立越国，表明越本国名，指会稽之地。《左传》宣公八年注越国，便有"今会稽山阴县是也"之谓。后由国名演为地名，大到包含了江南与岭南广大地区，而这一广大地区中的各族人民，也就统统被称为"越人"。如果要分细一点的话，那也只是按居处分为南越、东越、扬越、山越（山间居民）而已。

无余所建越国会稽山阴县地，适当新石器时代晚期良渚文化分布区。正如前面所讲，良渚文化既有发达的农业与畜牧业，又有发达的纺织、竹编、制木、制玉、制陶等手工业；既进入恩格斯所说的第二次社会大分工即手工业自农业中分离的时期，又进入有穷人与富人之分的阶级社会初期。其年代距今4000年左右。如果推测不误，良渚文化即越国早期文化，其年代相当于夏少康时期。

(二) 楚国

《史记》卷四十《楚世家》记述了楚之由来。可辨的是，其建国究竟始于何时？《楚世家》云：

  楚之先祖出自帝颛顼高阳。高阳者，黄帝之孙，昌意之子也。高阳生称，称生卷章，卷章生重黎。重黎为帝喾高辛居火正，甚有功，能光融天下，帝喾命曰祝融。共工氏作乱，帝喾使重黎诛之而不尽。帝乃以庚寅日诛重黎，而以其弟吴回为重黎后，复居火正，为祝融。吴回生陆终。陆终生子六人，坼剖而产焉。其长一曰昆吾；二曰参胡；三曰彭祖；四曰会人；五曰曹姓；六曰季连，芈姓，楚其后也。昆吾氏，夏之时尝为侯伯，桀之时汤灭之。彭祖氏，殷之时尝为侯伯，殷之末世灭彭祖氏。季连生附沮，附沮生穴熊。其后中微，或在中国，或在蛮夷，弗能纪其世。

这里可注意陆终六子，长曰昆吾。《集解》引虞翻语云："昆吾名樊，为己姓，封昆吾。"《索隐》引宋忠语云："昆吾，国名，己姓所出。"《正义》引《括地志》云："濮阳县，古昆吾国也。昆吾故城在县西三十里，台在县西百步，即昆吾墟也。"由此可知昆吾为国名。之所以称为昆吾，是因为陆终长子昆吾被封于此，因人名而为国名。此国夏之时尝为侯伯。

参胡、彭祖、会人、曹姓都有这种情形。

《索隐》引宋忠语谓："参胡，国名，斯姓，无后。"

《集解》引虞翻语谓：彭祖"名翦，为彭姓，封于大彭"。《正义》引《括地志》谓："彭城，古彭祖国也。《外传》云殷末灭彭祖国也。虞翻云名翦。《神仙传》云彭祖讳铿，帝颛顼之玄孙，至殷末年已七百六十七岁而不衰老，遂往流沙之西，非寿终也。"

《索隐》引宋忠语说：会人名求言，"姬姓所出，郐国也"。《正义》引《括地志》说："故郐城在郑州新郑县东北二十二里。《毛诗谱》云：'昔高辛之土，祝融之墟，历唐至周，重黎之后妘姓处其地，是为郐国，为郑武公所灭也。'"

《集解》引《世本》："曹姓者，邾是也。"《索隐》引宋忠语："曹姓者，诸曹所出。"《正义》引《括地志》："故邾国在黄州黄冈县东南百二十一里，《史记》云邾子，曹姓也。"

由此看来，陆终第六个儿子"季连，芈姓，楚其后也"，所谓"芈姓",即季连为芈姓之所从出;所谓"楚",即季连封地。亦即在季连时,便开始有了楚国。这正如他的五位兄长分别为昆吾、参胡、彭祖国、邻国、邾国之祖一样。

陆终六子均当夏时,六子封国均在夏朝建立。以殷末彭祖767岁计,彭祖生年正当夏之中期。

可留意的是曹姓与季连。曹姓为邾国,而邾国在长江流域黄州黄冈东南百二十一里;季连为楚国,《史记》没有讲季连居于何处,但讲了他的后裔熊绎居于丹阳。《史记·正义》写到丹阳有二说,颖容《传例》谓即枝江故城,《括地志》则云:"归州巴东县东南四里归故城,楚子熊绎之始国也。"又熊绎墓在归州秭归县。《舆地志》云:"秭归县东有丹阳城,周回八里。熊绎始封也。"枝江、秭归亦在长江流域。

邾与楚南临长江,同是在江北出现的国家。邾国所在地黄州黄冈与盘龙城遗址所在地黄陂是紧邻,我疑黄陂盘龙城文化即夏时邾国的文化。盘龙城有宫殿建筑群基址,极有可能是邾国的宫室。李家嘴二号墓葬有青铜容器、工具、武器40件出土,且有3名殉葬人,极有可能是邾国的贵族之墓。楚国所在的秭归、枝江,据《楚文化志》所云"就现有资料而言,已发现的楚铜器,其年代上限还到不了西周初期楚人(应为熊绎)立国之时"[①]。虽然如此,可是大溪、屈家岭与湖北青龙泉三期文化的发现,也将新石器时代楚国文化勾画了出来。这三处可以相承的文化遗址,包括秭归朝天嘴、枝江关庙山的遗存。大溪属于巫山县,秭归与巫山为邻县。即就较早的大溪文化而言,已有村落遗址,生产以农业为主,而农业又以种植水稻为主,水稻中有粳稻,遗址中有牛、羊、猪等家畜、鱼类与野生动物遗骸,又可见畜牧与渔猎也有所发展。陶纺轮的出土表明已有纺织业,石制生产工具磨制之精,棱角之分明,刃部之锋利为同期石器所少见。楚国便是在这种社会经济基础上建立与发展起来的。楚人一旦将制造青器的技术学到手,就地取材,国家也迅速壮大,足可以与大国争衡了。

---

① 张正明:《楚文化志》,湖北人民出版社,1988年,第34页。

《史记》谓周成王封熊绎于楚蛮。周夷王时，熊渠曾自称"我蛮夷也，不与中国之号谥"。则楚之先虽曰出自帝颛顼高阳，实则为一种假托，其人蛮夷也。哪一种蛮夷呢？巫山、枝江当巴郡南郡之地，《后汉书·南蛮西南夷列传》有"巴郡南郡蛮"，即廪君蛮。楚蛮实为廪君之后。

（三）巴、蜀

《华阳国志》有《巴志》，又有《蜀志》，二者民族不同，国别不同。这种分法，未可厚非。

巴族有廪君蛮与板楯蛮二支，《后汉书·南蛮西南夷列传》的《巴郡南郡蛮》为廪君蛮，自为一传；《板楯蛮夷》又自为一传，分得很清楚。廪君蛮以为廪君死，魂魄世为白虎，巴氏以虎饮人血，遂以人祠虎。在图腾学上，属于以虎为图腾的民族。板楯蛮则恰好相反。《板楯蛮夷》有云：

> 板楯蛮夷者，秦昭襄王时有一白虎，常从群虎数游秦、蜀、巴、汉之境，伤害千余人，昭王乃重募国中有能杀虎者，赏邑万家，金百镒。时有巴郡阆中夷人，能作白竹之弩，乃登楼射杀白虎。

以此可见，廪君与板楯实为巴郡两个对立的蛮族。

此外，尚可看出这两支蛮族还有其他的不同处。廪君蛮本居夷城，板楯蛮则居于阆中；廪君蛮秦时"其君长岁出赋二千一十六钱，三岁一出"[①]。板楯蛮秦时"顷田不租，十妻不算"，至汉高祖刘邦，才规定"复其渠帅罗、朴、督、鄂、度、夕、龚七姓不输租赋，余户乃岁入賨钱，口四十"[②]。故板楯蛮又号賨人或巴賨。《晋书·李特载记》以賨人为"廪君之苗裔"，大谬。从分布地区来看，廪君蛮分布在巫郡、沔中等地，其迁

---

① ［南朝宋］范晔撰，［唐］李贤等注：《后汉书》卷八十六《南蛮西南夷列传》，中华书局，1973年，第2841页。
② ［南朝宋］范晔撰，［唐］李贤等注：《后汉书》卷八十六《南蛮西南夷列传》，中华书局，1973年，第2842页。

徙方向是由夷水向东；板楯蛮则北迁汉中、关西，其迁徙方向由渝水向北。虽同称"巴"或巴族，却分为两支即廪君与板楯二支，明白如画。

《华阳国志·巴志》说禹会诸侯于会稽，执玉帛者万国，"巴、蜀往焉"。又说：

> 周武王伐纣，实得巴、蜀之师，著乎《尚书》。巴师勇锐，歌舞以凌殷人，倒戈，故世称之曰"武王伐纣，前歌后舞"也。

按：《板楯蛮夷》云：

> 阆中有渝水，其人多居水左右，天性劲勇，初为汉前锋，数陷阵。俗喜歌舞，高祖观之曰："此武王伐纣之歌也。"乃命乐人习之，所谓巴渝舞也。

则《华阳国志》所说武王伐纣，"巴师勇锐，歌舞以凌殷人"，为实录。所谓"巴师"，乃板楯蛮师，非廪君蛮师。

《华阳国志》接着说："武王既克殷，以其宗姬封于巴，爵之以子，古者远国虽大，爵不过子，故吴、楚及巴皆曰子。"则巴人立国在周武王时。此所谓"巴"为国名，建巴国者，板楯蛮夷也。板楯蛮人自渝水北迁汉中为后来的事。

蜀之立国，较巴为早。《华阳国志》卷三《蜀志》云：

> 蜀之为国，肇于人皇，与巴同囿。至黄帝，为其子昌意娶蜀山氏之女，生子高阳，是为帝喾；封其支庶于蜀，世为侯伯。历夏、商、周，武王伐纣，蜀与焉。

又云：

> 有周之世,限以秦、巴,虽奉王职,不得与春秋盟会,君长莫同书轨。周失纲纪,蜀先称王。

这是文献所记。刘琳《华阳国志校注》云:"蜀人是一个古老的部族,甲骨文中已有蜀人与殷王朝之间发生征战、朝贡关系的记载,可见蜀人自古即与内地有联系。但其语言、风俗等与内地华夏部族不同。"①又云:

> 扬雄《蜀王本纪》称蜀人"不晓文字,未有礼乐"。蜀地发掘的一些战国墓葬,其器物上有一种原始的图像文字,与巴文全同,不知系巴人遗物,还是巴、蜀同文。②

刘琳先生既提出蜀人语言、风俗与华夏部族不同,又提出了蜀地墓葬器物上的原始图像文字与巴文全同。然而他未深究下去。我读张勋燎《古代巴人的起源及其与蜀人、僚人的关系》③一文,觉得刘先生所提"不知系巴人遗物,还是巴、蜀同文"的问题,似可解决。张文第二部分有一段结语,写道:"《华阳国志·蜀志》所载'蜀人'世系中的'鱼凫'、'开明'应是由湖北迁去的巴人。"并提及《太平寰宇记》与《舆地纪胜》二书有关开明氏鳖灵帝的记载。《太平寰宇记》卷八十六说:

> (阆中)仙穴山,在县东北十里。《周地图》云:"灵山峰多杂树,昔蜀王鳖灵帝登此,因名灵山。"

《舆地纪胜》卷一百八十五"利东路,阆州,古迹"条云:

---

① [晋]常璩撰,刘琳校注:《华阳国志校注》,巴蜀书社,1984年,第176页。
② [晋]常璩撰,刘琳校注:《华阳国志校注》,巴蜀书社,1984年,第181页。
③ 张勋燎:《古代巴人的起源及其与蜀人、僚人的关系》,载四川大学博物馆,中国古代铜鼓研究学会:《南方民族考古》(第一辑),四川大学出版社,1987年,第45—72页。

　　　　鳖灵庙。灵山一名仙穴,在阆中之东十余里,宋江上有古丛帝开明氏鳖令庙存。

　　按《华阳国志》记蜀世系是蚕丛、柏灌、鱼凫、杜宇、开明(名鳖灵)。开明氏传12世,至前316年,为秦所灭。最可注意的是《太平寰宇记》与《舆地纪胜》提及的开明与阆中的关系。惜张文未去查《后汉书·南蛮西南夷传·板楯蛮夷》,不知阆中本板楯蛮夷居地。阆中有渝水,板楯蛮夷多居水左右。巴国,本板楯蛮夷所建,《华阳国志·巴志》说巴子"后治阆中",开明(鳖灵帝)实为巴国板楯蛮人之至蜀国者。开明传12世,则巴、蜀固已同文矣。巴、蜀二族之融合亦可知矣。

　　蜀文化源远流长。广汉三星堆文化遗存是蜀国早期拥有自己的灿烂文化的证明。

(四)吴头楚尾

　　吴头楚尾,一般用以指今江西之地。现在要找出一条分界线是很难了。第二节提及江西清江吴城遗址,可能是一个古方国。然而江西先有楚国进入,后有吴国进入,即有方国,也难存在下去。这里,我不想谈吴头楚尾分界[①],而想谈江西的民族。

　　南方三支蛮族中有一支为槃瓠蛮。《后汉书·南蛮西南夷列传》述及昔高辛氏帝喾"有畜狗,其毛五采,名曰槃瓠。高辛氏以女配槃瓠,槃瓠负而走入南山,止于石室中。所处险绝,人迹不至"。章怀太子注云:

　　　　今辰州卢溪县西有武山。黄闵《武陵记》曰:"山高可万仞,山半有槃瓠石室,可容数万人。中有石床,槃瓠行迹。"今案:山窟前有石羊、石兽,古迹奇异尤多,望石窟大如三间屋,遥见一石仍似狗

[①] 彭适《"吴头楚尾"辨析——江西地区春秋战国时期归属问题的探讨》一文已有详细论述,载《江西历史文物》,1987年第1期。

形。蛮俗相传，云是槃瓠像也。

此蛮以犬为图腾，既异于以白虎为图腾的廪君蛮，又异于以板楯为标志的板楯蛮。槃瓠蛮人发祥于辰州卢溪武山，其后滋蔓。《后汉书》称此蛮"田作贾贩，无关梁符传，租税之赋。有邑君长，皆赐印绶，冠用獭皮。名渠帅曰精夫，相呼为姎徒"。则槃瓠蛮人不仅有农业，而且有商业。商人的分出，是恩格斯说的人类社会的第三次大分工。其城邑君长，毫无疑问已具国家规模。清江吴城遗址便当是这样一个城邑。

槃瓠蛮又称"溪人""溪子""溪""傒"，因辰州卢溪等五溪而得名。江西的溪人、畲族都是此种蛮人。

《南史》卷四十七《胡谐之传》称胡谐之为"豫章南昌人"，此就居地而言。齐高帝建元二年（480），为给事中、骁骑将军。官做得很大。高帝"欲奖以贵族盛姻，以谐之家人语傒（溪）音不正，乃遣宫内四五人往谐之家教子女语"。结果连教的人的口音也变成了傒音。胡谐之很贪，曾就梁州刺史范伯年求佳马。范伯年大感头痛，"谓使曰：'马非狗子，那可得为应无极之求。'"使者归告胡偕之，陈说范伯年但云："胡谐是何傒狗，无厌之求。"胡谐之因此切齿愤恨。此故事说明江西的豫章郡有了槃瓠蛮人。

贵溪畲族民歌又有《狗王歌》，亦名《盘古歌》《槃瓠王歌》《高皇歌》《麒豹王歌》[①]，说明贵溪有了槃瓠蛮人。

看来槃瓠蛮人以江西这个吴头楚尾之地为最多，他们在江西创造了自己的文明。

以上，我们已经看到了长江流域在自己的文明时代中，创造了自己的发达的以种植水稻为主的农业。籼稻、粳稻以及花生、芝麻、葫芦、水果等均已出现。在制陶技术上已由制陶发展到制造原始青瓷，这在长江各地江西、湖南、湖北、皖南、浙江都有发现。江西出现了龙窑。陶器与青铜

---

① 谢健根：《贵溪畲族民歌与畲族史》，《南方文物》，1987年第2期。

器中，出现了精美的艺术品陶塑与含有宗教意味的"虎食人卣""青铜人面像"等。这个时代，长江上下游靠水之处不仅村落遍布，而且出现了城邑、方国。湖北盘龙城、江西青江吴城、四川三星堆古城遗址，都可为证。最为令人注目的，是长江流域各地各族都创造了自己的文字与计数记事方法。江西吴城文化所发现的文字与符号，已经被考古学家证明，首创了世界最早的五进位制。到魏晋都被视为落后的"山越"，如安徽屯溪的山民，在远古便有了自己的"族徽铭文"。巴蜀板楯蛮人与蜀人也有自己的文字——巴文。文字的发明不仅是人类由野蛮时代进入文明时代的表征，而且表明长江流域的文化事业也将以昂然的姿态向前发展。

这样，我们就可以在下章中论述列国时代长江流域经济、文化的突飞猛进及其所遭受的挫折了。

第三章　列国时代长江流域经济、文化的突飞猛进及所遭受的挫折

第一节　楚国的勃兴与顿挫

在论述楚国的勃兴时，有两个情况值得注意。一是江汉流域除了时代很早的盘龙城墓葬曾发现3名殉葬人外，此后已发现的所有楚墓，包括楚王之墓，无一座有殉葬人的骸骨发现。

淮阳楚墓的两座马鞍形大墓，被认为是楚王陵墓。南冢（一号）且被认为是楚顷襄王墓。北冢陪葬车马坑有车8辆，马24匹，狗2只。推测马是杀死后放在坑内的。就是没有殉葬人。南冢车马坑内随葬车23辆，泥马20多匹，真马改成泥马，连马匹也不得杀了陪葬。

淅川下寺楚墓发现7件铜鼎上所铸铭文有"壬子午"和"令尹子庚"字样，说明该墓（二号）主人为春秋时楚国令尹子庚。下寺楚墓出土青铜礼器200多件，乐器100多件，铜车马器300多件，铜兵器100多件，玉石器400多件，玉石珠300多件，贝4000多枚及铜带钩、金箔、皮马鞍等，就是没有殉葬人。

江陵郢都周围分布着数百座楚墓，少数墓内随葬有镇墓兽、虎座鸟架鼓、瑟、笙等木漆器、铜钲等乐器、铜剑与木俑，亦无殉葬人。木俑可以算是墓主人在另一个世界的陪伴了。

这就可以说明残酷的奴隶制在楚国没有得到发展。而这却是楚国勃兴

的一个极重要的原因。

二为在兼并战争中楚国采取了不同于中原国家的政策。所谓"兼人之国，堕其城廓，焚其钟鼓，布其资财，散其子女，裂其土地"，是"诸夏"的政策，而楚国则是"兼人之国，修其国廓，处其廊庙，听其钟鼓，利其资财，妻其子女"①。因此，"甚得江汉间民和"。这是楚国勃兴的又一个原因。

熊渠曾说："我蛮夷也，不与中国之号谥。"楚在社会制度与民族政策上之所以不同于"诸夏"，原因或许也就是熊渠所说的"我蛮夷也"，民族上与诸夏不同。楚在南方，南方蛮夷始祖为炎帝神农氏，而北方"诸夏"的始祖为黄帝，炎黄子孙的发展是不可能统一步调的。

这样，我们就可谈楚国对长江中游乃至下游的开发之功了。

(一) 金属冶炼的革命性变革

铜矿的采掘与铜器制造工艺。

熊渠曾兴兵"伐庸、杨粤（扬越），至于鄂"。鄂，《史记·正义》引刘伯庄语云："地名，在楚之西，后徙楚，今东鄂州是也。"又引《括地志》云："邓州向城县南二十里西鄂故城是楚西鄂。"鄂有西鄂与东鄂，这里讲的是东鄂。熊渠立中子红为鄂王。《正义》引《括地志》继云："武昌县，鄂王旧都。今鄂王神即熊渠子之神也。"熊红所做的鄂王，乃东鄂王。东鄂为武昌，此武昌非今日之武昌，而是今日湖北的鄂州市。鄂州市南有铁山，铁山东南为大冶，大冶南有铜绿山。楚的政治势力既然达到东鄂，也就占据了铁山与铜绿山，从此不乏铜铁了。

考古学家在湖北大冶铜绿山的古铜矿遗址中，发现有越文化特征的陶器残片。此越即扬越，泛指江南各族，熊渠自称蛮夷，此蛮夷非越人而为巴人中的廪君蛮人。这种带有越文化特征的陶器残片的发现，表明春秋中期以前扬越人已经在铜绿山开采铜矿。在湖北广济县城东长江中，考古学

---

① 张正明：《楚文化志》，湖北人民出版社，1988年，第8页。

家曾挖出青铜甬钟23件、句鑃2件，经初步研究，认为是古越族遗物，铸造年代在西周晚期至春秋中期之间。

《史记·楚世家》载，春秋初期，楚成王"结旧好于诸侯，使人献天子（周惠王），天子赐胙，曰：'镇尔南方夷越之乱，无侵中国。'"，这是楚国历史的一个转折点。只要楚不去侵犯中国，周天子允许楚在南方夷越之地用兵。从此，"楚地千里"。楚国的青铜器也就在这个时候增多起来，冶铜技术获得迅速提高，以至超越了诸夏。

湖北铜绿山东周铜矿冶遗址，位于大冶的铜绿山、大岩阴山、小岩阴山、柯锡太村、螺蛳塘、乌鸦林塘等地。除发现矿渣、铜炼渣、铜锭、铜矿石和采矿的用具与运载工具外，还发现采矿井与炼铜炉等遗迹。采矿井已发现多座，分竖井、斜井与巷道等部分。矿井内都是用四根木料以榫卯相接的方法构成方形框架，用许多这样的框架，从井口到井底进行支撑。巷道是矿井下开采矿石的掘进道，支护也是用木材制成的方形框架，穿接方法也是榫卯扣合法。炼铜炉是由炉基、炉缸、炉身几个部分组成，并有风口、风沟与金门等设施。采掘工具有铁斧、四棱铁钻、铁锤、铁耙、六角形铁锄、凹字形铁口锄、木槌等。采铜矿而无铁器是困难的，铁制采掘工具的发现，表明楚国的冶铁业在春秋时代也已起步。载运与提运工具有竹筬箕、竹筐、藤篓、木辘铲、木钩、大绳等，排水工具有木水槽、木桶、木撮瓢等。从出土的青铜器来看，在铸铜技术上，楚国不仅采用了中原的分铸、焊合等法，而且创造了中原所没有的失蜡法或漏铅法；不仅使用了镶嵌红铜的工艺，而且使用了镶嵌黑漆的工艺，真可谓后来居上。

炼铁业的兴起与铁器的应用。

经对楚铁器的金相检验，已证实"楚国在春秋晚期不但有块炼铁和白口生铁，而且这时块炼铁已提高到块炼渗碳钢，简单的白口生铁块已发展为形体复杂的铸铁器，铸铁柔化术也跟着产生了"[①]。楚国的铁器可分为生产工具、兵器、其他用具三类，而以生产工具为大宗。长沙战国楚墓出

---

① 张正明：《楚文化志》，湖北人民出版社，1988年，第58页。

土的241件铁器中,生产工具有124件。平乐银山岭战国墓出土的181件铁器中,生产工具有177件。农业生产工具的种类相当齐全,有锄、臿、钁、耒、耙、镰、斧等。锄有凹形铁口锄与六角形锄两种,以凹形铁口锄为普遍。臿也有两种,一种为凹形铁口臿,一种为长方形铁口臿。铁铸斧、钻、锤、耙、锄等已应用到铜矿的采掘上。冶铁业的兴起必然会给水利的兴修、荒地的开垦、矿藏的挖掘带来突飞猛进的革命性变化。而楚国铁器时代的到临,人们认为不会迟于春秋晚期。我国早期铁器也以楚地出土的为最多。

(二)农、工、商业的迅猛发展

楚国农业生产的一个重要标志是水利工程的兴建。《荀子·非相篇》载,楚庄王的时候,有个孙叔敖,又叫蒍敖,是"期思之鄙(野)人",《淮南子·人间训》载,曾经"决期思之水,而灌雩娄之野",楚庄王因此用他做了令尹。按:期思在汉属汝南郡,雩娄在汉属庐江郡。《后汉书·循吏列传》又说到庐江"郡界有楚相孙叔敖所起芍陂稻田"。唐章怀太子注:"陂在今寿州安丰县东。陂径百里,灌田万顷。"同书《郡国志四》"九江郡"条引《皇览》则说芍陂为楚大夫子思所造。芍陂不管为楚国何人所造,它以汪洋百里、灌田万顷的面貌出现,说明它的周围都变成了粮仓。这项工程,后世屡有维修,可见其利之大。

又《史记·循吏列传》集解引《皇览》尚说:"孙叔敖激沮水作云梦大泽之池。"《七国考·楚食货》尚说:孙叔敖"截汝坟之水,作塘以溉田,民获其利"。孙叔敖可算是个水利工程专家。然须知铁器的铸造帮了他的忙。单凭青铜器,不可能建造如此巨大的水利工程。他所处的时代正是楚国铁器时代到临之时。

郢都纪南城发现两座可能属于春秋晚期的水门遗址,水门置于流经城垣缺口的河道中间,为木构建筑,一门三道。由此可以看出当时楚人的水利建设技术之高。

楚康王时,司马蒍掩为量入修赋,对全国土地进行了一次登记,分为

9种。《左传·襄公二十五年》记其事云:

> 楚蒍掩为司马,子木使庀赋,数甲兵。甲午,蒍掩书土田;度山林,鸠薮泽,辨京陵,表淳卤,数疆潦,规偃猪,町原防,牧隰皋,井衍沃。量入修赋。赋车籍马、赋车兵、徒兵、甲楯之数。即成,以授子木,礼也。

度、鸠、辨、表、数、规、町、牧、井都是动词。九种土田是山林、薮泽(湖泊沼泽)、京陵(丘陵)、淳卤(盐碱地)、疆潦(硬而易潦之地)、偃猪(陂塘田)、原防(堤防间地)、隰皋(下湿之地)、衍沃(平而肥沃之地)。"书土田",反映出楚人对土质已有认识。依照土质优劣,量其入,收其赋,赋税可以公平一些,对生产是有益的。陂塘田、堤防间地的区分,明显与水利设施有关。"井衍沃"的"井"字,或释为凿井灌溉,或释为于衍沃之地实行井田制。前说为是。"书土田"本为"量入修赋",与实行井田制毫无关系。

楚粮食仓存不少。《左传·文公十六年》记楚国大饥,有"自庐以往,振廪同食"的话。《淮南子·泰族训》谓阖闾伐楚,五战入郢,"烧高府之粟"。高府,大型粮仓也。《战国策·楚策》记苏秦游说楚威王,谓楚"粟支十年"。《史记·越王勾践世家》记齐使游说越王,提及"雠、庞、长沙,楚之粟也"。看来楚国各地粮食的生产与储存都不少。农业生产在楚国,在列国时代,由于铁器的应用、水利的兴修、量入为赋政策的推行,正有一日千里之势。

手工业的发展除了前述冶铜技术外,以丝织业与刺绣工艺的发达为最著。

1982年初,在距楚故都纪南城8公里处的马山发现了一座楚墓,被定名为江陵马山一号楚墓。此墓出土的丝织品种类之多,几乎包括了先秦时期丝织品的全部品种,是先秦丝织品的一次最集中的发现。根据对织物的分析,可知当时已经掌握了饲蚕、缫丝、织造、练染一整套技术,并已达到相当高的水平。其中经线提花锦的组织结构和纹样都十分复杂。二色锦的纹样和色彩的组成，充分运用了分区配色法和阶梯连续法，富于变化，色彩艳丽。在组织结构上，采用改变经线组织点形成局部纬浮线起花的方法，还采用"挂经"等方法。三色锦的结构紧密，纹样构图大，其中舞人动物纹锦的纹样横贯全幅，织造时使用了143个提花综，这充分反映了当时已经有相当先进的提花织机和熟练的织造技术。

丝织品中的针织绦带，结构复杂，除横向连接织组外，还有提花技术的使用，编织方法巧妙，在先秦纺织品中增添了一个新的品种，把我国针织技术起源的历史提到公元前3世纪左右。纬线起花绦带也是战国时期丝织技术史上的新发现。纬线起花技术对后来的刻丝技术有着直接的影响。这两种技术应是我国传统丝织技术的重要组成部分。

墓中尚有大批精美的刺绣品，针法虽然比较单一，但锁扣十分均匀、整齐，线条流畅。较多地运用改变线条方向、排列方式、稀密程度的办法来表现各种禽兽图案的细部，突破了单调与平板之风，显得生动、多变。刺绣纹样构图大，讲究对称、平衡、动静结合，色彩配合恰当，给人以端庄、典雅、富丽堂皇的美感。图案的内容充满了神话色彩，鲜明地反映了楚文化浪漫主义的特色。

文物出版社1985年出版了《江陵马山一号楚墓》一书。结语对出土丝织品与刺绣工艺有扼要而精确的叙述。本段所述采用了此书说法，特附识于此。

商业与金属货币的流通。

楚虽蛮夷，可是却懂得重商，不像秦国将商人尽驱之于南亩。

1957年4月，在寿县城东南邱家花园严家老坟出土"鄂君启金节"一件。节文规定：鄂君的商队，陆路可带车50乘，水路可带船150艘，持有金节，可免予征税。鄂君车船可自由通行全楚各地。《左传》成公十二年记楚与晋所订盟约有一条是："凡晋、楚无相加戎……交贽往来，道路无壅。"从而又打开了"国际"商路。商人结伙成队，乘车坐船，水陆两路，往来辐辏，可以想见其盛。楚郢都是当时楚国的商业中心。桓谭《新论》

描写郢都市面繁荣的景象说：

> 楚之郢都，车挂毂，民摩肩，市路相交，号为朝衣新而暮衣弊。

商业的发达必然要促进楚国农业与冶铸、丝织等手工业的发展。

恩格斯非常重视商人阶级出现的意义，说到人类社会的第三次大分工，便是创造了一个从事产品交换的阶级——商人。鄂君启便是这种人。恩格斯还说，随着商人阶级，"出现了金属货币即铸币……商品的商品被发现了"①。楚国正有这种情形。

楚国有金、银、铜三种铸币，特别是金币。楚既是最先铸造金币又是拥有金币最多的国家。迄今为止，我国出土的先秦黄金货币都是楚国的，别国尚无发现。楚金币出土地区，已有安徽、河南、山东、湖北、江苏、浙江、陕西等省，以安徽、江苏两省出土为最多。从出土情况来看，楚金币大量铸行是在战国晚期。铸行的金币就是爰金，有一定的单位重量，而且逐渐统一于郢爰。楚金币是称量货币，形制可分为两种，一种是呈方形或长方形的金版，一种是呈扁圆形的金饼，二者都取象于龟。完整的一块重250克。"爰"字本来是金的重量单位，即重量标度，标志楚金一版的重量，进而兼作币名。爰金多半是被切割后使用，未脱离称量货币性质。爰金使用时必须观成色、称重量，才能定其价值。爰金钤文都标明楚国都邑，如郢爰、陈爰，而非某个大商人的印记，说明爰金都由国家铸造。

商业活动无货币不行，无度量衡也不行。安徽寿县楚幽王墓与长沙战国楚墓出土器物中有铜尺。衡器则在湖南、湖北、安徽、江苏等省的楚墓中都有发现。这就是天平与砝码。砝码分别为一铢、二铢、三铢、六铢、十二铢（半两）、一两（二十四铢）、二两、四两、半斤、一斤。"钧益"环权中一斤砝码的重量是251.3克。爰金一版或一饼的重量接近楚制一斤的重量。至于量器，考古学家认为楚国颁行过标准量器，器上有表示法定

---

① ［德］恩格斯著，中共中央马克思恩格斯列宁斯大林著作编译局译：《家庭、私有制和国家的起源》，人民出版社，1976年，第164页。

的铭文。

(三)楚国历史的顿挫

楚国在庄王时国势最强。庄王即位三年,不出号令,日夜为乐。伍举"愿有进隐",入问庄王:"有鸟在于阜,三年不蜚不鸣,是何鸟也?"庄王回答道:"三年不蜚,蜚将冲天;三年不鸣,鸣将惊人。"此即"一鸣惊人"成语之所从出。庄王曾灭庸(房州竹山县),灭舒(庐江六县东有舒城),观兵、问鼎于周郊,但我们又可看到他破陈以陈为县而又"复国陈后";克郑而与郑平;围宋五月,因宋华元出告城中食尽,易子而食,析骨而炊,遂罢兵而去;大败晋师于河上而未有争霸的举动。这可说明被称作"五霸"之一的楚庄王,并不想把别人的国家一个一个灭掉,唯我独尊。《史记》卷四十《楚世家》载,楚昭王病,卜为黄河作祟,大夫请祷于河,昭王说了三句话:

自吾先王受封,望不过江、汉,而河非所获罪也。

因而未听大夫之言去祭黄河。

昭王之言说明了什么呢?说明了楚只想在江汉称王,不想北进中原。吴王阖闾曾谓"周之子孙封于江汉之间者,楚尽灭之"。初看此语,似乎楚的野心不小,实则楚之所望,不过江汉而已。吴兵曾入郢都,后来,吴国为越国所灭,楚国东进在此之后。楚顷襄王时,已挫于秦,然楚之地犹"方五千里,带甲百万"。可是,厄运来临了。这种厄运既自外来,又自内来,而主要的是从内而来,直至兵败、城堕、国亡而后已。

楚怀王时,屈原为左徒。屈原"博闻强志,明于治乱"。怀王使他"造为宪令",欲有所革新,以抗强秦。当时,楚国唯有屈原看准了秦为虎狼之国,看准了政治上不能因循守旧。他与怀王"图议国事",因而有创制"宪令"之举。可惜草稿未定,即为上官大夫所谗离位。《史记·屈原贾生列传》对《离骚》有一个解释。其言云:

《国风》好色而不淫,《小雅》怨诽而不乱,若《离骚》者,可谓兼之矣。上称帝喾,下道齐桓,中述汤武,以刺世事。明道德之广崇,治乱之条贯,靡不毕见。

太史公的解释是有见地的。《离骚》写道:

汤、禹严而祗敬兮,周论道而莫差,举贤而授能兮,循绳墨(法度)而不颇(颇,倾失也。)

我想从这些话中可以看到屈原创制宪令的指导思想。宪令也就是法度,但不是人们所说的狭义法度,而是包括举贤任能等在内的广义的法度。

如果楚怀王能用屈原制定法度,选用贤能,铲除艾萧,以方五千里之国,带甲百万之士,何惧乎落后的惟务耕战以灭人之国为国策的秦国。当日,以秦国的力量,不仅不足以征服六国,即连楚国也是征服不了的。

怀王时的楚国,正如太史公在《史记·屈原贾生列传》中描述的那样:

屈平疾王听之不聪之,谗谄之蔽明也,邪曲之害公也,方正之不容也,故忧愁幽思而作《离骚》。

那时候的楚国,在内政上法度不修,艾萧当道,先有上官靳尚,后有怀王稚子子兰,一为大夫,一为令尹,可谓主荒政谬。外交上举止失措。楚国本与齐国从亲,怀王受张仪之欺,《史记·楚世家》载,"使勇士宋遗北辱齐王。齐王大怒,折楚符而合于秦",外交政策上的这种倒颠,使楚国陷入了可笑的地位,自己孤立了自己。接着秦楚战于丹阳(此丹阳在汉中),秦大败楚军,"斩甲士八万"。大将军屈匄等70余人被虏,汉中落入了秦国之手。楚怀王大怒，起全国之兵又与秦战于蓝田（雍州东南 80 里），楚军又大败，韩、魏乘机袭楚，怀王不得已引兵归。这是楚国历史上遭受的一次前所未有的挫折。

楚怀王后又为秦所欺，西入咸阳，卒致客死于秦。顷襄王立，依违于秦、齐之间，始则与秦昭王结和亲，与秦、三晋、燕共伐齐；继则又欲与齐、韩连和以伐秦。秦白起将兵攻入郢都，焚烧夷陵。襄王北走陈城。襄王死，考烈王立，徙都寿春。负刍时，楚灭于秦，秦以楚地为三郡。

《通典》卷七《食货七》历代盛衰户口记战国之时，"考苏、张之说，计及山东六国戎卒尚逾五百余万，推人口数尚当千余万。秦兼诸侯，所杀三分居一"。楚国人到底被杀了多少，难以计数。但《史记·秦本纪》记秦惠文王派庶长章进攻楚国的丹阳，"斩首八万"。昭襄王派庶长奂攻楚，"斩首二万"。到楚国灭亡时，"所杀三分居一"，看来也差不多了。

这就是楚国历史的顿挫。

"楚虽三户，亡秦必楚。"这两句民谣充分显示了征服者杀戮之惨、楚民的愤慨与誓必复仇的心理。

第二节　吴、越二国相继兴起与灭亡

（一）长江下游铁器时代的到临与吴国的兴起

东周时期的吴国城址，考古学家做过一些调查，如无锡古阖闾城、苏州吴王城和扬州邗城。有的夯土城墙还残留一部分，并在城址附近发现有相当于春秋、战国时期的文化遗址、印纹硬陶片与原始瓷器片。但城址未经发掘。

在邗城西面的六合附近，曾发现挖筑成长方形墓坑的东周吴墓，证明了吴国在东周列国时期，已由铜器时代进入了自己的铁器时代。墓中出土的器物，除了陶器、铜器、玉器，另有铁丸与铁条。铁丸用白口铁铸成，铁条经过金相分析，属块炼铁锻成的，与出土的生铁丸，都是属于我国目前发现较早的生铁与块炼铁,对研究我国冶金史有重要的价值。时代属于春秋末期。

铜器中有乐器1套9件直钮编钟。编钟铸铭中有"攻敔"二字。"攻敔"即勾吴,亦即吴。太伯自号勾吴,由来已久。另有越式铜鼎。

与古阖闾城切近的丹徒粮山墓中有2件越式铜鼎出土,另有1件印纹硬陶坛。越式鼎与印纹硬陶器都是中原地区春秋墓中很少见的,具有明显的地方特色。

此外,湖北襄阳蔡坡12号墓曾出土吴王夫差剑[1],安徽淮南市蔡家岗曾出土吴王夫差太子"姑发間反"剑[2]。

对于吴国的铸剑,《吴越春秋》卷二《阖闾内传》有段话值得注意。其言云:

> (阖闾)请干将铸作名剑二枚,干将者,吴人也。……干将作剑,采五山之铁精,六合之金英……于是干将妻(莫耶)乃断发剪爪,投于炉中。使童女、童男三百人鼓橐装炭,金铁乃濡,遂以成剑。阳曰干将,阴曰莫耶。阳作龟文,阴作漫理。

这段话明言铸剑材料为"五山之铁精,六合之金英";铸造时"使童女、童男三百人鼓橐装炭"。要说是铸青铜剑,难以成立。这分明是一种提高炉内温度的炼钢之术。我们知道楚时块炼铁已提高到块炼渗碳钢,头发、指甲中正有碳元素,莫邪断发剪爪入炉,表明她已成长为春秋晚期比丈夫干将还要懂得炼钢技术的专家。

吴国的勃兴,实在阖闾之时。吾人所知春秋时代的名人伍子胥、孙子(孙武)及铸剑家干将、莫邪,都是吴王阖闾所用之人。伍子胥为楚亡臣,初至吴,据《吴越春秋》卷二《阖闾内传》载,吴王阖闾曾对他说:

---

[1] 白化文:《关于青铜剑》,《文物》,1976年第11期。
[2] 马道阔:《安徽淮南市蔡家岗赵家孤堆战国墓》,《考古》,1963年第4期。

> 吾国僻远，顾在东南之地，险阻润湿，又有江海之害。君无守御，民无所依，仓库不设，田畴不垦，为之奈何？

可见当时的吴国，尚未开发出来。伍子胥以"必先立城郭，设守备，实仓廪，治兵库"为对。阖闾遂委计于伍子胥。伍子胥"造筑大城，周回四十七里"，陆门八，水门八。又筑小城，周回十里。"城郭以成，仓库以具"，阖闾为治兵库，复使伍子胥请干将铸名剑，于国中作"金钩"。这就发展了铜、铁等冶铸之业。正是因为冶铸业的发展，才改变了阖闾所说吴国"田畴不垦"的现象。阖闾曾使伍子胥督役开凿了一条自苏州通太湖、达长江的"胥溪"。吴王夫差时，伍子胥又开凿了"胥浦"。此浦把太湖及周围天然河川与大海联结起来。伍子胥所主持的水利工程作用有三：一为改变长江下游润湿情况，免除"江海之害"；二为开垦与灌溉田畴；三为便利交通运输，并在战争中发挥作用。

至此，吴王阖闾所说的吴国"润湿，又有江海之害。君无守御，民无所依，仓库不设，田畴不垦"的情况，为之一变。"江海之害"成了江海之利；"君无守御，民无所依"成了有大小城池可御、可依；"仓库不设，田畴不垦"成了仓库以具，水利已修，田畴以辟。"五山之铁精，六合之金英"，原来闲置不采，现在采出来铸造兵器与工具。打仗、筑城、修造大小水利工程、垦田等都有了精金良铁这种既不乏绝又可仗恃之物了，这是一个极大的进步。

吴王夫差十年，开凿了一条沟通长江与淮河的邗沟。夫差修筑了邗城（今江苏扬州），自此城掘深沟（即名邗沟）穿过射阳湖到末口（今江苏淮安），从而把长江与淮河连通起来。再由淮河北溯泗、颍等水，便可与中原连通。这种大型水利工程，无铁工具不可能成事。我想六合吴墓白口铁铸成的生铁丸与块炼铁锻成的铁条的发现，可释人们的疑惑了。

由于长江下游的进一步开发，吴国的国力增强，从而在军事上取得了两个大胜利：一是阖闾进入楚国的郢都，二是夫差灭掉越国。夫差开邗沟有北上攻齐,与中原国家争霸的目的。但也就在夫差北上争霸之际,越王勾践从南边打过来了,吴国灭亡。

(二)越国的骤起

《吴越春秋》卷四《越王无余外传》说:"越之兴霸,自元(元当作允)常矣。"此话颇有道理,因为到允常时,越国的铜、铁冶铸业才发展起来。同书卷二《阖闾内传》记风湖[①]子对楚昭王说过一段话:

> 臣闻越王元(允)常使欧冶子造剑五枚……赤堇之山已令(合)无云,若耶之溪深而莫测。(若耶溪在会稽县南二十五里,溪旁即赤堇山,一名铸浦山,欧冶子铸剑之所。《战国策》曰:涸若耶而取铜,破堇山而取锡。张景阳《七命》曰:耶溪之铤,赤山之精,皆谓此也。)

这里只说"涸若耶而取铜,破堇山而取锡"。然而,唐六臣注《文选》张景阳《七命》却说是"铁剑"。今录之如下:

一、"楚之阳剑,欧冶所营"注:"善(李善)曰:《越绝书》:楚王召风胡子而问之曰:'寡人闻吴有干将,越有欧冶子,寡人愿赍邦之重宝,请此二人作为铁剑可乎?'于是风胡子之吴,见欧冶、干将,使之作铁剑三枚,一曰龙渊,二曰太阿,三曰工市[②]。"

二、"耶溪之铤,赤山之精"注:善曰:"《越绝书》:越王勾践有宝剑五,闻于天下。客有能相剑者,名曰薛烛,王召而问之。对曰:当造此剑之时,赤堇之山破而出锡,若耶之溪涸而出铜。许慎《淮南子》注:铤,铜,铁璞也;……精,谓其中尤善者。"济(吕延济)曰:"耶溪、赤山并山名,出铜、铁也。铤,铁名;精,铜之妙者。"

这里明言欧冶、干将所作为"铁剑",楚王曾请他们"作铁剑三枚":

---

① 《越绝书》"湖"皆作"胡"。
② 《越绝书》卷十一"工市"作"工布"。

龙渊、太阿、工市。《淮南子》注"耶溪之铤"的"铤"字，谓为"铜，铁璞也"；"精"字，谓为"其中尤善者"。吕延济注"铤"与"精"字，更加清楚。直说"铤"为"铁名"，"精"为"铜之妙者"。可见欧冶子、干将铸剑，绝非仅采铜、锡为原料，其中有铁。铸出之剑，尽为古代名剑。如鱼肠、磐郢、湛卢、干将、莫邪、龙渊、太阿、工市，既非青铜剑，当然也不是铁剑，而为一种合金之剑。欧冶子、干将实为古代炼合金钢的专家，炼合金钢，温度不高不销，故传说欧冶子夫妇以身殉剑；莫邪截发剪指甲投入炉中，用童男童女三百人鼓橐装炭。吕周翰注《七命》"销逾羊头"，并谓"铸铁不销，以羊头骨灰致之乃销"。

我不是说吴越所铸之剑，都是钢剑。钢剑尤其是合金钢剑制造不易，大量的兵器无疑仍是青铜兵器。湖北江陵望山一号墓出土的越王勾践剑，剑上刻有错金鸟篆体铭文"越王鸠浅（勾践）自作用剑"，剑身以菱形花纹装饰。据化验分析，此剑是用锡、青铜铸造，含有少量的铅和镍。剑柄和剑格中还含有硫元素。此剑仍很锋利，但似偏重于美观。

今浙江绍兴市北的西施山一带，发现了越国的冶炼手工业作坊遗址一处。绍兴即会稽，为越国故都。在这里，除发现铜炼渣和红烧土块外，还出土大量刀、削、锯、凿、镰、斧、犁等铜制和铁制工具。其中锯齿铜镰和三角形铜犁尤其引人注目。这座冶炼作坊遗址的发现，不仅说明了铁器时代在越国已经到临，而且说明了金属工具包括铜器与铁具已被广泛用于农业与手工业。铜犁为耕地用，铜镰为收割用。这在其他国家尚属少见。

又在今绍兴的富盛等地，发现有烧制几何印纹硬陶与原始瓷器的手工业作坊。富盛窑场规模较大，已发现古窑遗迹2处，间距约3.5米。每处都保存着重叠多层的窑床。即先建的窑烧到不能再烧时，就在原窑的基础上再修第二层窑，有的竟重叠5层。被标名为窑一（y1）的一座窑，是一条东西向的"龙窑"，窑口向西略作前低后高的倾斜，倾斜度约16度。拱顶。窑墙壁和窑底都是用红粘土做成，窑墙厚12~15厘米。残高20厘米，拱顶厚15厘米。窑室低矮而短宽。窑内烧结坚硬，呈青黑色。窑内还有少量几何印纹硬陶片、原始青瓷残片与扁圆形托珠等。在窑外的堆积层中，则有大量的印纹硬陶与原始瓷片。从出土的遗物看,印纹硬陶和原始瓷器是同窑烧制的。

绍兴越国龙窑的发现,使江西新干4座平焰龙窑的发现不得专美于前。

以此,我们可以说越国的手工业无论金属冶铸与制陶、制瓷都发展起来了。《吴越春秋》卷五尚记勾践命女工采葛织布以献于吴,采葛之妇歌曰:

> ……令我采葛以作丝,女工织兮不敢迟,弱于罗兮轻霏霏,号绨素兮将献之。

看来越国纺织业也有发展。

这里说的是手工业。对于农业与商业,越王勾践用计然之策,实行"农末"并重方针,获得了极大的成功。《史记·货殖列传》记计然之言云:

> 夫粜,二十病农,九十病末。(《索隐》:"言米贱则农人病也。故云'病云'。若米斗直九十,则商贾病,故云'病末'。")末病则财不出,农病则草不辟矣。上不过八十,下不减三十,则农末俱利,平粜齐物,关市不乏,治国之道也。积著之理,务完物,无息币。以物相贸,易腐败而食之货勿留,无敢居贵。论其有余不足,则知贵贱。贵上极则反贱,贱下极则反贵。贵出如粪土,贱取如珠玉。财币欲其行如流水。

计然的重商理论,在春秋可谓绝无仅有。《史记》称,勾践按照他的计策去做,"修之十年,国富,厚赂战士,士赴矢石,如渴得饮,遂报强吴,观兵中国,称号'五霸'"。计然的理论成功了。

那个时代,长江流域的楚、吴、越无不重商,无不是本末之途并开,农、工、商之业并运,这种政策对长江流域的开发有极为重要的作用。

楚国出了一个大商人鄂君，越国也出了一个大商人范蠡。《史记》说越既灭吴，范蠡叹道："计然之策七，越用其五而得意。既已施于国，吾欲用之家。"遂乘扁舟浮于江湖，变易姓名，至齐，自称鸱夷子皮；至陶，自称朱公。朱公以为陶为"天下之中"，各国货物在此交易，遂"治产积居"，随时逐利，十九年中三致千金。后世言富者都称陶朱公。则计然之策，不仅可以富国，而且可以富家。

《吴越春秋》记越曾向吴贷粟万石，两年而越丰稔，"拣择精粟而蒸还于吴"。夫差长叹息道："越地肥沃，其种甚嘉，可留使吾民植之。"他哪里知道勾践使了诡计，粟已蒸过，这一种下去，哪能长出谷子？

吴为越所灭，越进而效法于吴，北上争霸。此后谋臣走的走，死的死，看不到越国有何发展。至越王无强时，与楚交锋，为楚威王所败。楚国尽取吴之故地，至于浙江。

吴、越相继勃兴，是与吴、越的开发相伴随的。而此两国的勃兴，由于采取了本末之途并开的政策，促使吴越之地取得了进一步的开发。倒是越国被楚威王灭亡之后，楚国鞭长莫及，吴越之地经济文化的进展反而无闻于世。威王之后即怀王，楚国自己也面临被别国灭亡的危机了。

属于吴头楚尾的江西赣江流域，商周时代虽有吴城遗址存在，似曾建立起一个国家，然而春秋战国时期却湮没无闻。按《史记·楚世家》记周天子命楚成王"镇尔南方夷越之乱，无侵中国"。夷越即古越族、扬越，包括廪君蛮夷、槃瓠蛮夷在内。《史记》称从此楚国扩地千里，力量当由湘、鄂进至赣江流域。楚昭王七年，《史记》记载"吴大败楚于豫章"。豫章即今江西省南昌市。这年以前，楚势力无疑已达到豫章。吴城遗址之所以不能作为一个方国而存在下去，显然与楚国势力的东进有关。这从江西的发展来说，实际上是一个挫折，很不幸成了吴楚、随后又成了楚越兵马进出交锋的战场。

《汉书》卷二十八上《地理志上》"豫章郡鄱阳"条，记"武阳乡右十余里有黄金采"。卷二十八下《地理志下》又记"豫章出黄金"。楚国之所以有黄金铸币流传，原材料当取自豫章所产黄金。

今以《汉书·地理志下》所述江陵、寿春、吴地之言，作为本节结束语。

"江陵，故郢都，西通巫巴，东有云梦之饶，亦一都会也。"

"寿春、合肥受南北湖皮革、鲍、木之输，亦一都会也。"

"吴东有海盐章山之铜，三江五湖之利，亦江东之一都会也。"

都会在长江中下游出现，这却是列国时代农、工、商业综合发展的结果。尤其是楚国与吴、越的重商政策，与都会的出现至有关系。而楚、吴、越开发的顿挫，又与当时的兼并战争有莫大的关联。吴灭越，使越国的开发遭受挫折。越灭吴，使吴的开发遭受挫折。楚灭越，使越的开发无闻。秦灭楚，则使整个长江中下游的开发遇受了一次大顿挫。

第三节 列国时代巴、蜀经济的开发

列国时代的四川境内，有巴、蜀二国。位于川东的巴国，春秋时，与楚国的交往较多，春秋末年，巴国逐渐衰落，到了战国时代，仅据阆中一隅。此与巴人（廪君蛮与板楯蛮）外徙有关。位于川西的蜀国，在春秋时期，很少与其他国家来往，到了战国时期，随着水利的兴修与农业生产的发展，国力逐渐强大，曾与秦国争夺南郑，又曾沿清江而下，攻取楚国的滋方（在今湖北宜昌附近）。后巴与蜀发生战争，巴国向秦国乞援。秦出兵灭了蜀国，又兼并了巴国。从此，两国不复存在。但后世仍有据巴、蜀而自立者。

秦灭巴、蜀，一在扩大领土，二在取财修缮甲兵。《史记·张仪列传》，司马错所谓"得其地足以广国，取其财足以富民缮兵"是也。从司马错所说"取其财足以富民缮兵"，可知巴、蜀在灭国之前经济财富已有较大的发展与增长。考《汉书·地理志上》"蜀郡"条云：

临邛，"有铁官、盐官"。

"犍为郡"条云：

南安，"有盐官、铁官"。

"越巂郡"条云：

邛都，"南山出铜"。

"益州郡"条云：

连然，"有盐官"。

俞元，"怀山出铜"。

律高，"西石空山出锡，东南监町山出银、铅"。

贲古，"北采山出锡，西羊山出银、铅，南乌山出锡"。

"巴郡"条云：

朐忍，"有橘官、盐官"。

鱼腹，"有橘官"。

可见巴、蜀特别是蜀地，矿产丰富，有铁、铜、锡、银、铅、盐等矿。司马错所谓取其财足以"缮兵"，无疑是看中了蜀地铜、铁、铅、锡出产甚多，取之可以大造青铜与铁兵器，不愁征服六国，武器缺乏。须知秦军对六国虎视眈眈，所需制造兵器的铜、铁等矿，很难从六国取得。何况除了楚国，韩、赵、魏、燕、齐缺乏铜、锡、铅等矿产。一旦占有巴、蜀，于秦东征，既不愁武器之缺，又可顺江而下，俯楚国之背。

同时，为司马错所谓"富民"。富民者，取巴、蜀之粮以为军国之用也。《汉书·地理志下》谓巴、蜀、广汉本南夷，"土地肥美，有江水沃野，山林竹木疏食果实之饶。南贾滇、僰僮，西近邛、莋马旄牛。民食稻鱼，亡凶年忧"。这自蜀王杜宇以来，已经如此。

杜宇"教民务农"，"决玉垒山以除水害"。《蜀王本纪》记其事云：

> 望帝（杜宇）以鳖灵为相，时玉山出水，若尧之洪水，望帝不能治，使鳖灵决玉山，民得安处。

玉山即玉垒山，位于都江堰所在地的岷江岸边，今仍称玉垒山。决玉垒山以除水害，实是都江堰水利枢纽的前期工程，甚不可忽视。蜀中从此日益富庶。

第三章 列国时代长江流域经济、文化的突飞猛进及所遭受的挫折

秦国出兵巴、蜀，宁静和平的"亡凶年忧"的生活被破坏了。为反抗秦国的压迫与剥削，蜀人进行了约30年的斗争。开明王朝（鳖灵即位称开明帝，传12世）余部逐步退入川西、川南山区，最后一支竟辗转到达交趾。

秦灭蜀在惠文王更元后的第九年。惠王后是武王。武王二年，张仪才死于魏。据《战国策·楚策一》，惠王时，张仪曾向楚王说过这样一段话：

> 秦西有巴、蜀，方船积粟，起于汶山，循江而下，至郢三千余里。舫船载卒，一舫载五十人与三月之粮，下水而浮，一日行三百余里。里数虽多，不费汗马之劳，不至十日而距扞关。

所谓"方船积粟"，均取自蜀土。人呢？也取自蜀土。《华阳国志》记秦惠王时，司马错取黔中，"率巴、蜀众十万，大舶船万艘，米六百万斛，浮江伐楚。取商于之地为黔中郡"。可以这样说，如果没有巴、蜀的金银铜铁、米粟与人，秦单凭关中力量，虽有耕、战，仍不可能灭亡东方六国。

或许是看到了巴、蜀在秦的灭国政策中所起的具有决定性的作用，到了秦昭襄王时，遂使李冰为蜀守，继开都江堰。这在《北堂书钞》卷七十四所引《风俗通义》中说得较为明白：

> 秦昭王听田贵之议，以李冰为蜀守，开成都两江，造兴溉田万顷以上。始皇得其利，以并天下。（今本《风俗通义》不载。）

关于都江堰，以袁庭栋先生的《巴蜀文化》一书所述最为详实。此处综合言之。

首先应明确都江堰水利工程是一项早在李冰以前就已开始兴造的工程。不能把功绩统统归于秦守李冰。

《华阳国志》卷三《蜀志》说："开明决玉垒山以除水害。"《水经·江

水注》也说："江水又东别为沱，开明之所凿也。"此即《蜀王本纪》所说："鳖灵决玉山，民得安处。"开明决玉垒山，即在玉垒山下凿开宝瓶口以分岷江洪水，形成沱江水道。此项工程早在开明时蜀人即已为之，非待李冰来到。

岷江水量充沛，夏日水量更大，如何保证成都平原不受水灾，是修建都江堰最先需要解决的问题。凿开宝瓶口泄洪是工程之一，但还有其他工程要做。这些工程都属于渠首工程。

今都江堰渠首工程由鱼嘴和金刚堤将岷江分为内江与外江，内江水由开明时开凿的宝瓶口再向下流，成为沱江，进入成都平原。如果流量过大，就由飞沙堰泄入外江。这样，通过金刚堤、飞沙堰、宝瓶口三道设施，控制了宝瓶口的进水量。

整个都江堰渠首工程的完成，应在李冰时。《华阳国志》所谓"壅江作堋"，即指李冰修成鱼嘴、金刚堤、飞沙堰而言。壅江壅岷江也，作堋作堤堰也。

李冰治水的主要内容是开通下游河道。《史记·河渠书》云：

> 于蜀，蜀守冰凿离堆，辟沫水之害，穿二江成都之中。此渠皆可行舟，有余则用溉浸，百姓飨其利。

《索隐》引《说文》云："沫水出蜀西南徼外，与青衣合，东南入海。"则此项工程与都江堰无关。《巴蜀文化》写到离堆即今乐山对面的乌尤山，沫水即大渡河的古称。凿离堆以避沫水之害，即凿开乌尤山以避大渡河之害。"穿二江成都之中"才与都江堰有关系。凿宝瓶口与壅江作堋，是渠首工程；穿二江成都之中，则是下游工程。二江即检江与郫江。检江为今锦江，这是一条极重要的水道。

《正义》引《括地志》云："郫江一名成都江，一名市桥江，亦名中日江，亦曰内江，西北自新繁县界流来。"则郫江即宝瓶口所分内江支流，穿自新繁县界。又引任豫《益州记》云："二江者，郫江、流江也。"《华阳国志》有"蜀时濯锦流江中则鲜明"之说，故知检江即流江，亦即锦江。杜甫诗："锦江春色来天地，玉垒浮云变古今。"诗中的锦江与玉垒，写到了先秦两项极为重要的水利工程，不是一般的写景之诗。古代自西蜀至东吴，水路即由锦江下至彭山入岷江，再进入长江，浮江东下。杜甫诗所谓"门泊东吴万里船"是也。

鱼嘴、宝瓶口、飞沙堰是都江堰渠首工程的三大主体部分。整个都江堰水利工程从渠首开始，由若干渠道在下游组成一个河道网，亦即灌溉网。渠首工程将岷江分为内江与外江，外江（岷江）主要用于泄洪，也有灌溉的作用；内江则主要用于灌溉，其次用于运输。《华阳国志·蜀志》说到"溉灌三郡"，此三郡指蜀郡、广汉郡、犍为郡。宋《茅亭客话》卷一则说灌溉的是"彭、汉、蜀之三郡沃田亿万顷"。作为一个有两千多年历史的古老水利工程，一直用到如今，可谓世界奇迹。

李冰有大功于蜀，故蜀人对他一直崇敬，为之立庙宇，称李王。其子亦被蜀人称之为王。今四川灌县都江堰旁有"二王庙"，香火正盛。

李冰治水，尚有一个重大的贡献，即开凿盐井。《华阳国志·蜀志》写道：

> 秦孝文王以李冰为蜀守（秦昭王之后为孝王。孝文在位只一年。孝王后为庄襄王。庄襄即秦王政之父）。冰能知天文地理……又识齐水脉，穿广都盐井。

这是蜀中的第一口盐井。广都盐井开凿之后，四川地区陆续出现了一批盐井。继铜、铁、锡、铅之后，蜀中另一个地下矿藏被开发出来了。

初期的盐井是大口浅井，后来越挖越深。《元和郡县图志》卷三十三"陵州"条记仁寿县有陵井，"纵广三十丈，深八十余丈。益部盐井甚多，此井最大"。

由开盐井而进至"火井"的开发。刘逵为左思《益都赋》作注，谓"火井，盐井也"。此虽有误，要知四川地下盐资源与天然气资源往往伴生，火井即天然气井。《诸葛孔明全集》卷九《遗迹》"火井"条云：

> 蜀郡临邛县有火井，汉室之隆，则炎赫弥炽……按《华阳国志》，临邛县有布濮，水从布濮来合火井。江有火井，夜时光映上昭。民欲其火光，以家火投之，顷许如雷声。火焰出，通耀数十里。……井有二水，取井火煮之，一斛水得五斗盐。

此语可为盐资源与天然气资源伴生之证。

火井的发现与开发，应追源于李冰的开凿盐井。

天然气往往又与石油伴生，我国用人工钻凿出来的油井，最早是在四川。此非本章范围，不予具论。

巴、蜀原不禁私人经营工商。《史记》卷一百二十九《货殖列传》记有巴寡妇清者：

> 其先得丹穴（《集解》徐广曰："涪陵出丹。"），而擅其利数世，家亦不訾。清，寡妇也，能守其业，用财自卫，不见侵犯。秦皇帝以为贞妇而客之，为筑女怀清台。

巴寡妇清其先擅涪陵丹穴之利，已有好几代人了。这在巴、蜀为秦所并之前。惠文王并蜀，将商鞅的尽驱商人于南亩的政策施之于巴、蜀，秦始皇时，《正义》云，又实行"上农除末"政策。巴寡妇清"多以财饷遗四方，用卫其业"，《正义》引《括地志》云，始皇甚至为筑女怀清台于涪州。在秦的驱商与除商政策下，巴寡妇清犹能"礼抗万乘"，是一个特殊事例。《史记》云："岂非以富邪？"

《史记》说巴、蜀四塞"栈道千里，无所不通，唯褒斜绾毂其口，以所多易所鲜"。近又发现"南丝之路"。蜀地金、银、铜、铁、锡、铅、丹沙、盐应有尽有，加之以农产品丰盛，早在为秦所并之前，商业在蜀已经成为不可绝少的一环。这必将促进蜀中农业与采矿等工业的发展。

第三章 列国时代长江流域经济、文化的突飞猛进及所遭受的挫折

由本章所述，可知列国时代长江流域的经济开发事业，获得了一个长足的进展。这首先表现在矿产的开发与铁工具的普遍使用上。

古籍与文物证明长江自上游至下游，金、银、铜、铁、锡、铅、锌、盐、天然气的蕴藏量极为丰富。三代时，荆、扬二州已以"金三品"闻名于世，到长江上下游先后出现蜀、巴、楚、吴、越等国时，不仅青铜器的制造得到了迅速而又广泛的发展，冶铁与炼钢亦已起步。地下发掘证明，列国时代自长江上游至下游，到处都有青铜器出土。湖北铜绿山铜矿冶遗址以它的采矿井、采矿巷道、炼铜炉著称于世。但如果仅仅停留于此，还不能说长江流域的开发已赶上北方水平。其中最重要的是铁矿的开采、铁器的制造与应用。

我们现在自长江上游至下游作一巡礼。

《史记》称巴、蜀为沃野，"地饶卮、姜、丹沙、石、铜、铁、竹、木之器"。《集解》注明"邛都出铜，临邛出铁"。临邛出铁，早已闻名于世，故秦灭赵，迁卓氏于临邛，《货殖列传》载卓氏"大喜，即铁山鼓铸，运筹策，倾滇蜀之民，富至僮千人"。卓氏迁蜀不在秦统一后，而在秦统一前。

湖北铜绿山铜矿冶遗址有铁斧、四棱铁钻、铁锤、六角形铁锄、凹字形铁口锄出土，湖南境内的楚国墓葬有铁剑、铁削、凹字形铁口锄、铜柄铁剑、铁鼎等铁兵器与铁工具出土。长沙杨家山65号墓出土的铜柄铁剑，经过金相学考察认为是属于蔡氏体铸铁。由此来看楚王派风胡子至吴，要求欧冶子、干将作"铁剑"龙渊、太阿、工市3把，就完全不奇怪了。

再向东看，越有耶溪、赤山，出铜、铁。所谓"耶溪之铤，赤山之精"，"铤"，《淮南子》注谓为"铜，铁璞也"，"精"则其中尤善者。唐人吕延济注"铤"字，直云"铁名"，佐之以江苏六合陈桥吴墓出土的用白口铁铸成的生铁丸、块炼铁锻成的铁条，完全可知冶铁在吴越也正以飞快的速度向前发展。

铁的冶炼与铁器的应用，是列国时代长江流域经济领域内的一场革命。

随之而来的是大规模的水利兴修。

著名的四川都江堰水利工程,即在列国时代兴修,始建于鳖灵,继建于李冰,利在后世。

长江中游的芍陂,是第二项著名的水利工程,为楚人孙叔敖所造,陂径百里,灌田万顷。

长江下游的邗沟,是吴国开凿的第三项著名水利工程。邗沟后来成了大运河的一段,运输与灌溉之利,著于历史。

农业西自成都平原,东经江汉、湘川、赣江地区以至吴越,普遍种植了水稻,有籼米又有粳米。种植方法,司马迁在《史记·货殖列传》中称为"火耕而水耨"。这不失为一种除草培稻的方法。《正义》说得很好,火耕而水耨,谓:"风草下种,苗生大而草生小,以水灌之,则草死而苗无损也。耨,除草也。"列国时代,水稻在长江流域已经不是开发问题,而是伴随大规模水利工程的兴建,变得更加繁盛了。成都平原随着都江堰水利工程的建成,戴上了"天府"的桂冠。

纺织业,像江陵马山一号楚墓出土的丝织品已经是应有尽有。技术得到了开发,楚人已掌握了一套饲蚕、缫丝、织造、练染以及针织等技术。

在吴越,西施浣纱艳称于世。据《吴越春秋》卷五注引《十道志》:

> 勾践索美女以献吴王,得之诸暨苎萝山,卖薪女也。西施山下有浣纱石。

纱,苎纱也。在吴越,除了丝织品,苎麻的生产与纺织得到了极大的发展。西施作为"浣纱女",是生产苎麻的能手。此种麻质地轻细,颜色洁白,直到南朝仍用苎麻作舞衣,产生了著名的"白苎舞"。

至于蜀国的布帛,为秦所垂涎之物之一。秦惠王伐蜀,即有"得其布帛金银,足给军用"[①]之言。布为麻布,帛为丝帛。蜀锦在先秦史料中无

---

① 司马错语,见《华阳国志》卷三《蜀志》。

记载，但至迟到西汉即开发出来。

陶瓷业，此则中原所不能比。几何印纹硬陶与青瓷为列国时代长江流域的名产。其源流可直溯新石器时代晚期。

在长江流域经济开发的过程中，最可注意的是无论蜀、巴、楚、吴、越，都实行重商政策。越国计然的重商理论是典型。在先秦，长江上中下游都出过大商人，如巴寡妇清、楚鄂君、越范蠡，他们都受到尊重。鄂君在楚国可以自由往来贸易，范蠡则变成"国际"大商贾，寡妇清入秦富比封君。这种重商政策对长江流域的经济开发起了重大的作用，它使得长江流域出产的铜铁、陶瓷、井盐等物，获得了广阔的市场。

国家富了，帝王便想厮拼，长江流域自上游到下游免不了要发生战争，于是而有蜀与巴、楚与吴、吴与越、越与楚的战争。这些国家，任谁也未预感到会被崛起于西北，唯耕战是务，到战国末叶其王嬴政仍以奴隶殉葬的秦国一个又一个地灭掉。在秦始皇征服之初，长江流域的开发遭受了一次大顿挫。再开发要到秦亡汉兴了。

第四节　列国时代长江流域文化高潮的到来

文化的发展反映了经济的开发，同时又对经济的开发起着推动作用。论经济的开发，甚不宜置文化的进退于不顾。

长江流域江河纵横，湖水荡漾，山色朦胧，山花艳发，沙鸥沉浮，云烟飘渺。随着经济开发的前进，这种自然景色给人们带来了幻想，带来了浪漫主义，带来了思考与探索。最有代表性的人物是屈原，在他身上集中了楚人与长江流域的人们爱美、审美、好质疑与探讨自然界、人世间各种问题的特殊品质。在他的《天问》中，提出了170多个疑问，双句便问，甚至单句便问。不妨抄录数段以见他不盲从、好追求的精神。

　　遂古之初，谁传道之？
　　上下未形，何由考之？

冥昭瞢暗，谁能极之？
冯翼惟像，何以识之？
明明暗暗，惟时何为？
阴阳三合，何本何化？
圜则九重，孰营度之？
惟兹何功？孰初作之？
斡维焉系？天极焉加？
八柱何当？东南何亏？
九天之际，安放安属？
隅隈多有，谁知其数？
天何所沓？十二焉分？
日月安属？列星安陈？

  这就是问天。阴阳合，何本何化？九重天，谁为营造？擎天八柱，八柱何当？地倾东南，东南何亏？日月属谁安排？列星如何布阵？屈原是怀疑论者吗？不是，他是在追求解答，追求真理。问题提出来了，这是他的一大功绩。我想，天文三派宣夜、浑天与盖天，应肇端于屈原。

  楚人都有思考问题、提出问题、解决问题的精神。由于思路的开阔、想象力的丰富，加上当时尚是一个各种学说、创作都能自由发表的时代，故楚人与长江流域其他地区的人们，在哲学、文学、艺术、自然科学、经济学、军事学上，都取得过辉煌的成就。其突出的代表是楚人庄周与屈原。另外，不要忘记提出重商理论的计然为越人。著《甘石星经》的甘公（甘德）或谓为楚人，著《孙子兵法》的孙武为吴人。水利工程学家孙叔敖为楚人，即连鬻熊、老子，都入了楚文化的著名人物中。鳖灵为蜀人，李冰父子也是蜀文化人物中的佼佼者。冶炼青铜与钢铁的专家干将为吴人，欧冶子为越人。这些人都是列国时代长江流域具有独创性与开创性的第一流专家、学者、文学家、社会活动家。

  下就哲学、文学艺术作一论述，已在前节述及者如水利工程等不再重复。

(一)老、庄哲学

在论老、庄哲学之前,首先要谈一下老子与庄子的籍贯。

老子在《史记》中有三说:

其一:"老子者,楚苦县厉乡曲仁里人也,姓李氏,名耳,字伯扬,谥曰聃,周守藏室之史也。"

其二:"或曰:老莱子亦楚人也,著书十五篇,言道家之用,与孔子同时云。"《正义》:"太史公疑老子或是老莱子,故书之。《列仙传》云:'老莱子,楚人。当时世乱,逃世耕于蒙山之阳……楚王至门迎之,遂去,至于江南而止。……'"

其三:"自孔子死之后百二十九年,而史记周太史儋见秦献公……或曰儋即老子,或曰非也,世莫知其然否。老子,隐君子也。"

三说中前二说为楚人,后一说为周人。而前二说所云楚人又有不同。第一说苦县厉乡曲仁里人。苦县本属陈,春秋时楚灭陈,而苦又属楚。第二说楚人。《列仙传》谓"逃世耕于蒙山之阳"。楚王来迎,又去,"至于江南而止"。根据此说,则老子与长江流域不能脱离关系。

老、庄同属道家,故论哲学,列入老子。再说庄周。

《史记》说:"庄子者,蒙人也,名周。周尝为蒙漆园吏,与梁惠王、齐宣王同时,其学无所不窥,然其要本归于老子之言。"这里要谈"蒙"究竟何在?

按秦、汉有蒙县,是春秋战国时期宋国蒙地的缩小,如果能确定蒙县的地理位置,蒙的位置就可以了解,庄周是哪里人便也可以认定了。

蒙县,自汉朝到西晋均属于梁国。梁国蒙县当今何地,说法不一。前人曾经考出今安徽蒙城县即唐朝亳州谯郡的蒙城县,而唐朝的蒙城县沿自南朝刘宋谯郡的蒙县。刘宋谯郡蒙县故城在今蒙城县西北3里。症结在刘宋谯郡蒙县是不是汉、魏、西晋梁国蒙县之旧。

考《宋书》卷三十六《州郡志二》,谯郡下注明了谯郡为汉末建安中立,"去京都(建康)水二千,陆千二百"。蒙县下注明了"汉旧县,属沛(沛应作梁)"。这清楚地说明了刘宋谯郡蒙县实为汉、魏、西晋梁国蒙县之旧。梁国与谯郡本来相邻,刘宋把原属梁国的蒙县划给谯郡管辖了。而人们往往把原属梁国的蒙县和汉、魏、西晋的山桑县联在一起,这是狃于唐朝的蒙城县为山桑县所改之故。殊不知唐朝的山桑县包括了以前的蒙县和山桑县。只要细检旧籍,是不难明白的。唐改山桑为蒙城,正是因为山桑包括了旧蒙县。

《宋书·州郡志》的话,对我们认识今淮北蒙城县的历史沿革极为重要。自汉朝的梁国蒙县到刘宋的谯郡蒙县,到唐朝亳州谯郡的蒙城县,到今天安徽的蒙城县,是一脉相承的。而汉朝的蒙县既是先秦宋国蒙地的缩小,先秦宋国蒙地的范围也就可以确定了。属于宋国的蒙地,南与楚国和钟离子国相接,在南不在北。

蒙地是宋国的南鄙,范围较广。先秦蒙人不一定就是今蒙城县人。庄周作为蒙人,籍贯究竟何属?还须根据其他材料判断。

我们知道庄周早年在家乡的时候,当过漆园吏,还知道他曾与惠施同游于豪(濠)水之滨,在濠梁上进行过辩论。考《水经注》卷十二有豪(濠)水,"水出阴陵县之阳亭北",东北流经钟离县而注于淮水。阴陵,在今安徽定远县西北,钟离故城在废临淮县东,本春秋子国。废临淮县则在今安徽凤阳县地。据《安徽通志》卷五十《舆地志·古迹》"凤阳府"条:定远县东六十里有"漆园",《太平寰宇记》谓即庄周为吏之处,唐天宝中尚有漆树一二十株。又废临淮县东门内开元寺西,有"梦蝶坊",世传为庄周寓居之地。开元寺后有"逍遥台",为后唐濠州刺史梁延嗣所筑。原为庄子墓。台上有亭,亭中有庄周的刻像。台前有"南华楼",为明万历年间重造。这些遗迹是我们判断庄周籍贯的好材料。将史籍与遗迹互相印证,可以明白:

流经今定远与凤阳的濠水,为宋国蒙地的南界。在家乡做过漆园吏的庄周,为今淮河以南安徽定远县人。濠水一带是他经常游历与活动的地方,靠近钟离子国的废临淮县,则是他曾经寓居和死后埋葬的地方。

第三章 列国时代长江流域经济、文化的突飞猛进及所遭受的挫折

然则,不仅老子与长江流域有关①,庄子也与长江流域有关②。论长江流域文化高潮的到来,应该列入老庄哲学。

世界上凡能称之为哲学家的人,都是一些能考虑宇宙规律、人类社会与国家命运、历史前进方向的人物。论哲学首先又应从这方面着眼。否则就会陷入空洞的概念中而不能自拔。

元临川吴澄《道德真经注》第六十七章"小国寡民……"注云:

> 老子欲挽衰周复还太古。国大则民众难治,得小国寡民而治之,使其民毋慕于外,自足于内,如此也。

这应是老子的中心思想。

按《道德真经》德经下第六十七章云:

> 小国寡民,使民有什伯之器而不用,使民重死而不远徙。虽有舟舆,无所乘之,虽有甲兵,无所陈之。使民复结绳而用之。甘其食,美其服,安其居,乐其俗。邻国相望,鸡犬之声相闻,民至老死不相往来。

这种思想看来像是复古,实际后来的无君思想、"乌托邦"思想都由此产生。

如何才能恢复小国寡民之治呢?老子提出了"损之又损"的办法。《道德经》第四十八章,老子说"损之又损,以至于无为,无为而无不为矣"。损之又损,去仁,去义,去法令,去名分,去君,去臣,去司,此之谓"复归于朴",或返朴归真。亦即去伪存真,回到自然。

《道德经》第十八章,老子说:"大道废,有仁义……智慧出,有大伪。"《难自然好学论》中嵇康云:"及至人不存,大道陵迟,乃始作文墨。

---

① 所谓楚人,"至于江南而止"。
② 定远与临淮均在淮南,淮南属于长江流域。

以传其意；区别群物，使其类族；造立仁义，以婴其心；制其名分，以检其外……"据《感士不遇赋·序》，陶潜云："自真风告逝，大伪斯兴，闾阎懈廉退之节，市朝驱易进之心。……"嵇康、陶潜说的"大道陵迟""真风告逝"，也就是老子说的"大道废"的意思，或叫"失道""朴散"。嵇康、陶潜说的"造立仁义""制其名分""大伪斯兴"，也就是老子说的大道废后"有仁义""有大伪"的意思。可见不仅嵇康而且陶潜的"任自然""返自然"乃至只有父子无君臣的桃花源思想，都是由老子的返朴归真实现小国寡民之治的思想发展而来。

关于庄子，《史记·老子韩非列传》写过一段话：

> 楚威王闻庄周贤，使使厚币迎之，许以为相。庄周笑谓楚使者曰："千金，重利；卿相，尊位也。子独不见郊祭之牺牛乎？养食之数岁，衣以文绣，以入大庙。当是之时，虽欲为孤豚，岂可得乎？子亟去，无污我。我宁游戏污渎之中自快，无为有国者所羁，终身不仕，以快吾志焉。"

老子为"隐君子"，而庄周则是一个追求个性彻底解放的人。魏晋玄学家所谓"任自然"，实来源于庄子。

庄周，蔡元培谓即杨朱。《孟子·滕文公下》载，孟子云：杨氏为我，是"无君"也；墨氏兼爱，是"无父"也；无父无君，是"禽兽"也。固不论是不是"禽兽"，杨朱（庄周）既是历史上第一个发现"自我"的人，又是第一个"无君论"者，孟子已道出来了。"自我"与"无君"是相成的。庄子比老子更前进了一步，即连小国寡民，他也不要了。

《齐物论》云："天地与我并生，而万物与我为一。"

《逍遥游》云："夫列子御风而行……犹有所待者也。若夫乘天地之正而御六气之辩以游无穷者，彼且恶乎待哉？故曰：至人无己，神人无功，圣人无名。"

《大宗师》云：真人"其寝不梦，其觉无忧……""不知说生，不知恶死。……翛然而往，翛然而来而已矣。""与其誉尧而非桀，不如两忘而闭其所誉。"

庄周自我解放的极致，便是成为至人、神人、圣人、真人。

在庄周的心目中，或者说在"至人"的心目中，没有绝对的东西，你说大，我看得很小；你说高，我看得很低；你说王侯既尊且贵，我说王侯等同粪土。《天运》载，你说亲亲为仁，我说"有亲非仁也"。《天道》载，你说兼爱无私，我说"无私焉，乃私也"。由此形成了庄子的相对论思想。

《庄子·外篇·秋水》记有庄周和惠施在濠梁上观鱼的一段问答。这段问答借"子非鱼""子非我""安知鱼之乐""安知我不知鱼之乐"，提出了认识与认识的主体、角度、标准以及能力之间的关系。认识的主体、角度、标准、能力不同，所得的结论也就不同。

《庄子·外篇·秋水》充分发挥了这个观点。譬如贵贱，"以道观之，物无贵贱；以物观之，自贵而相贱；以俗观之，贵贱不在己"。

大小，"以差观之，因其所大而大之，则万物莫不大；因其所小而小之，则万物莫不小"。

有无，"以功观之，因其所有而有之，则万物莫不有；因其所无而无之，则万物莫不无"。

是非，"以趣观之，因其所然而然之，则万物莫不然；因其所非而非之，则万物莫不非"。

在庄周看来，标准、角度不同，人们对贵贱、大小、有无、是非的判断也就不同。贵贱、大小、有无、是非，都只有相对的意义，不是绝对的。

庄周最后得出了万物一齐（"齐物"）的结论。

在人们的思想为绝对化所禁锢，把贵贱、大小、有无、是非看成是绝对对立的东西的时候，庄周破天荒地提出事物和认识事物只有相对的性质，这对打破人们僵化的头脑、拓展人们狭隘的眼界，将起何等重大的作用！

这里说一下庄子的文风。

庄周的文章意境开阔，想象丰富，纵横开阖，姿态横生，嗅不到一点绝对化的气息。如《逍遥游》，写有大鸟名鹏，"背若泰山，翼若垂天之云，抟扶摇羊角而上者九万里，绝云气，负青天，然后图南，且适南冥也"。想象力是何等的丰富！气势又是何等的磅礴！继写小鸟名鴳，自以为"我腾跃而上，不过数仞而下，翱翔蓬蒿之间，此亦飞之至也"，讥笑大鹏"彼且奚适也"？！庄周行文至此，用"此小大之辨也"一语煞住。这写出了小者如鴳，鼠目寸光，自以为数仞便是"飞之至"了，却不知甚至讥笑有比它更大、飞得比它更高、更远、更逍遥的鲲鹏。庄周接着又写了大鹏的高飞远去，有待于风力，比之能"御风而行"的例子，逍遥又差了一着。列子呢，比之能"乘天地之正而御六气之辩（变），以游无穷者"，逍遥又差了一着。这就是关于小和大、低和高、远和近、逍遥与"有待"的相对论。这种"自我意识"的广阔驰骋，在文风上，构成了议论、比喻、寓言的互相结合，构成了层次的排比、铺陈与文章的层层深入，读之令人感到气象万千，极尽开合变化的能事。

再如《养生主》，借庖丁的话，写小大的相对性。庖丁解牛十九年，懂得了"彼节者有间（似小实大），而刀刃者无厚（似大实小），以无厚入有间，恢恢乎其于游刃必有余地矣"的道理。因而他解牛"奏刀騞（霍）然，莫不中肯，合于桑林之舞，乃中经首（乐章）之会"，恰似一出美妙的歌舞。

自我与对事物相对性的发现，打开了庄周的思想闸门，使他思如泉涌，笔若风雨。汪洋恣肆的独特之风，于是在庄子的文章中被展现出来。

老庄哲学思想，孕育于长江水域，又为长江流域上空，划起了一道智慧的光弧。

(二)楚辞、楚歌与楚舞

楚辞。

《宋文鉴·新校楚辞序》中，黄伯思云："屈、宋诸骚，皆书楚语，作楚声，纪楚地，名楚物，故可谓之楚辞。若些、只、羌、谇、蹇、纷、侘僚者，楚语也；顿挫悲壮或韵或否者，楚声也；沅、湘、江、澧、修门、夏首者，楚地也；兰、茝、荃、药、蕙、若、蘋、蘅者，楚物也。"简言之，楚辞乃是具有南方风物语言特色的南人文学。

楚辞的兴起在北方《三百篇》之后。可是作为汉代文学主流的汉赋，却是从楚辞演化而来的。

刘勰高度推崇《离骚》。他在《文心雕龙·辩骚》中说：

> 自《风》《雅》寝声，莫或抽绪，奇文郁起，其《离骚》哉？……昔汉武爱《骚》而淮南作传，以为《国风》好色而不淫，《小雅》怨诽而不乱，若《离骚》者，可谓兼之。……然其文辞丽雅，为词赋之宗。

这段话说了三个问题。其一、自《风》《雅》寝声，《离骚》继之而起；其二、《离骚》兼有《风》《雅》之长；其三、《离骚》为词赋之宗。他这样说，无疑是正确的。评《离骚》者怕没有人比刘勰说得更中肯。

对于《离骚》的创作手法，王逸说得很透彻。《楚辞章句》道：

> 《离骚》之文，依《诗》取兴，引类譬喻，故善鸟香草，以配忠贞；恶禽臭物，以比谗佞；灵修美人，比媲于君；宓妃佚女，以譬贤臣；虬龙鸾凤，以托君子；飘风云霓，以为小人。

庄子的文章是浪漫主义的，屈原的《离骚》也是浪漫主义的。庄子的浪漫主义表现为自我意识发展到要求个性绝对自由，独与天地精神往来。屈原的浪漫主义则表现为渴望改变现实，追求未来。这是长江流域文学最大的特点。

《离骚》之外，屈原尚有《九歌》《九章》等名作。

《六臣注文选·九歌四首》张铣注云："楚南郡之邑，沅湘之间，其俗信鬼，好祠，作鼓舞以乐诸神。原既遭放逐，含怀忧患，见俗人祭祀之礼、歌舞之乐，其辞鄙陋，因为作《九歌》之曲，上言事神之歌，下寄见黜之情以讽焉。九者阳数之极，自谓否极，取为歌名矣。"说得很清晰。《九歌》中的《湘夫人》"嫋嫋兮秋风，洞庭波兮木叶下"二语，"波"与"下"均为动词，为写景杰构。

《六臣注文选》李周翰注《九章》云："原既放逐，又作《九章》，自述其志。九，义与《九歌》同。"《九章》包括《涉江》《卜居》《渔父》等篇。《史记·屈原贾生列传》录有《渔父》及屈原自沉前所写的《怀沙》之赋全文。

对于屈原的看法，就我所知，颇有矛盾处。一方面要肯定秦的征服，一方面又要肯定屈原力图振兴楚国，抵抗强秦。列国时代本来就有法家的专制一统、儒家的分封诸侯、道家的小国寡民三种国家观念。屈原主张振兴楚国抵御秦国的征服，是正确的。兹录《离骚》一段以见之。

> 彼尧、舜之耿介兮，既遵道而得路。何桀、纣之昌披兮，夫唯捷径以窘步。惟党人之偷乐兮，路幽昧以险隘。岂余身之惮殃兮，恐皇舆之败绩。忽奔走以先后兮，及前王之踵武。荃不揆余之中情兮，反信谗而齐怒。余固知謇謇之为患兮，忍而不能舍也。指九天以为正兮，夫唯灵修之故也。

屈原是愿楚王去做尧、舜，使国家昌明；不去做桀、纣，使国家灭亡。他看到西北正有强敌兴起，痛恨党人的偷乐，把楚国引进危境。他担心在与秦国这样的敌人交锋中，皇舆败绩，国亡家破。他所想的、所做的，就是要使怀王知道国家的危机，采取对策。然而他却为党人排除出郢都。多难殷忧，国运安兴？

《史记》曾写到屈原"造为宪令"，谏怀王"何不杀张仪"？尤其是劝止怀王秦国之行，所说的"秦虎狼之国，不可信，不如毋行"的话，很能说明屈原的忧虑何在。

屈原之后，楚有宋玉、唐勒、景差之徒，皆好辞而以赋见称。《文选》

录有宋玉的《九辩》五首,《招魂》一首,《风赋》一首,《高唐赋》一首,《神女赋》一首,《登徒子好色赋》一首。

王逸序《九辩》云:"《九辩》者,楚大夫宋玉之所作也。辩者变也,九者阳之数也,道之纲纪也,谓陈说道德,以变说君也。宋玉,屈原弟子,闵惜其师忠而放逐,故作九辩以述其志。"吕向云:宋玉"惜其师忠信见放,故作此辞以辩之,皆代原之意。九,义亦与《九歌》同"。

又王逸序《招魂》云:"《招魂》者,宋玉之所作也。宋玉怜哀屈原,厥命将落,作《招魂》欲以复其精神,延其年寿也。"

宋玉是深知屈原的。他慨叹"虽愿忠其焉得"?他悲呼"魂兮归来",东方不可以迁,南方不可以止,西方流沙荡荡,北方层冰峨峨,更不可留。然而,"目极千里兮伤春心",魂在何方?

宋玉从骚体变化出赋体,作品以《九辩》为最著。他著《高唐》《神女》二赋,千百年来脍炙人口。明汪道昆云:"一自《高唐赋》成后,楚天云雨尽堪疑。"可知其影响之大。

楚歌与楚舞。巴渝舞。

1978年至1980年,考古工作者在河南淅川县下寺发掘了列国时代的楚墓25座。其中1、2、3号墓出土编钟4套,共52件。包括:甬钟1套,26件;钮钟2套,每套9件;镈钟1套,8件。经使用现代技术测试鉴定,下寺1号墓出土的1套钮钟,是迄今所见音质最佳的钮钟,能奏出七声或六声的音阶。

另有石磬、石排箫出土。

又信阳北长台关楚墓,随葬品有铜编钟,包括木架。其中1号墓编钟上有铭文。另有大小木瑟、大小鼓(包括大鼓木架)等乐器。

又湖北随县发掘的曾侯乙墓,有整架的编钟、编磬和其他乐器出土。编钟65件,就其中甬钟45件来说,总音域跨5个八度音程。在中心音域部分约占3个八度音程的范围内,12个半音阶齐备,从而证明了这套编钟是已知世界上最早的具有12个半音阶关系的定调乐器。

其他乐器罕见的有铜盘龙座建鼓和铜立鹤架悬鼓。另有瑟12件,琴2

件，横笛2件，排箫2件，笙5件。

又在安徽寿县城关，发现一座较大型的蔡侯墓，出土的乐器有甬钟12件，编镈8件，编钟9件，钲1件，镈于1件。

又江苏六合程桥2号吴墓有7件1套的铜编钟和5件1套的铜编镈出土。程桥6号吴墓有1套9件的直钮编钟出土。编钟铸铭中有"攻敔"二字，攻敔即勾吴。

长江中下游乐器尤其是编钟的出土，说明列国时代，此地区的音乐水平不仅在东方是先进的，在世界上也是先进的。

在此一时代，在长江流域，必然要产生音乐家。最著名的是泠人（伶人）钟仪、乐尹钟建及钟仪之族钟子期。《吕氏春秋·精通》高诱注说他们都是楚人。另外还有一个伯牙，《吕氏春秋·本味》高诱注说他也是楚人。

钟仪曾被虏至晋国，用晋琴而奏楚曲，感动晋君臣，从而达成晋楚和议。钟子期与伯牙的故事，则几乎无人不晓。《吕氏春秋·本味》云：

> 伯牙鼓琴，钟子期听之，方鼓琴而志在太山，钟子期曰："善哉乎鼓琴！巍巍乎若太山。"少选之间，而志在流水，钟子期又曰："善哉乎鼓琴！汤汤乎若流水。"钟子期死，伯牙破琴绝弦，终身不复鼓琴，以为世无足复为鼓琴者。

《荀子·劝学篇》曾说："伯牙鼓琴，而六马仰秣。"琴艺已到出神入化之境。伯牙鼓琴，钟子期听琴，这故事发生在哪里？今湖北省武汉市的汉阳有"琴台"遗址，传即伯牙、钟子期鼓琴听琴故事发生之地。高山流水觅知音，琴台值得一游。

开发二字是开拓发展之意，既可用到楚辞上，又可用到楚乐上。而屈原、宋玉、伯牙、钟子期均崛起为楚辞楚乐开发者、带头人。

楚国舞蹈最负盛名的是巫舞。屈原的《九歌》写了这种舞蹈。

《东皇太一》:"疏缓节兮安歌,陈竽瑟兮浩倡。灵①偃蹇兮姣服,芳菲菲兮满堂。"

《云中君》:"浴兰汤兮沐芳,华采衣兮若英。灵连蜷兮既留,烂昭昭兮未央。"

《少司命》:"入不言兮出不辞,乘回风兮载云旗。悲莫悲兮生别离,乐莫乐兮新相知。"

巫,女巫也。"偃蹇"与"连蜷",舞姿,表现了曲线律动之美。

王国维《宋元戏曲史》写道:

> 至于浴兰沐芳,华衣若英,衣服之丽也。缓节安歌,竽瑟浩倡,歌舞之盛也。乘风载云之词,生别新知之语,荒淫之意也。是则灵(女巫)之为职,或偃蹇以象神,或婆娑以乐神,盖后世戏剧之萌芽,已有存焉者矣。

按照他的解释,这种女巫,实为巫娼。巫舞,妓乐也。象神与乐神,巫娼起源于宗教之谓也。

巫舞非楚才有,但楚国巫舞更有其动人处。楚国巫风盛行。王逸《楚辞章句》说:"楚国南郢之邑,沅湘者间,其俗信鬼而好祠,其祠必作歌乐鼓舞,以乐诸神。"此则为女巫之职。楚人的审美感,对美女来说,《大招》云,必是"小腰秀颈"。所谓"楚王好细腰,宫中多饿死",表明了好细腰为楚国上下风气。因此,巫舞在楚国不仅盛行,而且更具美的特色,为长江流域的人们喜闻乐见。

宋玉的《招魂》对于楚舞尚有一段描写。他写道:

> 肴羞未通,女乐罗些(罗为罗列,些为楚语)。陈钟(编钟)按鼓,造新歌些。《涉江》《采菱》(楚人歌曲),发扬荷(阿)些。美人

---

① 王逸注:楚人谓巫为灵。

既醉，朱颜酡些。娭（娱）光眇（眺）视，目曾波（重华）些。被衣服纤，丽而不奇（不奇，奇也）些。长发曼（泽）鬋，艳陆离些。二八齐容，起郑舞些。衽若交竿，抚案下些。竽瑟狂（并）会，搷（击）鸣鼓些。宫庭震惊，发激楚些（作激楚之音）。吴愉蔡讴，奏大吕些。士女杂坐，乱而不分些。……

这写的是宫廷歌舞，与民间祭神之舞巫舞有所区别。但长袖细腰不仅是巫舞的特点，也是对宫廷女妓的要求。这一点是共同的。

在这段话中，"吴愉蔡讴"四个字值得注意。这四个字表明在楚歌楚舞中，掺杂有吴歌。左思《吴都赋》云：

荆艳楚舞，吴愉越吟，翕习容裔，靡靡愔愔。

看来荆艳楚舞，吴愉越吟，列国之际，已经汇合。南朝乐府中，西洲曲多舞曲，吴歌舞曲只有《前溪》，这正是楚舞吴愉的特征。

荆艳楚舞，吴愉越吟的结合，是舞蹈艺术上的一种开发。

四川则有巴渝舞。《后汉书·南蛮西南夷列传·板楯蛮夷》云：

俗喜歌舞，高祖观之，曰："此武王伐纣之歌也。"乃命乐人习之，所谓巴渝舞也。

又《三巴记》云：

阆中有渝水，賨民锐气喜舞，高祖乐其猛锐，数观其舞，使乐人习之，故名巴渝舞。

板楯蛮夷即賨民，俗喜歌舞，以猛锐见长，比之于楚舞，又是一种风格。

第四章　秦汉时代长江流域经济开发的曲折性

第一节　秦时长江流域经济开发与文化发展的顿挫

为了说清这个问题,我想先需要讲一讲春秋战国与秦朝时期,秦的社会性质。

春秋战国时期,各国社会的发展并不平衡,落后的是秦国。据《史记·秦本纪》,秦武公"初以人从死",从死者66人。秦穆公死,从死者177人,包括"三良"在内,秦人为作《黄鸟》之诗以哀之。位于雍城南郊秦公陵区的秦公1号大墓,发掘者认为是秦景公之墓,清理出殉葬人166人,又多于秦穆公①。

地下发掘还发现雍城中部偏南马家庄宫殿建筑基地有各类祭祀坑181个,其中牛坑86个,羊坑55个,牛羊同坑一个,人坑8个,人羊同坑一个。人坑与人羊同坑是用人来祭祀,如同用牛、羊一样。时代属于春秋中期至晚期。

又在凤翔秦公陵区之南,发现一处秦国的中小型墓葬区。有春秋时期的,也有战国中期以后的。后者除竖穴土坑墓外,还有洞室墓,洞室由窄变宽。部分墓内还有殉葬人。有的殉人置于小木匣中,放于壁龛内,有1

---

① 或云185人。见《秦公陵墓之谜》,《光明日报》,1986年7月13日。

匣1人的，也有1匣2人的。部分墓室填土中，也发现有用人和牛、羊殉葬的情况。

更可惊的是考古学家尚在秦始皇陵园东边350米的上焦村附近，发现殉葬坑17处。"死者尸骨零乱，似为肢解后埋入。死者年龄多为二三十岁"①。以此看来，对《史记》所谓秦献公"止从死"，便不可盲从了。秦社会发展较其他六国落后已可肯定。秦始皇陵墓殉人之多，死状之惨，足可显示秦奴隶制寿命之长远超六国。

秦孝公用商鞅"变法修刑，内务耕稼，外劝战死之赏罚"，重点在内耕外战，而耕也是为了战。由于秦国社会的落后性，在以后的征服战争中，突出地显露出了它的野蛮性。被活埋、被屠杀的敌人，每次动辄数万、数十万之多。兹据《史记》秦本纪、世家、列传有关记载，列之以见其惨。秦惠文君七年（前331年）：

> 公子卬与魏战，虏其将龙贾，斩首八万。

秦惠文君后七年（前318年）：

> 韩、赵、魏、燕、齐帅匈奴共攻秦，秦使庶长疾与战修鱼，虏其将申差，败赵公子渴、韩太子奂，斩首八万二千。

秦惠文君后十三年（前312年）：

> 庶长章击楚于丹阳，虏其将屈匄，斩首八万。（又见《楚世家》怀王十七年）

秦武王四年（前307年）：

---

① 安金槐：《中国考古》，上海古籍出版社，1992年，第441页。

拔宜阳，斩首六万。

秦昭襄王六年（前301年）：

庶长奂伐楚，斩首二万。

秦昭襄王七年（前300年）：

秦复攻楚，大破楚，楚军死者二万。①

秦昭襄王九年（前298年）：

发兵出武关攻楚，大败楚军，斩首五万。②

秦昭襄王十四年（前293年）：

左更白起攻韩、魏于伊阙，斩首二十四万。③

秦昭襄王三十二年（前275年）：

相穰侯攻魏，至大梁，破暴鸢，斩首四万。

秦昭襄王三十三年（前274年）：

---

① 又见《楚世家》怀王二十九年。
② 又见《楚世家》顷襄王横元年。
③ 又见《楚世家》《魏世家》《韩世家》。

客卿胡伤攻魏卷、蔡阳、长社，取之。……击芒卯华阳，破之，斩首十五万。

秦昭襄王三十四年（前273年）：

白起攻魏，拔华阳，走芒卯，而虏三晋将，斩首十三万。与赵将贾偃战，沉其卒二万人于河中。①

秦昭襄王四十三年（前264年）：

白起攻韩，拔九城，斩首五万。②

秦昭襄王四十七年（前260年）：

秦攻韩上党，上党降赵，秦因攻赵，赵发兵击秦，相距。秦使武安君白起击，大破赵于长平，四十余万尽杀之③。

秦昭襄王四十八年（前259年）：

秦拔赵上党，杀马服子卒四十余万于长平。④

秦昭襄王五十年（前257年）：

---

① 此见《白起王翦列传》。
② 又见《白起王翦列传》。
③ 《白起王翦列传》作"前后斩首虏四十五万人"。
④ 此见《韩世家》。

攻晋军，斩首六千。晋楚①流死河二万人。

秦昭襄王五十一年（前256年）：

将军摎攻韩，取阳城、负黍，斩首四万。攻赵，取二十余县，首虏九万。

秦始皇二年（前245年）：

麃公将卒攻卷，斩首三万。

秦始皇十三年（前234年）：

桓齮攻赵平阳，杀赵将扈辄，斩首十万。

以上只是见于文献的并不完全的记载，然可见秦所进行的征服战争极其酷烈。《通典》卷七《食货七·历代盛衰户口》曾经说道：

伊阙之败，斩首二十四万。长平之战，血流漂卤。（秦昭王四十七、四十八两年中，赵人之死于长平者，为六十五万余人。）……然考苏张之说，计及山东六国（《通考》作"计秦及山东六国"），戎卒尚逾五百余万，推人口数，尚当千余万。秦兼诸侯，所杀三分居一。

众所周知，人是生产力的要素之一。战国七国1000多万人，为秦军所

---

① 《集解》：楚，一作走。

杀死的，竟达到"三分居一"之多。即达三四百万人。这是社会生产力的一个大破坏。

剩余的三分之二的人口又如何？《通典》继"秦兼诸侯，所杀三分居一"又云：

> 犹以余力北筑长城四十余万，南戍五岭五十余万，阿房、骊山七十万。三十年间，百姓死没相踵于路。

这是力役。即此数端已可知秦朝力役之重，死人之多。

除力役之外，所余人口尚需负担沉重的赋税。《史记·秦始皇本纪》记载冯去疾、李斯等曾向二世进言：

> 关东群盗并起，秦发兵诛击，所杀亡甚众，然犹不止。盗多，皆以戍、漕、转、作、事苦，赋税大也。请且止阿房宫作者，减省四边戍转。

"戍、漕、转、作"都是役。作包括筑长城，修阿房宫、骊山陵等。"赋税"包括田租、口赋。力役究竟苦到何种程度呢？赋税又究竟重到何种程度呢？《汉书》卷二十四上《食货志》第四上有一段话：

> 又加月为更卒，已，复为正一岁，屯戍一岁，力役三十倍于古；田租口赋，盐铁之利，二十倍于古。①

所谓"古"，指秦朝以前，即指东周列国时期。力役30倍于古，赋税20倍于古，这是一个骇人听闻的数字，人民怎样也负担不起。

在奇重的税役下，"男子力耕不足粮饷，女子纺绩不足衣服。竭天下

---

① 董仲舒语。

之资财以奉其政，犹未足以澹其欲"。遂致"海内愁怨，遂用溃畔"①。

不妨看一看秦始皇是怎样"竭天下之资财以奉其政，犹未足以赡其欲"的。

《秦始皇本纪》三十五年记始皇所作宫室"关中计宫三百，关外四百余"。《秦始皇本纪》二十六年《正义》引《庙记》注解"殿屋复道周阁相属"一语云：

> 北至九嵕、甘泉，南至长杨、五柞，东至河，西至汧、渭之交，东西八百里，……离宫别观相属也。木衣绨绣，土被朱紫，宫人不移，……穷年忘归，犹不能遍。

又引《三辅旧事》注解"所得诸侯美人钟鼓，以充入之"二语云：

> 始皇表河以为秦东门，表汧以为秦西门，表中外殿观百四十五，后宫列女万余人，气上冲于天。

离宫别馆中外殿观布于东西800里之地，真可谓之"长龙"。"木衣绨绣，土被朱紫"，奢侈真可谓胜于天灾。"后宫列女万余人，气上冲于天"，为后来皇帝在后宫广蓄后妃宫人，动辄成万，开了先例。晋武帝、南齐武帝后宫均有女万人。白居易谓"后宫佳丽三千人"，其实何止此数！

真是竭天下之资财与美女，不足以赡其欲。而就中国无数个皇帝而言，秦始皇又不过是一个皇帝罢了。但他这个皇帝却是第一人，带头人。

秦朝有无商业？说来又是一个问题。

《史记·秦始皇本纪》二十八年作琅邪台立石刻有"上农除末"之谓，"除末"即取消商业。此所谓"末"应是指私商。战国出现的大商人如鄂君启、吕不韦、范蠡、弦高，在秦朝是不存在的。秦朝将商人赶往何

---

① [汉]班固：《汉书》卷二十四上《食货志》，中华书局，1964年，第1126页。

处呢？

始皇三十三年，《史记》记有："发诸尝逋亡人，赘婿、贾人略取陆梁地，为桂林、象郡、南海，以适遣戍。"贾人即商人，他们被驱遣去打岭南，以后便在那里戍守。此可证除末并非虚言。

前面说过，越国的计然尚知商人的重要性，提出农商并重之策，越国以此富强。秦朝"上农除末"，承自秦国驱赶商人于南亩种田，眼光之短浅实在惊人。但也要知道，大商人多了，"交通王侯"，对专制政治不利。在这一点上，就不能说秦始皇无"眼光"。下面解释几个问题。

关于驰道。

《秦始皇本纪》二十七年《集解》引应劭之言云：

> 驰道，天子道也，道若今之中道然。

又引《汉书·贾山传》云：

> 秦为驰道于天下，东穷燕齐，南极吴楚，江湖之上，滨海之观毕至。道广五十步，三丈而树，厚筑其外，隐以金椎，树以青松。

又《正义》引应劭之言解释"筑甬道"云：

> 谓于驰道外筑墙，天子于中行，外人不见。

可见驰道为封闭式的"天子道"，便于始皇外出封禅。外人连看也看不到，非所能行。

关于"一法度衡石丈尺"。

《史记》集解对此语没有解说，但秦始皇本人在二十八年的琅邪石刻中，有"器械一量"之语，《正义》云：

> 内成曰器，甲胄兜鍪之属。外成曰械，戈矛弓戟之属。一量者，同度量也。

按始皇（祖龙）既然"上农除末"，所谓"一法度衡石丈尺"，绝无便商之意。照《史记·正义》对"器械一量"的解释，同度量的应为甲胄兜鍪戈矛弓戟之属。

如此说来，比之于战国，经济开发至秦朝无疑遭受到了一次大挫折。揆其原因，便在政策。具体说，一在征服战争中，秦所采取的野蛮的屠杀政策。七国人口死于秦屠刀之下的，竟高达三分之一。二在秦并天下，赋役奇重，较之东周列国，力役竟重30倍，赋税竟重20倍。人民死亡道路相属。三在重农除末。很遗憾，秦朝没有一个像计然那样的经济学家，不知商业或私商在经济开发中并不能除掉。

以上讲的都是遍及全国的东西，即普遍推行的东西。作为政策来说，将影响到各个地区。因为秦统一了，一项落后的政策，必将原来本属先进的地区，拉向后退。长江流域经济开发无闻，原因便在这里。

我们还可注意项羽所率"江东八千子弟"，都是长江流域的人们。他的谋士范增为居巢人，也是长江流域的人。《史记》卷七《项羽本纪》中，他对项梁说过一席话：

> 夫秦灭六国，楚最无罪。自怀王入秦不反，楚人怜之至今。故楚南公曰"楚虽三户，亡秦必楚"也。……今君起江东，楚蜂午之将[①]，皆争附君者，以君世世楚将，为能复立楚之后也。

楚人蜂起，也就是长江流域的人们蜂起。长江流域在秦的征服战争中受害太大了，楚人固非独怜怀王。

[①]《集解》："如淳曰：蜂午犹言蜂起也。"

《汉书》卷三十四《韩彭英卢吴传》记黥布为六人，姓英氏，"以论输骊山，骊山之徒数十万人，布皆与其徒长豪杰交通，乃率其曹耦，亡之江中为群盗"。六在淮南，属于长江流域。江即长江。骊山刑徒中，长江流域的百姓不知凡几，英布遂得率其曹耦，亡之江中，起兵反秦。英布之起，可以佐证楚南公之言："楚虽三户，亡秦必楚。"长江流域的人民所受的秦的迫害，长江流域的开发所遭的挫折，较之中原尤深尤大。楚虽三户，亡秦必楚的真正原因便在这里。

经济的顿挫必然会带来文化的顿挫，而文化的顿挫又必然要使经济所受的损害加深。因为经济与智力的开发是相适应的，而智力又与文化的进退密切相关。秦朝在文化上采取了焚书坑儒以愚黔首（百姓）的政策，以维系其专制统治。战国时期形成的百家争鸣局面消失了，整个文化事业倒退了。

《史记·秦始皇本纪》三十四年记丞相李斯之言云：

  今天下已定，法令出一，百姓当家则力农工，士则学习法令辟禁。今诸生不师今而学古，以非当世，惑乱黔首。丞相臣斯昧死言：古者天下散乱，莫之能一，是以诸侯并作，语皆道古以害今，饰虚言以乱实，人善其所私（"私"一作"知"）学，以非上之所建立。今皇帝并有天下，别黑白而定一尊。私学而相与非法教，人闻令下，则各以其学议之，入则心非，出则巷议，夸主以为名，异取以为高，率群下以造谤。如此弗禁，则主势降乎上，党与成乎下。禁之便。臣请史官非秦记皆烧之。非博士所职，天下敢有藏诗、书、百家语者，悉诣守、尉杂烧之。有敢偶语诗书弃市。以古非今者族。吏见知不举者与同罪。令下三十日不烧，黥为城旦①。所不去者，医药卜筮种树之书。若欲有学法令，以吏为师。

---

① 《集解》：如淳曰："《律说》：'论决为髡钳，输边筑长城，昼日伺寇虏，夜暮筑长城。'城旦，四岁刑。"

秦始皇批示下来,"可"。这叫"制曰可"。于是在文明古国,竟然发生了一次全国性的大烧书的悲剧。

李斯所云包含:

一、烧书目的:不使"主势降乎上,党与成乎下"。《汉书》卷三十《艺文志》更直截了当地说:"战国从衡,真伪分争,诸子之言纷然殽乱。至秦患之,乃燔烧文章,以愚黔首。"[1]这将秦始皇烧书的目的说得很清楚了。以愚百姓,以维主势,不离此二者。而此二者又互为因果。

二、烧书范围:除了史官所藏秦记、博士官所职《诗》、《书》、百家语与医药卜筮种树以外,一律焚烧。史官只可保留秦记,博士官可藏《诗》、《书》、百家语,但须职责所在,且绝对不能讲说,连偶语也不行。至若民间所藏《诗》、《书》、百家语,如不烧去,即罹重刑。这不仅是禁《诗》、《书》、百家语,而且是禁私学。人们总想学一点东西,而想学只能学朝廷法令,只能拜官吏做老师。这便是愚民,便是降低人们的智力,以维护刚刚出现的君主专制政治。

具有讽刺意义的是,法家书籍也在禁止、焚烧之列。而李斯却是一个法家。圣旨规定若有欲学只能是学政府法令,只能以吏为师。政府法令并非法家学说,官吏并非法家。

百家语很笼统,人们以为就是《汉书·艺文志》说的儒、道、阴阳、法、名、墨、纵横、杂、农、小说十家。其实远非如此。

战国私学可以分为三楚、齐鲁、中州、西部四个文化地区。三楚老、庄学说,屈原辞赋,甘石星经;齐鲁孔、孟学说,墨翟墨经,邹衍之学,孙膑兵法,春秋三传;中州荀卿、公孙龙、李悝、苏秦学说,魏史记《竹书纪年》等,都是百家语,都在禁止之列。商鞅、张仪本是中州之士,六国不用其谋,才跑到西部秦国,去发挥他们的作用。但在秦统一后,这二人的学说同在被禁止的百家语范围中。

百家语并非都讲政治,都谈哲学,它包含了哲学、政治经济理论、文

---

[1] [汉]班固:《汉书》卷三十《艺文志》,中华书局,1964年,第1701页。

学、史学、自然科学、兵法等各种学问，都被禁绝。天下学问只此一家，此家即朝廷法令，老师即官吏。

西部文化即秦文化受犬戎影响较深，较之三楚、齐鲁、中州，落在后头。唯其落后而又依恃军事力量征服东方，所以必须愚民以维护皇帝独一无二的权力。而为了维护皇权，不惜与天下学问挑战。这在古代世界其他国家中绝非仅有。

至于李斯所提而为始皇认可的罪名与重刑"有敢偶语诗、书者弃市，以古非今者族，吏见知不举者与同罪"，也只有古代中国才有过。具体言之，即秦始皇时代。明清时期的文字狱是变种。

秦统一后，烧去原七国书籍，是人类发明文字进入文明时代以后，东方文化的一次大倒退。

这是烧书，事在秦始皇三十三年。三十五年，又发生了"坑儒"一事。《史记》云：秦始皇欲求仙药，长生不老，永做皇帝，把此事托付给了侯生、卢生等人。而侯生、卢生等认为始皇"贪于权势至如此，未可为求仙药"，于是逃走。始皇闻之，大怒道：

> 吾前收天下书不中用者尽去之。悉召文学方术士甚众，欲以兴太平，方士欲练以求奇药，今闻韩众去不报，徐市等费以巨万计，终不得药，徒奸利相告日闻。卢生等吾尊赐之甚厚，今乃诽谤我，以重吾不德也。诸生在咸阳者，吾使人廉问，或为妖言以乱黔首。

于是，使御史案问诸生，诸生传相告引，凡460余人，皆坑之于咸阳。这就是所谓"坑儒"。

秦始皇的长子扶苏对父亲焚书坑儒，实在是看不下去，提意见说：

> 天下初定，远方黔首未集，诸生皆诵法孔子，今上皆重法绳之，臣恐天下不安。唯上察之。

始皇震怒,命扶苏北监蒙恬于上郡。

初看,"坑儒"似是因为求仙不遂而闹出的一场风波,再看扶苏之言"诸生皆诵法孔子",便知"坑儒"是禁断百家语所采取的一个"使天下知之,以惩后"的措施。百家语包括"诵法孔子"在内。扶苏明知百家语都在禁绝之列,他向始皇提出不应以重法惩治诵法孔子的诸生,无怪始皇要把他排斥到外面去了。

"以愚黔首"的政策,是一种只顾专制主义者私利而置国家发展于不顾的政策。在这种政策下,一切都发展不起来。

焚书,禁私学遍及全国郡县,长江流域自不可能例外。楚国文化带有浓厚的抒情意味与浪漫主义色彩。无论老、庄哲学,屈、宋辞赋,楚歌楚舞都是如此。这都是我国文化宝库中的珍品,与楚人个性的自由发展密切相关。秦朝的焚书坑儒政策,掐断了长江流域这支正在发展的充满智慧灵气的文化,也掐断了长江流域的人们智力的发展,给长江流域经济的继续开发带来了更深的灾难。

我之所以写此章,是因为考虑到讲开发,必须将当时的政策考虑进去,不能脱离政策,单纯去讲经济的发展。关于这个问题。恩格斯早就说过:

> 国家权力对于经济发展的反作用可能有三种:它可以沿着同一方向起作用,在这种情况下就会发展得比较快;它可以沿着相反方向起作用,在这种情况下它现在在每个大民族中经过一定的时期就都要遭到崩溃;或者是它可以阻碍经济发展沿着某些方向走,而推动它沿着另一种方向走,这第三种情况归根到底还是归结为前两种情况的一种。但是很明显,在第二和第三种情况下,政治权力能给经济发展造成巨大的损害,并能引起大量的人力和物力的浪费。[①]

[①] 恩格斯:《致康拉德·施米特》,载马克思、恩格斯著,中共中央马克思恩格斯列宁斯大林著作编译局译:《马克思恩格斯全集》第37卷,人民出版社,1971年,第487页。

这里，恩格斯说的"国家权力"或"政治权力"，便是指政策而言。秦朝的情况正是恩格斯说的第二、第三种情况，国家权力沿着经济发展相反方向起作用，或是阻碍经济发展沿着某些方向走，而推动它沿着另一种方向走，经过一定的时期，招致了秦朝本身的崩溃。

第二节　西汉前期社会的复苏与长江流域开发的重振

(一)汉初黄老之治与社会的复苏

《史记·陆贾传》记汉高祖刘邦曾对陆贾说："试为我著秦所以失天下，吾所以得之者何，及古今成败之因。"陆贾因而为之著《新语》12篇。在《无为》篇中，陆贾说到秦之所以失天下，在于"事逾烦天下逾乱，法逾滋而奸逾炽，兵马益设而敌逾多"。在《慎微》篇中，他提出"道莫大于无为"。因此，他主张无为而治。这是先秦南方道家的思想。然而，时至秦汉，专制一统和皇帝已经出现，没有一个皇帝不想维持自己的皇帝宝座与宰制臣民的权力，老子的小国无为思想与此是绝对对立的，因而不得不在这种无为思想中渗入法家的专制主义理论。《新语·怀虑》写道："故圣人执一政以绳百姓，持一概以等万民，所以同一治而明一统。"此即黄老学说，黄老也者，于道思想中渗入法家之学是也。1973年，长沙马王堆三号墓发现的帛书《十大经》《经法》《称》《道原》等，即属黄帝之学，很能说明黄老思想的本质。例如：

《十大经·道法》云："道生法，法者引得失以绳而明曲直者殹(也)。"

《经法·君正》云："一年从其俗，则知民则；二年用其德，民则力；三年无赋敛，则民有得。四年发号令，则民敬畏，五年以刑正，则民不幸。"

原来黄老之学即由"握道而治"①进到"握法而治",由无为(少扰民)进到有为,由从民情到稳定专制秩序。

这种学说反映到政治上,导致了汉初政策的松动与社会经济的复苏,长江流域开发的继续前进。

汉初专制政治的松动,概而言之,表现在三个方面:

其一,即轻徭薄赋,一反秦朝赋税20倍于古,徭役30倍于古,"竭天下之资财以奉其政"的政策。汉赋有三:一为田租。汉高祖"约法省禁,轻田租,十五而税一"。文帝"民租不收者至十余年"。《文献通考》卷一《田赋一》载,景帝二年,"令民半出田租,三十而税一"。自此成为定制。

二为算赋。据《汉书·昭帝纪》元凤四年如淳注:"汉代口算每人每年二十三,算赋每人每年一百二十。"

三为更赋。汉民当更卒,服役于本县,凡人率岁一月。愿执役者称践更,不愿为者则岁以三百钱给官,官以给役者,称过更。汉制定更赋,有轻徭之义。

其二,由秦朝的"尚农除末",改为重农抑商。法律虽轻贱商人,但允许私商发展。

其三,由秦朝的郡县制改为郡国制。按秦分天下为36郡,一统于皇帝。汉初,以秦郡太大,稍复开置,又立同姓诸侯王国。诸侯王国虽然隶属于皇帝,但诸侯王的权力比郡太守大多了。这是相对放权。人们总是批判立诸侯王国造成分裂,殊不知此种建置也有调动地方积极性、进行开发之义。但自秦朝以来,封国与专制一统制度很难相容,地方与朝廷两种力量总是处于斗争之中。

刘濞的吴国是汉初处于长江流域的一个著名的诸侯王国。

政策是重要的,一种政策可以促进或阻碍开发的进行,经济的发展。秦的政策,使经济的开发不仅在长江流域,而且在全国各地遭到挫折。汉初实行的虽然仍是君主专制政治,但毕竟在政策上松动了许多,社会得到

---

① 《新语·道基》。

了复苏，长江流域的开发也在继续抬头。下举两条史料，以证汉朝前期农工商业的复振，社会创伤的愈合。

《汉书》卷二十四上《食货志上》云：

> 至武帝之初七十年间，国家亡事（无为而治），非遇水旱，则民人给家足，都鄙廪庾尽满，而府库余财。京师之钱累百巨万，贯朽而不可校。太仓之粟陈陈相因，充溢露积于外，腐败不可食。众庶街巷有马，阡陌之间成群。

《史记》卷一百一十八《淮南·衡山列传》记淮南王问伍被"汉廷治乱"，伍被言及：

> 重装富贾，周流天下，道无不通，故交易之道行。

伍被所云在武帝元朔六年（前123年），下距武帝元封元年（前110年）置盐铁官尚有13年。他的话表明在汉初政策下，不仅农业复苏，民间工商业也已重振。

(二)长江流域经济开发的继续

西汉前期长江流域经济的开发，以工商业为最重要。农业在恢复中。其进一步发展要到东汉之时。下分益、荆、扬三州论述。

1.长江上游益州地区

如果说益州地区在战国时代，因为都江堰的修造，农田水利得到了重大的开发，则到西汉前期，工商业的开拓，又有长足的发展。

《史记·货殖列传》记汉兴，蜀临邛有卓氏，"即铁山鼓铸，运筹策[①]，倾滇蜀之民，富至僮千人。田池射猎之乐，拟于人君"。可见卓氏是民间

[①]《汉书》作"运筹从贾滇"。

的一个大铁商,他开发了临邛的铁矿。另外还有一个程郑,亦以冶铁起家,僮客也有数百人。

《华阳国志》卷三《蜀志》"蜀郡临邛县"条又记:"汉文帝时,以铁、铜赐侍郎邓通,通假民卓王孙,岁取千匹;故王孙资累巨万亿,邓通钱亦尽天下。"汉文帝是把蜀郡严道县的铜山赏赐给邓通铸钱,见《汉书·佞幸传》。邓通把严道铜山的开采包给卓王孙,岁给卓王孙布千匹。则卓氏不仅是临邛铁矿开发者,而且是严道铜矿的开发者。这个记载表明包商制汉已有之。

卓氏兼做商人。其时所谓富商大贾,多半兼营工商。

《汉书·地理志上》又记犍为郡朱提县"山出银",越巂郡邛都县"南山出铜",益州郡俞元县"怀山出铜",律高县"西石空山出锡,东南盬町山出银、铅",贲古县"北采山出锡,西羊山出银、铅,南乌山出锡",则今长江上游川、滇之境,铜、铁、锡、银、铅等矿,在西汉前期,都在开采。

除私人经营之外,《汉书·贡禹传》载,汉在蜀郡、成都、广汉三处设有"工官","主金、银器,岁各五百万"。

蜀郡农工商业的开发,带来了文化的发展。有个文翁,为庐江舒人。少好学,通《春秋》,以郡县吏察举。景帝末年,为蜀郡太守,"选郡县小吏开敏有材者张叔等十余人亲自饬厉,遣诣京师(长安),受业博士,或学律令"。数年后,这些学生学业有成,回到蜀郡,文翁以为"右职,用次察举"。其中,官有至郡守、刺史者。

文翁又修起学官于成都市中,招下县子弟以为学官弟子,为除更徭。"高者以补郡县吏,次为孝弟力田"。蜀人无不欲将自己的子弟送入学官为弟子。"由是大化,蜀地学于京师者比齐鲁焉"。

武帝即位,"立天下郡国皆立学校官",《汉书》说:"自文翁为之始云。"

蜀郡经济与文化发展的外延,便是通西南夷。由此导致了犍为、牂牁、越巂等郡的设置。

《后汉书·郡国五》犍为郡南安县"有鱼涪津"条注引《蜀都赋》注：

鱼符津数百步，在县北三十里。县临大江，岸便山岭相连，经益州郡，有道广四五丈，深或百丈，斩凿之迹今存，昔唐蒙所造。

始通西南夷的人便是唐蒙，他开辟了自夜郎（犍为郡）到滇国（益州郡）的道路。继起者为卓王孙之婿辞赋家司马相如。犍为在南，为夜郎之地，司马相如言西夷邛、莋亦可置郡，武帝遂命司马相如往谕之，《汉书》卷五十九《西南夷传》载，"皆如南夷，为置一都尉，十余县，属蜀"。汉于西南所设郡县由此不断增加。本书将于本章第四节论及。

2. 长江中下游荆、扬二州地区

《史记·货殖列传》说到荆州南阳郡（治宛）孔氏经营冶铁业，"大鼓铸，规陂池，连车骑，游诸侯，因通商贾之利，有游闲公子之赐与名。……家致富数千金，故南阳行贾尽法孔氏之雍容"。《史记·正义》有云：孔氏连车骑，游于诸侯，一方面是"以资给之"，一方面是"兼通商贾之利"。难怪晁错会说：商贾大者，"因其富厚，交通王侯，力过吏势，以利相倾；千里游遨，冠盖相望，乘坚策肥，履丝曳缟"。晁错认为这是坏事，将不利于朝廷和专制一统。但就经济开发而言，却反映出了工商业发展的活跃面貌。

又《史记·吴王濞列传》说道："吴有豫章郡铜山，濞则招致天下亡命者盗铸钱，煮海水为盐，以故无赋，国用富饶。"

《索隐》："案：鄣郡后改曰故鄣。或称'豫章'，为衍字也。"

《正义》："《括地志》云：'秦兼天下，以为鄣郡。今湖州长城县西南八十里故章城是也。'铜山，今宣州及润州句容县有，并属章也。"

这说得很清楚了。章城有铜山，吴王刘濞招致天下亡命，开采铸钱。又煮海水为盐，国用富饶。吴国的钱多到了什么程度呢？刘濞说："寡人金钱在天下者往往而有，非必取于吴，诸王日夜用之弗能尽。"铸钱、煮盐之利既如此之大，财政收入既如此之多，百姓的赋税也就被免除了。吴国不仅百姓无赋，而且"卒践更，辄与平贾。岁时存问茂材，赏赐闾里"。据《集解》引《汉书音义》，所谓"辄与平贾"，即借钱给践更之卒，践更者有了钱，拿出三百文，便可过更，不去践更了。百姓既无赋税负担，践更又可从王家借到钱，交了钱不去践更，连徭役也免了。民无赋役，可以想见在生产上必将发挥绝大的积极性。吴主说他的国家"积金钱，修兵革，聚容食，夜以继日，三十余年"。钱多粮也多，可以反映出吴国生产的发展面貌。当时的汉朝，吴成了全国最为富庶的地区，老百姓因为没有税役负担，生活水平也大大提高了。

可是，吴国的发展却被朝廷认为是潜在的最大的威胁，将不利于专制一统与皇帝本人。晁错建议"削藩"，为景帝采纳，以致引发了一场以吴王刘濞为首的"七国之乱"。自七国之乱平定到汉武帝置盐铁官，专制政治虽然逐渐稳定下来，但汉朝前期经济的开发，又走上了曲折之途。

《汉书·地理志》尚记豫章郡的鄱阳县"武阳乡右十余里，有黄金采"。这是长江中下游所见的金矿的开发。

第三节　汉武帝的盐铁官营政策与王莽改制对长江流域经济开发的影响

元封元年（前110年），汉武帝"置盐铁官"，将盐铁收归国有，实行官营。同时，假借算缗钱与"杨可告缗"，对民间冶铁、煮盐等工商业者，进行了广泛打击，中产以上无不破家破产。汉武帝这种作为是好是坏，下面将谈到。

为什么汉武帝要这样做呢？《盐铁论》记大夫有"安民"一说，然而私家鼓铸所收流放人民处境胜于铁官等徒。大夫又有"忧边"一说，国用不足，然而西汉前期京师之钱已多到"贯朽而不可校"。实则原因与独尊儒术同，在于加强君主专制政治。

兹据《汉书·地理志上》将长江流域的益、荆、扬三州盐铁官与工官的设置述之如下：

1. 益州

汉中郡沔阳县"有铁官"。

广汉郡"有工官"。

蜀郡成都"有工官";临邛"有铁官、盐官",临邛卓氏冶铁历史至此终结;严道"有木官"。

犍为郡南安"有盐官、铁官"。

益州郡连然"有铁官"。

巴郡朐忍"有橘官、盐官";鱼腹"有橘官"。

2. 荆州

南阳郡宛"有工官、铁官",宛孔氏冶铁历史至此终结。

南郡巫"有盐官"。

桂阳郡"有金官"。

3. 扬州

庐江郡皖"有铁官"。

九江郡"有陂官、湖官"。

会稽郡海盐"有盐官"。

丹阳郡,即故鄣郡,武帝元封二年更名。"有铜官"。

又《地理志下》记广陵国"高帝六年属荆州,十一年更属吴,景帝四年更名江都,武帝元狩三年更名广陵"。此国"有铁官"。

盐铁等官的遍设,是汉武帝将海池井盐、铁矿等矿产的所有权、开采权、金属制品的买卖权收归国有即朝廷所有的表征。

与此同时,汉武帝对民间工商业者进行了一场横扫。采用的办法即"杨可告缗"。按武帝元狩四年(前119年)"初算缗钱"。关于算缗钱,《史记·酷吏列传·张汤传》记述最详,其言云:

> 请造白金及五铢钱,笼天下盐铁,排富商大贾,出告缗令,锄豪强并兼之家,舞文巧诋以辅法。

第四章　秦汉时代长江流域经济开发的曲折性

《正义》：

> 缗音岷，钱贯也。武帝伐四夷，国用不足，故税民田宅船乘畜产奴婢等，皆平作钱数，每千钱一算，出一等，贾人倍之；若隐不税，有告之，半与告人，余半入官，谓缗。出此令，用锄筑豪强兼并富商大贾之家也。一算，百二十文也。

每千钱税120文，商人倍之，即税240文。偷税漏税者，没收其财产，半给告发者半入官。

《居延汉简释文》卷三载有估计家资的简文。第48页有段简文最详实，录之以见：

> 侯长觻得广昌里公乘礼宗年卅，小奴二人直三万，大婢一人二万，轺车一乘直万，用马五匹直二万，牛车二两直四千，服牛二六千，宅一区万，田五顷五万，凡资直十五万。

资直15万，即值150千，按每千钱税120文计，此人须交财产税1.8万文。如为商人，则须交3.6万文。

由于武帝出"告缗令"，若有隐瞒偷税漏税的，财产全部没收，半与告人，遂出现了所谓"杨可告缗"。《汉书·食货志下》记其事云：

> 杨可告缗遍天下，中家以上大氐（抵）皆遇告。杜周治之，狱少反者。乃分遣御史、廷尉正监分曹往，即治郡国缗钱，得民财物以亿计，奴婢以千万数：田，大县数百顷，小县百余顷；宅亦如之。于是商贾中家以上大氐（抵）破。

注意，"中家以上大氐（抵）皆遇告"，即全部被检举告发；"商贾中家以上大氐（抵）破"，即全部破产，财物、奴婢、田、宅扫数被没收。

这种做法是与遍置盐铁官互相配合的。打击面如此之广，看来目的尚不止变民营工业为官营，且有变民有制、私有制为官有制、国有制的含义。拥有奴婢、田、宅的，不仅是商人，而且有地主。

武帝取缔民营工商业，盐铁等业改由朝廷、国家派出的官吏去经营，是发展了生产还是损害了挫折了生产呢？桓宽《盐铁论》卷下《水旱第三十六》记贤良之言有云：

县官鼓铸铁器，大抵多为大器（兵器），务应员程，不给民用。民用钝、弊，割草不痛。是以农夫作剧，得获者少，百姓苦之矣。

今县官作铁器多苦恶，用费不省，卒徒烦而力作不尽。……盐铁贾（价）贵，百姓不便。贫民或木耕手耨，土擩啖食。铁官卖器不售，或颇赋于民，卒徒作不中呈（不中程式），时命助之，发征无限，更繇以均剧，故百姓疾苦之。

铁官所铸，首在兵器，不给民用。其次才是农器。官铸农器，既钝且弊，又苦又恶，连割草都不行（不痛）。根本不能用去生产。而铸这种铁器，用费很多，成本很高，价钱很贵，人们索性不去买它，宁可木耕手耨。铁官造的民用铁器卖不出去，非关门不行。为了不致倒闭，竟致凭借官家势力，"颇赋于民"，且另行发征卒徒铸造，弄得百姓疾苦，民怨载道。贤良所云把官营盐铁产品质量之低，价格之昂，弊端之多，都揭出来了。贤良们还说到官营盐铁以前私家经营之时，"盐与五谷同价，器和利而中用"，与"今县官作铁器多苦恶"，成了鲜明的对比。

由此看来，汉武帝遍置盐铁官，严厉打击民间工商业者，对社会经济所起的作用不是促进，而是拉向后退。须知汉武帝这样做，是以政治、军事着眼，即从专制一统的稳定、用兵打仗的需要着眼，其意不在发展生产。

汉武帝在蜀郡临邛设铁官、盐官，在南阳郡设工官、铁官，在丹阳郡设铜官，所能表明的，不过是此三地冶铁、煮盐、冶铜等业在汉朝前期所取得的成就，从此萎缩下去而已。

需要说明，汉武帝尚不可能把工商百业都由官府统制起来，民间工商业者虽然因"杨可告缗"遭到横扫，也不可能一个不剩。《西京杂记》卷一曾记："霍光妻遗淳于衍……散花绫二十五匹，绫出巨鹿陈宝光家，……机用一百二十镊，六十日成一匹，直万钱。"霍光时代当武帝之后。据此记载，拥有私人作坊的民间工商业者，又已出现。不过，这是纺织业。像煮盐、冶铁、铸钱，即在武帝之后，也是绝对禁止民间经营的。巨鹿在黄河流域，长江流域如益州蜀郡，从《后汉书·公孙述传》所载"女工之业，覆衣天下"看来，民间纺织业似依旧繁荣。

西汉末年王莽的"王田""私属""五均""六筦"等制，是汉武帝盐铁官营政策的扩大。

王莽于始建国元年（9年），更名天下田曰"王田"，亦即宣布土地国有，取消土地的私有制。男口不盈八人而田过一井的，分余田给九族、邻里、乡党。如果原来没有田，现在可按八男一井制受田。土地既为国有，皆不得买卖。奴婢更名为"私属"。也不得买卖。既然不得买卖，奴婢的私有性也就取消了，至少要打折扣。

这是在土地与奴婢所有权方面的变革。8年后，扩展到了工商业方面。

天凤四年（17年）复明六筦（管）之令，每一管下，为设科条防禁，犯罪至死。六筦，盐一也。酒，二也。铁，三也。名山、大泽，四也。五均、赊贷，五也。铁布、铜冶，六也。王莽置羲和命士，以督五均、六筦，郡有数人。六筦，这六者全由国家管起。盐、铁，武帝已经管起来了，但也有武帝所未管起来的，如山、泽。《后汉书》列传十三云，隗嚣谓王莽"规锢山、泽，夺民本业"即此。

王莽是在全面取消私有制，实行土地、山泽、奴婢、盐、酒、铁、铁布、铜冶、五均、赊货的国有与国营制。就他所处时代而言，魄力惊人。可是，这是逆历史潮流而动。《汉书·王莽传下》记公孙禄说：

明学男张邯、地理侯孙阳，造井田，使民弃土业；羲和鲁匡，设六筦以穷工商。

他所说的"民弃土业"的"民",包括地主与农民;他所说的"以穷工商"的工与商,包括许多大小工商业者。《隗嚣传》云,民坐挟铜炭,没入钟官为官奴婢的,亦殷积至数十万人。社会整个混乱了。

王莽末年,《后汉书》列传第一《刘玄传》云:"南方饥馑,人庶群入野泽,掘凫茈而食之。"《后汉书》列传第四《齐武王縯传》云:"盗贼群起,南方尤甚。"南方经济的开发,又一次遭到顿挫。

然而,也要看到益州地区的农工商业,遭到的破坏性影响较浅。《后汉书·公孙述传》记李熊之言云:

今山东饥馑,人庶相食,兵所屠灭,城邑丘墟。蜀地沃野千里,土壤膏腴,果实所生,无谷而饱。女工之业,覆衣天下。名材竹干,器械之饶,不可胜用。又有鱼盐铜银之利,浮水转漕之便。

看来益州虽然也曾受到王莽王田与六筦制的困扰,但未产生农桑失业、生民饥馑的现象,比长江中下游地区好多了。

这里要说明《公孙述传》所谓蜀地"女工之业,覆衣天下",是指布并非指锦而言。蜀锦的开发要到东汉。《盐铁论》卷上《本议第一》记文学谈道:"吏之所入,非独齐陶之缣,蜀汉之布也,亦民间之所为耳,行奸卖?"当时布的出产,以西蜀最为著称,布的原料为麻、葛。《居延汉简释文》卷三写道:"广汉八稯布十九匹八寸大半寸,直四千三百廿。"所谓"八稯",与今称多少支纱正同。《公孙述传》章怀太子注引了左思《蜀都赋》之言:"百室离房,机杼相和。"左思是指东汉成都纺织"贝锦"与"黄润"细布而言,不能误会西汉成都已有织锦业。

第四节　东汉长江流域经济开发的进展,末年的大破坏

(一)章和二年罢盐铁之禁与大族的出现

王莽逆历史潮流而动,新朝只维持了15年,便被推翻。东汉光武帝刘秀恢复了汉家制度,可是,在盐铁方面,曾有反复。《后汉书》卷四《和帝纪》章和二年夏四月戊寅,由临朝的皇太后窦氏发布了一道诏令,这道诏令很要紧,可惜注意者少。诏文云:

> 昔孝武皇帝致诛胡、越,故权收盐铁之利,以奉师旅之费。自中兴以来,匈奴未宾,永平末年,复修征伐。先帝(章帝)即位,务休力役,然犹深思远虑,安不忘危,探观旧典,复收盐铁,欲以防备不虞,宁安边境。而吏多不良,动失其便,以违上意。先帝恨之,故遗戒郡国,罢盐铁之禁,纵民煮铸,入税县官,如故事。其申敕刺史、二千石,奉顺圣旨,勉弘德化,布告天下,使明知朕意。

这道诏令,关系到东汉一代社会经济的演变,极为重要。汉武帝于元封元年(前110年)置盐铁官,收盐铁之利,自此至新朝不变。东汉章帝复收盐铁,但他感觉到了"吏多不良,动失其便",于临死之际,"遗戒郡国,罢盐铁之禁,纵民煮铸,入税县官,如故事"。章帝死于章和二年(88年),此年和帝即位,仅10岁。皇太后窦氏临朝,于夏四月下达戊寅诏,申敕刺史、二千石,奉顺章帝遗戒,罢除盐铁禁令,纵民煮铸。历时近200年的盐铁官营,至此终归私营,私家但入税县官而已。这将激发私人开采矿产、经营工商业的积极性。兹将前、后《汉书》有关记载作一个比较,以明其变化。但记荆、扬、益三州,以《后汉书·郡国志》为主。《汉书·地理志》为辅,简称"前书"。

荆州：

桂阳郡耒阳"有铁"。前书无记述，说明为东汉新开采。

扬州：

庐江郡皖"有铁"，前书作"有铁官"。《后汉书》但记"有铁"，是因为铁官已被罢除，为私家所经营。

豫章郡鄱阳有"黄金采"，前书同。

益州：

汉中郡沔阳"有铁"，前书为"有铁官"。锡"有锡"，前书无记述，显系私家新开。

巴郡宕渠"有铁"，前书无记述，为私家新开。涪陵"出丹"，前书同。

蜀郡临邛"有铁"，前书为"有铁官、盐官"。临邛铁矿至此又由官营返回民营。

牂牁郡谈"出丹"，前书无记述，为私家新开。夜郎"出雄黄、雌黄"。前书无记述，亦系私家新开。

越巂郡邛都"南山出铜"，前书同。台登"出铁"，前书无记载，为私家新开。会元"出铁"，前书作"出碧"。

益州郡滇池"出铁"，前书无记载，为私家新开。俞元"装山出铜"，前书作"怀山出铜"。律高"石室山出锡，监町山出银、铅"，前书同。贲古"采山出铜、锡，羊山出银、铅"，前书同。双柏"出银"，前书无记载，为私家新开。博南"南界出金"，前书无记载，为私家新开。

犍为属国朱提"山出银、铜"，前书但作"出银"，铜为东汉私家新开。

由上可见盐铁之禁罢除之后，私家开采的活跃。较之西汉，长江流域的矿产资源，显然得到了进一步的开发。

私家并不止开采新矿石，盐铁之禁既罢，促进了私家对工商业的经营，社会上涌现了许多商人，他们活跃于各郡、各县。王符《潜夫论》卷三《浮侈第十二》说得好：

> 今举世舍农桑，趋商贾，牛马车舆，填塞道路，游手为功，充盈都邑，治本者少，浮食者众，商邑翼翼，四方是极。今察洛阳，浮末者什于农夫，虚伪游手者什于浮末。是则一夫耕百人食之，一妇桑百人衣之，以一奉百，孰能供之？天下百郡千县，市邑万数，类皆如此。

王符所说不无浮夸之处。王符的担心并无必要，王符不理解商人的活跃，正表现了工农业生产的上升、产品与产量的增多，社会经济的兴旺。这是好事。王符的聪明被传统的重农抑商思想蒙蔽了。像越国计然的重商思想，在我国古代，可谓凤毛麟角。王符的话，说明东汉商人之多，为西汉所不能比。这样多的商人，来往于百郡千县，并非偶然出现的现象，其原因就在章和二年"罢盐铁之禁"。近人著作多引王符之言以证商人之多，惜了解其原因者不见，特为揭示如上。

商人用钱去购买土地，便成了兼营农业的商人地主。这在东汉已非个别现象。有的且成了拥有田庄的大商人地主。仲长统《昌言·理乱》篇云：

> 豪人之室，连栋数百，膏田满野，奴婢千群，徒附万计。船车贾贩，周于四方，废居积贮，满于都城。琦赂宝货，巨室不能容；马牛羊豕，山谷不能受。妖童美妾，填乎绮室；倡讴妓乐，列乎深堂。宾客待见而不敢去，车骑交错而不敢进。三牲之肉，臭而不可食；清醇之酎，败而不可饮。

这种豪人膏田满野，船车贾贩周于四方，成为拥有奴婢千群，徒附万计的大商人地主。而西汉冶铁家蜀之卓氏，宛之孔氏，但兼营商业，未闻其兼营土地。大地主如樊重，又非船车贾贩周于四方的商人。这是东汉罢盐铁之禁后产生的新现象。

东汉时期的田庄，在文献中记载不甚明确，如佐之以考古发现的东汉明器与画像砖、石，可以证明确实出现。从明器中可以看到城堡、碉楼、阁楼、院落建筑群、车马、舟船、粮囤、磨坊、农夫俑与武士俑。从画像砖、石上可以看到住宅附近的大片稻田、山林、池塘、盐井、渠道等图像与收获、舂米、酿酒、纺织、鱼盐等场面。田庄的存在无可否认。我很同意柳春藩先生的说法："东汉时期田庄经济的发展是有限度的，……尽管如此，东汉时期大土地私有制的发展，对后世还是产生了不小影响。可以说，魏晋南北朝时期的田园和田墅，就是东汉时期田园、田庄、坞堡的进一步发展。"①

田庄主聚族而居。因为这种田庄在东汉尚处在发生、发展阶段，因而它是有活力的，对经济的发展不是无利而是有利。明乎此，我们就可以来论述东汉长江流域经济的开发了。

（二）淮南与江东地区开发事业的进展，著姓的产生

淮南在春秋时期，尚是"群舒"居住的地方。楚庄王沿淮而东，征服了群舒，占有淮南。据《淮南子·人间训》载，后来，期思人蒍敖（孙叔敖）曾"决期思之水而灌雩娄之野"，楚庄王因此用他做了令尹。按期思在汉属汝南郡，雩娄在汉属庐江郡（汉文帝分淮南置庐江郡）。蒍敖决期思之水而灌庐江雩娄之野，开创了淮南的水利事业。又按《后汉书·循吏·王景传》，王景"迁庐江太守，……郡界有楚相孙叔敖所起芍陂稻田"。唐章怀太子注："陂在今寿州安丰县东，陂径百里，灌田万顷。"则蒍敖所开创的水利事业，或即寿州安丰县东的芍陂。

淮南在春秋时期，当宋、楚、吴之交，是个三不管的地带。蒍敖在淮南兴修水利，有如昙花一现。尔后，淮南寂寂无闻，开发似乎中断。

西汉时期，淮南仍然是地广人稀。汉武帝曾两次徙民于淮南，一次是把东瓯（今浙江瓯江流域）人迁到江淮间，一次是把东越（闽越）人迁到

---

① 柳春藩：《秦汉魏晋经济制度研究》，黑龙江人民出版社，1993年，第112页。

江淮间。从此,淮南的居民除原有的"群舒"外,又加上了越人。

淮南真正得到开发,要到东汉初年。《后汉书·王景传》记东汉章帝建初八年,王景迁庐江太守,接着说:

> 先是,百姓不知牛耕,致地力有余而食常不足。郡界有楚相孙叔敖所起芍陂稻田。景乃驱率吏民,修起芜废,教用犁耕。由是垦辟倍多,境内丰给。遂铭石刻誓,令民知常禁。又训令蚕织,为作法制,皆著于乡亭。庐江传其文辞,卒于官。

这段记述很重要,它说明淮南的开发,以东汉建初八年(83年)为分界线。在这以前,淮南如庐江郡人,还不懂得牛耕和蚕织;芍陂自春秋历战国、秦和西汉,一直芜废在那里,未得到利用。在这以后,牛耕与蚕织才进入淮河以南,而把牛耕与蚕织带到淮南的,王景是第一人。

《后汉书·郡国志四》"庐江郡"条记"皖有铁"。西汉由铁官经营,多铸"大器",不为民用;东汉由私家经营,多铸农具,用犁牛耕种,有了条件。从东汉初年罢盐铁之禁起,制造铁犁铁锄等铁具,成了淮南新起的手工业。江淮之地赖之以开发。

东汉历时近200年,这两百年是淮南的经济文化不断获得发展的时期。汉末,淮南出了一个著名的人物——庐江舒人周瑜。他不仅是个政治家、军事家,而且是个音乐家。《三国志·周瑜传》记载周瑜:"少精意于音乐,虽三爵之后,其有阙有误,瑜必知之,知之必顾,故时人谣曰:'曲有误,周郎顾。'"可见周瑜精通音乐。周瑜出身于世家。他的从祖父周景、周景之子周忠,均曾官居太尉;父周异官居洛阳令,从父周尚官居丹杨太守。显而易见,没有东汉初年以来淮南的开发,世族周氏和周瑜这样的人物,就不可能在庐江产生。另需明了淮南庐江大族周氏的产生,与东汉罢盐铁之禁以后,大商人地主的出现是一致的。

临淮东城人鲁肃一家,也是东汉晚期淮南产生的大地主之家。《三国志·鲁肃传》记鲁肃"家富于财,性好施与。尔时天下已乱,肃不治家事,大散财货,摽卖田地,以赈穷弊结士为务,甚得乡邑欢心"。周瑜为居巢县的县长,曾向鲁肃求资粮,鲁肃"家有两囷米,各三千斛,肃乃指一囷与周瑜"。由此,周瑜遂与鲁肃相亲结,成了知交。

淮南的开发,在汉末袁术时期,受到过大挫折。后面将要谈及。

江东在春秋时代曾出现吴、越二国,汉初又出现过吴国,经济的发展有一定的基础。王莽的新朝垮台之后,江东经历了东汉近200年的开发,农、工、商业普遍上升。章和二年(88年)罢盐铁之禁,为江东大族的出现创造了条件。

首先我们可以看到江东的户口增加了。如:

会稽郡,西汉有户二十三万三千零三十八,口一百零三万二千六百零四。东汉析会稽为会稽、吴郡二郡,会稽有户十二万三千零九十,口四十八万一千一百九十六;吴郡有户十六万四千一百六十四,口七十万零七百八十二①,合计有户二十八万七千二百五十四,口一百一十八万一千九百七十八。东汉比西汉要多五万四千余户,十四万九千余口。

丹阳郡西汉有户十万七千五百四十,口四十万五千一百七十;东汉有户十三万六千五百一十八,口六十三万零五百四十五②。东汉比西汉要多二万八千余户,二十二万五千余口。

试与湘、赣相较,会稽和吴郡增加的户数比西汉整个长沙郡的户数(四万三千四百二十)还要多,仅略低于西汉豫章郡的户数(六万七千四百六十二)。丹阳郡增加的户数与西汉桂阳郡的户数(二万八千一百一十九)略等,比西汉零陵郡的户数(二万一千零九二)要多得多。就口数的增加来看,东汉会稽、吴郡增加的口数,略低于西汉桂阳郡的口数(十五万六千四百八十八),而多于西汉零陵郡的口数(十三万九千三百七十八);丹阳郡增加的口数比西汉零陵、武陵二郡的口数加到一起(二十二万五千一百三十六)还要多。这种增加,等于把西汉的豫章郡或桂阳郡搬到吴、会,把西汉的桂阳郡或零陵、武陵二郡搬到丹阳。

---

① 分见《汉书·地理志八上》《后汉书·郡国志四》。
② 分见《汉书·地理志八上》《后汉书·郡国志四》。

我们来看左思《吴都赋》对吴郡经济的发展是怎样描写的。左思借东吴王孙之口，说到吴郡：

> 其四野则畛畷无数，膏腴兼倍，原隰殊品，窊隆异等，象耕鸟耘，此之自与，秬秀萁穗，于是乎在。煮海为盐，采山铸钱。国税再熟之稻，乡贡八蚕之绵。

处处是膏田，处处是牛耕，稻一年能再熟，蚕一年能八熟，表明吴郡的开发至东汉末年，已经具有相当的广度与深度。

"煮海为盐，采山铸钱"两语，指的是私家。这是章和二年（88年）罢盐铁之禁以后，在江东出现的新情况。"铸钱"两字表明自罢盐铁之禁，私家又可以铸钱了。"汉有名铜出丹阳"[①]，此地铜矿东汉时仍在开采，是铸钱制镜的好原料。吴郡有海盐县，西汉设有盐官。东汉于此煮盐的，尽为私家。他们煮盐铸钱，只要缴交"国税"，便不再受政府的干涉。

商品经济也在发展。《吴都赋》说强宗"乘时射利，财丰巨万"，这与东汉北方"豪人货殖"正同。江东名族即在这种基础上形成，它们有哪一些？

吴郡：《世说新语》卷四《赏誉》注引《吴录士林》说："吴郡有顾、陆、朱、张四姓，三国之时，四姓盛焉。"《六臣注文选》卷二十八《乐府下》陆机《吴趋行》又说："属城咸有士，吴邑最为多，八族未足侈，四姓实名家。"则吴郡所属城邑，几乎都出现了强宗。最多的是吴县。吴县除了名家顾、陆、朱、张四姓外，尚有八族。八族，据注引张勃《吴录》，为陈、桓、吕、窦、公孙、司马、徐、傅。

会稽：《世说新语·赏誉下》说晋时"会稽孔沉、魏颢、虞球、虞存、谢奉，并是四族之隽，于时之杰"。孔、魏、虞、谢是会稽四族。《吴都赋》有所谓"虞、魏之昆"，则这四族也在汉末形成。

[①]《小校经阁金文》卷十五，汉镜铭。

今检《三国志·吴志·顾雍传》注引《吴录》载,吴郡顾雍的曾祖父顾奉,为汉颍川太守。《三国志·吴志·陆逊传》注引《陆氏世颂》载,陆逊的祖父陆纡为汉城门校尉,父陆骏为汉九江都尉。《三国志·吴志·陆绩传》载,陆绩之父陆康,汉末为庐江太守。《三国志·吴志·陆逊传》载,陆氏"世江东大族"。顾、陆二族兴起较早,有"陆忠顾厚"之誉[①],著称于汉时。

江东大族不仅有经济力量,而且有军事力量。据《三国志·邓艾传》,邓艾说过:"吴名宗大族,皆有部曲,阻兵仗势,足以建命。"部曲,东汉时期出现的田庄都有部曲,由徒附充当,是田庄中的武装力量,亦可称为田庄主人的私兵。《吴都赋》说江东"高门鼎贵,魁岸豪杰,虞、魏之昆,顾、陆之裔……陈兵而归,兰锜内设",形象地将虞、魏、顾、陆这些江东大族阻兵仗势,不可一世的气焰写出来了。

江东大族之有部曲,不仅由来已久,而且很普遍。《三国志·孙策传》注引《吴历》,记载张纮曾向孙策献计:"若投丹杨(阳),收兵吴会,则荆、扬可一。"注引《江表传》记载孙策说袁术:"家有旧恩(部曲)在东(孙策为吴郡富春人)","因投本土召募,可得三万兵"。后来孙策渡江,击走扬州刺史刘繇,进入曲阿,发布文告于各县,收"故乡(吴土)部曲","旬日之间,四面云集,得见兵二万余人,马千余匹,威震江东,形势转盛"[②]。可知江东(吴会)大族不仅名族如虞、魏、顾、陆,而且"未足侈"者如富春孙氏,在汉末都已有了部曲。孙策据有江东,便靠拥有部曲"足以建命"的江东大族的支持。

东汉罢盐铁之禁,实际上是承认私有制,以求发展农工商业,一反汉武帝与王莽之所为,大族因此出现。而大族的出现,在当时乃至整个魏晋南北朝,是有利于开发事业的。江东开发的进展,与顾、陆等这些大姓,有密不可分的关系。

---

① 《世说新语·赏誉下》。
② [晋]陈寿撰,陈乃乾校点:《三国志》卷四十六《孙策传》,中华书局,1964年,第1105页。

属于扬州、被称为吴头楚尾的豫章郡，在先秦曾以青铜器与龙窑著称于世。秦汉时代一段很长的时间，变得很寂寞。东汉鄱阳县维持了黄金的开采。建城县据章怀注引雷次宗《豫章记》：

县有葛乡，有石炭二顷，可燃以爨。

这是江南煤炭开采最早的记载。

(三)荆州冶铁、蚕桑、造纸等业的新开辟，廪君、槃瓠二蛮的进步

1.冶铁

《后汉书》列传第二十一《杜诗传》，记载：

（建武）七年（31年），（诗）迁南阳太守，……造作水排，铸为农器，用力少，见功多，百姓便之。

唐章怀太子注："冶铸者为排以吹炭，令激水以鼓之也。"
此即水力鼓风炉的发明。这个发明为大量制造铁具创造了优越条件。
按南阳郡治宛，宛本孔氏冶铁起家之地。自汉武帝置盐铁官，铸为大器，此地铁冶无闻。东汉光武帝与明帝不收盐铁，章帝一度虽收盐铁，死后即行罢除。杜诗造水排铸为农器，是官造与官铸。盐铁之禁既罢，私造与私铸代之而起。这就为荆州地区农业的进一步开发，源源不断地提供了铁制农具。意义十分重大。
东汉荆州产铁之地，非止南阳一处。《后汉书·郡国志四》记南郡临沮侯国"有荆山"，章怀注引《山海经》云："其阳多铁，其阴多赤金，其中多牛。"荆山以产玉著称于世，即所谓"荆山之璞"是也。地在沔南。此地既多铁与牛，用杜诗所发明的水排冶铁，铸铁业与农业的繁荣，亦可想见。

江南的桂阳郡有耒阳县，《后汉书·郡国志四》记此县有铁。《循吏·卫飒传》也有"耒阳县出铁石，他郡民庶常依因聚会，私为冶铸"的记载。又耒阳郡有郴县，为郡治所在地。章怀注引《荆州记》云："城南六里县西北有温泉，其下流有数十亩田，常十二月下种，明年三月新谷便登，一年三熟。"这是荆州江南地区冶铁与农业发展之证。

2. 蚕织

《后汉书·循吏·卫飒传》云：

> 南阳茨充代飒为桂阳。亦善其政，教民种殖桑、柘、麻、纻之属，劝令养蚕织履，民得利益焉。

章怀注引《东观记》：

> 建武中，桂阳太守茨充教人种桑蚕，人得其利。至今江南颇知桑蚕织履，皆充之化也。

章怀注说明养蚕织丝事业到了东汉初年，才流传到江南，非止桂阳一郡。左思《吴都赋》写到吴郡"乡贡八蚕之绵"，我疑吴郡蚕桑与丝织事业的发展，当与东汉初年茨充在桂阳"教人种桑蚕"、王景在庐江"训令蚕织，为作法则"有关。

3. 造纸

《后汉书·宦者·蔡伦传》云：

> 蔡伦字敬仲，桂阳人也。……自古书契多以竹简，其用缣帛者谓之为纸。缣贵而简重，并不便于人。伦乃造意，用树肤、麻头及敝布、鱼网以为纸。元兴元年（105年）奏上之，帝善其能，自是莫不从用焉，故天下咸称"蔡侯纸"。

章怀注引《相州记》：

> 耒阳县北有汉黄门蔡伦宅，宅西有一石臼，云是伦舂纸臼也。

考古发现，西汉已有麻纸。然而应用不广，书写仍用竹简与缣帛。纸的广泛应用，自"蔡侯纸"开始。用树肤造纸是蔡伦的创造，蔡伦之功不可没。蔡伦在耒阳县北舂纸，又说明"蔡侯纸"的发明在江南的桂阳郡耒阳县。蔡伦本人即耒阳人。蔡伦的创造也就是江南地区江南人民的创造。纸的实质性的开发，在长江流域。

水排、蚕织与纸张是东汉时代长江中下游地区的三大开发，极大地有利于农业、冶铁业、纺织业、造纸业以至文化书籍的发展。

《三国志·诸葛亮传》中，诸葛亮称"荆州北据汉、沔，利尽南海，东连吴会，西通巴、蜀"①。此地区经济开发事业的发展，无疑对吴会与巴蜀会产生有利的影响。

这里谈一谈与荆州开发有关的廪君、槃瓠二蛮的发展。

荆州廪君与槃瓠二蛮的生产与生活，在东汉时期发展起来。

对廪君、槃瓠二蛮族，人们往往不加区别，旧籍也有相混之处。像《宋书·荆雍州蛮传》，把荆、雍二州蛮都说成是"槃瓠之后也，分建种落，布在诸郡县"。此传提到了五溪蛮，宜都、天门、巴东、建平、江北诸郡蛮，沔北诸蛮，桂阳蛮、临贺蛮等。其中只有五溪蛮、天门蛮、桂阳蛮、临贺蛮是槃瓠蛮，别的都是廪君蛮。《后汉书·南蛮西南夷传》载，廪君蛮以白虎为图腾，槃瓠蛮以狗为图腾，不是一种蛮。因此，分布地区必须澄清。

考《后汉书·巴郡南郡蛮传》，巴郡、南郡蛮——廪君蛮在东汉时期，曾向江沔一带迁徙。东汉初年即曾迁廪君蛮"种人七千余口，置江夏界中"，《后汉书》称："今沔中蛮是也。"后巫蛮（巫县，汉属南郡）许圣

---

① ［晋］陈寿撰，陈乃乾校点：《三国志》卷三十五《诸葛亮传》，中华书局，1964年，第912页。

反,为东汉所破,"复徙置江夏"。由此可知东汉江夏郡廪君蛮人徙入之多,而他们都叫"沔中蛮"。

又考《宋书》卷九十七《豫州蛮传》:"豫州蛮,廪君后也。……北接淮汝,南极江汉,地方数千里。"然则,淮、汝以南,江、汉以北的蛮人,应都是廪君蛮了。廪君蛮亦有南迁湘、沅流域者,但主要分布在江北。

东汉南阳铁器制造业的发展,江汉地区的肥沃,为这支蛮人生产、生活与社会的发展提供了条件。

槃瓠蛮的发祥地是辰州。《后汉书·南蛮西南夷传》章怀注:

> 今辰州卢溪县西有武山,黄闵《武陵记》曰:山高可万仞,山半有槃瓠石室,可容数万人,中有石床,槃瓠行迹。

其后滋蔓,《后汉书》记有武陵蛮、长沙蛮、澧中蛮、零阳蛮、溇中蛮、充中蛮、五里蛮、六亭蛮等,都属于槃瓠蛮。

又《后汉书·南蛮西南夷传》章怀注引《荆州记》说道:"沅陵县居酉(溪)口,有上就、武阳二乡,唯此是槃瓠子孙,狗种也。二乡在武溪之北。"沅陵属于辰州,酉溪、武溪等五溪为槃瓠蛮发祥处,故槃瓠蛮人又有"溪人""溪子"之称。"溪"或写作"傒",但不能写作"奚",奚(库莫奚)是东北民族之一。

江南蛮人往往被说得很落后,其实,槃瓠蛮人的发祥地沅水下游,在汉时即已得到开发。《水经注》卷十六"沅水东过无阳县"条说到武陵的序溪,"最为沃壤,良田数百顷,特宜稻,修作无废"。《南齐书·刘悛传》又说到武陵郡南有"古江堤",此堤当为汉时所修。槃瓠蛮后来由沅水流域向湘水流域迁徙,于是而有长沙、零陵、桂阳等蛮。湘沅地区在东汉时,有大批汉人迁入。东西汉比较,武陵户由3.7万余增到4.6万余,口由8.5万余增到25万(3倍);长沙户由4.3万余,增到25.5万余(约6倍),

口由23.5万余,增到105万(4倍多)①。可见槃瓠蛮人早已与汉人杂处。这就不能不受到汉人经济、文化的影响。《后汉书·南蛮西南夷传》说到长沙、武陵蛮人"田作贾贩"。《宋书》卷九十七《蛮夷传·荆州蛮传》提到虏获蛮牛马,这一条蛮族人民在东汉,似已脱离火耕水耨,进入犁耕,与江北、江东一致。

槃瓠蛮在东汉时便是汉姓了。《后汉书》有武陵蛮"精夫"(渠帅)相单程,武陵蛮詹山,武陵澧中蛮陈从,溇中沨中蛮潭戎,溇中蛮覃儿健,零陵蛮羊孙、陈汤等。社会亦在进步。

(四)益州矿产、井盐、蜀锦等开发事业的蓬勃发展与农业的继进

1.采矿

如将《后汉书·郡国志五》与《汉书地理志》作比较,就会发现益州在东汉时期,矿产的开采,远比西汉普遍。

西汉在益州开采的矿藏,有汉中郡沔阳的铁矿,蜀郡临邛的铁矿,犍为郡武阳的铁矿,越嶲郡邛都的铜矿,益州郡俞元的铜矿,律高的锡、银、铅等矿,贲古的锡矿,羊山的锡矿,犍为属国朱提的银矿。东汉时期,这些矿产仍在开采,但都由私家进行。除此以外,开辟了许多新矿。计有:

汉中郡锡县的锡矿。

巴郡宕渠县的铁矿,涪陵的丹矿。

广汉郡葭萌县的金银矿②。

牂柯郡谈指的丹矿,夜郎的雄黄、雌黄。

越嶲郡台登的铁矿③,会无的铁矿。

益州郡滇池的铁矿,贲古的铜矿,双柏的银矿。

---

① 见《汉书·地理志》与《后汉书·郡国志四》。
② 章怀注引《华阳国志》:葭萌"有水通于汉川,有金银矿,民洗取之"。
③ 章怀注引《华阳国志》:"有孙水,一曰白沙江。山有砮,火烧成铁。"

永昌郡不韦的铁矿，博南南界的金矿①。

广汉属国刚氐道的金银矿②。蜀郡属国徙县的丹砂、雄雌黄、空青、青碧。

朱提与已废县堂狼的铜矿。此地出土的东汉铜洗极多，为益州铜产量最丰富的地区。

自牂牁郡以下至朱提堂狼，原本西南夷之地。这样多的矿产都在东汉开发出来了。而这种开发属于私家，与东汉罢盐铁之禁关系极为明显。

2. 煮盐

西汉武帝以前，有盐铁商。然而，像临邛卓氏，是以冶铁致富，煮盐反而无名。武帝于蜀郡临邛、犍为郡南安、益州郡连然设有盐官，煮盐之地，寥若晨星。《太平御览》卷八百五十六引《蜀王本纪》云："宣帝地节中，始穿盐井数十所。"应该说，这是益州煮盐业的一个发展。但益州煮盐事业的真正发展，要到东汉章和二年罢盐铁之禁以后。

左思《蜀都赋》"火井沉荧于幽泉，高焰飞煽于天垂"刘良注：

> 蜀郡有火井，在临邛县西南。火井，盐井也。欲出其火，先以家火投之，须臾许，隆隆如雷声，焰出通天，光辉十里。以筒盛之，接其光而无炭也。

又《蜀都赋》"家有盐泉之井，户有橘柚之园"刘良注：

> 蜀都临邛县，江阳汉安县，皆有盐井。巴西充国县有盐井数十。

据《太平御览》卷八百六十五引《博物志》，"家有盐泉之井"，火光烛天，"以盆贮水，煮之则盐"，是东汉罢盐铁之禁后出现的一个崭新现

---

① 章怀注引《华阳国志》："西山高三十里，越得兰沧水，有金沙，洗取融为金。有光珠穴。"

② 章怀注引《华阳国志》："涪水所出，有金银矿。"

象。据《博物志》，江阳、汉安在东汉属于犍为郡，充国在东汉属于巴郡，临邛在东汉属于蜀郡。临邛盐井是最有名的一口井，诸葛亮去看过。巴郡充国县盐井达数十口，并非特殊事例，就"家有盐泉之井"来看，各县民间盐井多矣！这是益州煮盐业的一个大发展。

除井盐外，还有煮咸石为盐的。《太平御览》卷八百六十五引《益州记》云：

> 汝山越嶲，煮盐法各异。汝山有咸石，先以水渍，既而煎之。越嶲先烧炭，以盐井水泼炭，刮取盐。

益州号称天府之国，与金属矿藏齐名的盐矿，是个必不可少的物产。

诚然，罢盐铁之禁，允许民间煮盐与冶铁，并非说官府此后不煮盐冶铁了。但比重大大缩小，远不能与民间煮、铸相比。

巫山县曾有巴官烧盐的牢盆发现，宋陆游在汉嘉郡也曾得到东汉烧盐的牢盆一个。见《隶续》卷三与卷十四。

3.织锦

左思《蜀都赋》写到织锦与织布。赋云：

> 阛阓之里，伎巧之家，百室离房，机杼相和。贝锦斐成，濯色江波。黄润比筒，籯金所过（黄金满籯）。

刘良注：

> 贝锦，锦文也。谯周《益州志》云：成都织锦既成，濯于江水，其文分明。胜于初成。他水濯之，不如江水也。黄润，谓筒中细布也。

从左思所言，可见东汉成都纺织业之盛。其中织锦业为新开辟的行业。汉末，据《太平御览》卷八百一十五引《诸葛亮集》，诸葛亮说过，

"今民贫国虚，决敌之资，唯仰锦耳"。可见汉末蜀锦成了益州最重要的产物，其地位超过盐铁。蜀锦曾经北销，《太平御览》卷八百一十五引《魏文帝诏》载，魏文帝有"前后每得蜀锦，殊不相比"之言，从此临淄锦、襄邑锦不能专美于中土。

自东汉起，长江流域蜀锦与吴丝的地位，其重要性逐渐超过北方丝织物产地临淄与襄邑。

4.农田水利

成都平原的水利事业，在先秦，因都江堰的建设，已极负盛名。东汉时期，益州农田水利，又有发展。《后汉书·郡国志五》蜀郡广都县章怀注引《益州记》云：

> 县有望川源，凿石二十里，引取郫江水灌广都田，云后汉所穿凿者。

凿石达20里，是一项相当艰巨的工程。此项工程，解决了广都田的用水问题，可谓蜀郡水利的扩展。

更可喜的是汉中平原赶上来了，不让成都平原专美于前。《三国志》卷八《张鲁传》记汉中功曹巴西阎圃云：

> 汉川之民，户出十万，财富土沃，四面险固。

汉末，五斗米道师君张鲁据汉中，"诸祭酒皆作义舍，如今之亭传。又置义米肉，悬于义舍，行路者量腹取足；若过多，鬼道辄病之"。如果不是"财富土沃"，义舍、义米肉何由设置？

汉中郡之所以能赶上来，有一个原因，是张鲁"雄据巴、汉垂三十年，汉末，力不能征"，对朝廷无赋役负担。同时，桓、灵时代的"虎狼政治"，也被挡在汉中之外。

综合言之，东汉时期，长江流域的经济开发事业之所以能够再度得到发展，主要原因在于政策的放松。光武帝恢复了汉初三十税一的制度，扭转了王莽的国有（王有）化政策，有一个好的开端。到章和二年，窦太后临朝，下达罢盐铁之禁的诏令，民间经营农、工、商业的积极性大为提高，长江流域经济的开发终于再度抬头。开发事业是整个国民的事业，政策极为重要。

(五)汉末虎狼之政与长江流域经济的大破坏

诸葛亮在《出师表》中说到他与刘备论汉政，"未尝不叹息痛恨于桓、灵也"。桓、灵二帝之时，"主荒政谬"，《后汉书》卷五十七《杜栾刘李刘谢列传》中记载，刘陶上书桓帝，指责他：

> 竟令虎豹窟于麑场，豺狼乳于春囿……又令牧守长吏，上下交竞，封豕长蛇，蚕食天下，货殖者为穷冤之魂，贫馁者作饥寒之鬼；高门获东观之辜，丰室罗妖叛之罪。死者悲于窀穸，生者戚于朝野。是愚臣所为咨嗟长怀叹息者也。

社会整个混乱了，此刘陶之所以咨嗟长怀叹息者也。
仲长统在《昌言·理乱篇》中写当时政治也说：

> 信任亲爱者，尽佞谄容说之人也；宠贵隆丰者，尽后妃姬妾之家也。使饿狼守庖厨，饥虎牧牢豚，遂至熬天下之脂膏，断生人之骨髓。怨毒无聊，祸乱并起，中国扰攘，四夷侵叛，土崩瓦解，一朝而去。

这是一种虎狼之政。这种政治与经济发展的方向是完全对立的，所起的作用也完全是破坏性的。而由于当时的国家仍是一个专制大一统的国家，这种破坏性遂遍及全国各地。

陈蕃曾说当时的汉朝有"三空之厄"。三空者,"田野空、朝廷空、仓库空"①是也。朝廷空指当道者都是"小人","贤臣"尽去。桓、灵时期三次"党锢之狱",有识之士,被扫除干净,汉朝随之灭亡。至于仓库空、田野空,只要看一看《后汉书》桓、灵二帝纪,便知是怎么回事了。

《桓帝纪》建和元年二月云:"荆、扬二州,人多饿死。"长江流域遭到了大灾难。

建和三年十一月甲申语云:"今京师厮舍,死者相枕,郡县阡陌,处处有之。"②郡县,自然包括长江流域的郡县。

元嘉元年二月云:"九江、庐江大疫。"继大饥之后,大疫又袭向了长江流域的人们。夏四月,"京师旱。任城、梁国饥,饥民相食"③。

永兴元年秋七月云:"郡国三十二蝗。河水溢。百姓饥穷,流冗道路,至有数十万户,冀州尤甚。"全国性的灾难降临了。永兴二年,桓帝在给司隶校尉部刺史的诏文中犹云:"蝗灾为害,水变仍至,五谷不登,人无宿储。"九月丁卯语犹云:"川灵涌水,蝗虫孳蔓,残我百谷,太阳亏光,饥馑荐臻。"④

延熹九年春正月己酉诏云:"比岁不登,人多饥穷,又有水旱疾疫之困。盗贼征发,南州尤甚。(章怀注:'谓长沙、桂阳、零陵等郡也,并属荆州。')"三月:"司隶、豫州饥死者什四五,至有灭户者。"⑤南、北人民又一次遭到了大灾难。

---

① [南朝宋]范晔撰,[唐]李贤等注:《后汉书》卷六十六《陈王列传》,中华书局,1973年,第2162页。

② [南朝宋]范晔撰,[唐]李贤等注:《后汉书》卷七《孝桓帝纪》,中华书局,1973年,第294页。

③ [南朝宋]范晔撰,[唐]李贤等注:《后汉书》卷七《孝桓帝纪》,中华书局,1973年,第297页。

④ [南朝宋]范晔撰,[唐]李贤等注:《后汉书》卷七《孝桓帝纪》,中华书局,1973年,第298—299页。

⑤ [南朝宋]范晔撰,[唐]李贤等注:《后汉书》卷七《孝桓帝纪》,中华书局,1973年,第317页。

《灵帝纪》建宁三年春正月云："河内人妇食夫，河南人夫食妇。"①这是在虎狼政治下产生的人间最悲惨的现象。

熹平六年夏四月云："大旱，七州蝗。鲜卑寇三边。（章怀注：'谓东、西与北边。'）"②天灾加边患一起来临。

此后疫情转趋严重。光和二年春，"大疫"③，五年二月，又"大疫"④。旱、蝗之后，继之以大疫，人还能活下去么？加之以战乱，迁延至献帝之初，正如曹操在《蒿里行》中所描写的：

> 白骨露于野，千里无鸡鸣。生民百遗一，念之断人肠。

兴废循环，是专制政治下，中国古代历史现象之一。长江流域，荆州灾难最深，次为扬州，再次为益州。这是桓、灵二帝时期的情形。

虎狼之政，迫得人们活不下去，于是爆发了以"黄天太平"为旗帜的黄巾起义。黄巾失败，继之而来的是军阀战争，灾难仍在发展中。以长江流域而论：

扬州：《后汉书·孝献帝纪》记载建安二年春，袁术自称天子（仲家），"是岁饥，江淮间民相食"。江淮之地，真可谓"白骨相撑拄"。

荆、扬：《三国志·郭嘉传》注引《傅子》载曹操与荀彧书云："追惜奉孝（郭嘉字），不能去心。……又人多畏病，南方有疫，常言'吾往南方，则不生还'。"又本传云："后太祖征荆州还。于巴丘遇疾疫，烧船，叹曰：'郭奉孝在，不使孤至此。'"又《武帝纪》建安十三年十二月云：

---

① ［南朝宋］范晔撰，［唐］李贤等注：《后汉书》卷八《孝灵帝纪》，中华书局，1973年，第331页。
② ［南朝宋］范晔撰，［唐］李贤等注：《后汉书》卷八《孝灵帝纪》，中华书局，1973年，第339页。
③ ［南朝宋］范晔撰，［唐］李贤等注：《后汉书》卷八《孝灵帝纪》，中华书局，1973年，第342页。
④ ［南朝宋］范晔撰，［唐］李贤等注：《后汉书》卷八《孝灵帝纪》，中华书局，1973年，第346页。

"公自江陵征备,至巴丘……公至赤壁,与备战,不利。于是大疫,吏士多死者,乃引军还。"由这三条记述,一可知汉末的大疾疫,延至建安未止;二可知南北相较,疫疾确以南州为尤甚。曹操想一举征服荆、扬,其奈疫疾何?南方疫疾之甚,对于生产力的主要因素之一——劳动力来说,是个大劫数,开发受挫,由此可知。

益州:《三国志·法正传》记载法正与刘璋笺云:"计益州所仰惟蜀,蜀亦破坏,三分亡二,吏民疲困,思为乱者十户而八。"由法正之言,可知素称天府之土的蜀中,在汉末,所受的破坏也很大。在虎狼之政下,哪有一块乐土?

《文献通考》卷十《户口考一》有云:

> ……是以兴平、建安之际,海内荒废,天子奔流,白骨盈野。故陕津之难,以箕撮指,安邑之东,后裳不全,遂有戎寇,雄雌未定,割剥庶民,三十余年。及魏武克平天下,文帝受禅,人众之损,万有一存。

人众之损,何以在汉末数十年间,多到一万人才有一人存在的吓人程度呢?原因追溯起来,厥在虎狼之政的形成,专制政治走进了死胡同。汉末接踵而来的一切灾难,均导源于此。

第五章 魏晋南北朝时期长江流域经济的迅速发展与几度猝然跌落

第一节 孙吴时期长江中下游与海外航运事业的重大发展

(一)造船业的突破性发展

吴国航运事业无论是内河还是海上都很发达,而航运与造船紧密相连,船舶不多或不大,不能大规模开展航运事业。这个问题,在古代,到孙吴时期,第一次得到了解决。

释元应《一切经音义》卷一《大方广佛华严经》第五十卷"船舶"云:

> 《埤苍》:舶,大船也。《通俗文》:吴船曰艑,晋船曰舶,长二十丈,载六七百人者是也。

这条记载很具体,吴国海舶或大船究竟有多长,能装多少人,都具体记述下来。这个记录可不可信呢?按《三国志》卷四十七《吴主传》嘉禾二年引《吴书》,曾述及句骊王宫"上马数百匹"与吴,吴使者谢宏因为船小,"载马八十匹而还"。船小而能载马八十匹,大船载六七百人,何问题之有?

"晋船"主要是指东晋的长江船只而言。晋舶承自吴舳。

在晋船上,有一个因未详察而造成的错误,被因袭下来。此即《晋书》卷四十二《王濬传》所记王濬在蜀"作大船连舫"的问题。传称王濬"乃作大船连舫,方百二十步,受二千余人。以木为城,起楼橹,开四出门,其上皆得驰马来往"。我们应当注意"连舫"2字,表明此所谓"大船",并非一条船只,而是众舫连锁而成。既然可以连,也就可以拆。王濬的目的在"以惧江神",到打吴国时,便拆开了。故陶濬自武昌还建邺,孙皓问水军消息,《三国志·吴书·三嗣主传》云,陶濬有"蜀船皆小,今得二万兵,乘大船战,自足击之"的话。治史者不察,以为蜀船皆小而每船能装"二千余人",则陶濬所谓吴国大船,便可装三四千人了。其实吴大船如《一切经音义》所言,只可"载六七百人"。读书不仔细,把大船后面的"连舫"2字放过,遂以为王濬真能做可容2000余人,上可驰马的特大船只了。试问,如果真是这样大的船只,何以能过长江三峡,又何以被陶濬称之为小船?假如吴国真有装三四千人的更大的船只,又见之于何书?

吴国造船地点有二:

一为武昌(今湖北鄂县)。《三国志》卷四十七《吴主传》黄武五年引《江表传》云:

> 权于武昌新装大船,名为长安,试泛之钓台溯。时风大盛,谷利令柂工取樊口。权曰:"当张头取罗州。"……

武昌是吴国造船业基地之一。赵咨所说"吴王浮江万艘"[①],多为武昌所造。

二为建安。《三嗣主传》凤凰三年记"临海太守奚熙与会稽太守郭诞书,非论国政。诞但白熙书,不白妖言,送付建安作船"。建安,即福州

---

① [晋]陈寿撰,陈乃乾校点:《三国志》卷四十七《吴主传》,中华书局,1964年,第1123页。

闽县。《元和郡县图志》卷二十九《江南道五》"福州"条云：闽县本汉冶县地，属会稽郡。后汉改为东侯官，吴改属建安郡，"于此立曲郍（典船）都尉，主谪徙之人作船于此"。此地所造多为海舶，是吴国造船业的又一基地。

吴国究竟造了多少船只？赵咨说吴国浮江船只有万艘，《三嗣主传》天纪四年注引《晋阳秋》记吴亡，王濬收其图籍，有"舟船五千余艘"。赵咨所谓万艘，不为虚矣。

(二) 联系秦淮河与江南运河、太湖通达吴、会的新航道破岗渎的开辟

《三国志·吴主传》赤乌八年八月，记孙权"遣校尉陈勋将屯田及作士三万人凿句容中道，自小其至云阳西城，通会市，作邸阁"。此即开凿破岗渎。《建康实录》卷二《吴中》对此记述较详，移录如下：

> 八月，大赦，使校尉陈勋作屯田，发屯兵三万凿句容中道，至云阳西城以通吴会船舰，号破岗渎，上下一十四埭，通会市，作邸阁。仍于方山南截淮（秦淮）立埭，号曰方山埭。今在县东南七十里。[按：其渎在句容东南二十五里，上七埭入延陵界，下七埭入江宁界。初，东郡船不得行京（京口）行江也。晋、宋、齐因之。梁太子（此指萧纲）祠，改为破墩渎，遂废之，而开上容渎，在句容县东南五里。顶上分流，一源东南三十里，六埭入延陵界；一源西南流，二十六里，五埭注句容界。上容渎西流入江宁秦淮。后至陈高祖即位，又埋上容，而更修破岗，至隋平陈，乃诏并废此渎。]

这段话将破岗渎走向、开凿兴废经过，讲得极为详尽。句容，今江苏句容县；云阳，今江苏丹阳，城傍江南运河。自云阳沿江南运河北至今镇江（京口），东南至今常州（毗陵）、无锡（无锡）、苏州（吴郡吴县）、嘉兴（嘉兴）、杭州（钱塘）。延陵在句容与云阳之间。秦淮河二源，其一发

源于句容，经湖熟至江宁，与来自溧水的另一源会于方山南，合流至建康，入于长江。在孙吴以前，秦淮河与江南运河原是不相通的，要去吴郡、会稽，如走水路，必须浮长江至镇江，然后再由镇江南循江南运河到吴、会。浮船长江风险大。孙吴建都于建业（建康），想把秦淮河与江南运河沟通起来，因而有破岗渎的开凿。破岗，顾名思义是岗多，开渎必须破岗立埭。破岗渎上下一十四埭，上七埭入延陵界，自延陵至云阳由于地势较平，故无破岗立埭之举。下七埭入江宁界。秦淮河至江宁方山南，水势较大。孙吴于方山南截秦淮河立方山埭，借此埭将破岗渎与秦淮河衔接。自建康至吴、会，船只遂可不再取道长江，而可直接乘船经秦淮河、破岗渎，至云阳入江南运河，扬帆吴郡与会稽了。

这条水路维持到梁朝，因避萧纲讳，改名破墩渎。后梁朝又另开了一条水路，叫上容渎。此渎自句容县东南五里地势较高处开凿，"顶上分流"，一向东南，十六埭入延陵界，再至云阳；一向西南，五埭入句容界；一向西流，入江宁秦淮，破岗渎由此而废。但梁朝开凿的上容渎，并不比孙吴开凿的破岗渎便利。因此，到梁亡陈兴，陈高祖又埋上容渎而更修破岗渎。

隋朝平陈，据《隋书》卷三十一《地理下》"丹阳郡"条记载：

> 自东晋已后置郡曰扬州。平陈，诏并平荡耕垦，更于石头城置蒋州。

根据这条记载，我们便可明白《建康实录》的话："至隋平陈，乃诏并废此渎（破岗渎）。"即不仅下令平荡建康城进行耕垦，而且下令填塞破岗渎水路。我们始终不要忘记，隋朝的统一是专制统一。这种统一，首先考虑的是政治利益、专制利益。似乎不平掉建康城，不塞掉破岗渎，就有一个凌驾隋代长安的江南大都会存在，就对隋朝的专制一统不利。破岗渎这条不仅便利了六朝官吏而且便利了六朝商贾、老百姓往来建康与吴会的水上通路，便由此在历史上消失。可是，它毕竟在六朝史上起过促进经济发展的作用，功不可没。

(三)水路运输与城市商业的盛况,海上交通的开发

吴国水路既有长江，又有联结秦淮与江南运河的破岗渎。因为造船事业的发展，这两条水路在孙吴时，得到了充分的利用。《抱朴子·外篇·吴失》说到吴国"商贩千艘"，如按吴亡共有"舟船五千余艘"计，商贩千艘，完全可信。《三国志》卷四十八《孙休传》记孙休欲广开田业，指责孙吴州郡吏、民及诸营兵，"皆浮船长江，贾作上下"，致使"良田渐废"。孙休当然不懂得工商业与农业的相成关系，从他的指责可知孙吴的官吏、营兵、百姓，几无不在浮船长江，经营商业。

商船无国界。《三国志·吕蒙传》记吕蒙夺取蜀国的荆州州治与南郡郡治江陵，"尽伏其精兵舳舻中，使白衣摇橹，作商贾人服，昼夜兼行"。收缚关羽在江边所置屯候，直抵江陵城下。

孙吴开凿破岗渎，在长江之外，于是出现了一联络建业都城与吴郡、会稽郡的水路。大水曰渎，这条水渎开凿的目的是"通会市"，沿渎各埭都造了邸阁贮放物品。此渎开成之后，建业变成了一个联络长江水运与吴、会水运的中心城市。这样的城市必将发展成为一个大都会。

左思《吴都赋》据《六臣注文选》注，吴都既是写苏州，又是写建业。"通门二八，水道陆衢"，是写苏州；"列寺七里"，"横塘查下"，"长干延属"，又是写建业。赋中语及吴都工商之盛，有云：

> 水浮陆行，方舟结驷，唱棹转毂，昧旦永日。开市朝而普纳，横阛阓而流溢。混品物而同廛，并都鄙而为一。（李周翰注："阛阓，市门也。言早朝开市，普纳杂货，如川之流盈溢于市廛也。廛市中空地，混同品物于此也。并都鄙而为一者，言都中及边鄙之人皆通货物而来，并在此一所。"）士女仨胎（立视），工贾骈坒（坒：相连），纻衣缔服，杂沓溰萃（溰：上；萃：集）。轻舆按辔以经隧（市中道），楼船举帆而过肆（就建康而言，秦淮水南水北均有市肆，楼船自可举

帆而过。苏州水城,更无论矣)。

左思描绘的是一个新兴的非常热闹的商业城市。这个城市就是建康。历经东晋、宋、齐、梁、陈,这个城市更有发展。而隋朝在南北复归一统之后,却把这个城市平荡掉了,良可叹惜。

造船、交通运输与商业的发展,给海上交通事业的开发与拓展,带来了曙光。

孙吴的海舶向北过辽东与朝鲜(句骊),向东过台湾(夷洲),向南过扶南(南越),我国沿海一线自黄海、东海到南海海岸,无不有东吴船只的桨声与帆影。

《南史》卷七十八《夷貊传上·海南诸国序》记"吴孙权时,遣宣化从事朱应、中郎康泰"通海南,"其所经过及传闻则有百数十国,因立记传"。《扶南国传》记康泰、朱应到达寻国,见其"国人犹裸,唯妇人著贯头",因谓"国中实佳,但人亵露可怪耳"。寻国从此命"令国内男子着横幅"。横幅,今干漫。"大家乃裁锦为之,贫者以布"。康泰、朱应所立记传,在《隋书·经籍志二》地理记中,仍可见到有朱应所撰《扶南异物志》一卷。

康泰、朱应是走陆路还是走海路?按《南史》记海南诸国,"大抵在交州南及西南大海洲上,相去或四五千里,远者二三万里"。南朝时期,诸国"航海往往至"中国。朱应所记扶南,在"日南郡之南,海西大湾中,去日南可七千里。在林邑西南三千余里。城去海五百里,有大江广十里,从西流东入海"。《南史》根据朱、康二人记传,还写了顿逊国,"在海崎上,地方千里。城去海十里"。这样一些国家,不乘海舶,何由到达?更何况孙吴造船业的发展,为航海创造了条件。

据《南史·夷貊传上·中天竺国传》记载,孙权黄武五年(226年)"有大秦贾人字秦论来到交阯"。交阯太守吴邈派人送他到武昌(鄂县)见孙权,孙权"问论方土风俗,论具以事对"。其时,诸葛恪"讨丹阳,获黟、歙短人"。秦论见到短人,觉得奇怪,讶道:"大秦希见此人。"孙权

"以男女各十人，差吏会稽刘咸送论"回大秦。刘咸于道物故，秦论迳还本国。东汉桓帝延熹九年大秦王安敦遣使自日南徼外来中国，是一通，秦论来中国是二通，所不同时，秦论是商人，以私人身份前来，意义较之于第一次要大。

《三国志·吴主传》记载，孙权于黄龙元年（229年）春正月，在武昌称帝。秋九月，迁都建业。二年，他派出将军卫温、诸葛直将甲士万人"浮海求夷洲及亶洲"。亶洲在海中，长老传言秦始皇派方士徐福带童男童女数千人入海，求蓬莱神山及仙药，止此洲不还。其上人民"时有至会稽货布"者，会稽东县人海行，也有"遭风流移至亶洲"的。人们认为此亶洲即流求。卫温、诸葛直访亶洲而不可得，只到夷洲，"得夷洲数千人还"。这是见于记载的大陆人第一次到夷洲——台湾。卫与诸葛二将军将台湾数千人掳至大陆，极不光彩。次年，此二人"以违诏无功，下狱诛"。功指什么，因史无明文，不敢妄拟。

嘉禾元年（232年）三月，孙权又派将军周贺、校尉裴潜"乘海之辽东"。虽然受到曹魏的阻挠，毕竟使魏辽东太守公孙渊向吴称臣。次年三月，孙权派太常张弥、执金吾许晏、将军贺达等将兵万人及金宝珍货，再次"乘海"到辽东，赏赐公孙渊甚厚。可是这次未成功，张弥等人为公孙渊所杀，兵资被没收。从人秦旦、黄强逃到句骊，句骊王宫送他们还建业。间一年，孙权又派使者谢宏、中书陈恂到句骊，拜宫为单于，加赐衣物珍宝。宫回报马数百匹，谢宏因为船小，载马80匹而还。

孙权与蜀联和，对魏限江自保，而于海外，进行开拓。几年间，连续派人访求海南诸国、夷洲、亶洲，并与辽东、句骊打通关系，撇开他的政治目的不谈，在开发沿海交通上，在打开与南海各国、朝鲜的关系上，在与海外未来贸易上，均将产生影响。反过来，这也是我国造船工业与交通航运事业，于三国分立期间，于位处长江中下游的国家孙吴，得到划时代发展的有力证明。

孙吴在内河航运与航海上之所以如此积极，是因为在孙吴，自东汉晚期以来，产生了一个阶级——江东大族。

邓艾曾说江东大族"阻兵仗势,足以建命"①。这个阶级的产生,前文已经论及。汉末大乱,这个阶级支持孙氏兄弟孙策与孙权,在江东建立起吴国。孙吴依仗朱、张、顾、陆等强宗大族,立脚江东,如从建安元年算起,达85年之久(196—280年);如从孙权黄武元年算起,亦达58年(222—280年)。吴末,这个阶级发展到了什么程度呢?葛洪在《抱朴子·外篇·吴失》说:

出饰翟黄之卫从,入游玉根之藻棁。僮仆成军,闭门为市。牛羊掩原隰,田池布千里……而金玉满堂,妓妾溢房,商贩千艘,腐谷万庾,园圃拟上林,馆第僭太极,梁肉余于犬马、积珍陷于帑藏。

"僮仆成军",并非虚言。孙吴有复客制,世袭领兵制。大族佃客部曲一律免税,且可世代承袭(详见下节)。像朱桓,"部曲万口,妻子尽识之"②。这样的大族岂非僮仆成军?而这样的大族,又非止一姓一族。

"商贩千艘",也非虚言。皇帝如孙休要求大家重农务农,谁听他的呢?没有一个强宗大族会将自己的经营局限于农业上。皇帝重的是政治利益,生怕专制政治动摇,因而重农抑商;大族重的是本身的经济利益,生怕政治干预,经商唯恐后人,因而抵制朝廷对私营工商业的抑制政策。自东汉驰盐铁之禁,大族人物无论是做官的或是百姓,作为私家,总是兼营工商业。甚至将经营重点放到工商业上。吴国"吏民"浮船长江、破岗渎与江南运河,以至远航海外,而所谓吏民,大都为大族人物,船只为大族所有。

像这样一种强宗大族,对社会发展是有利呢还是有害?毫无疑问是有利的。经营非私家,即官府。孙吴并非不想将经济事业夺过来由官府经

---

① [晋]陈寿撰,陈乃乾校点:《三国志》卷二十八《邓艾传》,中华书局,1964年,第777页。
② [晋]陈寿撰,陈乃乾校点:《三国志》卷五十六《朱桓传》,中华书局,1964年,第1315页。

营,吕壹与暨艳便做过,但他们都失败了。经济事业一旦属之官府,政治进入经济,在古代即连汉武帝也办不好,何况孙吴!最终还是不得不弛盐铁之禁,允许私家经营工商业。在"五胡乱华"时期,依靠江东大族的支持,东晋得以在建康立定脚跟,长江流域的开发得以持续并获得极大的发展,又岂是《吴失》篇的作者葛洪所能想到?!

第二节 长江中下游魏、吴控制区农业的振兴与发展

(一)江东农业的持续发展

汉末的虎狼之政与战争,导致了大饥荒与大疫疠,人众之损万有一存。可那时候的专制尚不足以控制全国各地。中原灾难深重,江东却是一块"福地",所受的损害,程度较之于中原,也可说是万有一比。因此,农业仍旧保持东汉以来向上发展的势头。

江东经济的发展,与汉末以来形成的顾、陆、朱、张、虞、魏、孔、贺等吴郡与会稽大姓的发展并时并进。孙吴既依仗大姓的支持建立于江东,政策也就必然会以大姓的利益为依归。大姓不愿带着部曲到战场上去送死,所以,孙吴对曹魏采取了"限江自保"政策(限江自保是诸葛亮对吴的评论),大姓要求发展经济实力,所以,孙吴对大姓"施德缓刑"[1],既实行复客制,又实行世袭领兵制。

"客"即强宗大族的"客户"或佃客,"复"为免除他们的一切负担,实际为免除大族的负担。孙权曾著令:"故将军周瑜、程普,其有人客,皆不得问。"[2]孙吴还曾用复客来赏赐文武官吏,例如吕蒙之子吕霸袭爵为吕蒙守冢,孙权"与守冢(复客)三百家,复田五十顷"[3]。潘璋之妻住

---

[1] 陆逊语。

[2] [晋]陈寿撰,陈乃乾校点:《三国志》卷五十四《周瑜传》,中华书局,1964年,第1264页。

[3] [晋]陈寿撰,陈乃乾校点:《三国志》卷五十四《吕蒙传》,中华书局,1964年,第1280页。

在建业,孙权赏给她"田宅,复客五十家"①。江东复客是从哪里来的呢?除了穷乏、贫窭作为"农人"广泛存在于江东田庄中的名宗大族的宗人或族人以外,还有三种人。《陈表传》记述孙权曾经答应给陈表"复人"200家,要他从会稽新安县所获的山越(越民之居住于山间者)人户中拿取,这是一种。孙权"以芜湖民二百户,田二百顷,给(蒋)钦妻子"②,陈表要求"料正户羸民以补"③复人,这又是一种。称为"正户",即郡县中的自由农户。此外,屯田户也拿来送人,如《吕蒙传》所载:"别赐寻阳屯田六百人。"④

孙吴的复客制,开西晋荫亲属制佃客皆无课役的先声。

客即佃客、徒附,地位近人谓之近似农奴。这且不论,名宗大族佃客的急速增加与无课役,对江东田庄制度的发展无疑起着极大的作用。葛洪说孙吴大族"田池布千里","腐谷万庾",如果我们不是持葛洪的否定态度,而是放到江东经济的发展史中去考察,就会发现,江东经济的进展,与兴起于汉末、发展于孙吴名宗大族的经营,关系至为密切。

葛洪所说的"田池布千里"是泛泛而言。我们要注意孙吴时期江东经济的发展仍限于名宗大族顾、陆、朱、张所在的吴郡和虞、魏、孔、贺所在的会稽郡。孙吴都城建业所在的丹阳郡经济尚在起步中。至于毗陵郡(今镇江市一带)则尚未开发出来。赤乌年间,孙权曾令诸郡"出部伍,新都都尉陈表、吴郡都尉顾承,各率所领人会佃毗陵,男女各数万口"⑤。此为兵屯。毗陵屯田携带家属,所以有男有女。但屯田兵户(部曲户)是

---

① [晋]陈寿撰,陈乃乾校点:《三国志》卷五十五《潘璋传》,中华书局,1964年,第1300页。

② [晋]陈寿撰,陈乃乾校点:《三国志》卷五十五《蒋钦传》,中华书局,1964年,第1287页。

③ [晋]陈寿撰,陈乃乾校点:《三国志》卷五十五《陈表传》,中华书局,1964年,第1290页。

④ [晋]陈寿撰,陈乃乾校点:《三国志》卷五十四《吕蒙传》,中华书局,1964年,第1276页。

⑤ [晋]陈寿撰,陈乃乾校点:《三国志》卷五十二《诸葛瑾传》,中华书局,1964年,第1236页。

私有,而非国有。这与孙吴实行的另一项制度——世袭领兵制有关。周瑜之子周胤以罪徙庐陵郡,诸葛瑾、步骘联名上书请"还兵复爵"①。鲁肃死后,子鲁淑嗣。鲁淑死,子鲁睦又"袭爵,领兵"②,这就是世袭领兵制。孙吴此制是在"吴名宗大族,皆有部曲"③的基础上产生的。孙吴靠他们率领部曲打仗,并进一步将大族将领的世袭领兵权,扩大到了所有的将领中,从而形成世袭领兵制度。在这种制度下,孙吴所有屯田都是私家率领自己的部曲去屯国有的土地。这是矛盾的。这种屯田,短时期可以维持,时间一长,便进行不下去。部曲由佃客充当,私家宁愿用部曲去经营农业与工商业,不愿去屯垦不属于自己的土地。毗陵在孙吴时,虽然经过会佃,但东晋时,《元和郡县图志》卷二十五《江南道一》载仍然是"地广人稀,且少陂渠,田多恶秽"。

说到这里,我们可以下结论:江东的吴、越或吴、会,即吴郡与会稽,经过春秋时期吴、越二国,汉初吴国,三国吴国的经营,到孙吴时,可以说是真正开发出来了。江东以至江南其他地区的开发,须待东晋与南朝之时。左思《吴都赋》所云"国税再熟之稻,乡贡八蚕之绵",是吴、会在孙吴时最后得到开发的表征。

吴、会的开发非单纯农业的开发,越国计然的重商主义,汉初吴国的开发海盐与丹阳铜矿,并与富商大贾交通,孙吴大族浮船长江,贾作上下;都可说明这一问题。农业的发展,有待于工商业的振兴,是自古而然。

(二)江淮农业的复振

江淮地区,在汉末虎狼政治下,在袁术的统治下,破败不堪。建安二

---

① [晋]陈寿撰,陈乃乾校点:《三国志》卷五十四《周瑜传》,中华书局,1964年,第1266页。

② [晋]陈寿撰,陈乃乾校点:《三国志》卷五十四《鲁肃传》,中华书局,1964年,第1273页。

③ [晋]陈寿撰,陈乃乾校点:《三国志》卷二十八《邓艾传》,中华书局,1964年,第777页。

年春袁术在淮南自称冲家（一作仲家）。秋九月，据《后汉书·孝献皇帝纪》载，江淮间居然发生了"民相食"的惨象。

曹操取得淮南之后，在淮南大兴民屯。始则以仓慈为绥集都尉，募民屯田于淮南。《晋书·慕容皝载记》载，按照规定，"持官牛田者官得六分，百姓得四分；私牛而官田者，与官中分"。那时，淮南百姓还有什么私牛、能持官牛，耕官田，而获得四成收获物，就算不错了。建安五年，曹操以刘馥为扬州刺史。在合肥建立州治。合肥是个"空城"，刘馥到合肥不是忙着去修官署，而是在安集了起而为盗的庐江雷绪、梅干等人后，在流民万余陆续来归后，"聚诸生，立学校，广屯田，兴治芍陂及茄陂、七门、吴塘诸堨，以溉稻田"，使得"官民有畜"[①]。刘馥把"聚诸生，立学校"，放到第一位，见识的卓越，远非同时代以及后世官吏所能比拟。"广屯田"三字表明由仓慈开始的民屯事业，在淮南得到了推广。芍陂自春秋时代芍敖（孙叔敖）开凿以来，历经二废二兴。一废自春秋到东汉，王景任淮南太守，始重兴修复。二废自东汉到汉末献帝初年，刘馥任扬州刺史，又重兴修复。"中华自古帝王州"，兴废循环，是中国这块帝王州历史特点之一。兴的时间短，废的时间长，可为慨叹。城市又何尝不是这样，长安、洛阳不谈，如建业，孙吴时兴起来了，隋统一，又废为耕地。

芍陂在今寿县南，瓦埠湖西，淝水、沘水、泄水由南注入。茄陂在安丰决水（史水）之上，决水北流经今金寨、固始注入淮河。七门堨在杭埠河上，此河经今舒城，东注巢湖。吴塘陂在皖县皖江之上。此江发源于天柱山，有二源，会合后，经今安庆市，注入长江。

明白了芍陂、茄陂、七门、吴塘的所在地，我们就可明白《刘馥传》说的"广屯田"的"广"字，范围究竟有多大。似乎可以这样说：淮河自寿春以南，巢湖以西，决水（史水）以东，长江自皖县以北，包括芍陂、巢湖、沘河、史河、杭河、皖江流域，可开垦之处，均在屯田的范围内。《刘馥传》记"流民越江山而归者以万数"，看来不止此数。民屯由此展

---

① [晋]陈寿撰，陈乃乾校点：《三国志》卷十五《刘馥传》，中华书局，1964年，第463页。

第五章　魏晋南北朝时期长江流域经济的迅速发展与几度猝然跌落

开，江淮大地又有了人烟、庄稼。

刘馥在合肥九年（建安五年至十三年），江淮之间，经过他的治理，是苏醒过来了。汉末建安中，庐江曾产生一位向往自由（"举动自专由"），反抗压迫的才女刘兰芝。此女"十三能织素，十四学裁衣，十五弹箜篌，十六诵诗书"。虽然这是文学家的笔调，但江淮如果还在"人食人"，如果没有建安五年至十三年九年时间的刘馥的"聚诸生，立学校，广屯田，兴治芍陂及茹陂、七门、吴塘诸堨，以溉稻田，官民有畜"，庐江绝对产生不了刘兰芝与《孔雀东南飞》这首民间的长诗。而由《孔雀东南飞》所记刘兰芝的成长，亦可反证或反映出江淮大地获得了更生。曹魏的庐江郡为皖江所经，郡治即吴塘陂所在地的皖县。此地后入孙吴，曹魏移庐江郡治于今六安。

陈寿作《三国志》在西晋时，他在《刘馥传》中写道："及陂塘之利，至今为用。"即到西晋，芍陂等诸堨仍在为人们所用。这次重修，总算维持了百年之久。

建安七年，曹操于睢阳修治睢阳渠。这是为了疏通睢水的水运。睢水自浚仪流经睢阳、相县、睢陵，至下相与泗水会合，流注淮河。穿过淮北大地与淮南沟通的鸿沟系统，春秋时代即已出现。后来淤塞了。这是又一次沟通。春秋时为导汳水东流经彭城、下邳与泗水汇合入淮。汳水在睢水之北。曹操修治睢阳渠，非依春秋原道。

魏末，邓艾行视陈、项以东，至寿春之地，《晋书》卷二十六《食货志》云，"以为田良水少，不足以尽地利，宜开河渠"，既可以大积军粮，又可以通运漕之道。他向司马懿提出具体建议：省掉许昌左右民屯，将这支民屯队伍顺水路即顺睢水与颍水东下，移往淮北与淮南，变为军屯。《晋书》卷二十六《食货志》云："令淮北二万人，淮南三万人分休，且佃且守。"蒗荡渠自浚仪经陈郡陈县至项县与颍水汇合，陈、项一段，河渠流通不畅，陈县之地可开广淮阳渠；项县之地，可开广百尺渠，这样就可再经颍水，于寿春之西入淮河以通漕运。司马懿接受了邓艾的建议，他以执政者的身份，于淮河以南，《晋书》卷二十六《食货志》云，"自钟离

（凤阳）而南横石以西，尽沘水（淠水）四百余里，五里置一营，营六十人，且佃且守。兼修广淮阳、百尺二渠，上引河流，下通淮、颍，大治诸陂于颍南、颍北，穿渠三百余里，溉田二万顷，淮南、淮北皆相连接"。颍水在睢水之南，此又非顺曹操所治睢阳渠故道修凿。

魏末，在淮河以南，横石以西，沘水以东400余里地区，五里置一营，大规模进行兵屯，对淮南广大地区的开发，意义重大。此地为魏吴战场，由于曹魏采取且佃且守之策，幸未重荒。包含在且佃且守范围的芍陂，也幸未重废。

（三）三国分立时期的荆州

荆州在三国时期，是魏、蜀、吴三分天下的缩影。曹魏占了荆州北部，以重兵镇守襄阳；孙吴占了荆州东部，以重兵镇守夏口；刘蜀占了荆州西部，以重兵镇守江陵。这三方无论哪一方先动，都将为第三方所乘。建安末，关羽自江陵北征襄、樊，镇守襄、樊的曹仁为魏名将，关羽不仅未将襄、樊打下来，而且江陵为吴将吕蒙袭取。关羽败死。接着而来的夷陵之战，刘备10万大军溃于一旦。从此，荆州变成了魏、吴两分之局。关羽北进是个失策，责在刘备。吴国夺取江陵，看来也是一个失策。江陵对于立国于江东的吴国，未免鞭长莫及。一旦为魏国所夺，东吴本身也就难保。何况，吴蜀开战，吴国削弱了蜀国，为魏国灭掉蜀国创造了条件。而蜀国一旦灭亡，江陵一旦易手，金陵王气不收何待？

汉末，北方打得不可开交，而"荆州独全"[①]。然而，却免不了疫疾的袭击。较好的地方是江北的汉（沔）水流域尤其是沔南一带。沔南有"粗（柤）中"，《襄阳耆旧记校补》卷四《城邑》对此地说得较为详细。其言云：

> 吴时，朱然、诸葛瑾、万彧，从柤中寻山险道，北出柤中。柤，

---

① ［晋］陈寿撰，陈乃乾校点：《三国志》卷六《刘表传》，中华书局，1964年，第214页。

音如租税之租。柤中,在上黄西界,去襄阳一百五十里。魏时,夷王梅敷兄弟三人部曲万余家屯此。分布在中卢、宜城西山,鄢、沔二谷中。土地平敞,宜桑麻,有水陆良田。沔南之膏腴沃壤,谓之柤中。

前章说到《后汉书》中的沔中蛮,即廪君蛮。柤中地处沔南,魏时出现的夷王梅敷兄弟及其部曲万余家,必为廪君蛮人无疑。柤中号称沔南之膏腴沃壤,但要有人去开辟。夷王梅敷兄弟与他们拥有的部曲,即这块膏腴沃壤的开辟者。部曲也就是梅氏兄弟的佃客,一身二用而已。梅氏兄弟拥有佃客如此之多,已经是如同江东大族一样的强宗了。社会发展赶上了汉族。

对于柤中这样一块沃土,孙吴何尝不欲得到。然而孙吴对魏的政策是"限江自保",北进"不过时于疆场之间,设诈用奇,以诱敌人之来而陷之耳",并未有"争天下之心"①。朱然等进兵柤中,取得一些小胜,但始终未将柤中打下来。因为朱然等也不想把他们的世袭部曲,葬送在对魏作战的战场中。何况梅敷兄弟部曲万余家,也不是好对付的。

魏末晋初,羊祜、杜预先后出镇荆州。《晋书》卷三十四《羊祜传》载,羊祜"开设庠序,绥怀远近,甚得江汉之心。与吴人开布大信,降者欲去皆听之"。羊祜与吴荆州刺史陆抗相对,"使命交通,抗称祜之德量"。羊祜死于任上,死时荐杜预自代。"襄阳百姓于岘山祜平生游憩之所建碑立庙,岁时飨祭焉"。"望其碑者莫不流涕,杜预因名为堕泪碑"。堕泪碑的故事说明了什么? 说明了在羊祜任内,虽然江汉间仍旧战云密布,但百姓却过着和平生活,安居乐业。当然单是羊祜有此心而吴方要动干戈,当地人民想要安居也办不到,好在吴方陆抗为羊祜一流的人物。荆州在这二人治下,生产与生活总算未倒退。

接着杜预出为镇南大将军、都督荆州诸军事。杜预袭破吴西陵督张政,进克江陵。"于是沅湘以南至于交广,吴之州郡皆望风归命",这为

---

① 胡三省语,见《资治通鉴》卷七十二《魏纪四》。

"王濬楼船下益州"扫清了道路。

孙皓既平,杜预还镇。《晋书·杜预传》记述了以下一段话:

> 又修邵信臣遗迹,激用滍、淯诸水,以浸原田万余顷。分疆刊石,使有定分,公私同利。众庶赖之,号曰"杜父"。旧水道唯沔汉达江陵千数百里,北无通路。又巴丘湖,沅湘之会,表里山川,实为险固,荆蛮之所恃也。预乃开杨(扬)口,起夏水达巴陵千余里,内泻长江之险,外通零、桂之漕。南土歌之曰:"后世无叛由杜翁,孰识智名与勇功。"

君主专制时代,以官为治。有幸遇到较好的官吏,为民兴利,地方便多少有起色。召信臣为西汉末年的南阳太守,以"开通沟渎",以广灌溉,作均水约束,以防纷争,被吏民称为"召父"。农民的要求不高,能为他们做点好事,他们便感激你。专制主义者害怕的是卓王孙那样的工商业者。滍水流经昆阳,与汝水汇合。淯水南流,经南阳、新野,于襄樊注入汉水。杜预修召信臣的遗迹,激用滍、淯诸水,灌溉原田万余顷,分疆刊石,使有定分,事在召信臣三百年后。召信臣灌田"多至三万顷",杜预灌田只有"万余顷",实在值不得称道。农业发展的艰难于此可见。但杜预总算为当地人做了些好事,百姓忘不了他,也称他做"杜父"。一说"杜母"。

扬口在沔水南岸,竟陵城东。从扬口起夏水至巴陵(岳阳市),"内泻长江之险,外通零、桂之漕",表明既是为分洪水,又是为通漕运。今荆江分洪工程,实始于杜预。这件事比之于修召信臣遗迹,要重要得多。

第三节 诸葛亮的治实精神与益州经济的重振

前章第六节引法正致刘璋笺说道,汉末天府之土的益州,最好的蜀郡,也破坏了三分之二。吏民疲困,想起而为乱的,十户竟有八户之多。

第五章　魏晋南北朝时期长江流域经济的迅速发展与几度猝然跌落

诸葛亮在隆中便主张占有益州后，立即进行"内修政理"。而刘备却在取得益州称王称帝后，一意孤行，继续用兵。始则命费诗拜关羽为前将军，出兵攻取在曹操手上的襄阳与樊城，岂料吴将吕蒙乘其后，关羽兵败身死；继则自行率兵十万征吴，夷陵一战，尽丧其师。刘备采取的这两次军事行动，在《三国志》及其他史料中，找不到一句诸葛亮支持的话。因为这与诸葛亮的内修政理方针相冲突。白帝托孤，刘备所说"若嗣子可辅，辅之；如其不才，君可自取"，明显地表露出他与诸葛亮之间，并非完全和谐一致。这之后，益州在诸葛亮治下，才走上了内修政理之路。遗憾的是，荆州易手，已不能包含在内修政理范围之内。

《三国志·诸葛亮传》注引《袁子》，说到诸葛亮"治实不治名"。这句话概括了诸葛亮一生活动中最根本的东西。可惜千百年来，很少有人注意到。

诸葛亮非常重视"多见多闻"，以为"多见为智，多闻为神"。为了求得对事物有一个比较正确的认识，《诸葛亮集·文集》卷三《便宜十六策·视听》云，他要求做到"万物当其目，众音佐其耳"。他反对只知其一，不知其二。他曾感到法正的思想有片面性，在《致法正书》中，指出法正"知其一，未知其二"[①]。《诸葛亮集·文集》卷三《便宜十六策·思虑》载，他认为"仰高者不可忽其下，瞻前者不可忽其败"，《诸葛亮集·文集》卷三《便宜十六策·视听》云，"视微之几，听细之大"，高下、前后、隐显、大小两方面是有关联的，都要留意，决不可只顾一方面，决不可以为细微的东西轻易忽略过去。他还认识到事物的两个方面并不相等，有缓急、先后之分。在《便宜十六策·治乱》中，他说到要使政治由乱到治，应当

先理纲，后理纪；先理令，后理罚；先理近，后理远；先理内，后理外（此所以诸葛亮不赞同关羽打襄樊、刘备征吴也）；先理本，

---

① [晋]陈寿撰，陈乃乾校点：《三国志》卷三十五《诸葛亮传》，中华书局，1964年，第917页。

后理末；先理强，后理弱；先理大，后理小；先理身，后理人。是以理纲则纪张，理令则罚行，理近则远安，理内则外端，理本则末通，理强则弱伸，理大则小行，理上则下正，理身则人敬。此乃理乱之道也。

这是诸葛亮为蜀国制定的一整套由乱到治的方针，重要的是"先理强，后理弱"。诸葛亮说到刘焉、刘璋爷子宽容三蜀豪强，"德政不举，威刑不肃"，使"蜀土人士专权自恣"①。事情办不好，原因在这里。要革除益州弊政，稳定益州局面，就须"先理强，后理弱"。理强，即打击蜀土人士的专权自恣；理弱，即扶植自由农，发展生产。之所以要先理强，后理弱，是因为强民专权自恣的问题不解决，弱民的安宁、生产问题也就无法解决。这条方针是"治实"在内政修理上的集中表现。诸葛亮说法正的思想有片面性，就在法正虽然赞成扶弱，但不理解先理强的重要性。

理强有两个方面，一是对专权自恣的强人采取"威之以法""限之以爵"②的政策，二是制定用人标准，起用有"才策功干""忧公如家"之士。

《伊籍传》说伊籍曾"与诸葛亮、法正、刘巴、李严共造蜀科"，现在蜀科看不到了，但可想见有它本身的特点。从实际情况来看，《张裔传》记载张裔常称道诸葛亮"赏不遗远，罚不阿近，爵不可以无功取，刑不可以贵势免，此贤愚之所以佥忘其身者也"。陈寿在《诸葛亮传》中写的评语又说："犯法怠慢者虽亲必罚，服罪输情者虽重必释……刑政虽峻而无怨者，以其用心平而劝戒明也。"这表明诸葛亮把"威之以法"与"服罪输情"结合到了一起。用法无私，服罪可释，所以法虽峻而无怨，贤愚"佥忘其身"。例子是有的，如李严被废为民，徙梓橦郡，诸葛亮在与其子

---

① [晋]陈寿撰，陈乃乾校点：《三国志》卷三十五《诸葛亮传》，中华书局，1964年，第917页。

② [晋]陈寿撰，陈乃乾校点：《三国志》卷三十五《诸葛亮传》，中华书局，1964年，第917页。

李丰教中明言：若能"思负一意"，则"否可复通，逝可复还"①。把"服罪输情虽重必释"，用到刑罚上去，这在法制史上是首创。它将带动法制的一系列改革。本人服罪输情既然否可复通，子女、家族连坐之制势必革除。在《蜀志》中，我们看不到诸葛亮当政时期还有什么连坐。李严犯法，李丰依旧官至朱提太守。诸葛亮的法制思想无疑含有某些民主性的东西。魏晋时期，人们纷纷称道诸葛亮能用刑，为秦汉以来所未有②，原因也在这里。

在用人上，最可注意的，是他提出过七条用人标准或七个考核办法，《诸葛亮集·文集》卷四《将苑·知人性》：

> 一曰问之以是非而观其志，二曰穷之以辞辨而观其变，三曰咨之以计谋而观其识，四曰告之以祸难而观其勇，五曰醉之以酒而观其性，六曰临之以利而观其廉，七曰期之以事而观其信。

他看到人的"美恶既殊，情貌不一"，但能坚持这七条，就能透过现象，看到本质，就不致错用坏人、庸才。这七条包括七个字：志、变、识、勇、性、廉、信。间之以是非等法为观察方法。必七字齐全而后始可言用。

此外，要看到诸葛亮用人，是既"限之以爵"，又"尽时人之器用"③。限之以爵，是爵不可以无功取。这就限制了权势之门做官的权利，革除了东汉以来凭出身世族可袭封爵的制度。真正的贤才，则不受限之以爵的约束。例如杨洪、何祇，《杨洪传》说杨洪（犍为武阳人）本是李严的功曹，因为"忠清款亮，忧公如家"，李严还未到犍为去做太守，杨洪便已被起用为蜀郡太守了。何祇本是杨洪的门下书佐，因为"有才策功

---

① [晋]陈寿撰，陈乃乾校点：《三国志》卷四十《李严传》注引，中华书局，1964年，第1001页。
② 参见《三国志》卷四十《李严传》注引习凿齿语。
③ [晋]陈寿撰，陈乃乾校点：《三国志》卷四十一《杨洪传》，中华书局，1964年，第1014页。

干"。几年便做到了广汉太守,而杨洪还是蜀郡太守。

又《杨洪传》注提到广汉王离,"亦以才干显,为督军从事,推法平当,稍迁代(何)祗为犍为太守,治有美绩"。《杨戏传》马盛衡、马承伯赞注提到阆中姚伷,被诸葛亮辟为掾属,"并进文武之士"。诸葛亮称赞他说:"今姚掾并存刚柔,以广文武之用,可谓博雅矣。"

这都符合七条标准。或谓诸葛亮排斥益州人物,上引却都是益州人物。《杨洪传》明言"西土咸服诸葛亮能尽时人之器用",何排斥之有哉?

诸葛亮用这种理强的办法,在政治上确实收到了由乱到治的效果。蜀中号称"吏不容奸,人怀自厉,道不拾遗,强不侵弱,风化肃然也"①。

再谈理弱。在诸葛亮看来,不先理强,就不能使"强不侵弱"。"理强则弱伸",只有先理强,才能收到理弱的效果。诸葛亮是怎样理弱的呢?他抓住了"为政以安民为本"。《蒋琬传》说诸葛亮称赞蒋琬:"其为政以安民为本,不以修饰为先。"这正是诸葛亮自己的政策。他"务农殖谷,闭关息民"②,"以闭境劝农,育养民物,并治甲兵"③。这里所谓"民",指的是那些负担赋役的"弱民",即有户籍的自由农户。《诸葛亮集·文集》卷三《便宜十六策·治人》载,诸葛亮还说过:"唯劝农业,无夺其时;唯薄赋敛,无尽民财。如此,富国安家,不亦宜乎?"这是诸葛亮理弱的方针。诸葛亮使张裔"为司金中郎将,典作农战之器"④,发征丁1200人主护都江堰,是与理弱相配合的措施。

在诸葛亮"先理强,后理弱"的方针下,蜀国的经济很快得到了恢复与重振。《诸葛亮传》注引《袁子》,说诸葛亮治蜀,"田畴辟,仓廪实,

---

① [晋]陈寿撰,陈乃乾校点:《三国志》卷三十五《诸葛亮传》,中华书局,1964年,第930页。
② [晋]陈寿撰,陈乃乾校点:《三国志》卷三十三《后主传》,中华书局,1964年,第894页。
③ [晋]陈寿撰,陈乃乾校点:《三国志》卷四十二《杜微传》,中华书局,1964年,第1019页。
④ [晋]陈寿撰,陈乃乾校点:《三国志》卷四十一《张裔传》,中华书局,1964年,第1011页。

器械利,畜积饶"。蜀末号称"男女布野,农谷栖亩"①。或"百姓布野,余粮栖亩"②。这改变了法正所云"计益州所仰惟蜀,蜀亦破坏,三分亡二"的景象。

从诸葛亮治蜀,我们可以看到这样一个问题:如果像法正要求的那样,只理弱,不理强,"缓刑弛禁"③,以慰强族之望,弱不能伸,经济亦无从重振。法正之言,本质上是一个只要经济,不管政治的问题。却不知不去弊政,经济就搞不下去。如果任强者专权自恣,犯法违法,窃据高位;如果不打击他们,另选有才策功干之士代替他们;如果忽视政治与经济的关系,以为可以专搞经济,那就不会有蜀国经济的振兴。

除了内修政理之外,诸葛亮对科学技术也极为注意。在机械学上,他的发明创造很值得一谈。

在运输工具上,诸葛亮发明了木牛与流马。木牛"载一岁粮(十石),日行二十里,而人不大劳","载多而行,少则否"。据《诸葛亮集》附录《故事·制作》篇记载,流马是木牛的改进,用一人推,"载八石"。到流马发明,基本上解决了高山运输问题。

除此以外,在攻防武器上,诸葛亮也有发明,《太平御览》卷三百五十三《矛》载,如"连弩",一称"元戎","一弩十矢俱发";"折矛","刚铠"。《宋书·殷孝祖传》记载诸葛亮穿戴的"筩袖铠帽","二十五石弩射不能入"。这项发明在历史上绝无仅有。

须知科技在古代是被作为末技来看的。诸葛亮以丞相而重视"末技",并亲身从事实践,态度即连曹操也难以并比。可惜像诸葛亮这种重视科技的政治家太少了。否则,开发事业更可突飞猛进。

---

① [晋]陈寿撰,陈乃乾校点:《三国志》卷四十四《蒋琬传》,中华书局,1964年,第1060页。
② [晋]陈寿撰,陈乃乾校点:《三国志》卷三十三《后主传》,中华书局,1964年,第900页。
③ [晋]陈寿撰,陈乃乾校点:《三国志》卷三十五《诸葛亮传》,中华书局,1964年,第917页。

第四节 西晋时期历史的顿挫

(一)奢侈甚于天灾,特权遍及九族

西晋统一了,可是,西晋这个朝代却是我国历史发展受到一次大顿挫的时代。

晋武帝于太康元年(280年)灭吴,三国重新一统。须知:一是专制的一统,是专制主义者无上权威的扩大,得到好处的只是皇帝与官吏;二是世族腐朽势力或腐朽派的一统。陈寅恪先生曾说西晋世族是后汉及袁绍治下世族的继承者,是一种腐朽的力量。虽然世族中也有力求振作的健康力量,但人数既少,又不在位,起不了作用。且看晋武帝。

《晋书》卷二十六《食货志》云:"世祖武皇帝太康元年,既平孙皓,纳百万而罄三吴之资,按千年而总西蜀之用,韬干戈于府库,破舟船于江壑。"你看,三吴之资,西蜀之用,尽数纳入了武帝宝库。这种一统,与掠夺何异。

《晋书》卷四十五《刘毅传》记武帝问刘毅:"卿以朕方汉何帝也?"刘毅云:"可方桓、灵。"武帝道:"吾虽德不及古人,犹克己为政。又平吴会,混一天下,方之桓灵,其已甚乎!"刘毅道:"桓、灵卖官,钱入官库;陛下卖官,钱入私门。以此言之,殆不如也。"

《晋书》卷三十一《后妃传上·武元杨皇后传》云:"泰始中,帝博选良家以充后宫,先下书禁天下嫁娶,使宦者乘使车,给驺骑,驰传州郡,召充选者使后拣择。……名家盛族子女,多败衣瘁貌以避之。"为博选百姓女儿以充后宫,竟下令天下禁嫁娶,这说明什么?说明皇帝不仅把天下财货视为己有,罄之空之,而且把天下少女视为妾媵,先由我挑,剩者嫁人。不尔,何能称为皇帝?

《胡贵嫔传》又云:"时帝多内宠,平吴之后,复纳孙皓宫人数千(一统目的之一),自此掖廷殆将万人。"《史记·秦始皇本纪》正义引《三辅

旧事》云，秦始皇征服六国，纳六国宫人"表中外殿观百四十五，后宫列女万余人，气上冲于天"，现在又出了一个拥有宫人万数的晋武帝，秦始皇地下有知，或许会笑"吾道不孤"。

再看官吏。

太宰兼侍中何曾。《晋书》卷三十三本传："然性奢豪，务在华侈。帷帐车服，穷极绮丽，厨膳滋味，过于王者。……食日万钱，犹曰无下箸处。"其子太宰何劭"骄奢简贵，亦有父风。衣裘服玩，新故巨积。食必尽四方珍异，一日之供以钱二万为限。时论以为太官御膳，无以加之"。

仆射王济。《晋书》卷四十二本传："性豪侈，丽服玉食。时洛京地甚贵，济买地为马埒，编钱满之，时人谓为'金沟'。……帝尝幸其宅，供馔甚丰，悉贮琉璃器中。蒸肫甚美，帝问其故，答曰：'以人乳蒸之。'"

够了，此正所谓奢侈之费，甚于天灾。大吃大喝，父一日一万钱，子一日二万钱。饮馔精到以人乳蒸肫①的地步。发展下去，安有底止?!

西晋有两种制度，一为官吏各依品级占田，二叫"荫亲属制"。这完全是旨在满足当官者利益的制度。《晋书·食货志》说，"其官品第一至于第九，各以贵贱占田。品第一者占五十顷"，以下依次递减五顷，至第九品为十顷。"而又各以品之高卑荫其亲属，多者及九族，少者三世"。这就是西晋的官品占田法和荫亲属制。按西晋占田法，一个男性农民只能占田七十亩，女性三十亩，而一个九品小吏却可以占田一千亩。按西晋课田法，中等户一夫一妇课"租四斛，绢三匹，绵三斤"，而一个九品官，不但自己可以不交租调，享有当官特权，而且可以荫亲属，"少者三世"，品级虽低，也能荫及父、祖、曾三世不交租调。西晋实施占田的目的在于课田，占田并无限制，但一经公布占田数，平民无论是否占到，都必须按户缴纳租调。能占到土地的都是有势力的官吏，尤其是大官。如《晋书》卷四十三《王戎传》载，司徒王戎"广收八方园田水碓，周遍天下，积实聚钱，不知纪极"。王戎高居三公之官，其所占园田水碓，周遍天下，何止

---

① 《世说新语·汰侈》作"饮独"。

于一品五千亩?! 而他因为是一品高官,可以荫亲属到九族。这九族中无论做官的与未做官的地主与佃客,全在受荫之列。而做官的又可以他自己的官位品级,另荫亲属。受荫的一概免除课、役。这就将国家全部课、役,完全加到了自由农户身上。东晋之初,"都下人多为诸王公贵人左右、佃客、典计、衣食客之类,皆无课役"①,这是西晋之法。佃客皆无课役,就等于取消做官的王公贵人对国家的所有负担,就等于鼓励他们放手去网罗宗族,兼并土地,发展势力。

西晋还曾规定各级官吏"又得荫人以为衣食客及佃客,品第六已上,得衣食客三人,……其应有佃客,官品第一、第二者,佃客无过五十户,……"这是与官吏无亲属关系的、即非官吏族人的衣食客、佃客。《晋书·外戚·王恂传》说"武帝践位,诏禁募客",即是这种客。这一点与荫亲属制要分别清楚,否则,就会造成混淆。

庶族在西晋并非不能做官。例如孙秀,《王戎传》云,初"为琅邪郡吏,求品于乡议,(王)戎从弟衍将不许,戎劝品之"。《晋书》卷一百《陈敏传》云,陈敏,东海王司马越的军咨祭酒华谭谓之为"仓部令史,七第顽冗,六品下才"。此二人都是庶族,可后来都做了官。西晋官场的情况是:"世胄蹑高位,英俊沉下僚"②。高官由世族垄断,庶族可做小官。像孙秀、陈敏那样被品于中正,获得官位,纵使列于下品,沉于下僚,只要一有品级,就能享受官品占田法和荫亲属制的优待,取得免课、免役特权。

西晋占田、课田以及官吏荫亲属制的本质,决定了西晋一统的太平景象只能是短暂的、表面的,暴风雨即将到来。

(二)八王之乱及其所引发的流民暴动与各族起兵

晋武帝死,太子司马衷即位,是为惠帝。惠帝是个白痴。第二年(291年)便爆发了八王之乱。这场战乱,由贾后假手楚王司马玮,杀掉辅

---

① [唐]魏征、令狐德棻:《隋书》卷二十四《食货志》,中华书局,1982年,第674页。
② 萧统选,李善注:《文选》卷二十一《咏史》,商务印书馆,1959年,第445页。

政的汝南王司马亮，转手之间，又杀掉司马玮引发。赵王司马伦起兵杀贾后，废惠帝，自立为皇帝。而此人"素庸下无智策"，惑于巫鬼，受制于孙秀。可这样一个人当了皇帝，有了至高无上的权力，杀人夺财，不问青红皂白。西晋仅有的一些知名人物，如"相携暗朝"的吴郡二陆——著名文学家陆机与陆云，与陆机齐名号称"潘江陆海"有美男子之称的潘岳，《博物志》的作者张华，《崇有论》的作者裴頠，《言尽意论》的作者欧阳建，都被司马伦杀掉了。继起者有齐王司马冏、成都王司马颖、河间王司马颙、长沙王司马乂、东海王司马越，被称为"八王之乱"。"三马饮槽"（三马：司马懿、司马师、司马昭。槽：曹魏）至此变成"众马互嚼"，直至西晋灭亡而后已。

受害最大的是老百姓。《晋书·赵王伦传》说："自兵兴六十余日，战所杀害仅十万人。"

八王之乱打了20年，60余日杀害10万人，20年要杀害多少？！何况由八王之乱又引发了流民暴动与各族起兵。流人李特反于蜀在永宁元年（301年），此年齐王司马冏起兵讨伐赵王司马伦。匈奴刘渊反于离石，自称大单于，在永兴元年（304年），此年，成都王司马颖正为做丞相、皇太弟而奔忙。《晋书·食货志》对惠帝以后西晋局势有一段话说得甚为深刻。

> 及惠帝之后，政教陵夷，至于永嘉，丧乱弥甚。雍州以东，人多饥乏，更相鬻卖，奔迸流移，不可胜数。幽、并、司、冀、秦、雍六州大蝗，草木及牛马毛皆尽。又大疾疫，兼以饥馑，百姓又为寇贼所杀，流尸满河，白骨蔽野。刘曜之逼，朝廷议欲迁都仓垣，人多相食，饥疫总至，百官流亡者十八九。

三国时期的振兴景象消失了，东汉虎狼政治下所产生的饥馑、疾疫、死亡惨象重现了，西晋的统一，何如三国的分立？我们不能只看分合不问政策，不看历史进退；只看形式现象，不看内容、性质。

西晋既是一个统一的国家，由西晋专制王朝的腐朽统治所造成的大灾难，不会局限于北方。那个时候，在全国范围内，出现了一幅饥馑流亡图。为了逃难，中原与北方各地的百姓，包括一些官吏在内，举族结伴外流。方向有三：一为长江流域，尤其是江南；二为西北凉州之地；三为东北辽东之地。逃往长江流域的，曾在益州与荆州地区，发动起义。益州地区的起义，是由关西流民首领之一的李特发动。李特为賨人，即板楯蛮。后来，在益州建立起成国。李成是刘蜀的重现。荆州江夏地区的起义，是由关中流民与当地逃避征戍的百姓共同发动，曾经建立以刘尼为天子的神凤政权。但不久失败。这支起义军主要由江夏地区的廪君蛮人组成。

琅邪王司马睿移镇建业，避司马邺讳，改名建康。在北来士族与吴会士族的共同扶持下，建立东晋。逃到江南特别是江东地区的北方流民，托庇于东晋王朝之下，纷纷建立起自己的家园。江南的开发，自东晋以后，揭开了新的一页。

西晋只维持了52年（265—316年），为吸取教训，晋人曾经探讨西晋灭亡的原因，不尽相同。其中以干宝的《晋纪总论》写得较为切合实际。他从西晋官场的腐败立论，摘录以见：

……加以朝寡纯德之人，乡乏不二之老，风俗淫僻，耻尚失所。……进仕者以苟得为贵而鄙居政，当官者以望空为高而笑勤恪。是以刘颂屡言治道，傅咸每纠邪正，皆谓之俗吏；其依杖虚旷，依阿无心者皆名重海内。……由是毁誉乱于善恶之实，情愿奔于货欲之途。选者为人择官，官者为身择利，而执钧当轴之士，身兼官以十数。大极其尊，小录其要，而世族贵戚之子弟，陵迈超越，不拘资次。悠悠风尘，皆奔竞之士，列官千百，无让贤之举。……礼法刑政于此大坏。……

这就是说，西晋的整个官场都烂掉了，官治的弊端一齐表现出来，回天乏术，安得不亡？

晋人对西晋灭亡的原因进行研究很要紧，因为立国于江左的东晋，要生存下去，绝不能走西晋的老路。

至于长江流域地区，当西晋之时，情况如何。因为资料缺乏，难作细述。大体言之，战祸虽有，然而较小，时间也较短。如陈敏、杜曾、杜弢之乱。开发虽未见倒退，但整个处于停滞状态，却可断言。

第五节　江东侨郡县的建立及其政策

官场的腐烂，给西晋造成了三个矛盾，终西晋之时无法解决。这三个矛盾是：以八王之乱为表征的世族统治阶级内部的矛盾；以流民起义为表征的世族官僚与民众的矛盾；以刘渊起兵为表征的民族矛盾。在建康建立的东晋王朝仍旧面临着这三个矛盾。

东晋必须着手解决几个紧迫的问题。一、官吏的特权问题。中州士女渡江南来的，十之六七，加上吴、会士族，为东晋王朝的支柱。像西晋的官品占田法与荫亲属制，还能不能施之于他们？二、北方流民不断渡江南来，应如何安排才能使他们在南方建立家园，而又不与南方本地强宗大族发生矛盾；三、北方各族首领随时都有可能南进，这个威胁应如何解除？总之，刚建立的东晋，阶级复杂问题多，既有北方来的士族，又有南方本地士族；既有流民，又有土著；既有在西晋享受荫亲属特权的官吏，又有须负担税役的普通百姓，再加民族之间的对立，形成一个多元的格局。如何使这个多元格局取得平衡，是个大问题。如果处理不好，失去平衡，极有可能重蹈西晋三大矛盾大打出手的覆辙，又成为一个短命的王朝。

于是出现王导的"镇之以静"政策。

苏峻之乱平定后，东晋有人主张迁都豫章、会稽，王导作为丞相表示反对。《晋书》卷六十五《王导传》载，王导说："且北寇游魂，伺我之隙，一旦示弱，窜于蛮越，求之望实，惧非良计。今特宜镇之以静，群情自安。"求之望实，镇之以静，是王导一贯的思想主张。其实质即在一个多元的政治格局中，取得平衡，消除或减少矛盾，稳定政局，以对付"北寇游魂"。下面分别论述。

(一)江东侨郡县与侨民

在王导的思想中,有一个想法,即不与南方士族在经济上发生冲突。北方士族创立家园、北方流民所居侨郡县,都避开南方强宗大族所在的吴郡、会稽等地,尤其是吴郡。这里要谈的是侨郡县的问题。

永嘉之乱,流民南奔,东晋在长江流域设置了许多侨郡县以居流人,并由侨郡县授给流人以表示侨人身份的特殊户籍。持此籍可以免税免役,直到土断被改换户籍为止。侨郡县以江东沿江地区为最多,这对江东沿江地区乃至内地经济的开发,具有重要的意义。江东侨郡县建置的情况如何?江东政权对待侨民的政策牵涉到一些什么问题?侨民对江东经济的开发究竟起到何种作用?凡此都有待于探讨,不能停留于一般。

先谈设置。

江东侨郡县的设置比较复杂。就其分布来看,都在扬州的丹阳与毗陵二郡之境,西自芜湖(属丹阳)东至无锡(属毗陵)一线,这就完全避开了吴郡。侨郡县有的有实土,有的虽然派出了太守、县令,而无实土,称为"寄治"。有的郡与县设置在甲地,侨人则居住在乙地。如此等等。

东晋在丹阳郡所设的侨郡县,分布在都城建康与江乘、于湖、芜湖3县。

据《宋书·州郡志一》"扬州刺史"条,东晋在建康侨立过魏郡、广川、高阳、堂邑4郡与肥乡、元城、广川、北新城、博陵、堂邑6县,中间有并合,至宋元嘉二十一年前,仍保留了1郡(魏郡)5县(肥乡、广川、北新城、博陵、堂邑)。二十一年,以其民并建康。从此,这4个郡的侨民都变成了建康人。

魏郡等4郡侨置在建康,史书记载甚明。但建康是不是只有这4个侨郡呢?非也。另有4郡,因记载不明,被人们忽略了。《宋书·州郡志一》"南徐州刺史"条有南濮阳、南鲁郡、南济阳、南济阴4郡。《南齐书》谓此4郡无实土。郡治设在哪里?《南齐书·州郡志上》载,南濮阳鄄城下,记有"建武三年,省济阳郡,度属"鄄城县之言。南济阴郡考城下,又记有"郡省,度属鲁,寻又省"之言。可知此3郡治当在一地。《南齐书·高逸传》又记濮阳鄄城人吴苞"于蒋山南"立馆,鲁国孔嗣之"隐居钟山"。而济阳郡后被度属濮阳郡的鄄城县,考城后被度属鲁郡,不久省去。由此可知南濮阳、南济阳、南鲁郡始建必在建康之地。推之于南济阴,亦当侨立在建康。又江东名族有济阳考城江氏、蔡氏。西晋济阳为县,属陈留国,此济阳郡显为东晋侨立。江、蔡二氏都是侨民,都住在建康。此亦可证济阳等郡立在建康。

然则,东晋在建康侨立过8个郡:魏郡、广川、高阳、堂邑、南濮阳、南鲁郡、南济阳、南济阴,加上南琅邪郡还有一半在建康境内,共8个半郡。这些郡在西晋分属于司(魏郡属之)、冀(广川、高阳属之)、徐(堂邑、琅邪属之)、豫(鲁郡属之)5个州。建康此都,东晋以后居民的复杂性,于此可见。此问题关系到建康城市经济的发展,未可等闲视之。

东晋在江乘县侨立过南琅邪、南兰陵、南东海、南东平4郡。其后,南东海出居京口,南东平被罢除,保留了南琅邪、南兰陵2郡。

南琅邪郡郡治设在江陵,郡境则跨有江乘、建康两县之地。此郡因"琅邪国人随元帝过江千余户"①而设,本无土地。成帝咸康元年,桓温领南琅邪郡,"镇江乘之蒲洲金城上,求割丹阳之江乘县境立郡"②,才有实土。南琅邪境领有临沂、阳都、费与即丘4个侨县。临沂为分江乘之地侨立,阳都、费、即丘3县为割临沂及建康之地侨立,"费县治宫城之北"③。到宋孝武帝大明五年,阳都、费县、即丘都被省去,临沂则被保留,与江乘同为南琅邪郡的属县。南琅邪郡的郡治在齐武帝永明年间,由金城徙治白下(临沂)。江乘县治在建康之东,北临长江。由江乘县分出的临沂,直据建康之北,又名白下城。此县是徐州琅邪郡过江流民聚居之地,虽属南琅邪,实跨有原丹阳郡建康之地。江东名族琅邪临沂王氏与颜氏都居于建康,王氏居地为享誉历史的乌衣巷,这并非由于王导官高一品、同族蒙

---

① [梁]沈约:《宋书》卷三十五《州郡志一》,中华书局,1974年,第1039页。
② [梁]沈约:《宋书》卷三十五《州郡志一》,中华书局,1974年,第1039页。
③ [梁]沈约:《宋书》卷三十五《州郡志一》,中华书局,1974年,第1039页。

荫造成，而是侨郡县的设置使然。

南兰陵郡的设置地，人们以为在晋陵郡的武进县，依据的是《南齐书》所载：萧道成之先、兰陵郡兰陵县中都乡中都里人萧整，"过江居晋陵武进县之东城里"①。萧道成陵墓亦在武进。然而，《晋书·地理志下》"徐州刺史"条明言南兰陵郡设置在江乘。同书《文学传》记丘巨源为兰陵人，"宋初土断属丹阳，后属兰陵"②。由此可以确定：南兰陵郡始建必在丹阳郡江乘县之境，至宋不变。此郡在齐被废，县则仍存，改属在江乘县建立的南琅邪郡下，无实土。对于当时的流民，有一个现象要注意。流民虽然合籍、合乡、合县或合郡流动，但不无支流。侨郡县建立后，虽然大都合籍廪居，但不无分居在他地的人。即使原来住在一地，后来也不是无人迁居他处。更有甚者，很多侨郡县虽然建立，但并无实土，侨民居地就更加分散。然无论住在何地，在土断以前，都保有侨民身份，享受侨民优待。此可解释兰陵郡兰陵县虽被建立于丹阳郡江乘县，兰陵萧氏何以又住在晋陵的武进。

东晋在丹阳郡的于湖、芜湖2县，设置了淮南侨郡。此郡设于晋成帝时，废于隋文帝平陈，郡名保留了260余年之久。

淮南侨郡领有于湖、当涂、繁昌、襄垣、定陵、逡道（逡遒）6县。当涂、繁昌为分于湖为境，襄垣、定陵、逡道为分芜湖为境。芜湖县名自东晋淮南侨郡设立，历南北朝与隋唐，不再存在。宋明帝泰始五年，侨立高平郡"于淮南当涂县界"③，领高平、金乡、睢陵3县。高平郡之立，表明当涂至宋明帝，成了淮南、高平两个侨郡的郡治。宋良吏高平张佑，齐文学高平檀超，都是出身于当涂的高平郡侨民。

东晋在毗陵郡设置的侨郡比较复杂。毗陵被分为二：南东海郡与晋陵郡。在南东海郡中，又远不止设置南东海一个侨郡。原属毗陵郡的丹徒、武进二县，被划归南东海管辖。在此二县之境，设置了众多侨郡，而丹

---

① [梁]萧子显：《南齐书》卷一《高帝纪》，中华书局，1974年，第1页。
② [梁]萧子显：《南齐书》卷五十二《文学传》，中华书局，1974年，第894页。
③ [梁]沈约：《宋书》卷三十五《州郡志一》，中华书局，1974年，第1061页。

徒、武进2县仍存。很多侨郡无实土。这些侨郡设在何地,侨民又住在何处,都需要说明。

从史书考察,东晋在丹徒县设立的侨郡,计有南东海、南泰山、南东莞、南平昌、南清河5郡。重要的是设置在丹徒京口里的南东海郡。据《宋书·州郡志一》"南徐州刺史"条,南东海郡及其属县郯、朐与利城,本为"割吴郡海虞县(常熟)之北境"侨立。南东海郡尚有祝其、襄贲等县,则"寄治曲阿(属晋陵郡)"①。穆帝永和中,南东海郡及其所属郯、朐与利城3县,移治丹徒县的京口里。郡治与3县县治都在京口。这3个县"并为实土",郯县为"分丹徒之岘西为境",朐县为"分郯西界为土"②。利城实土何在,《宋书》未载。《南齐书·孝义传》有晋陵利城人吴欣之,似此县在晋陵郡之地。寄治于晋陵曲阿的祝其、襄贲等县则无实土,流民当仍在曲阿散居。以此,不能说南东海郡及其属县都侨立在京口或丹徒。

南泰山、南东莞、南平昌、南清河4郡都无实土。南泰山郡"寄治丹徒",《宋书》有明文。其他3郡所寄之地何在?南东莞。《宋书·刘穆之传》记刘穆之为东莞莒人,"世居京口"③。《刘秀之传》记刘穆之的从兄之子、东莞莒人刘秀之,亦"世居京口"④。《南齐书·高逸传》记著名史学家、两晋全书的第一个作者东莞莒人臧荣绪,"与关康之俱隐在京口,世号为'二隐'。康之字伯愉,河东人。世居丹徒"⑤。由此推断,南东莞郡必立在丹徒的京口。南平昌。《宋书·孟怀玉传》记孟怀玉为平昌安丘人,"世居京口"⑥。《南齐书·州郡志上》"南平昌郡"条在安丘与新乐县下,都记有"郡省,属东莞"⑦之言。由此推断南平昌郡亦必侨立在丹徒的京口。南清河。《南齐书·州郡志上》"南清河郡"条记有"南徐州领冀

---

① [梁]沈约:《宋书》卷三十五《州郡志一》,中华书局,1974年,第1038页。
② [梁]沈约:《宋书》卷三十五《州郡志一》,中华书局,1974年,第1039页。
③ [梁]沈约:《宋书》卷四十二《刘穆之传》,中华书局,1974年,第1303页。
④ [梁]沈约:《宋书》卷八十一《刘秀之传》,中华书局,1974年,第2073页。
⑤ [梁]萧子显:《南齐书》卷五十四《高逸传》,中华书局,1974年,第937页。
⑥ [梁]沈约:《宋书》卷四十七《宋书·孟怀玉传》,中华书局,1974年,第1407页。
⑦ [梁]萧子显:《南齐书》卷十四《州郡志上》,中华书局,1974年,第249页。

州"①的话。南徐州州治立于京口。《宋书·恩幸传》记南东海丹徒人戴明宝,孝武帝时,为南清河太守;前废帝时,又为南东莞太守,则南清河郡亦当立于丹徒县京口之地。

东晋在武进县侨立了临淮、淮陵、南彭城、南沛、南下邳5个郡。这5个郡都无实土。《晋书·地理志下》"徐州"条写道:"分武进立临淮、淮陵、南彭城等郡,属南徐州。"②这3侨郡因无实土,侨民散居。可注意的是彭城刘氏。《宋书·武帝纪上》说宋武帝刘裕本为彭城县人,先世过江,"居晋陵郡丹徒县之京口里"③。人们不明白南彭城郡既侨立在武进县,彭城刘氏何以居于丹徒县之京口。只要读一下《南齐书》所说南彭城郡无实土的话,就可以了解刘裕先世何以不住在武进,而住在丹徒之京口了。这个情况与南兰陵郡侨立于丹阳郡的江乘,而萧道成之族却住在南东海的武进,是相同的。南兰陵郡同样无实土。东晋侨立无实土的郡县,设官分职,目的主要在管理流民的户籍。

《宋书·州郡志一》"南彭城太守"条下,记东晋又立有南下邳与南沛2郡。南沛郡于宋孝武帝时并入南彭城,则南彭城包有南沛与南下邳。2郡无实土,此又可以解释宋时沛郡刘粹何以"家在京口"④。南沛郡有杼秋县,《宋书·州郡志一》"南兖州刺史"条谓此县治于晋陵郡的无锡县,后属南彭城。

综上所述,可知自今繁昌(繁昌)东经芜湖(襄垣、定陵、逡遒)、当涂(当涂、于湖)、马鞍山(当涂)、南京(建康、临沂、江乘)、镇江(丹徒、郯、朐)、丹阳(曲阿、延陵、襄贲、祝其、厚丘、西隰)、常州(武进、晋陵、利城),到无锡(无锡)一线,江左侨立过淮南(当涂)、高平(当涂)、魏郡(建康)、广川(建康)、高阳(建康)、堂邑(建康)、南濮阳(建康)、南鲁(建康)、南济阳(建康)、南济阴(建康)、南琅邪

---

① [梁]萧子显:《南齐书》卷十四《州郡志上》,中华书局,1972年,第248页。
② [唐]房玄龄等:《晋书》卷十五《地理志下》,中华书局,1974年,第453页。
③ [梁]沈约:《宋书》卷一《武帝纪上》,中华书局,1974年,第1页。
④ [梁]沈约:《宋书》卷四十五《刘粹传》,中华书局,1974年,第1379页。

（江乘）、南兰陵（江乘）、南东平（江乘）、南东海（丹徒）、南泰山（丹徒）、广平（丹徒）、南东莞（丹徒）、南平昌（丹徒）、南清河（丹徒）、临淮（武进）、淮陵（武进）、南彭城（武进）、南沛（武进）、南下邳（武进）24个侨郡，以居流人。淮南、高平属于南豫州，魏郡、广川、高阳、堂邑属于扬州，余均属于南徐州。淮南、南琅邪、南东海有实土，余均无实土。

户数，今以毗陵郡考之，西晋毗陵郡领有丹徒、武进、曲阿、延陵、毗陵、暨阳、无锡7县，户12000。江左于毗陵郡之地，设置了南东海、南东莞、临淮、淮陵、南彭城、南清河、南平昌、南泰山及晋陵9郡。户数：南东海为5342户，南东莞1424户，临淮3711户，淮陵1905户，南彭城11758户，南清河1849户，南平昌2178户，南泰山2499户，晋陵15382户。合计46048户，较西晋毗陵增加了34048户，即增加了百分之三百八十八。

又西晋丹阳郡领有建业（建康）、江乘、于湖、芜湖、永世、溧阳、句容、湖熟、秣陵、江宁、丹阳11县，户51500。江左于丹阳郡之地设置了丹阳（户41010）、淮南（户5362）、南琅邪（户2789）、南兰陵（户1593）、南高平（户1718）、南济阴（户1655）、南濮阳（户2026）、济阳（户1232）、南鲁（户1211）9郡，户58596。较之西晋丹阳郡增加了7096户。这7096户，主要是建康、江乘、于湖、芜湖增加的户数。

见于《宋书》的淮南、南东海、南琅邪、南兰陵、南东莞、临淮、淮陵、南彭城、南清河、南高平、南平昌、南济阴、南濮阳、南泰山、济阳、南鲁郡16个侨郡，共有48252户，可以说都是侨户。

江东沿江一带侨郡县与侨民多矣。他们是江东沿江经济开发的一支具有决定性的力量。

(二)江左政权(东晋与南朝)对待侨民的政策

东晋在江东沿江地区侨立郡县，目的不仅在于安插流民，而且在于发展生产。这要有政策，无政策不能达到目的。政策有二：

一、在土断以前，凡侨郡县的侨民包括"中州士女"或"王公大人"在内，都由侨郡县发给一种特殊的、与郡国诸户口所持不同的、可以证明侨民身份的户籍，姑名之曰"侨籍"。凡持侨籍的，都可以享受免税与免役的优待。

二、侨民不可能永远保持侨民身份，永远持白籍，不交税服役。于是而有土断。土断包括"王公已下"。土断含义有二，一为废止侨籍，改持当地土著户籍，侨民从此失去侨民身份，成为当地人。二为交纳赋税。王公不能免税也就不能荫亲属。东晋的王公在土断后是要交纳田赋或口税的。这是王导对西晋税制的一大改革。《晋书》卷六十五《王导传》载，王导看到"自魏氏以来，迄于太康之际"，公卿世族特权太多（如荫亲属），他们"豪侈相高"，不遵法度，致使"政教凌迟"。如果他们的特权落不下来，平民与农民的利益就涨不上去，要宽众惠民也就办不到。但王公可不服役，算是给他们的优待。

关于侨籍，自胡三省注解《资治通鉴》晋成帝咸康七年的令文："实王公以下至庶人皆正土断白籍"（被称为第二次土断），书为"今皆以土著为断，著之白籍"以来，人们都以为在土断后，所持为白籍，土断前为持黄籍或无户籍，实则不然。

按《陈书·高祖纪》记有"咸和中土断"，此为东晋的第一次土断。这次土断因为《陈书》记载简略，《资治通鉴》又无记载，故很少有人注意。殊不知这次土断意义重大。

人们都知道土断是为了划一户口，与户籍的整理同时进行。土断后，侨民即失去原有的侨民身份，所持户籍，与郡国诸户口即与土著所持户籍相同。与咸和土断同时，东晋对户籍进行过一次整顿，整理出了一部统一的户籍，被称为《晋籍》。此籍沿用到了宋文帝元嘉时期，因文帝另立"七条"之科，才发生"伪状巧籍"的问题。齐时不得不于"东堂校籍"，所校仍为咸和第一次土断时整理出来的《晋籍》。这在被忽略的《南史》卷五十九《王僧孺传》中，记述得十分明白。录之以见：

第五章 魏晋南北朝时期长江流域经济的迅速发展与几度猝然跌落

> 先是,尚书令沈约以为晋咸和初,苏峻作乱,文籍无遗。后起咸和二年以至于宋,所书并皆详实,并在下省左户曹前厢,谓之《晋》,有东西二库。此籍既并精详,实可宝惜,位宦高卑,皆可依案。宋元嘉二十七年,始以七条征发。既立此科,人奸互起,伪状巧籍,岁月滋广,以至于齐,患其不实,于是东堂校籍,置郎令史以掌之。

此传明言齐所检校的是自咸和沿用下的《晋籍》,此《晋籍》又是哪一种户籍呢?《南齐书》卷三十四《虞玩之传》记齐高帝为检校户籍(《晋籍》)所下的诏令说:

> 黄籍,民之大纪,国之治端。自顷氓俗巧伪,为日已久,至乃窃注爵位,盗易年月……编户齐家,少不如此。

然则,《晋籍》之为黄籍,可以知矣。

元嘉七条未传下来。自晋咸和到宋元嘉有120余年之久,何以未听到伪状巧籍,窃注爵位的问题呢?我们知道自东晋咸和第一次土断以来,按规定王公不能免税。《晋书》记有"王公已下口税三斛"明文,是为一证。可是到了南朝,出现了所谓"复士",即士人或士族可以免交赋税。士族包括王公可以不交税,人们不知从什么时候开始。我以为即从元嘉二十七年的"七条"开始。士族王公可不交税了,伪状巧籍,窃注爵位,冒充士族以至王公后代的事,才有可能发生。

回过头来再说要整理出一部侨、土统一的《晋籍》(黄籍),必须与土断同时进行。《晋籍》既为咸和二年整理,便可以反推咸和中土断亦必在咸和二年。如此说来,侨民以土著为断,就非"著之白籍",而为著之黄籍。这与《晋令》所说"郡国诸户口黄籍",完全一致。

然则,白籍为何籍?《晋书·范宁传》曾说到黄、白籍,因为人们不明白土断将侨民著之于黄籍,所以也不理解范宁的话。范宁说户籍本"无黄白之别",永嘉乱离,北人"流寓江左,庶有旋反之期,故许其夹注本郡"。即许其在户籍上夹注原来北方的籍贯,从而在黄籍之外,产生了白籍。户籍也因而有了黄白之分。黄籍为土著民户所持,白籍为北方来的侨民所持。在这个意义上,白籍就是侨籍。凡持白籍的侨人,不编进侨居地间伍之中,不列入官府考课之科。要改变这种情况,范宁认为只有"正其封疆,以土断人户",取消侨人的白籍,使之改持黄籍,与郡国土著户口所持户籍一致。

写到这里,就可以说一下咸康七年令文的断句了。《资治通鉴》中华书局点校本的读法是:"实编户,王公已下皆正土断、白籍。"以"土断"与"白籍"为"正"字的宾语[①],这不可解。看来是受了胡三省注的影响。据我所知,人们大都沿用这种读法,不明其误。正确的读法应是:"实编户,王公已下皆正土,断白籍。""正土"即范宁说的"正其封疆";"断白籍"即范宁说的取消侨人白籍,改授黄籍,恢复籍无黄白之制。这种读法,完全合乎史实。

人们往往狃于"土断"两字不可分开,其实土断就包含了正其乡土与断其白籍二义,非一义。咸康七年的令文,是东晋的第二次土断令文。咸和二年土断后,北人南来未曾中止,按照政策,又有侨郡与白籍出现,需要再次土断。"实编户",表明这次土断也曾整理户籍。这是对咸和二年土断整理出来的《晋籍》的补充与修正,非另起炉灶。

在咸和第一次土断后的第三年,即咸和五年,《晋书·成帝纪》载,东晋实行了"度田收租之制",一亩三升。这又是一项改革。此项改革的意义在于改变了西晋只按户等而不按土地多寡收租之法,有利于地少或无地的农户与平民,不利于田池特多特大的强宗大族。

成帝咸康二年壬辰,东晋还发布过这样一道诏书:"占山护泽,强盗律论。赃一丈以上,皆弃市。"[②]这是严禁公卿世族霸占山泽,用意在改变西晋如王戎之辈"园田水碓周遍天下"的现象。

[①] 与《晋书》中华书局点校本同。
[②] [梁]沈约:《宋书》卷五十四《羊希传》,中华书局,1974年,第1537页。

需要说一下,自元帝建武元年(317年)至成帝咸康五年(339年),一直是王导当政。东晋之初,侨郡县的建立,侨民持白籍,可以免除税役的规定;咸和二年(327年)的土断与《晋籍》的整理;咸和五年的度田收租制;咸康二年的壬辰诏书,都是在王导当政时推出的。士族内部本来就有腐朽势力与健康势力之分,只是在西晋,当政的是腐朽派。到了东晋,健康势力上台,公卿世族遭到抑制,一系列改革政策得到实行,江左才免除了蹈西晋之旧路,走向灭亡的命运。

土断以前,侨民可以免税免役。土断以后,虽然失去了侨民身份要交税服役,但王公以下都须交税,非如西晋所谓"荫亲属",把全部赋税负担加在农户与平民户身上。度田收租也较西晋按户征租为合理。这里,着重说一下在土断以前,侨民究竟可以享受多少年免税免役的权利?这是关系到流民是否能够建业,生产能否发展的问题,极为重要。不妨分郡一述。

南东海郡。《宋书·州郡志一》记元帝初,便割吴郡海虞县北境,侨立了南东海郡。元帝的第一个年号为建武,建武元年(317年)下距咸和二年(327年)土断,为11年。则南东海郡的侨民,享受了11年的持白籍,不交税服役的权利。

南琅邪郡。《宋书·州郡志一》记"晋乱,琅邪国人随元帝过江千余户,太兴三年,立怀德县。丹阳虽有琅邪相而无土地"。这千余户琅琊国人随元帝过江之初,虽然不交税服役,但不合法。侨郡县的建立有一个作用,即解决侨民的户籍问题,允许侨民在户籍上"夹注本郡",从而侨民有了自己的侨籍(白籍),不交税服役便变成合法的应享的权利了。如从太兴三年设置琅邪相(即侨立南琅邪郡)算起,至咸和二年土断,中经8年,也就是说南琅邪郡的侨民,享受了8年持白籍、不交税服役的权利。

南兰陵、南东平、南彭城、临淮、淮陵等侨郡,也都是元帝所建,时间与南东海,南琅邪2郡的建立同时。南沛、南清河、南下邳、南东莞、南平昌、南济阴、南濮阳、南方平、南泰山、南济阳、南鲁等侨郡,在明帝太宁年间(323—326年)建立。这些郡在咸和二年土断以前,分别享受了几年、十几年的持白籍、免税役之权利。

由此可见，建置在丹阳江乘县与毗陵丹徒、武进2县即建置在自今南京东至无锡沿江一线所有的侨郡县中的侨民，在咸和二年第一次土断前，凭所持白籍与政策规定，都曾免除税役，多则11年，少则以太宁元年（323年）计算，也有5年。这对江东自建康以东至无锡一线侨郡县的开发，无疑是有益的。

建康8个侨郡中的魏郡、广川、高阳、堂邑4郡与于、芜2湖的淮南侨郡，建置则在咸和二年（327年）第一次土断至咸康七年（341年）第二次土断之间。《晋书》卷十五《地理志下》载，建康4郡侨立于咸康四年（338年），下距咸康七年第二次土断为4年。在这4年中，4郡侨民自当持白籍，合法享受免除税役的权利。这于建康城市经济的发展极为有利。淮南侨郡建于何时？《晋书·地理志下》"扬州刺史"条记"成帝初，苏峻、祖约为乱于江淮，胡寇又大至，百姓南渡者转多，乃于江南侨立淮南郡及诸县"。考之帝纪，苏峻、祖约反于咸和二年十一月，一发而不可收。三年二月，苏峻攻入台城。五月，逼迁成帝于石头。九月，苏峻败死。四年二月，苏逸再败，成帝始回台城。因兵火之后，宫阙灰烬，以建平园为宫。五年夏五月，羯人石勒将刘徵攻到南沙，进入吴郡海虞。淮南侨郡之建，不可能在苏峻败死、胡寇进入海虞之前。最早也当在咸和五年（330年），即在咸和二年第一次土断后3年。自咸和五年建立淮南侨郡至咸康七年（341年）第二次土断，是12年。在这12年中，淮南侨郡中的侨民自当持白籍，合法免除税役。这对于湖、芜湖水泽地带的开发，起了显著的作用。

由于流民不断南来，依例侨郡县不断建立，持白籍的可以享受免税免役权利的侨民不断出现，东晋又需要土断，因而还有第三次、第四次。《晋书》卷十五《地理志下》载，像并州上党郡百姓南渡，东晋为之侨立上党郡4县，寄居芜湖，事在孝武帝宁康二年（374年），即在兴宁二年（364年）第三次土断10年后。正乡土，断白籍，要到义熙九年（413年）第四次土断了。这种政策实际上也在起吸引北方流人南奔的作用。义熙九年的土断尚有一个特殊的规定:"唯徐、兖、青三州居晋陵者不在断例。"此晋陵指原西晋的毗陵,包括江左的晋陵与南东海等侨郡在内。这与刘裕等北府集团人物的出身、居处有关,对晋陵的开发却更为有利。

第六节　江东沿江地区与内地各郡经济的开发

(一)建康及其左右南东海、晋陵与淮南等郡的经济开发

首先,我们可以见到建康城市经济的发展。

建康在东晋与南朝,不仅是一个政治中心城市,而且是一个繁荣的商业城。市场很多。《隋书·食货志》说到建康秦淮水北,"有大市百余所,小市十余所"。《资治通鉴》卷一百四十四齐和帝中兴元年秋七月注,市中邸店林立。台城六门之外,又各有草市,江左设草市尉以相司察。市廛的繁华,正如《隋书》所云:

> 丹阳旧京所在,人物本盛,小人率多商贩,君子资于官禄。市廛列肆,埒于二京,人杂五方,故俗颇相类。

所谓资于官禄的"君子",包括拥有丞相王导的琅邪王氏在内。所谓进行商贩活动的"小人","人杂五方",包括设在建康、江乘的魏郡、广川、高阳、堂邑、琅邪、兰陵这些侨郡中的下层流民在内。正因为他们住在建康,所以建康"人杂五方"。"俗"为营商之俗,"俗颇相类",说的是建康五方之民都在进行商业活动。

江左商税本轻。《食货志》写到买卖税值百抽四。在土断前可免除的赋税中,包括商税。连百分之四的买卖税以及津税、市税都不须交纳。《隋书》的作者发出了慨叹:"以此人竞商贩,不为田业。"面对城市经济的兴起,作者惶惑了。建康坐落于秦淮河北。此河与长江交会处有石头津。上游有方山津,过津沿孙吴时开凿的破岗渎可达云阳,与江南运河相

接。由于水上交通便利,商人从三江四海收购货物至建康市场上出卖,日甚一日。建康舟船与邸店之多,令人叹为观止。且看史籍记载,《晋书·五行志上》记晋安帝元兴三年(404年):

> 涛水入石头,商旅方舟万计,漂败流断,骸胔相望。

又《南史·邵陵王纶传》记梁武帝中大通四年(532年)扬州刺史萧纶:

> 遣人就市赊买锦采丝布数百匹,拟与左右职局防阁为绛衫、内人帐幔,百姓并关闭邸店。

将这两件事合起来看,可知东晋南朝建康商旅与邸、店繁盛到了何种程度。有一则史料记宋明帝命刘休"于宅后开小店"①,使其妻王氏于店中亲卖扫帚、皂荚。刘休为南沛郡人,这可说是北人在建康开商店的一个实例。店可以开在宅后,又可知建康到处都可以开店,非独在市上。陈张正见《日中市朝满》诗云:

> 尘飞三市路,盖入九重城。

作为政治中心的建康,又是一个名符其实的商业城。

建康作为一个繁荣的商业城市出现于长江南岸,不是孤立的事件。它是江东沿江地区经济开发的一个硕果。与它成为商业城市的同时,左南东海侨郡与晋陵郡之地,右淮南侨郡之地,都步入开发之途。在这两地发展起来的是农业经济。城市经济的发展会促进农村经济的发展,农村经济发展,城市经济也会跟着发展。东海侨郡的京口,淮南侨郡的当涂,也都有

---

① [唐]李延寿:《南史》卷四十七《刘休传》,中华书局,1975年,第1180页。

成为商业城市的趋势。下说南东海与晋陵之地。

《隋书·地理志下》写到了徐州的民俗。其言云：

> 《禹贡》："海、岱及淮惟徐州。"彭城、鲁郡、琅邪、东海、下邳，得其地焉……考其旧俗，人颇劲悍轻剽，其士子则挟任节气，好尚宾游，此盖楚之风焉……莫不贱商贾，务稼穑。

概括起来说，徐州民俗一是劲悍轻剽，挟任节气，好尚宾游；二是大都贱商贾，务稼穑。此二特点决定了原毗陵郡徐州侨民的发展方向：当兵与务农。北府兵的主要构成即徐州流民，这里不谈，只谈务农。

为清晰起见，须重说一下地理。西晋的毗陵（晋陵）郡至东晋分为南东海和晋陵2郡。南东海的属县有丹徒与武进，京口属于丹徒。江左南东海、南东莞、南平昌、南清河、南泰山、南广平等侨郡，立于丹徒。南东海、南东莞、南平昌、南清河在京口。临淮、淮陵、南彭城等郡立于武进。晋陵郡的属县有曲阿、延陵（分曲阿立）、无锡。南东海的属县利城在晋陵郡之地，祝其、襄贲等县寄治曲阿。南沛郡立于武进，属县杼秋则在无锡。除了南东海，其余侨郡并无实土，侨民形成散居状态。故南东海与晋陵2郡，仍可看作一个地区来论述。即作为原毗陵郡（晋陵）来论述。

《元和郡县图志》卷二十五说到毗陵郡"地广人稀，且少陂渠，田多恶秽"，与邻郡吴郡不可同日而语。《晋书》卷七十六《张闿传》载，东晋初，张闿出补晋陵内史，在曲阿"立曲阿新丰塘，溉田八百余顷，每岁丰稔"，经济始有起色。但发展还要到南朝的时候。

在土断前侨民可以免除税役、土断后王公贵人与百姓一体交税的政策下，经过侨民与当地居民的努力，晋陵到南朝初年不同了。《宋书·孝义·徐耕传》记晋陵延陵人徐耕于宋文帝元嘉二十一年大旱民饥之时，到县陈辞：

> 此郡虽弊，犹有富室，乘陂之家，处处而是，并皆保熟，所失盖

微。陈积之谷,皆在巨万。旱之所弊,实钟贫民。温富之家,各有财宝。

他自认为是温富之家,愿率先以谷千斛,助官赈贷。同传又记:

(孝武帝)大明八年,东土饥旱,东海(南东海)严成、东莞(南东莞)王道盖各以谷五百斛助官赈恤。

从此传所记可以看出侨民与南东海、晋陵2郡经济开发的关系。严成、王道盖之先,是立于丹徒京口的南东海与南东莞2郡的侨民,一看便知。徐耕之先是不是侨民,虽无取证,但延陵为自曲阿分出,曲阿曾作为南东海郡祝其、襄贲等县寄治之地,侨民往往散居。检《宋书》徐姓人物,徐羡之、徐湛之为南东海郡郯县人,徐爰为开阳县人,开阳原属琅邪,后属南彭城。徐广、徐豁为南东莞郡人。徐耕为移居晋陵延陵的徐州侨民的后裔,经土断为延陵人,不仅极有可能,而且呼之欲出。

《徐耕传》记晋陵"承陂之家,处处而是",表明晋陵郡的水利事业,至宋已有极大的发展,可比肩水乡吴郡。南东海郡与晋陵比邻,京口东通吴、会南接江湖,水利的发达不可能例外。水利事业的发展,反映了农村经济的发展,徐耕、严成、王道盖都是"陈积之谷,皆有巨万"的富户。

《陈书·孔奂传》有一段话:"晋陵自宋、齐以来,旧为大郡,虽经寇扰,犹为全实。""全实",表明晋陵到宋、齐,全被开发出来了。

晋陵的开发,必然要带来城市经济的发展。《隋书·地理志下》尝说京口"亦一都会也"。徐州流民虽贱商贾,但他们勤于稼穑,使晋陵出现了"承陂之家,处处而是"的水光一片的村庄,为当时正在变得日益发达的江东商业,提供了丰富的农产品与棉织品。而京口本身,也就继建康之后,自然而然,形成一个都会,一个濒临长江而又有江南运河可通吴、会的商业城。晋末有一个刁逵,《晋书》卷六十九《刁逵传》载,"兄弟子侄并不拘名行,以货殖为务",发了大财,"有田万顷,奴婢数千人",横行不法,博得了"京口之蠹"的丑名。此例反映了京口商业的发展。

现在我们再向西来看淮南侨郡。

淮南侨郡本为水国,湖水弥漫。当涂等县境内,有丹阳湖,在当涂县东南,周回300余里;有芜湖水,在当涂县西南,源出丹阳湖,西北流入大江;有姑熟水,在当涂县南。有慈湖,在当涂县北。此郡在淮南及豫、并2州流民尚未进入、侨郡县尚未建立之时,可说是一片待开发的处女地。自流民进入,侨郡县建立之后,情况不同了。《陈书》卷五《宣帝纪》载,陈宣帝于太建四年闰十一月辛未,发布过一通诏令,内中写到姑熟:

> 良畴美柘,畦畎相望,连宇高薨,阡陌如绣。自梁末兵灾,凋残略尽。

真是好一片美丽风光!如果单据这个诏令所写,我们还只能说梁时姑熟(当涂)被开发出来。试再看齐永明体诗人谢朓的《郡内登望》:

> 山积陵阳阻,溪流春谷(繁昌)泉,戚纡距遥甸,巉嵒带远天。切切阴风暮,桑柘起寒烟。

郡指宣城。"桑柘起寒烟"之句,表明自宣城到陵阳、繁昌,"良畴美柘",齐时便已连成一片。再上推到宋,当涂盛产白纻布,《寰宇记》记当涂东70里有白纻亭,宋帝尝与群臣会此,唱《白纻歌》。《宋书·乐志四》有《白纻舞》歌诗3篇,其一云:

> 高举两手白鹄翔,轻躯徐起何洋洋。凝停善睐容仪光,宛若龙转乍低昂。随世而变诚无方,如推若引留且行。宋世方昌乐未央……质如轻云色如银。袍以光躯巾拂尘,制以为袍余作巾。四座欢乐胡可陈,清歌徐舞降祇神。

质如轻云色如银的白纻布,是唐朝的贡品,南朝宋时已在当涂生产,既可裁舞衣,又可制巾袍。

我们说,丹阳于湖、芜湖之地,由于晋时流民的进入,侨淮南郡与侨县的建立;由于土断前对持白籍的侨民有免税免役的规定;由于土断后王公庶民一体交税,负担较为均平;到南朝,经济已经开发。

要注意淮南侨郡的开发,也非单在农业方面。《隋书·地理志下》"扬州刺史"条曾将宣城郡与毗陵等郡并列,说道:"其俗亦同。然数郡川泽沃衍,有海陆之饶,珍异所聚,故商贾并凑。"隋宣城郡宣城县包有原淮南侨郡当涂(分于湖为境)、浚道(分芜湖为境)2县,"商贾并凑"的话,说明淮南侨郡的商业也发展起来了。当涂的麻织布白纻布便是抢手的热门货。

由上可知自江左政权设立侨郡县,给予侨民以持白籍、免除税役的权利以来,在江东沿江地区,形成了淮南、建康、南东海与晋陵几个经济开发区。这几个开发区连成一线,一旦开发,是要对附近地区造成影响的。这就是开发的向南进展。

(二)江东沿江经济开发的向南伸展

江东沿江地带自淮南侨郡到晋陵郡一线之南,为宣城郡、丹阳郡(郡南的丹阳、永世、溧阳等县)与义兴郡。再南为新安郡与吴兴郡。先从西边的宣城郡与新安郡说起。

齐诗人谢朓在宣城郡(治宛陵)做太守时,既写过"山积陵阳阻,溪流春谷泉,……切切阴风暮,桑柘起寒烟"的诗句,又写过"暧暧江村见,离离海树出","连阴盛农节,薹笠聚东菑"的诗句。从这些诗句中"桑柘"、"江村"、农节连阴,农夫戴笠耘于东菑的话来看,宣城郡的开发,在齐时已与淮南侨郡相连。

新安郡处于万山丛中,吴时虽已立郡,但仍闭塞不通。东晋时期,随着经济开发的向南延伸,新安发生了变化,新安人出来经商了。《晋书·五行志中》写到海西公时,司马晞设宴会,"辄令娼妓作新安人歌舞离别之辞,其声悲切"。《知新录》谓:"盖新安居万山之中,土少人稠,非经营四方,绝无治生之策矣。"说得较为偏颇。但从海西公时,司马晞于宴会上令娼妓作新安人歌舞离别之辞,可知新安人经营四方,在东晋中期即开始,非独明清。

南东海、南琅邪、淮南等侨郡,均建立于东晋初期,农、商到东晋中期已经取得较大的发展,无疑为新安人经营四方,创造了前提。

侯景乱梁,新安海宁有个程灵洗,起兵讨伐侯景,陈时做到郢州刺史。《陈书》卷十《程灵洗传》云,此人"性好播植,躬勤耕稼,至于水陆所宜,刈获早晚,虽老农不能及也。妓妾无游手,并督之纺绩"。多少可以反映梁时新安郡农村经济,必已有所发展。

丹阳郡南境丹阳、溧阳、永世等县的开发,可从齐初丹阳尹萧子良之言,得知一二。《南齐书·竟陵文宣王子良传》记建元三年,萧子良上表,谓丹阳郡"茔原抱隟,其处甚多,旧遏古塘,非唯一所"。他说的"旧遏古塘",是指江左晋、宋以来所修的水利。"非唯一所",即有很多。他具体说道:

> 近启遣五官殷沵、典签刘僧瑗到诸县循履,得丹阳、溧阳、永世等四县解并村耆辞列堪垦之田,合计荒熟八千五百五十四顷。修治塘遏,可用十一万八千余夫,一春就功,便可成立。

4县田8554顷,无论荒熟,都是已经开发出来的土地。所谓荒,是指晋宋以来所造水利,有失修者,田因而变荒。修治塘遏,经他估计,用11万余夫,一春便可成功。荒田便都可变回为熟田。丹阳郡境内山多,特别是南边。丹阳、溧阳、永世等4县能开发出8554顷可耕地,并不为少。因此,我们可以说随着丹阳郡北境即建康等地侨郡县的开发,丹阳南境各县,在经济上,很快地跟上来了。

丹阳郡南境之东为义兴郡,义兴东南为吴兴郡。义兴郡为晋惠帝时割吴兴之阳羡并长城之北乡而建。后有分立。宋初又分宣城之广德,吴兴之故鄣、长城、阳羡、义乡5县，在义兴立绥安县。此郡属于南徐州。这一带有侨民迁入。《陈书·高祖纪上》记陈霸先为长城下若里人。其先世居豫州颍川郡。永嘉之乱，陈达南迁，出为长城令，遂家于长城。咸和中土断，故为长城人。此即一例。

《宋书·二凶传》记刘濬于元嘉二十二年上言，谈吴兴经济情况，提及义兴。他说：

> 彼邦（吴兴郡）奥区，地沃民阜，一岁称稔，则穰被京城，时或水潦，则数郡为灾……州民姚峤比通便宜，以为二吴、晋陵、义兴四郡，同注太湖，而松江沪渎壅噎不利，故处处涌溢，浸渍成灾……寻四郡同患，非独吴兴。

在刘濬看来，二吴（吴郡、吴兴）、晋陵与义兴4郡的情况正同。好的地方是："地沃民阜，一岁称稔，则穰被京城。"差的地方是4郡之水虽同注太湖，而淞江沪渎壅噎，为4郡同患。他的话可以表明义兴、吴兴差可比肩晋陵。义兴与吴兴的开发，当然也有吴郡与会稽沿海地区的影响，非独晋陵。

这里要说一下江东及沿海地区的经济开发给会稽郡及其东、西、南三面带来的影响。宋有二吴：吴郡、吴兴。《水经注》有三吴：二吴加会稽。

沈约尝称"会土带海傍湖，良畴亦数十万顷，膏腴上地，亩直一金"[①]。梁时会稽郡上虞县有个谢平，善做"刚朴"，号称"中国绝手"。农业与手工业的发展均很可观。由带海傍湖而西，由长江沿江而南，这两支经济力量，不能不带动会稽郡东、西、南三面经济的发展。

原会稽东部都尉所在地的临海郡，其开发在宋时即已开始。谢灵运"尝自始宁南山伐木开径，直至临海"[②]。《太平寰宇记》卷一百二十七《淮南道五·光州》载，梁时在临海郡的乐安县，"偃谷水为六陂以溉田"。

---

① ［梁］沈约：《宋书》卷五十四《沈昙传》，中华书局，1974年，第1540页。
② ［梁］沈约：《宋书》卷六十七《谢灵运传》，中华书局，1974年，第1775页。

第五章　魏晋南北朝时期长江流域经济的迅速发展与几度猝然跌落

到梁、陈之际，临海出现了"土豪刘琪者，资财巨万"①。由临海分出的永嘉郡，据《齐民要术》卷五所引《永嘉记》，"有八辈蚕"。不让吴郡蚕一年八熟专美于前了。

原会稽西部都尉所在地的东阳郡，在梁陈之交，经济也有了发展。陈文帝平会稽，东阳有留异者，"世为郡著姓"，为陈文帝"转输粮馈"②。此人"雄擅一郡"，调东阳粮食，动摇陈蒨，说明东阳的农业生产，有一定的发展。

会稽南有建安、晋安 2 郡。建安郡本会稽南部都尉，晋初分建安立晋安郡，"东晋南渡，衣冠士族多萃此地（晋安）"③。看来流民颇为不少。梁末侯景之乱，又有不少人"遭乱移在建安、晋安、义安郡者"④。梁陈的时候，有所谓"闽中四姓"。东境一次饥馑，"而晋安独丰沃"。侯官有陈宝应者，"载米粟"自海道至临安、永嘉、会稽、余姚、诸暨等地，"与之贸易"⑤。说明由于流民的迁入，江东与沿海地区的经济发展，建安与晋安等郡也在开发之中。

下引《宋书》卷五十四沈约的话，作为结束语。

> 自晋氏迁流，迄于太元之世，百许年中，无风尘之警，区域之内，晏如也。及孙恩寇乱，歼亡事极，自此以至大明之季，年逾六纪，民户繁育，将曩时一矣。地广野丰，民勤本业，一岁或稔，则数郡忘饥。

此指江东。沈约只说到和平环境，未提及江左政权的政策，如侨郡县的建立，免税免役的规定，土断后王公与庶民一样交税，凡此对经济开发

---

① [唐]姚思廉:《陈书》卷三十三《儒林·王元规传》,中华书局,1972年,第448页。
② [唐]姚思廉:《陈书》卷三十五《留异传》,中华书局,1972年,第484页。
③ [宋]司马光编著,[元]胡三省音注:《资治通鉴》卷一百一十三《晋纪三十五》,中华书局,1976年,第3552页。
④ [唐]姚思廉:《陈书》卷三《世祖纪》,中华书局,1972年,第58页。
⑤ [唐]姚思廉:《陈书》卷三十五《陈宝应传》,中华书局,1972年,第486页。

的影响都具有决定性的意义。

(三)折课与和市

南朝的赋税已发生变化。东晋初期王公贵人及其所荫佃客等仍如西晋可不交税。咸和二年土断，王公以下都须交田税（度田收租）和口赋。南朝刘宋时期，由于经济开发的进展，庄园的形成，出现了赀税，也可名财产税。这在《宋书·周朗传》中有明确的记载，无可争论。周朗云：

> 取税之法，宜计人为输，不应以赀。云何使富者不尽，贫者不蠲，乃令桑长一尺，围以为价，田进一亩，度以为钱，屋不得瓦，皆责赀实。……今宜家宽其役，户减其税。

周朗所说取税"不应以赀"，说明了当时实行的为赀税。周朗所说今宜"户减其税"，说明了赀税以户为单位征收。周朗所说桑长一尺，田进一亩，屋加一瓦，"皆责赀实"，说明当时的赀税征收，完全根据各户财产的多少，已非分九品或分九等。《羊希传》所载占山格有一条是"皆依定格，条上赀簿"（详见下节），正是因为当时行的是赀税，而山也是赀，所以自当条上赀簿，一体纳税。

《南齐书·竟陵文宣王子良传》记萧子良亦有"围桑品屋，以准赀课"之言。南朝赀税自宋历齐一直继续下去。

赀税为计家赀以定课额。征收的方法则分为三种，叫"三课"或"三调"。三调者，"调粟、调帛及杂调"①是也。但并非就是调实物。周朗说"桑长一尺，围以为价，田进一亩，度以为钱"，表明三调是按所调实物，折收钱币征收。《隋书·食货志》有"折课市取"之言，将此语与周朗所说合起来看，便知"折课"即不要实物而要钱确为南朝赋税真相。

"市取"是官府用折收来的钱币，从民间购买军国所需的物资。南朝

---

① [宋]司马光编著，[元]胡三省音注：《资治通鉴》卷一百三十八《齐纪四》，中华书局，1976年，第4335页。

史书中关于市取的材料颇多。《宋书·武帝纪下》永初元年秋七月记有：

> 台府所须，皆别遣主帅，与民和市，即时裨直，不复责租民求办。

租已折钱，故军国物资不能再责成租民办理。"和市"，即和买。和买始自南朝初年，而非始于唐朝，可以明矣。又《宋书·后废帝纪》元徽四年记有：

> 敕令给赐，悉仰交市。

之所以要悉仰交市，是因为粟、帛、杂物均已折钱，敕令给赐，必须购买。又《南齐书·武帝纪》记有：

> 其和价以优黔首，……可现直和市。

此令是针对往常的强买而发。既为和市，就须和价。

交市、和市或市取，与折课是不可分的。不收粟、帛、杂物而收钱，从赋税发展史来说，与财产税的出现一样，也是一个进步，而和市即官家与民间做买卖，又是商业发展的一个重要侧面。

第七节　占山格与江南庄园经济的发展

江南山湖川泽甚多，占夺山湖川泽，是南方权门兼并的一个特点，其目的在创辟庄园。虽然早在东晋咸康二年王导当政时，颁布了"壬辰诏书"，晋末刘裕又重申此一诏书，严禁占山护泽，可是禁止不了。如果任其发展，不仅将激化阶级矛盾，且庄主如果无力经营，山泽就将变成无人区。如果完全禁断，事实上又不可能。于是产生了宋孝武帝大明初年的

"占山格"。起因是扬州刺史西阳王刘子尚要求"更申恒制（壬辰诏书）"，尚书左丞羊希以为"壬辰之制，其禁严刻，事既难遵，理与时弛"，建议易禁断为限制。"立制五条"：

一、"凡是山泽，先常燻爈种养竹木杂果为林芿，及陂湖江海鱼梁鰌䱧场，常加功修作者，听不追夺。"即庄主已占并正在加工经营的山泽，听归庄主所有，以保证生产照常进行。未加工经营的山泽，是要追夺的。

二、"官品第一、第二，听占山三顷；第三、第四品，二顷五十亩；第五、第六品，二顷；第七、第八品，一顷五十亩；第九品及百姓，一顷。"

三、"若先已占山，不得更占，先占阙少，依限占足。"先占的山，指正在加工经营的山，超过第二条规定的，不追夺，但也不得更占。先占少于第二条的规定，可以依限占足。过限则不可。这就是限制。

四、"皆依定格，条上赀簿。"这是说要按当时税制规定，完纳赀税。

五、"若非前条旧业，一不得禁。有犯者，水土一尺以上，并计赃，依常盗律论。"所谓"若非前条旧业"，指一、二、三条规定的可不追夺的旧业及少占阙少，依限占足的"新业"。"一不得禁"，指不得禁人樵采渔钓。"有犯者"，指超过前条旧业多占、禁人樵采渔钓者，无论水、土，一尺以上都要计赃，按常盗律论处①。

此即占山格，精神在兼顾山泽的开发和樵采渔钓的进行。深入一点说，此格与当时社会经济思想——在私有制的基础上，适当均量相适应。此格为孝武帝所接受并颁行，"壬辰之科"至此终结。

东晋设置侨郡县以处流民，免除税役；进行土断，王公庶人一例交税，造就了大批的自由农民，少数并上州为豪富之家，如徐耕。沿江以至江南腹地都有开发。然而要真正开发江南，单凭自由农的力量是远为不足的。在很大程度上需要有人组织力量，以充足的资金投入，去开发山泽，创辟庄园。南朝初年占山格的制订，适应了这一要求。毫无疑问，这将增

---

① 以上五条参见［梁］沈约：《宋书》卷五十四《羊希传》，中华书局，1974年，第1537页。

第五章 魏晋南北朝时期长江流域经济的迅速发展与几度猝然跌落

加与扩大江南开发的深度与广度。

南朝的含山带水,经济作物和加工产品较多,并非单种粮食。庄主几乎无不需要"爁爈种养竹木杂果为林苏",无不需要加工修作"陂湖江海鱼梁鳝鳖场"。因此,"山作及水役、采拾诸事",成了庄园中的重要劳动。谢灵运在《山居赋》中所写的他的山居之幽美,竹园、果园之繁茂,便是使用他的奴僮和义故门生从事山作及水役得来。赋中写东窗近田,"阡陌纵横,塍埒交经,导渠引流,脉散沟并"。西馆崖下,"密竹蒙径,从北直南,悉是竹园"。北山二园,南山三苑,"百果备列,乍近乍远,罗行布株,迎早候晚"。收获"品收不一,其灰其炭,咸各有律","采蜜扑栗,各随其月"。加工造纸,"剥芨岩椒","采以为纸"。……可见他的始宁山庄经济的广泛性和山作、水役的重要性。

或说:南朝庄园自给自足。这与事实不符。南朝庄园主不仅经营农业、手工业,而且经营商业。以山阴为例,王彪之在《整市教》中说:

> 或店、肆错乱,或商估没漏,假冒豪强之名,拥护贸易之利……属城承宽,亦皆如之。

可见山阴及其属城店、肆之多,而开设这种店肆的,往往就是在会稽"封略山湖"的豪强或"豪族富室"。

在分配方式上,直到东晋初年,庄主仍然是"其佃谷,皆与大家量分"①。可是到了南朝初期,在新开创的江南的庄园中,"其佃谷,皆与大家量分",已无法实行。因而出现了一种新的剥削客户的方式。谢灵运的《山居赋》说他在会稽修营别业:

> 山作水役,不以一牧,资待各徒,随节竞逐。

---

① [唐]魏征、令狐德棻:《隋书》卷二十四《食货志》,中华书局,1982年,第674页。

"资待"有两种解释。认为南朝仍在使用地位等同农奴的佃客进行劳动的,解作"有待"。我以为从"竞逐"2字来看,表现出了生产的积极性,此非农奴所应有;加以当时社会上雇佣劳动已经在发展,"资"字应作名词解。"资待"有雇佣之义。谓予不信,请看:

《宋书·孔季恭传》附《孔灵符传》记载:太宰刘义恭反对把会稽山阴县的"无赀之家",迁到余姚等3县去开垦湖田。理由之一是"寻山阴豪族富室,顷亩不少,贫者肆力,非为无处"。作为太宰的刘义恭,不可能说贫民可以去替豪族富室当隐户或"附隶",因为这是非法的。所谓"贫者肆力,非为无处",只能释为贫民出卖劳动力非为无处。范文澜在《中国通史简编》第二编中,已将"贫者肆力",解释为"贫民佣耕",他是对的。刘义恭的话反映了佣耕方式已被刘宋庄园主采用。又《南齐书·顾宪之传》说到税役之害:"蚕事弛而农业废,贱取庸而贵举责。"所谓"贱取庸",也就是去替庄主当雇佣农民,力役入于私门。梁武帝在大同七年十一月的一道诏令中还说到公田,"若富室给贫民种粮共营作者",可以不禁。这表明佣耕在梁已经相当盛行,私家如雇贫民去种公田,竟然可受法令保护。

当时雇佣劳动的情况,从《宋书》和《南史》孝义传所载,尚可得知一二。《吴达之传》说他曾"自卖为十夫客"[①]以葬嫂。《郭原平传》说他曾"自卖十夫,以供众费……诣所买主,执役无懈"[②]。此传有所谓"夫日",《吴逵传》有"夫直",《王彭传》又有"夫力"[③]。综合起来看,"夫力""夫直"以日计("夫日"),"十夫客"即相当于10个夫力的劳动力。此所谓客,为佣工,有自由,非原始意义上的佃客。

雇佣劳动不仅用到了私家经营上,而且用到了国家徭役上。梁武帝说过,其时国家营造所需工匠,"皆资雇借"[④],非征发而来。

---

① [唐]李延寿:《南史》卷七十三《孝义·吴达之传》,中华书局,1975年,第1825页。
② [梁]沈约:《宋书》卷九十一《孝义·郭原平传》,中华书局,1974年,第2244页。
③ [梁]沈约:《宋书》卷九十一《孝义·王彭传》,中华书局,1974年,第2250页。
④ [唐]姚思廉:《梁书》卷三十八《贺琛传》,中华书局,1973年,第548页。

雇佣劳动的出现，无疑有利于江南的开发。为彻底弄清楚当时的田庄主已不可能用剥削本宗佃客的方式去经营庄园，须将南朝社会宗族组织的变动，作一交待。

汉魏田庄主是聚族而居的，社会的基本单位是一个个宗族，宗族内部有庄主与佃客之分。大家族制度是一种落后的社会组织形式，它必将为个体家庭所代替。变化的时间就在南北朝时期。《宋书》卷八十二《周朗传》有一段话：

> 今士大夫以下，父母在而兄弟异计，十家而七矣；庶人父子殊产，亦八家而五矣。凡甚者乃危亡不相知，饥寒不相恤，又嫉谤谗害，其间不可称数。

这是一条极为重要的史料。它说明：在刘宋，包括士大夫和庶人在内，异计、殊产的十家就有七家、八家就有五家之多，个体家庭在南方已经替代大家族，成了社会的基本单位。我们可以从南朝史料中，举出许多实例，来证明周朗的话的正确性。

琅邪王氏：《南史·王弘传》附《远子僧祐传》记有赠王俭诗一首："汝家在市门，我家在南郭。汝家饶宾侣，我家多鸟雀。"《南齐书·王延之传》写到王延之的生父王升之，官至都官尚书，很有财产，但王延之因为"出继伯父秀才粲之"，家境非常"清贫，居宇穿漏"。这些证明名族，如琅邪王氏，到了南朝，已不再是聚族而居，同宗共财，而分解为一个个独立的家庭了，各家已有升沉贫富的不同。

陈郡谢氏：《宋书·谢弘微传》说：谢弘微的父亲谢思为武昌太守，"家素贫俭"。谢弘微出继叔父谢混，"所继丰泰"，"资财巨万，园宅十余所"。可知谢思、谢混兄弟各自成为个体家庭，贫富也有不同。

吴郡张氏：《南齐书·张融传》记宋孝武帝说："融殊贫，当序以佳禄，出为封溪令。"又记"融家贫愿禄"，写信给"从叔征北将军（张）永"求禄。此信未产生效果。张融从兄张绪，官至金紫光禄大夫、南郡王师，领中正、国子祭酒。这三张：张融、张永、张绪之家，是三个独立的个体家庭，贫富升沉各异。

吴兴沈氏：《陈书·沈炯传》记沈炯说过："臣……母子零丁，兄弟相长，谨身为养，仕不择官，宦成梁朝。……臣叔母妾丘（属吴兴丘氏）七十有五，臣门弟侄故自无人，妾丘儿孙又久亡泯，两家侍养，余臣一人。"沈炯的叔母丘氏是一个独立的个体家庭。因为她的儿孙亡故，才由沈炯兄弟两家侍养，而沈炯兄弟也各自成为个体家庭。因为弟家后来无人了，才由沈炯一家侍养。

…………

到南朝，南方大家庭制度已经破坏，宗族已经解散，个体家庭已经成为社会的基本单位，士族已经有了升沉贫富的分别，殆无可疑。

大家族制度的破坏，在生产方式上带来了两个明显的变化：一是土地的宗族共有之制不复存在，在江南创辟庄园，都由个体家庭独立经营。如谢灵运一家。二是庄主剥削本宗佃客的制度变成了历史的陈迹。宗族都解散了，本宗佃客如今安在哉？在江南创辟庄园，势必要依赖招徕外姓农民和平民不可。《宋书·袁湛传》附《袁豹传》有一段话：

> 居位无义从之徒，在野靡并兼之党，给赐非可恩致，力役不入私门，则游食者反本，肆勤自劝。

"游食"，即丧失土地的农民，被居位的和在野的并兼之党，搞去当"义从之徒"，以致"力役"入于私门。义从之徒即"门义"[①]或"义故门生"[②]。"力役"即刘义恭所谓"贫者肆力，非为无处"，亦即佣于并兼之党。须知南朝庄园尚处在开创阶段，山作、水役、采拾、农耕，百事待举。如采用旧的剥削本宗佃客的办法，是不能招徕失去土地的异姓农民的。要把庄园开辟出来，必须改变剥削方式。而这种改变，就是"佣耕"

---

① [梁]沈约:《宋书》卷八十七《殷琰传》，中华书局，1974年，第2204页。
② [梁]沈约:《宋书》卷六十七《谢灵运传》，中华书局，1974年，第1775页。

"贱取庸"或"给贫民种粮共营作"。何况,由于商品经济的发展,庄主已经有了改变剥削方式,采用佣耕,"资待各徒"的条件。

庄园由个体家庭而不是由宗族或大家族经营,采用雇佣劳动而不是采用农奴式的强制性劳动,是一个巨大的进步。这是南朝时期,江南开发获得进展的重要原因。

或谓:同意先生所云资为名词,然萧子良《净住子净行法门》"奴僮是人所资待而自给不使",应作何解释?应之曰:"《红楼梦》中奴婢有月钱,亦为资待,但无人身自由。"资待各徒的"徒"非奴僮。如郭原平、吴达之在自卖期间,执役无懈,期满即恢复自由。据《齐民要术》卷五,其实当时北方亦出现"指柴雇人"的现象,资待非独南方。

又或谓:"如先生所云,南朝雇佣劳动不仅见于庄园中,且见于朝廷营造中,何以后世此种情况又少见或不见?"应之曰:"此即专制时代历史的曲折性、反复性。历史总的方向是前进的,但有时也有倒退。此种倒退,时间也可能很长。此正我辈治史者所应注意之处。无论进退,都应找出原因。"

南朝庄园很多,不能悉书。除上述宋谢灵运始宁山庄外,再举数则以见。

宋孔灵符永兴墅。《宋书》卷五十四本传:"灵符家本丰,产业甚广,又于永兴立墅,周回三十三里,水陆地二百六十五顷,含带二山,又有果园九处。"

宋沈庆之建康娄湖庄园。《宋书》卷七十七本传:"居清明门外,有宅四所,室宇甚丽。又有园舍在娄湖,庆之一夜携子孙徙居之,以宅还官。悉移亲戚中表于娄湖,列门同闬焉。广开田园之业,每指地示人曰:'钱尽在此中。'"

梁沈约建康东田郊居,《梁书》卷十三本传所载沈约《郊居赋》云:"尔乃傍穷野,抵荒郊,编霜菼,葺寒茅。……开阁室以远临,辟高轩而旁睹,渐沼沚于溜垂,周塍陌于堂下。其水草蘋萍茭芰,菁藻兼菰……其陆卉则紫鳖绿蒻,天著山韭……其林鸟则翻泊颉颃,遗音上下……其水禽则大鸿小雁、天狗泽虞……其鱼则赤鲤青鲂，纤鲦巨鳝……其竹则东南独秀，九府擅奇……"

梁徐勉建康东田园舍。《梁书》卷二十五本传载徐勉诫子崧书云："中年聊于东田间营小园者，非在播艺，以要利入，正欲穿池种树，少寄情赏。……由吾经始历年，粗已成立，桃李茂密，桐竹成阴，塍陌交通，渠畎相属。华楼迥榭，颇有临眺之美；孤峰丛薄，不无纠纷之兴。渎中并饶菰蒋，湖里殊富菱莲。"

徐勉的东田园舍值得注意。在《与子崧书》中，徐勉说道："近营东边儿孙二宅，乃藉十住南还之资，其中所须，犹为不少，既牵挽不至，又不可中途而辍，郊间之园，遂不办保，货与韦黯，乃获百金，成就两宅，已消其半。"这席话内含丰富：其一，他营建东田园舍及为儿孙造两宅，都是用钱去买材料，雇佣工。或许有人不同意雇佣工，可是没有看到徐勉使用农奴式的佃客。且梁武帝时，朝廷"凡所营造，不关材官，及以国匠，皆资雇借，以成其事"①。徐勉身为尚书仆射、中书令，营造园舍，不资雇借，又资什么？其二，东田园舍以百金卖给了韦黯。整个庄园都可以买卖，不仅表现土地买卖的活跃性，而且表现了庄园经济的活跃性；不仅表现了土地的宗族共有制已成过往云烟，而且表现了本宗依附性极强的佃客，不再存在。因为总不能把佃客尤其是本宗佃客一齐卖掉。雇佃就没有问题。

第八节　江、湘、荆、雍、郢等州开发的进展与持续

（一）江州

晋惠帝元康元年，分扬州之豫章、鄱阳、庐陵、临川、南康、建安、晋安，荆州之武昌，桂阳、安城10郡为江州。治寻阳。

---

① ［唐］姚思廉：《梁书》卷三十八《贺琛传》，中华书局，1973年，第548页。

第五章 魏晋南北朝时期长江流域经济的迅速发展与几度猝然跌落

江州在南川流域。南川或称南江，即赣江。这块土地，在魏晋以前，生产并不发达。像豫章郡，立郡虽早，可到汉末仍旧是"素少谷"[①]。《太平御览》卷八百二十二《资产部·农》引《豫章记》载，到东晋为南昌令，"先婚配境内，然后督其农桑"，生产始有所发展。南朝时期不同了。据《资治通鉴》宋孝武帝孝建元年春正月臧质"擅用溢口、钩圻米"注：

> 溢口米，荆、湘、郢三州之运所积也。钩圻米，南江之运所积也。《水经注》：赣水自南昌历桸丘城下，又历钩圻邸阁下，而后至彭泽。

《水经注校》卷三十九《赣水》：

> 赣水又经桸丘城下，建安四年，孙策所筑也。赣水又历钓圻邸阁下，度支校尉治，太尉陶侃移置此也。旧夏月，邸阁前州没，去浦远。（宋少帝）景平元年，校尉豫章因运出之，力于渚次聚石为洲，长六十余丈，洲里可容数十舫。

则最晚到南朝宋初，赣江流域已发展成为江左政权的经济基地之一。而寻阳则是江、荆等州米的积存地，转运口。南朝晚期，《太平御览》卷八百二十一《资产部·田》引《豫章郡》载，豫章"稻米之精者，如玉映澈于器中"。"一年蚕四五熟"。俗"勤于纺绩，亦有夜浣纱而旦成布者，俗呼为鸡鸣布"[②]。生产已相当发达。

再看临川郡。此郡本豫章东部都尉，为抚河所经。梁时生产也发展起来了。《陈书》卷三十五《周迪传》说道：

---

① [晋]陈寿撰，陈乃乾校点：《三国志》卷四十六《孙策传》，中华书局，1964年，第1108页。

② [唐]魏征、令狐德棻：《隋书》卷三十一《地理志下》，中华书局，1982年，第887页。

初，侯景之乱也，百姓皆弃本业，群聚为盗，唯迪（临川南城人）所部，独不侵扰，并分结田畴，督其耕作，民下肆业，各有赢储。政教严明，征敛必至，余郡乏绝者，皆仰以取给。

周迪尚曾"大出粮饷"，资助陈将周文育讨萧勃。这说明梁时临川农业生产已经走上了轨道。平时民勤本业，只是因为侯景乱梁，才一度造成民弃本业的现象。而周迪所部耕作之有赢储，之能支援他郡，也就是因为梁时临川开发的程度已经较深。

作为赣、湘、荆、郢4州粮食转运口的寻阳郡治柴桑，此时已发展成为一个商业城市。近代杂歌中有《浔阳乐》一首，歌辞云："稽亭故人去，九里新人还。送一便迎两，无有暂时闲。"可知当地狎妓商人之多。

(二) 湘州

晋怀帝永嘉元年，历荆州之长沙、衡阳、湘东、邵陵、零陵、营阳、建昌、江州之桂阳8郡立湘州，治临湘。宋文帝立巴陵郡，属湘州，后度郢州。

魏文帝曹丕曾说："江表唯长沙名有好米。何得比新城粳[①]耶？上风吹之，五里闻香。"此语表明汉魏之际，长沙的农业已有开发，且起步不凡，虽比不上新城白粳，但名冠江表。

《水经注校》卷三十八湘水"又北至巴丘山，入于江"条："山在湘水右岸，山有巴陵故城，本吴之巴丘邸阁城也。"联系前云溢口米为荆、湘、郢3州之运所积，则巴丘邸阁城为湘州之运的出口站。巴陵，当洞庭湖与长江交汇之处。今为湖南岳阳市。江州之溢口，则为荆、湘、郢3州之运的中转站。这条水路运输，表明湘水与洞庭湖流域，在六朝（吴、东晋、宋、齐、梁、陈）时代，已经成为江左政权粮食基地之一。

[①]《艺文类聚》卷八十五《百谷部·粳》引袁准《观殊俗》载："新成白粳。"

然而，湘州在南齐之时，仍被称为"民丰土闲"①。《通典》卷十二《食货·轻重》载，齐武帝永明二年立常平仓，"市积为储"，湘州出钱二百万，不及江州（五百万）的一半，是最少的一个州。这个时候的湘江流域，开发落在赣江后头。但到梁、陈之际，有所不同。

梁元帝曾派咨议周弘直至湘州刺史河东王萧誉处，"督其粮众"②。陈时，华皎为湘州刺史，"善营产业，湘川地多所出，所得并入朝廷，粮运，竹木，委输甚众；至于油、蜜、脯、菜之属，莫不营办"。陈文帝尝因"湘州出杉木舟，使皎营造大舰金翅等二百余艘，并诸水战之具，欲以入汉及峡"③，说明湘江流域到南朝晚期，农业、手工业都有了发展。梁陈之交，长沙临湘出了一个欧阳頠，"家产累积"④，为郡豪族。他的家产便是在湘川流域经济发展的基础上累积起来的。

农业与手工业的发展，必然会带来商业的发展。《乐府诗集》第四十八卷《清商曲辞五·西曲歌中》有三首《三洲歌》，序云：

《唐书·乐志》曰："《三洲》，商人歌也。"《古今乐录》曰："《三洲歌》者，商客数游巴陵三江口往还，因共作此歌。……旧舞十六人，梁八人。"

歌辞云：

送欢板桥弯，相待三山头。遥见千幅帆，知是逐风流。
风流不暂停，三山隐行舟。愿作比目鱼，随欢千里游。
湘东酃酴酒，广州龙头铛。玉樽金镂椀，与郎双杯行。

---

① [梁]萧子显:《南齐书》卷十五《州郡志下》,中华书局,1974年,第287页。
② [唐]姚思廉:《梁书》卷五十五《河东王誉传》,中华书局,1973年,第829页。
③ [唐]姚思廉:《陈书》卷二十《华皎传》,中华书局,1972年,第271页。
④ [唐]姚思廉:《陈书》卷九《欧阳頠传》,中华书局,1972年,第157页。

"商客数游巴陵三江口",千幅帆,千里游,湘东、广州任往还,真是乐何如之!《元和郡县图志·江南道三》"岳州"条,说"巴陵城,对三江口,岷江为西江,澧江为中江,湖湘江为南江"。这三江:岷、澧、湘都是商船往还之地。南朝晚期,湘州商业的发达,在此首《三洲歌》中,被反映出来。

(三)荆州、郢州与雍州

这三州主要谈雍州。

雍州为东晋侨立,治襄阳。襄阳有许多侨郡县,除了江东,没有其他地方的侨郡县比襄阳更多了。既为侨郡县,便如江东一样,授予侨民以白籍,免除他们的税役,直到土断。

关于侨雍州及其所属侨郡县的设置,在《宋书·州郡三》中,有详细的记载。其言云:

> 雍州刺史,晋江左立。胡亡氐乱,雍、秦流民多南出樊、沔,晋孝武始于襄阳侨立雍州,并立侨郡县。宋文帝元嘉二十六年,割荆州之襄阳、南阳、新野、顺阳、随五郡为雍州,而侨郡县犹寄寓在诸郡界。孝武大明中,又分实土郡县以为侨郡县境。……今领郡十七,县六十。

此17郡是襄阳、南阳、新野、顺阳、京兆(初侨立,寄治襄阳。大明土断,割襄阳西界为实土)、始平(分京兆、扶风侨立,治襄阳,后治武当)、扶风(侨立,治襄阳,今治筑口)、南上洛(侨立,治臼)、河南(侨立,始治襄阳,孝武大明中,分沔北为境)、广平(江左侨立,治襄阳,今为实土)、义成(晋孝武立,治襄阳,后治均)、冯翊(三辅流民出襄阳,文帝元嘉六年立,治襄阳,后治郡)、南天水(本西戎流寓,今治岸州)、建昌(免军户立,寄治襄阳)、华山(胡人流寓,孝武大明元年立,治大隄)、北河南(寄治宛中)、弘农(宋明帝末立,寄治五垄)。

17郡中，除襄阳、南阳、新野、顺阳4郡外，余13郡均为侨立，以处雍、秦流民。曾寄治于襄阳的有京兆、始平、扶风、河南、广平、义成、冯翊、建昌等8郡。其后，京兆割襄阳西界为实土，始平移治武当，扶风移治筑口，河南分沔北为境，广平后为实土，义成移治均县，冯翊移治郜县，建昌则仍然寄治于襄阳。

北河南、弘农2侨郡无户口记载，京兆、始平等11个侨郡，据《宋书·州郡三》所载，户有20 053，口有65 423。此均为雍、秦流寓百姓户口之数。

又顺阳郡槐里与清水2县本来侨立于始平郡，大明土断，度属顺阳。郑县本来侨立于京兆郡，后度属顺阳。这3县槐里、清水、郑县原来都是侨县，惜无户口数。

京兆为割襄阳西界立，河南为分襄阳沔北为境，广平实土在襄阳，建昌一直寄治襄阳，后来虽然移治，但曾经寄治于襄阳的，尚有始平、扶风、义成与冯翊，可以想见，雍、秦流民大都住在襄阳。

《南史·孝义传下》记"霸城王整之姊嫁为卫敬瑜妻"。后面记有梁雍州刺史西昌侯萧藻表彰一事。梁雍州刺史治襄阳。霸城本属雍州京兆郡。雍、秦百姓南流，东晋侨立雍州于襄阳，侨立京兆郡寄治于襄阳，宋时始割襄阳西界为实土。宋武帝《永初郡国》，京兆侨郡有南霸城侨县。王整之之姊本关中雍州霸城人，流寓襄阳；卫敬瑜为襄阳小吏。

梅禹金《青泥莲花记》又记："姚玉京，娼家女也，嫁襄州小吏卫敬瑜。"嫁给卫敬瑜的是流民王整之之姊，之所以被称作姚玉京，是因为她为生活所迫，入了娼门，易名为姚玉京。卫敬瑜于娼寮与她相识，结为夫妇。

卫敬瑜不幸溺水而死，姚玉京才16岁，发誓不再改嫁他人。《南史》记她"为亡婿种树数百株，墓前柏树忽成连理，一年许，还复分散"。姚玉京为诗道：

墓前一株柏，根连复并枝。妾心能感木，颃城何足奇？

此则为《青泥莲花记》所无。接着《南史》写了燕子的故事,《青泥莲花记》所述大致与《南史》同。燕子失侣,一女一燕结成朋友,姚玉京有《赠燕子诗》云:

昔年无偶去,今春犹独归。故人思既重,不忍复双飞。

此自伤之诗也。姚玉京死后,坟在南郭。燕子飞来,哀啼死于姚玉京墓上。每当风清月明之夜,"襄人见玉京与燕同游汉水之滨"。不让汉皋神女专美于前。

萧藻曾为姚玉京起楼于居里之门,题为"贞义卫妇之闾"。唐李公佐撰《燕女坟记》,将姚玉京与燕子连在一起。以"燕女"比喻姚玉京最是恰当。钱塘苏小小墓今日犹在,但不知襄阳燕女坟今犹在否?

我写这一段,一则是举例以明雍、秦流民南寓襄阳,二则是为了写襄阳商人与妓女的活动所反映出来的侨雍州商业之盛。

《乐府诗集》卷四十八《清商曲辞五·西曲歌中》载有《估客乐》一首,序云:

《古今乐录》曰:"《估客乐》者,齐武帝之所制也。帝布衣时,尝游樊、邓。登阼以后,追忆往事而作歌。"……《唐书·乐志》曰:"梁改其名为《商旅行》。"

樊即樊城、邓为邓县,本属南阳,后度属侨京兆郡。齐武帝追忆往事而作《估客乐》,梁又改为《商旅行》,可知襄樊、邓县一带商人往来之多与商业贸易的热闹。惜正如齐武所说,他是"意满辞不叙",《乐府诗集》只载此一首。

《乐府诗集》同卷又有《襄阳乐》,序云:

《古今乐录》曰:"《襄阳乐》者,宋随王诞之所作也。诞始为襄阳郡，元嘉二十六年仍为雍州刺史，夜闻诸女歌谣，因而作之，所以歌和中有'襄阳来夜乐'之语也。"……又有《大堤曲》，亦出于此。简文帝雍州十曲，有《大堤》《南湖》《北渚》等曲。《通典》曰："裴子野《宋略》称晋安侯刘道产为襄阳太守，有善政，百姓乐业，人户丰赡，蛮夷顺服，悉缘沔而居。由此歌之，号《襄阳乐》。"盖非此也。

序言的意思很明白，宋刘诞夜闻诸女歌谣，因而和之，中有"襄阳来夜乐"之语。《大堤曲》亦出于此，梁简文帝雍州十曲为拟作。序言不同意《通典》引《宋略》认为是歌颂宋襄阳太守刘道产的话。

诸女，襄阳妓女也。如姚玉京只为其一。由姚玉京之例可以想到流寓襄阳雍、秦女儿沦为娼妓之多。襄阳来夜乐者，妓歌也。大隄为侨华山郡的郡治所在地。所谓大堤，即襄阳的汉江大堤。这一带妓女甚多，商旅辐辏。今举有地名的歌辞四首以见。

朝发襄阳城，暮至大堤宿。大堤诸女儿，花艳惊郎目。

江陵三千三，西塞陌中央。但问相随否，何计道里长。

人言襄阳乐，乐作非侬处。乘星冒风流，还侬扬州去。

扬州蒲锻环，百钱两三丛。不能买将还，空手揽抱侬。

襄阳、大堤、江陵、扬州，行商所至。诗中的侬，商人自喻；欢，妓女称所欢的人。"乘星冒风流，还侬扬州去"，风流两字为双关语。襄阳、大堤女儿，虽然艳绝，然而，还是做生意要紧，"乐作非侬处"，不如扁舟夜发，冒风乘流，还扬州作买卖。反正襄阳以后还是要来的。

宋刘道产为襄阳太守，有治绩，人户丰赡，蛮夷出来缘沔而居，这是另一回事，与《襄阳乐》无关。江汉为廪君蛮人所居，三国时，梅敷兄弟部曲万余家据沔南柤中之地，膏腴沃壤，得到开发。然而，还有不少地方的蛮夷很穷困。刘道产为襄阳太守，在宋时，那时雍、秦侨民在东晋对待侨民的优惠政策与土断后的税制改革政策之下，已将襄阳一带开发出来。所以，"百姓乐业，人户丰赡"。刘道产只是不去扰民而已。侨民对襄阳地区的开发，吸引了廪君蛮人都来缘沔而居，与侨民共同继续开发襄阳与侨雍州之地。

《水经注校》卷二十八《沔水》记襄阳"邑居隐赈①冠盖相望，一都之会也"。这个都会为长江中游南北交通要道所经，经济地位的重要性，超过了荆州州治——江陵。

荆州在宋领有南郡、南平、天门、宜都、巴东、汶阳、南义阳（晋末以义阳流民侨立）、新兴（晋江左侨立）、南河东（晋以司州侨户立）、建平、永宁（晋安帝侨立为长宁郡，宋明帝改为永宁）、武宁（以沮、漳降蛮立）12个郡。荆州刺史与南郡太守均治江陵。

南朝分陕而治，分陕即"拟周之分陕"。《公羊传》：自陕以东，周公主之；自陕以西，邵公主之，谓之"分陕"。江左称荆州为"陕西"或"西陕"。宋初，武帝以荆州为重镇，"遗诏诸子次第居之"②。文帝遵而行之，以彭城王刘义康为荆州刺史，但"总录百揆，兼牧畿甸"③，却由王弘。平陆令河南成粲写信给王弘，以为"势之所处，非亲不居。是以周之宗盟，异姓为后，权轴之要，任归二南"④。刘义康"宜入秉朝政"⑤。竟陵王刘诞、衡阳王刘义季"又宜出据列藩，齐光鲁、卫"⑥。王弘遂固请退位。文帝以刘义康为司徒，"总录百揆"。王弘死后，又以刘义康领扬州刺史。自刘义康入朝，荆州则由江夏王刘义恭、临川王刘义庆、衡阳王刘

---

① 隐赈当作"殷赈"，薛琮《西京赋》注云："殷赈，谓富饶也。"
② ［梁］沈约：《宋书》卷六十八《南郡王义宣传》，中华书局，1974年，第1798页。
③ ［梁］沈约：《宋书》卷四十二《王弘传》，中华书局，1974年，第1315页。
④ ［梁］沈约：《宋书》卷四十二《王弘传》，中华书局，1974年，第1315页。
⑤ ［梁］沈约：《宋书》卷四十二《王弘传》，中华书局，1974年，第1315页。
⑥ ［梁］沈约：《宋书》卷四十二《王弘传》，中华书局，1974年，第1315—1316页。

义季、南郡王刘义宣次第出镇。这就开分陕之端。盛弘之《荆州记》云："元嘉中，以京师根本之所寄，荆楚为重镇，上流之所总，拟周之分陕。"说的正是这个情况。分陕，表明江陵成了长江中上游的政治中心，地位与建康同等重要。这个地位，有利于荆州经济的持续发展。

荆州是江左政权的又一个粮食基地。稻米之精，媲美新城白粳。《艺文类聚》卷八十五《百谷部·粳》载，梁庾肩吾《谢湘东王（萧绎，即梁元帝）赍米启》云：

> 味重新城，香逾涝水。连舟入浦，似彦伯之南归；积地为山，疑马援之西至。不待候沙，同新渝之再熟；无劳拜石，均辽仓之重满。

他写了萧绎所赍荆州米的质量味重且香，胜过新城与涝水所产。数量也多，连舟入浦，积地为山，这么多的好米却是给庾肩吾一个人的。

《艺文类聚》卷八十五《百谷部·谷》萧绎有《上谷充军粮启》，内有"奉辞受赈"之言。荆州产米数量之大，质量之好，殆可无疑。

江陵城好比建康，既是一个政治城，又是一个商业城。宋末，萧嶷为荆州刺史，曾"以市税重滥，更定枺（枲）格，以税还民。禁诸市调及苗籍。二千石官长不得与人为市，诸曹吏听分番假"。以此，"百姓甚悦"。枺格，或疑为税收牌示，南朝时代，似各城都有，非仅江陵一例。官民互市，做官的加入商人队伍，是江陵商业发达到一定程度出现的现象。《乐府诗集》卷四十九《清商曲辞六》有四首《江陵乐》，内容正与写襄阳商人妓女骤散无时相类。录第四首以见。

> 暂出后园看，见花多忆子。鸟鸟双双飞，侬欢今何在。

这已成商业城市现象之一。

郢州始立于魏文帝，旋罢。吴又立郢州。至南朝宋孝武帝孝建元年，乃分荆州之江夏、竟陵、武陵、天门，湘州之巴陵，江州之武昌，豫州之西阳，立郢州。天门后还荆州。晋末，汝南郡民流寓夏口，因立为汝南侨县。郢州州治与江夏郡治都在汝南（夏口）。

郢州与荆、湘2州同为江左的粮食基地。这从浥口米为荆、湘、郢3州之运所积，即可明白。

《乐府诗集》卷四十七《清商曲辞四·西曲歌上》有《石城乐》五首，序云：

> 《唐书·乐志》曰："石城乐者，宋臧质所作也。石城在竟陵，质尝为竟陵郡，于城上眺瞩，见群少年歌谣通畅，因作此曲。"《古今乐录》曰："《石城乐》，旧舞十六人。"

歌辞云：

> 生长石城下，开窗对城楼。城中诸少年，出入见依投。

> 阳春百花生，摘插环髻前。捥指蹋忘愁，相与及盛年。

> 布帆百余幅，环环在江津。执手双泪落，何时见欢还。

> 大艑载三千，渐水丈五余。水高不得渡，与欢合生居。

> 闻欢远行去，相送方山亭。风吹黄蘗藩，恶闻苦离声。

像这些诗，如果要说是某人作，那最多也不过是某人加以收集润色罢了。这也是妓诗。布帆、大艑，是商人要远行。"风吹黄蘗藩，恶闻苦离声"，感情十分逼真动人。

同书卷四十八《清商曲辞五·西曲歌中》又有《莫愁乐》二首。序云：

第五章 魏晋南北朝时期长江流域经济的迅速发展与几度猝然跌落

《唐书·乐志》曰："《莫愁乐》者，出于《石城乐》。石城有女子名莫愁，善歌谣，石城乐和中复有忘愁声，因有此歌。"《古今乐录》曰："《莫愁乐》亦云蛮乐。旧舞十六人，梁八人。"《乐府解题》曰："古歌亦有莫愁，洛阳女，与此不同。"

歌辞云：

莫愁在何处，莫愁石城西。艇子打两桨，催送莫愁来。

闻欢下扬州，相送楚山头。探手抱腰看。江水断不流。

这正是张祜《莫愁乐》所云："侬居石城下，郎到石城游。自郎石城出，长在石城头。"刘诞在襄阳，"夜闻诸女歌谣"。臧质在石城，"见群少年歌谣通畅"，为南朝长江中游城市商业经济发展的生动反映。

(四)淮南与益州

此二地由于战乱频繁，经济开发陷于停顿。淮南的流民也有不少，东晋也曾在淮南侨置郡县。如南谯，为晋孝武帝于淮南今滁州之地所侨置，以处谯郡流民，后割地成实土；南汝阴，为江左侨立，治汝阴。汝阴即二汉与晋的合肥县[1]。可是，魏也有南谯郡，注明为"司马昌明置，魏因之"。司马昌明即晋孝武帝司马曜。昌明者，其字也。魏南谯郡属谯州。且有合州。注明为："萧衍置，魏因之。治合肥城。"[2]合州有汝阴郡，注明为"州治"[3]。汝阴即合肥。这可反映出南北朝争夺淮南的剧烈。在这种情况下，经济无法发展。

---

[1] [梁]沈约：《宋书》卷四十二《州郡二》，中华书局，1974年，第1074页。
[2] [北齐]魏收：《魏书》卷一百六《地形志中》，中华书局，1974年，第2571页。
[3] [北齐]魏收：《魏书》卷一百六《地形志中》，中华书局，1974年，第2571页。

益州始有李成政权。成国在李寿时改为汉国。这个政权自李特、李雄至李势，传国40余年，灭于东晋桓温。《晋书》卷一百二十一《李雄载记》云，李雄时尚好，他将西晋的赋税男丁岁谷四斛减为三斛，户调绢不过数丈（西晋绢三匹），绵三两。事少役稀，颇得百姓之和。但到李寿时，广修宫室，务于奢侈，《晋书》卷一百二十一《李寿载纪》载，"百姓疲于使役，呼嗟满道，思乱者十室而九"。此人曾说做皇帝"一日尚为足，而况数年乎！"他把做皇帝当作了穷奢极欲、滥施权威的踏脚石。历史上无数野心家贪图皇帝之位，其目的李寿已代说了。李势时夷獠叛乱，加之荒敛，国已不国，桓温因而乘之。

益州后又为焦纵所据，刘裕平之。

南北朝时期，益州也成了南北二方争夺之地，与淮南有类似处。《宋书·州郡三》梁州有晋寿郡，据晋地记，为孝武太元十五年梁州刺史周琼表立。治晋寿县。此县《何志》谓为晋惠帝位，沈约据《晋起居注》武帝太康元年，改梓潼之汉寿为晋寿，以为"汉寿之名，疑是蜀立，云惠帝立，非也"，又起有新巴郡，为"晋安帝分巴西立"。《魏书》卷一百六下《地形志下》，益州有东晋寿郡与新巴郡。东晋寿郡下注："司马德宗置，魏因之。"司马德宗即晋安帝。此郡的属县有晋安，下注："司马德宗置，魏因之。"又有晋寿，下注："晋惠帝置，属梓橦，后属。"则魏益州晋寿县即宋梁州晋寿郡晋寿县。新巴郡下注："司马德宗置，魏因之。"则魏益州新巴郡即宋梁州的新巴郡。

《宋书·州郡四》载，正是因为晋寿、新巴2郡为魏所占，宋文帝元嘉十二年才于剑南侨立南晋寿、南新巴2郡，以安置晋寿与新巴的流民。

如果说淮南与益州在三国分立时期开发得还比较好的话，则南北朝对峙时期，淮南于南朝，是力难控制；于北朝则志在用兵夺占，以拊建康之背，再无曹操、刘馥式的人物作经济的打算。李寿改成为汉，想继承刘备的蜀汉，可无诸葛亮其人内修政理。东晋之于益州，有鞭长难及之感。桓温、刘裕是打下了便走。北朝之于益州，得之则可拊荆州之背。军旅进出，使三国时期江淮与益州的经济欣欣向荣的景象消失下去。

第九节　科学技术的进步

首先是与农业关系较为密切的天文历法学。

江左是我国三大天文学派宣夜派学说辉煌发展的时代。此派一向被认为失传，其实不然。《晋书·天文志上》记宣夜之说与东晋虞喜《安天论》云：

> 宣夜之书云，惟汉秘书郎郄萌记先师相传云：天了无质，仰而瞻之，高远无极，……日月众星，自然浮生虚空之中，其行其止，皆须气焉。是以七曜或逝或住，或顺或逆，伏、见无常，进、退不同，由乎无所根系，故各异也。……若缀附天体，不得尔也。成帝咸康中，会稽虞喜因宣夜之说作《安天论》，以为天高穷于无穷，地深测于不测。……其光曜布列，各自运行，犹江海之有潮、汐，万品之有行、藏也。

《新唐书》卷二十七上《历志三上》记虞喜发现岁差现象云：

> 古历，日有常度，天周为岁终，故系星度于节气。其说似是而非，故久而益差。虞喜觉之，使天为天，岁为岁，乃立差（天周与岁周之差）以追其变，使五十年退一度。

又同书卷二十五《历志一》记傅仁均之言云：

> 宋祖冲之立岁差，隋张胄玄等因而修之。虽差数不同，各明其意。

由上所引可知，会稽虞喜实为宣夜派的传人。他是《安天论》的作者，也是天周与岁周之差的发现者与学说的创始人。祖冲之则是将虞喜岁差学说应用制订历法的第一人。祖历即大明历。旧法的通病在"令冬至日有定处"，而祖冲之的大明历则"令冬至所在，岁岁微差"。此为历法的第一要义，这样，历法才可久用，"无烦屡改"①。

隋张胄玄历、唐大衍历承祖冲之之后，都采用了虞喜的岁差学说。差度愈来愈精。

手工技术的进步以造纸业的普遍发展为最显著。

魏晋时期，纸的应用已在推广。到东晋，四大发明之一的纸，终于完全代替竹简，成为书写的主要工具。《艺文聚类》卷五十八《杂文部四·纸》中，《语林》记王羲之为会稽令，谢安"就乞笺纸，检校库中，有九万笺纸"，都给了谢安。这是一个县的库存纸。《初学记》卷二十一中，《桓玄伪事》又记："古无纸，故用简，非主于敬也。今诸用简者，皆以黄纸代之。"简废弃不用了。黄纸与白纸之分，在那个时代，含有贵贱异等的意义。南朝立案，关于官府、官吏的事用黄纸，关于民事或犯罪官吏的事，用白纸，叫黄案与白案②。

纸张原来多由尚方制造，但纸张原料易得，民间造纸业在逐渐发展中，据《初学记》卷二十一中，盛弘之《荆州记》说枣阳县有蔡伦宅、蔡子池，自蔡伦"以渔网造纸，县人今犹多能作纸，盖伦之遗业也"。此即民间的造纸业。谢灵运《山居赋》有"剥芨岩椒"，"采以为纸"的话。到南北朝时代，纸的制造，在民间显然已很普遍。这是纸之所以能在那个时代完全代替简的一个重要原因。

纸的制作技术，在东晋南北朝时代，大有提高。《宋书》卷五十二《张永传》记张永"有巧思"，"纸及墨皆自营造"。张永自造的纸，比皇帝用的还要好。文帝"每得永表启，辄执玩咨嗟，自叹供御者了不及也"。那时，文书用纸都用藤角纸，不用土纸。桓玄曾命平准署造一种"青赤缥绿桃花纸"，极为精巧。梁朝的时候，纸的制作技术达到了一个新的高度。

---

① [梁]沈约：《宋书》卷十三《律历志下》，中华书局，1974年，第290页。
② [梁]萧子显：《南齐书》卷十六《百官志》，中华书局，1972年，第321页。

梁江洪《为傅建康咏红笺诗》写红笺:"灼烁类薬开,轻明似霞破。"后梁宣帝《咏纸诗》写白纸:"皎白犹霜雪,方正若布棋。"梁刘孝威的《谢赉官纸启》写梁时官纸质量之高,"虽复邺殿凤衔,汉朝鱼网,平准桃花,中宫谷树(以树皮作纸名谷纸),固以惭兹靡滑,谢此鲜光。"

以造纸闻名的县与村也出现了。剡溪和余杭的由拳村,是藤纸的著名产地。

如果说岁差的发现及运用于历法的制作,对于江左经济的开发尤其是农业的进展甚有帮助,则纸的广泛使用,对于江左文化的发展,有重要的作用。绢帛由书写物变为征调物,亦由于此。

造船:江南造船技术也有发展,这与江南为水国相适应。陶季直《京邦记》引《西巡记》说道:"宋孝武度六合,龙舟翔凤以下,三千四十五艘。舟航之盛,三代,二京无比。"一次渡江,船只如此之多,很可说明南朝造船业的繁荣。

将机械制动原理运用到船只的制造上去,在当时,可说是时代的召唤。这个日子毕竟来临了。

南齐时,祖冲之造出了"千里船,于新亭江试之,日行百余里"。原理为"施机自运"[①]。这项发明如果能用到造船工业上去,那将是我国造船业的一次革命。可是科技在君主专制时代,只是种"末技"。工业要看宫廷的需要,科技发展的去路,就这样被挡住了。千里船只在新亭江面上出现一次,便如昙花一现,随即枯萎。

冶金:冶铁。南北朝时期,在冶铁技术上,有一个带普遍性的成就,即"杂炼生(生铁)柔(熟铁)"之法的采用。此法在南北有所不同,但都是通过"杂炼生柔",以造出优质钢材。南方常用的方法,是把生铁和熟铁混杂起来冶炼,火候到时,生铁先融化,渗淋于熟铁之中,然后取出反复锻炼,就可成为优质钢材。此法被称为"灌钢法"[②]。

南朝江左有东冶与南冶,但并不禁止私人冶铸。私人冶铸的规模虽小

[①] [梁]萧子显:《南齐书》卷五十二《文学传》,中华书局,1972年,第906页。
[②] 《重修政和类证本草》卷四《铁精》。

于官府的东、南二冶，可技术却往往出在民间的冶铸业中。会稽郡上虞县善做"钢朴"的中国绝手谢平，即是一个民间的冶铸家。

冶铜：南朝的冶铜业是很有名的，值得一提的是新铜矿的开发。宋时有所谓"钱溪"，《资治通鉴》宋明帝泰始二年七月"钱溪江岸最狭"注云：

《新唐书·地理志》："宣州南陵县有梅根监钱官，下云：陈庆至钱溪，军于梅根，盖今之梅根港是也；以有铸钱监，故谓之钱溪。"

《元和郡县图志》卷二十八《江南道四》"宣州南陵县"条记南陵县铜与钱的产地很具体，其言有云：

得国山，在县西一百一十里，出铜，供梅根监。

梅根监，在县西一百三十五里。梅根监并宛陵监（则又不止梅根一监），每岁共铸钱五万贯。

铜井山，在县西南八十五里，出铜。

由此可知此县铜与钱的产量，极为丰富，真可谓之为"钱溪"。这是新铜矿产区，"钱溪"的钱，是南朝"折课市取"之所以能够实施的保证。

此外，当涂县的赤金山，铜的开采仍在继续。《元和郡县图志》称当涂赤金山"在县北一十里，出好铜，与金类。《淮南子》《食货志》所谓丹阳铜也"。在汉朝，丹阳铜便是名产。南陵铜矿是丹阳铜矿沿长江向西的延伸，此时代被开发出来。

最后说一下陶瓷分离的问题。

原始青瓷都在陶窑中烧出。在浙江上虞、余姚、宁波、永嘉等县曾发现东汉陶瓷窑址多处，起初仍是陶瓷器同窑烧制，以后逐渐改为以烧瓷器为主。在上虞县帐子山曾发现两座东汉时期烧制器的斜坡形龙窑残基。然而东汉尚未有完整的青瓷制品的发现。南京赵土冈的一座墓葬中出土有

"赤乌十四年会稽上虞师袁宜作"刻铭的青瓷虎子。在一些东吴小墓中也不断发现随葬的青瓷器[①]。这说明了两个问题。一、分窑独立烧制青瓷始于长江下游江东地区，包括会稽；二、分窑独立烧制青瓷始于汉末孙吴之时。

六朝（吴、东晋、宋、齐、梁、陈）瓷器因为与陶器分窑独立烧制，品种和质量比之东汉时期都有提高。墓葬中东汉多见的陶器、木漆器和金属器等多被瓷器所代替。产地以浙江为最著，可划分为越窑、瓯窑、婺窑和德清窑4个窑系，而以越窑所出青瓷质量为最优。这些瓷窑多分布在原料充足、水运交通也比较方便的靠山临水地方。主要分布在绍兴、上虞和萧山一线。仅上虞县就发现瓷窑址五六十处。有些瓷器上刻有上虞、始兴和会稽的窑址地名，说明这些瓷器都是在当地瓷窑烧制。江浙地区墓葬中还盛行用纪年砖，根据此种墓的随葬青瓷器，不但可以清楚地看出江浙地区青瓷发展的过程，而且可以准确地进行瓷器断代。江浙地区既是六朝瓷器的重点产区，毫无疑问，它对其他地区瓷器制造的发展，将起到推进作用[②]。

第十节 南北朝末叶与隋时长江流域经济开发的再次受挫

（一）建康与江陵两个政治经济与文化中心城市的倾覆

梁武帝太清二年（548年），南朝发生了侯景之乱。

侯景之乱，是在梁武帝子侄争夺皇帝地位的空隙中发生的。说到底，它是我国君主专制制度的伴随物或产物。梁武帝有8个儿子，萧统为长，次萧综（母吴淑媛）、萧纲（母丁贵嫔）、萧绩（母董淑仪）、萧续（母丁贵嫔）、萧纶（母丁充华）、萧绎（母阮修容）、萧纪（母葛修容）。萧综因自疑为齐东昏侯萧宝卷之子，于武帝普通六年（525年）奔魏，萧绩死于

---

① 详见安金槐：《中国考古》，上海古籍出版社，1992年，第433—610页。
② 详见安金槐：《中国考古》，上海古籍出版社，1992年，第433—610页。

武帝大通三年（529年），萧统死于武帝中大通三年（531年），萧续死于武帝太清元年（547年）。萧续死后，存者唯继萧统被立为太子的二子萧纲，六子邵陵王萧纶，七子湘东王萧绎，八子武陵王萧纪。萧衍还有一个侄子萧正德，在长子萧统出生前，曾被萧衍养为己子。萧统出生后，萧衍叫他"还本"，仍然做萧宏的儿子，但封他做了西丰县侯。

侯景本是北魏怀朔镇的镇兵，羯人。此人先后追随尔朱荣与高欢。他时运亨通，高欢死前，做了东魏的司徒、南道行台。拥兵10万，统领豫、广、颍、洛、阳、西扬、东荆、北荆、襄、东豫、南兖、西兖、齐等13州。高欢病重时，认为侯景反复难知，不是他儿子高澄驾驭得了的，下令召回侯景。侯景害怕了，于梁武帝太清元年（547年），派人到建康，向梁朝请求以他所统领的13州投降。当时梁、魏的关系很好，梁朝的官吏自尚书仆射谢举以下，都认为不宜接纳侯景。那年武帝84岁，梦想统一。在君主专制时代，皇帝想要怎么做就怎么做。他违众接纳了侯景，封侯景为河南王。武帝接纳侯景，使侯景得到了一个庇护所，而梁朝却背上了一个沉重的包袱。黄河以南13个州还是侯景所辖，但高澄来打侯景时，梁朝没有理由不给侯景以粮食、兵器、兵力的支援。同时梁朝还不能与东魏和好，因为与东魏和好，就意味着舍弃了侯景，使他末日降临。这是侯景最害怕的事。

高澄派慕容绍宗打败了侯景，侯景收得800人逃到淮南的寿阳。梁武帝统一宇内的梦想也随之破灭。可侯景这个包袱却甩不掉。

侯景的威胁一旦解除，东魏便想恢复与梁的友好关系。当时北方分裂为东西二魏，东西魏打得不可开交。东魏极不愿意与梁交恶，而对梁朝来说，最好的外交政策是与东西魏都友好相处，当东西魏被彼此之间的恶战打得五劳七伤时，便是梁朝挥戈北进之日。侯景的失败，把梁、魏和好的问题重新摆到了梁武帝面前。但要和好，须得东魏主动。

高澄托梁武帝的侄子萧渊明带给了武帝一封信，表示愿与梁重新通好。朝臣无不主张与东魏友好相处，梁武帝再无迟疑，派谢廷、徐陵出使东魏，与结和好。武帝考虑过侯景的问题，认为他已没有力量，不足为

第五章 魏晋南北朝时期长江流域经济的迅速发展与几度猝然跌落

患。可他没有想到身边出了内奸萧正德。

萧正德本是梁武帝唯一的养子，恨梁武帝一生儿子，便抛弃了他。他自认为本是当然的太子皇帝，自被抛弃，郁郁不乐，一度北奔魏朝。北魏不接待，又逃回建康。武帝姑息养奸，流着眼泪教训他一顿了事。侯景起兵前，与萧正德已有勾结，写信暗许助萧正德当皇帝，萧正德读信大喜道："侯景之意，暗与人同，天赞我也。"专制制度与皇帝权力造就了一些人天天都在做皇帝梦，只是有的成功了，有的失败了。萧正德后来虽然做过几天皇帝，仍是失败的一个。萧正德回信给侯景，表示"仆为其内，公为其外"，何事不成？但事情要快办，现在就是时候。他急着等皇帝做了。

太清二年（548年）八月，侯景在寿阳起兵反梁，扬言进攻合肥，暗中以极快的速度引兵到了采石对岸。这时萧正德正被梁武帝起用为平北将军、都督京师诸军事，屯于丹阳郡。年老昏聩，莫此为甚。萧正德派出大船数十艘，谎称运柴薪，接应侯兵渡江，在采石上岸。武帝还在梦中。

侯景8000兵包围了台城，台城守卫严密，侯景攻不进去，人心逐渐离散。侯景觉得萧正德还可利用，立他做了皇帝，自为相国、天柱将军。然而萧正德内奸面目已露，人人欲得而诛之，起不了作用，到头来却只能是侯景的砧上肉。另一方面，这个出身"凶羯""镇兵"的侯景，袭用了历史上野蛮征服者惯用的办法，纵兵烧杀，抢劫，奸淫。储藏图书数百橱的东宫在战火中焚毁了，城西的士林馆、大府也化为灰烬。侯景攻下东府城，城内文武官吏3000多人都被杀死。由杀官吏变成杀居民，士兵见人就杀，街头巷尾尸体纵横。哪家的门头高一点，士兵就闯进那一家，将男人杀死，东西抢光，并驱赶子女妻妾到军营中，肆意进行侮辱。侯景的军队没有了粮食吃，士兵又到城里城外，把所能搜到的粮食都运入军营。建康出现了米一升七八万钱以至人相食的惨象。为了攻打台城，幸存的人们又被侯景驱迫来筑土山，昼夜不停。动不了的，都被侯景杀死，尸体被用去填山。那时的建康，号哭之声震动天地。自东晋以来，经营230余年的建康城被毁掉了，住在建康的士族扫地殆尽，庶民所剩寥寥无几。

《梁书》卷五十四《百济国传》记了一件事：

> 太清三年，不知京师寇贼，犹遣使贡献；既至，见城阙荒毁，并号恸涕泣。侯景怒，囚执之，及景平，方得还国。

百济使者是建康毁于侯景之手的人证，侯景罪恶滔天，逃不脱历史的惩罚。

侯景攻打台城不下，以邵陵王萧纶为首的各路援军陆续到达建康，侯景使了一个诡计，假装讲和，指挥台城防务的太子萧纲竟答应了侯景的要求，与侯景和。利用讲和，侯景把东府城的米都运到了被他占据的石头城，军队有了粮吃；利用讲和，侯景通过萧纲调动了梁军，使梁军都集中到秦淮河南，既解除了援军对自己的围困，又使援军军心懈怠；利用讲和，侯景还使在中途淹留不进的荆州刺史湘东王萧绎获得了一个借口，回师江陵。

台城终于被侯景攻下来了，武帝死去，萧纲做了傀儡皇帝。萧正德为侯景所杀。历史的中心舞台从建康移往江陵。

湘东王萧绎以荆州刺史都督荆、雍、湘等9州诸军事，是长江中游的一大力量。其南边的湘州刺史河东王萧誉、北边的雍州刺史岳阳王萧詧，西边的信州刺史（治巴东县）桂阳王萧慥，都是他的侄儿，又是他的下属。萧绎手段狠毒，猜疑心较重，觉得侄儿兄弟都是皇位的竞争者，必欲杀之而后已。台城陷落后，萧绎一回到江陵，便将在江陵的萧慥杀死。下令以自己的少子萧方矩为湘州刺史，派世子萧方等率精兵两万人送萧方矩上任。不料为萧誉所败，萧方等溺死，萧方矩逃回江陵。萧绎又先后派鲍泉、王僧辩攻打湘州，萧誉败死，湘州为萧绎所夺，但北边的雍州却出了问题。

雍州刺史萧詧与湘州刺史萧誉都是萧统之子。萧詧看清了他的七叔萧绎一旦消灭了兄长萧誉，下一个铲除的对象就是他了。为求生存，他派人到西魏，请求做西魏的藩附。萧绎派柳仲礼去打萧詧，西魏丞相宇文泰以开府仪同三司杨忠（隋文帝杨坚之父）都督荆州等15州诸军事，与行台仆射长孙俭一起,率兵来救萧詧,乘机夺取江汉地区。杨忠一路势如破竹,夺取了义阳、随郡、安陆、竟陵。汉水以东的地方,尽入西魏之手。

当萧绎攻打湘州的时候,在江夏的邵陵王萧纶写了一封信给萧绎,说道"外寇未除,家祸仍构",如果七弟(萧纶为武帝六子)打下湘州,杀了侄儿萧誉,雍州的侄儿萧詧必引西魏军队相助,那就"家国去矣"!萧绎反而派王僧辩率舟师一万,东下郢州,来打萧纶。这时侯景的大将任约又从东边来攻,萧纶走投汝南,为西魏杨忠所杀。

乘着萧绎叔侄相争,西魏不费吹灰之力,占领了汉水以东广大地区。萧绎好不容易与杨忠达成一个协议:"魏以石城(今湖北钟祥)为限,梁以安陆为界。"①这样,北路得以暂时无事。可是,同样趁着萧绎叔侄之争占领了江东的侯景,却派任约率军西上,与萧绎争夺荆州。且自己也赶了来。

巴陵之战,侯景的精锐任约所部5000人被王僧辩与胡僧祐所率梁军歼灭。此战为侯景由兴到亡的转折点。

侯景自巴陵败归建康,感到大势已去,想过皇帝瘾,废了简文帝萧纲,先立萧栋,又叫萧栋禅位给他。

王僧辩东进,战船连绵数百里。在岭南起兵的陈霸先,自赣江进入长江,与王僧辩军于桑落州西的白茅湾会合,共同进到芜湖,同侯景将领侯子鉴在长江中打了一场恶仗,侯子鉴水军全溃,王僧辩乘胜进入建康,侯景东逃,为羊鹍所杀。

自太清二年(548年)至承圣元年(552年),侯景之乱经历了5年,这5年中,江东经济的开发遭到了一次大挫折。兹将《资治通鉴》所记几段话录之以见。

简文帝大宝元年(550年):"自晋氏渡江,三吴最为富庶,贡赋商旅,皆出其地。及侯景之乱,掠金帛既尽,乃掠人而食之,或卖于北境,遗民殆尽矣。"

---

① [唐]令狐德棻等:《周书》卷十九《杨忠传》,中华书局,1974年,第316页。

元帝承圣元年（552年）："时江东饥乱，饿死者什八九。"①

敬帝太平元年（556年）："时民遭侯景之乱，皆弃农业，群聚为盗。"

又《陈书》卷五《宣帝纪》太建四年（572年）闰月辛未诏云："姑熟饶旷，荆河斯拟，……良畴美柘，畦畎相望，连宇高甍，阡陌如绣。自梁末兵灾，凋残略尽，比虽务优宽，犹未克复。"

由此数则，可见不仅建康，而且三吴以及淮南侨郡；不仅城市，而且农村；不仅城邑，而且百姓；自侯景乱梁，可谓扫地以尽。梁元帝承圣元年为侯景平定之年，这年，建康与江东由于饥馑乱离，饿死者竟达十八九，最为吓人。正可谓"千里绝烟，人迹罕见，白骨成聚，如丘陇焉"。原来"杂花生树，群莺乱飞"，"良畴美柘，畦畎相望"的美好江南，只能到梦里去追寻了。

这场历史的灾难，是不是随着侯景之乱的结束而结束了呢？远不是那样。侯景之乱，把梁朝君主专制制度固有的矛盾，都掀到了表面上来，一个接着一个引爆。侯景虽死，悲剧还要演下去。

侯景之乱平定前夕，在萧绎和他的八弟益州刺史武陵王萧纪之间，争端又起。萧纪在益州称帝，举兵沿江东下，萧绎恨极也怕极，叫方士把萧纪的像画在版上，自己亲自用钉子来钉画像上的肢体。如果战争只在他二人之间打，还不至于酿成大劫，可当时的萧绎，一腔仇恨，丧失了思考能力，几近疯狂。他竟写信给救援萧詧，夺取江东的敌人西魏，要求西魏进兵益州，讨伐萧纪。西魏的太师宇文泰大喜道："取蜀制梁，在兹一举。"②他做梦也未想到萧绎要把益州送给他。萧绎的信，是长江中上游灾难即将来临的信号。

承圣二年（553年），西魏派尉迟迥督原珍等6军进入益州，包围成都。萧纪退已无路，索性孤注一掷，欲倾全力攻打江陵。江陵未克，身先败死。成都守将向西魏投降，益州送给了西魏。

---

① 《陈书》卷十三《鲁悉达传》："时兵荒饥馑，京都（建康）及上川饿死者十八九。"

② [唐]令狐德棻等：《周书》卷二十一《尉迟迥传》，中华书局，1974年，第349—350页。

萧绎称帝比萧纪晚7个月,他以为侄儿兄弟都被他剪除,可以牢牢坐稳龙椅,当太平皇帝了。然而,萧纪的灭亡,益州的陷落,并不是这一历史悲剧的终结,它还有下一出。

那时,西魏已完成了对江陵的弧形包围。人们劝梁元帝迁都建康,可他宁愿把建康委托给王僧辩镇守。在他懵然无觉的时候,西魏的大军向江陵扑来了。

江陵城破,元帝命舍人高善宝焚江陵原有及建康运来的古今图书14万卷,以剑击柱,叹道:"文武之道,今夜尽矣!"图书何罪?文武道尽又自何来?元帝白马素衣出降于东门,但还是被魏人杀掉了。监刑的竟是他的侄儿萧詧派来的尚书傅准。

宇文泰本出于北魏武川镇,江陵被攻陷之日,暴露了西魏军的野蛮性与落后性。《周书》卷二《文帝下》记江陵被攻破之日,

> 擒梁元帝,杀之,并虏其百官及士民以归。没为奴婢者十余万,其免者二百余家。

《南史》卷八《梁本纪下》元帝承圣三年记西魏攻取江陵,"尚书左仆射王褒以下,并为俘以归长安。乃选百姓男女数万口,分为奴婢,小弱者皆杀之"。

又云:

> 自侯景之难,州郡太半入魏。……人户著籍,不盈三万。中兴之盛(指克侯景),尽于是矣。

与建康"分陕而治"的西陕——江陵,至此,步上建康后尘,宣告毁灭。

梁元帝死后,陈霸先秘密从京口发兵攻入石头城,杀了王僧辩,建立陈朝。梁朝故将多是王僧辩的旧部,纷纷起兵反对陈霸先。徐嗣徽向北齐

求助，陈朝皇室则倒向北周。历史似乎在开玩笑，本来南朝与东魏（后为北齐）站在一起，现在的陈氏南朝却与西魏（后为北周）站到一起。陈霸先与王僧辩旧部还有北齐军，在建康恶战不休，使这个著名城市再次陷入战火。而陈朝与北周合作的结果，不仅助周灭了北齐，也把自己送给了承继北周的隋朝。

《隋书》卷三十一《地理志下》"丹阳郡"条记载：

> 丹阳郡（自东晋以后置郡曰扬州。平陈，诏并平荡耕垦，更于石头城置蒋州）。

《建康实录》卷二《太祖下》赤乌八年八月，记破岗渎的开凿，又云：

> 至隋平陈，乃诏并废此渎。

所谓"平荡耕垦"，是将扬州与丹阳郡治即将建康平荡耕垦。因为建康被平荡，所以隋朝另于石头城置蒋州。联系建康秦淮河与江南运河的重要水道破岗渎同时被废。而这条水道，自孙吴以至陈朝，一直在起着商贸通路的作用。

建康始经侯景摧残，继由隋文帝平荡，想再恢复过来，不知要到何日了。隋文帝平荡建康不过是生怕江南存在一个经济文化水平都高过大兴城的城市罢了。这种不考虑经济，全从政治着眼的做法，在专制时代常见。扬州十日，嘉定三屠是清初的事，隋文似乎要好一点，因为他还没有把建康人一齐杀掉。

还有一个被人们忽略的问题，即开皇初，隋文曾"征天下工匠，纤微之巧，无不毕集"[①]。较之于梁陈营造"皆资雇借"，国匠死亡老疾"不劳订补"，又是个大退步。

---

① [唐]魏征、令狐德棻：《隋书》卷四十六《苏孝慈传》，中华书局，1982年，第1259页。

(二)"五教"与江南百姓的反抗

隋文平陈之后,在江南地区颁布所谓"五教",《资治通鉴》开皇十年(平陈之次年)冬十一月云:

> 平陈之后,牧民者尽更变之。苏威复作《五教》,使民无长幼悉诵之,士民嗟怨。民间复讹言隋欲徙之入关,远近惊骇。于是婺州(原东阳郡)汪文进、越州(原会稽郡)高智慧、苏州(原吴郡)沈玄恪皆举兵反,自称天子,署置百官。乐安(属台州)蔡道人、蒋山(在江宁县)李棱、饶州吴世华、温州沈孝彻、泉州(原建安郡)王国庆、杭州(原余杭郡)杨宝英、交州李春等皆自称大都督,攻陷州县。陈之故境,大抵皆反,大者有众数万,小者数千,共相影响,执县令,或抽其肠,或脔其肉食之,曰:"更能使侬诵《五教》邪!"

按《隋书·苏威传》不载《五教》,《资治通鉴》胡注亦无解释。陈之故境对《五教》如此痛恨,县令致被抽肠脔肉,则又不仅是颂隋贬陈而已。此事发生于平陈的第二年,江南民众俱起,全由隋文醉心于政治统一,不求经济上如何扶植江南,但求政治上如何巩固隋朝的专制统治。

隋文派杨素领兵征讨江南。《隋书》卷四十八《杨素传》记载:

> 以素为行军总管,帅众讨之。贼朱莫问自称南徐州刺史,以盛兵据京口。素率舟师入自扬子津(在真州扬子县南),进击破之。晋陵顾世兴自称太守,与其都督鲍迁等复来拒战。素逆击破之,执迁,虏三千余人。进击无锡贼帅叶略,又平之。吴郡沈玄恪、沈杰等以兵围苏州,刺史皇甫绩频战不利。素率众援之,玄恪势迫,走投南沙贼帅陆孟孙。素击孟孙于松江,大破之,生擒孟孙、玄恪。黟、歙贼帅沈雪、沈能据栅自固,又攻拔之。浙江贼帅高智慧自号东扬州刺史,船舰千艘,屯据要害,兵甚劲。素击之,自旦至申,苦战而破。智慧逃

> 入海，素蹑之，从余姚泛海趣永嘉。智慧来拒战，素击走之，擒获数千人。贼帅汪文进自称天子，据东阳，署其徒蔡道人为司空，守乐安。进讨，悉平之。又破永嘉贼帅沈孝彻。于是步道向天台，指临海郡，逐捕遗逸寇。前后百余战，智慧遁守闽越。……素复乘传至会稽。先是，泉州人王国庆，南安豪族也，杀刺史刘弘，据州为乱，诸亡贼皆归之。自以海路艰阻，非北人所习，不设备伍。素泛海掩至，国庆遑遽，弃州而走，余党散入海岛，或守溪洞。素分遣诸将，水陆追捕……江南大定。

这是江南人民自动起来反抗隋朝政治压迫、破坏江南城邑的一次起兵。陈后主将江南拱手送给了隋朝，假若当时陈能发动江南民众，以大将指挥，隋虽然拥有一支精锐的府兵，陈亦可与之一战。惜这次遍及江南的起兵，都是自发的，无人统一领导，以致为杨素各个击破。然而，这次起兵的反隋朝朝廷与所派江南地方吏的性质十分明显，虽然被隋朝镇压下去，对江南此后经济的发展却有深远的影响。

《杨素传》尚载："有鲍亨者，善属文，殷胄者，工草隶，并江南士人，因高智慧没为家奴。"这就是杨素对待江南人物的态度。被隋朝没为奴婢者，远不止此二人，史籍未有记录而已。

隋文帝被江南人民的反抗吓破了胆，开皇十五年二月丙辰，下令"收天下兵器，敢有私造者，坐之"。秋七月甲戌，派《五教》的制作者邳国公苏威"巡省江南"。看来《五教》仍在执着地向江南民众兜售。十六年甲午，"制工商不得进仕"，而江南原来工商业最发达。十八年春正月辛丑，隋文帝竟下令：

> 吴、越之人，往承弊俗，所在之处，私造大船，因相聚结，致有侵害。其江南诸州，人间有船长三丈已上，悉括入官。

自孙吴以来，江南造船业的发展，至此，也发生了一次大顿挫。从此民间无大船，也不准造。像孙吴那样往来于长江、海上的大舶不见了，民间商贸，需船运输，而商船只能在三丈以下。后来隋炀帝造龙舟，游江都，但开皇十八年春正月辛丑令不变。

隋文帝死，炀帝即位。就在即位之年——大业元年三月，他"发河南诸郡男女百余万，开通济渠，自西苑引穀、洛水达于河，自板渚引河通于淮"。同月，又"遣黄门侍郎王弘、上仪同于士澄往江南采木，造龙舟、凤䑃、黄龙、赤舰、楼船等数万艘"①。八月，炀帝即"御龙舟，幸江都。以左武卫大将军郭衍为前军，右武卫大将军李景为后军。文武官五品以上给楼船，九品已上给黄篾。舳舻相接，二百余里"②。浩浩荡荡自东都洛阳出发，驶往江都。

炀帝曾三到江都，第一次在大业元年，这次曾于江都下诏："赦江淮以南。扬州给复五年。"③大业六年三月癸亥"幸江都宫"为第二次，这次曾于江都"宴江淮已南父老，颁赐各有差"④。大业十二年秋七月甲子"幸江都宫"是第三次。这次一直住了下去。十三年九月，曾一反前二次作为，"括江都人女寡妇，以配从兵"⑤。《隋书》的作者在《炀帝纪》末写道："俄而（杨）玄感肇黎阳之乱，匈奴有雁门之围，天子方弃中土，远之扬、越。"⑥如果炀帝第一、二次到江都，尚有拉拢江淮以南父老之意，则第三次是为了逃避中土战火。

通济渠的开凿，在隋朝，绝无发展交通运输的意义。一则隋文严禁百姓制造乘坐3丈长以上的船只，商运是无法开展的；二则炀帝与百官自洛阳到江都，船只衔接200里，即使是3丈长以下的小船只，恐怕也进不了此条运河。

大业四年，隋炀帝还曾"诏发河北诸郡男女百余万开永济渠，引沁水

---

① ［唐］魏征、令狐德棻：《隋书》卷三《炀帝纪上》，中华书局，1973年，第63页。
② ［唐］魏征、令狐德棻：《隋书》卷三《炀帝纪上》，中华书局，1973年，第65页。
③ ［唐］魏征、令狐德棻：《隋书》卷三《炀帝纪上》，中华书局，1973年，第65页。
④ ［唐］魏征、令狐德棻：《隋书》卷三《炀帝纪上》，中华书局，1982年，第75页。
⑤ ［唐］魏征、令狐德棻：《隋书》卷四《炀帝纪下》，中华书局，1982年，第93页。
⑥ ［唐］魏征、令狐德棻：《隋书》卷四《炀帝纪下》，中华书局，1982年，第96页。

南达于河,北通涿郡"。大业六年,炀帝二到江都。七年,曾"自江都御龙舟入通济渠,遂幸于涿郡"①。他是第一个自江都北上涿郡的人。除江南运河一段外,他走完了大运河的全程。他到涿郡何事?《炀帝纪上》大业七年二月壬午,记炀帝于涿郡发布了一道诏令,内中写道:"高丽高元,亏失藩礼,将欲问罪辽左,恢宣胜略。"②原来他要打高丽了。

炀帝三次亲征高丽,《隋书》作者于《炀帝纪》末写道:

　　三驾辽左,旌旗万里,征税百端,猾吏侵渔,人不堪命。乃急令暴条以扰之,严刑峻法以临之,甲兵威武以董之,自是海内骚然,无聊生矣。

他以为做了天子,便可胡作非为。手中有甲兵,谁又敢不遵?可是偏有不怕死的人起兵了。一夫振臂,千夫齐起。有一个现象需要注意。人们都以为大业九年齐人孟让、王薄等拥众10余万,据长白山,为隋末起兵的开始,这是对的,但漏了南方。此年秋七月"癸未,余杭人刘元进举兵反,众至数万"。刘元进既是隋末最早起义的成员之一,其起兵又是开皇十年江南人民反抗隋朝压迫的继续。刘元进的起兵,引发了吴人朱燮、晋陵人管崇的起兵,朱、管二人"拥众十万余,自称将军,寇江左"。未几,共"推刘元进为天子"③。较之于开皇十年斗争的分散性,这是一个大进步。

隋时江南的开发虽陷于停顿,但是隋炀帝却为唐、宋留下了一条运河。永济渠可以不论,通济渠联系江淮以南,为唐、宋时期一条极重要的水道。江南继续开发,要待唐、宋了。

---

① [唐]魏征、令狐德棻:《隋书》卷三《炀帝纪上》,中华书局,1982年,第75页。
② [唐]魏征、令狐德棻:《隋书》卷三《炀帝纪上》,中华书局,1982年,第75页。
③ [唐]魏征、令狐德棻:《隋书》卷四《炀帝纪下》,中华书局,1982年,第85页。

第六章 唐和五代长江流域开发的继续发展与经济重心的逐渐南移

第一节 唐代对南北朝已经出现的几项重要制度的接受

(一)由均田制到土地私有制

我在《魏晋南北朝文化史》中曾经说道：魏晋南北朝时代，出现了一种"王者之法不得制人之私"与"宜更均量"互相结合的思想。北朝的均田制下，所均之田，由原有、买来及授给三部分组成。前二者性质完全为私有，第三种虽有还受的规定，但终身使用，且可买卖，性质上也具有私有的色彩。南朝的"占山格"，是对土地私有制的承认，略加限制而已。唐朝初期实行的均田制，承继北朝而来。指导思想仍不出均田制的创始人李安世的所争之田"悉属今主"，但"宜更均量"二者。人们往往以为均田制是将全国土地拿来均分。其实《文献通考》的作者马端临早就说过：

> 然观其立法……意桑田（在唐为永业田）必是人户世业，是以栽植桑榆其上，而露田（在唐为口分田）不栽树，则似所种者皆荒闲无主之田。必诸远流配谪子孙及户绝者，墟宅桑榆、尽为公田，以供授受。则固非尽夺富者之田，以予贫人也。又……是令其从便买卖以合均给之数，则又非强夺之以为公田而授无田之人。

"世业"与"令其从便买卖以合均给之数"的话，充分说明了均田制下所均之田的私有性。然而，既然称"均田"，便多少含有均量或限制土地私有制发展之义。私有，自西晋李重提出"王者之法不得制人之私"，在两晋南北朝时代，特别在南朝，成了一种势难阻遏的社会思潮与现实。北朝的均田制几经兴废，隋朝统一了，均田制推行不到长江流域。唐朝勉强将均田制推行到江南，但到唐朝，均田制已成强弩之末。在私有制发展的猛烈冲击下，均田制完全溃退了。唐玄宗天宝十一年的《禁官夺百姓口分永业田诏》，是私有制获得完全胜利均田制最后失败的标志。今据《全唐文》卷三十三所收玄宗此诏，摘录论述如下：

> 如闻王公百官及富豪之家，比置庄田，恣行吞并，莫惧章程。……爰及口分、永业，违法卖买，或改籍书，或云典帖，致令百姓无处安置。

这一段说了一个现象：王公百官及富豪之家的庄田在急剧发展，均田制破坏了。

"其王公百官勋、荫等家应置庄田，不得逾于式令，仍更从宽典，务使宏通，其有同籍周期以上亲俱有勋、荫者，每人占地顷亩，任其累计。"

从这段起，谈政策。"任其累计"，即式令内、式令外所占之地，加到一起，有多少、算多少，都是庄田，都为私有。这叫"更从宽典，务使弘通"。

"某荫外有余，如旧是无勋、荫，地合卖者，先用钱买得，不可官收，限敕到百日内，容其转卖。"

这一段讲的是凡用钱买来的土地，"不可官收"，只"容其转卖"。虽云"违法买卖"，实际承认了此种买卖的合法性。

"其先不合荫，又荫外请射，兼借荒及无马置牧地之内，并从合荫者，并不在占限，官还主。"

不管荫不荫，一律以荫论；占了土地，却说不在占限；被官家追夺了的所占之地,一律由官府交还占地的主人。这最能说明对土地私有的承认,不合法变成了合法。

"其口分、永业地,先合买卖,若有主来理者,其地虽经除附,不限载月近远,宜并却还。至于价值,准格并不合酬备,既缘先已用钱,审勘责其有契验可凭,特宜官为出钱,还其买人。其地若无主论理,不须收夺。"

卖出了的口分、永业田,有主来理,只要有契验可凭,官为出钱,向买主赎回。如无主来理,官府不能将买主买来的口分、永业田收夺。这是对均田制破坏、私有制发展的公开承认。

此令发布之后,历时260余年(485—752年)经魏、齐、周、隋、唐五次颁行的均田制,寿终正寝。土地私有制获得了彻底的胜利。这种私有制,在唐朝,仍处于方兴未艾的阶段,对经济开发是有利的,尤其对南朝以来已在发展的江南的庄园制与南方的开发有利。如追究原因,可以上溯到魏晋南北朝时代。这个时代是私有制发展的时代,宗族共有制为个体家庭所有制取代,庄园在南北尤其在南方取得了长足的进展。均田制虽在北朝推行,但屡遭破坏。桑田为世业,纯属私有,露田或口分田的还受部分,为国家授给的部分,不包括从便买来以充均给之田。如果硬说是国有,也只是一种不完全的国有。在土地私有制发展的时代,这种不完全的国有制是维持不下去的,最终要被私有制所取代。

(二)雇佣制

我在《魏晋南北朝史论稿》一书中,曾经说到雇佣劳动在南北庄园中,都已出现;又说到朝廷、官府有所营造,到梁时不再征发工人服役,改为雇借。这里有重述一下的必要。

贾思勰《齐民要术》卷五《种榆、白杨》讲到了当时的北方庄主是怎样雇工经营林木的。他说:"其岁岁科简剥治之功,指柴雇人,十束雇一人。无业之人,争来就作。"《养羊第五十七》也有"卖羊雇人"牧羊的记述。这是北方庄园出现雇佣劳动的明证。南朝的江南开发事业在进行中,雇佣劳动只会比北朝多而不会比北朝少。宋太宰刘义恭所说"寻山阴豪族富室，顷亩不少，贫者肆力，非为无处"①，南齐顾宪之所说"蚕事驰而农业废，贱取庸而贵举责"②，梁武帝所说，"自今公田悉不得假与豪家，已假者特听不追。其若富室给贫民种、粮共营作者，不在禁例"③，均指雇佣劳动而言。我在《魏晋南北朝史论稿》中提出，谢灵运《山居赋》所云："山作水役，不以一牧，资待各徒，随节竞逐。""资"应是名词，"资待"即以资待之，这种变化，导致了他的门徒义附生产积极性的提高。封闭论者不同意这种观点。其实魏晋南北朝时代本身就是一个开放的时代，"资待各徒"与梁武帝所说"其若富室给贫民种、粮共营作"，没有什么不同。而梁武帝说的正是一种"富农经济"，即以种、粮雇人营作，主人参加劳动（共营作）。当然，资待也可用于其他方面，如萧子良所云："奴僮是人所资待而自给不使。"④须知《红楼梦》中的丫鬟有月钱，这也是一种资待，与萧子良所云奴僮是人资待正同。然而不能据此否定资待门徒义附，为出粮、种、钱财雇人共营作。奴婢受资待但无自由，贫者肆力受资待与主人共营作，虽同为资待，但有自由。

南朝民间出现的雇佣劳动已经影响到了官府。梁时"凡所营造，不关材官，及以国匠；皆资雇借，以成其事"⑤。营造工人"皆资雇借"而不再是征发而来，是役法上的一个重大的进步。陈太建二年，宣帝又下诏："巧手于役死亡及与老疾，不劳订补。"⑥官府仍然拥有的国匠，从此只减不增，雇借势将成为唯一的办法。

官府营造采用雇借之法，又势必促进民间或私人庄园雇佣劳动的发展。前章第三节提到梁徐勉将他的庄园整个卖给韦黯，这只有在雇佣劳动得到发展之后才有可能。如果劳动者仍旧是本宗佃客或如人们所云农奴与

---

① ［梁］沈约：《宋书》卷五十四《孔灵符传》，中华书局，1974年，第1533页。
② ［梁］萧子显：《南齐书》卷四十六《顾宪之传》，中华书局，1972年，第808页。
③ ［唐］姚思廉：《梁书》卷三《武帝纪下》，中华书局，1973年，第86页。
④ ［唐］释道宣：《广弘明集》卷二十七《出家顺善门九》，清文渊阁四库全书本。
⑤ ［唐］姚思廉：《梁书》卷三十八《贺琛传》，中华书局，1973年，第548页。
⑥ ［唐］姚思廉：《陈书》卷五《宣帝纪》，中华书局，1972年，第79页。

第六章 唐和五代长江流域开发的继续发展与经济重心的逐渐南移

半农奴,试问整个庄园如何卖法?对本宗农奴式的附着于土地的佃客又如何安置?

唐朝的均田制有一个新东西,即在赋役中规定:"凡丁,岁役二旬。若不役,则收其庸,每日三尺。"①这叫"输庸代役"。如果官府要进行营造,工人从哪里来呢?从"和雇"而来。唐和雇匠即官府出资招雇的工匠。和雇匠的工钱为"雇者,日为绢三尺"②,即官府向均田户收取的庸数。大运河运输租调,皆由"官自雇船载运"③。如追溯其渊源,显然承自南朝的"雇借"。

这说的是均田制中雇佣劳动的出现。至于私家庄田使用雇佣劳动,时至唐朝,已无人否认了,但程度上则众说纷纭。须知唐朝庄田使用雇工,承自南北朝南北庄园的雇人营作,与和雇同为大势所趋,不得不然。但唐朝的雇佣劳动又有发展与变化。

唐朝文献关于私家雇佣劳动的记载,颇为不少。《旧唐书》卷九十四《李峤传》记李峤于武则天大足元年上疏:"天下编户,贫弱者众,亦有庸力客作以济糇粮。"《唐大诏令集》卷一百九所载宣宗大中九年《禁岭南货卖男女敕》又说:"如有贫穷不能存济者,欲以男女佣雇与人,贵分口食,任于行止。当立年限为约。"看来唐后期雇佣更有发展。《全唐文》卷七百二十五李公佐《谢小娥传》谓谢小娥易男子服,"佣保于江湖间",在寻阳曾见"竹户上有纸榜子,云召佣者"。召佣榜的出现,表明江南雇佣劳动已非个别而为普遍的现象。《太平广记》卷三百四十七尚记唐文宗大和六年,有李佐文者,于南阳郡临湍县秘书郎袁测的田庄上,遇一妇人。妇言"我佣居袁庄七年矣",即受雇于袁庄达七年。夫死女亡嫠居,"官不免税,孤穷无托,遂意再行",即离开袁庄,另图生存。此妇人姓王,"(文宗)开成四年,客有见者"。王氏可说是南阳的一个具体的女雇工形象。她佣工袁庄七年,落得夫死女亡,嫠居无靠,不得不离开袁庄,改嫁他人。

---

① [后晋]刘昫等:《旧唐书》卷四十八《食货志上》,中华书局,1975年,第2088页。
② [宋]欧阳修、宋祁:《新唐书》卷四十六《百官志一》,中华书局,1975年,第1201页。
③ [后晋]刘昫等:《旧唐书》卷四十九《食货志下》,中华书局,1975年,第2115页。

吐鲁番出土的高昌唐代雇佣契卷，表明雇主与雇工之间，订有契约或合同。合同上有月日、雇钱、雇主与被雇者的姓名。对此，程喜霖《试析吐鲁番出土的高昌唐代雇佣契券的性质》①已有论述。契卷的出现，是雇佣劳动的一个发展。

尤有进者，唐朝的寺院中出现了寺雇的"硙博士""钉镙博士""洗缲博士""釜子博士""造火炉博士"②等。这种"博士"是寺院雇请的长工或短工。寺院雇工的出现，可以说明唐代雇佣劳动使用，已遍及于官府、私家与寺院。

佣，亦可仕进。《唐摭言》卷十五《贤仆夫》记述：有"李敬者，本夏侯谯公之佣也。……公自中书出镇成都，……用敬知进奏，既而鞍掌极矣，向之笑者率多投之矣"。这自是个别现象，要知雇佣历南北朝至唐时，已成为一种习见的普遍性的事物。

唐朝有所谓主户与客户。对于客户的性质，常有争论。然而唐庄客中之有如同南阳袁庄一样的王氏雇佣客户，是不可移易的事实。唐后期"以男女雇佣于人"，"佣力客作以济糇粮者"大有人在。雇主贴出"召佣榜"，非仅寻阳一地。《太平广记》卷七十四"陈生"条引《卢氏逸史》记陈生隐居茅山，"偶至延陵，到佣作坊，求人负担药物"。此种佣作坊是等待雇主上门的，专门出售劳动力的"客户坊"或浮客寓所。与今保姆行等相类似。

客户本为浮、逃户，他们进入庄中，初期总是以寄庄户、"客作佣力"的形式存在。后来才逐渐变成为佃食客户。而这种佃食客户与魏晋时期的本宗佃客，性质也有差别。梁武帝大同七年十一月的诏令，除了载有"其若富室给贫民种粮共营作者，不在禁例"外，尚载有豪家富室如把所假公田"贵价僦（租赁）税以与贫民"的，也不在禁例。所谓贵价僦税以与贫

---

① 程喜霖：《试析吐鲁番出土的高昌唐代雇佣契券的性质》，载《中国古代史论丛》编委会：《中国古代史论丛》1982年第3辑，福建人民出版社，1982年，第304—330页。

② 姜伯勤：《敦煌寺院碾硙经营的两种形式》，载王仲荦：《历史论丛》第3辑，齐鲁书社，1983年，第172—193页。

民，即把所占公田出租给贫民，收取很高的租税。这是一种剥削租佃农民的方法，在南朝梁时也已出现。唐朝后来有所发展的佃食客户，即为一种租佃性质的农民。到宋朝，这种租佃农民或佃户，成了广泛的存在。客户就是佃户的代称。虽然佃作客户也是一种新东西，但比起庸作客户，毫无疑问，是在倒退。因为雇工劳动，庄主与庄客"共营作"，性质属于富农经济，而将田地一块块出租给佃户生产，坐收租税，性质属于地主经济。地主只做官，不参加劳动，不出资经营，生产何由发展？

(三)财产税(赀税)与折课市取

前章第二节谈及南朝初年，出现了"计赀定课"的新制。"桑长一尺，围以为价；田进一亩，度以为钱。"据《隋书·食货志》，南朝的三课本为调粟、调帛与调杂物，可是南朝又有"折课"与"市取"，折课即将粟、帛、杂物折成钱征收，市取即以征收到的三课所折成的钱，去向民间购买军国所需之物，此叫"和市"，价叫"和价"。南北赀税向前发展，便成为唐朝以"两税法"为名的财产税；折课的发展，便成为唐朝的"变造"；和市、和价的发展，便成为唐朝的"和买"。与"和雇"一样，唐朝的两税法、变造、和买，无一不有其渊源。

唐德宗建中元年三月下令："户无主客，以见居为簿。人无丁中，以贫富为差。行商者，在郡县税三十之一。居人之税，夏秋两征之。各有不便者，三之。余征赋悉罢，而丁额不废。其田亩之税，率以大历十四年垦数为准。征夏税无过六月，秋税无过十一月。"①此即两税法，为杨炎所定，建中元年二月，以诏令颁行天下。"以贫富为差"，即按每户财产多少征收，而主要的资产为土地。这是一种与土地私有制发展相适应的赋税制度。"丁额不废"，与役法有关，非丁税之谓。《陆宣公集》卷十二载，陆贽所说两税"唯以资产为宗，不以丁身为本"是也。自两税法实行，以丁身为本的租庸调法退出了历史舞台。这是一个进步。

---

① [后晋]刘昫等：《旧唐书》卷四十八《食货志上》，中华书局，1975年，第2093页。

两税征收的是钱。建中元年二月推行两税法，三年五月，淮南节度使陈少游"请于本道两税钱每千增二百，因诏他州悉如之"①，此为征钱之证。然而，非无变化。宪宗元和十五年八月，中书门下奏言："上既不专以钱为税，人得以所产输官，钱货必均其重轻，陇亩自广于蚕织。……亦请商量委所司裁酌，随便宜处置。"②宪宗从之。从此可征钱，也可"以钱折物"。文宗大和四年五月，剑南西川节度使，谏议大夫崔戎奏言："两税钱数内三分，二分纳见钱，一分折纳匹段。"③这折纳匹段④的一分，即以钱折物。

元和十五年八月中书门下奏尚谈到两税法实行前，"如大历已前租庸课调，不计钱，令其折纳"。此为以实物折纳钱币。然又不限于折钱。折纳亦谓之"变造"。玄宗二十五年三月敕云："又江淮等苦变造之劳，河路增转输之弊……自今已后，关内诸州庸调资课，并宜准时价变粟取米，送至京逐要支用。……其河南、河北有不通水利，宜折租造绢，以代关中调课。"⑤"变粟取米"，即变粟造米，或以粟折米；"折租造绢"即变租造绢，或以租折绢。这来自南朝的折课，又有所发展。两税法确定了征钱的原则，剑南西川以所征两税钱分为三分，一分折纳匹段，也可说是变钱造匹段。但与租庸调课折钱相比，毕竟是反其道而行之。

德宗贞元八年十月，敕："诸军镇和籴贮备，共三十三万石，价之外，更量与优饶。"⑥和籴即南朝的和买。"价之外，更量与优饶"，即务求"和价"。这也是南朝已有的东西。就近和籴，可免转输之劳。由于两税原则上为征钱，和籴也有了钱币。

唐朝把南朝出现的新东西继承下来，并加以发展，毫无疑问，将促进经济的发展。

---

① ［后晋］刘昫等：《旧唐书》卷四十八《食货志上》，中华书局，1975年，第2093页。
② ［后晋］刘昫等：《旧唐书》卷四十八《食货志上》，中华书局，1975年，第2094页。
③ ［后晋］刘昫等：《旧唐书》卷四十八《食货志上》，中华书局，1975年，第2094页。
④ ［后晋］刘昫等：《旧唐书》卷四十八《食货志上》，中华书局，1975年，第2094页。
⑤ ［后晋］刘昫等：《旧唐书》卷四十八《食货志上》，中华书局，1975年，第2090页。
⑥ ［后晋］刘昫等：《旧唐书》卷四十九《食货志下》，中华书局，1975年，第2125页。

(四)由"随事为驳"到"封驳"

梁集书省有"省诸奏闻文书。意异者,随事为驳"①之权,隋无集书省,散骑常侍、通直散骑常侍为门下省之官,即并入门下省。门下省无随事为驳之权。至唐不同。《文献通考》卷五十《职官考四》门下省引元祐初左仆射司马光之言云:

> 唐初,始合中书、门下之职,故有同中书门下三品、同中书门下平章事。其后又置政事堂。盖以中书出诏令,门下掌封驳,日有争论,纷纭不决,故使两省先于政事堂议定,然后奏闻。

梁集书省的"随事为驳"权,是对下面的"奏闻文书"而言,唐门下省的"封驳"权,则是对皇帝的"诏令"而言。这是一个发展。魏征久居门下省,他完全有封驳诏令之权,固不论太宗是否能接受。

门下省的封驳诏令之权,表明君主专制政治在唐朝多少受到了限制。这对减少政策的失误,对经济的发展,也将起到作用。

我之所以写此一节,因为前人在谈及唐朝制度渊源时,很少联系南朝。特别是在经济制度方面,多以为是唐朝自创。殊不知唐朝中后期制度多为承袭南朝加以发展而来。陈寅恪先生的《隋唐制度渊源略论稿》谈到隋唐制度的几个渊源,其中包括南朝。这有待于我们去进一步探索。

第二节 长江流域农田水利的继续开发

长江流域尤其是淮南与江南两道的农田水利事业,唐时得到了较大的开发。这是因为江南与淮南为唐朝经济命脉所在之地。唐人说过:玄宗天

---

① [唐]魏征、令狐德棻:《隋书》卷二十六《百官志上》,中华书局,1982年,第722页。

宝以后，中原靠"辇越而衣，漕吴而食"①。"天下以江、淮为国命"②。江、淮流域农田水利如不注意，将影响到唐朝的生存。大运河则为联系长安与江淮的水上通路，也是一个必须注意维护的问题。

今将《新唐书·地理志》所见江南、淮南等道水利的兴修，参之以他书，论述如下：

1. 江南道（卷四十一《地理志五》）

（1）润州丹杨郡：伊娄河、练塘、南北谢塘。

"丹徒县（本延陵县地）"条云："开元二十二年，刺史齐澣以州北隔江，舟行绕瓜步，回远六十里，多风涛，乃于京口埭下直趋渡江二十里，开伊娄河二十五里，渡扬子，立埭，岁利百亿（亿应为倍），舟不漂溺。"齐澣的办法是在瓜步开伊娄河，船从京口埭下，就可直趋瓜步的伊娄河，到达扬子津，不必再绕瓜步到扬子津。齐澣并于扬子津立埭，舟不漂溺而岁利百倍。伊娄河的开凿，有利于运河船只京口至扬州江上一段的往来。

"丹杨县（本曲阿）"条云："有练塘，周八十里。（代宗）水泰中，刺史韦损因废塘复置，以溉丹杨、金坛、延陵之田，民刻石颂之。"练塘的复置，使丹杨等3县田都得到了灌溉。

"金坛县（本曲阿县地）"条云："东南三十里有南北谢塘，武德二年，刺史谢元超因故塘复置以溉田。"

（2）升州江宁郡：绛岩湖。

"句容县"条云："西南三十里有绛岩湖，鳞德中，令杨延嘉因梁故堤置，后废。（代宗）大历十二年，令王昕复置，周百里为塘，立二斗门以节旱暵，开田万顷。"绛严，故赤山，绛岩湖即故赤山湖。天宝中更名。赤山湖的复置，乃至"开田万顷"，其利之大，可想而知。

（3）常州晋陵郡：孟渎、泰伯渎、蠡湖。

---

① [清]董诰等：《全唐文》卷六百三十《故太子少保赠尚书左仆射京兆韦府君神道碑》，中华书局，1983年，第6357页。

② [清]董诰等：《全唐文》卷七百五十三《上宰相求杭州启》，中华书局，1983年，第7806页。

"武进县"条云:"西四十里有孟渎,引江水南注通漕,溉田四千顷,(宪宗)元和八年,刺史孟简因故渠开。"

"无锡县"条云:"南五里有泰伯渎,东连蠡湖,亦元和八年孟简所开。"

(4) 苏州吴郡:古泾三百一、汉塘。

"海盐县"条云:"有古泾三百,(穆宗)长庆中,令李谔开,以御水旱。又西北六十里有汉塘,(文宗)大和七年开。"

(5) 湖州吴兴郡:官池、陵波塘、蒲帆塘、西湖、邸阁池、石鼓堰。

"乌程县"条云:"东百二十三里有官池,元和中,刺史范传正开。东南三十五里有陵波塘,(敬宗)宝历中,刺史崔玄亮开。北二里有蒲帆塘,刺史杨汉公开。"

"长城县"条云:"有西湖,溉田三千顷。其后堙废。(德宗)贞元十三年,刺史于頔复之,人赖其利。"

"安吉县"条云:"北三十里有邸阁池,北七十里有石鼓堰,引天目山水溉田百顷,皆(武则天)圣历初,令钳耳知命置。"

(6) 杭州余杭郡:沙河塘、白堤、捍海塘堤、上湖、下湖、北湖、甬道、阳陂湖、防水长堤、紫溪、官塘。

"钱塘县"条云:"南五里有沙河塘,(懿宗)咸通二年刺史崔彦曾开。"又《文献通考》卷六《田赋六·水利田》记钱塘西湖白堤云:"长庆中,白居易为杭州刺史,浚钱塘湖,周回三十里,北有石涵,南有筧,凡放水溉田,每减一寸可溉十五顷;每一伏时可溉五十余顷。……"西湖白堤由来于此。

"盐官县"条云:"有捍海塘堤,长百二十四里,开元元年重筑。"

"余杭县"条云:"南五里有上湖,西二里有下湖,宝历中,令归珧因汉令陈浑故迹置。北三里有北湖,亦珧所开,溉田千余顷。珧又筑甬道,通西北大路,高广径直百余里,行旅无山水之患。"

"富阳县"条云:"北十四里有阳陂湖,贞观十二年令郝某开。南六十步有堤,登封元年,令李濬时筑。东自海,西至于筧浦,以捍水患。贞元七年，令郑早又增修之。"阳陂湖一再重修，可见对水利的重视。

"于潜县"条云："南三十里有紫溪水溉田，贞元十八年，令杜泳开。又凿渠三十里，以通舟楫。"

"新城县"条云："北五里有官塘，堰水溉田，有九澳。永淳元年开。"

（7）越州会稽郡：防海塘、越王山堰、朱储斗门、新河、运道塘、新迳斗门、湖塘、任屿湖、黎湖。

"会稽县"条云："东北四十里有防海塘，自上虞江抵山阴百余里，以蓄水溉田。开元十年，令李俊之增修。大历十年观察使皇甫温、大和六年令李左次又增修之。"

"山阴县"条云："北三十里有越王山堰，贞元元年，观察使皇甫政凿山以畜泄水利，又东北二十里作朱储斗门。北五里有新河，西北十里有运道塘，皆元和十年观察使孟简开。西北四十六里有新迳斗门，大和七年观察使陆亘置。"

"诸暨县"条云："东二里有湖塘，天宝中令郭密之筑，溉田二十余顷。"

"上虞县"条云："西北二十七里有任屿湖，宝历二年金尧恭置，溉田二百顷。北二十里有黎湖，亦尧恭所置。"

（8）明州余姚郡：小江湖、西湖、广德湖、仲夏堰。

"鄞县"条云："南二里有小江湖，溉田八百顷，开元中令王元纬置，民立祠祀之。东二十里有西湖，溉田五百顷，天宝二年令陆南金开广之。西十二里有广德湖，溉田四百顷。贞元九年，刺史任侗因故迹增修。西南四十里有仲夏堰，溉田数千顷，大和六年刺史于季友筑。"

（9）衢州信安郡：神塘。

"西安县"条云："东五十五里有神塘，开元五年，因风雷摧山，偃涧成塘，溉田二百顷。"

（10）福州长乐郡：海堤、洪塘浦。

"闽县"条云："东五里有海堤，大和三年令李茸筑。先是，每六月潮水碱卤，禾苗多死，堤成，潴溪水殖稻，其地三百户皆良田。"

"侯官县"条云："西南七里有洪塘浦，自石岊江而东，经甓渎至柳桥以通舟楫。贞元十一年观察使王翃开。"

"长乐县"条云："东十里有海堤，大和七年令李茸筑，立十斗门以御潮。旱则潴水，雨则泄水，遂成良田。"

（11）泉州清源郡：晋江、尚书塘、天水淮、诸泉塘、沥浔塘、永丰塘、横塘、颉洋塘、国清塘、延寿陂。

"晋江县"条云："北一里有晋江，开元二十九，别驾赵颐贞凿沟通舟楫至城下。东一里有尚书塘，溉田三百余顷，贞元五年刺史赵昌置，名常稔塘。后昌为尚书，民思之，因更名。西南一里有天水塘，灌田百八十顷，大和三年刺史赵棨开。"

"莆田县"条云："西一里有诸泉塘，南五里有沥浔塘，西南二里有永丰塘，南二十里有横塘，东北四十里有颉洋塘，东南二十里有国清塘，溉田总千二百顷，并贞观中置。北七里有延寿陂，溉田四百余顷，（德宗）建中年置。"

（12）宣州宣城郡：德政陂、大农陂、永丰陂。

"宣城县"条云："东十六里有德政陂，引渠溉田二百顷，大历二年观察使陈少游置。"

"南陵县"条云："有大农陂，溉田千顷，元和四年，宁国令范某因废陂置，为石堰三百步，水所及者六十里。有永丰陂，在青弋江中。"溉田达到千顷，真可谓大农陂。

（13）歙州新安郡：车轮滩、阊门滩。

"歙县"条云："东南十二里有吕公滩，本车轮滩，湍悍善覆舟，刺史吕季重以俸募工凿之，遂成安流。"这里谈到"以俸募工"，唐朝雇佣劳动在发展，不服役者每日纳绢三尺，官府以此三尺绢另行募人充役。两税法实行后，有所兴造，仍为募工。各地官吏兴修水利工人来源，都可作如是观。

"祁门县"条云：西南十三里有阊门滩，"（懿宗）咸通三年，令陈甘节以俸募民穴石积木为横梁，因山派渠，余波入于乾溪，舟行乃安"。又是一个"以俸募民"者。

（14）洪州南昌郡：南塘斗门、捍水堤。

"南昌县"条云："县南有东湖，元和三年，刺史韦丹开南塘斗门以节江水，开陂塘以溉田。"

"建昌县"条云："南一里有捍水堤，（武宗）会昌六年摄令何易于筑。西二里又有堤，咸通二年令孙水筑。"

（15）江州浔阳郡：甘棠湖、秋水堤、断洪堤、陈令塘。

"浔阳县"条云："南有甘棠湖，长庆二年刺史李渤筑，立斗门以蓄泄水势。东有秋水堤，大和三年刺史韦珩筑。西有断洪堤，会昌二年刺史张又新筑，以窒水害。"

"都昌县"条云："南一里有陈令塘，咸通元年，令陈可夫筑，以阻潦水。"

（16）鄂州江夏郡：长乐堰。

"永兴县"条云："北有长乐堰，贞元十三年筑。"

饶州鄱阳称：李公堤、马塘、土湖。

"鄱阳县"条云："东北三里有李公堤，建中元年刺史李复筑，以捍江水。东北四里有马塘，北六里有土湖，皆刺史李植筑。"

（17）袁州宜春郡：李渠。

"宜春县"条云："西南十里有李渠，引仰山水入城，刺史李将顺凿。"

由上所述，可知江南道在天宝以后，水利工程兴造之多。有些虽为天宝以前乃至前朝所造，但都经过天宝以后的修治。大水利工程有岁利百倍的润州丹徒县的伊娄河；灌溉达丹阳金坛、延陵3县，周回80里的丹杨练湖；经修治后，开田万顷的江宁绛岩湖（赤山湖），溉田达4000顷的常州武进县的孟渎；苏州海盐开古泾达301条；溉田3000顷的湖州长城县的西湖；杭州盐官县的捍海塘堤长达124里；溉田千余顷的杭州余杭县的北湖；越州会稽县的防海塘自上虞至山阴，长达百余里，用以蓄水溉田；溉田数千顷的明州鄞县的仲夏堰，溉田千顷的宣州宣城县的大农陂。这些大水利工程都在江东的浙东、浙西与宣歙之地，可见唐朝对命脉江东地区特别重视。

江南道除了上游的黔州等地以外，都曾兴修水利。唐朝官吏何以如此重视长江中下游江南水利的兴修？是不是利民？民间说是这样的，为之立祠。其实在君主专制时代，地方官吏的一些措施，首先是为了朝廷。江淮既为天下财富所聚，既是皇朝命脉，赋税成了江淮的第一要素。官吏热衷于修水利，是为了完成有定额的两税的征收，一供朝廷，二保自己。当然，他们勤修水利比但知害民的官吏要好得多，这点也须看到。

2.淮南道（卷四十一《地理志五》）

（1）扬州广陵郡：雷塘、勾城塘、爱敬陂、七里港渠水、高邮堤塘。

"江都县"条云："东十一里有雷塘，贞观十八年，长史李袭誉引渠，又筑勾城塘，以溉田八百顷。有爱敬陂水门，贞元四年，节度使杜亚自江都西循蜀冈之右，引陂趋城隅以通漕，溉夹陂田。宝历二年，漕渠浅，输不及期，盐铁使王播自七里港引渠东注官河，以便漕运。"按《新唐书》卷五十三《食货志三》云："初，扬州疏太子港、陈登塘，凡三十四陂以益漕河，辄复堙塞。淮南节度使杜亚乃浚渠蜀冈，疏句城湖、爱敬陂，起堤贯城，以通大舟。"杜亚的办法是将句城湖、爱敬陂的水，开渠自蜀冈引向江都城隅，入大运河以通漕运，更溉陂田。这是邗沟的又一次治理。

"高邮县"条云："有堤塘，溉田数千顷，元和中，节度使李吉甫筑。"《新唐书·食货志三》云：杜亚引渠水益运河之后，"河益庳，水下走淮，夏则舟不得前。节度使李吉甫筑平津堰，以泄有余，防不足，漕流遂通。"李吉甫的办法是在高邮筑堰以解决夏季塘岸溃决，运河水下泄，无法通航的问题。这是邗沟通航的第二次治理、敬宗宝历二年王播自江都七里港引渠东注官河（邗沟）以便漕运，是第三次。

（2）楚州淮阴郡：常丰堰、白水塘、羡塘、徐州泾、青州泾、大府泾、竹子泾、棠梨泾。

"山阳县"条云："有常丰堰，大历中，黜陟使李承置以溉田。"

"宝应县"条云："西南八十里有白水塘、羡塘，证圣中开，置屯田。西南四十里有徐州泾、青州泾，西南五十里有大府泾，长庆中，兴白水塘屯田，发青、徐扬州之民以凿之，大府即扬州。北四里有竹子泾，亦长庆中开。"

"淮阴县"条云："南九十五里有棠梨泾，长庆二年开。"

（3）和州历阳郡：韦游沟。

"乌江县"条云："东南二里有韦游沟，引江至郭十五里，溉田五百顷，开元中，丞韦尹开。贞元十六年，令游重彦又治之，民享其利，以姓名沟。"

（4）寿州寿春郡：永乐渠。

"安丰县"条云："东北十里有永乐渠，溉高原田，广德二年宰相元载置。大历十三年废。"永乐渠使用了16年。

（5）光州弋阳郡：雨施陂。

"光山县"条云："西南八里有雨施陂，永徽四年，刺史裴大觉积水以溉田百余顷。"

淮南道与江南道同为唐长安朝廷两税供应基地，唐时往往合称"江淮"，所谓"天下以江淮为国命"是也。此江淮即指江南道与淮南道，非谓淮河以南、长江以北之地。淮南道兴造的水利工程几可与江南道媲美。邗沟在德宗贞元四年、宪宗元和中、敬宗宝历二年三次得到修治，以保证运河通航。元和中李吉甫所筑堤塘（平津堰）溉田多至数千顷，是一项既利运河航运又有益于灌溉的重要工程。

3.山南道（卷四十《地理志四》）

（1）江陵府江陵郡：塞古堤以广良田。

"江陵县"条云："贞元八年，节度使嗣曹王皋塞古堤，广良田五千顷，亩收一钟。又规江南废洲为庐舍，架江为二桥。荆俗饮陂泽，乃教人凿井，人以为便。"李皋在江陵塞古堤开广良田五千顷，亩收一钟，很了不起。凿井也是一项有利于民生的水利事业。

（2）朗州武陵郡：永泰渠、北塔堰、考功堰、右史堰、后乡渠、津石陂、崔陂、槎陂。

"武陵县"条云："北有永泰渠，光宅中，刺史胡处立开，通漕，且为

第六章　唐和五代长江流域开发的继续发展与经济重心的逐渐南移

火备。西北二十七里有北塔堰，开元二十七年，刺史李玼增修，接古专陂，由黄土堰注白马湖，分入城隍及故永泰渠，溉田千余顷。东北八十九里有考功堰，长庆元年，刺史李翱因故汉樊陂开，溉田千一百顷；又有右史堰，二年，刺史温造增修，开后乡渠，经九十七里，溉田二千顷。又北百一十九里有津石陂，本圣历初令崔嗣业开，翱、造亦从而增之，溉田九百顷。……东北八十里有崔陂。东北三十五里有槎陂，亦嗣业所修以溉田，后废。大历五年，刺史韦夏卿复治槎陂，溉田千余顷。十三年以堰坏遂废。"北塔堰、考功堰、右史堰、津石陂、槎陂溉田少则九百顷，多则二千顷，都是大工程。要知武陵一郡水利事业的发达。

（3）复州竟陵郡：石堰渠。

"竟陵县"条云："有石堰渠，咸通中，刺史董元素开。"

山南道以江陵、武陵的水利事业为最著名。李皋塞坏决古堤只有二处，竟开广良田达5000顷。事需人为，于此又得一证。武陵所造的几条堰陂溉田亦达五六千顷，与江陵开广良田5000顷可以并称、媲美。然而，山南道水利的兴修毕竟不如江南道、淮南道。

4.剑南道（卷四十二《地理六》）

（1）成都府蜀郡：万岁池、官源渠堤、新源水。

"成都县"条云："北十八里有万岁池，天宝中，长史章仇兼琼筑堤，积水溉田。南百步有官源渠堤百余里，天宝二载，令独孤戒盈筑。"

"温江县"条云："有新源水，开元二十三年，长史章仇兼琼因蜀王秀故渠开，通漕西山竹木。"

（2）彭州濛阳郡：湔江工程、侍郎堰、百丈堰、小堰。

"九陇县"条云："武后时，长史刘易从决唐昌沲江，凿川派流，合堋口壤歧水溉九陇、唐昌田，民为立祠。"

"导江县"条云："有侍郎堰。其东百丈堰，引江水以溉彭、益田，龙朔中筑。又有小堰，长安初筑。"

（3）蜀州唐安郡：远济堰。

"新津县"条云："西南二里有远济堰，分四筒穿渠，溉眉州通义，彭山之田。开元二十八年，采访使章仇兼琼开。"

（4）汉州德阳郡：洛县堤堰。

"洛县"条云："贞元末，刺史卢士玾立堤堰，溉田四百余顷。"

（5）眉州通义郡：通济堰、青神渠。

"彭山县"条云："有通济大堰一，小堰十，自新津中江口引渠南下，百二十里至州西南入江，溉田千六百顷，开元中，益州长史章仇兼琼开。"这项工程将邛江与长江连起来了，溉田多至一千六百顷，是眉州的一项大工程。

"青神县"条云："大和中，荣夷人张武等百余家请田于青神，凿山酾渠，溉田二百余顷。"这项工程为民办。

（6）资州资阳郡：百枝池。

"盘石县"条云："北七十里有百枝池，周六十里，贞观六年，将军薛万彻决东使流。"

（7）绵州巴西郡：广济陂、洛水堰、芒江堰、杨村堰、折脚堰、云门堰。

"巴西县"条云："南六里有广济陂，引渠溉田百余顷，垂拱四年，长史樊思孝、令夏侯奭因故渠开。"

"魏城县"条云："北五里有洛水堰，贞观六年引安西水入县，民甚利之。"

"罗江县"条云："北五里有芒江堰，引射水溉田入城，永徽五年，令白大信置。北十四里有杨村堰，引折脚堰水溉田，贞元二十一年，令韦德筑。"

"神泉县"条云："北二十里有折脚堰，引水溉田，贞观元年开。"

"龙安县"条云："东南二十三里有云门堰，决茶川水溉田，贞观元年筑。"

（8）剑州普安郡：利人渠。

"阴平县"条云："西北二里有利人渠，引马阁水入县溉田，龙朔三年，令刘凤仪开，宝应中废，后复开，景福二年又废。"

(9) 陵州仁寿郡：汉阳堰。

"籍县"条云："东五里有汉阳堰，武德初，引汉水溉田二百顷，后废。文明元年，令陈允复置，后又废。"

剑南道的水利工程，只有洛县堰堤，造于贞元末年；青神县的青神渠造于大和中；罗江县的杨村堰造于贞元二十一年。其他均为初唐与盛唐所造。唐朝水利前期多在剑南道兴造，安史之乱以后，多在江南道与淮南道兴造。由此可见与政治关系的密切。

在《新唐书》记载的土贡中，米一项只见于江南道。如常州有"大小香粳"，苏州有"大小香粳"，湖州有"糯米"，婺州有"香粳"。皇家连吃饭都有贡米，而且是最好的香粳。这种粳米仅产于江南东道。

唐朝农田水利在江淮的迅猛发展，是要带动其他产品的开发的。下节讲茶叶。

第三节　长江流域茶叶的开发与所遭挫折（附蔗糖）

茶，晋称苦水。唐时茶树得到了大量的种植，茶叶产量激增，成了通常饮料，好茶被定为贡品，送给皇室享用。下据《新唐书·地理志》所记茶叶产地与贡品茶出处，参之以《元和郡县图志》，分别列述，以见其广泛性。卷四十一江南道：

常州晋陵郡：土贡有"紫笋茶"。

湖州吴兴郡：土贡有"紫笋茶"。《元和郡县图志》卷二十五《江南道一》"浙西湖州长城县"条云："顾山，县西北四十二里。贞元以后，每岁以进奉顾山紫笋茶，役工三万人，累月方毕。"顾山紫笋茶可称为唐代茶中极品。

睦州新定郡：土贡有"细茶"。

饶州鄱阳郡：土贡有"茶"。《元和郡县图志》卷二十八《江南道四》"江西饶州浮梁县"条云："每岁出茶七百万驮，税十五余万贯。"浮梁产茶多矣。白居易《琵琶行》"商人重利轻别离，前月浮梁买茶去，去来江口守空船",为写实之辞。

吉州:开元贡有茶一项,见《元和郡县图志》"江西吉州"条。

衡州:茶陵县,"以南临茶山,县以为名"。见《元和郡县图志》卷二十九《江南道五》湖南观察使。

卷四十二《地理六》剑南道:

雅州卢山郡:土贡中有茶。《元和郡县图志》卷三十二《剑南道中》"雅州严道县蒙山"条云:"在县南一十里。今每岁贡茶,为蜀之最。"蒙山茶尤其是蒙顶茶,也是茶中极品。

卷四十一《地理五》淮南道:

寿州寿春郡:土贡中有"茶"。

庐州庐江郡:土贡中有"茶"。

申州义阳郡:土贡中有"茶"。

卷四十《地理四》山南道:

峡州夷陵郡:土贡中有"茶"。

归州巴东郡:土贡中有"茶"。

金州汉阴郡:土贡中有"茶牙"。

兴元府汉中郡:土贡中有"茶"。

从这些并不完全的记载可以看出唐时长江上、中、下游都产茶叶。顾山紫笋茶、浮梁茶、蒙山茶为上、中、下游的代表产品。

茶叶,唐前虽已有之,似为野茶,无人种植。《艺文类聚》卷八十二《草部下·茗》所谓《尔雅》等书文中的茶,皆为野生茶叶。《尔雅》谓"槚"为苦荼,早采者为荼,晚采者为茗。《吴志》谓孙皓密赐韦曜"茶茗以当酒",即《尔雅》所谓荼、茗。《吴兴记》谓"乌程县西有温山,出御荈",荈,茶叶老者,即茗。此御荈非种植,而为温山野产,皇家爱喝而已。《续搜神记》谓晋武帝时,"宣城人秦精尝入武昌山中采茗",这说得十分清楚,秦精所采茗为武昌山中的野产。这种野产,晋时甚多。晋杜育《荈赋》云:

第六章　唐和五代长江流域开发的继续发展与经济重心的逐渐南移

> 灵山惟岳，奇产所钟，厥生荈草，弥谷被岗，承丰壤之滋润，受甘露之霄降。月惟初秋，农功少休，结偶同旅，是采是求。

此即所谓"茶山"，弥谷被岗都是茶。初秋农功少休，农民结伴采之求之。早采为茶，晚采即为茗为荈矣。《元和郡县图志》所说茶陵因南临茶山而得名，即为此种遍产野茶的山。

魏晋人能从野生植物中辨出茶来，当作饮料，实为一大发现。魏晋之际，甜水（蜜水）与苦水并称，茶的地位不弱于蜜。再进一步，即为植茶了。唐朝正是茶由野生进入普遍种植的时代。《全唐文》卷八百二张途《祁门县新修阊门溪记》谓歙州祁门县阊门溪一带"业于茶者七八矣，由是给衣食，供赋役，悉恃此祁之茗"。可见唐时种茶已不仅是农村的副业，而且有专门的茶农出现。人数之多，也极可观。祁门阊门溪编民十之七八，即为专门种植茶叶的农户，由官府给衣食以供赋役。

《新唐书》卷五十四《食货志四》记唐穆宗长庆元年增天下茶税，"江淮、浙东西、岭南、福建、荆、襄茶，（王）播自领之，两川以户部领之"，所云"天下茶"，除了岭南茶为珠江流域所产外，其余均为长江流域所产。地区分布之广，自上游而下言之，包括两川（东川与西川）、荆、襄、江淮、浙东与浙西，即整个长江流域，凡能种茶之地，无不种有茶树。

唐时种茶每以茶园的形式出现。《唐大诏令集》卷二《穆宗即位敕》载，穆宗即位敕文提到诸州府的"茶菜园"；《太平御览》卷八百六十七《饮食部·茗》载，宪宗元和十四年"归光州茶园于百姓，从刺史房克让之请"。由此可见诸州府茶叶种植均采茶园形式，因之而有诸州府茶园、光州茶园之谓。

茶园种茶，多为私家所经营。在劳力来源上，有三种。一为雇佣。杜光庭《仙传拾遗》"阳平谪仙"记：

> 九陇人张守珪，仙居山有茶园，每岁召采茶人力百余人，男女佣工者杂处其中。

张守珪所召采茶人亦可谓之为"客户"，或"佣力客作"。每年雇来的采茶佣工男女达百余人之多，可见他的仙居山茶园规模之大。九陇为县名，属于西川节度使所辖的彭州。土地肥良，旧名小郫，比之于郫县。

二为出租。《全唐文》卷八百一陆龟蒙《甫里先生传》云：

> 先生嗜茶荈，置小园于顾渚山下，岁入茶租十许簿，为瓯栖之费。

所谓"岁入茶租十许簿"，即将他的顾渚山下茶园，出租给茶农或农民。顾渚在湖州，即顾山之渚。

三为自种。唐赵璘《因话录》卷四《角部》记卢子严的话说：

> 早年随其懿亲郑常侍东之同游宣州当涂，隐居山崖……有僧甚高洁，好事因说其先师，名彦范，姓刘，虽为沙门，早究儒学，邑人呼为刘九经。……所居有小圃，自植茶。

刘九经的宣州当涂山岩园圃茶，即自种。这种自种的茶园或茶圃，规模都较小，但却普遍存在于农村中。上述祁门县阊门溪一带业于茶者十七八，即为茶农的小茶园。

茶叶名品，非止蒙山茶、顾山紫笋茶。因为产茶地区之广、茶园之多，品种名称也越来越繁。李肇《唐国史补》卷下述及：

> 风俗贵茶，茶之名品益众。剑南有蒙顶（蒙山之顶）、石花，或小方，或散牙，号为第一。湖州有顾渚之紫笋，东川有神泉、小团、

第六章 唐和五代长江流域开发的继续发展与经济重心的逐渐南移

昌明、兽目,峡州有碧涧、明月、芳蕊、茱萸簝,福州有方山之露(一作生)牙,夔州有香山,江陵有南木,湖南有衡山,岳州有㵲湖之含膏,常州有义兴之紫笋(不让顾渚紫笋专美),婺州有东白,睦州有鸠坑,洪州有西山之白露,寿州有霍山之黄牙,蕲州有蕲门团黄,而浮梁之商货不在焉。

能成为一种有名号的精品茶流行于世,种茶技术必有过人处。陆羽《茶经》卷上谈到种茶,"其地上者生烂石,中者生砾壤,下者生黄土"。地势则要选择"阳崖阴林"之处。种植上"凡艺而不实"者"罕茂"。陆羽隐居吴兴苕溪"著经三篇,言茶之原、之法、之具尤备,天下益知茶矣"[1]。他的"茶经"为唐朝茶园生产经验的总结,影响极大。此书一出,真可谓"天下知茶"。《因话录》卷三《商部下》特别提到陆羽"性嗜茶,始创煎茶法。至今鬻茶之家,陶为其像,置于炀器之间,云宜茶足利"。他简直被卖茶的当作茶神了。

唐朝对于茶叶生产的政策,本来无税。这大大促进了茶树的栽植与茶叶的生产。德宗建中四年,"度支侍郎赵赞议常平事,竹、木、茶、漆尽税之。茶之有税,肇于此"[2]。此时尚未开征。贞元元年,诸道盐铁使张滂"请于出茶州县,及茶山外商人要路,委所由定三等时估,每十税一,充所放两税"[3]。诏可。此为茶税之始。"每十税一",并不算重。

穆宗长庆元年增天下茶税,"率百钱增五十"税率由十税一(百分之十),猛增到十税五(百分之五十)。叶茶之利,使得当政者眼红起来了。

这还不够,大和八年,文宗"命王涯兼榷茶使"[4],实行了茶叶由国家(官府)专营、专卖、专利、专有的政策。按唐朝本有官有的茶园。宪宗元和十四年将光州的茶园归于百姓,这些茶园,原来即为官府所有。穆

---

[1] [宋]欧阳修、宋祁:《新唐书》卷一九六《隐逸·陆羽传》,中华书局,1975年,第5611页。
[2] [后晋]刘昫等:《旧唐书》卷四十九《食货志下》,中华书局,1975年,第2118页。
[3] [后晋]刘昫等:《旧唐书》卷四十九《食货志下》,中华书局,1975年,第2128页。
[4] [后晋]刘昫等:《旧唐书》卷一六九《郑注传》,中华书局,1975年,第4400页。

宗长庆元年将诸州府茶园割属所管官府，亦为官有茶园。大和八年榷茶，则是将全国民有茶山、茶园、茶场，悉数收归国有。王涯是怎样把民间茶叶生产收归国营的呢？他"表请使茶山之人移植根本，旧有贮积，皆使焚弃"，致使"天下怨之"①。这种措施是对民间茶叶生产事业的一次大破坏，大掠夺。《旧唐书》卷四十九《食货志下》中，令狐楚说得好：

  昨者忽奏榷茶，实为蠹政，……岂有令百姓移茶树就官场中栽，摘茶叶于官场中造，有同儿戏，不近人情。

  此事发生于大和八年至九年两年间。由于政策的乖异，虽只两年，却使唐时茶叶生产的发展，招致一场大挫折。要恢复起来，又不知需多少年了。

  大和九年十二月，左仆射令狐楚奏请废除榷茶之法，此一蠹政虽被革除，然而令狐楚一兼榷茶使"复令纳榷，加价而已"②。即用抬高茶叶价格的办法来取税率，收茶税。此法影响到消费者利益，行之不久，便被否定。

  文宗开成元年，李石以中书侍郎判收茶法"以茶税皆归盐铁，复贞元之制"③，即恢复"每十税一"之法。但维持不长久。

  武宗以后，茶税又重。较之于贞元，一倍两倍不止。对于商人，尤其苛刻。"茶商所过州县有重税，或掠夺舟车，露积雨中"④。为了逃避重税，人们进行走私。当时不仅盐有私贩，茶也有私贩。唐朝为此发布了"禁商人盗贩私茶""禁园户盗卖私茶"的命令茶商犯者，"使别营生"；园户犯者，"本州上历收管，重加徭役"。园户忍痛砍掉茶树，又要受到严厉处罚，只有起来反抗。唐朝这种政策，实际上是一种但为朝廷、官府私

---

① [后晋]刘昫等：《旧唐书》卷四十九《食货志下》，中华书局，1975年，第2121页。
② [宋]欧阳修、宋祁：《新唐书》卷五十四《食货志四》，中华书局，1975年，第1382页。
③ [宋]欧阳修、宋祁：《新唐书》卷五十四《食货志四》，中华书局，1975年，第1382页。
④ [宋]欧阳修、宋祁：《新唐书》卷五十四《食货志四》，中华书局，1975年，第1382页。

第六章　唐和五代长江流域开发的继续发展与经济重心的逐渐南移

利,掠夺民户营茶的利益,竭泽而渔,破坏茶叶生产的政策。

这里要提一下,唐朝在食品中还增加了一个新品种,即蔗糖。《新唐书》卷二百二十一上《摩揭陀》记唐太宗曾派人到中天竺的摩揭陀,"取熬糖法,即诏扬州上诸蔗,柞沈如其制,色味愈西域远甚"。则甘蔗在唐早已在扬州一带种植。《元和郡县图志》卷二十六浙东越州贡品中,有"甘蔗",看来是较好的品种,不然,不会成为贡品。同书卷三十一西川蜀州的贡品中,有"沙糖"。西川气候适合种蔗,蜀州沙糖无疑即是蔗糖。唐时甘蔗的种植在长江流域已较普遍,蔗糖也非仅只皇室官吏能享用。《新唐书·地理志》所记蔗糖产地尚有:

温州永嘉郡:土贡中有蔗,见《地理志五》江南道。

襄州襄阳郡:土贡中有蔗,见《地理志四》山南道。

成都府蜀郡:土贡中有"蔗糖"。见《地理志六》剑南道。

梓州梓潼郡:土贡中有"蔗糖"。见《地理志六》剑南道。

温州、越州在浙东,成都、梓州在西川。看来甘蔗与蔗糖的产量,当以此二地为多。

第四节　长江流域白纻与红绫的开发(附纸张)

白纻在南朝便有出产,当涂白纻为名品,色白如银,质轻,可裁制舞衣,南朝有《白纻舞》,很可说明白纻的名贵。到唐朝,白纻生产得到了极大的发展,长江流域各州县几乎无不出产白纻,成为贡品。红绫的生产也在唐时得到了发展,成名品与贡品。兹据《元和郡县图志》所载各州贡赋,参以《新唐书·地理志》所见,列举产地如下:

1.卷二十五《江南道一浙西观察使》

润州:贡有纹绫,赋有纻。《新唐书·地理志五》江南道润州丹阳郡贡有"水纹、方纹、鱼口、绣叶、花纹等绫"。

常州:贡有细纻,赋有纻布。

苏州:赋有纻。《新唐书》贡有绯绫。

杭州：贡有绯绫、白编绫，赋有纻布。

湖州：赋有纻。

睦州：赋有纻。《新唐书》贡有文绫。

2.卷二十六《江南道二浙东观察使》

越州：贡有交梭白绫。"自贞元之后，凡贡之外，别进异物文吴绫，及花鼓歇单纱吴绫、吴朱纱等纤丽之物，凡数十品。"《新唐书》贡有"白编、交梭、十样花纹等绫"。

明州：贡有吴绫、交梭绫①。

婺州：赋有纻布。

衢州：赋有纻布。

处州：贡有纻布。元和贡又有小绫。

温州：贡有纻布。

3.卷二十七《江南道三鄂岳观察使》

鄂州：赋有纻布。

沔州：贡有白纻布一端。

安州：贡有纻布一十八匹。元和为一十匹。赋有纻。

黄州：贡有纻赀布十匹。

蕲州：贡白纻细布。元和贡白纻布十五匹。

岳州：贡细纻布，赋有纻。元和贡白纻练布七匹。

4.卷二十八《江南道四江西观察使》

洪州：贡有纻布。

饶州：贡有纻布。

虔州：贡有白纻布。

吉州：贡有白纻布。

袁州：贡有纻布。

宣歙观察使：

---

① 此据《新唐书》。

宣州：贡白纻布。"自贞元后，赏贡之外，别进五色线毯及绫绮等珍物，与淮南、两浙相比。"

歙州：贡有细纻布。

5.卷二十九《江南道五湖南观察使》

衡州：贡有纻丝。

郴州：贡细白纻。

道州：贡细纻布。

福建观察使：

泉州：赋有纻布、纻麻。

6.卷三十《江南道六黔州观察使》

黔州（本汉涪陵县地）：贡有纻麻布，赋有纻。

溱州（本巴郡之南境）：贡有纻布。

7.卷三十一《剑南道上西川节度使》

成都府：贡有高杼裨布、绫、罗，高杼衫段。

汉州：贡有纻布。《新唐书》卷四十二《地理六》"汉州德阳郡"条贡有绫。

戎州（南溪）：贡有纻布。

唐时四川以产罗闻名。成都贡物中有罗、高杼裨布绫、罗。彭州贡为交梭罗，蜀州贡有罗、白罗，汉州贡有交梭罗。罗为轻软的丝织品，可裁制罗衣、罗扇。

8.卷三十二《剑南道下东川节度使》

梓州：贡有绫。《新唐书》作"红棱"。

遂州：贡蒲绫十五匹。《新唐书》作"樗蒲绫"。

普州：赋有纻布。

《元和郡县图志》缺山南道与淮南道贡赋，今据《新唐书·地理志》补之。

9.山南道（卷四十《地理志四》）

江陵府江陵郡：土贡有方纹绫。

峡州夷陵郡：土贡有纻。

归州巴东郡：土贡有纻。

夔州云安郡：土贡有纻。

澧州澧阳郡：土贡有纹绫、纻束缚巾。

朗州武陵郡：土贡有纻练簟。

隋州汉东郡：土贡有合罗、绫。

复州竟陵郡：土贡有白纻。

郢州富水郡：土贡有纻。

开州盛山郡：土贡有白纻布。

10.淮南道（卷四十一《地理志五》）

扬州广陵郡：土贡有独窠绫。另有蕃客袍锦、被锦、半臂锦等。江淮生产的锦已不下于蜀。

楚州淮阴郡：土贡有纻布。

滁州永阳郡：土贡有纻。

和州历阳郡：土贡纻布。

舒州同安郡：土贡有纻布。

蕲州蕲春郡：土贡有白纻。

安州安陆郡：土贡有青纻布。

黄州齐安郡：土贡有白纻布。

申州义阳郡：土贡有纻布。

据上所举纻、纻布的产地，已可知纻麻的生产遍布长江流域。普通一点的，作为赋物来征收，或折成钱币，名品如细纻、白纻细布，则被作为贡物，送往长安。唐朝将纻布广泛列入长江流域各州征赋与土贡中，表明白纻至唐已成了裁制衣裳的主要原料，需求量甚大。白纻比葛名贵，一般人穿不起，只能衣葛。看来白纻之作为贡赋，是为了满足官吏的需要。唐朝往往将粮变造为布征收，这种布便是纻布，非帛。

唐人崔国辅、杨衡、李白、王建、张籍、柳宗元均写有《白纻辞》或《白纻歌》，为明了白纻在唐已成为有钱人衣着及宫廷常用舞衣原料，兹将

第六章 唐和五代长江流域开发的继续发展与经济重心的逐渐南移

有关章引录如下:

唐张籍《白纻歌》云:

> 皎皎白纻白且鲜,将作春衣称少年。裁缝长短不能定,自持刀尺向姑前。复恐兰膏污纤指,常遣傍人收堕珥。衣裳著时寒食下,还把玉鞭鞭白马。

看来诗中的少年为男性,故有"还把玉鞭鞭白马"之句。春日着美人裁制好的白纻衣衫,乘白马作春游,实为一大快事。

王建《白纻歌》二首之一云:

> 天河漫漫北斗粲,宫中乌啼知夜半。新缝白纻舞衣成,来迟邀得吴王迎。低鬟转面掩双袖,玉钗浮动秋风生。酒多夜长夜未晓,月明灯光两相照,后庭歌声更窈窕。

这是用白纻裁缝宫人舞衣。白纻之作为贡品上交朝廷,除了做春裳夏衫,裁制舞衣为原因之一。由于需求量最大,所以各州都有白纻列为贡品,上送长安。"来迟邀得吴王迎",点出了白纻以产于长江流域江南之地的为上品。

李白《白纻辞》第三首刻意写了白纻舞,辞云:

> 吴刀剪綵缝舞衣,明妆丽服夺春辉。扬眉转袖若雪飞,倾城独立世所稀。《激楚》《结风》醉忘归,高堂月落烛已微,玉钗挂缨君莫违。

我想,读者可以明了唐朝为何以各州白纻为贡赋了。

绫是一种质薄一面光像缎子的丝织物。这种丝织物,南朝亦已有之。梁庾肩吾《答饷绫纹书》盛称绫"洁同雪霜,华逾纨绮。长裙可曳,无愧王门之宾；广袖将裁，翻有城中之制"。穿一袭绫绮，胜过纨绮，上王门作宾客，可获青睐。纨有白纨，绫有白绫，为未染色的纨丝与绫丝。

绫的生产到唐朝获得了极大的发展。《元和郡县图志》记宣州"别进五色线毯及绫绮等珍物，与淮南、两浙相比"，表明宣州、淮南、两浙为绫的三大产地。宣州虽只一个州郡，但绫不仅产量多，而且质量高。《册府元龟》卷四百八十五《济军》载，穆宗长庆元年，宣州一次就"进助军绫、绢一万匹"，可见产量的丰富。宣州的"红线毯"（五色线毯、丝头红毯）被指定为贡物，民间不得享用。白居易新乐府有《红线毯》诗，诗云：

> 红线毯，择茧缲丝清水煮，拣丝练线红蓝染。染为红线红于蓝，织作披香殿上毯。披香殿广十丈余，红线织成可殿铺。綵丝茸茸香拂拂，线软花虚不胜物。美人蹋上歌舞来，罗袜绣鞋随步没。太原毯涩毳缕硬，蜀都褥薄锦花冷，不如此毯温且柔，年年十月来宣州。

红绫毯一出，将晋毯、蜀褥一齐压倒。此毯特点便在"綵丝茸茸香拂拂，线软花虚不胜物"二语上，特受皇家赏识。

两浙润州的纹绫，杭州的绯绫、白编绫，越州的交梭白绫、异文吴绫、花鼓歇单丝吴绫，处州的小绫，都是名产，而以越绫为最有名。白居易新乐府有《缭绫》一诗，就诗中提到的越女来说，当为指越绫。诗云：

> 缭绫缭绫何所似，不似罗绡与纨绮。应似天台山上明月前，四十五尺瀑布泉。中有文章又奇绝，地铺白烟花簇雪。织者何人衣者谁，越溪寒女汉宫姬。去年中使宣口敕，天上取样人间织。织为云外秋雁行，染作江南春草色。广裁衫袖长制裙，金斗熨波刀剪纹。异彩奇文相隐映，转侧看花花不定。昭阳舞人恩正深，春衣一对直千金。

诗中极尽夸张之能事，要可知绫质之轻，色之美。以绫裁春衣，一对值千金。皇帝并不拿一个钱，因为绫为贡品。

淮南以扬州出产的"独窠绫"为有名。

除此以外，山南道江陵府江陵郡的方纹绫，澧州澧阳郡的纹绫，剑南道成都府蜀郡的高杼绫，梓州的红绫，遂州的樗薄绫，都是名产。

纸张，在《新唐书·地理志》所载土贡之中，唯江南道才有纸。这有杭州余杭郡的"藤纸"，越州会稽郡的"纸、笔"，衢州信安郡的"绵纸"（或为二项绵和纸），婺州东阳郡的"藤纸"，宣州宣城郡的"纸、笔"，歙州新安郡的纸，池州的纸，九江寻阳郡的纸，衢州衡阳郡的"绵纸"。凡9个州有纸。这当然不是说别的地方无纸，而是虽有纸但无贡而已。李肇《唐国史补》卷下说：

> 纸则有越之剡藤苔笺，蜀之麻面、屑末、滑石、金花、长麻、鱼子、十色笺，扬之六合笺，韶之竹笺，蒲之白薄、重抄，临川之滑薄。又宋亳间有织成界道绢素，谓之乌丝栏、朱丝栏，又有茧纸。

看来剑南道的纸张品种不少。

藤纸南朝已有之。《元和郡县图志》卷二十五《江南道一》载，杭州余杭县有"由拳山，晋隐士郭文举所居，傍有由拳村，出好藤纸"，婺州的藤纸当为由拳村藤纸的西向发展。

宣州宣城郡用檀树皮和稻秆造的宣纸，及韶州用竹子所造的纸，是新发明。唐成都名妓薛涛所制"薛涛笺"也是一项发明，惜技术今日不传。据记载，薛涛在元和以后，居于成都浣花溪，着女道士服，汲井水为小幅松花笺，薛涛每每题诗于笺上。此笺被称为"薛涛笺"。穆宗长庆初年，与薛涛曾有过往的元才子（元稹）被"召入翰林，为中书舍人，承旨学士"。薛涛闻讯，曾造小幅松花笺百余幅，题诗赠给元稹，元稹寄《离体诗》回赠薛涛，有云：

> 长教碧玉藏深处，总向红笺写自随。

薛涛笺即松花笺，亦即元稹所称"红笺"。

明朝包汝《南中纪闻》记唐以后传说云："每年三月初三日，井水（薛涛井中之水）浮溢，郡人携佳纸向水面拂过，辄作娇红色，鲜灼可爱。但止得十二纸，遇岁闰则十三纸。此后遂绝无颜色矣。"这传说虽不足信，但却渗透了人们对薛涛和薛涛笺的赞美、向往之情。

王士禛《陇蜀余闻》记明朝时，蜀王府作亭于薛涛井上，用栏杆保护。"每以三月三日汲水造笺二十四幅进御，余不尽以上已造也。今其法亦不传。井傍有一石盆犹在，中刻花鸟甚工。"薛涛大概没有想到她造的松花笺，后世会有人仿制进呈皇帝吧？

成都虽有薛涛笺，但纸张的产地，却要到江南道去找。

第五节　长江流域海盐、井盐与铜铁金银等矿的开发

（一）海盐与井盐

唐朝设盐铁使，实行榷盐政策。榷盐始于第五琦。肃宗乾元元年，第五琦出任盐铁使，制定榷盐法，"就山海井灶收榷其盐，立监院官吏，其旧业户洎浮人，欲以盐为业者、免其杂徭，隶盐铁使。盗铸煮盐，罪有差。亭户自租庸以外，无得横赋"[①]，盐户隶盐铁使即不再是郡县编民，而为国家的盐户或亭户。盐的收、运、销全由监院官吏掌握，因而设官甚多。盐铁官营，汉武帝早已为之。盐苦铁恶，对盐铁的生产起了阻碍作用。汉盐工、铁工为官徒，无自由。唐隶属于盐铁使的亭户，虽非官徒，但也无自由。盐官多了，弊端丛生，贪污受贿，无所不为。第五琦的盐法如果不改，看似官府专利、得利，实则不仅损害到亭户、盐商利益，而且损害到朝廷利益。代宗宝应元年，以刘晏为户部侍郎、京兆尹、度支盐铁转运使。刘晏"以盐吏多则州县扰，出盐乡因旧监置吏，亭户粜商人，纵

[①]《唐会要》卷八十八《盐铁》。中华书局本《旧唐书·食货下》亭户作"常户"，误。

其所之"①。"自淮北列置巡院,搜择能吏以主之,广牢盆以来商贾"②。此法主要是将一切官办改为商籴、商运、商销,这一改,裁撤了一大批官吏。初时商人抱观望态度,刘晏又针对商人所畏惧的"诸道加榷盐钱,商人舟所过有税","奏罢州县率税,禁堰埭邀以利者"③,对盐的质量也注意了提高,"随时为令,遣吏晓导,倍于劝农"④。商人才纷纷前来籴盐,转运销售。刘晏之法,是唐朝榷盐政策的一次松动。

商人究竟向谁籴盐,《新唐书》说是"亭户粜商人",这不符合唐朝的榷盐政策。《资治通鉴》"唐德宗建中元年七月"条说:

> 晏以为官多则民扰,故但于出盐之乡置盐官,收盐户所煮之盐转鬻于商人,任其所之。

《资治通鉴》的话是对的。亭户所产之盐仍然是官收而后转卖给来亭场购买食盐的商人。私售为犯法。

亭户和盐官究竟是一种什么关系?《旧唐书·食货志上》记穆宗长庆元年三月,盐铁使王播奏云:

> 应管煎盐户及盐商,并诸监院停(亭)场官吏所由等,前后制敕,除两税外,不许差役追扰。今请更有违越者,县令、刺史贬黜罚俸。从之。

既交两税,可见亭户或灶户(均盐户)不是无偿劳动。但两税是两税,除完课外,生产的盐还须由监院盐官"收榷",然后再由盐官出粜给盐商。一收一粜,官府获利10倍不止。《新唐书》卷五十四《食货志四》

---

① [宋]欧阳修、宋祁:《新唐书》卷五十四《食货志四》,中华书局,1975年,第1378页。
② [后晋]刘昫等:《旧唐书》卷四十九《食货志下》,中华书局,1975年,第2117页。
③ [宋]欧阳修、宋祁:《新唐书》卷五十四《食货志四》,中华书局,1975年,第1378页。
④ [宋]欧阳修、宋祁:《新唐书》卷五十四《食货志四》,中华书局,1975年,第1378页。

记第五琦为诸州榷盐铁使,"尽榷天下盐,斗加时价百钱而出之"。天宝至德年间,盐每斗十钱,加时价百钱,变成"为钱一百一十"。盐商按此价向盐官收籴,转售给百姓,每斗又不知要加价多少。受到损害的是天下百姓的利益。

法令规定亭户无杂徭,两税以外无横赋,亭户役作虽苦,生活虽艰难,但仍就勉为其力,进行盐的煎煮。唐朝盐的出产,较之于南北朝时期,是有发展的。产地、产量都增加了,除了没有发现的盐矿外,海盐、井盐、池盐等都在生产。

今将《元和郡县图志》所载淮南、剑南两道盐产情况,列述如下:

1.阙卷逸文卷二《淮南道》

扬州海陵县"盐监,一岁煮盐六十万石,而楚州盐城,浙西嘉兴(属苏州)、临平(属杭州盐官县)两监所出次焉,计每岁天下盐利,当租赋三分之一"。

楚州盐城县"本汉盐渎县,州长百六十里,在海中。州上有盐亭百二十三所,每岁煮盐四十五万石"。

2.卷三十一《剑南道上西川节度使》

邛州:火井县,"县有盐井"。浦江县,"盐井距县二十里"。

简州:阳安县,"阳明盐井,在县北十四里。又有牛鞞等四井,公私仰给"。平泉县,"上军井、下军井,并盐井也,在县北二十里,公私资以取给"。

资州:内江县,"盐井二十六所,在管下"。银山县,"盐井一十一所,在管下"。

戎州:义宾县,"大秋溪,在县东北一十三里。有秋溪盐井,盖因此水为名也"。

3.卷三十二《剑南道中西川下》

巂州:昆明县,"盐井,在县城中。今按取盐先积柴烧之,以水洗土,即成黑盐。"昆明制盐,后采汉人之法。

4.卷三十三《剑南道下东川》

梓州：郪县，"县有盐井二十六所"。通泉县，"赤车盐井，在县西北十二里。又别有盐井一十三所"。盐亭县，"以近盐井，因名"。永泰县，"大汁盐井，在县东四十二里。又有小汁盐井、歌井、针井"。

緜州：魏城县，"东西井，在县东南四里。井西为涪陵县界，井东为梓潼县界"。盐泉县，"阳下盐井，在县西一里"。

遂州：方义县，"县四面各有盐井，凡一十二所"。蓬溪县，"县有盐井一十三所"。

普州：安岳县，"县有盐井一十所"。普康县，"县有盐井三所"。安居县，"县有盐井四所"。普慈县，"县有盐井一十四所"。

荣州：旭川县，"因县有盐井号旭井，取以名县。"和义县，"县有盐井五所"。威远县，"县有盐井七所"。公井县，"县有盐井十所，又有大公井，故县镇因取为名"。应灵县，"县有盐井四所"。

陵州：仁寿县，"陵井，纵横三十丈，深八十余丈。益部盐井甚多，此井最大。以十牛皮囊盛水，引出之，役作甚苦，以刑徒充役。中有祠，盖井神"。在这里，盐户（亭户）不见了，所见的盐工为刑徒。贵平县，"平井盐井，在县东南七步"。井研县，"井研盐井，在县南七里。镇及县皆取名焉。又有思陵井、井镬井"。

泸州：江安县，"可盛盐井，在县西北一十一里。"富义县，"富义盐井，在县西南五十步，月出盐三千六百六十石。剑南盐井，唯此最大。其余亦有井七所"。月出盐三千六百六十石，岁出盐则为四万三千九百二十石。约当淮南道盐城县每岁煮盐四十五石的十分之一。须知这仅是一口盐井的产量，盐城盐则为海盐。

这是长江的两头，东头海盐以扬州海陵、楚州盐城、浙西嘉兴、临平所出盐为最著；西头井盐以东川陵州仁寿县陵井、泸州富义县富义盐井所产盐为最著。山南道如夔州永安、云安、大昌也有盐官，但声名不著。盐利是唐朝一贡大宗收入。刘晏于代宗宝应元年（762年）为度支盐铁转运使，立商买、商运、商销新法，革第五琦全由官管之弊，到代宗大历末

（大历共有14年，末年为779年），不过17年，此年（大历末）"通天下之财，而计其收入，总一千二百万贯，而盐利过半"①，盐利简直成了唐朝的生命线，须臾不可或缺。

榷盐，即由国家（官府）专利，不准私产私销。然而一经入榷，就必有私贩，何况亭户（灶户）役作之苦乃至于不得不以刑徒充役。黄巢便是一个私盐贩，被逼得走投无路，他造反了。

（二）铜、铁等矿产

除盐的出产以外，唐时铜矿的出产与铸钱也很有名。像盐设监、院一样，铜的生产与铸钱，唐也设监管理，私家不得染指。铁为专利，唯银可以私采。《新唐书·地理志》记铜、铁产地甚详，今参以《元和郡县图志》，分述如下：

1.江南道

昇州江宁郡的上元县、句容县、溧水县、溧阳县。《元和郡县图志》卷二十五《江南道一》"润州句容县"条记有："铜冶山在县北六十五里，出铜铅，历代采铸。"

苏州吴郡的吴县。

湖州吴兴郡武康县、长城县、安吉县。

睦州新定郡建德县、遂安县。

明州余姚郡奉化县。

处州缙云郡丽水县。

婺州东阳郡金华县。

温州永嘉郡安固县。

福州长乐郡尤溪县。

建州建安郡建安县、邵武县。

汀州临汀郡沙县。

---

① ［后晋］刘昫等：《旧唐书》卷四十九《食货志下》，中华书局，1975年，第2118页。

宣州宣城郡当涂县、南陵县。《元和郡县图志》卷二十八《江南道四》"宣州南陵县"条云："得国山，在县西一百一十里，出铜，供梅根监。梅根监，在县西一百三十五里。梅根监并宛陵监，每岁共铸钱五万贯。铜井山，在县西八十五里，出铜。"梅根监，南朝已有之。利国山出铜供梅根监，表明梅根监不仅管铸钱，而且管铜矿的开采。又云：当涂县有"赤金山，在县北一十里，出好铜，与金类，《淮南子》《食货志》所谓'丹阳铜'也"。这可说明丹阳铜到唐朝仍在开采。

池州秋浦县、青阳县。

江州寻阳郡寻阳县、彭泽县。

鄂州永兴县、武昌县。此州有凤山盐钱官。

饶州鄱阳郡乐平县。《元和郡县图志》卷二十八《江南道四》"饶州鄱阳县"条云："永平监，置在郭下，每岁铸钱七千贯。""乐平县"条云："银山，在县东一百四十里。每岁出银十余万两，收税山银七千两。"设监铸钱，表明铜为官府垄断；收山税银，表明银允许私采。

信州上饶县。此州有玉山监钱官。

郴州桂阳郡义章县。《元和郡县图志》卷二十九《江南道五》"郴州郴县"条云："桂阳监在城内，每年铸钱五万贯。""平阳县"条云："银坑，在县南三十里，所出银，至精好，俗谓之'侉子银'，别处莫及。亦出铜矿，供桂阳监鼓铸。"

2.淮南道

扬州广陵郡江都县、六合县、天长县。此州有丹杨监、广陵监钱官二。《元和郡县图志》阙卷逸文卷二《淮南道》"扬州江都县"条记有："大铜山，在县西北七十二里，《汉书》吴王濞即山铸钱，此其处也。"大铜山铜矿至唐仍在开采。

庐州庐江郡庐江县。

3.剑南道

简州阳安郡阳安县、金水县。

雅州卢山郡卢山县、荥经县。《元和郡县图志》卷三十二《剑南道中》

"雅州荣经县"条云："铜山在县北三里，即文帝赐邓通铸钱之所，后以山假与卓王孙，取千匹。其山今出铜矿。"

梓州梓潼郡铜山县。此县"南可象山，西北私熔山皆有铜"。《元和郡县图志》卷三十三《剑南道下》"梓州铜山县"条云："本郪县地，有铜山，汉文帝赐邓通蜀铜山铸钱，此盖其余峰也，历代采铸。"

《元和郡县图志·剑南道下》"合州石镜县"条尚记："铜梁山，在县南九里。《蜀都赋》曰'外负铜梁石渠'是也。山出铜及桃枝竹。"

设监铸钱之处都是铜矿的著名产地。这有江南西道宣州南陵县的梅根监、宛陵监，鄂州的凤山监，饶州的永平监，信州的玉山监，郴州的桂阳监，淮南道扬州的丹杨监、广陵监。都在江淮。

铜矿并非单单用来铸钱，也并非一切官营。《太平御览》卷八百一十三《珍宝部·铜》记杨嗣复之言云：

今自淮而南至于江岭，鼓铸铜器，列而为肆，州县不禁。

《旧唐书》卷一百七十六《杨嗣复传》记李珏之言又云：

禁铜之令，朝廷常典，但行之不严，不如无令。今江淮以南，铜器成肆，市井逐利者，销钱一缗，可为数器，售利三四倍。远民不知法令，率以为常。纵国家加炉铸钱，何以供销铸之弊？所以禁铜之令，不得不严。

实际情况是采铜铸钱在唐是禁止的，但鼓铸铜器，州县并不禁止。虽然有人提出严铜禁，但不起作用。

也正是出于这个原因，唐朝铜器很有名。名产扬州的青铜镜列为土贡，我疑即出于私人作坊。

采铜工人是征发来的呢，还是雇佣来的？《新唐书·食货志四》有段话值得注意：

第六章 唐和五代长江流域开发的继续发展与经济重心的逐渐南移

> 是时（开元时）增调农人铸钱，既非所习，皆不聊生。内作判官韦伦请厚价募工，繇是役用减而鼓铸多。天下炉九十九……每炉岁铸钱三千三百缗。役丁匠三十，费铜二万一千二百斤，……

天下炉九十九，每炉"役丁匠三十"，按照韦伦所说"厚价募工"，所役丁匠则都是厚价募来，非征来的工徒。

由此来看《元和郡县图志》所说湖州"每岁以进奉顾山紫笋茶，役工三万人，累月方毕"，这三万人都不是征来的工徒，而为募来。一年做工之期"累月"，也可说明顾山制茶工人性质。我们始终不要忘记唐朝可以纳绢代役，和雇普遍存在，这对我们了解唐朝民间工商业的发展有重要的意义。

铁矿的产地《新唐书·地理志》记有：

江南东道昇州的上元县、溧阳县，越州的山阴县，台州的临海县、黄岩县、宁海县，福州的福唐县、尤溪县，建州的邵武县、将乐县，泉州的南安县，汀州的长汀县、宁化县、沙县。

江南西道宣州的当涂县、南陵县，鄂州的江夏县、永兴县、武昌县，饶州的乐平县，虔州的安远县，袁州的宜春县，信州的上饶县，永州的祁阳县、湘源县，道州的延唐县、永明县。

淮南道扬州的六合县，蕲州的广济县、蕲水县。

山南道归州的巴东县，夔州的奉节县，澧州的石门县，忠州的南宾县。

剑南道蜀州的新津县，嘉州的峨眉县、夹江县，邛州的临邛县，巂州的昆明县，梓州的通泉县，绵州的巴西县、昌明县、魏城县、神泉县、西昌县，合州的石境县、巴川县，陵州的始建县（《元和郡县图志》卷三十三《剑南道下》"陵州始建县"条云："铁山，在县东南七十里。出铁，诸葛亮取为兵器。其铁刚利，堪充贡焉。"），荣州的资官县，昌州的永川县。

看起来铁矿的出产仍以江南道、淮南道即江淮为最丰富,剑南道次之,山南道又次之。

唐朝把铜、铁都抓在手上,铁是権物,由盐铁使管领。对于其他矿产,则放手让民间开采。如对银矿。元和三年,曾一度下令禁断五岭以北"见采银坑",坑户各委本州,"令其采铜,助官中铸作"①。这只能扰民,遭到反抗。四年六月,又不得不敕:"五岭以北,所有银坑,依前任百姓开采。"但"禁见钱出岭"②。唐朝之所以未将银矿收归国有,是因为以银为普通货币的时代尚未到来。然而,唐朝任百姓开采银坑,将使这个时代的到来提早。

《新唐书·地理志》所载银的产地只有江南道越州的诸暨"有银冶",衢州的西安、福州的尤溪、建州的将乐、汀州的宁化、宣州南陵的凤凰山、歙州的绩溪、池州的秋浦和青阳、江州的寻阳、鄂州的武昌、饶州的乐平、信州的玉山和弋阳、抚州的临川、郴州的义章"有银"。此外仅剑南道的巴西"有银"。可见银产地集中于江南道。饶州乐平银山与郴州出产的银子是名产。银山产量大。郴州俣子银则以质量著称。

很有意思的是:除了剑南嘉州的峨眉、绵州的巴西产金外,其他矿产也集中于江南道。如湖州安吉有锡,越州会稽有锡,建州将乐金泉有金,歙州绩溪有铅,虔州南康有锡,雩都有金,大庾有铅和锡,安远有锡,信州上饶有铅,抚州临川有金,潭州长沙有金,道州江华有锡。

如此看来,到唐朝,特别在天宝以后,经济重心确实是南移了,主要是移到江南道。无论农田水利、茶叶、蔗糖、白纻、红绫、盐、铁、铜、银、锡、铅、金,都以江南道的出产为最多。这与本章第一节所论唐朝的政策是有密切关系的,甚不可忽视。另须看到六朝尤其是东晋南朝272年(317—589年)对江南的开发,为唐朝经济重心南移打下了良好的基础。

---

① [后晋]刘昫等:《旧唐书》卷四十八《食货志上》,中华书局,1975年,第2102页。
② [后晋]刘昫等:《旧唐书》卷四十八《食货志上》,中华书局,1975年,第2102页。

第六章 唐和五代长江流域开发的继续发展与经济重心的逐渐南移

第六节 扬州等城市的兴起,工商业的新发展

(一)大运河与扬州等城市的兴起

扬州在唐朝兴起,与大运河的关系至为密切。

前代与隋炀帝修凿的运河,是唐长安朝廷联系江淮与江南的大动脉。运河的畅通与否,不仅关系到唐朝的存亡,而且关系到扬州的兴衰。大运河需要治理,特别是开挖甚早的邗沟,需要大规模整修。《元和郡县图志》阙卷逸文卷二《淮南道》载,按夫差"自广陵城(扬州江都)东南筑邗城,下掘深沟,谓之邗江,亦曰邗沟,自江东北通谢阳湖"。此沟亦谓之"合渎渠"。唐称"官河"或"山阳渎(浊)"。山阳渎"旧水道屈曲",隋文帝曾修理一次,水颇通利(同上,楚州山阳县)。

然而,此沟毕竟太老,唐朝漕运又繁,非改造不可。德宗贞元以前,扬州曾疏太子港、陈登塘凡34陂以益邗沟漕河,辄复堙塞。贞元四年,杜亚引爱敬陂水至江都城隅,与邗沟漕河相接,以通漕运,颇获其利。然夏季塘岸溃决,邗沟水下泄,又无法通航。宪宗元和中,李吉甫遂于高邮筑平津堰以泄有余,防不足,漕流得以复通。敬宗宝历二年,王播又引七里港水东注邗沟,以增水量。这条水道一次是修不好的,唐朝的办法是边运边修。

漕运由邗沟经洪泽湖入汴水。这又有了汴河的修治问题。此条河即隋炀帝开的通济渠,东头尚可,西头便有问题。"汴州东有梁公堰,年久堰破,江淮漕运不通"。开元二年,因河南尹李杰之奏,"发汴、郑丁夫以浚之,省功速就,公私深以为利"[1]。

自汴入河(黄河),又有一个黄河运输的问题。原来,"江淮漕租米至东都(洛阳)输含嘉仓,以车或驮陆运至陕"[2]。陕即陕州陕县,有太原

---
[1] [后晋]刘昫等:《旧唐书》卷四十九《食货志下》,中华书局,1975年,第2114页。
[2] [宋]欧阳修、宋祁:《新唐书》卷五十三《食货志三》,中华书局,1975年,第1365页。

仓，由含嘉仓陆运而来的江淮租赋又于此仓存之。之所以改用陆运，是因为水路由洛口至陕县太原仓，要经过陕州硖石县的底柱山。此山耸立于黄河中，有三门，为黄河河水所经，极凶险。自陕县的太原仓西运长安，仍就靠陆运。此《旧唐书·食货志下》所谓"从都至陕，河路艰险，既用陆运，无由广致"是也。

据《旧唐书》卷四十九《食货志下》，玄宗开元十八年，"宣州刺史裴耀卿上便宜事"条，谈到大运河漕运的艰难，他说：

> 窃见每州（指江南诸州）所送租及庸调等，本州正二月上道，至扬州入斗门（邗沟斗门），即逢水浅，已有阻碍，须留一月已上。至四月已后，始渡淮入汴，多属汴河干浅，又般运停留，至六七月始至河口，即逢黄河水涨，不得入河。又须停一两月，待河水小，始得上河。入洛即漕路干浅，船艘隘闹，船载停滞，备极艰辛。计从江南至东都，停滞日多，得行日少，粮食既皆不足，欠折因此而生。又江南百姓不习河水，皆转雇河师水手，更为损费。

自扬州至洛阳含嘉仓，水路已如此艰难。自洛阳至长安陆运，虽有陕县太原仓转运，就更难了。且陆运量小，无由广致，不足敷长安之用。裴耀卿因此建议于汴河入黄河之口置武牢仓，巩县置洛口仓，使江南之舟不入黄河，黄河之舟不入洛口（洛水之口），而河阳仓、柏崖仓（在河南府密县）、太原仓、永丰仓、渭南仓"节级取便"①，"水通则随近运转，不通即且纳在仓，不滞远船，不忧久耗"②。这样便可以取消陆运，"变陆为水"③。江淮租赋由水路通过他所建议的"节级转运"，送到长安。他还建议于三门东西再置二仓。玄宗觉得他这个办法很好，开元二十二年八月做

---

① 《新唐书》作"节级转运"。
② [后晋]刘昫等：《旧唐书》卷四十九《食货志下》，中华书局，1975年，第2114—2115页。
③ [后晋]刘昫等：《旧唐书》卷四十九《食货志下》，中华书局，1975年，第2115页。

出了决定，《旧唐书》卷四十九《食货志下》载：

> 置河阴县及河阴仓、河西柏崖仓、三门东集津仓、三门西盐仓。开三门山十八里以避湍险。自江淮而溯鸿沟（汴河），悉纳河阴仓。自河阴送纳含嘉仓，又送纳太原仓（此为分送，输长安者送太原仓），谓之北运。自太原仓浮于渭，以实关中。

"开三门山十八里以避湍险"，是说北运即自河阴仓运到陕县太原仓的贡赋，须通过三门峡的水险。河阴仓的租赋，每运至三门东的集津仓，即搬下来，经十八里陆运，到三门西的盐仓卸下贮纳。然后再由盐仓水运至太仓。此后，"水通即运，水细便止，自太原仓溯河，更无停留"。

北运，要经过18里山路，仍旧艰难。开元二十九年，陕郡太守李齐物"凿三门山以通运，辟三门巅，逾岩险之地，俾负索引舰，升于安流"[1]。李齐物凿三门峡以通航运，船只就不必再在三门东的集津仓卸下租赋，可以拉纤渡险，直航陕县太原仓了。

天宝三年，长安令韦坚又利用沪、灞二水，引流东至永丰仓（在渭口），与渭水会合；并于望春楼东造了一个后被赐名为广运潭的大潭。租船到了永丰仓，就不必循渭往渭南仓（在长安北），可以沿韦坚改造的沪、灞二水，直航望春楼东的广运潭，卸租赋于太仓。

代宗广德二年，刘晏专领转运、租庸、铸钱、盐铁，凡漕事皆决于他。刘晏取盐利雇船工分吏督之。由扬州至河阴，"为歇艎支江船二千艘，每船受千斛，十船为纲，每纲三百人，篙工五十，自扬州遣将部送至河阴，上三门，号'上门填阙船'"。又"调巴、蜀、襄、汉麻枲竹筱为绹挽舟"。未及十年，"人人习河险。江船不入汴，汴船不入河，河船不入渭；江南之运积扬州，汴河之运积河阴，河船之运积渭口（永丰仓所在地），渭船之运入太仓"。一年"转粟百一十万石"[2]。刘晏可称为管理漕

---

[1]〔后晋〕刘昫等：《旧唐书》卷四十九《食货志下》，中华书局，1975年，第2116页。
[2]〔宋〕欧阳修、宋祁：《新唐书》卷五十三《食货志三》，中华书局，1975年，第1368页。

运的能手。

可是三门峡的险恶并未因为李齐物凿砥柱以通漕运而解决。"岁漕经底柱,覆者几半。河中有山号'米堆'(由覆舟之米堆成)"。纵能雇请到最熟悉三门水性的人指导,也要"一舟百日乃能上"。陕虢观察使李泌"益凿集津仓山西径为运道,属于三门仓"。李泌之法是恢复裴耀卿"凿山十八里以陆运"至三门西盐仓之法。盐仓之名这时已不存在,而叫三门仓了。此事在德宗贞元之初进行。到文宗大和年间,咸阳县令韩辽又请疏秦、汉时故漕兴成堰,此堰东达永丰仓,长三百里。文宗同意疏浚。堰成之后,"罢挽车之牛以供农耕,关中赖其利"①。这表明韦坚利用灞、浐二水,以通永丰仓至长安太仓的兴治,后又告废,转为陆运,韩滉乃不得不请疏兴成故漕,以通漕运。

其实,自洛阳含嘉仓至长安太仓的陆运,并未废绝。这是一条辅助黄河、渭水运输的道路。

在黄巢起兵之前,邗沟、汴河、黄河、渭河联运总算维持下来,唐朝的生命也就维持下来。

下面要谈扬州。

扬州地处长江与邗沟即与大运河汇合之口,正如《新唐书》所说,为"江南之运积"之外。其实,扬州不仅为皇家两税、盐铁、贡物之所积,以待转运长安,而且权德舆《广陵诗》云"八方称辐辏,五达如砥平"。几乎全国的货物都在这里集散。"富商大贾,动逾百数"。无怪乎广陵会成为"歌钟之地"。

外商也到了扬州。唐人仍称扬州对岸的镇江焦山口为海门②,海潮仍然达到扬州③,这表明扬州在唐时依然近海。胡商往往泛海而至扬州,他们做的多是珠宝、香料、药材生意。胡商来自各国,人数颇为不少,有的且在扬州居住下来。《旧唐书》卷一百一十《邓景山传》说田神功至扬州,

---

① [宋]欧阳修、宋祁:《新唐书》卷五十三《食货志三》,中华书局,1975年,第1371页。
② 李涉《润州听暮角》:"惊起暮天沙上雁,海门斜去两三行。"
③ 张祜《题金陵渡》:"潮落夜江斜月里,两三星火是瓜州。"

第六章 唐和五代长江流域开发的继续发展与经济重心的逐渐南移

"大掠居人资产,鞭笞发掘略尽,商胡大食、波斯等商旅死者数千人"。这是扬州胡商遭到的一次大劫。

扬州商人之多,是由于唐时的扬州,在经济上已成为产盐、铸铜、纺织中心与米市。

产盐中心:海陵盐监年"煮盐六十万石",超过楚州盐城,浙西嘉兴、临平两监盐的年产量,居全国第一位。

铸铜中心:《太平寰宇记》卷一百三十《淮南道八·泰州》载,扬州有丹杨、广陵两监,年铸钱达 11 000 余贯,也是全国第一。其他铜器,亦闻名于世。《唐国史补》卷下说扬州旧贡"江心镜,五月五日扬子江中所铸也。或言无有百炼者,或至六七十炼则已,易破难成,往往有自鸣者"。《新唐书》记扬州贡物中有青铜镜,疑即江心镜。

纺织中心:扬州贡物中纺织品绵、蕃客袍锦、被锦、半臂锦、独窠绫、殿额莞席等各种品物应有尽有,可见扬州造锦与造绫工业的发达。

米市:扬州出产黄稑米、乌节米,为贡品。扬州大都督府所属的山阳(常丰堰)、宝应(白水塘)、淮阴(棠梨泾)、乌江(韦游沟)、安丰(永乐渠)、光山(雨施陂)等县,水利事业也很发达,形成一个产米区。杜甫《解闷》四首之一云:"商胡离别下扬州,忆上西陵故驿楼。为问淮南米贵贱,老夫乘兴欲东流。"他的诗把扬州的米市形象写出来了。元和中,仅庐州便曾一次以"郡米数万石输扬州,舳舻相继",取道巢湖入大江。

此外,自德宗建中元年刘晏为转运使,又"于扬子置十场造船,每艘给钱千缗"[①],使扬州又崛为一个造船中心。加上地理位置适当大运河与长江交汇之处,为全国的水运枢纽,遂使扬州兴起为"天下繁侈"、全国第一商业大城。

以下说一说扬州城的建筑。

隋末,由于炀帝开凿通济渠,游江都,扬州已隐隐崛起。隋炀帝曾在江都大造宫殿。数目颇为不少。如:江都宫、成象殿、水精殿、皇宫西院

---

① [宋]司马光编著,[元]胡三省音注:《资治通鉴》卷二百二十六《唐纪四十二》,中华书局,1976年,第7287页。

内的流珠堂、邗沟茱萸湾的北宫、长江边上扬子津的临江宫,以及遍布蜀岗、雷塘一带的归雁宫、回流宫、九里宫、松林宫、大雷宫、小雷宫、枫林宫、春草宫,形成了一个宫殿群,"堪与长安的大兴城媲美"①。

李益《扬州怀古》云:"故国歌钟地,长桥车马尘。彭城阁边柳,偏似不胜春。"《扬州早雁》云:"江上三千雁,年年过故宫。可怜江上月,偏照断根蓬。"他说的故宫,隋宫也。怀古,这古也上及于隋。隋炀帝时已将"歌钟"带到扬州。

唐时的扬州已非帝王所专有。考古发现扬州唐城分子城(牙城、衙城)和罗城(大城)两部分。子城位于今扬州市北约2公里的北蜀岗上的丘陵地带,夯土城墙仍然保存。子城分东西二处,西城保存较好,略成方形,城外有城壕,四面开设城门。北边城墙增设水门,当地称为北水关。结合文献记载,可确定西城是宋代在旧城基础上改建的宝佑城。东城现存北墙和东墙两段,在城内发现有汉代和唐代的水井、灰坑、砖瓦、瓷片。特别是在运河两岸的螺丝桥附近,还发现有"楠木驳岸"(护坡)和小船。

子城为官衙聚集之地,罗城则是一个商业城。罗城位于子城南面的蜀岗之下,即今扬州市区一带。城垣东西7里,西据蜀岗,北抱雷陂②。按沈括《梦溪补笔谈》记扬州"南北十五里一百一十步,东西七里三十步";日僧圆仁《入唐求法巡礼行记》记"扬府南北十一里,东西七里,周四十里",是包子城与罗城而言,与考古发现罗城东西7里吻合。

罗城是随着扬州经济发展而修筑起来的,在唐人笔下,繁荣无比。张祜《纵游淮南》云:

十里长街市井连,月明桥上看神仙。人生只合扬州死,禅智山光好墓田。

---

① 参见方亚光:《六朝隋唐时期的金陵与广陵》,载江苏省六朝史研究会,江苏省社科院历史所:《古代长江下游的经济开发》,三秦出版社,1996年,第97页。

② 详见安金槐:《中国考古》,上海古籍出版社,1992年,第628页。

第六章　唐和五代长江流域开发的继续发展与经济重心的逐渐南移

王建《夜看扬州市》云：

夜市千灯照碧云，高楼红袖客纷纷。如今不似时平日，犹自笙歌彻晓闻。

《元和郡县图志》阙卷逸文卷二《淮南道》中李吉甫说扬州"与成都号为天下繁侈，故称扬、益"；《资治通鉴》卷二百五十九《唐纪七十五》说："扬州富庶甲天下，时人称扬一、益二。"怪不得王建夜看扬州市，能写出"夜市千灯照碧云，高楼红袖客纷纷"之句。笙歌彻晓可闻，比之隋代歌钟，并不止前进一步。这样繁华的城市，妓馆应时而起。"月明桥上看神仙"，真是"人生只合扬州死"。还有什么地方比扬州更能吸引士子商贾、骚人墨客的游踪呢？

"十里长街市井连"，"夜市千灯照碧云"二语，不可等闲读之。将唐朝新兴的扬州城与前代城市相比较，我们立刻就会看到前朝城市坊市分离的制度，到唐朝，被市井相连的制度代替了，坊市已经不分。扬州罗城十里长街市肆与居民住宅连在一起。夜市也是一个新事物。"夜市千灯照碧云，高楼红袖客纷纷"，这样，繁华热闹，今日谈之，能不犹同目见？

扬州城的两个新景象：市井相连与夜市千灯，在江南别的城市中也可以见到，又非扬州一地而然。如苏州、杭州与宣州：

杜荀鹤《送人游吴》云：

君到姑苏见，人家尽枕河。古宫闲地少，水港小桥多。夜市卖菱藕，春船载绮罗。遥知未眠月，乡思在渔歌。

又《送人宰吴县》云：

草履随船卖，绫梭隔水鸣。

"夜市卖菱藕"，道出了苏州也有夜市。"春船载绮罗"是说不仅草履，连绮罗也在船上卖出。民间织绫业很发达，隔岸可闻绫梭之声。这都表明苏州坊市不分，市无定处。又《送友游吴越》云：

  去越从吴过，吴境与越连。有园多种橘，无水不生莲。夜市桥边火，春风寺外船。

"去越从吴过，吴境与越连"，二语指的是江南运河把吴越连起来了。"夜市桥边火，春风寺外船"，似不限于苏州，沿江南运河市镇的桥边与寺外，都有夜市出现，当然，与扬州不能比，只两三星火而已。又李华《杭州刺史厅壁记》记杭州：

  骈樯二十里，开肆三万室。

"骈樯二十里"，指江南运河通达杭州一段舟船之多；"开肆三万室"，这三万店肆非集中于某一处。白居易《江楼夕望招客》写杭州：

  灯火万家城四畔，星河一道水中央。

这四畔万家灯火，有商店，也有住宅，坊市分离之制，在杭州显然也已消失。

  扬州、苏州、杭州都是大运河沿岸的南方城市。现在再看一个不靠大运河但也是江南的城市——宣州。

  李白《赠宣城宇文太守兼呈崔侍御》云：

  君从九卿来，水国有丰年。鱼盐满市井，布帛如云烟。

  鱼盐布帛满于市井，其意与张祜"十里长街市井连"正同。此诗所谓市，面貌已与李白常去醉卧的长安西市不同。市井不分看来只是长江流域城市的新现象。

(二)工商业发展的新阶段

唐朝工商业的发展,已达到了一个新的水平。其特征有二:

一是工商业者的活跃与使用雇工。不妨举数例以见:

《唐国史补》卷下"七月八日有上信"条云:

> 江湖语云:"水不载万。"言大船不过八九千石。然则大历、贞元间,有俞大娘航船最大,居者养生送死嫁娶悉在其间。开巷为圃,操驾之工数百,南至江西,北至淮南,岁一往来,其利甚博,此则不啻载万也。洪、鄂之水居颇多,与屋邑殆相半。凡大船必为富商所有,奏商声乐,从婢仆,以据柂楼之下。其间大隐,亦可知矣。

隋文帝命江南民间造船不准长超三丈的时代过去了。俞大娘这个女富商,船可载到万石,可见其船之大。她活跃得很,南至江西,北至淮南,每年必往来一次,所做生意,利润极大。

俞大娘航船操驾之工数百,就唐朝雇佣劳动的发展来看,这几百个船工,无疑都是雇请的长工或短工。

又宋徐铉《稽神录》卷六"吴廷玻"条记吴廷玻在扬州"复有广厦,百工制作毕备",这是扬州的一个能造各种器物的大作坊主,"百工"显然都是他雇请而来。我们不要忘记官府铸铜都"厚价葬工"(见本章第五节),何况私人。

同书卷三又记扬州有贾人某,以柏木造床、几、什物,"载之建康,卖以求利"。这是扬州的一个经营木器的作坊主人。他的作坊,自产自销,无疑也有雇工。

即此数例,我们已能看到扬州工商业者的活跃性。最令人惊奇的是,那时代江淮,比较有名的城市往往万商云聚,几达饱和程度。《太平广记》卷四十四《萧洞玄》载,贞元中,萧洞玄自浙东至扬州,曾见"舳舻万艘,隘于河次,堰开争路,上下众船相轧者移时"。杭州是"骈樯二十里"。寻阳是"缗钱粟帛,动盈万数,加以四方士庶,旦夕环至,驾车乘舟,叠毂联樯"①。即连不靠长江、运河的庐州,也是"隘关溢廛,万商俱来"。庐州盛产稻米与黄芽茶,万商俱来,目的在此。其他城市,商人麇集,向往的也是当地的名产。

这些城市都在长江下游。中上游怎样？中游如江陵,据《太平广记》卷四百九十九"郭使君"条,有郭七郎者,"其家资产甚殷,乃楚城富民之首,江、淮、河、朔间,悉有贾客仗其货买易往来者"。可见江陵也是个江、淮、河、朔万商往来的城市。上游如成都,据卢求《成都记序》:

> 大凡今之推名镇为天下第一者曰扬、益,以扬为首,盖声势也。人物繁盛,悉皆土著,江山之秀,罗锦之丽,管弦歌舞之多,伎巧百工之富……扬不足以侔其半。

时人称"扬一益二",卢求则认为将成都比扬州,"扬不足以侔其半"。成都在唐时无疑保持了它的"繁侈"地位。

由此,我们可以说,在唐朝后期私有制与雇工制发展起来以后,长江上、中、下游特别是下游,工商业与城市经济的发展,达到了一个新水平或新阶段。那时候,全国的经济重心不仅南移,而且就长江流域而言,又偏向东移,这种移动,是逐渐完成的。以上所说是一个表现。

二是飞钱与柜坊的出现。

由于商业运输货品数量之大,道路之远,如果携带大量金属货币（铜币）同行,非常不便,飞钱于是应时而生。

《新唐书》卷五十四《食货志四》记宪宗朝:

> 时商贾至京师,委钱诸道进奏院及诸军、诸使富家,以轻装趋四

---

① [宋]李昉、宋白等:《文苑英华》卷八百三《江州录事参军厅壁记》,清文渊阁四库全书本。

方,合券乃取之,号"飞钱"。

这是一种汇兑制度,是崭新事物。一种新事物出现,往往要遭到反对,以至扼杀。"京兆尹裴武请禁与商贾飞钱者,庚索诸坊,十人为保"。飞钱,这种对工商业发展极为有利的新事物,便这样被扼杀了。然而,飞钱一禁,"家有滞藏,物价浸轻",王播等又奏:

> 请许商人于户部、度支、盐铁三司飞钱每千钱增给百钱,然商人无至者。

这是朝廷将飞钱制收归国有,只准在户部、度支、盐铁三司飞钱,不准在诸道进奏院、诸军、诸使富家飞钱。且规定于三司飞钱,每千钱增给百钱,即国家收取百分之十的"汇费"。于三司飞钱,取了个名称,叫"便换"①。可是"商人无至者"。商人之所以不想于三司飞钱,一是每千钱要增给百钱,二是在长安三司飞钱,于诸道是否能取到,还成问题,不如于长安诸道进奏院、诸军、诸使富家飞钱可靠。

商人不至,并非绝对。《因话录》卷六羽部记述:

> 有士鬻产于外,得钱数百缗,惧川途之难赍也,祈所知纳于公藏,而持牒以归,世所谓便换者,置之衣囊。

此牒即便换,亦即飞钱。最早的汇兑制度,在唐毕竟产生也。

柜坊的业务是替客商保管财物,凭帖或信物替存钱者支付款项,以收取柜租。帖,类似支票。这也是一种新制。

《太平广记》卷十六"张老"条,记张老给他的妻兄韦义方一个"故席帽",并说:

---

① [后晋]刘昫等:《旧唐书》卷四十九《食货志下》,中华书局,1975年,第2121页。

> 兄若无钱，可于扬州北邸卖药王老家，取一千万，持此（故席帽）为信。……乃往扬州，入北邸，而王老者方当肆陈药。韦前曰："叟何姓？"曰："姓王。"韦曰："张老令取钱一千万，持此帽为信。"王曰："钱即实有，席帽是乎？"韦曰："叟可验之，岂不识耶！"王老未语，有小女出青布帏中，曰："张老常过，令缝帽项，其时无皂钱，以红线缝之，线色手踪，皆可自验。"因取看之，果是也。遂得载钱而归。

又同书卷十七"卢、李二生"条引《逸史》记李生"东归甚贫，在扬州阿使桥见卢生，卢生号二舅"，二舅问李生欠了官家多少钱，李生说二万贯。二舅

> 乃与一拄杖曰："将此与波斯店取钱。"……波斯见拄杖，惊曰："此卢二舅拄杖，何以得之？"依言付钱。

由这两个记载可以看出：一、柜坊由邸店发展而来。扬州北邸卖药王老店便兼营柜坊的业务。二、柜坊由邸店分出，最初当在南方，而南方又以扬州为最有可能。不仅王老药店，而且波斯胡商，在扬州都有柜坊。

柜坊以后发展到其他城市。据《资治通鉴》卷二百五十三，唐僖宗广明元年，左拾遗侯昌业上疏极谏，其中有一项是：

> 强夺波斯之宝贝，仰取茶店之珠珍，浑取柜坊，全城搬运。

此所谓"浑取柜坊，全城搬运"，当指长安柜坊而言。《太平广记》卷二百四十三"窦义"条记大商人窦义，在长安西市就有供人存钱的很多柜坊。"全城搬运"，长安柜坊多矣。

便换有官营也有私营，柜坊为民营、私营。此二新事物的出现，是工商业至唐朝达到了一个新水平的又一表现。

三是市场经济的发展。表现有三：一、坊中有市；二、夜间有市；三、乡镇市场——草市的普遍兴起。有草市之处，不仅往往发展为城镇，且有发展为县城者。

市井相连与夜市，前面已经谈及。草市，六朝已有之，建康城内就有不少。到唐朝，草市在江淮城乡普遍发展起来。杜牧《上李太尉论江贼书》云：

> 凡江淮草市，尽近水际，富室大户，多居其间。自十五年来，江南江北，凡名草市，劫杀皆遍。

江淮草市中有富室大户居住，不仅是一个市与住宅区不分的例证，而且表明此种市场与城乡定期集市不同，它是相对固定的市场。在这个基础上，江淮市镇发展了，乡镇商业也抬头了。

第七节 雕版印刷术的发明，文化重心的南移

(一)长江上下游雕版印刷业的兴起

现在说雕版印刷术起源于隋朝，已经不能成立了。此说始于明陆深。他在《河汾燕闲录上》说："隋文帝开皇十三年十二月八日敕废像遗经，悉令雕撰。此印书之始，又在冯瀛王先矣。"陆深所引原始材料，为隋费长房《历代三宝记》卷十二所云"废像遗经，悉令雕、撰"。清初王士禛在《居易录》卷二十五中指出：

> 予详其文义，盖雕者乃像，撰者乃经，俨山（陆深）连读之误耳。

本是雕、撰，字义十分明白。陆深连读，中无顿号，已经错了。而稍

后同为明人的胡应麟,在《少室山房笔丛甲部·经籍会通四》中说:"载阅陆子渊(陆深)《河汾燕闲录》云:'隋文帝开皇十三年十二月八日敕:废像遗经,悉令雕版,此印书之始。'据斯说,则印书实自隋朝始。"他竟把"悉令雕、撰",易之为"悉令雕版"。文义大异。而今日通史教材,均据此谬说谓隋朝发明了雕版印刷术。真是岂有此理!

近人张秀民著《中国印刷术的发明及其影响》,据明人邵经邦《弘简录》卷四十六所云唐太宗"令梓行"长孙后《女则》10篇,谓为雕版印刷之始。然而,他自己也说问题在于邵氏是十六世纪的史学家,他的话究属是第二手史料。新、旧《唐书·后妃传》,《资治通鉴》,《太平御览》虽然提到《女则》,但都没有"令梓行之"一句,邵氏不知根据什么书转载的。

这是一个孤证,而且是第二手的孤证,是很难取信于人的。

为人们所公认的能反映雕版印刷发明的材料,是以下一些:

唐元微之《元氏长庆集》卷五十一《白居易长庆集序》:

> 白氏《长庆集》者,太原人白居易之所作。……二十年间,禁省观寺邮候墙壁之上无不书,王公妾妇牛童马走之口无不道。至于缮写模勒,衔卖于市井,或持之以交酒茗者,处处皆是。(扬、越间多作模,勒乐天及予杂诗,卖于市肆之中也。)其甚者有至于盗窃名姓,苟求是售,杂乱间厕,无可奈何。……长庆四年冬十二月十日微之序。

注意"扬、越间多作模,勒乐天及予杂诗"之语,指明了模勒之地为长江下游的扬、越。赵翼云:"摹勒即刊刻也,则唐时已开其端欤?"[①]此为雕版印刷起于扬、越即起于长江流域的一证。又《全唐文》卷六百二十四冯宿《禁版印时宪书奏》:

---

① [清]赵翼:《陔余丛考》卷三十三《刻书书册》。

第六章　唐和五代长江流域开发的继续发展与经济重心的逐渐南移

准敕，禁断印历日版。剑南两川及淮南道皆以版印历日鬻于市。每岁司天台未奏颁下新历，其印历已满天下，有乖敬授之道。

《旧唐书》卷十七下《文宗纪》：

（大和九年）十二月壬申。……丁丑敕诸道府不得私置历日板。

注意"剑南两川及淮南道皆以版印历日鬻于市"之语，指明了版印历日之地为长江上下游的剑南两川及淮南道。文宗大和九年以前，剑南与淮南出版的历日或私历"已满天下"。这均为印本历书，记载甚明，无可怀疑。此为雕版印刷起于两川及淮南即起于长江流域的两证。又唐范摅《云溪友议》卷下：

纥干尚书臬，苦求龙虎之丹十五余稔。及镇江右（为江南西道观察使），乃大延方术之士。乃作《刘弘传》，雕印数千本，以寄中朝及四海精心烧炼之者。

《新唐书·艺文志三·神仙部》记"纥干臬《序通解录》一卷（字咸一，大中中江西观察使）"。大中为唐宣宗年号，纥干臬大集方士撰写《刘宏传》，雕印数千本，是有关道家印书的最早记载。而雕印地点为江右，即江南西道。据《新唐书·地理志五》，"西道采访使治洪州"，即治今江西南昌，此数千本《刘宏传》为在南昌雕版印刷。又日本入唐僧之一宗叡新书写请来法门等目录（大藏余二）有"西川印子《广韵》一部五卷，同印子《玉篇》一部三十卷"。并云："大唐咸通六年从六月迄于十月于长安城右街西明寺日本留学僧圆藏法师院求写杂法门等目录具如右也。""印子"即"印本"。咸通年间，日本和尚从唐携回的印本《广韵》和《玉篇》字书，写明为"西川印子""同印子"（同为西川印子）。此为雕版印刷起于西川即起于长江流域的三证。

又宋王谠《唐语林》卷七云：

> 僖宗入蜀，太史历本不及江东，而市有印货者，每差互朔晦，货者各征节候，因争执。

据《旧五代史》卷四十三《唐书·明宗纪第九》"中书奏：请依石经文字刻《九经》印版，从之"注云：

> 案《柳氏家训序》：中和三年癸卯夏，銮舆在蜀之三年也，余为中书舍人，旬休，阅书于重城之东南，其书多阴阳杂说、占梦相宅、九宫五纬之流，又有字书小学，率雕版，印纸浸染，不可尽晓。

僖宗入蜀，人们即见市有印本历书。中书舍人柳玭随僖宗在蜀之3年，见城东南阴阳杂记、占梦相宅、九宫五纬、字书小学等书，全用雕版印刷，此为雕版印刷起于蜀中即起于长江流域的四证。柳玭所谓蜀重城之东南，即成都府东南。当时的成都实已成为雕版印刷业的中心。

又宋朱翌《猗觉寮杂记》卷六云：

> 雕印文字，唐以前无之。唐末，益州始有墨板。后唐方镂九经，悉收人间所有经史，以镂板为正。见《两朝国史》。

按清朱彝尊《经义考》卷二百九十三引《宋国史志》云：

> 唐末，益州始有墨板，多术数字学小书。

此为雕版印刷起于益州即起于长江流域的五证。

唐咸通九年王玠造《金刚经》是现存世界第一部印本书。王玠的籍贯

第六章 唐和五代长江流域开发的继续发展与经济重心的逐渐南移

与事迹不可考，造此经以前，雕版印刷已在扬越、剑南两川、淮南、洪州流行，说王玠所刻《金刚经》是现存最早的印本书可，说雕版印刷的发明起之于此则不可。

咸通十年后，唐司空图曾为东都（洛阳）敬爱寺讲律僧惠确化募雕刻《律疏》，此事又晚于王玠雕刻《金刚经》。虽然文中说"自洛城罔遇，时交乃楚，印本渐虞散失，欲更雕镂"，可旧本刻印时代不明。

由上可知雕版印刷术的发明，就时间来说，在中唐以后；就地点来说，在长江流域的淮南道、江南东道、江南西道、剑南道。具体一点说，在扬州、越州、洪州、西川成都府。雕版印刷术的发明，是长江流域民间的新创造，反映了长江流域文化的发展。而长江流域文化的发展又与中唐以后全国经济重心南移有关。论雕版印刷术的发明，我们切不可忘了中唐以后经济重心南移这一趋势，雕版印刷的出现是与这一趋势相应的。

（二）唐代文化重心的逐渐南移

经济重心的南移，雕版印刷术在南方的发明，必然要促进南方文化的发展，文人的产生。不妨举一些实例。所举州每州两人，以明此一趋势。时间自元和、长庆以后，即白居易、元微之以后。

文化非被动的。我之所以要写这一节，是因为文化教育的发达，又可促进经济加快发展。

1.江南东道（采访使治苏州）

（1）苏州吴郡：

陆龟蒙：《唐摭言》卷下云："三吴人也（苏州人）……文学之外，尤善淡笑，常体江、谢赋事，名振江左。居于姑苏，藏书万余卷。诗篇清丽，与皮日休为唱和之友。有集十卷，号曰《松陵集》。"沈德潜《唐诗别裁》卷四《五言古诗》陆龟蒙条谓陆龟蒙"与皮日休倡和，另开僻泚一体"。

陆龟蒙为《唐摭言》所载《韦庄奏请追赠不及第人近代者》之一。除陆龟蒙外，注明为"吴人"的尚有顾邵孙、沈珮二人。

（2）润州丹阳郡：

汤篑：《唐摭言》卷十："汤篑，润州丹阳人也。……晚佐江西钟传，书檄阗委，未尝有倦色。传女适江夏杜洪之子。时及昏暝，有人走乞障车文。篑命小吏四人各执纸笔，倚马待制，既而四本俱成。天祐中，逃难至临川，忧恚而卒。"

许浑：唐诗人，沈德潜《唐诗别裁》简介云："丹阳人，太（大）和六年进士，为当涂、太平二县令。大中三年为监察御史，历睦、郢二州刺史，有《丁卯集》。"沈德潜所选许浑诗有五律3首，七律9首，五言绝句1首，七言绝句2首，数量不少。举一首以见。

  劳歌一曲解行舟，红叶青山水急流。日暮酒醒人已远，满天风雨下西楼。

沈德潜评云："黯然销魂。"

（3）睦州新定郡桐庐县：

章孝标：元和中进士，大和中为大理评事。《唐诗别裁》卷十二收有他的五律1首，诗云：

  田家无五行，水旱卜蛙声。牛犊乘春放，儿孙候暖耕。池塘烟未起，桑柘雨初晴。岁晚香醪熟，村村自送迎。

沈德潜评云："通体村朴称题。"

章碣：章孝标之子，乾符中进士。他有一首很有名的诗，叫《焚书坑》，诗云：

  竹帛烟销帝业虚，关河空锁祖龙居，坑灰未冷山东乱，刘、项元来不读书。

方干：不与科名，死后追赐及第，门人私谥为元英先生。《唐诗别裁》卷十六收有他的七言律诗2首。《唐摭言》卷十有他的小传。他被追赐及第，也是因为韦庄之请。

（4）越州会稽郡：

朱庆余：敬宗宝历进士。《唐诗别裁》卷十五收有他的七言律诗《南湖》1首。

吴融：越州山阴人，昭宗龙纪初，成进士。《唐诗别裁》卷十六收有他的七言律诗《即事》和《春归次金陵》2首。

刘采春：越州妓。《唐诗别裁》卷十九收有她的五言绝句《啰唝曲》3首。《啰唝曲》共有6首，录一首以见。

不喜秦淮水，生憎江上船。载儿夫婿去，经岁又经年。

沈德潜评云："不喜，生憎，经岁，经年，重复可笑的是儿女子口角。"

（5）泉州清源郡莆田县：

黄滔：乾宁二年进士。王审知据闽中，州人避地者多主于黄滔。《唐诗别裁》卷十八《五年排律》，收了他的《内出白鹿宣示百官（省试）》1首。

徐寅：乾宁中进士。曾依王审知，不合，归隐延寿溪。《唐诗别裁》卷十八《五言排律》收了他的《东风解冻（试帖）》1首。

2.江南西道（采访使治洪州）

（1）洪州豫章郡：

沈彬：洪州高安县人。《宋史·艺文志》有《闲居集》十卷。《唐诗别裁》卷十六收有他的七律《塞下》《入塞》2首。

来鹄：《唐摭言》卷十云："来鹄，豫章人也。师韩、柳为文，大中末、咸通中，声价益籍甚。广明庚子之乱，鹄避地游荆襄。南返中和，客死于维扬。"

闵廷言：《唐摭言》卷十云："闵廷言，豫章人也。文格高绝。咸通中，初与来鹄齐名。王棨尝谓同志曰：'闵生之文，酷似西汉。'有《渔腹志》一篇，棨尤所推伏。"

任涛：《唐摭言》卷十云："任涛，豫章筠川人也。诗名早著，有'露团沙鹤起，人卧钓船流'。他皆仿此。数举败于垂成。李常侍鹭廉察江西，特与放乡里之役，盲俗互有论列，鹭判曰：'江西境内，凡为诗得及涛者，即与放色役，不止一任涛耳。'"

（2）袁州宜春郡：

陈象：《唐摭言》卷十云："陈象，袁州新喻人也，少为县吏，一旦愤激为文，有西汉风骨，著《贯子》十篇。南平王钟传镇豫章，以羔雁聘之，累迁行军司马、御史大夫。"

郑谷：光启二年擢第，乾宁中，为都官郎中。沈德潜云："谷诗名盛于唐末，人都传讽，号为郑都官而弗名也。"《唐诗别裁》卷十二收有他的五言律诗《乱后途中忆张乔》1首；卷十三收有他的七言律诗《漂泊》《少华甘露寺》《鹧鸪》3首；卷二十收有他的七言绝句《淮上与友人别》《席上赠歌者》2首。举《淮上与友人别》以见。

扬子江头杨柳春，杨花愁杀渡江人。数声风笛离亭晚，君向潇湘我向秦。

沈德潜评云："落句不言离情，却从言外领取，与韦左司（韦应物）《闻雁诗》同一法也。"

（3）池州：

周繇、周繁：《唐摭言》卷十云："周繁，池州青阳人也。兄繇，以诗篇中第。繇工八韵，有飞卿（温庭筠）之风。"

张乔：《唐摭言》卷十云："张乔，池州九华人也。诗句清稚，复无与伦。咸通末，京兆府解，李建州时为京兆参军，主试，同试有许棠与乔及俞坦之、剧燕、任涛、吴罕、张蠙、周繇、郑谷、李栖远、温宪、李昌符,谓之十哲。其年,府试月中桂诗,乔擅场……"

杜荀鹤:池州人。大顺中进士,后受翰林学士,知制诰。序己文为《唐风集》。《唐诗别裁》卷十二收有他的五言律诗《春宫怨》《送人游吴》《送人宰吴县》3首;卷十八五言长律《御沟新柳(试帖)》1首;卷二十七言绝句《溪兴》1首。前引"夜市卖菱藕,春船载绮罗"即出于他的《送人游吴》一诗。"草履随船卖,绫梭隔岸鸣",出于他的《送人宰吴县》一诗。

(4)宣州宣城郡:

许棠:宣州泾县人。久困名场,李频主解试首荐之,始得登第。官江宁丞。《唐诗别裁》卷十二收有他的五言律诗《登渭南县楼》《寄盩厔薛能少府》《野步》3首。

顾蒙:《唐摭言》卷十云:"顾蒙,宛陵人,博览经史,慕燕许刀尺,亦一时之杰。余力深究内典,由是,屡为浮图碑,仿欧阳率更笔法,酷似前人。……蒙颇穷《易象》,著《大顺图》三卷。"

(5)湖南:

李涛:《唐摭言》卷十:"李涛,长沙人也。篇咏甚著,如'水声长在耳,山色不离门';又'扫地树留影,拂床琴有声';又'落日长安道,秋槐满地花',皆脍炙人口。温飞卿任太学博士,主秋试,涛与卫丹、张郃等诗赋皆榜于都堂。"

周缄:《唐摭言》卷十云:"周缄者,湖南人也。咸通初,以辞赋擅名。缄尝为《角觝赋》,略曰:'前冲后敌,无非有力之人;左攫右拿,尽是用拳之手。'或非缄善角觝。"

何涓:《唐摭言》卷十云:"何涓,湘南人也。业辞,尝为《潇湘赋》,天下传写。少游国学,同时潘纬者,以古镜诗著名。或曰:'潘纬十年吟古镜,何涓一夜赋潇湘。'"

3.山南东道(采访使治襄州)

(1)荆州南郡(江陵府江陵郡):

崔道融:荆州人,以征辟为永嘉令,累官右补阙。《唐诗别裁》卷十二收有他的五言律诗《梅花》1首。

崔珏：荆州人，大中进士，为淇县令，迁官侍御。《唐诗别裁》卷十六收有他的七言律诗《和友人鸳鸯之什》1首。诗中有"暂分烟岛犹回首，只渡寒塘亦并飞"之句。崔珏以此诗得名，称"崔鸳鸯"。

（2）襄州襄阳郡：

襄阳诗人辈出，杜甫即襄阳人。晚唐以皮日休闻名。皮日休为咸通进士，授著作郎，尝流寓于吴。或云为黄巢所害，然皮日休之子皮光业谓黄巢时，父依吴越王，无遇害事。《唐诗别裁》卷十二、十六收有皮日休的五律、七律各1首。今录七律《馆娃宫怀古》以见。

艳骨已成兰麝土，宫墙依旧压层崖。弩台雨坏逢金镞，香径泥销露玉钗。砚沼只留溪鸟浴，屧廊空信野花埋。姑苏麋鹿真闲事，须为当时一怆怀。

4.剑南道（采访使治益州）

成都府蜀郡：

李远：蜀人，大和五年进士，历忠、建、江3州刺史，终御史中丞。《唐诗别裁》卷十二收有他的五言律诗《送人入蜀》1首。卷十六又收有七言律诗《失鹤》《赠写御容李长史》2首。

雍陶：成都人，大和进士，官至简州刺史。尝自比谢朓。《唐诗别裁》卷十六收有他的七言律诗《塞路晴诗》1首；卷二十又收有他的七言绝句《和孙明府怀旧山》《天津桥春望》2首。

薛涛：成都名妓。本章第四节曾写她制作的"薛涛笺"。她是唐朝著名的女诗人之一。《唐诗别裁》卷十九收有她的五言绝句《高骈席上作》1首。诗云：

闻说边城苦，如今到始知。好将筵上曲，唱与陇头儿。

第六章 唐和五代长江流域开发的继续发展与经济重心的逐渐南移

很有气势,也很有感情。

第八节 五代时期长江下游经济的重振与发展

此节先述长江流域经济重振之因,后述吴、南唐、吴越与闽国。

五代十国,十国中吴、南唐、前蜀、后蜀、楚、吴越、闽与南平8国都在长江流域。仅南汉在广东,北汉在山西。

五代是长江流域的分裂时期,分裂时期经济能不能发展?宋人范仲淹在《答手诏条陈十事》中说得好:

> 五代群雄争霸之时,本国岁饥,则乞籴于邻国,故各兴农利,自至丰足。江南应有圩田,每一圩方数十里如大城,中有河渠,外有门闸,旱则开闸引水之利,涝则闭闸拒江水之害。旱涝不及,为农美利。

中国君主专制时代,分裂时期,如果不想被别的国家灭亡,就得如范仲淹所言,"自致丰足"。这就是竞争。分裂势力无不想攀登皇帝宝座,成为大一统与成万宫嫔之主,"屠割天下"。这至少也要有两个条件,一、要有一支强悍听命的军队;二、要有粮食。北方少数民族首领征服过程中的因粮于敌的办法,并不能成为一个常则。因此也要发展农业生产,制造兵器。这就使得我们在唐朝瓦解之后,长江流域分为八国之时,仍可见到长江流域农、工、商业的发展。八国各有春秋,境内经济开发虽然一度因唐末的战争而致顿挫,但却是短时期的顿挫,主要倾向是在唐朝开发的基础上进一步深入。

互相竞争是长江流域经济在五代时仍然获得发展的第一个原因。

其次,南方各国之间,比较注意和平互利,避免逞兵用武。《新五代史》卷六十二《南唐世家·李昪》有云:

> 昇见天下乱久，常厌用兵，及将篡国，先与（吴越）钱氏约和，归其所执将士，钱氏亦归吴败将，遂通好不绝。

又同书卷六十六《楚世家·马殷》记吴杨行密对马殷之弟马賨曾说：

> 昔吾爱子之貌，今吾得子之心矣。然勉为吾合二国之欢，通商贾，易有无以相资，亦所以报我也。

大家都有共处之心，这就使得南方如吴越、南唐等国，都能保持二三十年或四五十年的和平。而这却是当时北方所难梦想的。北方避战火者，南迁的颇为不少。不求灭人之国，但求和平友好，是南方经济能够继续得到发展的第二个原因。

再次，我们尚可看到在南朝出现、在唐朝发展的雇佃和租佃制仍在起作用。唐时由于庸法的实行，雇佣劳动在官方以及民间都得到了较大进展。但我们尚可看到一种情况，即由于私人庄园的不断扩大，土地越来越多，特别是官僚地主，感觉到无法对庄园进行管理，不如使用租佃方式，把土地出租给农民，自己安稳做官，坐收租税，来得省事，从而租佃逐渐超越雇佃。到五代十国时期，租佃终于取得了胜利，成为农业生产关系的统治形态。宋朝一些官僚地主，每年坐收田租数十万石，实由于此。

较之于雇佃，租佃是一种落后形态。然而它在唐朝才得到发展，五代才成为一种统治形态，当时仍有它的活力。只是到宋元以后，才成为经济发展的绊脚石。

关于租佃在五代取得统治地位，从以下一些史料中便可得知。
《旧五代史》卷一百一十二《周太祖纪三》有云：

> 以天下系官庄田仅万计，悉以分赐见（现）佃户充永业。

此所谓官庄"见佃户",即租佃户,亦即后世所称佃户、佃农。他们原来租种官庄土地,现在,周太祖下令他们所租之地,即算他们自己所有,充永业田。这种佃户亦称佃客,然与汉魏佃客性质不同。

这是官庄的佃户。后周时变成编民或拥有小块土地的中农。

又《五代会要》卷二十五"逃户"条有云:

> 应自前及今后有逃户庄田,许人请射承佃,供纳租税。如三周年内,本户来归业者,其桑土不以荒熟,并庄田交还一分(指所有权)。……交还一分。应已上承佃户,如是自出力别盖造到屋舍,乃栽种到树木园圃,并不在交还之限。如五周年外归田者,庄田除本户坟茔外,不在交付(之限)。如有荒废桑土,承佃户自来无力佃莳,只仰交各与归业人户佃莳。

此所谓逃户庄田的"逃户",指庄田的"本户",即主户,亦即私庄庄主。此所谓"承佃户",或指私庄旧佃户,或指新佃户。无论新旧,都须"请射承佃"。承佃户所种"逃户庄田"的土地多少不一,按时限,本户来归,须交还一半、三分之一,或仅交还坟茔。这种交还系指所有权而言,承佃人仍可耕种他们所交还的一半或三分之一的土地,向本户纳租。

再看楚国。《新五代史》卷六十六《楚世家》记周行逢妻严氏"岁时衣青裙押佃户送租入城",并对周行逢说:"公思作户长时乎?民租后时,常苦鞭扑,今贵矣,宜先期以率众,安得遂忘陇亩间乎!"这说明到五代时期,佃户已成南北生产的主力军。

五代私家庄田基本上都采用了租佃方式,出租土地,由佃户自行经营。庄主则只顾收田租。不再参加管理或"共营作"。这种租佃在出现之初,所带有的不合理性便很严重,不须多久,它便会变成生产力发展的桎梏。

唐朝户无主客,均须按两税法交纳赋税。宋朝不同,据《止斋先生文集》卷二十六《乞放丁钱札子》载,"税户者有常产之人也,客户则无产而侨寓者也",像"镇江三邑,税户、客户输丁各异",这时候的客户已变成佃户的同义词,税户即主户,亦即庄主、地主。客户由佣力客作向佃户的转化亦当在五代时期完成。

以上是3个带有普遍性的问题。各国尚有它自己的特殊性。以下分国论述,可合者合之。

(一)吴与南唐

唐末,杨行密据有淮南,昭宗封他为吴王。杨行密、杨渥、杨隆演(渥弟)、杨溥(隆演弟)4世均居于广陵(扬州)。杨溥始称皇帝。杨溥"禅位"于徐知诰。徐知诰为徐温的养子,本姓李,名昪。刚做皇帝,国号称齐,因为他被杨溥封为齐王。复李姓之后,自以为是唐宪宗子建王李恪的4世孙,遂改国号为唐,即南唐。李昪移居金陵。《新五代史·吴世家》从《吴录》与《运历图》,记杨行密"以唐景福元年再入扬州,至晋天福二年为李昪所篡,实四十六年"。同书《南唐世家》记李昪"自晋天福二年建国,至皇朝开宝八年国灭,凡三十九年"。

唐末兵燹,淮南特别是扬州的破坏,十分令人吃惊。那时候,运河阻绝,干戈扰攘,杨行密初入扬州,"是时,城中仓廪空虚,饥民相杀而食,其夫妇、父子自相牵,就屠卖之,屠者刲剔如羊、豕"①。一个号称"扬一益二",夜市千灯照碧云的大都会,竟变得杀人而食,夫妇父子不顾,你信不信呢?须知这就是专制政治的历史。我国专制2000多年,太可怕了。历史上不乏讴歌颂扬"明君""忠臣"的人,大声疾呼君为大害的人如鲍敬言、黄宗羲实在太少了。

杨行密"招合遗散,与民休息,政事宽简,百姓便之"②。江淮人民松了一口气。杨溥时,徐知诰秉政,《资治通鉴》卷二百七十后梁贞明四

---

① [宋]欧阳修撰,徐无党注:《新五代史》卷六十一《吴世家·杨行密》,中华书局,1974年,第748页。
② [宋]薛居正等:《旧五代史》卷一百三十四《僭伪·杨行密传》,中华书局,1976年,第1781页。

第六章 唐和五代长江流域开发的继续发展与经济重心的逐渐南移

年秋七月记了一段话：

> 知诰……以吴王之命，悉蠲（唐昭宣帝）天祐十三年以前逋税，余俟丰年乃输之。求贤才，纳规谏，除奸猾，杜请托。于是士民翕然归心，虽宿将悍夫无不悦服。……先是，吴有丁口钱，又计亩输钱，钱重物轻，民甚苦之。齐丘说知诰，以为"钱非耕桑所得，今使民输钱，是教民弃本逐末也。请蠲丁口钱，自余税悉输谷帛，䌷绢匹直千钱者当税三千。"或曰："如此，县官岁失钱亿万计。"齐丘曰："安有民富而国家贫者邪？"知诰从之。由是江、淮间旷土尽辟，桑柘满野，国以富强。

吴初，杨行密时候的扬州，是杀人而食，"八州之内，鞠为荒榛，圆幅数百里，人烟断绝"①。吴末又恢复了，"江淮间旷土尽辟，桑柘满野"。但远未达到唐时淮南道开发的程度。《宋本方舆胜览》卷四十四《淮东路·扬州》"事要"条尝言：

> 本朝（宋朝）承平百七十年，尚不能及唐之什一，今日真可酸鼻也。

破坏容易恢复难。中国专制政治的历史是废易兴难。要想兴而不废，在专制时代，只是幻想。即使像淮南，也要靠有眼光的政治家如宋齐丘提出可行政策，并贯彻下去，才能从唐末的残破中恢复什一。

吴与吴越通和，"三十余州民乐业者二十余年"。《资治通鉴》卷二百七十胡三省注云："是时，吴有扬、楚、泗、滁、和、光、黄、舒、蕲、庐、寿、濠、海、润、常、昇、宣、歙、池、饶、信、江、鄂、洪、抚、袁、吉、虔等州。"从此注可看出今长江中下游淮南、江东、江西之地，

---

① [宋]薛居正等：《旧五代史》卷一百三十四《僭伪·杨行密传》，中华书局，1976年，第1781页。

在吴与南唐时，曾获得20余年的和平，民乐其业。

李昇（徐知诰）于后晋天福二年，称皇帝于金陵，是为南唐。李昇颇有政治头脑，《资治通鉴》的作者司马光于天福六年夏四月书云：

>自黄巢犯长安以来，天下血战数十年，然后诸国各有分土，兵革稍息。及唐主即位，江、淮比年丰稔，兵食有余，群臣争言"陛下中兴，今北方多难，宜出兵恢复旧疆"。唐主曰："吾少长军旅，见兵之为民害深矣，不忍复言。使彼民安，则吾民亦安矣，又何求焉！"汉主遣使如唐，谋共取楚，分其地，唐主不许。

秋七月又书云：

>吴越府署火，宫室府库几尽，吴越王元瓘惊惧，发狂疾，唐人争劝唐主乘弊取之，唐主曰："奈何利人之灾？"遣使唁之，且赒其乏。

李昇不同于历史上那些总想灭人之国，称霸天下的征服者，他懂得"使彼民安，则天民亦安矣"，又何所求？懂得"兵之为民害"也深。他不仅拒绝了群臣的北进主张，而且拒绝了南汉约唐共取楚国及群臣欲乘灾以取吴越的建议。可惜在专制时代，能像他有这种看法的人绝无仅有。他的继承者便无此头脑。邻国，尤其是北方邻国，对唐是虎视眈眈。

《资治通鉴》天福六年十一月还有一段话：

>唐主性节俭，常蹑蒲履，盥颒用铁盎，暑则寝于青葛帷，左右使令惟老丑宫人，服饰粗略。死国事者虽士卒皆给禄三年。分遣使者按行民田，以肥瘠定其税，民间称其平允。自是江、淮调兵兴役及它赋敛，皆以税钱为率，至今用之。唐主勤于听政，以夜继昼，还自江都，不复宴乐。

历史上的皇帝,哪一个不是广置妃嫔宫女,三千不足,以至万人、数万。"左右使令惟老丑宫人"的皇帝,只有李昪一个。以田亩多少定税,民间已是感恩戴德,再加上以肥瘠定税,恐怕也只有李昪一人。

李昪自为吴相,变更旧法甚多。天福七年,删定为三十卷,称《昪元格》,在南唐施行。

淮南与江东江西的经济,就是在这种政策下不断恢复、发展起来。史虚白《钓矶立谈》说南唐"耕织岁滋,文物彬焕,渐有中朝风采",并非过誉。可他所谓"中朝风采",已经过去汴京风物,何如金陵?即以词章而论,五代之时,词在南唐。

在吴与南唐时期,所辖地区工商业也在恢复和发展中。

南唐的纺织、金属制造、海盐生产等业,都在恢复。金陵出产一种"天水碧",《宋本方舆胜览》卷十四《江东路·建康府》"天水碧"条云:

> 南唐末时前数年,宫人按蔷薇水染生帛,一夕忘收,为浓露所渍,色倍鲜翠,因令染坊染必经宿露之,号为"天水碧"。宫中竞服之。

这种染色得到推广。《五国故事》卷上云:

> 建康,染肆之榜,多题曰"天水碧"。

"天水碧"是五代南唐丝织业产品中的一个新品种。

矿产方面,吴时于武昌开了一个新铜矿。据《九国志》卷一《秦裴传》,秦裴任吴武昌节度使,"开青山大冶,公家仰足"。这一带的矿藏,东周列国时代的楚国,已有开发。后来鲜闻。五代时期,吴又在开采了。既称"仰足",看来产量不小。

食盐如海陵盐仍在生产,盐利收入甚大。

南唐时"文房四宝"的开发值得一述。唐时宣城的纸、笔已很出名。

《唐六典》卷二十《太府寺》所记贡物便有宣、衢等州之案纸、次纸。宣人诸葛高所制的紫毫笔为名品。《清异录》卷四记南唐宜春王李从谦"喜书札,学晋二王楷法,用宣城诸葛笔,一枝酬以十金,劲妙甲当时,号为翅轩宝帚"。歙砚与墨的生产则盛于南唐。宋无名氏《歙州砚谱》载南唐元宗(李景)"精意翰墨,歙守又献砚并蒸砚工李少微,国主嘉之,擢为砚官"。南唐于"歙州置砚务,选工之善者,命以九品之服,月有俸廪之给,号砚务官,岁为官造砚有数。其砚四方而平浅者,南唐官砚也,其石尤精"①。此后歙砚便成了驰名于全国的工艺制品。歙墨(徽墨)起源于唐末。苏易简《文房四谱》卷五云:"江南黟歙之地有李廷珪墨尤佳。廷珪本易水人,其父超,唐末流离渡江,睹歙中可居造墨,故有名焉"。陶宗仪《辍耕录》卷二十九又云:"至唐末,墨工奚超与其子廷珪自易水渡江,迁居歙州,南唐赐姓李氏。廷珪父子之墨,始集大成。"这说得很清楚,墨至南唐李(本姓奚)廷珪父子,始成为集大成的名产。

　　吴与南唐的商业也有发展。吴时,杨行密曾派押衙唐令同"持茶万余斤,如汴、宋贸易"②。吴润州团练使徐知谔,尝"作列肆于牙城西,躬自贸易"③。这两则记载说明吴时官、私贸易均在重振。《南唐书》卷十八《契丹传》载,南唐李昇升元二年(后晋石敬瑭天福三年),契丹曾"持羊三万口,马二百匹"至南唐出售,"以其价市罗纨、茶药"。按天福元年,石敬瑭令桑维翰草表称臣于契丹主,且请以父礼事之,约共灭后唐,称皇帝之日,"割卢龙一道及雁门关以北诸州与之"。契丹来与南唐贸易,石敬瑭称帝已3年了。

　　李昇懂得"使彼民安,则吾民亦安",拒绝南汉相邀共同进兵瓜分楚国的主张。他的继承者李景则不然,他攻取建州,闽王延政投降。他又欲乘胜攻取福州,不料招致惨败。"唐兵死者二万余人,委弃军资器械数十

---

① [宋]欧阳修:《欧阳文忠公集·试笔》卷一《南唐砚》,清文渊阁四库全书本。
② [清]吴任臣:《十国春秋》卷一《太祖世家》。
③ [宋]司马光编著,[元]胡三省音注:《资治通鉴》卷二百七十九《后唐纪八》,中华书局,1976年,第9132页。

万，府库为之耗竭"①。后来，后周夺取到南唐的淮南地区，未尝不由于此。

(二)吴越

《新五代史·吴越世家》记吴越兴灭，"盖自唐乾宁二年，（钱镠）为镇海、镇东军节度使兼有两浙，至皇朝太平兴国三年国除，凡八十四年"。

苏轼有一篇《代赵阅道撰表忠观碑》专写吴越。其言云：

> 故武肃王（钱）镠始以乡兵破走黄巢，名闻江淮；复以八都兵讨刘汉宏，并越州……尽有浙东西之地。……三世四王，与五代相终始。天下大乱，豪杰蜂起，方是时，以数州之地盗名字者，不可胜数。既覆其族，延及于无辜之民，罔有孑遗。而吴越地方千里，带甲十万，铸山煮海，象犀珠玉之富，甲于天下。

吴越三世四王，与五代相终始，地方千里富甲天下，经济的发达，不让吴与南唐。

钱镠在杭州始筑捍海塘。此塘在候潮通江门外。未成之前，潮水昼夜冲击，往往功亏一篑。钱镠"因命强弩数百，以射潮头，又致祷于胥山祠"②。既而潮水避开钱塘，东击西陵，捍海塘因而筑成。这当然不是射潮头、祷胥山祠得来，而是潮头偶然转向，得以修筑成功。这项工程，对于杭州的繁盛与农业的发展，都有重要作用。

吴、越在唐时修筑的水利工程已有不少。除了捍海塘的修筑，吴越又创建了一些为唐时所无的水利工程。据郏亶《吴门水利书》，吴越曾于太湖地区创置"撩浅军"，分为四部，凡七八千人，因地制宜，导河筑堤，实行高低田分治。"或五里七里而为一纵浦，又七里或十里而为一横塘"，

---

① [宋]司马光编著，[元]胡三省音注：《资治通鉴》卷二百八十六《后汉纪一》，中华书局，1976年，第9350页。
② 见《吴越备史》卷一《武肃王》，《宋本方舆胜览》卷一《浙西路·临安府》"海潮"条。

从而"低田常无水患，高田常无旱灾，而数百里之内，岁获丰熟"。此项创置，使高田与低田均可旱涝保收，每岁获得丰熟。它是水利事业上的一个新创造。

另有一些水利工程，也颇著名。如越州的"大鉴湖"，周回达58里，可以灌溉田地9000余顷。明州鄞县（鄞县）有东钱湖，方圆800顷，叠石为塘80里，起于唐，经吴越至宋朝，其灌溉利益之大，可及5万顷。婺州武成县（武义县）有长安塘，也可溉田万余顷[①]。

吴越的农业生产究竟发展到什么程度，从《资治通鉴》后晋天福六年九月的一段话可以概见：

> 弘佐（钱佐，天福六年继钱元瓘立）温恭，好书，礼士，躬勤政务，发摘奸伏，人不能欺。民有献嘉禾者，弘佐问仓吏："今蓄积几何？"对曰："十年。"王曰："然则军食足矣，可以宽吾民。"乃命复其境内税三年。

吴越至钱佐之时，积蓄已可支10年。为此，钱佐下令"复其境内税三年"。

或云免税是免地主的税，无足称道。但免税、无税总比不免、有税为好，至少有利于农业的进一步发展。《资治通鉴》后汉隐帝乾祐二年十月又写了一段话：

> 吴越王弘俶募民能垦荒田者，勿收其税，由是境内无弃田。或请纠民遗丁以增赋，仍自掌其事，弘俶杖之国门。国人皆悦。

民能垦荒的，有地主也有农民。凡垦荒不收税。此项政策使吴越国内无弃田。请增赋的人，受到杖责。毫无疑问，吴越农业至钱弘俶又取得了

[①] 见《宋史》卷九十七《河渠志》，《浙江通志》卷五十六、五十九《水利》。

一个极大的发展。或云这是放任地主豪强广占田地。这种否定非常不妥。

由于农业的发展,吴越境内"米一石不过钱数十文"①。

吴越工商业保持了繁荣景象。唐昭宗天复二年封钱镠为越王,杭州城内为钱镠织锦的工人,便有200余人。钱镠原所居营称"衣锦营",昭宗升衣锦营为"衣锦城",石鉴山为"衣锦山"。钱镠曾游衣锦城,宴故老,"山林皆覆以锦,号其幼所尝戏大木曰'衣锦将军'"②。衣锦名号姑置不论,"山林皆覆以锦",即使是指衣锦城的山川,亦可知吴越产锦之多。所谓"蜀锦吴绫",已不能概括吴越的纺织业生产。吴越纺织是绫锦并茂。

在唐时便负有盛望的浙西嘉兴、临平二监海盐仍旧在生产。其他产品也是如此。

钱镠曾两度扩建杭州城。《资治通鉴》卷二百五十九唐昭宗景福二年秋七月记:

> 钱镠发民夫二十五万及十三都军士筑杭州罗城,周七十里。

同书卷二百六十七后梁太祖开平四年八月又记:

> 吴越王镠筑捍海石塘③,广杭州城,大修台馆。由是钱塘富庶盛于东南。

按此第二次修建,即《旧五代史》卷一百三十三《钱镠传》所说:

> 旧日海潮逼州城,镠大庀工徒,凿石填江,又平江中罗刹石,悉起台榭,广郡郭周三十里。邑屋之繁会,江山之雕丽,实江南之胜概也。

---

① [清]吴任臣:《十国春秋》卷八十一《忠懿王世家上》。
② [宋]欧阳修等:《新五代史》卷六十七《吴越世家·钱镠》,中华书局,1974年,第839页。
③ 胡三省注:"今杭州城外濒浙江皆有石塘,上起六和塔,下抵艮山门外,皆钱氏所筑。

所谓"发民夫""大庀工徒",显然是征发,非雇借,与唐的庸法与和雇比较,是一个历史反复。但杭州城经钱镠的两次扩建,遂成为东南乃至江南的胜地。"上有天堂,下有苏杭",此称号探其源当自五代吴越开始,只不过当时未将苏杭并称而已。

杭州不仅是江南运河南端的起点,而且在吴越之时,由于捍海塘的修筑与郡郭的扩建,又形成浙西的一个海运中心。《五代史补》卷五《契盈属对》云:

> 僧契盈……一旦陪吴越王游碧波亭,时潮水初满,舟楫辐辏,望之不见其首尾。王喜曰:"吴国地去京师三千余里,而谁知一水之利,有如此耶!"可谓三千里外一条水,十二时中两度潮。

此水指海水,京师指长安。中原与吴越贸易,取道自山东出海,从海路至杭州。舟楫辐辏,望不到边,可见杭州海舶之多,不下于唐时江南运河中"骈樯二十里"。

五代:梁、唐、晋、汉、周(都须加一个"后"字)共54年(907—960年),而吴越钱镠天祐四年为后梁太祖朱晃开平元年(907年),钱俶十四年,为后周恭帝显德七年,宋太祖赵匡胤建隆元年(960年)。存在的时日,比五代还长。邻邦如南唐与闽不来打它,它除了应闽之邀,助闽打过南唐外,基本上无战事。它赢得了几十年的和平,摆脱了对号称正统王朝长安与汴京朝廷的沉重负担,遂使它虽处专制时代,经济仍就能够在唐朝的基础上,继续发展。

(三)闽

《新五代史·闽世家》记王审知兄王潮奄有闽国,在唐景福元年;闽国灭,在南唐保大四年,"实五十五年"。

《资治通鉴》记王潮略定闽地,"遣僚佐巡州县,劝农桑,定租税,交好邻道,保境息民,闽人安之",有了一个好的开端。

第六章 唐和五代长江流域开发的继续发展与经济重心的逐渐南移

唐封王审知为威武军（福州）节度使、琅邪王。唐亡，梁太祖又封王审知为闽王，升福州为大都督府。对于王审知，《新五代史》卷六十八《闽世家》说过一番话：

> 审知虽起盗贼，而为人俭约，好礼下士。王淡，唐相溥之子；杨沂，唐相涉从弟；徐寅，唐时知名进士，皆依审知仕宦。又建学四门，以教闽士之秀者。招来海中蛮夷商贾。海上黄崎，波涛为阻，一夕，风雨雷电震击，开以为港，闽人以为审知德政所致，号为甘棠港。

用士人属于政治，办学校属于文化，招徕海上商贾，开甘棠港，属意于经济。可知王审知建闽，起头较好。

闽至王璘，做了皇帝，国号"大闽"。《资治通鉴》卷二百七十八后唐明宗长兴四年春正月记王璘称帝，写了如此一段话：

> 闽主自以国小地僻，常谨事四邻，由是境内差安。

王璘惑于神仙妖妄，胡三省注云：

> 史言闽主虽惑于神仙妖妄，而能粗安者，以善邻而然。

善邻是外部条件，内外条件都重要，有了这个外部条件，经济文化才能指望发展上去。

对闽来说，在王审知时期，已是"三十年间，一境晏然"①。王审知以后，内部虽有纷扰，南唐也来打过建州、福州，但闽却未曾向四邻寻衅。王延政降南唐已到后晋最后一年（出帝开运三年）了。《新五代史·

---

① [宋]薛居正等：《旧五代史》卷一百三十四《僭伪·王审知传》，中华书局，1976年，第1792页。

闽世家》有一个考证，谓闽当以唐昭宗景福元年（892年）王潮（王审知兄）奄有闽国开始，到晋出帝开运三年（南唐李景保大四年，946年）国灭，首尾55年。这55年，是福建路在唐的基础上，经济获得进一步发展之期。

福州闽县与长乐县靠海，都有海堤，为唐文宗大和年间李茸担任县令时所建。闽县海堤筑成后，"潴溪水殖稻，其地三百户皆良田"；长乐海堤"立十斗门以御潮，旱则潴水，雨则泄水，遂成良田"①。五代闽时，两处海堤仍在发挥作用。闽时连江县除唐所筑材塘外，又有东湖，周围20里，灌溉田地多至4万余顷②。水利事业相当发达。

闽地农产品如稻米茶叶都很有名。《宋本方舆胜览》卷十《福建路·福州》引了谢泌《长乐集》的两句诗："潮田种稻重收谷，山路逢人半是僧。"自唐大和年间海堤筑成，"潮田种稻"，经五代时期的闽国，至宋时不衰。同书卷十二《泉州》引曾会诗："饭思白石红桃米，菜忆黄龙紫芥心。"黄龙、白石都是泉州南安县的地名。这是名产。

建州出产龙凤等茶。《方舆胜览》说道：

> 北苑焙在（建安）城东二十五里凤凰山（本称茶山，见《通鉴》后晋天福五年二月）。南唐保大间，命建州制的乳茶，号曰"京铤臈"。茶之贡自此始，遂罢阳羡茶贡。郡志：其品大概有四：曰铐，曰截，曰铤，而最粗为末。国朝太平兴国二年始置龙焙，造龙凤茶。……

可见宋朝的贡茶龙凤，即闽国的京铤。而高品种的又不叫铤，而叫铐，叫截。大概是因为建州种茶出了名，此一带在五代闽国之时，有"厥植惟茶"③之名，即家家户户都种茶了。京铤是驰名于全国的新品种。

---

① [宋]欧阳修、宋祁：《新唐书》卷四十一《地理志五》，中华书局，1975年，第1064页。
② 见乾隆《福建通志》卷七《水利》。
③ [宋]宋子安：《东溪试茶录》，百川学海本排印本。

第六章 唐和五代长江流域开发的继续发展与经济重心的逐渐南移

闽工商业也很繁荣。《宋本方舆胜览》载有一些很珍贵的史料，与《新唐书·地理志五》、五代及宋代史志参照，可知其梗概。《新唐书》福州的侯官、长乐、长溪，泉州的晋江、南安都有盐；福州的福唐有铁，尤溪有银有铜有铁，建州的建安有银有铜，邵武有铜有铁，将乐有金有银有铁，汀州长汀有铜有铁，宁化有银有铁，沙县有铜有铁。这些矿产，在唐以后即在闽与宋时，是不是还在开采呢？《宋史·地理志》对福建一路经济做了如下的概括：

> 有银、铜、葛、越之产，茶、盐海物之饶。民安土乐业，川源浸灌，田畴膏沃，无凶年之忧。

其实，唐末不算，自闽国以来，已是如此。唐末战乱，影响经济至巨。闽国建立，恢复了唐朝银、铜、茶、盐、田畴的生产规模，且有所发展。宋承其绪。

我所说的有所发展，见于《宋本方舆胜览》。此书卷十一《福建路·建宁府》记有一种"红绿锦"，"出嘉禾，有濯锦桥，又号嘉禾为小西川"。唐时未见福建产锦，五代时有了。《新五代史·闽世家》记王鏻称帝，曾"命锦工作九龙帐，国人歌曰：'谁谓九龙帐，惟贮一归郎'（王鏻有嬖吏归守明，以色见幸，号归郎）"。则福建产锦，五代时已有名声。《宋史》唯云有"葛越之产"，失载。

《宋本方舆胜览》卷十二《福建路·泉州》所载谢履《泉南歌》又云："州南有海浩无穷，每岁造舟通异域。"按福建造船，孙吴时已很有名，所造为海舶。西晋以后，寂寂无闻，谢履为宋人，所云泉州"每岁造舟通异域"，与《新五代史·闽世家》所记王审知每岁遣使泛海以通后梁；招来海中商贾，开福州甘棠港；王继雄"转海"攻王鏻于闽县南门，王鏻以舟师拒之；完全一致。闽之能造海舶，于事有征，不待宋时。

福州的商业很发达。据《宋本方舆胜览》卷十《福建路·福州》，黄康民诗有"三山宝刹栖禅地，万户青帘卖酒家"之句；龙昌期诗有"百货随潮舡入市,万家沽酒户垂帘"之句;鲍祇诗有"两信潮生海接天,鱼虾入市不论钱。户无酒禁人争醉,地少冬霜花正然"之句。按《新五代史·闽世家》写了一个差似"户无酒禁人争醉"的故事:

(王延)曦性既淫虐,而妻李氏悍而酗酒。……曦常为牛饮,群臣侍酒,醉而不胜,有诉及私弃酒者辄杀之。诸子继柔弃酒,并杀其赞者一人。……六年三月,曦出游,醉归,(连)重遇等遣壮士拉于马上而杀之,谥曰景宗。

这可视为"户无酒禁人争醉"在朝廷上的反映。龙昌期诗:"百货随潮舡入市,万家沽酒户垂帘。"为写实之作,五代闽时已经如此。

福建的对外贸易在五代闽时,也有长足的发展。我指的是泉州。唐朝诗人包何《送泉州李使君之任》诗云:

傍海皆荒服,分符重汉臣,云山百越路,市井十洲人。执玉来朝远,还珠入贡频,连年不见雪,到处即行春。

包何为中唐时人。由此诗可看出当时的泉州已成为外商云集之地。不过,唐时外商最留恋的城市是扬州和广州,因此泉州外商在史籍中缺乏记载,以致不为学者所注意。唐末,"天下血战数十年",扬州和广州几近毁灭,胡商遭到了一次大劫,唯泉州尚保有一个和平的环境。在对外贸易上,五代闽时,泉州已代替了扬州和广州,成为全国最繁盛的港口。唐在广州设有市舶司,泉州则无之。宋朝开始在泉州设立市舶司,管理贸易,征收商税,历史背景在此。

兹将《宋本方舆胜览》卷十二《福建路·泉州》所引诗文列出,以见泉州对外贸易的发达。时间可上溯到五代闽国时。

蛇冈蹴龟背,虾屿据龙头。隔岸诸蕃国,江通百粤舟。(题为前

人作)

　　州南有海浩无穷,每岁造舟通异域。(谢履《泉南歌》)
　　苍官影里三州路,涨海声中万国商。(李文敏诗)
　　水陆据七闽之会,梯航通九译之重。(四六)
　　外宗分建于维城,异国悉归于互市。(四六)
　　更夸蛮货,皆象犀珠贝之珍。(四六)
　　四夷琛赍,聿来驶舌之民。(四六)

"蕃货"条更载:"诸蕃有黑、白二种,皆居泉州,号'蕃人巷'。每岁以大舶浮海往来,致象、犀、玳瑁、珠玑、玻璃、玛瑙、异香、胡椒之属。"泉州有"蕃人巷",唯《宋本方舆胜览》有此记载。而蕃人之居泉州,唐五代已然,也不待宋朝。其时泉州已替代扬州、广州,崛起为第一海港。

第九节　五代时期长江中上游经济的重振与发展

此节述楚、荆南、前蜀和后蜀。承接上一节。

(一)楚与荆南

《新五代史》卷六十六《楚世家·马殷》记:"殷自唐乾宁三年入湖南,至周广顺元年,凡五十七年。"楚奄有湖南以及江西岭南部分地区。

同书卷六十九《南平世家·高季兴》记:"季兴兴灭年世甚明,诸书皆同,盖自梁开平元年镇荆南,至皇朝乾德元年国除,凡五十七年。"荆南以江陵为中心,奄有长江中游大片地区。

唐昭宗乾宁三年,以马殷为潭州刺史。后梁太祖朱全忠即位,封马殷为楚王。《新五代史·楚世家》记马殷立国:

　　殷初兵力尚寡,与杨行密、成汭、刘龚等为敌国,殷患之。问策于其将高郁，郁曰："成汭地狭兵寡，不足为吾患，而刘龚志在五管而已，杨行密、孙儒之仇，虽以万金交之，不能得其欢心。然尊王仗顺，霸者之业也。今宜内奉朝廷，以求封爵而外夸邻敌，然后退修兵农，畜力而有待尔。"于是殷始修贡京师。然岁不过所产茶茗而已。乃自京师至襄、唐、郢、复等州，置邸务以卖茶，其利十倍。郁又讽殷铸铅铁钱，以十当铜钱一。又令民自造茶以通商旅，而收其算，岁入万计。由是地大力完。

关于"令民自造茶以通商旅"，《资治通鉴》卷二百六十六后梁太祖开平二年记云：

湖南判官高郁请听民自采茶卖于北客，收其征以赡军，楚王殷从之。秋七月，殷奏于汴、荆、襄、唐、郢、复州置回图务（胡三省注：回图务，犹今之回易场也）。运茶其河南、北，卖之以易缯纩、战马而归，仍岁贡茶二十五万斤，诏许之。湖南由是富赡。

则楚令民自造茶以通商旅及置邸务（即回图务）以卖茶换取北方缯纩、马匹，都在后梁之初。茶叶，是楚国立国的基础。

有一个值得注意的发展是，楚国拥有之地，在唐朝时候，茶叶的出产并无名闻。《新唐书》卷四十一《地理志五》所载湖南潭、衡、永、道、郴、邵诸州贡品中无茶叶，各县载有出产者，亦不见茶叶。是则湖南茶叶的大量出产作为贡品与主要商品，实在五代楚国之时。毫无疑问，这是高郁的请听民"自采""自造茶以通商旅"起了作用。

关于楚铸铅铁钱，《资治通鉴》卷二百七十四后唐庄宗同光三年云：

初，楚王殷既得湖南，不征商旅，由是四方商旅辐辏。湖南地多铅铁，殷用军都判官高郁策，铸铅铁为钱，商旅出境，无所用之，皆易它货而去，故能以境内所余之物易天下百货，国以富饶。湖南民不

第六章　唐和五代长江流域开发的继续发展与经济重心的逐渐南移

事桑蚕，郁命民输税者皆以帛代钱，未几，民间机杼大盛。

这里说了两个对象，第一个是商旅，楚国不向商旅征税的政策，使万商云集。楚铸铅铁钱为货币，十当铜钱一，只能在楚国境内使用。商人货物脱手，所能得到的是铅铁钱，因而又不能不在楚国境内，换取他货，离境出售。如此一来，楚国商贸遂趋极盛，国亦以富饶。第二个对象是税民。"湖南民不事蚕桑"是就大体而言。税民要交税，高郁又建议命输税者"以帛代钱"，即不要铅铁钱而要帛。百姓从此不得不从事蚕桑与纺织。民间机杼因而大盛。纺织业发展起来了。

据《新唐书》卷四十一《地理志五》湖南永州的祁阳、湘源，道州的延唐、永明都有铁矿，郴州的义章有铅矿。铅铁钱的铸造，使这些矿产进一步得到了开发。郴州义章有铜矿，此州在唐时本有桂阳监钱官。楚与境外有交易，铜矿的开发，铜钱的铸造仍在进行，只是铜钱不在国内使用而已。他如长沙、湘源的金矿，永明、义章的银矿，亦在继续开采。

楚高郁的政策，使楚国的农桑、纺织、矿业、商业都以令人刮目相看的新现象发展起来。

《新唐书·地理志五》不见湖南有水利。《宋史》卷一百七十三《食货志》写到楚在潭州东二十里筑堤，储蓄诸山泉水，"号曰龟塘，溉田万顷"。这是新事物。马希范时，楚曾"漕米五万斛以馈军"[①]。《九国志》卷十一《周行逢传》载，周行逢时，楚境"率务稼穑，四五年间，仓廪充实"。

纺织，唐湖南土贡虽有丝葛、丝布、纻布，但无名声，亦非大宗出产。至五代楚国，征税以帛代钱，机杼大盛，不仅帛成了大宗产品，且出现了一种新产物。此即木绵与木绵所织地衣。《资治通鉴》卷二百八十三后晋高祖天福七年冬十月地衣"秋冬用木绵"胡三省注云：

---

① [宋]欧阳修等：《新五代史》卷六十六《楚世家·马希范》，中华书局，1974年，第826页。

> 木绵，今南方多有焉。于春中作畦种之，至夏秋之交结实，至秋半，其实之外皮四裂，中踊出，白如绵。土人取而纺之，织以为布，细密厚暖，宜以御冬。

木绵（棉花）与棉织，是唐朝湖南所没有的东西，其开发在五代楚国时。"绵"字早已有之，通常所见绵为丝绵，"木绵"则为棉花之棉，亦作"木棉"。

棉花，唐时在南诏、岭南、西域高昌都有栽种。楚在马殷时，曾派吕师周"率兵攻岭南，取昭、贺、梧、蒙、龚、富等州"①。湖南木棉生产，当在此时自岭南传入。

在矿产中，除铜、铁、铅等矿以外，还有一种丹砂，为楚国大宗产品，值得注意。《资治通鉴》卷二百八十三后晋高祖天福七年记楚王马希范作"天策府"，"涂壁用丹砂数十万斤"。胡三省注云：

> 丹砂出辰、溪、淑、锦等州及诸溪峒，皆楚之境内也。

按唐时辰州与锦州的土贡中均有"光明丹砂"，产量不大。《新唐书·地理志五》载，潭州土贡无丹砂。五代楚时，潭州东境山崩，"涌出丹砂，委积如丘陵"②，遂成大宗产品。

《资治通鉴》云："楚地多产金银，茶利尤厚，由是财货丰殖。"这是一个总括，要而言之，楚始以茶立国，采茶、造茶、卖茶卖到黄河南北，为楚积累了发展其他各业的资金。而民间采茶、造茶、卖茶无禁，商旅无征，是茶叶生产得以发展的杠杆。在各业发展起来以后，仍然以茶利为厚。

---

① [宋]欧阳修等：《新五代史》卷六十六《楚世家·马殷》，中华书局，1974年，第823页。

② [宋]陶岳：《五代史补》卷三《晋·马希范奢侈》，清文渊阁四库全书本。

第六章　唐和五代长江流域开发的继续发展与经济重心的逐渐南移

在列国并峙时代，外部条件对任何一国都是重要的。高郁的"内奉朝廷以求封爵而外诳邻敌"的政策，为楚国创造了一个良好的外部环境。马殷曾派王环等将攻打荆南，进逼江陵，高季兴请和，王环回军。《资治通鉴》卷二百七十六《后唐纪五》载，马殷责王环不取荆南，王环云：

> 江陵在中朝及吴、蜀之间，四战之地也，宜存之以为吾扞蔽。

此为上策，马殷同意了他的看法，保存了荆南。而"内奉朝廷以求封爵"之策，又换得中原王朝允许楚在汴、荆、襄、唐、郢、复置回图务，将茶叶运到黄河南北出卖换回缯纩、马匹的巨大便利。

荆南当唐之末，为诸道所侵，高季兴始至，"江陵一城而已，兵火之后，井邑凋零"。高季兴任荆南节度使，"招缉绥抚，人士归之"[①]。此地开始复苏。

高季兴死后，长子高从诲为荆南节度使。《新五代史·南平世家》有一段话写荆南：

> 荆南地狭兵弱，介于吴、楚，为小国。自吴称帝，而南汉、闽、楚皆奉梁正朔，岁时贡奉，皆假道荆南。季兴、从诲常邀留其使者，掠取其物，而诸道以书责诮，或发兵加讨，即复还之而无愧。其后，南汉与闽、蜀皆专称帝，从诲所向称臣，盖利其赐予。俚俗语谓夺攘苟得无愧耻者为"赖子"，犹言无赖也，故诸国皆目为"高赖子"。

各国使者假道荆南，贡奉之物被掠，发兵来打，即便归还；各国凡称帝者，荆南都向之称臣，利其赐予。或云：凭这种"无赖"，荆南居然也维持了57年。

此语并不能反映荆南真相。《资治通鉴》卷二百七十九后唐潞王清泰

---

① [宋]欧阳修等：《新五代史》卷六十九《南平世家·高季兴》，中华书局，1974年，第856页。

二年冬十月，尚有如此一段话：

> 荆南节度使高从诲，性明达，亲礼贤士，委任梁震，以兄事之。震常谓从诲为郎君。（注：门生故吏呼其主之子为郎君。）楚王希范好奢靡，游谈者共夸其盛。从诲谓僚佐曰："如马王可谓大丈夫矣。"孙光宪对曰："天子诸侯，礼有差等，彼乳臭子骄侈僭忕，取快一时，不为远虑，危亡无日，又足慕乎！"从诲久而悟，曰："公言是也。"他日，谓梁震曰："吾自念平生奉养，固已过矣。"乃捐去玩好，以经史自娱，省刑薄赋，境内以安。

梁震退居后，高从诲"悉以政事属孙光宪"。《资治通鉴》卷二百七十九《后唐纪八》，司马光评云：

> 孙光宪见微而能谏，高从诲闻善而能徙，梁震成功而能退，自古有国家者能如是，夫何亡国败家丧身之有？

司马光所说的国家，指自古以来实行君主专制制度的王朝；司马光所说荆南政治，其意为最好的政治，即君主专制所能达到的高度；司马光认为政治能达到这种高度，就不会有亡国败家丧身的事了。殊不知专制政治有它不可克复的弊端。就外部而言，凡实行君主专制的国家，鲜有不想将自己变成大一统之主、以"屠割天下"的人。较为进步的国家亡于落后的国家，往往是这样。就内部来说，凡实行君主专制的国家，在继承问题上，子孙斗争都极为剧烈。有政治眼光的上一代君主死了，继承者可能会是一个凶徒、白痴。谋士也会被他杀掉。如楚国马希声杀高郁，马殷时尚未死，闻讯"拊膺大哭曰：'吾荒耄如此，而杀吾勋旧！'顾左右曰：'吾亦不久于此矣！'明年殷薨"。十国后来不是被中原王朝一个一个灭掉了吗？中原王朝对北方的契丹，没有本事将之驱逐出境，反而割土乞和；对南方却虎视眈眈。北方可弃，南方却是一座宝库，以中原王朝所拥有的一支强悍的"银枪效节都"或"亲军"而言,时机来到,兵锋就要南指了。他们所说的统一是要打折扣的,是指南不指北。

荆州在五代荆南国时,维持了正常的生产。高保融曾说过"器械、金、帛,皆土地常产"①的话。以荆南四战之地。在唐末大乱之后,能恢复并维持正常生产,并不容易。这是司马光说的政治起了作用。

由于地当南汉、闽、楚与中原交通的要道,商业的繁荣可想而知。《宋本方舆胜览》卷二十七"湖北路江陵"条所载《四六》有云:

控引吴蜀财赋之所委输,……通达关河舟车之所走集。
虽为鱼米富饶之乡,……亦号盗贼出没之地。

连高氏也做过盗贼。但舟车走集,商业毕竟发展起来了。

(二)前蜀与后蜀

《新五代史》卷六十三《前蜀世家》记王建"以唐大顺二年入成都为西川节度使,天复七年九月建号,明年正月改元武成……至后唐同光三年蜀灭",凡35年。

同书卷六十四《后蜀世家》记兴灭"盖自同光三年乙酉,(孟知祥)入蜀,至皇朝乾德三年乙丑国灭,凡四十一年"。与前蜀合计75年。

王建入成都,以其将张勍为马步斩斫使,向诸将士宣布:"慎勿焚掠坊市。吾已委张勍护之矣。"既而士卒有犯令者,勍执百余人,"皆捶其胸而杀之,积尸于市,众莫敢犯"。张勍就由此得了一个称号"张打胸"②。这与某些征服者焚掠城市大异其趣,赢得了成都人的心。匪但如此,王建既得西川,且能"留心政事,容纳直言,好施乐士,用人各尽其才,谦恭

---
① [宋]欧阳修等:《新五代史》卷六十九《南平世家·高保融》,中华书局,1974年,第859页。
② [宋]司马光编著,[元]胡三省音注:《资治通鉴》卷二百五十八《唐纪七十四》,中华书局,1976年,第8418页。

俭素"。只是"多忌好杀,诸将有功名者,多因事诛之"①。但对西川来说,终于稳定并获得了发展的政治条件。

《资治通鉴》尚记王建攻打西川所属的彭州(小郫),"民不入城而入山谷避之,以俟招安"。出身于书生的军士王先成提出七条建议:其一,"乞招安山中百姓"。其二,"乞禁诸寨军士及子弟无得一人辄出淘虏"。其三,"乞置招安寨,中容数千人,以处所招百姓"。其四,"招安之事须委一人总领"。其五,"乞严勒四寨指挥使,悉索前日所虏彭州男女老幼集于营场,有父子、兄弟、夫妇自相认者既使相从,牒具人数,部送招安寨,有敢私匿一人者斩"。其六,"乞置九陇行县于招安寨中(彭州治九陇县),以前南郑令王丕摄县令,设置曹局,抚安百姓"。其七,"彭州土地宜麻,百姓未入山时多沤藏者,宜令县令晓谕,各归田里,出所沤麻鬻之,以为资粮,必渐复业"②。这七条中以第五、第七两条最为重要。军士所掠百姓不少,第五条规定必须全数交出所掠,"敢私匿一人者斩"。军纪由得以维持。第七条是使彭州百姓归田复业的良方。王建得此七条建议,为之"大喜",即日施行。榜帖既至,"威令赫然,无敢犯者。三日,山中民竞出,赴招安寨如归市"③。《资治通鉴》卷二百五十九续书云:

> 浸有市井,又出麻鬻之。民见村落无抄暴之患,稍稍辞县令(九陇行县),复故业。月余,招安寨皆空。

彭州九陇县旧称小郫,《元和郡县图志》卷三十《剑南道士》云:"言土地肥良,比之郫县也。"王建接受军士王先成的七点建议,下令施行,使得彭州此一肥良富庶之地,基本上避免了因交兵而罹受的灾难。山中百

---

① [宋]司马光编著,[元]胡三省音注:《资治通鉴》卷二百五十八《唐纪七十四》,中华书局,1976年,第8420页。
② [宋]司马光编著,[元]胡三省音注:《资治通鉴》卷二百五十九《唐纪七十五》,中华书局,1976年,第8432—8433页。
③ [宋]司马光编著,[元]胡三省音注:《资治通鉴》卷二百五十九《唐纪七十五》,中华书局,1976年,第8433页。

姓复业，生产得以继续如常进行。由此，我们也可以推知，王建在取得整个西川过程中，西川未遭到破坏。这是西川继续开发的重要条件。

唐昭宗乾宁二年，王建攻东川，3年而后克之。天复三年，昭宗封王建为蜀王。

李茂贞镇凤翔，诸将有劝王建攻取凤翔的，《资治通鉴》卷二百六十五唐昭宗天祐元年七月载，判官冯涓认为：

> 兵者凶器，残民耗财，不可穷也。今梁、晋虎争，势不两立，若并而为一，举兵向蜀，虽诸葛亮复生，不能敌矣。凤翔，蜀之藩蔽，不若与之和亲，结为婚姻，无事则务农训兵，保固疆场，有事则觇其机事，观衅而动，可以万全。

王建以为"善"！以为李茂贞虽庸才，然有强悍之名。远近畏之，与朱全忠力争则不足，自守则有余。"使为吾藩蔽，所利多矣"。遂与李茂贞修好。李茂贞为其侄天雄节度使李继勋求婚于王建，王建以女妻之。李茂贞又数求货与甲兵于王建，王建都满足了他的要求。王建之存李茂贞，与马殷之存荆南高氏意同。

《资治通鉴》续云："王建赋敛重，人莫敢言。冯涓因建生日献颂，先美功德，后言生民之苦。建愧谢曰：'如君忠谏，功业何忧。'赐之金帛。自是赋敛稍损。"[①]冯涓建议存凤翔李茂贞以为藩蔽，是为蜀国恢复与发展生产创造外部条件；冯涓建议减生民之疾苦，轻赋，是为蜀国恢复与发展生产创造内部条件。

王建于梁太祖开平元年九月即皇帝位。《资治通鉴》卷二百六十六后梁开平元年九月说：

> 蜀主虽目不知书，好与书生谈论。粗晓其理。是时唐衣冠之族多

---

① [宋]司马光编著，[元]胡三省音注：《资治通鉴》卷二百六十五《唐纪八十一》，中华书局，1976年，第8635页。

避乱在蜀，蜀主礼而用之，使修举故事，故其典章文物有唐之遗风（胡注："史言蜀主起于卒伍而能亲用儒生。"）。

司马光以"典章文物有唐之遗风"称前蜀王建，是难得的。要知四川在前蜀之时，是发展而不是经济文化停滞或倒退。

前蜀经济究竟发展到了什么程度呢？

前蜀第二个皇帝叫王衍（王建幼子），《资治通鉴》记他为帝：

> 常列锦步障，击球其中，往往远适而外人不知。艺诸香，昼夜不绝。……结缯为山，及宫殿楼观于其上，或为风雨所败，则更以新者易之。或乐饮缯山，涉旬不下。前穿渠通禁中，或乘船夜归，令宫女秉蜡炬千余居前船，却立照之，水面如昼。

这是写王衍的奢侈，历史上不肖子多见。但从这段话中却可知蜀出产锦与缯之多。王衍列锦步障，起缯山，尤其是后者，不知道要多少缯才能累成。此缯上有宫殿楼观，可以饮宴作乐。

前蜀为后唐庄宗所灭。后唐将领李绍琛取蜀威武城，"得城中粮二十万斛"。取三泉，"又得粮十五万斛于三泉，由是军食优足"[①]。同光三年，前蜀亡，后唐"得节度十，州六十四，县二百四十九，兵三万，铠仗、钱粮、金银、缯锦共以千万计"[②]。从后唐亡蜀所得铠仗、钱粮、金银、缯锦数以千万，可知前蜀农业与手工业的发达。

后唐将领郭崇韬入成都，曾下令"禁军士侵掠，市不改肆"。要不，又是一场灾难。

锦与缯，尤其是缯的大量生产，在前蜀有突出的地位。锦、缯都是丝

[①] [宋]司马光编著，[元]胡三省音注：《资治通鉴》卷二百七十三《后唐纪二》，中华书局，1976年，第8940页。

[②] [宋]司马光编著，[元]胡三省音注：《资治通鉴》卷二百七十四《后唐纪三》，中华书局，1976年，第8946页。

织物。《汉书·灌婴传》："睢阳贩缯者也。"颜师古注："缯者，帛之总名。"王衍作缯山，必蚕桑在前蜀有较大的发展才能办到。无名氏《五国故事》卷上记蜀桑树特多，每当蚕市时，有大量的桑树苗出卖。王建：

> 尝登楼望之，见其货桑栽者不一，乃顾左右曰："桑栽甚多，倘税之，必获厚利。"

前蜀帛产量之多，以致王衍异想天开，垒起缯山，此缯即作为赋税征来。而货卖桑树苗多得也使王建认为如若税之，必获厚利，又可见前蜀蚕桑业的发达。

前蜀商业发达，从蚕市已有概见。据《宋本方舆胜览》卷五十一《成都府路·成都府》"蚕市、药市"条：

> 成都古蚕丛之国，其民重蚕事，故一岁之中，二月望日，鬻花木蚕器于某所者，号蚕市。五月，鬻香药于观街者，号药市，鬻器用者，号七宝市。

正如《五代故事》卷上云，"货易毕集，阛阓填委"。繁华热闹得很。

《新五代史·前蜀世家》尚记王衍于"通都大邑起邸店，以夺民利"。则民间经营商业贸易的邸店必为不少。

总之，前蜀之时，蜀中农工商业都有起色。

前蜀灭亡之年，后唐以孟知祥为成都尹，剑南西川节度副大使。孟知祥从成都至洛阳，后唐庄宗曾宴请孟知祥，于酒席上叹道：

> （李）继岌前日乳臭儿尔，乃能为吾平定两川（庄宗平蜀，以李继岌、郭崇韬为主帅），吾徒老矣，孺子可喜，然益令人悲尔！吾忆先帝弃世时，疆土侵削，仅保一隅，岂知今日奄有天下，九州四海，珍奇异产，充牣吾府！

李存勖因为灭了后梁与前蜀，俨然自居为"奄有天下"之主。"九州四海，珍奇异产，充牣吾府"一语，证明晋人鲍敬言所说共"争强弱而较愚智"，谁胜利了，当天下之主了，接着而来的，便是"屠割天下"，此话确为真理。但李存勖却未知孟知祥会负他所托，自立为蜀主，继王氏之后，于成都建立起后蜀。

当前后蜀之交，蜀中群盗未息，孟知祥入成都，"择廉吏使治州县，蠲除横赋，安集流散，下宽大之令，与民更始"①。明宗立，"制置两川征赋，知祥怒，不奉诏"②。孟知祥能"蠲除横赋"，拒绝向后唐朝廷上交纳征赋，无疑对蜀经济的发展有利。

孟知祥于后唐明宗长兴三年并有东川。潞王清泰元年称帝，国号蜀。未几死去。第三子孟昶继立。后蜀历时41年，在前蜀的基础上，经济续有发展。

《九国志》卷七《武漳传》记后蜀山南节度使武漳"以褒中用武之地，营田为急务，乃凿大泃，以导泉源，溉田数千顷"。像褒中这样的地方，在后蜀时，水利得到了开发。后蜀米价很贱，张唐英《蜀梼杌》卷下记其时"百姓富庶"，"斗米三钱"。蜀中农业的发展，从"斗米三钱"可见达到了何种程度。王介甫《送复之屯田赴成都》云：

> 槃礴西南江与岷，石犀金马世称神，桑麻接畛无余地，锦绣连城别有春。

虽然这是写北宋的情况，可是，"桑麻接畛无余地"，后蜀已然。

范至能又有诗说："十里珠帘都卷上，少城风物似扬州。"这把成都比作了扬州，我们可说"扬一益二"，到前后蜀时，扬州地位降落，益州已

---

① [宋]司马光编著，[元]胡三省音注：《资治通鉴》卷二百七十四《后唐纪三》，中华书局，1976年，第8966页。
② [宋]欧阳修等：《新五代史》卷六十四《后蜀世家·孟知祥》，中华书局，1974年，第798页。

第六章　唐和五代长江流域开发的继续发展与经济重心的逐渐南移

取而代之。不信，《蜀梼杌》写到后蜀成都"村落闾巷之间，弦管歌诵，合筵社会，昼夜相接"。这不正像唐时的扬州么？《宋本方舆胜览》卷五十一《成都府路·成都府》："孟昶在蜀，僭拟宫宛，城上尽种芙蓉，谓左右曰：'真锦城也。'"。成都获得"芙蓉城"的名称，由此开始。而扬州在唐时无此"光荣"。

蜀中盐业尚可一提。在东川尚未并入西川之前，孟知祥曾与东川董璋争盐利。《资治通鉴》卷二百七十六后唐明宗天成三年三月，胡三省注云：

> 蜀中井盐，东、西川巡属之内皆有之，各欲障固以专其利，故争。按唐盛时，邛、嘉、眉有井十三，剑南西川院领之；梓、遂、绵、合、昌、渝、泸、资、荣、陵、简有井四百六十，剑南东川院领之。东川盐利多于西川矣。

董璋诱商旅贩东川盐入西川，孟知祥"于汉州置三场重征之，岁得钱七万缗，商旅不复之东川"。由此可见盐利之大，也可见四川井盐在前、后蜀时期，维持了唐代的生产规模。

最后，要说一下雕版印刷的问题。

雕版印刷术在中唐以后，已在长江流域扬、越、洪、益等州发明，并传播开来。但用来刻印文学与经学著作，实始于前、后蜀。《旧五代史》卷四十三《唐书·明宗纪第九》"中书奏：请依石经文字刻九经印板"注云：

> 王仲言《挥麈录》云：毋昭裔贫贱时，尝借《文选》于交游间，其人有难色，发愤，异日若贵，当板以镂之遗学者。后仕王蜀（前蜀）为宰相，遂践其言，刊之（此所谓"刊之"，为刊印《文选》）。印行书籍，创见于此。事载陶岳《五代史补》。后唐平蜀（前蜀），明宗命太学博士李锷书《五经》，仿其制作，刊板于国子监，为监中刻书之始。

由此可见后唐明宗时刊印五经，是在平蜀之后，仿前蜀毋昭裔刊印《文选》而来。后唐灭蜀（前蜀），在庄宗同光三年。命国子监"校定九经，雕印卖之"，在明宗长兴三年二月。即《旧五代史·冯道传》所言："时以诸经舛谬，与同列李愚委学官田敏等，取西京郑覃所刊石经，雕为印板，流布天下。"此九经板究竟于何时才雕成呢？《旧五代史·明宗纪第九》注中又引了《爱日斋丛钞》中一段话：

唐明宗之世，宰相冯道、李愚请令判国子监田敏校定《九经》，刻板印卖，从之。后周广顺三年六月丁巳，板成，献之。由是虽乱世。《九经》传布甚广。

自后唐明宗长兴三年（932年）至后周太祖广顺三年（951年）是20年而后刻成印行。

《资治通鉴》卷二百九十一后周太祖广顺三年五月又写了一段话：

自唐末以来，所在学校废绝，蜀毋昭裔出私财百万营学馆，且请刻板印《九经》，蜀主从之。由是蜀中文学复盛。

此所谓"蜀"为后蜀，"蜀主"为孟昶。或有据此段文字否定毋昭裔于"王蜀"即前蜀为宰相印行书籍如《文选》者。《新五代史》《旧五代史》无毋昭裔传。但从文辞可知毋昭裔仕王蜀为宰相，刊印书籍为自刊；到后蜀已非宰相。他出私财营学馆请刻印《九经》为教本，是请孟昶刊印。这是两回事，不能因《资治通鉴》所言否定毋昭裔在前蜀时自刊《文选》等书。

细看《资治通鉴》之意，是到周太祖广顺三年五月，"蜀中文学复盛"。毋昭裔出钱办学馆，并请刻印《九经》，当早于广顺三年五月。此年六月，冯道《九经》印板才最后雕成，后蜀刻板印《九经》当早于冯道刻板雕成之日。至少也在同时。广顺三年，南方的南唐、后蜀、楚、吴越、南平仍旧存在，冯道印本《九经》也只能在中原流布，后蜀印本《九经》与冯道印本是并驾齐驱。

又《旧五代史》卷一百二十七《和凝传》记和凝"有集百卷，自篆于板，模印数百帙，分惠于人焉"。和凝卒于周显德二年秋。明罗颀《物原》谓"五代和凝始以梨板刊书"。清袁栋《书隐丛说》卷十四谓"或云南唐和凝始行刻板纸印之法"。和凝未在南唐做过官，此南唐当为后唐之误。

毋昭裔、冯道、和凝为五代雕版印书大家。而始创雕印文学、经学书籍者，实为蜀毋昭裔。

第七章　宋元时期长江流域经济的开发问题

第一节　宋代的农业政策及水土资源的开发

宋朝是个分裂时代，北宋是宋辽的对立，南宋是宋金的对立，长江流域在北宋与南宋手上。在宋朝，特别是政治中心转移到杭州以后，长江流域又获得了进一步的开发。但由于两宋在政治上都执行"守内虚外"的政策，这种开发仍旧受到限制。到元朝，甚至一度逆转。

(一)农业政策

宋统一后，面临的社会经济已几经战乱和自然灾害，到处是荒芜的土地，到处有饥饿的流民，疮痍满目，荆棘弥望，旷野无烟，社会经济的凋敝情况，还直接威胁着宋王朝的统治地位。宋朝廷对此有所认识，与其他王朝的统治者一样，视农业为"安邦立国"之本，并以此为方针，制订了一些奖励和鼓励发展农业生产的政策。

其一，招集农民，开垦荒地。宋代未中断过募民垦荒的政策。《宋大诏令集》卷一百八十二所载宋太祖《劝栽植开垦诏》规定："自今百姓有能广植桑枣、开荒田者，并令只旧租，永不以通检。"宋太宗《募民垦旷土诏》规定：各州军的旷土，允许农民请佃，"便为永业"，并可免除3年租税，3年以外，输税十之三。太宗淳化元年，更具体地规定江南、两浙游民劝其耕种,"准免租税徭役五年"。宋仁宗天圣年间,天下废田尚多,《续资治通鉴长编》卷一百九十二载,"诏民流积十年者,其田听人耕,三年而后收赋,减旧额之半;又诏流民能自复者,赋亦如之"。就是说,耕流民之田者有优待,流民能自复者亦有优待。南宋初年也注意蠲免垦辟荒闲土地的租赋,以调动人们的垦荒热情。如绍兴二十年,《建炎以来系年要录》卷一百六十一载:"耕淮南荒田者……九分归佃户,一分归官,三年后岁加一分,至五分止。岁收二熟者,勿输麦。每顷别给二十亩为菜田,不在分收之限,仍免科借差役"。绍兴三十二年又对"耕淮东荒田,蠲其徭役及租税七年"①。由于政府给以优惠政策,流民们便纷纷复业归农,这样就为垦辟荒闲土地提供了大量的劳动力。

其二,奖励开展垦荒有成绩的地方官。宋代统治者认识到,仅仅靠政府下达劝农诏令还不足以保证流民问题的解决,要抓好此事,尚需紧紧依靠各地官吏。故早在宋太祖开宝五年就明确提出,劝务农耕是地方长吏的根本职责,"劝课种艺,郡县之政经"②。到真宗时期,又专门在地方政府设置了劝农官,景德三年诏:"少卿监为刺史、阁门使以上知州者,并兼管内劝农使,余及通判并兼劝农事,诸路转运使、副兼本路劝农使。"③真宗天禧四年又下诏:诸路提点刑狱朝臣为劝农使,使臣为副使,"劝恤农民,以时耕垦,招集逃散,检括陷税,凡农田一事已上悉领之"。为使各级官吏尽心职守,抓好农事,又进一步制订了奖惩制度。对那些能招徕流民并开辟荒地者,官府予以加官进秩。如仁宗末年唐州守令赵尚宽"……以诱耕者,劝课劳来,岁余,流民自归及淮南、湖北之民至者二千余户;引水溉田几数万顷,变硗瘠为膏腴",特嘉奖再任,英宗帝又"嘉其勤……特进一官,赐钱二十万,复留再任"④。宋徽宗崇宁年间,广南东路转运判官王觉,以开辟荒地几及万顷,官升一级。而对那些只知征敛赋

---

① [元]脱脱等:《宋史》卷三十二《高宗纪九》,中华书局,1977年,第610页。
② 《宋大诏令集》卷一百八十二《政事三十五》,清钞本。
③ [元]脱脱等:《宋史》卷一百七十三《食货志上一》,中华书局,1977年,第4162页。
④ [元]脱脱等:《宋史》卷一百七十三《食货志上一》,中华书局,1977年,第4165页。

税，不能教民耕垦，甚或贪占公田者则严厉惩处。徽宗时期，李彦侵占公田，"以黠吏告讦，籍郏城、舞阳隐田数千顷，民诣府诉者八百户。梦得上其事，捕吏按治之，郡人大悦"①。南宋政府则把对地方官吏的奖惩纳入立法条文，颁布《守令垦田殿最格》，《宋史·食货志》载：

> 残破州县垦田增及一分，郡守升三季名次，增及九分，迁一官；亏及一分，降三季名次，亏及九分，镌一官；县令差减之，增亏各及十分者，取旨赏罚。

可谓赏罚分明。

其三，赈恤饥民。充足强壮的劳动力乃是农业生产发展最根本的条件。基于这一点，宋代统治者注意赈恤贫患，大大超过前代。有关宋政权赈济饥民的记载俯拾即得。《续资治通鉴长编》卷三记北宋建立后，太祖于建隆三年正月，"命淮南道官吏发仓廪以赈饥民"。卷九又于开宝元年五月，诏"赐江南米十万斛，民饥故也"。平定江南割据政权后，又"辄诏赈其饥，其勤恤远人，德意深厚"。宋徽宗时，大将李纲曾上《论赈济扎子》，从中我们可以了解北宋统治者的重民态度。雍正《江西通志》卷一百一十五《艺文》中，李纲说：

> 臣昨者入觐，伏蒙圣慈宣谕：江西旱灾饥民阙食，使之推行赈济。及至境土，入奉亲笔诏书，令劝诱积米之家，以其食用之余尽数出粜，以济流殍之苦。臣仰体大意，敢不夙夜自竭以奉诏旨，自到本路监司协力行移州县。凡有流徙阙食之民，进融斛斗，尽令给米收养，其赈济五万九十二人。又给历州县遣官简察令，劝诱积米之家，减价出赈米麦谷二十一万八千一百四石五斗。

---

① [元]脱脱等：《宋史》卷四百四十五《叶梦得传》，中华书局，1977年，第13134页。

宋室南渡后，统治者继续推行赈恤灾民的政策。如宋高宗绍兴六年，湖、广、江西大旱，"诏拨上供米赈之"①。孝宗隆兴七年，湖南、江西旱，又"立赏格以劝积粟之家"②。宋代统治者赈济饥民的举措，维护了社会的安定，保护了大批农业劳动力，有利于农业生产的发展。

其四，减轻与蠲免赋税。据《续资治通鉴长编》，宋太祖于乾德元年（963年），曾先后免除潭州诸县旧例杂配之物及衡、岳两州两税外所赋米：颁量、衡于沣、郎诸州，"惩割据厚敛之弊也"③。后一个王朝总是要骂前一个王朝厚敛，以见自己的德政。至于马殷在湖南有什么善政，则一概不提。乾德四年二月，又"赐西川诸州今年夏租之半，无苗者复之"④。乾德五年七月，又"蠲江陵等二十五州府乾德三年逋租"⑤。宋太宗太平兴国三年（978年），令考工郎中范旻权知两浙诸州事。范旻鉴于钱氏在两浙逾80年，晚季"赋敛苛暴"，"民苦其政"，于是"悉条奏，请蠲除之"⑥，太宗从之。至于钱氏所造捍海大堤，有益于民众，也是一字不提。太祖平蜀，当地不少人怀念旧国，孟昶被送开封，"国人哭送之"，太祖便指示出守四川的吕余庆："蜀人思孟昶不忘，卿官成都，凡昶所榷税食饮之物，皆宜罢。"吕余庆至蜀，蠲除了一些杂税，果然"蜀人始欣然，不复思故主矣"⑦。宋真宗时，曾免除两浙、荆湖等地旧输身丁钱，"岁凡四十五万四百贯"⑧。皇祐三年（1051年），又"命三司首减郴、永州、桂阳监丁

① ［元］脱脱等：《宋史》卷一百七十八《食货志上六》，中华书局，1977年，第4340页。
② ［元］脱脱等：《宋史》卷一百七十八《食货志上六》，中华书局，1977年，第4341页。
③ ［宋］李焘撰，上海师范大学古籍整理研究所、华东师范大学古籍研究所点校：《续资治通鉴长编》卷四，中华书局，1995年，第98页。
④ ［宋］李焘撰，上海师范大学古籍整理研究所、华东师范大学古籍研究所点校：《续资治通鉴长编》卷七，中华书局，1995年，第168页。
⑤ ［宋］李焘撰，上海师范大学古籍整理研究所、华东师范大学古籍研究所点校：《续资治通鉴长编》卷八，中华书局，1995年，第195页。
⑥ ［宋］李焘撰，上海师范大学古籍整理研究所、华东师范大学古籍研究所点校：《续资治通鉴长编》卷十九，中华书局，1995年，第428页。
⑦ ［宋］邵伯温撰，李剑雄、刘德权点校：《邵氏闻见录》卷一，中华书局，1983年，第7页。
⑧ ［元］脱脱等：《宋史》卷一百七十四《食货志上二》，中华书局，1977年，第4205页。

米,以最下数一岁为准,岁减十余万石"①。嘉祐四年(1059年),又"命转运司裁定郴、永、桂阳、衡、道州所输丁米及钱绢杂物,无业者弛之,有业者减半,后虽进丁,勿复增取"②。到了南宋,宋高宗于绍兴二十九年(1159年)九月,诏"两浙、江东西水,浙东、江东西螟,其租税尽蠲之"③。

  上述情况多少表明长江流域的百姓,负担有所减轻。对于社会经济的持续发展有利。然而也应看到宋朝也有竭泽而渔之时。南宋末年,宣州宁国府破败不堪,王税不减。文天祥知宁国府,深感"椎剥为民害",上奏度宗要求免除宁国府的赋税。他知道只是要求免除赋税,不会批准,因而在奏文中又写进了"别取郡计以补课额"的话,奏文才生了效果。

  其五,给佃农以较多的人身自由。雇佃至五代消失,代之而起的为租佃。租佃比之于雇佃,是一种落后的制度,只是在它刚登上舞台时未被人们看透而已,但不自由的弊病已暴露出来。宋仁宗天圣五年(1027年)十一月,朝廷曾颁布一条诏书,《宋会要辑稿·食货一》载:

  诏江淮、两浙、荆湖、福建、广南州军:旧条私下分田客非时不得起移,如主人发遣,给与凭由,方许别住,多被主人折(当作抑)勒,不放起移。自今后客户起移,更不取主人凭由,须每田收田(此"田"字当系衍字)毕日,商量去往,各取稳便。即不得非时衷私起移,如是主人非栏(拦)理占,许经县论详(诉)。

  这是有关宋代佃农(即客户)能够自由迁移的最早的一道诏书。私田上的租佃关系,由地主发给凭由,则"不取主人凭由":由地主有权"发遣",到"商量去往,各取稳便",由佃户"多被主人抑勒,不放起移",到佃户可以"经县论诉"控告地主的"非理拦占";应该承认多少给了佃

---

① [元]脱脱等:《宋史》卷一百七十四《食货志上二》,中华书局,1977年,第4208页。
② [元]脱脱等:《宋史》卷一百七十四《食货志上二》,中华书局,1977年,第4208页。
③ [元]脱脱等:《宋史》卷一百七十四《食货志上二》,中华书局,1977年,第4217页。

户（也叫客户）以迁移的自由。在由雇佃被地主阶级刚刚拉上租佃道路的时候，由于宋朝政策使佃户的身份地位有所提高，且有更多的时间和主动性去安排生产，从而使生产亦有所发展。另客户的私有经济也出现了差别。其中有的有了自己的土地，并能脱离庄园主上升为主户的自耕农。

(二)围田、圩田、湖田、梯田、葑田与涂田

围田或圩田，是北宋以前劳动人民很早就创造出来的一种水利田。王祯《农书》记载：

> 围田，筑土作围以绕田也。盖江淮之间地多薮泽，或濒水不时淹没，妨于耕种。其有力之家，度视地形，筑土作堤，环而不断，内容顷亩千百，皆为稼地。后值诸将屯戍，因令兵众分工起土，亦效此制，故官民异属。复有圩田，谓叠为圩岸，扞护外水，与此相类，虽有水旱，皆可救御。凡一熟之余，不惟本境足食，又可赡及邻郡，实近古之上法，将来之永利。

推断其意，围田大约是在湖滩地上筑围堤辟田，圩田大约是在沿河流的洼地中取土筑堤拦河水辟田，实际上两者垦殖的形式相近，圩田四周都有圩岸，和围田的围堤没有什么区别。这种方法，宋前即已有之。到北宋时，已盛行于江南，皆规模宏大，每一圩皆方数十里。范仲淹在庆历三年（1043年）《答手诏条陈十事》中记述：

> 江南旧有圩田，每一圩方数十里，如大城，中有河渠，处有门闸。旱则开闸引江水之利，涝则闭闸拒江水之害，旱涝不及，为农美利。

正由于围田或圩田具有旱涝保收的优点，所以在北宋中期以后，太湖流域及长江沿岸的江宁、芜湖、宁国、宣州、当涂等地，都兴起大批圩

田。其中宣城圩田最多，共179所，化成、惠民都是大圩，连接起来圩长达80余里，面积占全县垦田一半以上。当涂的广济圩93里有余。庐江的杨柳圩，周长50余里。建康府溧水县的永丰圩，"四至相去皆五六十里"，占地950余顷。宋代最大的圩田是芜湖万春圩。该圩位于芜湖县荆山之北，太平兴国年间为大水所毁，废弃近80年，嘉祐六年（1061年）岁饥，转运使张颙、判官谢景温奏准用以工代赈办法实行修复，10日之内募得民丁14 000人，40日而毕其功。修复后的万春圩宽6丈，高1.2丈，长84里，夹堤植桑数万株，治田127 000亩；接着又修通沟渠，大渠可以通小船；筑大道22里，可以两车并行，道旁植柳；并建造水门5个，也是40日而毕其功。修复后，官府按圩田产量的百分之十五取租，每年得粟36 000斛，另收菰、蒲、桑、枲（音xì，麻类）之利，为钱50余万。治平二年（1065年），长江下游地区水灾严重，江南的宣州、池州等地大小1000多个圩田被洪水淹没，唯万春圩屹立无恙，附近各小圩也赖以不毁。这项工程经济效益很高①。除万春圩外，芜湖尚有陶新、政和、独行、永兴、保成、咸宝、保胜、保丰、行春等9个较大的圩田。此外，广德、和州、无为等县及黄池镇，尚有10多个圩田。据不完全统计，宋代江东一路的官圩即有圩田79万余亩。浙西的围田多在太湖周围，以平江府（苏州）最多，共有围田5000多亩，其中长洲县习义乡清沼湖围田最大，有1839亩。"二浙地势高下相类，湖高于田，田又高于江海。水少则汲湖水以溉田，水多则泄田水，由江而入海，惟潴泄两得其便，故无水旱之忧。"②

圩田有官私之分。官府掌握足够的人力和财力，圈占大量的湖泊芦荡及沿江之地，筑成大型圩田。像前述的化成圩、广济圩、永丰圩、万春圩等都是官圩田。私圩中稍大一点的多属于地主所有，江苏昆山富户陈、顾、辛、晏、陶、沈诸家，都用大批佃户筑成高大坚实的圩岸，抗御洪水，能在大灾之年获得丰收。分散的小农，经济力量脆弱，不可能建大圩，他们结合起来筑小圩，如童家圩、焦圩等。这些私圩规模不大，"或

---

① [宋]沈括：《长兴集》卷二十一《万春圩图记》，清乾隆文渊阁四库全书本。
② [宋]卫泾：《后乐集》卷十三《论围田札子》，清乾隆文渊阁四库全书本。

三百亩，或五百亩，为一圩"。劳动人民依靠着自己组织起来的力量，"与水争尺寸"①，绘画出一幅兴建圩田改造大自然的壮丽图景。

圩田或围田是一种防止水、旱的水利田，田有圩岸，可障御水势，保护田亩，岸有闸门，可相机启闭，调节水旱。圩内水沟纵横，可排遣田内积水，也可引水灌溉。因此，圩田在抗御旱涝、夺取稳产高产方面，充分地显示了它的优越性。杨万里赞美江东圩田诗云：

周遭圩岸缭金城，一眼圩田翠不分。行到秋苗初熟处，翠茸锦上识黄云。

圩田岁岁镇逢秋，圩户家家不识愁。夹路垂杨一千里，风流国是太平州。

圩田的收获量较高。据张问《张颙墓志铭》载，万春圩计127 000亩，"岁得米八十万斛"，每亩平均产量六斛二斗。北宋末年的贺铸，曾作《题皖山北濒江田舍》一诗云："一溪春水百家利，二顷夏秧千石收。"亩产量达到五石。《止斋先生文集》卷四十四《桂阳军劝农文》载，浙江境内的秀州，亩收三石或二石，如按一年两熟来计算，一年每亩可收五六石。明州在南宋高宗时亩产谷有六七石。无怪乎早在庆历年间，范仲淹就盛赞这种稳产高产的圩田"为农美利"了。由于圩田增加了水土资源，产量又高，因而对于农业的发展起了一定作用，同时也加强了江南的经济地位，稳固了宋朝统治的经济基础。

事物的发展超过一定的限度，就会走向反面。我们知道，湖泊是调节江河水流的天然水库，营建围田或圩田的结果，缩小了湖面或消灭了整个湖泊。公私圩田愈建愈多，湖泊的缩小或消灭亦愈来愈快，这样致使自然平衡遭到破坏，由此灾害必接踵而至。水旱失调自然是小农民首遭其殃，接着公私圩田大户也同受其祸。因水中筑堤之后，水中泥沙向堤外淤积，

---

① [宋]苏轼：《东坡全集》卷五十九《进单锷吴中水利书状》，清乾隆文渊阁四库全书本。

湖底升高，于是圩堤又可向湖心延伸，这样，湖便逐渐缩小，以至于消失，一旦河水暴涨，湖已不能容纳，势必将大小堤岸冲垮，导致水灾。

湖田即废湖为田，系将湖水排干，以全部湖底为田。湖田起源甚早，到了宋代，废湖为田形成高潮。这是一种病态的发展。不懂废湖为田破坏了生态平衡，得不足以偿失。废湖为田主要发生在江浙一带。如越州的鉴湖，宋真宗时就有27户农家盗湖为田，到宋英宗时达80余户，所造湖田700余顷，当时已经使"湖废尽矣！"宋徽宗宣和中，把湖田全部没收为官田，凡2200余顷，此后，再有窃湖为田者，《鸡肋编》载，官方"不复禁戢"。于是，泽及四方千余年的鉴湖废掉了。又如镇江府的练湖和新丰塘，绍兴府的湘湖，常熟县的常湖，秀州的华亭泖等大型湖泊，都被地方权豪排干，改造为田。至于大量小型湖泊被垦为湖田的就更多了。废湖为田虽然增加了一些耕地，但由于减少了蓄水容积，周围田地旱季无水灌溉，雨季涝水无所容蓄，总的收成反而下降，因而被政府明令禁止。政和年间（1111—1118年），打着为皇帝私人进奉的旗号，废湖为田之风复盛，著名的越州落星湖、秀州白砚湖、平江淀山湖及明州广德湖等被围垦，甚至经济发达、人口密集的苏州一带的湖泊，也在围垦之列。决湖为田大多是有势力的皇族贵戚或大官僚的兼并掠夺，并无合理的规划，因而加剧了旱涝灾害。出于财政上的考虑，北宋政府对湖田不得不作限制，并部分的废田还湖，但权豪之家的贪欲难以遏制，南宋时湖田的兴建有增无已[①]，《宋史》卷一百七十三《食货志上一》载，据淳熙十一年（1184年）统计，仅浙江一带就决湖为田达1489处。

由于湖田兴建过多，破坏了水道的排灌系统，以致旱则无灌溉之利，涝则洪水横流，泛滥成灾。臣僚们纷纷陈词，晓以利害。《宋会要辑稿·食货七》载，绍兴二十三年（1153年）七月二十三日，试右谏议大夫史才说：

---

① 周魁一：《中国古代的农田水利（续）》，《农业考古》，1986年第2期。

> 浙西诸郡，水陆平夷、民田最广，平时无甚水甚旱之忧者，太湖之利也。数年以来，濒湖之地多为军下兵卒请据为田，擅利妨农，其害甚大。盖队伍既易于施工，土益增高，长堤弥望，曰坝田。水源既壅，太湖之积渐与民田隔绝不通，旱则据之以溉，而民田不沾利。乞专令本路监司躬亲究治，太湖旧军民各安其职，田畴尽蒙其利，农事有赖。

淳熙十年（1183年），据《宋史》卷一百七十三《食货志上一》载，大理寺丞张抑说：

> 陂泽湖塘，水则资之潴泄，旱则资之灌溉。近者浙西豪宗，每遇旱岁，占湖为田，筑为长堤，中植榆柳，外捍芰芦，于是旧为田者，始隔水之出入。苏、湖、常、秀昔有水患，今多旱灾，盖出于此。

由上述两例可以看出，破坏自然平衡所造成的后果是多么严重！南宋政府看出了问题的严重性，于是明令废田还湖，使许多被豪强霸占填塞了的湖泊得以重新开浚，从而发挥其调节水流的作用。《宋会要辑稿·食货八》载，孝宗隆兴二年（1164年）刑部侍郎吴芾说：

> 自开鉴湖，溉废田一百七十顷，复湖之旧，又修治斗门、堰闸十三所。夏秋以来，时雨虽多，亦无泛滥之患，民田九千余顷，悉获倍收，其为利较然可见。

废湖为田是蠢事又是坏事，宋人已经看出。
梯田，一名山田。是沿丘陵坡地做成的梯形田地。它保水、保土、保肥，是我国古代劳动人民的一大创造。
元代王祯《农书》关于梯田的记述颇为详尽：

梯田，谓梯山为田也。夫山多地少之处，除磊石及峭壁例同不毛，其余所在土山，下自横麓，上至危巅，一体之间，裁作重磴，即可种艺。如土石相半，则必叠石相次，包土成田。又有山势峻极，不可展足、播殖之际，人则伛偻蚁沿而上，耩土而种，蹑坎而耘。此山田不等，自下登陟，俱若梯磴，故总曰梯田。上有水源则可种粳秫，如止陆种，亦宜粟麦。盖田尽而地，地尽而山，山乡细民必求垦佃，犹胜不稼，其人力所致，雨露所养，不无少获。然力田至此，未免艰食，又复租税随之，良可悯也。

王祯的时代距宋代较近，这段论述可以代表宋代梯田的情况。依据王祯的论述，所谓梯田，实包含两种：一种必"裁作重磴"如梯形；一种则"蚁沿而上"，"蹑坎而耘"，"自下登陟"如升梯，则不必裁为重磴。前一种如有水潦，可种粳秫；后一种则只能陆种粟麦。这种田制历史非常悠久，根据战国宋玉《高唐赋》中"若丽山之孤亩"的说法，那时就可能有了梯田。到汉代，由于区田法的推广，梯田有了发展。东汉时四川彭水的梯田，不妨认为就是小块区田的扩大。但梯田的较大的发展，是在宋代，梯田之名也是宋代才见于记载的。《骖鸾录》载，范成大一则笔记中写道：

（乾道九年闰正月）十九日、二十日、二十一日、二十二日皆泊袁州（今江西宜春）。闻仰山之胜久矣，去城虽远，今日特往游之。二十五里先至孚忠庙。……出庙三十里至仰山，缘山腹乔松之磴甚危，岭阪上皆禾田，层层而上至顶，名梯田。

这是迄今关于梯田的最早记录。

宋代梯田的发展，主要集中于浙、赣、皖、湘等长江中下游的山岭间。如湖南湘江两岸，在宋真宗以前，近水良田悉已开垦，而水力不及之处，则大多荒芜。后来在宋政府的倡导下，农民从湖北襄阳买回粟米播种,"由是山田悉垦"①。在皖南山区,由于人多地少,劳动人民展开了与山争田的伟大斗争。他们"凿山而田,高耕入云者,十倍其力"②。在像宁国这样的山区,劳动者在"两山之间开畎亩,在山石的罅隙中耕锄,而无法使用耕牛"③。徽州处于万山之间,"大山之所落,深谷之所穷,民之田其间者,层累而上指十数级不能为一亩,快牛刹耜不得旋其间"④。浙江东部的"象山县负山环海,垦山为田"⑤,台州也因为负山面海,极力开发贫瘠的山地。属于两浙路的严州,"山居其八,田居其二"⑥,同样开垦了一些山田。在江西东、南、西、西北及东北的山区,梯田也不少。王安石在《抚州通判厅见山阁记》中说:"抚之为州,山耕而水莳……为地千里,而民之男女以万数者五六十,地大人众如此。"农民"山耕水莳",提供了五六十万人的口粮,可以想见丘陵和山区开发的程度。到了南宋时期,江西梯田面积就更大了。杨万里在淳熙五年(1178年)从浙江回江西,在信州境内看到的情况是"此地都将岭作田"⑦。此外,四川北部东部及湖北西部地区,梯田的面积也不小。这是宋代耕地面积扩大的另一方面。

葑田,一名架田,是我国古代劳动人民与水争田的一个创造。所谓葑田,是把木头绑成木架,浮于水面,然后在其上铺上葑泥种植作物。由于木架可随水之高下浮泛,此田也就永远不会被淹没。王祯《农书·农器图谱一》对于葑田曾作了一个简明解释:

> 架田。架,犹筏也。亦名葑田……江东有葑田。又淮东二广皆有

---

① [宋]李焘撰,上海师范大学古籍整理研究所、华东师范大学古籍研究所点校:《续资治通鉴长编》卷四十七,中华书局,1995年,第1012页。
② [宋]方岳:《秋崖小稿》卷三十八。
③ [宋]沈与求:《龟溪集》卷一《宁国道中》,清乾隆文渊阁四库全书本。
④ 光绪《新安志》卷二《叙贡赋》。
⑤ [宋]张津:《乾道四明图经》卷十《修朝宗石碶记》,清刻宋元四明志六本。
⑥ 漆侠:《宋代经济史》(上册),上海人民出版社,1987年,第64页。
⑦ [宋]杨万里:《诚斋集》卷十三《过石磨岭,岭皆创为田,直至其顶》,清乾隆文渊阁四库全书本。

之。东坡《请开杭之西湖状》，谓水涸草生，渐成葑田。……以木缚为田丘，浮系水面，以葑泥附木架上而种艺之。其木架田丘，随水高下浮泛，自不浔浸。……窃谓架田附葑泥而种，既无旱暵之灾，复有速收之效，得置田之活法，水乡无地者宜效之。

在宋代，葑田主要集中于江南地区，因江南人多地少，无地少地的农民，便纷纷在水上造田。胡仔在《苕溪渔隐丛话》中说：

吴中陂湖间，菱蒲所积，岁久，根为水所冲荡，不复与土相着，遂浮水面，动则数十丈，厚亦数尺，遂可施种植耕凿，人据其上如木筏然，可撑以往来，所谓葑田是也。林和靖诗云"阴沉画轴林间寺，零落棋枰葑上田"，正得其实。尝有北人宰苏州属邑，忽有投牒，诉夜为人窃去田数亩者，怒以为侮己，即苛系之，已而徐询左右，乃葑田也，始释之。然此亦惟浙西最多，浙东诸郡已少矣。

这里显示了，在两浙西路等江湖的水面上有众多的葑田。北宋士大夫孙何在《泛吴江》诗中也提到这类田地，谓"葑田几处连僧寺，橘岸谁家对驿楼"。林和靖在《葑田》诗中说：

淤泥肥黑稻秧青，阔盖深流旋旋生。拟倩湖君书版籍，水仙今佃老农耕。

南宋范成大有"春入葑田芦绽笋"[①]的诗句。这些诗句和记载告诉我们，在整个宋代，江南地区的葑田一直是存在的，而且葑田上的作物长势良好。

涂田。沿海的田地经常受到海潮的威胁，每次海潮过后，良田往往变

---

① [宋]范成大:《石湖集》卷十一《初约邻人至石湖》。

成不毛之地。海潮虽有侵袭农田的破坏作用，但它在来潮退潮过程中却淤积起来一层细泥，沿海劳动人民将这类细泥加以改造，便形成了涂田。王祯《农书》对涂田曾作过一个说明：

> （滨海之地有涂田）其潮水所泛，沙泥积于岛屿，或垫溺盘曲，其顷亩多少不等，上有咸草丛生，候有潮来，渐惹涂泥。初种水稗，斥卤既尽，可为稼田……沿边海岸筑壁，或树立桩橛以抵潮泛，田边开沟以注水涝，旱则灌溉，谓之甜水沟，其稼收比常田利可十倍，民多以为永业。

依此说明可知，涂田必须筑堤抗拒海潮，内开纵横河道及分支各沟以排水防涝，同时也需要淡水灌溉，以改造咸卤。如台州"新围高潮涂田"，"为田五百二十二亩有奇"，"潴水之所一百三十七亩有奇"[1]，可见围垦这样的涂田，所耗人力物力是相当惊人的。然而，由于涂田的产量很高，"比常田利可十倍"，所以人们还是大量兴建。据载，宋宁宗时，台州宁海县有涂田600多亩，黄岩县有11 000多亩，临海县有24 000多亩，为数相当可观。此外，通州、泰州、海州等地的沿海地区，也兴建有大量涂田，这里就不一一缕述了。

(三) 水利事业

先说宋朝对兴修水利的政策。水利对农业生产的重要性，宋政府颇有认识。《宋会要辑稿·食货七》载，"灌溉之利，农事大本"。为抓好水利事业，宋政府颁发过不少有关水利的诏书。仁宗天圣五年（1027年）曾诏："诸州长吏、令佐能劝民修陂池、沟洫之久废者，……议赏；监司能督责部吏经画，赏亦如之。"[2]《宋会要辑稿·食货七》载，神宗熙宁元年（1068年）六月十一日，又下诏：

---

① [宋]林表民：《赤城集》卷六《州学增高涂田记》，清乾隆文渊阁四库全书本。
② [元]脱脱等：《宋史》卷一百七十三《食货志上一》，中华书局，1977年，第4165页。

中书言："诸州县古迹陂塘，异时皆蓄水溉田，民利数倍，近岁所在湮废，致无以防救旱灾，及濒江圩埠，毁坏者众，坐视沃土，民不得耕。诏诸路监司访寻辖下州县可兴复水利之处，如能设劝，劝诱兴修塘堰圩埠，功利有实，即具所增田税地利，保明以闻。当议旌赏。"

神宗熙宁九年（1076年），政府又重新颁布《水利图》于天下，诏诸州县遵照《水利图》兴修水利[①]。

由于兴修农田水利耗费巨大，必须事先调查，安排计划合理开发，所以宋政府常责成地方官把本管区内的水利资源、设施现状绘制图册，连并开发意见报告朝廷。凡一县能治理的，即由本县解决，县里有困难的由州负责，州解决不了的上报朝廷，由朝廷统一组织力量进行开发[②]。政府对地方治理水利事业常给予大力资助，规定兴修水利工程资力不足，可向常平仓系官钱借贷，出息二分，依照青苗法的规定作两限或三限偿还，并允许州县劝诱本县富户出钱借贷，依乡原例出息，官府作出保证，如神宗熙宁五年（1072年）十二月二日下诏，《宋会要辑稿·食货七》载：

应有开垦废田，兴修水利，建立堤防，修贴圩埠之类，工役浩大，力所不能给者，许受利人户于常平仓系官钱斛内，连状借贷支用，仍依青苗钱例，作两限或三限送纳，只令出息二分。如是系官钱解支借不足，亦许州县劝诱物力人出钱借贷，依乡原例出息，官为置簿，及时催理。

据《宋会要辑稿·食货七》，神宗元丰元年（1078年）四月十九日又下诏：

---

① 参见《续资治通鉴长编》卷二百七十七。
② 参见《宋会要辑稿·食货》。

第七章 宋元时期长江流域经济的开发问题

> 开废田，兴水利，建立堤防，修贴圩垾之类，民力不能给役者，听受利民户具应用之类，贷常平钱谷，限二年两科输足，岁出息一分。

政府还把农田水利的兴建作为地方官考课黜陟的一个方面，《宋会要辑稿·食货七》规定："诸当职官申请兴修农田水利，谓开修陂塘沟河，导引诸水，淤灌民田或贴堤岸，疏决积涝，永除水害……修毕……千顷与第一等酬奖，七百顷第二等，五百顷与第三等，三百顷与四等，一百顷与第五等。"若"堙塞废坏不满二十年，而田旧功完复者，各降一等，……其功利殊常者，申夺奏裁"。这些具体明确的赏罚条规，极大地调动了当职官吏兴修水利的积极性，不少官吏因治理水利有功得到嘉奖、增秩、升迁的奖励，如江西抚州官吏王懿，他于宋太宗至道二年（996年）以秘书丞谪守袁州。来到袁州后，他领导人民疏通李渠以备干旱，深得朝廷赞赏，不久官复原职①。

到南宋政府仍大力推行兴修水利政策，认为农乃生之本，而水利灌溉又为农之本，要发展农业，首先要兴水利，除水害，这样才能旱涝保收，所以频频下诏，申明赏罚。据《宋会要辑稿·食货六十一》，乾道九年（1173年）诏令说：

> 唐韦丹为江西观察使，治陂塘五百九十八所，灌田万二千顷，此特施之一道，其利如此，矧天下至广也，农为生之本也，泉流灌溉所以毓五谷也。今诸道名山川原甚众，民未知其利，然则通沟浍，潴陂泽，监司守令顾非其职欤？其为朕相丘陵原隰之宜，勉农功，尽地利，平繇行水，匀使失时，虽有丰凶，而力田者不至拱手受弊，亦天人相因之理也。朕将即勤惰而寓赏罚焉。

---

① 正德《袁州府志》卷六《名宦》。

据《宋史》卷一百七十三《食货志》，淳熙二年（1175年）的诏令说：

> 淳熙二年，两浙转运判官陈岘言："昨奉诏遍走平江府、常州、江阴军，谕民并力开浚利港诸处，并已毕功。始欲官给钱米，岁不下数万，今皆百姓相率效力而成。"诏常熟知县刘颖特增一秩，余论赏有差。

由上引诏令可见，南宋政府与北宋政府一样，对于兴修水利，也是不遗余力的。

由于两宋历届政府的大力促进和劳动人民的艰苦努力，各地的水利事业，兴旺发达，长江流域也不例外。

下将各地农田水利建设状况作一叙述。

在宋代，长江流域水利事业的发展，主要集中在淮南、四川盆地、两浙、江南东路等地区。

淮南地区水利资源较为丰富，宋仁宗时，官府募饥民浚淠河30里，疏泄支流注入芍陂，设置斗门，灌溉农田数万顷，"稻粱甘精，南方之冠"[①]。芍陂，为淠水的注蓄之处，"古尝溉田百万亩"，至宋初有所衰弱，"才溉五十万亩"，宋神宗时，政府对芍陂再加修理，使其灌溉面积大增，达万顷之多。加上其他几十处小陂塘，这一带"当旱而霖，讫无凶年"[②]。北宋中期，扬州江都县修复了大石湖，溉田1万多顷，生产年年获得大丰收，粮食产量比修复前增加一倍。熙宁九年（1076年），虹县修万安湖、小河子，天长县修白马塘、沛塘。蒋子奇迁淮东转运副使，值岁恶民流，子奇以工代赈，募民修天长三十六陂、临涣横斜沟，用工至百万，溉田9000顷，大大改善了生产条件。后来，淮南地区人民又向长江潮水作斗争，修筑大堤，"以却潮之患"，使之不再殃及沿江农田，并挖渠疏泄积水

---

① [宋]宋祁：《景文集》卷四十六《寿州风俗记》，清乾隆文渊阁四库全书本。
② [宋]宋祁：《景文集》卷四十六《寿州风俗记》，清乾隆文渊阁四库全书本。

于江,"凡水利之兴复者五十有五,溉田六千顷"①,取得很大成绩。值得注意的还有淮南沿海地带捍海堰的建设。秦州原有捍海堰,长150多里,由于年久失修,致使海涛浸灌,农田大受其害。宋仁宗时,张纶为江淮制置使,力排众议,自请督役,修复了捍海堰,大片农田重新耕种,"复租户万二千七百"②。海门县(今江苏南通市东)在仁宗以前海潮侵袭也很厉害,农民大批逃亡。地方政府组织民力在沿海筑起百里长堤,引江水灌溉其中,粮食大获丰收,流民相率而归。

四川盆地的水利建设原来控制在官府手里,宋仁宗解除了"蜀人不得自为渠堰"③的禁令,水利事业获得了飞速发展的机会,对于都江堰,在原有良好基础之上,宋代又建立了岁修制度,即在每年冬闲枯水期间,由灌区各地派出民工,对都江堰进行维修,从而使之不断完善,更好地发挥作用。此外,又新建了一些项目。如宋仁宗时,韩亿在成都发动民工疏浚九升江口,"下溉民田数千顷"④。张逸在成都时,也曾发动民工作堰,"壅江水,溉民田"⑤。神宗熙宁七年(1074年),蜀州修建新堰,溉田近400顷。由于当地水利条件优良,又积极进行开发,所以史称"蜀地膏腴,亩千金,无闲田以葬"⑥。

两浙,主要是太湖流域,地势低洼,众水汇聚,湖荡密布,河港纷错,素有"水乡泽国"之称。由于自然条件十分优越,这个地区的水利事业颇为发达,这里着重介绍一下太湖周围的苏、湖、常、秀诸州及浙东的水利建设情况。

苏州位于太湖东北岸,地面与吴淞江水相平,故称平江。宋真宗时,

---

① [宋]秦观:《淮海集》卷三十八《罗君生祠堂记》。
② [宋]范镇:《东斋纪事》卷三。
③ [元]脱脱等:《宋史》卷四百三十二《儒林传二·林粟传》,中华书局,1977年,第12839页。
④ [元]脱脱等:《宋史》卷三百一十五《韩亿传》,中华书局,1977年,第10298页。
⑤ [元]脱脱等:《宋史》卷四百二十六《循吏传·张逸传》,中华书局,1977年,第12700页。
⑥ [元]脱脱等:《宋史》卷三百四十四《王觌传》,中华书局,1977年,第10944页。

在平江、吴江和太湖筑堤建桥,疏浚渠道,排泄积潦,使数千顷良田得以恢复,26 000户流民有了生计。同时又置"撩水军"(即浚河队,又称营田军),常年负责疏浚河道、修筑堤岸,并经常对堤岸进行整治维修,以确保堤坝的安全。仁宗景祐二年(1035年),范仲淹知苏州,发动民工疏浚白茆等浦。又亲临海州,疏浚福山、黄泗、许浦、奚浦、三丈浦及茜泾、下涨、七丫,疏导诸邑之水,使之东南入松江,东北入扬子江和海[1]。在疏浚港浦的同时,范仲淹还曾用民工置闸挡潮。《宋史·叶清臣传》还记述过这样一项工程:宝元元年(1038年),叶清臣在吴淞江下游进行裁弯,将原长40里的盘龙汇裁为只有10里的直道,使迂回积滞的河水通过吴淞江畅流入海,收效很大。《宋会要辑稿·食货七》载,熙宁年间(1068—1077年),苏州一带已设立260多处门堰泾沥,形成了"七里一纵浦,十里一横塘"。常熟、昆山还开凿36浦与4浦58渎,置48闸。吴江长桥等处还专设水则碑。当地以塘引水,以泾均水,以塍御水,以埭储水,收到了较好的效果,初步完成了历史上少见的水网化系统,为这一地区的高产稳产创造了良好的条件。

太湖南岸的湖州,水利事业亦有建树,宋仁宗时,发动民工筑石塘百余里以捍水患,后来又沿湖筑了石堤,高1丈多,长百余里,堤下尽为良田。湖州人民还在水中筑堤围田,这样既可有效防止湖水泛滥、充分利用湖水灌溉,又可扩大耕地面积。

常州在太湖北岸,太湖之水一部分要从这里排入长江。宋仁宗时,陈襄知常州,动员民工测量各渠的长宽与民田步亩,加以疏浚,并撤掉望亭古堰,解决了积水成灾的问题,从而使农业获得了大丰收。庆历元年(1041年),许恢知常州,兴修申港、戚墅港和灶子港,"复引支水分注运渎、东函"[2]等19个小港,排除了积涝,瘠土变成了沃壤。嘉祐年间(1056—1063年),太湖西岸的宜兴县,开百渎,疏浚水渠49条,灌溉农田千余顷。常州东北的江阴军,"属县有利港久废,(崔)立教民浚治,既

---

[1] 同治《苏州府志》卷十《水利》。
[2] [宋]胡宿:《文恭集》卷三十五《常州晋陵县开渠港记》,清乾隆文渊阁四库全书本。

成,溉田数千顷"①。

秀州位于太湖东南岸,临海之地建有许多塘堰,使这里的农业获得丰收。北宋仁宗以后,秀州的水利事业进一步开发起来。如仁宗时,在华亭县沿海地带,伐石为堤百余里,以防海潮侵袭,"得美田万余顷",每年产谷数十万斛②。北宋晚期的宣和元年(1119年),赵霖主持修浚了华亭县青龙江,又围裹华亭泖为田,并开浚各泾浦各小河③。南宋时期,有关秀州地区兴建水利的情况,以下两段文字可资参考。

《云间志》卷下载:

> 自(华亭)县之北门,至青龙镇浦,凡六十里,南接漕渠,而下属于松江。

《宋史·河渠志》载:

> 十年,以浙西提举言,命秀州发卒浚治华亭乡鱼祈塘,使接松江太湖之水,遇旱即开西闸堰,放水入泖湖,为一县之利。

由于水利事业的发达,使秀州成为太湖流域后起的农业发达地区。

浙东的水利建设也取得了显著的成效。钱塘江北岸自杭州开始,到绍兴、明州一带,湖泊众多,"湖高于田丈余,田又高海丈余,水少则泄湖溉田,水多则泄田中水入海"④;"潴泄两得其便,故无水旱之忧,而皆膏腴之地"⑤。绍兴的鉴湖,明州的广德湖,越州的落星湖等,面积都很大,都能灌溉农田数千顷,为这里的农业丰收创造了非常有利的条件。除兴建

---

① [元]脱脱等:《宋史》卷四百二十六《循吏传·崔立传》,中华书局,1977年,第12697页。
② [宋]郑獬:《郧溪集》卷二十一《吴公墓志铭》,湖北先正遗书本。
③ [宋]范成大:《吴郡志》卷十九《水利上》,清乾隆文渊阁四库全书本。
④ [宋]曾巩:《元丰类稿》卷十三《序越州鉴湖图》,清乾隆文渊阁四库全书本。
⑤ [宋]卫泾:《后乐集》卷十三《论围田札子》,清乾隆文渊阁四库全书本。

了一些大型的湖泊外,浙东地区还修筑了许多塘堰。如宋高宗绍兴年间(1131—1162年),永嘉县人民在永强修筑了军前大埭和平水埭,瑞安县修筑了集善乡陶山的陂塘和石冈斗门。上虞县发动6500余人浚治了梁湖堰运河,余姚县也命漕臣发17 000余人,自都泗堰到曹娥塔桥,开撩河身、夹塘。绍兴的北海塘,也在宋代重新修筑,有三分之一的塘堤改用石料建造,这是整个江浙海塘中最早的石砌塘之一。尤其值得一说的是,诗人苏轼任杭州知州时,动员调集了20多万人浚治西湖,把挖出的湖泥葑草堆成堤堰,"相去数里,横跨南、北两山,夹道植柳"①。后人为了纪念这位关心人民疾苦的清官,将这条堤堰命名为"苏堤"。苏堤的兴建给杭州农业生产的发展和人民生活带来了很多益处。

苏轼在主持疏浚西湖的同时,又疏通了钱塘县西南的茅山、盐桥2河,"遂浚二河以通漕。复造堰闸,以为湖水蓄泄之限,江潮不复入市"②。又重修六井,发展了杭州地区的农田水利建设和交通运输,解决了杭州百姓的许多切身问题。百姓感其"有德于民",故当时杭州民间"家有画像,饮食必祝,又作生祠以报"③。

再来看看江南东路的水利情况。宋代的江南东路包括今天的江苏西南部、皖南和江西东北部。宋王朝对这一地区的水利极为重视,除在前代基础上修复或新修一批山区塘堰外,还兴建了许多用于农田防洪除涝的堤防沟洫工程、漕运兼及灌溉的水道工程。范成大《吴郡志》卷十二载,宋仁宗嘉祐年间(1056—1063年),韩正彦任昆山令,用民力创石堤,疏斗门,兴建塘堰70里,溉田数百万顷。《宋会要辑稿·食货》说,太平州自江州至真州一带,水患严重,闹水灾时,往往数万顷良田被淹,粮食颗粒无收。徽宗政和四年(1114年),太平州军事判官卢宗原"开修自江州至真州古来河道湮塞者凡七处,以成运河",解决了"一千六百里大江风涛之

---

① [元]脱脱等:《宋史》卷九十七《河渠志七》,中华书局,1977年,第2398页。
② [元]脱脱等:《宋史》卷三百三十八《苏轼传》,中华书局,1977年,第10812—10813页。
③ [元]脱脱等:《宋史》卷三百三十八《苏轼传》,中华书局,1977年,第10814页。

患"。南宋时期江南东路的水利继续得到开发,《宋会要辑稿·食货六十一》载:

> (淳熙元年)七月二十三日,提举江南东路常平茶盐公事潘甸言:被旨诣所部州县措置修筑浚治陂塘,今已毕工,计九州、军(宣、徽、江、池、饶、信、太平七州,南康、广德二军),四十三县,共修治陂塘沟堰凡二万二千四百五十一所,可灌溉田四万四千二百四十二顷有奇。

江南东路水利建设最重要的成就,即圩田工程的大量兴建。这在前面已经谈过,这里不再复述。

第二节 粮食种植业的发展与经济作物种植的扩大

(一)粮食种植业

为了推动农业生产的发展,宋朝廷除了大力进行上述各项农田基本建设,如开发水土资源、兴修水利等,为农业发展准备了充分的前提条件外,对于农业生产本身也采取了许多有力措施,诸如改进农业生产工具和耕作技术,鼓励农民种麦,大力推广粮食作物的优良品种,等等,从而促进了粮食种植业的飞速发展。

第一是农业生产工具和耕作技术的改进。

宋代长江流域农业生产的发展与生产力特别是生产工具(这里专指农具)的发展水平有着密切的关系。下面,就两宋时期农具的改进状况作一叙述。

我国考古发掘的材料证明,北宋农民使用的铁制犁铧形式多样化,主要有尖头和圆头两种,以适合于耕作不同土质的需要。1956年,在扬州发现的宋代铁犁铧,刃边为优质钢制成,光泽滑利,是比较先进的一种①。在江南地区,熟铁钢刃制的农具得到推广,犁壁(犁面)制作成桃形以便于翻土深耕。尤其值得一说的是,宋代的犁还有了"䩱刀"的装置,这是对犁的一项重大的改进。䩱刀是一种用于开垦荒地的农具,其形制如短镰,但背部较厚。使用方法有二:一种是单独装在犁床木架上,用牛拉着走在犁的前面,割去芦苇、荆棘、杂草,然后再用犁翻地,这样既省力又可减少耕犁的损坏;另一种方法是将䩱刀附装在犁辕的前面,作用与前一种完全相同。宋代曾对两浙江淮大片低洼地进行了大力的改造。这种改造,一是排水或筑圩御水,如前所述;一是排水后芟夷丛生的蒲芦杂草。装置于耕犁前部的䩱刀,在改造这种低洼地的斗争中发挥了极其重要的作用。

大约在宋神宗年间(1068—1085年),鄂州农民创造了用于插秧的工具秧马。苏轼在《秧马歌行》中这样描述:

> 予昔游武昌,见农夫皆骑秧马,以榆枣为腹欲其滑,以楸桐为背欲其轻,腹如小舟,昂其首尾,背如覆瓦,以便两髀雀跃于泥中。系束藁其首以缚秧,日行千里,较之伛偻而作者,劳佚相绝矣!

唐庚曾到湖北罗浮,也见到秧马,并作《秧马》诗云:

> 拟向明时受一廛,著鞭常恐老农先。行藏已问吾家举,从此驰名四十年。

由于这种农具既可提高劳动效率又可减轻劳动强度,所以很快便推广开来,据高斯得《耻堂存稿》卷七《官田行》记载,两浙、江东西、两淮、四川等地,都曾广泛使用过秧马。

---

① 蒋缵初:《江苏扬州附近出土的宋代铁农具》,《文物》,1959年第1期。

在宋代创造的新的工具之中有耘荡。《农书》卷十三载，耘荡创制于"江浙之间"，是用长木柄下端连一个木制框，宽6寸许，长1尺左右，下有二三寸长的铁齿数排，每排四五枚，用以"推荡禾垅间草泥，使之混溺，则田可精熟。既胜耙锄，又代手足，况所耘田数，日复数倍"。很显然，耘荡在提高劳动效率及节省人力方面起了很大作用的。

在灌溉排水上，江南农民对旧时的灌溉工具加以改进，普及推广了水车，在农业生产中发挥了很大作用。水车有两种，一种是踏车即龙骨车，另一种是筒车。龙骨车使用脚踏，功效很大，不仅在临水地段可以使用，即使是在地势很高的地方，也可利用它把水提运上去，《农书》卷十八云："若岸高三丈有余，可用三车，中间小池倒水上之，足救三丈已上高旱之田。"这种龙骨车在江南地区使用非常普遍，几乎家家都有。龙骨车的普及引起了诗人们极大的兴趣，从宋人的诗文集中可以找到许多歌颂这种水车功能、形式、声音以及踏车人欢乐心情等脍炙人口的诗篇。像"踏车激湖水，车众湖欲竭"[①]，"隐隐惊雷响踏车"，"翻翻联联衔尾鸦，荦荦确确蜕骨蛇"[②]等诗句，都为人们所喜爱。筒车比龙骨车运转力更大，也用来引水上山，灌溉山田。范仲淹《水车赋》中所描写的"器以象制，水以轮济"[③]，就是这种有轮轴、利用水力推动的筒车。诗人沈辽曾作《水车》诗赞颂这一工具：

山田绕山脚，江水何可作？车轮十丈围，飞湍半天落！

可见，筒车在山田的灌溉中发挥着重要的作用。

在收获脱粒工具中，宋代在前代使用禾镰收割禾谷的基础上又创造了几种快速收获器。其中在江南地区，人们用拌桶（即稻桶）将收割的稻子捆成一束，双手举之击打拌桶的倾斜面，种实受撞后便落于桶中。然后再

---

① [宋]张耒:《张右史集》卷十三《早稻》,四部丛刊景旧抄本。
② [宋]苏轼:《东坡诗集注》卷十三《无锡道中赋水车》,清乾隆文渊阁四库全书本。
③ [宋]范仲淹:《范文正公集》卷二十《水车赋》,清乾隆文渊阁四库全书本。

用扬扇或风车进行清选,便可得到纯净的稻谷。或将所割的稻子在"晒盘"上晒干,用双手向竹条相间放置地上的"稻床"击撞,使谷粒落于地面所铺的"掼稻簟"上。这种收获方法大大地提高了劳动效率。

耕作技术也有明显提高。据《通典》卷《田制·屯田》载,唐代每个成年男子,用一头耕牛,可耕土地百亩左右,而北宋则只耕50亩左右,这反映出宋比唐的精耕细作程度提高了一倍[①]。宋代的耕作技术,以两浙最为先进。特别是苏、湖一带的农民,精耕细作,做到"耕无废圩,刈无遗陇"[②]。生长在北宋末南宋初年的陈旉,在绍兴十九年(1149年)写成的《农书》就是两浙路农民精耕细作,获得粮食高产的经验总结。书中指出要种好小麦,要注意"屡耘而屡粪",经过两社(春社、秋社)即倍收。在种粟上,在播种之后,"辗以辘轴,则地坚实,科木邕茂,稼穗长而子颗坚实"。对于种稻,要在秋冬时深耕好秧田,使田土经受霜冻雪打,变得松碎,待来年春季再经过耕耙犁细。此外,书中还详细介绍了两浙各地的施肥方法,并对当时的土质条件决定论进行了批判,认为只要施肥得当可以改变土地的性质,使作物生长良好。所以高斯得《耻堂存稿》卷五《宁国府劝农文》如是说:

> 浙人治田,比蜀中尤精,土膏既发,地力有余,深耕熟犁,壤细如面,故其种入土,坚致而不疏,苗既茂矣,大暑之时,决去其水,使日曝之,固有根,名曰靠田,根既固矣,复车水入田,名曰还水,其劳如此,还水以后,苗日以盛,虽遇旱暵,可保无忧。其熟也,上田一亩收五六石,故谚曰:苏湖熟,天下足。虽其田之膏腴,亦由人力之尽也。

由于耕作技术的改进,加上有充足的劳动力的辛勤劳动,使两浙成为两宋300年农业生产最发达的地区。

[①] 参见[唐]杜佑:《通典》卷二《田制·屯田》。
[②] [宋]吴泳:《鹤林集》卷三十九《隆兴府劝农文》,清文渊阁四库全书本。

除两浙以外，宋代长江流域的其他一些地区也都提倡精耕细作。如江南西路的一些地区，其精耕细作就达到了相当高的程度。陆九渊所描述的他的家乡抚州金溪地区就是如此。他曾经指出，当地农民治田，大都用"长大钁头"，深挖地2尺多，并有1尺的间隔，遇久旱时，由于"田肉深，独得不旱"；从产量上看，别处禾穗每穗不过六七十粒，而"此中禾穗数之，每穗少者尚百二十粒，多者至二百余粒"①，每一亩田的产量，比他处一亩要多几倍。成都府路的农民自动结合起来，在春耕到来时，"合耦以相助"，"莫不尽力以布种"。每年四月开始，谷稚草壮的时候，为了除草的需要，"同阡共陌之人，通力合作，耘而去之，置漏（计算时间用具）以定其期，击鼓以为之节，怠者有罚，趋者有赏。及至盛夏，烈日如火，田水如汤，薅耨之苦尤甚，农之就功尤力，人事勤尽如此，故其熟也常倍"②。在精耕细作的同时，还积极加强田间管理，成都府路农民的这一做法，是值得注意的。此外，江南东路的圩田，荆湖南路的滨湖地区，以及梓州路遂宁府及一些河谷地、利州路的汉中地区等，其精耕细作程度都相当高③。

第二是种麦与粮食优良品种的推广。

在宋以前，长江流域的许多地区只种水稻，不知种麦，浪费了一季收成，于是宋政府频频颁发诏令，劝谕人民种麦，如《宋史·食货志上》载宋太宗时即下诏：

江南、两浙、荆湖……诸州长吏，劝民益种诸谷。民乏粟、麦、黍、豆种者于淮北州郡给之，……并免其租。

淳化四年（993年），《宋会要辑稿·食货六十三》载，又"劝民种四种：豆及黍、粟、大麦、荞麦，以备水旱。官给种与之，仍免其税"。

---

① [宋]陆九渊：《象山集·象山语录》卷一，清文渊阁四库全书本。
② [宋]高斯得：《耻堂存稿》卷五《宁国府劝农文》。
③ 参见漆侠：《宋代经济史》（上册），上海人民出版社，1987年，第131页。

南宋淳熙以后，政府对于推广种麦，更为重视，仅在淳熙七年（1180年），至淳熙九年1年多的时间里，政府就曾4次下诏，劝谕种麦，如《宋史·食货上》和《皇宋中兴两朝圣政》卷五十九《诏劝农种春麦》中淳熙八年和九年的两个诏书说：

（淳熙八年）十有一月，辅臣奏："田世雄言，民有麦田，虽垦无种，若贷与贫民，犹可种春麦。臣僚亦言，江、浙旱田虽已耕，亦无麦种。"于是诏诸路帅、漕、常平司，以常平麦贷之。

（淳熙九年春正月壬申）内出正月所种春麦，并秀实坚好，与八九月所种无异，诏降附两浙、淮南、江东西漕臣，劝农布种。

由此可见，政府为鼓励种麦颇下了一些本钱，既提供种子，又以不收税为号召，组织、鼓励南方农民种植新的作物，收到较好成效。

淮南南部地区的气候条件原来并不适宜种麦。如宋英宗时，史料说这里"地不宜麦"①。经过二三十年的不断试验、驯化，到宋哲宗时，据苏轼说："淮南东、西……望此夏田，以日为岁。大麦已秀，小麦已孕。"②到高宗绍兴年间（1131—1162年），小麦更是这里广泛种植的作物，庄绰《鸡肋编》载，农户"竞种春稼，极目不减淮北"。可见，淮南南部种麦获得了成功。北宋时两浙地区种麦很少，苏轼曾说："两浙水乡，种麦绝少。"③但到南宋后期，这时小麦的种植已非常普遍了。江东路也种植有小麦，王安石在江宁府的田产，每年的实物地租中就有小麦三十多石。小麦在江南东路也有所种植。如南宋时，皖南播种冬小麦已相当普遍，有的还种植春小麦，正月播种，夏季收割。苏南一带实行稻麦复种，"刈麦种禾，一岁再熟"④，最确切的是杨万里的一句诗："却破麦田秧晚稻"⑤，都是

---

① [元]脱脱等：《宋史》卷二百九十九《张洞传》，中华书局，1977年，第9935页。
② [宋]苏轼：《东坡全集》卷九十九《祈雨僧伽塔祝文》，清乾隆文渊阁四库全书本。
③ [宋]苏轼：《东坡全集》卷五十六《乞赈济浙西七州状》，清乾隆文渊阁四库全书本。
④ [宋]朱长文：《吴郡图经续记》卷上《物产》，清乾隆文渊阁四库全书本。
⑤ [宋]杨万里：《诚斋集》卷十三《江山道中蚕麦大熟》，清乾隆文渊阁四库全书本。

割麦之后复种晚稻。此外,在南宋后期,四川、江西、两湖等地,都普遍种植了小麦。

宋政府鼓励南方尤其是长江流域人民种植小麦,在农业发展史上具有重大意义。它改变了长江流域"专种粳稻"的旧的耕作制度,使这一地区得以利用地利和水利资源,换种轮作,提高农田复种指数,从而提高粮食总产量。

在农业生产中,宋政府不仅注意抓好土壤、水、肥、耕作技术等问题,对培育和推广优良品种也极为重视,并取得了明显的效果。

在优良品种推广方面,最著名的是占城稻种植面积迅速扩大,成了当时水稻的一个重要品种。占城稻又称占禾或旱占,原产越南,唐代传入我国闽广地区。它是一种能够种植在高昂地段上耐旱的稻禾,"穗长而无芒,粒差小,不择地而生"①,适应性强,而且省功,生长期短,自种至收仅50多天。大中祥符四年(1011年),江淮、两浙大旱,水田不登,宋真宗"遣使就福建取占城稻三万斛,分给三路为种,择民田高仰者莳之,盖旱稻也。内出种法,命转运使揭榜示民"②。占城稻的推广不仅有利于水稻种植面积的扩大,而且为江浙一带实行一年两熟制提供了有利条件。到南宋时,占城稻不仅已在江南普遍种植,而且繁衍出了许多新的良种,如金州糯、早占城、白婢暴、红婢暴、黄岩硬杆白、软杆白、八十日、泰州红、江占城、寒占城等。其中既有早稻、中稻和晚稻,又有籼稻和糯稻。

此外,长江流域还培育出了其他许多新的优良稻种。如1986年江西省考古队在泰和县石山乡发现北宋农学家曾安止所著的中国古代第一部水稻品种专志《禾谱》的序言和部分原文,记载稻种40多个,其中江西有9种:黄穋种、六胎、白圆禾、小赤禾、密谷乌禾、紫眼禾、稻禾、早占禾、晚占禾。由此可见,北宋时期江西农业发展水平已经相当高③。稻是

---

① [元]脱脱等:《宋史》卷一百七十三《食货志上一》,中华书局,1977年,第4162页。
② [元]脱脱等:《宋史》卷一百七十三《食货志上一》,中华书局,1977年,第4162页。
③ 文士丹、吴旭霞:《试论北宋时期江西农业经济的发展》,《农业考古》,1988年第1期。

沿江和皖南地区的主要粮食作物，经过农民长期的培育，水稻品种也很多，仅罗愿《新安志》所列，就有籼、粳、糯3大类。籼又有大白归生、小白归生、红归生、冷水白、笔头白、早十日、中归生、晚归生、占禾多个品种。粳有大栗黄、小栗黄、芦黄、珠子稻、乌须稻、叶里青、婺青、九里香、赤芒、斧脑白、马头红、沙田白、万年陈、寒青等14个品种。糯有青秆、羊脂、牛虱、白矮、早归生、秋田糯、交秋糯7个品种，充分体现了皖南劳动人民的创造智慧。两浙农民培育的水稻新品种，仅两浙路六七个州县，就有籼稻、粳稻140多种，糯稻50多种，其中有些还是当时的优良品种。池州农民还栽种从高丽传来的"黄粒稻"。这种稻，"其芒颖，其粒肥，其色殷，其味香软"①，是一种罕见的良种。此外，湖北应城、孝感，江苏昆山、常熟，四川峨眉等地，也都培育了不少新的水稻品种，这些情况，充分说明了宋代长江流域水稻种植的兴盛。

除引进培育水稻优良品种外，长江流域又从印度引进一个新的粮食品种——绿豆，这个品种以"子大而粒多"②作为特点的，因而受到了农民的喜爱。

第三是各地区单位面积产量的普遍提高。

宋代农田单位面积产量，比前代大有提高，尤其是长江流域更为突出。现将所收集到的长江流域各地区粮食亩产量的数字资料，制成下表，以资考察。

长江流域各地区粮食亩产量

年代	地区	亩产	资料来源
太宗至道三年（997年）	寿春等	三斛	《文献通考·田赋考·屯田》

---

① [宋]陈岩：《九华诗集》卷一《黄粒稻》，清文渊阁四库全书本。
② [宋]释文莹：《湘山野录》卷下，清文渊阁四库全书本。

续　表

年代	地区	亩产	资料来源
仁宗庆历三年（1061年）	苏州	二至三硕(米)	范仲淹《答手诏条陈十事》《范文正公别集·奏议》卷上
仁宗嘉祐六年（1061年）	芜湖万春圩	六斛	张问《张颙墓志铭》
神宗年间（1068—1085年）	和州一带	四五斛	《范太史集·吕希道墓志铭》
哲宗绍圣三年（1096年）	太平州	五石	贺铸《庆湖遗老诗集拾遗·题皖山北濒江田舍》
徽宗政和七年（1117年）	明州	六七硕(谷)	《宋会要辑稿·食货》
高宗建炎年间（1127—1130年）	两浙	二点二九石(米)	吴惠《中国历代粮食亩产研究》
高宗绍兴五年（1135年）	嵊县	二石七斗(米)	《越中金石记》
高宗绍兴年间（1131—1162年）	四川	三石	《宋会要辑稿·食货》
孝宗乾道九年（1173年）	歙州	上田二石	罗愿《新安志》卷二
孝宗乾道时	淮南	二石(谷)	《宋会要辑稿·食货》
孝宗淳熙元年（1174年）	湖北营田	一点六硕	《宋会要辑稿·食货》
孝宗淳熙时	武昌大冶营田	三硕	薛季宣《浪语集》卷十九
孝宗淳熙时	鄂州	上田三斛、下田二斛(谷)	王炎《双溪集·上林鄂州书》

续 表

年代	地区	亩产	资料来源
孝宗淳熙十六年（1189年）	闽浙	上田三石、下田二石（米）	陈傅良《止斋先生文集·桂阳军劝农文》
孝宗淳熙十六年（1189年）	桂阳军	一石	陈傅良《止斋先生文集·桂阳军劝农文》
孝宗淳熙年间（1174—1189年）	衡州	一石	廖省之《省斋集·石鼓书院田记》
宁宗嘉定二年（1209年）	湖州草荡为田	三石	《宋会要辑稿·食货》
宁宗嘉定时	江南东路	四石（谷）	岳珂《愧郯录》卷十五
理宗端平时	两浙路	上田五六石	高斯得《耻堂存稿·宁国府劝农文》
南宋末	吴	田三石、山田二石（米）	方回《续古今录》卷十八

以上统计数字未必精确，遗漏之处在所难免，但也可以看出其中大势来。首先，本表清楚地显示了宋代长江流域的农业生产有了长足的发展。据统计，长江流域的亩产量一般是四石，可长江以北的一般产量，正如范仲淹所说的："窃以中田一亩，取粟不过一斛。"①《宋史·食货·屯田》也一则说："大约中岁亩一石。"再则说："岁亩收一石。"这比长江流域的产量要低得多。陈旉《农书》载，宋人云：国之"所仰惟两浙闽广江南"；"两浙之富，国用所恃"②；"天下根本，在于江淮。天下无江淮，不能以

---

① [宋]范仲淹：《范文正公集》卷八《上资政晏侍郎书》，清乾隆文渊阁四库全书本。
② [宋]苏轼：《东坡全集》卷五十九《进单锷吴中水利书状》，清乾隆文渊阁四库全书本。

足用，江淮无天下，自可以为国"①。宋朝（指北宋）对江南的依赖比唐要深。

其次，本表还说明了宋代长江流域农业生产的发展是不平衡的，高产量与低产量之间的差距较大。如江浙地区高达五六石，而其他地区如徽州新安、休宁，湖南路桂阳军、衡州等则偏低，一般只有一二石。江浙地区之所以能高产稳产，与其发达的水利事业是密切相关的。同时，本表还告诉我们，两宋300年间长江流域农业生产是逐步发展的。以江浙为例，宋仁宗时亩产二三石，北宋晚年至南宋初已是三四石，南宋中后期达到了五六石，是不断增长的。

(二)经济作物种植的扩大

两宋时期，随着农业生产技术的进步和商品经济的发展，各种经济作物的种植规模也比唐代有所扩大。其中较为突出的是茶、蚕桑、麻棉和果木业。

1.茶业

在宋代，茶已经与米、盐相同，人们一日不可无也。李觏《李直讲解·富国策第十》如是说：

> 茶非古也，源于江左，流于天下，浸淫于近代，君子小人靡不嗜也，富贵贫贱靡不用也。

王安石也说："夫茶之为民用，等于盐米，不可一日以无。"②饮茶如此普遍，其产量自然也很大。

宋代的产茶地区，遍及淮河及秦岭山脉以南各地。按照行政区域，分为荆湖南北路、江南东西路、两浙路、淮南路、成都府路、利州路和福建路。此外在广南地区也有茶叶生产，但产额不多。在这些地区中产茶最多

---

① [宋]李觏：《李直讲先生文集》卷二十八《寄上富枢密书》，四部丛刊景明成化本。
② [宋]王安石：《临川先生文集》卷七十《杂著·议茶法》。

的是四川路,其次是江南东西路,再次是淮南、荆湖、两浙;福建路产茶只限于建、剑2州,产量较少。可见,宋代的茶叶生产几乎全在长江流域。

长江流域各产茶区,其经营方式大致上有3种:一为民营民卖。像四川等产茶区即属这种经营方式:"天下茶皆禁,唯川峡、广南听民自买卖。"①二为民营官榷。这种经营方式以两浙、江南东西路、荆湖南北路最为多见。如江南各路的产茶区设有山场组织,但这些山场只管向园户买茶,而不干预园户的经营。三为官方经营。淮南产茶区就是由官方经营的:"官自为场,置吏总之,谓之山场者十三,六州采茶之民皆隶焉,谓之园户。岁课作茶输租,余则官悉市之……又民岁输税厘折茶者,谓之折税茶。"②十三山场是淮南产茶区的管理机关,它一方面管理园户生产,同时又通过岁课、或通过官市,把茶叶全部掌握在官方。《续资治通鉴长编》卷六十一载,在江西虔州(即赣州)也曾有过官营茶园,后因"率民采摘,颇烦扰",遂于真宗景德二年(1005年)废止了。政府想完全控制起来是困难的。

以上是产茶区的分布及经济方式,现在再谈各地茶叶产量,以反映茶叶经济的发展程度。现据《宋史·食货》《宋会要·食货》及《建炎以来朝野杂记》等书所载各地的产茶数据,以地区为单位,统计列表于下。

北宋长江流域产茶数

地区	茶产量/斤	产茶州军
四川	29 147 000	邛、蜀、彭、汉、绵、雅、嘉、眉、简州、永康、石泉军;合、渠、泸州;兴元府、洋、巴、集、利、兴州、大安军;忠、达、珍州
淮南	8 650 000	蕲、庐、舒、寿、黄、光、扬州
江南	10 270 000	宣、歙、池、饶、信、江、太平州、广德、南康军。洪、抚、筠、袁、赣、吉州、兴国、临江、建昌军
两浙	1 279 000	杭、越、苏、湖、明、婺、处、温、台、常、衢、睦州

① [元]脱脱等:《宋史》卷一百八十三《食货志下五》,中华书局,1977年,第4478页。
② [元]脱脱等:《宋史》卷一百三十六《食货志下五》,中华书局,1977年,第4477页。

续 表

地区	茶产量/斤	产茶州军
荆湖	2 470 000	荆南府、潭、鄂、岳、澧、鼎、归、峡州、荆门军
合计	51 816 000	—

上表告诉我们,北宋长江流域各地区的茶叶生产都获得了很大发展,年总产量高达5100多万斤,为唐代年产茶量1867万斤的2.8倍[①],这样的增长速度是相当惊人的。南宋时,长江流域的茶叶生产继续保持发展的势头。这时,大多数的茶农都已专业化,从而使当时的产茶量又有较大的提高。现据《建炎以来朝野杂记》所载产茶数及《宋会要辑稿·食货二十九》载《中兴会要》所录"户部左曹具绍兴三十二年诸州路军县所产茶数",按地区统计列表如下。

南宋长江流域产茶数

地区	茶产量/斤	产茶州军
四川	30 000 000	邛、蜀、彭、汉、绵、雅、嘉、眉、简州、永康、石泉军;合、渠、泸州;兴元府、洋、巴、集、利、兴州、大安军;忠、达、珍州
两浙东路	1 063 020	绍兴府、明、台、温、衢、婺、处州
两浙西路	4 484 615	临安府、湖、严州、平江府、常州
江南东路	3 779 226	太平州、宁国府、徽、池、饶、信州、南康军、广德军
江南西路	5 383 468	隆兴府、连昌、兴国、南安、临江军、赣、吉、抚、袁、江、筠州
荆湖南路	1 125 846	潭、衢、永、邵、全、郴州、桂阳、武岗军
荆湖北路	905 844	常德、荆南府、沅、归、辰、沣、峡、岳、鄂州、荆门军
淮南西路	19 257	寿春府、舒、庐、蕲州
合计	46 761 276	—

[①] 唐产茶数系方健先生在《唐宋茶产地和产量考》(《中国经济史研究》,1993年第2期)一文中推算出来。

我们把长江流域各地区南宋和北宋时期的产茶数进行比较分析,能看出从北宋到南宋期间长江流域各地茶叶生产变化的实际情况和原因。例如,淮南是北宋茶的重要产地,年产茶叶865万斤。宋室南渡,淮南沦为宋金重要战场,兵燹之余,淮南社会经济遭受毁灭性破坏,茶叶生产几乎荡然无存,故南宋茶产量一落千丈,不到2万斤。此乃南宋淮南地区产茶量大大低于北宋的根本原因。除淮南地区外,南宋长江流域的全部产茶量比北宋增加了350多万斤,茶叶生产有一定的发展。其中两浙地区,是北宋优质名茶的主要产地,南宋建都临安后,两浙成为南宋的政治、经济和文化中心,因此南宋两浙的产茶量有了较大的提高,像临安府、绍兴府、明州等地的产茶量,都比北宋的买茶额超过百万斤以上。江南和荆湖两地区,由于其茶叶质量不高,竞争不过其他地区,因而到南宋时有所减产。再来看看四川地区的茶叶产量。上述计量统计表明,宋代四川年产茶约3000万斤,北宋长江流域除四川外各地产茶约2200万斤,南宋约1700万斤。无论是北宋或是南宋,四川茶产量都超过了长江流域其他地区茶产量的总和。四川茶叶生产如此发达,与茶马贸易有很大的关系。主要行销肉食乳饮的少数民族地区。川茶成为宋朝解决战马来源的主要物品,兴盛时易马年达一二万匹之多。南宋时,茶马司之富甲天下,每年茶利收入达200万贯之多,与东南茶利不相上下。由于四川的茶叶生产在历史上就很兴旺,加之易马茶细茶少,粗茶多,产量高,因此,在宋代川茶产量很大,甚至超过了长江流域其他地区茶产量的总和[①]。

长江流域茶叶生产的发达,创造出了很高的经济效益,有利地促进了手工业、都市经济和货币经济的发展。同时,由于茶贸易的繁荣,使南北地区的经济联系大为加强,并推动了一些偏僻山区的交通建设。

2.蚕桑业与棉麻业

蚕桑。两宋时期,长江流域有着发达的蚕桑业。在四川,以成都府

---

① 参见贾大泉:《再论宋代四川和东南地区的茶产量——兼论林文勋同志〈宋代四川茶产量考辨〉》,载邓广铭、王民海:《宋史研究论文集》,河北大学出版社,1993年,第94—110页。

路、梓州路最为兴盛。其地"土植桑柘,茧丝织文纤丽者穷于天下"①。仅从有关养蚕的大型集市、集会,就可见一斑了。如成都有"蚕市"的传统。《四川通志》卷五十六载:

> (蚕市)在(眉)州城内官市。蜀本蚕丛之国,葭州人习俗重蚕事。每岁二月望,相聚鬻蚕器于此,……故名蚕市。

这种"蚕市"的传统,一直保持到近代。与成都府路相毗邻的梓州路,蚕桑业也浸浸日盛,这里的蓬州(今四川仪陇县南),每年元宵节在开元寺举行集会,号为"蚕丛之胜"②;渠州(今四川渠县)的乐山,也于每年正月七日举行聚会,祈祷蚕事③。蚕事活动成为一种社会风俗,表明蚕桑业在社会生产中占有重要的地位。

值得注意的是东南地区蚕桑业的发展,尽管它起步较晚,但其产量之多,则有后来居上之势。《李直讲先生文集》卷十六《富国策第三》中,李觏这样描述道:

> 东南之郡……平原沃土,桑柘甚盛,蚕女勤苦,罔畏饥渴,急采疾食,如避盗贼,茧薄山立,缲车之声,连甍相闻,非贵非骄,靡不务此,是丝非不多也。

这里大致概括了东南地区桑树种植之普遍、生产活动之紧张和收获之丰硕。

东南地区的两浙,自然条件很好,"蚕一年八育"④,是发展桑蚕业非常有利的地方。如湖州安吉的农民,培植出一种海桑,压条成苗,然后接

---

① [元]脱脱等:《宋史》卷八十九《地理志五》,中华书局,1977年,第2230页。
② [宋]王象之:《舆地纪胜》卷一百八十八《景物下》,清引宋抄本。
③ [宋]王象之:《舆地纪胜》卷一百六十二《景物上》,清引宋抄本。
④ [宋]吴泳:《鹤林集》卷三十九《杂著·隆兴府劝农文》,清乾隆文渊阁四库全书本。

枝,"其叶倍好"。这是种桑、养蚕、织绢相结合的一个蚕桑之乡,陈旉《农书》载,农民"唯籍蚕办生事","十口之家养蚕十箔,每箔得茧一十二斤,每一斤取丝一两三分,每五两丝织小绢一匹,每一匹绢易米一硕四斗,绢与米价常相侔也。以此岁计衣食之给,极有准的也"。10口之家养10箔蚕就可解决吃饭问题,而那些养蚕数百箔的富室,就不单是解决吃饭问题,而是为出售而生产、为赚钱而生产,靠蚕桑业起家致富了。由此可见,蚕桑业是一种商业性的农业。杭州也有一定规模的桑蚕业。如富阳县(今浙江富阳)土质较差,不利于粮食生产,当地农民便"重于粪桑,轻于壅田","冬田不耕,一枝之桑亦必争护"[①]。生产地位超过了粮食种植业。温州一带种桑养蚕也是家庭的主要副业。翁卷的《乡村四月》一诗说:

绿遍山原白满川,子规声里雨如烟。乡村四月行人少,才了蚕桑又插田。

反映了浙南农民在晚春四月繁忙的情景。苏州的蚕桑业,以太湖洞庭山一带最为兴盛,这从以下两段文字中可得到反映,苏舜钦《苏学士文集·苏州洞庭山水月禅院记》:

其(太湖)中山之名见图志者七十有二,惟洞庭称雄其间,地占三乡,户率三千,环四十里,……皆以树桑栀甘柚为常产。

庄绰《鸡肋编》卷中:

如平江府洞庭东西二山在太湖中,……然地方共几百里,多种柑橘桑麻,糊口之物,尽仰商贩。绍兴二年冬,忽大寒,湖水遂冰,米

[①] [宋]程珌:《洺水集》卷十九上《劝农文·壬申富阳劝农》,清乾隆文渊阁四库全书本。

船不到，山中小民多饿死。

材料告诉我们，太湖洞庭山上的蚕桑者以商品粮为生，这说明其蚕桑业已经脱离粮食种植业而独立发展，成为农业的一个分支。至于其他各州，蚕桑业就很落后了。如明州"俗不甚事蚕桑纺绩，故布帛皆贵于他郡"[1]；秀州："秀州不产桑蚕"[2]；苏州也只在洞庭山一带有蚕桑生产，《宋会要辑稿·食货》载其"本土不育蚕"。这说明两浙地区的蚕桑业发展是不平衡的。

江南地区的江西，是一个具有优良传统的桑蚕业重要地区。宋代，江西蚕桑业出现了繁荣兴盛的新局面，达到了江西桑蚕发展史上的一个高峰。宋代江西蚕业桑业分布很广，大部分州、军都有蚕桑业。北宋时，鄱阳湖一带蚕桑业就颇为兴盛。哲宗元祐六年（1091年），江西余干进士都颉写过一篇介绍鄱阳湖地区的风土人物的文章《七谈》，洪迈说《七谈》的第二章是"言滨湖蒲鱼之利，膏腴七万顷，柔桑蚕茧之盛"。这"柔桑蚕茧之盛"正是当时蚕桑业兴盛的写照。临江军、建昌军及筠州等地的蚕桑业也很发达[3]。由于蚕桑业发达，养蚕户在上供和纳税之外，尚可按和买的形式向国家预售大量丝绸。《宋史·食货志》载北宋绍圣元年（1094年）："江西和买绸绢岁五十万匹，……逮今五年，循以为常。"每年能够在上供和纳税之外，保证预售五十万匹丝绸，这是要有相当发达的蚕桑作基础的。南宋时江西各地的蚕桑业更为兴盛。据载，徐璹于绍兴三年（1133年）通判袁州，"版曹以宜春产绢，委市绢二万，璹力争获免"[4]。袁州的萍乡县更是"家家有绢机"[5]。可见袁州的蚕桑业是较为发达的。乾道、淳熙年间，信州、洪州等地，由于蚕业的繁荣，使桑叶时常出现紧

---

[1] 宝庆《四明志》卷四《叙产》。

[2] [宋]程俱：《北山小集》卷三十七《乞免秀州和买绢奏状》，清乾隆文渊阁四库全书本。

[3] 参见《元丰九域志》《宋史·地理志》《说郛·宣春传信录》。

[4] 同治《袁州府志》卷二《建置》。

[5] [宋]刘克庄：《后村集》卷五《萍乡》，清乾隆文渊阁四库全书本。

缺。有些农户便在桑价贵时杀蚕卖桑以谋厚利①，说明桑树种植已出现了商业性的经营，桑叶买卖已成为普遍现象。赣北的蚕桑业也值得一说。南宋末年学者谢枋得曾作《谢刘纯父惠木棉》诗云：

> 吾知饶信间，蚕月如岐邠。儿童皆衣帛，岂但奉老亲。妇女贱罗绮，卖丝买金银。角齿不兼与，天道斯平均。所以木绵利，不界江东人。

饶、信指饶州、信州。由此诗可见，赣北的蚕桑业是十分兴旺的。

江淮地区也有蚕桑生产。这里的农民在桑园里实行桑麻间作，陈旉《农书·种桑之法篇》载，"桑根植深，苎根植浅，并不相妨，而利倍差"。"若能勤粪治，即一岁三收"。经济作物收入增多，提高了它在农业中的比重，为商品而生产的部分就会逐渐多起来。

总的来看，虽然宋代长江流域的蚕桑业较为发达，但范围不广，只局限在几个地区。但这些地区，有的却是新崛起者。

麻，在宋代，在全国各地麻的种植和麻布的生产继续发展的同时，长江流域的一些地区以异军突起之势而成为麻和麻布的重要产区，它们是：

山南道——峡、归、夔、阆州（以上今属四川）；澧、郎州（今属湖南）；复、郢州（今属湖北）。

淮南道——滁、和、舒（今属安徽）；楚（今属江苏）；蕲、安、黄（今属湖北）。

江南道——常（今属江苏）；湖（今属浙江）；婺、宣（今属安徽）；岳、道、郴（今属湖南）；虔、吉、袁（今属江西）。

剑南道——邛、蜀、彭、汉、绵、雅、嘉、眉、简州、永康、石泉军（今属四川）。

这些地区不仅麻的种植较为普遍，而且加工技术也是上乘的。如北宋

---

① 洪迈：《夷坚志·支景》卷七"南昌胡氏蚕"条，《丁志》卷六"张翁杀蚕"条。

时期，赣南的苎麻由于质地"绝好"而被充作贡品送给宫廷。嘉州峨眉县，"妇女人人绩麻"①，当地所产符文布远近闻名。

棉。据考证，亚洲西南部和美洲是棉花的起源地。棉花传入我国有三条途径。第一条路是经由中亚西亚进入新疆吐鲁番，再传入河西走廊一带；第二条路是从缅甸进入云南、贵州等地；第三条路是西汉末年，从越南经海路传到海南岛、福建、广东、广西等地。2至4世纪棉花已被引入我国新疆、云南、广东等边疆地区，有一年生的草本棉花、也有多年生的木本棉花。但直到12世纪前，我国内地广大地区并没有大量种植棉花。

13世纪宋元间，棉花开始传入长江流域。南宋末年江西临川诗人艾可叔，曾作《木棉》诗描述其家乡种植木棉和织造木棉布的情况：

> 收来老茧倍三春，匹似真棉白一分。车转轻雷秋纺雪，弓湾半月夜弹云。

可见，宋元之际或者更早些时候，江南西路抚州一带已经开始种植木棉。1966年浙江兰溪南宋墓中曾出土一条棉毯，长2.51米，宽1.16米，织法精致，拉毛均匀，反映当时两浙地区的棉纺织业已达到很高的水平。木棉在两浙地区的发展，从《元典章》中也得到反映：

> 大德元年（1297年）三月，行省准中书省咨该，元贞二年（1296年）九月十八日奏过事一件节该：江南百姓每（们）的差税，亡宋时秋夏税两遍纳有：夏税木棉、布、绢、丝、绵等各处城子里出产的物折做差发斟酌教送有来，秋税止纳粮。如今江浙省所管江东、浙西这两处城子里，依著亡宋例纳有……江东、福建、湖广百姓每夏税依亡宋体例交纳呵……

---

① [宋]范成大:《石湖集》卷十八《峨眉县》。

这则史料明确告诉我们，江浙行省所辖江东、浙西这两个地区的夏税，其中包括"木棉"等项，都是亡宋时的则例。既然这样，"木棉"作为南宋晚期夏税税收中的一项，则它在江东、浙西两地区的种植，必定经过一个相当的时期了①。

12世纪中叶以前，饶有渔盐之利的上海，还不十分熟悉种棉，直到宋末上海才首先由闽广输入棉种和植棉技术。最初播种的区域，是在松江乌泥泾（今上海龙华）。乌泥泾原是"其地土田硗瘠，民食不给"的地方，当时农民为了"谋树艺以资生业"②，就向南方觅来棉种进行栽培，很快获得成功，从此，这一新兴的农业生产项目逐渐推广开来，使大批旱地都变成了棉田，大大改变了农村的经济面貌。

3. 果木业

由于城市经济发展的需要，长江流域的果木业也蓬勃地发展起来。下面分地区作介绍。

两浙路果木，以柑橘最多最佳，并享誉全国。如温州的柑橘在北宋时已很有名，苏轼《答晋卿传柑》云："侍史传柑玉座旁。"注"故事，上元灯夕，上御端门，以温州进柑分赐群臣，谓之传柑"。《东京梦华录》卷二记载北宋首都东京（今开封）市场上出售的水果中，已有温州一种，说明温州柑橘的足迹已经达到了北方。温州柑橘栽培业的特点首先是品种繁多，据《橘录》统计，有橘14种，柑8种，橙5种，凡27种。其次是拥有当时品质最佳的品种，即所谓乳柑，又称真柑。南宋人称誉这种柑橘是"永嘉之柑，为天下冠"③。第三是有详尽的记载，即韩彦直在南宋淳熙五年（1178年）所撰的《橘录》。此书是在研究温橘种植的基础上写成的。它对柑橘的品种、栽培、嫁接、防寒、除虫、采摘、贮藏、加工、运输等方面总结了一套经验和方法，是我国第一部研究柑橘的重要著作，至今仍有参考价值。黄岩在宋代也以产蜜橘而闻名天下，黄岩蜜橘成为首都临安

---

① 参见漆侠：《宋代经济史》（上册），上海人民出版社，1987年，第142—143页。
② [元]陶宗仪：《南村辍耕录》卷二十四《黄道婆》。
③ [宋]张世南：《游宦纪闻》卷五。

达官贵人争相购买的珍品。《嘉定赤城志》载,乳柑

> 出黄岩断江者佳,他如方山下亦有之,然皮厚味酸,且香韵亦差减,每岁雨多则倍长,未霜以饷行都贵游,谓之青柑,其径至八九寸者绝为艰得,园丁预择以待需焉。曾守宏父诗有"一从温台包贡后,罗浮洞庭俱避席"之句。

《全芳备祖》后集卷三也说:"韩但知乳橘出于泥山,独不知出于天台之黄岩也……出于黄岩者尤天下之奇也。"评价可谓甚高。苏州洞庭山的柑橘,更是天下名果。洞庭山位于太湖之中,有得天独厚的地理环境,很适合柑橘生产,因而这里成为柑橘等果木种植的专业区,"地占三乡,户率三千,环四十里……皆以树桑栀甘柚为常产"①。到北宋末,这一带几乎上百里的地方,庄绰《鸡肋编》卷六载,"多种柑橘桑麻,糊口之物,尽仰商贩",可见这里是一个很大的单纯经济作物区,农业内部分工细密,果木业独立,完全靠交换进行生产和生活。此外,两浙还有其他名产,如早在北宋初年,太湖流域一带即以盛产甘蔗著称,所谓"甘蔗盛于吴中"②,杭州"仁和临平、小林多种之",用"土窖"贮藏,"经年其味不变"③。苏州的韩塬梨、秀州的丑梨,史称最盛。

江南东西两路的果木业也十分发达。其中江西的柑橘闻名遐迩。南丰人曾巩曾赋诗《香橙》盛赞南丰蜜橘。苏轼曾在路过南康时写诗《留题显圣寺》:

> 渺渺疏材集晚鸦,孤村烟火梵王家。幽人自种千头橘,远客来寻百结花。浮石已干霜后水,蕉坑闲试雨前茶。只疑归梦西南去,翠竹

---

① [宋]苏舜钦撰,沈文倬校点:《苏舜钦集》卷十三《苏州洞庭山水月禅院记》,上海古籍出版社,1981年,第159页。
② [宋]陶谷:《清异录》卷上《青灰蔗》,清乾隆文渊阁四库全书本。
③《咸淳临安志》卷五十八《风土》。

江村缭白沙。

赣南的橘子和茶叶,竟然把大文豪苏轼给迷住了。北宋时江西吉州等地的金橘,更是誉满京师,为人所爱重。欧阳修称其为"珍果"[1]。南宋时,江西除金橘外运外,尚有金柑幼树运往外地销售。张世南在《游宦纪闻》中说:"金橘产江西诸郡,有所谓金柑,差大而味甜。年来,商贩小株,才高二三尺许。一舟可载千百株。其实累累如垂弹,殊可爱。"可见橘农除栽种金柑出售外,还栽培金柑苗木作为商品销售。这时,洪州、临江的柑橘种植有了进一步的发展,范成大在乾道八年(1172年)冬天,由临安(杭州)去四川,路经江西,他看到南昌、丰城之间,两岸橘林不绝,清江道中,橘园很多,感叹不已,作诗《清江道中橘园正甚夥》云:

芳林不断清江曲,倒影入江江水绿。未论万户比封君,瓦屋人家衣食足。

由此可见,南昌、丰城、清江一带有大片橘林,生产大量柑橘,人民赖种植柑橘为生,过着丰衣足食的生活。江东的宣、歙州一带有许多种果树,如《曲洧旧闻》载,"银杏出宣、歙","椑柿出宣、歙"。宣州另有乌柿;宣州的栗子、木瓜、水东蜜枣等都是远近闻名的果品;宣、歙2州皆产梨,歙州雪梨栽培始于北宋中期,并被列为贵重果品。该梨"以名硬丫为最佳,名金花早者为早梨、味美。名细皮迟梨,味甘,耐久"。宣州之梨以乳梨为佳,"皮厚而肉实,其味极好"。此外,歙州的枇杷也是素享盛名的传统名果,品种优良,具有果大肉厚、味甜多汁、外形美观等特点。

代表四川果品的名产是荔枝和柑橘。唐时四川涪州荔枝最为有名,曾专供杨贵妃享用,宋代也长期上贡。在戎、泸州(今四川宜宾、泸州)等地都种植有大量的荔枝。这里的荔枝不但数量多,质量也是上乘的。如

---

[1] [宋]欧阳修撰,李伟国点校:《归田录》卷二,中华书局,1981年,第33页。

"秋海棠——荔枝……硕大甘美，不下闽广之佳者"；"马蹄金——产叙州府山中，上小下大如马足，皮金色，味甚佳，核小肉厚，为叙郡之冠"；"并头欢——产眉州山中，开并蒂花，结并头果，……味甘，皮香，及川中绝品也"。由于荔枝生产发达，四川还出现了世代以种植荔枝为业的巨族[①]，商品化、专业化程度很高。柑橘也是四川的重要果木，品种优良。如果州（今四川南充）的黄柑"初比橘柚贱，一朝贡神州，妙极天下选"[②]；夔州"黄柑亦自香，一株三百颗"[③]。西蜀的枇杷也是名满四海的佳果。宋文人宋祁在《枇杷咏》一诗中赞道："有果产西蜀，作花凌早寒。树繁碧玉叶，柯叠黄金丸。"[④]常见的果木还有蜀中的甘蔗，数量多，品种优。果、普、夔州的梨，既多且美。如《入蜀记》第六载，夔州巫山，"出美梨，大如升"。

农业中经济作物种植的扩大，使商品经济获得很大发展，具有历史意义。

最后谈一下元朝。元朝在征服的过程中，破坏性很大，农田化为荒地、牧场的颇为不少。元代所重的是民族与阶级压迫，以维护蒙古贵族在政治上的统治地位。对宋人监视极严。据元徐大焯《烬余录》云：

> 鼎革后，（元）编二十家为甲，以北人为甲主，衣食饮食惟所欲，童男少女惟所命，自尽者不知凡几。……越三年五月五日，联合省郡同歼甲主。按元初甲主之虐至于如此。然其始也，一人而享二十家之奉，固为甚优，其继也以二十家而杀一人，又为甚易矣。

在这种严重的压迫下，长江流域经济要想有所发展，殆无可能。

然而，元朝不可能使南方塞北化，不可能弃农业于不顾。世祖时，已

---

① [宋]王象之：《舆地纪胜》卷一百七十四《风俗》，清引宋钞本。
② [宋]王象之：《舆地纪胜》卷一百六十五《果州柑子诗》，清引宋钞本。
③ [宋]王十朋：《梅溪集·后集》卷十三《柑》，清乾隆文渊阁四库全书本。
④ [明]彭大翼：《山堂肆考》卷二百七《果品·枇杷》，清乾隆文渊阁四库全书本。

开始采用"汉法",被破坏的经济,拖着沉重的脚步,总算在逐渐恢复中。尤其是农业。

至于手工业与手工业工人,元时多为官府控制,官营手工业虽然可观,民间手工业则衰微下去。下节论述手工业将及之。

第三节 手工业的开发

宋朝时候,长江流域的手工业生产比以前有了较大发展。主要表现为各个行业的规模扩大,分工更加细密,生产技术有明显进步,大部分产品的数量和质量也都有所提高。下面就其中几个主要的方面加以考察。

(一)矿冶业的发达与金属制造业的兴盛

矿冶业在宋代手工业中占有重要地位。矿冶业的发展,主要表现在开采冶炼规模的扩大,产量的增加,以及采矿冶炼技术的进步上。

两宋时期,长江流域的铜矿开采和冶炼技术有较大的发展。湖南潭州永兴铜场、江西信州铅山铜场和饶州德兴铜场等,是当时全国著名的三大铜矿生产基地。其中信州铅山铜场,南唐昇元四年(940年)置。北宋开宝八年(975年),将铅山直辖朝廷,不久还归信州管辖。嗣后因管理不善停罢,哲宗绍圣二年(1095年)再置。这个铜场的规模很大,《宋会要辑稿·食货三十四》载,最盛时"常募集十余万人,昼夜采凿"。开采地点主要是貌平、官山两处。每年产铜矿38万斤。饶州德兴铜场,创办于北宋哲宗元祐年间(1086—1094年),每年产铜矿5万余斤。该矿至今仍为全国著名的大型铜矿。潭州永兴铜场,也有一定的规模,每年产铜矿3400多斤。此外,江西饶州的兴利铜场和信州弋阳县的宝丰铜场、浙江婺州铜场、温州南溪铜场、安徽的池州铜场等,也都产铜。当时炼铜的技术有很大进步。主要表现为胆水浸铜法有了很大发展。《宋史·食货志下二》记载这一技术工艺说:

第七章 宋元时期长江流域经济的开发问题

浸铜之法，以生铁锻成薄片，排置胆水槽中浸渍数日，铁片为胆水所薄，上生赤煤，取刮铁煤入炉，三炼成铜。大率用铁二斤四两，得铜一斤。饶州兴利场、信州铅山场各有岁额，所谓胆铜也。

把铁的薄片浸入硫酸铜溶解数日后，硫酸铜与铁发生化学反应，生成硫酸亚铁，而将铜分解出来，所谓"上生赤煤"，即得到铜的沉淀。这就是浸铜法所依据的化学原理。用这个方法从胆水中提取金属铜，既不需要高温冶炼设备，固定投资不多（胆水浸铜的成本比冶铜矿石的成本低），而且操作简单，这样可有效地利用贫矿，从而大大提高了铜产量。该工艺推广到潭州永兴场后，遂使其铜课由无额一跃到元丰元年（1078年）的100多万斤。这种炼铜方法是宋代开始推广的一种进步的冶炼技术，一直沿用到明代。

两宋时代，铁的开采冶炼规模也较大。徐州东北的利国监（位于今江苏徐州东北盘马山下），是宋代一个重要的冶铁中心。这里在庆历年间（1041—1048年）有8冶，但当时工艺落后，严重阻碍了生产的发展。后来改进了冶炼技术，改造了冶炼设备，从而不但减轻了工作量，效率也提高一倍。到元丰年间（1078—1085年），这里已有36冶，每冶百余人，"冶户皆大家""地既产精铁，而民皆善锻"[1]，乃是一个有将近4000人的大型冶炼基地。利国监每年向北宋政府纳铁36万斤，可谓盛极一时了。

除徐州盛产铁外，舒州（今安徽安庆）的望江、池州（今安徽池州）的贵池、铜陵、袁州（今江西宜春）、吉州（今江西吉安）、虔州（今江西赣县）等地，产铁量也都很大。南宋时，有些地区铁的产量相当可观。像吉州安福县（今江西安福）连岭场、庐陵县（今江西吉安）黄岗场、信州铅山场（今江西铅山）、弋阳县（今江西弋阳）、上饶县（今江西上饶）等地，仅每年向政府纳的铁税就在10万斤以上，其生产规模之大便可想而知

---

[1] [宋]苏轼：《东坡全集》卷五十二《徐州上皇帝书》，清乾隆文渊阁四库全书本。

了。在元代，产铁区主要分布在安徽、浙江、江西等省。其中安徽省冶铁的地区有：徽州（今安徽歙县）、宁国（今安徽宣州）等地；浙江省冶铁的地区有：台州（今浙江临海）、处州（今浙江丽水）、庆元（今浙江龙泉南）、衢州（今浙江衢县）等地；江西省冶铁的地区有：饶州（今江西鄱阳）、信州（今江西上饶）、龙兴（今江西南昌）、抚州（今江西临川）、吉州（今江西吉安）、袁州（今江西宜春）、瑞州（今江西高安）、赣州（今江西赣县）等地[①]。其中不少地区的冶铁业规模都很大。据王礼《麟原文集·前集》卷三《刘宗海行状》载：

（刘）宗海，庐陵永福（今江西安福或永新）人也。……尤善生殖，尝业铁炉于金牛（今安徽庐江县西北）大冶，煽役者常千人。

一个个体冶铁场，冶炼工人竟有1000来人，当时冶铁业的发达是可以想见的。不过，总的来看，由于元代的冶铁业由官府垄断经营，禁止民间开矿炼铁，因此，使冶铁业的发展受到了一定的限制。

宋代的冶铁技术也有长足的进步。安徽繁昌发现的宋代冶铁遗址中，其冶铁炉与现今的桃形土高炉形式很接近，平面为圆形、直径115厘米左右[②]，炉壁厚36厘米，是用长方形灰砖立砌的。内壁搪有4厘米的耐火泥，泥中掺有大量的粗沙粒，以增强耐火的能力；炉门宽约60厘米，炉底下层铺长方形的灰砖，上层搪掺和大量砂粒的耐火泥，厚约17厘米；除运用水力鼓风机外，也可用2人或4人推拉风箱；从遗物推测，当时炼铁已用石灰石作熔剂。繁昌炼铁遗址的残存物中有不少铁块，但却没有铸铁范和成品，说明这时期由于冶铁工业的发达，冶铁技术的提高，冶铁与铸造已经分工。

此时期，许多地区冶铁业中的鼓风设备已由原先落后的鼓风皮囊改成了木风扇。这种木风扇，是通过开闭木箱盖板以鼓风，盖板上有一活门，

---

① 参见祝慈寿：《中国古代工业史》，学林出版社，1988年，第454页。
② 参见胡悦谦：《繁昌县古代炼铁遗址》，《文物》，1959年第7期。

木箱与风管连接处也有一活门,当扇动盖板时,两扇活门便交替开闭,这样送风和出风可同时进行。如装置两具木风扇交替使用,则可以连续鼓风。由于木风扇的运用,使风量和风压大大提高,从而使铁的产量和质量也大大提高①。

由于冶铁业的发展,石炭(煤)采掘业也迅速发展起来。这时石炭不仅相当普遍地用作一般燃料,并开始用于冶铁工业上。神宗元丰年间苏轼任彭城(今江苏徐州市)刺史时,曾作《石炭》诗,描写当时于彭城西南白土镇找到石炭矿用以炼铁的情景。该诗引言说:

> 彭城旧无石炭,元丰元年十二月,始遣人访获于州之西南白土镇之北,以冶铁作兵,犀利胜常云。

以石炭代替原来的木炭炼铁,不但能提高冶炉的温度,加速冶炼过程,并且能提高质量。这是我国古代冶铁技术上的又一大进步。但看以后的文献记载,宋元炼铁一般仍用木炭,石炭炼铁术在此时似乎并没有得到推广。

除铜、铁和石炭以外,宋朝时期长江流域的其他矿产也有生产。宋代无为军和铜陵县均以产矾著名。其中无为军的矾矿(在今庐江)一直延续到今天。宋政府曾在无为置昆山务,设官管理。天圣二年(1024年)八月废务,改听民自卖,官府设场售之。每年按定额上交朝廷课利,熙宁元年(1068年)定额为36 400多缗,六年增加到113 100多缗,元丰六年(1083年)又增至337 900缗。矾的产量,天圣二年为120万斤,元丰六年增至150万斤。可见该矿的规模是相当大的。

黄金的产地主要分布在江西、湖北、四川等省。其中以江西的产地最多,主要有鄱阳、德兴、浮梁、贵溪、南康、抚州、饶州、丰城等地。这些地区的淘金规模都很大,生产的性质决定了冶户必须有大量资本,必须

---

① 参见王玉哲:《中国古代物质文化》,高等教育出版社,1990年,第365—366页。

雇佣大批工人进行生产。危素《富州矚金记事》转引自《江西通志·特产》载：

> 分宁县人商琼者，谋献利觅官，乃诱湖南淘金工易彬等三十余人至丰城县（今江西丰城县）之长宁乡留台居焉。又募其乡人傅寿等穴山溪，畚沙石、习淘金为业，……而无赖者景从，日众至三百三人焉。

淘金工人能听"诱""募"随之而往，说明这些工人对于矿冶主人不存在人身依附关系，只是雇佣关系。这是私家加雇工，是个历史的进步。

宋时，长江流域的金属制造业，主要可分为两大类：一类是铜制品，另一类是铁制品。

先谈谈铜制品。宋代的铜器铸造与过去历代一样，上自宗庙祭器、寺院神像、供奉法物，下至日用杂品如铜鉴、锣钲、铙钹、钉环及铜钱等等，一应俱全。由于铜器的应用范围极广，需求量极大，在市场上很畅销，所以到处都有铜器制造作坊。但最著名的铜器产地是扬州，自唐以降，其所产铜镜，名传天下，列为贡品，甚为名贵。到宋，盛名不衰，陶毂《清异录》卷下《器具门·碧金仙》是这样描述的：

> 有刁萧者携一镜，色碧体莹，背有字，曰：碧金仙，大中元年十二月，铜坊长老白九峰造。余以俸粒五石换之，置于文瑞堂，呼为铜此君。

除扬州外，湖州的石家镜，句容、台州、临安、德州的铜镜，江西高安南宋墓中发现建康府茆家造的常柄菱花镜等，都是畅销南北的名牌铜镜。这时期的铜镜外形轮廓极为丰富，除圆、方、菱花、海棠等形状外，尚有亚字形、钟形、鼎形、云板形、鸡心形等多种。一些较为高级的带纹饰的铜镜，图案多为各种不同形式的花枝、花瓣，弱枝细叶相互盘绕，形成纤细秀隽的图案。此外，还有一些花鸟镜、双鱼镜、神仙人物故事镜、蹴鞠纹镜、海舶镜、八卦纹镜等，可谓琳琅满目，美不胜收。

四川的铜器生产也很发达，其中以梓州最为有名。据《双滨集·论铜坑朝札》载，铜山县（今四川中江西南）有新旧铜窟200多所，匠户近200家，相邻的郪县（今四川三台）有一个以铸造铜器而得名的"打铜村"，居住着100多户的"铸造之家"。两地联合制造铜器，"所铸器物多是汉州及利州、大安军等处客贩之铜。又四川贩铜悉集于此，故铜器为多"。可见此时的梓州已成为四川铜器的制造中心。湖南潭州的铜器制造也颇兴盛。如《宋史》卷一百八十《食货志下二》载，宋理宗时，这里的乌山有铜器作坊60多个，麻潭和鹅羊山有铜器作坊100多个，制铜业可谓发达，规模与梓州不相上下。

由于商品货币经济的发展，宋代的铜钱铸造量较大。因产铜地区多在东南一带，因而这时集中了全国绝大部分的官府铸钱监。如在淮西舒州有同安监，两浙睦州有泉监，江西兴国有富民监，江西饶州有永平监，江东池州有永丰监，江东江州有广宁监。这些铸钱监的规模都比较大，如池州永丰监，至道之前每年铸铜钱20万贯左右，至徽宗大观中（1107—1110年），一年铸钱达到35万贯。这里所铸之钱质地好，一直上供朝廷使用。其他如广宁、永平监等，其年铸钱也都在30万贯以上。宋代除用铜铸钱外，还用铁铸钱。如庆历元年（1041年），诏江州、饶州和池州3州增铸铁钱300万缗，充陕西军费；所需冶铁工人，均在江南地区雇募。

再看看铁制品。铁器是日常生活中最常见的一种金属制品，两宋时期铁的开采和冶炼虽由官家禁榷，但铁器的制造和贩类则听任民营，所以全国各地到处有铁匠，到处能铸造铁器，有少数州郡还以盛产铁器著名，所造铁器极为精良，具有别处不能仿造的特点。例如江西信州就是以打造精良铁器而驰名全国，《续资治通鉴长编》卷二百六十二载，王安石曾称赞道："信州等处铁极好，匠极工，向见所作器极精，而问得雇直至贱。"雇直，受雇者工钱也，可见私家铸铁器亦用雇工。其中上饶县所生产的剪刀,"皆交股屈环,遇物如风,经年不营"①。以式样好、锋利、耐用为特色。信州之外,安徽舒州、浙江杭州等地也以所造铁器精良而名播四方。如舒州铸造的茶鼎,不但式样美观,而且工艺考究,为人们所喜爱。杭州生产的刀剑,具有特殊性能和普通钢没有的硬度,《梦溪笔谈》卷二十一载:

> 钱唐(今浙江杭州)有闻人绍者,常宝一剑,以十大钉陷柱中,挥剑一削,十钉皆截,隐如秤衡,而剑锋无纤迹。用力屈之如钩,纵之铿然有声,复直如弦。

宋代已能铸造大型铁器。现存浙江义乌双林的大小铁塔、湖北当阳玉泉寺的铁塔和江苏镇江甘露寺北宋时补修的铁塔等,都代表了当时较为先进的铸造水平。

铁的主要用途在官家是制造军器。宋代的军器制造业极为庞大。北宋初年,在京师有南北二作坊和弓弩院,在地方则有诸州作院,专门从事军器制造。宋室南渡以后,在临安(今浙江杭州)建立了御前军器所,平时共有固定工匠2000余人,杂役兵500多人,最多达5000多人。他们大多从两浙等地招来,每年制造各种军器达300多万件,主要有兵甲、手弓、提刀、弩箭、手箭、兵幕、披膊等种类。当时除临安外,不少军事重镇都设有军器制造作坊,具有一定的制造能力。据李曾伯《可斋续稿后集·条具广南备御事宜》载,江陵府(今湖北江陵)每月能造铁大炮(即铁壳火球)10万多只。又据《景定建康志》卷三十九载,当时的建康村(今江苏南京)设有军器局,局里的工匠是从两浙、江东、江西等路抽调的,在两年3个月的时间内,就能"创造、添修火攻器具共六万三千七百五十四件",其中仅创造的就有"三万八千三百五十九件"。可见当时建康府制造军器的能力已蔚然可观。

---

① [宋]陶毂:《清异录》卷三《二仪刀》。

除铁、铜制品外，宋元长江流域还有其他金属制品的生产，以元代为例。在20世纪五六十年代，元代的墓葬和窖葬中发现了许多金银器物。大批出土的是安徽合肥孔庙内发现的陶瓷窖藏①，共藏金银器11种102件，有金碟、金杯、银碟、银果盒、银壶、银瓶、银碗、银筷、银勺等。这些金银器造型优美，纹饰精细，可为元代银工的代表作。江苏吴县黄桥吕师孟墓和无锡钱裕墓②，也出土有大量金银器。其中，两件金盘上刻缠枝花卉，银果盘上刻龙凤飞舞图案，金杯上刻儿童执花图案，都很繁缛富丽，显示了元代金银器制造的水平。

(二)纺织业的进步

纺织业可分丝、麻、棉3种，这些虽都是古代传统的手工业，但宋元时期却有很大的发展。

丝织业经过唐末五代及北宋一个时期的发展，大大改变了唐中叶以前的面貌。唐中叶以前，丝织业以黄河流域为最发达，宋元时，丝织业的产地逐渐形成两浙和四川两个中心，淮南东路、江南东路等地区也较为发达。这时，长江流域的丝织业，无论是生产的数量还是质量都大大超过北方地区，呈现出空前繁荣的局面。

两浙是宋代丝织业最发达的地区。据《宋会要辑稿》载，"上供"中的丝织物北方各路仅占了四分之一，而两浙却占了三分之一以上，丝绵则超过了三分之二。神宗熙宁七年（1074年），两浙察访使沈括说："本路（指两浙路）岁上供帛九十八万，民苦备偿，而发运司复以移用财货为名，增预买绸绢十二万。"③足见两浙路人民负担之重，同时，也说明丝织业的发达。当时的官营纺造作坊，有杭州的织室和湖州的织绫务，作坊的规模都很大。据《宋会要辑稿·食货六十四》，太平兴国年间（976—984年），湖州织绫务仅女工就达58人。《宋会要辑稿·食货六十四》载，杭州织室

---

① 吴兴汉：《介绍安徽合肥发现的元代金银器皿》，《文物参考资料》，1957年第2期。
② 王德庆：《江苏吴县元墓清理简报》，《文物》，1964年第11期。
③ [元]脱脱等：《宋史》卷一百七十五《食货志上三》，中华书局，1977年，第4234页。

于至道元年（995年）设置，"岁市诸郡丝给其用"。至于民间的丝织业，更是普遍。以婺州为例，这里"万室鸣机杼"①，《欧阳文忠公全集·居士集》卷十《送祝熙载之东阳主簿》载，欧阳修也有"孤城秋枕水，千室夜鸣机"之句，说明婺州是两浙著名的丝织业中心。婺州州治（金华）"县治城中，民以织作为生，号称衣被天下，故尤富"②。婺州所属的浦阳县（今浙江浦江）"俗善织，凡补吏者，指此邑为膏润，其空橐而来，盈装而归者，前后或相继"③。《宋会要辑稿·食货十八》载，婺州义乌"有山谷之民，织罗为生"。产品远销各地。宋室南渡以后，两浙地区的丝织业比北宋进步，生产规模更为扩大。如官营杭州织锦院，雇佣的工匠达数千人，拥有织机数百张，专织贡品绸货，每年有七八万匹，作为赏赐礼品之用。官营作坊这种雇工与唐和雇匠无异。当时杭州"诸行市中有：丝绵市、生帛市、枕冠市、故衣市、衣绢市……"④许多经营丝绸商业的彩帛铺"买卖昼夜不绝"⑤。除城内特别兴盛外，其所属各县多有发展。据《咸淳临安志》记载，钱塘、仁和、余杭、富阳、于潜、昌化、盐官（海宁）、新城（新登）等，都生产蚕丝和丝绸。绍兴的丝织业非常发达。《会稽掇英总集》所谓"俗务农桑，事机织，纱、绫、缯、帛，岁出不啻百万"⑥和"万草千华，机轴中出，绫、纱、缯、縠，雪积缣匹"，正是该地区丝织业兴盛情况的概括。嘉湖地区的丝织业也很兴旺。以桐乡濮院镇为例，这里所产的绸，称为濮绸。宋高宗的驸马濮凤，随宋室南渡后定居于此，故名濮院。濮氏于孝宗淳熙年间（1174—1189年）在此经营蚕织。濮院的蚕织聚于一镇，"比户操作"，"明动晦休"⑦，非常发达。镇上所产的

---

① [宋]司马光：《温国文正公文集》卷八《送王伯初通判婺州》，四部丛刊景宋绍兴本。
② [宋]刘敞：《公是集》卷五十一《先考益州府君行状》，清乾隆文渊阁四库全书本。
③ [宋]强至：《祠部集》卷三十二《送监征钱宗哲序》，清乾隆文渊阁四库全书本。
④ 佚名著，吴子修、孙毓修校注：《西湖老人繁胜录》，中国商业出版社，1982年，第18页。
⑤ [宋]吴自牧：《梦粱录》卷十三《夜市》，浙江人民出版社，1984年，第119页。
⑥ [宋]孔延：《会稽掇英总集》卷二十《越州图序》，清乾隆文渊阁四库全书本。
⑦ [清]杨树本：《濮院琐志》卷一。

丝织品，是全国的名产之一。两浙的其他地区，如严州、衢州、台州、庆元（宁波）、慈溪、处州、明州、润州（江苏、镇江）等地，都是丝织品的主要产地。

与两浙难分轩轾的是四川。这里有着发展丝织业的优良传统，素称发达。其中成都府路是南方丝织业的中心。据元人费著的《蜀锦谱》记载，神宗时，成都锦院就拥有117间房子，154台织机，580名工人，"日用挽综之工而六十四，用杼之工五十四，练染之工十一，纺绎之工百一十，而后足役。岁费丝枞以两计者一十二万五千，红蓝紫苑之类以斤者二十一万一千，而后足用"[1]。所生产的锦有20多种，年产量将近700匹，几乎占全国织锦产量的百分之二十左右。另外，绵（今四川绵阳）、彭（今四川彭县）、邛（今四川邛崃）、蜀（今四川崇庆）、汉（今四川广汉）、简（今四川简阳）、眉（今四川眉山）等7州也都拥有相当大的丝织生产能力。如吴曾《能改斋漫录下》卷十五《方物·锦州八子》载，"绵州诸邑，各有所出，……巴西纱一匹重二两，妇人制夏服，甚轻妙。魏城以一茧造一扇，谓之绵扇，亦轻而可爱"。梓州路的丝织业规模也较大。据《宋会要辑稿·食货六十四》载，宋仁宗时，梓州有机织户几千家，丝织业专业化程度很高。官府设于此的纺造作坊，产量很大，质量亦高。其他地区如遂、梓、普、荣、资州和怀安军等，都盛产丝织品。如"遂宁出罗，谓之越罗，亦似会稽尼罗而过之"[2]；梓州能织出8丈阔幅绢，创造出超越前人的新纪录[3]。此外，利州路和夔州路的丝织业也具有一定的规模。由于四川地区的丝织业十分发达，产品种类多，数量也大，这里便成为上供丝织品的主要地区。据《建炎以来朝野杂记》记载，绍兴十七年（1147年），东路诸路每年收䌷39万匹，绢266万匹，绫罗绝3万余匹，四川仅上供及缴赏两种税绢（包括䌷、绫、锦、绮）就有44万匹，加上其他税绢项目，

---

[1] [元]费著：《蜀锦谱》，清嘉庆墨海金壶本。

[2] [宋]陆游撰，李剑雄、刘德权点校：《老学庵笔记》卷二，中华书局，1979年，第23页。

[3] 参见程民生：《宋代地域经济》，河南大学出版社，1992年，第173页。

其数量就更大了。

淮南地区的丝织业也较为发达，据《建炎以来系年要录》卷一百一十九载，这里每年上供的绸绢就达90多万匹。不仅产量大，质量也是上乘的。《宋会要辑稿·食货六十四》载，政和五年（1115年）淮南转运司指出："每年管催夏税绸绢，并为上供内府支用，淮南路并无尺寸现在。"税收中的丝织品悉数上供，既说明有其质量，又说明专制时代地方无权，朝廷要多少给多少，不然，官位难保。

在江南东路，一些地区的丝织业也颇兴盛。如建康，北宋时丝织生产即很发达，每年生产锦缎300余匹；南宋时，大量北方人口南移，更促进了这里丝织业的发展。到了元代，据元至正《金陵新志》记载，集庆路（治所在上元县、江宁县，即今江苏南京）有东西染织局，各有匠户3000人，每年纺织缎匹达4500多段，荒丝11 500多斤，生产品种也很多。集庆路和苏州已是当时我国东南两个主要丝织业中心。又如徽州（即歙州，今安徽歙县）的一些地区，出现了许多独立经营丝织业的机户。他们以家庭手工业作坊的形式，为出卖商品而生产，其产品经常由包纳赋税的揽户买走。尽管这些机户生产规模狭小，在封建剥削下发展困难，但毕竟初步脱离了农业，成为手工生产的一个方面军。《宋会要辑稿·食货七十》载，江东其他地区的丝织业则不发达。如太平州连布也不出产，纺织业十分落后。

宋时长江流域的丝织业生产不仅在于产区多，规模大，其最大特点是花色品种繁多。如杭州，据吴自牧《梦粱录》卷十八《物产·丝之品》所载，其主要丝织品有以下数种：

绫：柿蒂、狗蹄。罗：花素、结罗、熟罗。线住。锦：内司街坊以绒背为佳。克丝：花、素二种；杜缝又名"起线"。鹿胎：次名"透背"，皆花纹特起，色样织造不一。纻丝：染丝所织诸颜色者，有织金、闪褐、间道等类。纱：素纱、天净、三法暗花纱、粟地纱、茸纱。绢：官机，杜村唐绢，幅阔者密，画家多用之。绵以临安于潜白而洒密者佳。绸有绵线织者,土人贵之。

从普通的绸、缎、绢、锦到绮、绫、纱、罗、绉以至鹿胎、透背、绣锦、锦襕等新名目,花色品种极为丰富,甚至名贵的"绒背心"也织造了。

其他地区还有许多著名的丝织品,主要有湖州的湖缬,明州的交绫、吴绫、大花绫,奉化的绝,越州的越罗、寺绫,台州的花绫、绵绫、樗蒲绫、绉纱、纺纱,婺州的暗花罗、红边贡罗、花罗,常州的紧纱,润州的罗、方纹绫、水波绫,睦州的交梭绢、花梭纱,上饶的醒骨纱,集庆的花绢、花纱、丝绵,抚州的莲花纱,淮南的小绫、白縠,宣州的绮、熟线绫,庐州的绢,遂州的罗,梓州的绢,成都的锦、鹿胎、透背等。

宋时丝织品的织造技术有了较大的提高,主要表现在3个方面:

一是刺绣工艺水平有很大提高。20世纪60年代末期浙江瑞安出土的北宋工艺品中,有三方经袱,都是以杏红色单丝素罗为底,用黄、白等色粗绒施平针绣成飞翔鸾团花双面图案。团花绣线用粗绒,绣面平,针脚整齐,是绣工技术熟练的标志。这是我国现存最早的双面绣品[①]。南宋杭州的刺绣水平也很高,宫中有绣作,民间更有花绣行业结成的"锦体社"。刺绣的作品不计其数,如彩旗、幡、抹额、宽衫、战袍等都要用绣。

二是缂丝工艺很发达。宋代丝织业中最突出的成就是缂丝。织造缂丝所用工具极为简单,只需一台能织造平纹织物的小木机,配上数十把装着各种彩色丝线的小梭子即可。织时先架好经线,按照底稿在上面描出图画或文字的轮廓,然后对着底稿的色彩,用小梭子引着各种颜色的纬线织出图画或文字,同时衣料或物品也一起织成。宋代的缂丝织制的大都是唐宋名画家的书画。宋王朝南迁临安,缂丝工艺大约也在此同一时期由北南移,在杭州、镇江、松江和苏州一带流传,逐渐得到发展和繁荣。这些地区的缂丝技巧与图案都保持了唐、五代以来的优秀传统,丝纹粗细杂用,

---

① 参见浙波:《浙江瑞安发现重要的北宋工艺品》,《光明日报》,1972年3月10日。

纹样结构既对称而又富于变化。

三是印染技术很高。如湖州在北宋仁宗年间（1023—1063年），就能在绫罗上印染成深红、浅红、淡红等色彩，此即为有名的湖缬。其精美程度，与玛瑙缬不分上下。故当时有人把它作为芍药新品种的名称，说它"红色深浅相杂，类湖缬"①。这种缬在其他地区也有大量生产。如《梦粱录》在谈到临安的市容时说"处处各有……彩帛、绒线……铺"②。采帛铺中当然出售印花缬帛，这从当时杭州人服饰中有"绯锦缬衫""红缬锦团搭""红罗缬衫""彩缬幕帘"等可看出。咸淳《临安志》中还载："鹿胎，次者为透背，皆花纹突起，色样不一"③。鹿胎和透背在宋代生产极多，它们可能是缬的一种。沈从文先生也持此见④。婺州富豪唐仲友除开设规模很大的彩帛铺外，还经营印花和染色作坊，"染造真紫色帛等动至数千匹"⑤。可见当时染缬工艺和质量已有很大提高。

麻织业在宋元时期也获得了较大的发展，其中长江流域的产地主要在成都府路、荆湖南北路、淮南东路、江南西路及两浙路等。如诸暨的山后布（一名纻布），"精好纤密，盖亚于罗"。剡县所产的强口布，销路也广。"商人贩妇往往竞取以与吴人为市"⑥。奉化象山"苎布最细，曰女儿布，其尤细者也"⑦。江西盛产苎麻，麻织业较为发达。据《元丰九域志》载，虔、袁、吉、筠、南安等地，都盛产苎布，而且皆为精美的麻织品。

宋元时期，长江流域的棉织业开始兴起，这在中国纺织史上更具有划时代意义。

北宋时，随着棉花种植业的推广，用棉花纺纱织布就已逐渐盛行起

---

① [宋]王观：《扬州芍药谱·湖缬》，宋百川学海本。
② [宋]吴自牧：《梦粱录》卷十三《铺席》，浙江人民出版社，1984年，第118页。
③ 咸淳《临安志》卷五十八《风土》。
④ 沈从文：《谈染缬——蓝底白印花布的历史发展》，《文物参考资料》，1958年第9期。
⑤ [宋]朱熹：《晦庵集》卷十八《按唐仲友第三状》，清文渊阁四库全书本。
⑥ 嘉泰《会稽志》卷十七《布帛》。
⑦ 罗浚：宝庆《四明志》卷四《叙产》。

来。到了南宋，棉纺织业便正式作为纺织业部门之一出现了。1966年在浙江兰溪县发掘的南宋墓中，出土了一条随葬棉毯，说明江南地区不仅能织布，而且还能织毯，反映了棉纺织业的新发展。宋末元初，棉纺织业已在江南农村成了重要的副业生产。宋末胡三省在《资治通鉴》卷一百五十九的一条注中曾介绍了江南地区棉花的种植、加工以及棉布织造的情况。据其介绍，当时江南人民在棉花成熟摘取后，首先要用铁锭碾去其核，再用长约一尺四五寸的小竹弓弹，使其絮匀细，然后卷为小筒，用纺车纺成线，最后织成布。

到了元代中期，棉纺织业有了较大发展。这里有必要介绍一下在推广棉织技术上起了重要作用的黄道婆。黄道婆，松江乌泥泾镇（今上海）人，曾在海南岛黎族地区生活了30多年。在长期相处中，她从黎族妇女那里学会了棉纺织技术，并进行了改进。大约在成宗年间（1295—1307年），她返回故乡，带回了先进的纺织技术和工具。松江地区的棉织业原来较为落后，自黄道婆回来，教以"捍弹纺织之具"和错纱、配色、综线、絜花之法，即有了很大改观，"织成被褥带帨，其上折枝、团凤、棋局字样，粲然若写。人既受教，竞相作为"[①]。所以她死后，松江人民非常怀念她，为她建祠，"岁时享之"。

(三)食品工业

宋元时期，长江流域的食品业有了发展，主要表现在制糖、制盐和酿酒3个方面。

1.制糖

这一时期，食糖的加工制作主要是以蔗糖和蜜糖为主。其中蔗糖生产的一个重大发明，是制造糖霜即冰糖，这是宋于茶之外又一种商品化的农产品加工业，成为中国工业史上的又一重大成就。糖霜生产，当时以四川遂宁最为发达。宋人王灼（遂宁人）《糖霜谱》说：

---

① [元]陶宗仪：《南村辍耕录》卷二十四《黄道婆》，中华书局，1959年，第288页。

>糖霜一名糖冰，福唐、四明、番禺、广汉、遂宁有之，独遂宁为冠。四郡所产甚微而碎，色浅味薄，才比遂宁之最下者。……若甘蔗所在皆植，所植皆善，非异物也，至结蔗为霜，则中国之大，止此五郡，又遂宁专美焉。

显然，遂宁的糖霜生产很兴盛，为全国之最。其小溪县（今四川遂宁）缴山附近，"山前后为蔗田者十之四，糖霜户十之三"。山下有300余家，附近的马鞍山也有近百户，每户多者数十瓮（制糖用具），少者一二瓮，从事糖霜的生产。根据《糖霜谱》所载，遂宁所产糖霜的主要生产步骤如下：

第一步是磨压提汁。当时主要采用磨压法，即使用畜力进行磨压提汁加工。这种加工方法，可以反复对甘蔗原料施加压力，能充分压取蔗汁。

第二步是蒸发煮炼。将提取到的蔗汁放入釜中进行煮炼，把水分蒸发掉，使糖浆浓缩，达到一定饱和糖蜜，便成为成品糖。

第三步是结晶去蜜。经煮炼获得的糖膏，仍然是蔗糖晶体和母液（糖蜜）之混合物。尚需将蔗糖晶体从糖膏中分离出来。当时主要让煮炼后的糖水自行凝结，这样可取得结晶体较大的冰糖。

第四步是收藏保管。为防止冰糖潮解、酸坏及变色，当时收藏的方法也很考究。一般的方法是，用干的大小麦铺于瓮底，麦上放上竹箅，又排满笋皮，再塞进棉絮，最后用簸箕盖住瓮口。如远销他地还放入石灰作干燥剂。

综上可知，宋代四川遂宁的糖霜制作技术是较为先进的，已初步形成了我国古代蔗糖生产的基本规模。这种加工技术一直为元明清时期的蔗糖生产所沿用[①]。

南宋时期两浙地区普遍种植甘蔗，因而其蔗糖生产十分兴盛，其中以

---

① 参见陈伟明：《唐宋饮食文化初探》，中国商业出版社，1993年，第131—135页。

明州制糖最为有名。

蜜糖，是指蜜蜂采取花液酿成的蜂蜜。宋代人工养蜂取蜜，在此文献中已有明确的记述。宋人唐慎微《重修政和经史证类备用本草》卷二十载："近世宣州有黄连蜜，色黄味小苦。……南京柘城县有何首乌蜜，色更赤。并以蜂采其花作之，各随其花色，而性之温凉亦相近也。"《元丰九域志》载土贡蜂蜜的州郡有8处，其中长江流域有2处，即夔州路夔州和江西信州。上述表明长江流域的人工养蜂取蜜已有一定程度的发展。

2. 制盐

宋元时期，长江流域的制盐方法主要有海盐和井盐2种。海盐产于两淮、两浙等沿海地区。两淮盐区，从唐代即开始分区设场煮盐。至宋仁宗天圣年间（1023—1032年），通、楚2州各设7个盐场，泰州设8个盐场，海州设2个盐场，涟水设1个盐场，制盐业十分发达，成为全国最大的产盐基地。这里盐业的兴盛，很大程度上得力于自然环境："盖以斥卤弥望，可以供煎烹；芦苇阜繁，可以备燔燎。"原料和燃料俱称丰富，故而"国家鬻海之利，以三分为率，淮东居其二"①，大约可占海盐总产的三分之二。由于产盐量很大，淮南盐区曾多次出现过食盐积贮壅滞的情况。如在太宗太平兴国四、五年间（979年、980年），当时知利丰监事刘式奏称："臣前在潭州，见茶积成山，或不能泄；岁久则皆焚弃。今利丰监积盐复多，有司无术以御之；但坐守视之耳！"②利丰监在淮南路之通州，当时管辖8个盐场。刘式所云"无术以御之；但坐守视之耳"，活画出监官们在积盐面前束手无策的尴尬情景。又如《续资治通鉴长编》卷一百十三载，在仁宗明道二年（1033年）时，淮盐"所积一千五百万石，至无屋以储，则露积苦复，岁以损耗"。1500万石，即7.5亿斤，其价值约30万贯，相当于同期整整一年的国家货币岁入额。由此而引起的连锁反应，是"亭户输盐应得本钱或无以给。故亭户贫困，往往起为盗贼"。情况颇为严重。直到

---

① [元]脱脱等：《宋史》卷一百八十二《食货志下四》，中华书局，1977年，第4455页。
② [宋]刘敞：《公是集》卷五十一《先祖磨勘府君家传》，清文渊阁四库全书本。

宝元、康定年间（1038—1040年）乃至庆历初，"滞积不泄"[①]。

两浙盐区，在北宋初年设有杭州、秀州、密鹦、永嘉4个盐场。仁宗天圣年间，温州又设了3个盐场。至南宋初年，两浙路分东西两路：浙西路在秀州（今嘉兴）设10个盐场，平江（今吴兴）设4个盐场，临安设10个盐场，上海设5个盐场；浙东路在会稽（今绍兴）设4个盐场，明州（今宁波）设6个盐场，台州（今临海）设3个盐场，温州设5个盐场。从业人员是一支庞大的队伍。如北宋初年上海5个盐场的盐丁人数约在6 000人，到北宋中期已增至15 000多人，增加了一倍半。其他地区盐场的盐丁数也都在千人以上。生产规模既大，产量自然很高。浙盐"岁额"，宋初仅二三千万斤，至南宋时已达1亿斤左右，比宋初提高了两倍以上。最值得一提的是，宋朝有了民营盐场，《始丰稿·黄湾马公墓表》载："世业鬻海，借群卤丁以事淋熬。"这位浙东海宁马氏就是民间一位盐场场主，他场中的盐丁似具雇佣性质。

四川以生产井盐而著称。宋时随着"卓筒井"的出现，盐井的历史进入了小口盐井阶段，开始了井盐生产的新时期。"卓筒井"标志着中国古代钻井机械和钻井技术的新发展。

北宋文学家文同和苏轼都是四川人，两人都曾较详细地记录过卓筒井的开凿和生产情况。据《丹渊集》卷三十四《奉为乞差京朝官之井砚县事》，文同任陵州太守时，在一奏折中说：

伏见管内井砚县……盖自庆历以来，始因土人凿地植竹，为之"卓筒井"，以取咸泉鬻炼盐色。后来其民尽能此法，为者甚众……访闻豪者一家至有一二十井，其次亦不减七八……其所谓"卓筒井"者，以其临时易为藏掩，官司悉不能知其实多少数目。

苏轼的记载更为具体，《东坡志林》卷六《筒井用水鞴法》：

[①]《居士集》卷三十三《尚书工部郎中充天章阁待制许公墓志铭》。

蜀去海远，取盐于……井。……自庆历、皇祐以来，蜀始创筒井。用圜刃凿如碗大，深者数十丈。以巨竹去节，牝牡相衔为井，以隔横入淡水，则咸泉自上。又以竹之差小者出入井中为桶，无底而窍其上，悬熟皮数寸，出入水中，气自呼吸而启闭之，一筒致水数斗。凡筒井皆用机械，利之所在，人无不知。

上述两段文字，清楚地说明了卓筒井的构造特点、开凿方法和生产过程。

卓筒井的出现，使盐井的开凿较过去大口井更为容易，卤水产量亦高，故而这种新式盐井迅速在四川各地发展，从而使盐业私有制进入了一个颇为繁盛的时期。有宋一代，单是陵州就有私井数百口，其他地区的私井也很多。熙宁四、五年（1071、1072年），嘉州、荣州等处的私井"相去尽不远，三二十里，连溪接谷，灶居鳞次"①。熙宁七年至元丰年间（1074—1085年），泸南"夷界"、戎州小井尤多，私井更"不啻千百井"②。半工半农的盐业生产者遍布各州县，多数是自外地逃亡流浪而来。他们从事农业生产，粮食不能自给，只好私办盐井，增加收入，买粮度日，宋人韩子华有诗记述他们的生活状况："所资盐井利，持易他州粟。"政府对川盐采取了保护商旅、蠲减盐课、增开新井等措施，从而进一步促进了四川井盐的发展。至南宋绍兴年（1131—1162年），据《文献通考》记载，四川四路共有盐井4900多个，岁产盐6000多万斤。

宋代四川的盐业生产，在技术上除发明了卓筒井外，还有两点值得一提：一是盐井汲卤已开始使用畜力，《元一统志》卷五说，浯井（大口井）"五代以前，科丁充役，后以刑徒推车汲水，熏煎甚苦。宝祐元年知州事桑愈改以牛具推车汲水，立石镌碑"。二是已使用天然气煎盐。《宋史》卷六十四云："端拱元年九月，泸州盐井竭，遣匠刘晚入视，忽有声如雷，

---

① [宋]文同：《丹渊集》卷三十四《奉为乞差京朝官之井砚县事》，钦定四库全书本。
② [宋]范镇撰，汝沛点校：《东斋纪事》卷四，中华书局，1980年，第37页。

火焰突出,晚被伤。"①刘放在《彭城集》诗中说:"火井煮盐收倍利,山田种芋劝深耕。"说明四川有的盐井已使用天然气。

到元代,由于统治者的摧残和破坏,使中国各地封建经济倒退几百年。四川产盐县,由宋时的52县减至15县②,盐业生产几乎处于停顿状态。

除上述地区外,长江流域其他地区的盐业生产则较为落后。由于资料较为零散,这里就不一一细述了。

3.酿酒

有宋一代,长江流域的酿酒业较为发达。现据《宋会要辑稿·食货十九》所载熙宁十年(1077年)各地酒税数列为一表,以见宋代长江流域各地区酿酒业的概况(数字以贯为单位):

宋代各地区酒税情况

地区	酒税	地区	酒税
两浙	1,897,063	夔州	无额
淮南	1,261,955	江东	450,691
成都	135,955	江西	211,778
梓州	70,397	湖北	481,914
利州	34,002	湖南	141,467

以上可见,两浙地区酒税数最多,其次是淮南地区,湖南最少。

当时长江流域的名酒有绵竹的"蜜酒"和"鹅黄",庐州的"金城",扬州的"百桃",宣州的"双溪""琳腴",杭州的"竹叶青""碧香",江宁的"芙蓉""百桃",洪州的"双泉""金波",湖州的"碧兰堂",明州的"金波",等等。这些名酒,各有特色。浙江绍兴的黄酒,在南宋发展

---

① [元]脱脱等:《宋史》卷六十四《五行志二下》,中华书局,1977年,第1413页。
② 参见曾仰丰:《中国盐政史》,商务印书馆,1936年,第78—79页。

为江南地区的名酒,并出了竹叶青、瑞露酒、蓬莱春等许多名闻全国的品种。四川绵竹的"蜜酒",是一种米酒,是"每米一斗,用蒸饼面二两半,饼子一两半"①制成的。所以以"蜜"为名,是其色味如蜜之佳。这种淡黄色的美酒,杜甫在汉州饮过,他在《舟前小鹅儿》中说"鹅儿黄似酒,对酒爱新鹅"。宋人祝穆《方舆胜览·汉州》"鹅儿酒"条下记有鹅黄乃汉中名酒,"蜀中无能及者"。宋代的绵竹县,正是在汉州政区之内。所以这种"蜀中无能及者"的"鹅黄",与"蜜酒"应是一类,很可能是某种酒的异称。南宋时,陆游也有"叹息风流今未泯,两川名醖避鹅黄"②和"新酥鹅儿黄,珍橘金弹香"③的诗句,可知这种名酒是久负盛名的。

到元代,长江流域的酿酒业继续向前发展。如杭州一年酿酒费粮达28万石④。不仅酒的产量很高,酒的品类也十分丰富。如至顺《镇江志·土产》说:"酒名不一,若锦波、清心、坐啸、介寿、燕凯、百礼、共军、爱山,是以堂名;若京口、还京、秦潭、浮玉、第一江山,是以地得名;真珠、中冷、不老,是以泉得名。"⑤仅镇江一地就产这么多种酒,其酿酒业的发达便可想而知了。

(四)制瓷业的发展

唐时制瓷,以南北越、邢2窑为有名,越窑造青瓷,邢窑造白瓷。宋时长江流域的制瓷工业,得到了重大发展。名窑景德镇瓷窑于宋时兴起。各地瓷窑不仅能造青瓷,而且能造白瓷、青白瓷、黑瓷、彩瓷等等。品种多,技术精,可称为长江流域制瓷业的发展时代。以下分官窑与民窑一一述之。

宋代瓷器的生产可分为官窑与民窑2种。所谓官窑,即官府直接经营的瓷窑,产品上供皇室;民窑是民间手工业,产品主要供市场销售。

---

① [宋]苏轼:《东坡志林》卷八,清乾隆文渊阁四库全书本。
② [宋]陆游:《剑南诗稿》卷三《游汉州西湖》。
③ [宋]陆游:《剑南诗稿》卷十九《对酒》。
④ [明]宋濂、王祎:《元史》卷二十二《武宗本纪一》。
⑤ 至顺《镇江志》卷四《土产》。

这时期，长江流域著名的官窑有：

龙泉窑：全国五大名窑之一，窑址主要分布在浙江龙泉的大窑、金村、竹口、溪口等地，创始于五代，到北宋时迅速发展起来，成为我国南方青瓷生产最重要的基地之一。当时的产品以习见的日用品如盘、碗、壶等为主。在技术上，釉料保持定量的配合，火候已知缓急高低，釉色加彩，更有进步。瓷坯经过配料、窑烧，起了化学作用，产生各种鲜艳的斑色，称为窑变，这是北宋瓷器的一大特色。当时器物的装饰以划花、刻花为主，只有少量印花和捏塑。装饰内容有花卉、野草、浮萍、莲花、荷叶、水波、游鱼和飞雁等。多用刻花作为装饰的主题纹样，如荷花、牡丹、团花、大雁、游鱼等。用划花作陪衬，如水波、浪花、水草、野花等。刻花刀法犀利，豪放粗犷。划花精细纤巧，如篦纹、水波、花叶的脉茎等，线条细如发丝，对主题花纹起到良好的烘托作用。到南宋时期，龙泉青瓷发展更快。不仅瓷窑数量增多，瓷器的质量也有显著提高。纯正的粉青和梅子青釉色就是此时期烧造出来的，这两种釉色之美显示了我国青瓷釉色已达到登峰造极的水平。这时的器形也更加丰富，除日用器皿如盘、碗、瓶、罐等和文房四宝以外，尚有室内陈设所需的艺术品，如祭器、仿青铜器、仿古玉器等，造型多样。

据《浙江通志》卷八（明嘉靖四十年本）载，南宋时尚有"哥窑"与"弟窑"，两窑所烧造的青瓷器"粹美冠绝当世"。也有的学者认为，所谓"弟窑"即龙泉窑。但是哥窑窑址不明，近年来虽经考古工作者多方查找，仍未找到。因此，目前已经有越来越多的学者认为此说不可靠。

修内司窑：崛起于南宋，设在杭州凤凰山下，也称内窑。《负喧杂录·窑器》说："中兴渡江，有邵成章提举后院，号邵局，袭徽宗遗制，置窑于修内寺，造青器，名内窑。"所造瓷器，以"澄泥作坯，极其精致"，其特点是土脉细润，色青带粉红，浓淡不一，有蟹爪纹，紫口铁足。

郊坛下窑：南宋时在杭州南郊凤山门外乌龟山一带设的官窑。该窑瓷器的胎骨，因含较高成分的铁，用还原火焰焙烧，胎骨成黑色或褐黑色、灰褐色。胎体致密，胎壁较薄，施青釉，釉层较厚。产品有两种类型，一种釉汁入胎，不透明；一种具有玻璃质光泽，多烧成翠青或蟹壶青。造型方面，如口部边缘、三角形炉足以及高足的折边等部分，均极精巧。

越窑：窑址在浙江绍兴地区。越窑是我国历史最悠久的青瓷窑系，在社会上享有很高的声望。唐五代是越窑青瓷的鼎盛时期，入宋以后，越窑青瓷继续生产。宋政府对越窑青瓷生产很重视，指派殿前承旨为监窑官。北宋时期越窑青瓷质量有高有低，但一个共同的特点是胎体较为坚致，颜色灰白，窑色明亮，玻璃质比唐代强，碗类器物的底部较小，圈足小，圈边极薄。除碗以外，当时的产品尚有碟、杯、盘等物，造型奇巧，图案精美，多为贡品。

景德镇窑：景德镇是中国著名的瓷都，唐时即已见诸记载。当时烧制的瓷器胎薄，色素润，"莹缜如玉"。运入关中贡于朝，称假玉器。但是，定名景德，扬名于世，是在宋真宗景德年间（1004—1007年）。据《江西通志·陶政》："宋景德中置镇。始遣官制瓷贡京师，应官府之需，命陶工书建年景德于器。"因此改名景德。宋代景德镇以生产青瓷与白瓷为主，亦有青白相间者。制瓷工艺经历了一个迅速发展的过程。北宋前期青、白瓷造型品种为数不多，仅限于简单的生活用具；花色较为单调，有碗、六管瓶等；技术上主要是采用拉坯，装烧时使用匣钵和仰烧法；装饰艺术不讲究，多素面无纹，少数碗心有下凹现象，并有草率的花纹，中心印有"荣""酒""詹"等字铭。北宋后期，生产发展很快，生活用具种类增多，如有各种类型的碗、成套的注壶、注碗、瓶、盏托、茶具、酒具、香炉、枕、装化妆品或药膏用的油盒等。装饰手法多为刻花，主要内容有牡丹、飞凤、莲花、箆纹、菊花、水波纹等。其特点是线条流畅、灵活，花纹清晰。青、白釉的特点是透明流动性大，罩盖在器物表面，刻线深处积釉厚，呈美丽的青色；釉层薄处，釉色淡，介于白色与青色之间，像蔚蓝色的天空一样明净。因厚薄不同而富于变化的釉色，与纹样相互烘托，艺术效果甚佳。技术上普遍应用了旋环成型，仰烧也改成了覆烧，增加了坯件的装置密度。同时已熟练地掌握了强还原焰。故此，这时期的器物不仅造型规整，胎质致密而薄，透光度也更加高。经化验得知，此时期的青、白瓷在胎体的硬度、密度、透光性能等方面均已达到现代硬瓷标准,可以说是这个历史时期最优秀的作品,代表了一个时代最高的水平。南宋时期,景德镇受定窑风格的影响,也生产了不少芒口瓷器。这种器物工艺要求不严,比较粗糙。胎质较松软,隔着釉层可以看到胎体上出现的细小裂隙[①]。

宋代长江流域著名的民窑有:

吉州窑:窑址在江西吉州庐陵县(今吉安市)永和镇,制瓷业始于五代,到宋时又进一步发展。吉州窑的瓷制品,在北宋时多仿照定窑,南宋时受建州窑和龙泉窑的影响较大,具有自己特色的产品是著名的黑釉瓷。兰浦在《陶录》中说:吉州窑宋时有5窑,以舒姓窑烧制的瓷器最好,"几与哥窑等价,花瓶大者值数金"。到南宋时,碎器窑烧制的瓷器很有特色:"土粗坚,体厚,质重,亦具米色、粉青样。用滑石配釉,走纹如块碎,以低墨、土赭搽熏既成之器,然后揩净,遂隐含红黑纹痕,冰碎可观。"据研究,吉州窑的黑釉,无论是在掌握氧化亚铁的结晶和硅酸的釉药变化方面,还是在火候及温度冷却时间的控制方面,都胜过其他窑。此外,吉州窑还产白瓷、青瓷与彩瓷。

婺州窑:窑址在今浙江金华。婺州窑在唐代即享盛名,陆羽在《茶经》中把婺州窑瓷器排在第三位。至宋,婺州窑的瓷器生产又进一步扩大。金华地区宋代青瓷窑址比唐代多。例如在古方镇、兰溪县嵩山等地都发现青瓷窑址。武义县的溪里、蜈蚣山还发现烧青瓷和黑瓷的窑址。婺州窑产品比较单纯,以壶、碗、钵、盘为多。其中有些瓷器釉层比较厚,釉色青绿美丽,比唐五代那种青中泛黄的色调漂亮,表明婺州窑在北宋时期控制还原火焰的技术有所提高。有些产品虽然也带黄色,但釉层较厚,所以比较润泽美观,比唐代越州的半木光釉层,工艺上显然有了进步[②]。

湘湖窑:在景德镇境内。其产品有的是灰胎,但也有极细腻洁白的。较大的盘洗,外部刻着莲花瓣,制作非常规矩。其中白釉的,光泽像北方当阳峪窑的器物,即一般人所称的粉青色。烧法有的已用渣饼,因此底心

[①] 参见华石:《中国陶瓷》,文物出版社,1985年。
[②] 参见华石:《中国陶瓷》,文物出版社,1985年。

往往微凹，致使盘心稍稍高起，这是用大型渣饼烧造的结果。有的不用渣饼，则用复烧方法，从而进一步提高了产品质量。

丽水窑：又名处窑，在浙江丽水县境内。其产品制作工整，造型美观，施釉精美，花样也较多，有雕花、刻花、印花等多种。

此外，四川的阆州，浙江的温州、明州、余杭和余姚，江苏的宜兴，湖南的长沙等地，也是长江流域的制瓷中心。这些地区产品的质量粗细不一，制品种类繁多。从生活用品到工艺性的玩具、文具等，千姿百态，艺术价值极高。

到了元代，长江流域的制瓷业在继承宋代成就的基础上继续向前发展。不仅有供贵族使用的极为精细、工整繁复的青花瓷器，而且生产出大量的粗放朴实，不求形式，用笔简练的瓷器，供广大民众使用。

元代长江流域的瓷器产地很多，其中重要的产地有2处，一是江西的景德镇，一是浙江龙泉。

蒋祈《陶纪略》云：

> 景德镇陶昔三百余座，……窑火既歇，商争取售。而上者择焉，谓之拣窑。交易之际，牙侩主之。……运器入河，肩夫执券，次第件具，以凭商算，谓之非子。……若夫浙之东西，器尚黑黄，出于湖田之窑者也。湖、川广器尚青、白，出于镇之窑者也。……必地有择焉者，……唯贩者之所需耳。

可见元代景德镇制瓷业的经营，已达到相当繁荣的程度。当时景德镇烧造的进御瓷器，有青瓷、白瓷、划花、雕花等。这些御器，土质白而细腻，质尚薄，多小足印花及戗金五彩瓷器。器内皆作"枢府"字号。其中五彩戗金器，盛行于元代，以枢府窑瓷器为最佳。青花瓷器是元代瓷器的代表作。其制作无论在颜料的炼制和烧造方面，都较宋代有了很大的发展。它色白微青，光润透亮。其装饰层次多，画面满，但由于处理得当，主次分明，浑然一体。较之釉色晦暗，纹饰简单的宋代磁州窑的青花瓷就进步得多。据李幹《元代社会经济史稿》①载，1956年湖南常德出土的3件青花瓷器，其中有两件大盘，口径达45厘米。盘心刻有双鱼莲池或双鱼水藻。口沿和盘壁上尚有海水、缠枝牡丹、石榴花卉等花纹。另一件是青花人物故事玉壶春瓶，高30厘米。这3件青花瓷器都是景德镇窑所烧制的。如此大型双鱼盘、人物故事玉壶春瓶是极其罕见的。元代景德镇的青花瓷之所以能取得如此辉煌的成就，一方面是由于当地盛产优质瓷土，另一方面是由于烧造工人已娴熟掌握青花料的性能，故能制成高质量的青花瓷器。此外，元代景德镇制作的红釉瓷器也颇具有特色：施釉均匀，满身布红；花纹豪放潇洒，红彩鲜艳，在白釉或青白釉的罩盖下，艺术效果不亚于青花瓷器。有的产品同时用青花、铜红、镂孔、捏塑等多种艺术手法进行装饰，极为精致。这时的景德镇已经成为中国著名的制瓷业基地。

浙江龙泉以生产青瓷为主，生产规模比宋代扩大数倍。近年来考古工作者在瓯江的上游，发现窑址200多处。有些窑场器物比宋代单一，往往一个瓷窑只生产碗、盘等很少几个品种。这主要是为了提高生产效率。元代龙泉青瓷，釉色和光泽均与宋代不同。一般产品胎质粗糙，釉层玻璃质强，不像南宋那种绿如美玉的悦目。但有些产品，气魄宏大，大花瓶高近3尺，大瓷盘直径2尺有余，而且制作规整，釉面光洁无瑕。这标志着元代龙泉制瓷技术的提高。这一时期产品的装饰也很讲究，主要盛行印花、划花、贴花、镂刻、堆花、点彩等技法。其中以印花数量最多，或在盘心露胎处贴雀鸟、荔枝、金兔、仙桃等，或在碗的中心印一束折枝花或印一只鸟，构思活泼，画面简洁，非常别致。由于龙泉瓷器十分精致，大部分产品都上贡皇室内廷。如20世纪60年代初在北京后英房元代居住遗址的遗物中就有龙泉窑的带瓷罐，高18.7厘米，口径7.9厘米，腹径14.1厘米，底径8厘米，胎呈灰白色，莹厚的青釉中带着黄绿，素体无纹饰，底内旋釉，口沿和底足均露出赭色，釉色晶莹，造型美观②。

宋元时期长江流域的手工业，还有建筑、漆器、雕刻、造纸、印刷、

---

① 李幹：《元代社会经济史稿》，湖北人民出版社，1985年，第210—211页。
② 王家广：《耀州瓷、窑分析研究》，《考古》，1962年第6期。

文具制造业等等。无论是生产工具或技术，较前代都有不同程度的提高，并大大丰富了这一时期的商品生产。

（五）交通运输

这里需要谈的是造船业与运河交通。先谈造船。

随着商品经济的繁荣和对外贸易的发展，宋元时期长江流域的造船业十分发达。当时的造船业有官营和民营两种形式。官营作坊以造纲船（漕运船）为主，同时造座船（官员客船）、战船、马船（运兵船）等，民营作坊则制造商船及游船。据文献记载，吉州（吉安）、虔州（赣州）、明州（宁波）、温州、漳州、楚州（淮安）、扬州、临安（杭州）、建康（南京）、平江（苏州）等地都是当时重要的造船中心。

宋元时期，长江流域的造船业有以下几个特点：

一是造船数量大。据《宋会要辑稿》载：太宗至道末年，处州（今浙江丽水）造船605艘，吉州525艘，明州77艘，婺州150艘，温州250艘，台州126艘，楚州87艘，潭州280艘，鼎州（今湖南常德）240艘。宋真宗末年，江西路的虔州和吉州生产的就有1130艘。到了哲宗元祐时，两浙路的温州与明州年产船数也都达到了600艘。北宋末年，江南东路、荆湖北路转运司各制造300艘。

二是船舶的体积和载重量大。神宗时，荆湖地区最大的内河航行船叫"万石船"，可以载钱20万贯，载米12 000石，载重量约660吨[1]。北宋末年，李纲在长沙曾"得唐嗣曹王皋遗制，创造战舰数十艘。上下三层，挟以车轮，鼓蹈而前"[2]。南宋时长江流域所造的兵船，形制非常巨大，通常有30多丈或20多丈，一般可容纳士兵七八百人，且多为车船，可以踏轮激水而进，《宋会要辑稿·食货五十》：

（绍兴）四年二月七日，知枢密院事张浚言：近过澧、鼎州，询

---

[1] ［宋］张舜民：《墁画集》卷八《郴行录》，清文渊阁四库全书本。
[2] ［宋］李纲：《梁溪集》卷二十九，清文渊阁四库全书本。

访得杨幺等贼众，多系群聚土人，素熟操舟，凭恃水险，楼船高大，出入作过。臣到鼎州，亲往本州城下鼎江阅视，知州程昌禹造下车船，通长三十丈或二十余丈，每支（只）可容战士七八百人，驾放浮泛，往来可以御敌。缘比之杨幺贼船数少，臣据程昌禹申，欲添置二十丈车船六只，每支（只）所用板木材料人工等共约二万贯。

浙江乃通江渡海之要道，所造商船都较大，其中最大的可以载重5000料（一料等于一石），载五六百人，稍小一点的可载1000料至2000料，也可载二三百人。

三是船舶种类繁多。江南地区，水道方便，商货运输，人员往来，都以船为主要交通工具，于是为了需要，制造了许多形制不同、用途不同的大小船只。吴自牧《梦粱录·河舟》载：

> 杭州里河船只，皆是落脚头船，为载往来士贾诸色等人，及搬载香货杂色物件等。又有大滩船，系湖州市搬载诸铺米及跨浦桥柴炭，下塘砖瓦灰泥等物，及运盐袋船只。……若士庶欲往苏、湖、常、秀、江、淮等州，多雇舸船、舫船、航船、飞篷等船。或宅舍、府第、庄舍，亦自创造船只，从便撑驾往来，则无官府提拿差借之患。……本寺所委官吏，专率督催米斛，解发朝廷，以应上供支用，搬运自有纲船装载……又有下塘等处，及诸郡米客船只，多是铁头舟，亦可载五六百石者，大小不同。……寺观庵舍船只，皆用红油舸滩，大小船只往来河中，搬运斋粮柴薪。更有载垃圾粪土之船，成群搬运而去……

杭州西湖里还有众多"打造奇巧，雕栏画栋"的游船。"有一千料，约长五十余丈，中可容百余客。五百料，约长三二十丈，可容三五十余客。"①其中以官府富室自己制造的最为精致。

四是造船技术达到了一个新的水平。明州制造的客船,设计较为科学:下侧渐光狭,成为刃形,便于破浪;船首两根颊柱中,装有车轮。船中大樯高十丈,安上布帆与席帆,正风时用布帆,偏风时用席帆。更为先进的是,船舱分成3个部分,前舱放置炉灶和水柜,中舱划为4个房间,后舱四壁开窗户,犹如正式的房屋。中舱和后舱用坚厚的本板隔开②。从在上海嘉定发现的南宋海船的结构来看③,这时的船只已普遍推广了水密舱的结构。而且出现了"上平如衡,下则如刃"的尖底船。这种船下有龙骨贯通首尾,吃水深,抗御风浪的能力强,特别适宜在较深的水域中行驶。海船上的桅杆也从一根增至多根,桅多则可多挂帆,航行时可以更充分地利用风力。同时,在桅杆和底座之间还装有可转动的转轴,可以根据需要来起落桅杆,这在当时的世界上也是最先进的技术之一。沈括在《梦溪笔谈》卷二十四中就曾记载,北宋嘉祐年间(1056—1063年),在苏州昆山停泊的一艘外国商船,因在海上遇上大风桅杆被折断,无法航行,当地的造船工人便将桅杆安在转轴上的方法教给了他们④。南宋时的池州造船场制造了一种车、桨结合的铁壁铧咀平面海鹘船,这种船两边各安车2座并桨3支,既轻快又方便,实为我国造船史上的一大创举。

再来谈谈运河交通。

沈括曾说宋代造船业的发展与运河的漕运有关,《梦溪笔谈》卷十二说:

> 运舟旧法,舟载米不过三百石,(真州)闸成,始为四百石。船其后所载浸多,官船至七百石;私船受米八百余囊,囊二石。

---

① [宋]孟元老等:《东京梦华录·都城纪胜·西湖老人繁胜录·梦粱录·武林旧事》之《都城纪胜·舟》,中国商业出版社,1982年,第14页。
② [宋]徐兢:《宣和奉使高丽图经》卷三十三至三十四,清文渊四库全书本。
③ 倪文俊:《嘉定封滨宋船发掘简报》,《文物》,1979年第12期。
④ 参见王玉哲:《中国古代物质文化》,高等教育出版社,1990年,第380—381页。

则私船（民船）比官船还要大一倍。所谓"载米"，即指漕运，而运河为漕运的动脉。

北宋有4河可通漕运。这4河是汴河、黄河、惠民河、广济河，"而汴河所漕为多"①。《宋史》卷九十三《河渠志三》，张洎云：

> 汴水横亘中国，首承大河，漕引江、湖，利尽南海，半天下之财赋，并山泽之百货，悉由此路而进。

这说明汴河在漕运上的重要性，于宋不减于唐。

汴河利在漕引长江流域尤其是东南的财赋与百货。宋太祖开宝五年，两浙仍在吴越之手，即曾"率汴、蔡两河公私船，运江、淮米数十万石以给兵食"。至太宗太平兴国初，夺占两浙，岁运米骤增至400万石，"所在雇民挽舟"。运输以"纲"为单位，太平兴国八年制定："凡一纲计其舟车役人之直，给付主纲吏雇募，舟车到发，财货出纳，并关报而催督之。"②

宋漕运有所谓"转般"之法。《宋史》卷一百七十五《食货三上》载，徽宗时，户部尚书曾孝广尝说：

> 往年，南自镇州江岸，北至楚州淮堤，以堰潴水，不通重船，般剥劳费。遂于堰旁置转般仓，受逐州所输，更用运河船载之入汴，以达京师（开封）。

曾孝广以为转般循用既久，"吏卒糜费与在路折阅，动以万数"，不如易转般为直达。徽宗采纳他的建议，命"六路郡县各认岁额，虽湖南、北至远处，亦直抵京师，号'直达纲'"③。

转般与直达有反复，钦宗靖康元年规定："东南六路上供额斛，除淮

---

① ［元］脱脱等：《宋史》卷一百七十五《食货三上》，中华书局，1977年，第4250页。
② ［元］脱脱等：《宋史》卷一百七十五《食货三上》，中华书局，1977年，第4250页。
③ ［元］脱脱等：《宋史》卷一百七十五《食货三上》，中华书局，1977年，第4258页。

南、两浙依旧直达外,江、湖四路并措置转般。"①

南宋时期,汴京开封非复宋有,汴、淮交通断绝,汴流干涸,竟成枯河。可资利用的只有800里的江南运河。这段运河,梁、陈以前虽有舟楫往来,但不通漕运。隋炀帝予以加广,"始凿渠八百里,皆阔十丈"。陆游《入蜀记》云,宋高宗之"所以能驻跸钱塘,以有此渠耳"。他看出了江南运河对南宋的重要性。《宋史》卷九十七《河渠七·浙西运河》云:

> 至嘉定间,臣僚又言:"国家驻跸钱塘,纲运粮饷,仰给诸道,所系不轻。水运之程,自大江而下至镇江则入闸,经行运河,如履平地,川、广巨舰,直抵都城,盖甚便也。"

宋人施谔所撰《淳祐临安志》卷十云:

> (临安)城外运河,在余杭门外北新桥之北,通苏、湖、常、秀、镇江等河。凡诸路纲运,皆由此达于行都。

可见江南运河之于南宋,仍不失为一条交通命脉。

海运独著于南宋。吴自牧《梦粱录·江海船舰》有云:

> 浙江乃通江渡海之津道,且如海商之舰,大小不等,大者五千料,可载五六百人;中等二千料至一千料,亦可载二三百人;余谓之"钻风",大小八橹或六橹,每船可载百余人。……若欲船泛外国买卖,则是泉州便可出洋。

南宋海运事业的发达,与指南针的发明关系至为密切。吴自牧在《梦粱录·江海船舰》中写道:

---

① [元]脱脱等:《宋史》卷一百七十五《食货三上》,中华书局,1977年,第4259页。

若经昆仑、沙漠、蛇龙、乌猪等洋，神物多于此中行雨，上略起朵云……顷刻大雨如注，风浪掀天，可畏尤甚。但海洋近山礁则水浅，撞礁必坏船。全凭南针，或有少差，即葬鱼腹。

《梦粱录》这段记述，不见于通史甚至专论指南针的著作，特为揭之于上。此段所记，为指南针运用于南宋航海事业的明证。

元朝建都于燕京，称为"大都"，即今北京。为沟通漕运，自至元二十年起，先于山东境内开了济州河与会通河。济州河利用泗水和汶水做水源，沟通了由济宁到东平湖的水道。会通河以汶水做水源，沟通了由须城至临清御河的水道。复于河北境内开通惠河，引用昌平县神山泉等诸水源，从北京到通县接潞白河至直沽。从此江淮之运，由临清入御河至直沽，由潞白河入北京。

河道初开，岸狭水浅，漕船载重量有所限制，船只数量亦有所限，每年漕运仅数十万石，远不敷元朝资粟东南的要求。在元，以海运为主。

第四节　商业的开发

中国的商业发展到宋代，发生了一次革命性的变化。自古代直至唐宋，作为商品交换地点的市场，都由政府设立并进行管理。政府管理市场的目的，是为了抑制商业的自由发展，这是历代王朝贯彻抑商政策的一个重要手段。历代的市场管理制度皆本于《周礼》，《周礼》地官有司市，其属官有质人、廛人、胥师、贾师、司暴、司稽、肆、泉府、司门等官。质人主平定物价，廛人掌征税，贾师定物价，泉府掌钱币，司暴察暴乱，司门掌市门之启闭，其余的官也都有具体的分工。市场设官之多和分职之细，可知商人是受政府严格管制的。这样复杂的市场管理制度一直延续到唐代。《唐会要》卷八十六记载了唐宣宗大中年间（847—860年）重新厘定的《州县职员令》规定：

> 大都督府市令一人，掌市内交易，禁察非为。通判市事丞一人，掌判市事，佐一人，史一人，师三人，掌分行检察。州县市各令准此。

这种情况到宋代发生了变化：唐时某些城市如扬州坊市已经不分，且有夜市。两宋时期随着城坊制度的取消，一切管理制度都不存在了；城内市场不再是官府特设的一个固定区域，专设的众多市官自然就跟着撤销了，政府不再干预和管制商人的正当营业活动；商人不仅可以自由选择营业地点，而且可以日日夜夜进行交易活动。《宋会要辑稿·食货六十七》载，从宋初起，正式驰夜禁，准许开夜市，"太祖乾德三年四月十三日……令京城夜市至三鼓已来，不得禁止"。这样一来，多年来在商业经营上所设置的人为障碍全消失了，这是宋代长江流域商业获得长足发展的首要原因。

另外，两宋时期，长江流域的农业和手工业都比前代有了较大的发展，这为商品交换创造了极为有利的条件。由于政治经济形势的变化，北宋时，南方在经济上已超过北方，成为全国经济和财赋的重心，也是商品资源的主要供应地。到南宋建都临安后，未曾发生大的战事，社会较为安定，加上海外贸易的畅通、商品交换的发达，从而使长江流域的商业又在北宋的基础上进一步繁荣起来。

下面分几个方面来论述宋代长江流域商业发展的基本状况。

（一）商品品种的增多与流通地域的扩大

两宋时期，长江流域农业、手工业的发展，使得各地的商品交流十分活跃。在农产品交流方面，主要是农业商品品种的构成发生了变化，这是两宋商业发达的一个重要标志。其主要表现有三：

一是商品粮的上市量超过了前代。两宋时期产米最多的地区是两浙，两浙又以苏、湖、常、秀等州为中心。南宋时江南地区所产的粮食，多数运往杭州，因此杭州就成了东南商品粮的集散地，所谓"薪南粲北，舳舻相衔"。《梦粱录·米铺》云：

> 杭州人烟稠密，城内外不下数十万户，百十万口。每日街市食米，除府第、官舍、宅舍、富室，及诸司有该俸人外，细民所食，每日城内外不下一二千余石，皆需之铺家。

可以看出，当时杭州粮食的消耗量是很大的。来杭的粮食大多来自苏、湖、常、秀4州和淮南、江西、湖南等地。其中以湖州为最多，所以南宋时杭州北门外有一市镇叫作"湖州市"（即今湖墅），是杭州主要的米市。建康府的粮食需求量也很大，民食每日需米2000石，则每年须供米70万石。一些较小城市，也大量需要外地粮食。安徽池州（今贵池），即使丰收年景，民食也靠上江客船运来，方能满足。湖南桂阳军（今桂阳）须商人从郴州运来，才能维持，如果此路断绝，则民食无法解决。在城市中经营米谷的商户，称为米铺。他们当中有的是富商大贾，可以操纵行会，又可以米牙人的身份出现，凭借卖米须经过米牙的特权，强行收买，掺水，抬价，用小斗出售，攫取暴利。据洪迈《夷坚志补》载，徽州歙县李某，用数十金作资本，在湖北汉川县经营米铺，7年后，积富数千缗，成为当地富家，这说明米铺所获利润是相当丰厚的。

二是有更多的农副产品和手工业原料进入市场。以丝和丝织品为例。南宋时长江流域出现了以承揽他人租赋为业的揽户。应纳户如果没有应纳税品的绢帛可纳，揽户就向机户低价购买，再以高价卖给纳税户，对双方进行中间剥削。据《宋会要辑稿》记载，绍兴三十年（1160年）两浙转运司记述武康、乌程、归安、吴兴、安吉、德兴等县缴纳丁绢的情况时，曾提到"揽纳之人"。《蒙斋集》对揽户的中间剥削作了深刻的揭露："其受于税户也，则昂其价，其买诸机（织）户也，则损其值。"以转手渔利。但应该看到，这种情况也促使纺织业与缲丝业分离，加大了绢帛商品化的程度，使丝纺织业逐渐与市场发生了更多的联系。

三是其他农业经济作物的上市量也增加了。水果的上市量，宋代远远超过唐代，品种也很多，如外地来临安销售的各种水果有福柑、福李、台柑、洞庭橘、衢橘、陈州果儿、密云柿儿、罗浮橘、温橘、樱桃、荔枝、圆眼、葡萄等。调味品的销量也很大，仅胡椒一项，每日运往临安食用的即有44担之多，每担合223磅，共计有9812磅。这个数字是十分惊人的。作为园艺作物的花卉，也大量进入市场，在临安出售的著名花卉就有牡丹、芍药、红梅、腊梅、月季、菊花、荷花、碧蝉、聚八仙、百合、水仙、迎春、石竹等。茶的上市量，宋代更是大大超过唐代。以川茶为例，南宋时期，川茶易马盛时年达一二万匹之多，每年茶利收入达200万贯之多，几乎与东南茶利相等。

宋代长江流域，随着手工业生产的发展，手工业商品品种也增加了，其结构也发生了某些变化。这一时期手工业商品主要有：一是丝织品。宋代丝织业以两浙、川蜀最为发达。当时在临安城里有很多有名的彩帛铺，见之于宋人笔记的就有"刘家、吕家、陈家彩制铺""市西坊北钮家彩帛铺""清河坊顾家彩帛铺""三桥街柴家绒线铺""抱剑街李家丝铺""沿桥下生帛铺""平津桥生绢一红铺"等等；还有一些专业店铺，如"幞头铺""腰带铺""头巾铺"等。这些丝绸商铺，买卖昼夜不停，生意兴隆。此外，浙江各地尚有数量可观的流动商贩从事丝织品的长途运输。嘉泰《会稽志》卷十七载：诸暨生产的"花山绢"等，最宜裁制春服，"邦人珍之，或有贩鬻至杭"①。杭州仁和地区"以鬻缯为业"②的商贩相当多。《宋会要辑稿·食货十七》载，天圣元年（1023年），富阳民蒋泽等，截获婺州贩罗客沈赞，因沿途偷税，将沈所贩之罗182匹尽没入官。足见此时期长江流域的丝绸贸易网点分布甚广，流通领域空前扩大。二是书籍、纸张、笔墨。由于印刷业发达，印书刻书出售的人甚众，书店纷纷出现。临安、苏州、成都、徽州和建阳是当时书籍的主要供应地。印书量的增大又刺激

---

① 嘉泰《会稽志》卷十七《草部》。
② [元]脱脱等:《宋史》卷四百五十六《孝义传·顾忻传》,中华书局,1977年,第13395页。

了纸张上市量的相应增加,民间的造纸业发展很快。市场上出现了许多名牌纸,有安徽宣州的宣纸,安徽池州的池纸,安徽歙县的龙须纸、鄱阳白,浙江海盐的金粟山藏经笺,浙江杭、越等州的藤纸,江西吉州的竹纸,抚州的茶杉纸、牛舌纸,成都府路的蜀笺,湖北鄂州的蒲圻纸等,其中歙州纸与池州纸都有"轻细"的特点,市场价格昂贵,运到四川销售,比蜀笺价钱高出4倍,但仍受欢迎。"蜀诸司及州县,缄牍必用徽(即歙州)、池纸"①。宋代长江流域笔的生产有4处闻名:一是安徽宣州诸葛氏的笔,二是浙江湖州的笔,三是江苏常州的许氏笔,四是江西弋阳的李展笔,这些笔在市场上都很畅销。此外,安徽徽州和浙江衢州的墨,也很受市场欢迎。第三种手工业商品是瓷器。宋代长江流域的瓷器制作,无论在技法、装饰、品种等方面,都比以前有了很大的进步,因而在市场上占有很重要的地位。这时,瓷器不仅满足国内需要,而且大量出口,畅销于国外市场。此外,江淮和沿海的水产,江南的食品、藤制品、漆器、各种席和扇等日用品,湖州、明州的铜镜,温州和杭州的漆器等,都行销全国各地,深受消费者欢迎。

宋代长江流域商品交流的情况已如上述。现将《宋会要辑稿·食货》十五至十七中所载熙宁十年(1077年)长江流域各地商税数额排列如下,以考察各地商业活动的地位(商税数额的单位为贯,逗号后为文。编号以数量多少为序)

长江流域各地商税数额

地区	商税数额	编号
淮南东路	422 206 718	③
淮南西路	359 070 771	⑥
两浙路	867 714 624	①
江南东路	361 811 051	⑤

① [元]费著:《蜀笺谱》,清嘉庆墨海金壶本。

续　表

地区	商税数额	编号
江南西路	248 520 800	⑧
荆湖南路	178 298 354	⑪
荆湖北路	188 313 075	⑩
成都府路	725 814 036	②
梓州路	348 355 059	⑦
利州路	363 392 346	④
夔州路	230 977 145	⑨

据此，两浙商税数额最多，说明这里的商业活动很频繁，贸易量也很大。其次为成都府路，淮南东路居第三位。荆湖南、北路，夔州路，江南西路的商税额则相对较少，表明这些地区的商业较为萧条。

（二）商业行业的增多与商业分工的日益完善

长江流域商业行业的种类和数目，到宋代有了显著的增多。如临安城内无论大街小巷，店铺林立，买卖兴旺。各种商品都有一定集中的区域，凡同一类的商店，大都集中在一处或数处，称为"行"或"团"或"市"。《梦粱录·团行》云：

> 有名为"团"者，如城西花团、泥路青果团、后市街柑子团、浑水闸鲞团。又有名为"行"者，如官巷方梳行、销金行、冠子行、城北鱼行、城东蟹行、姜行、菱行、北猪行、候潮门外南猪行、南土北土门菜行、坝子桥鲜鱼行、横河头布行、鸡鹅行。更有名为"市"者，如炭桥药市、官巷花市、融和西坊珠子市、修义坊肉市、城北米市。

其中如融和西坊的珠子市，商品交易非常热闹，买卖动辄都以万贯计算，贵家富室，多住在珠子市附近。自五间楼北到官巷南街，两行多是上等金银钞引交易铺，几百余家，门前陈列金银器皿和现钱，叫作"看垛钱"。有"大质库"（即当铺）10多处，非万贯以上不收当。

其实不仅各种商业经营者有各自所属的行或市，就是一些服务性行业也都有自己的行。如南宋杭州服务性行业就很多，吴自牧在《梦粱录·诸色杂货》中所记只有几十种，大致与北宋相同，周密在《武林旧事·小经纪》中列举了170多种，《西湖老人繁盛录》所记414行中从名称上看出是服务性行业的也有100余种。将以上各书所列的种类，综合起来，除去重复者，仍不下200多种，可谓无所不有。各个行业都有其特殊的服装，以表示自己属于某种行业。《梦粱录·民俗》云：

> 杭城风俗，凡百货卖饮食之人，多是装饰车担，盘盒器皿新洁精巧，以耀人耳目，盖效学汴京气象，及因高宗南渡后，常宣唤买市，所以不敢苟简，食味亦不敢草率也。且如士农工商诸行百户衣巾装著，皆有等差。香铺人顶帽披背子。质库掌事，裹巾著皂衫角带。街市买卖人，各有服色头巾，各可辨认是何名目人。自淳祐年来，衣冠更易，有一等晚年后生，不体旧规，裹奇巾异服，三五为群，斗美夸丽，殊令人厌见，非复旧时淳朴矣。

可见各行的服装，都有自己鲜明的特色。

这时长江流域的商业分工也日益完善。商人中不仅有坐商与行商之分，有商家和商贩之别，而且批发商和零售商的分工也较前代明显。零售商业和饮食商业中又有大型商店和小型商店之分。如临安城里的许多大店，门面广阔，屋宇华丽，招徕顾客。商业行业的增多和分工的细致，是宋代城市经济发展的一个方面。

(三)城市商业的繁盛

有宋一代,由于经济重心的南移,长江流域城市商业繁荣的程度已逐渐超过北方。这可以从仁宗嘉祐年间(1056—1063年)宋政府征收商税税额的多少看出个大概。嘉祐年间,全国各地商税税额每年在40万贯以上的城市有2处,全在长江流域;20万贯以上的城市5处,也都在长江流域;10万贯以上的18处中,在长江流域的有17处;5万贯以上的31处,长江流域有18处;3万贯以上的43处,长江流域也有22处。由此可见,宋代长江流域城市的商业已较北方更繁荣[①]。

在宋代长江流域,许多大、中、小城市都获得了较大的发展。大城市中以杭州为典型,代表了这一时期长江流域城市经济发展的水平。

杭州襟江抱湖,内有运河通航,外接海洋商舶,交通极为便利。又地接长江下游及太湖流域农业、手工业最发达的地区,使商业的发展具有雄厚的物质基础。杭州原是吴越钱氏在隋郡城基础上扩建的方圆70里的大城。在北宋时期,这里的商业已经相当发达,南宋时移此作行都后,西北流寓之人大量涌向杭州,《建炎以来系年要录》卷一百七十三载,"辐辏骈集,数倍土著,今之富室大贾,往往而是",人口大增。孝宗乾道时,杭州有26万多户,到南宋末年更增为38万多户,120多万人,这还不包括庞大的官府机构和军队人数。杭州是南宋的政治中心,也是商业繁荣的大城市。

杭州城内拥有许多作坊、团行、质库、邸店、酒楼、茶坊等,交易非常活跃。"自大街及诸坊巷,大小铺席,连门俱是,即无虚空之屋",客贩往来,旁午于道,买卖热闹,如此繁华热闹,已与近代的大商业都市,没有两样。除日市外,尚有夜市和早市。夜市除大内前外,其他各地也是如此,以中瓦前最为热闹,"扑卖奇巧器皿百色物件,与日间无异"[②]。大街

---

① 参见《宋会要辑稿·食货》。
② [宋]孟元老等:《东京梦华录·都城纪胜·西湖老人繁胜录·梦粱录·武林旧事》之《都城纪胜·市井》,中国商业出版社,1982年,第3页。

上的营业则是"买卖昼夜不绝,夜交三四鼓,游人始稀"①。"其余坊巷市井,买卖关扑,酒楼歌馆,直到四鼓后方静,而五鼓朝马将动,其有趁卖早市者,复起开张。无论四时皆然"②。杭州的夜市一年四季都经营,即便是气候恶劣的夜晚也不例外:"冬月虽大雨雪,亦有夜市盘卖。"③夜市的兴盛表明,随着坊市制度的彻底崩溃,商业的营业时间已不受任何限制,这是商品经济发展的需要和结果。关于早市的情况,《梦粱录·天晓诸人出市》中有详细记载:

> 御街铺店,闻钟而起,卖早市点心,如煎白肠、羊鹅事件、糕、粥、血脏羹、羊血、粉羹之类。冬天卖五味肉粥、七宝素粥,夏月卖义粥、馓子、豆子粥。又有浴堂门卖面汤者,有浮铺早卖汤药二陈汤,及调气降气及石刻安肾丸者。有卖烧饼、蒸饼、糍糕、雪糕等点心者。以赶早市,直至饭前方罢。及诸行铺席,皆往都处,侵晨行贩。……早市供膳诸色物件甚多,不能尽举。自内后门至观桥下,大街小巷,在在有之,不论晴雨霜雪皆然也。

杭州早市供应的点心,花样很多,烹调方法既多且精,四时品味皆有不同,据载,单是供应的熟食品就有200来种④,可谓琳琅满目,应有尽有。

当时杭州城内有各种小贩,沿街串巷贩卖各种日用杂物,这是杭州商业的一个重要方面,称为"诸色杂货"。《梦粱录·诸色杂货》云:

---

① [宋]吴自牧:《梦粱录》卷十三《夜市》,浙江人民出版社,1984年,第119页。
② [宋]孟元老等:《东京梦华录·都城纪胜·西湖老人繁胜录·梦粱录·武林旧事》之《都城纪胜·市井》,中国商业出版社,1982年,第3页。
③ [宋]吴自牧:《梦粱录》卷十三《夜市》,浙江人民出版社,1984年,第120页。
④ 参见[宋]吴自牧:《梦粱录》卷十三《天晓诸人出市》《夜市》《诸色杂货》,浙江人民出版社,1984年,第118—122页;卷十六《酒肆》《分茶酒店》《面食店》《荤素从食店》,浙江人民出版社,1984年,第141—148页。

凡宅舍养马，则每日有人供草料。养犬，则供饧糠。养猫，则供鱼鳅。养鱼，则供虮虾儿。若欲唤锢路钉铰、修补锅铫、箍桶、修鞋、修幞头帽子、补修鱿冠、接梳儿、染红绿牙梳、穿结珠子、修洗鹿胎冠子、修磨刀剪、磨镜，时时有盘街者，便可唤之。且如供香印盘者，各营定铺席人家，每日印香而去，过月支请香钱而矣。供人家食用水者，各有主顾供之……其巷陌街市，常有使漆修旧人，荷大斧斫柴间，旱修扇子，打蜡器，修灶，提漏，供香饼炭墼，并挑担卖油、卖油苕、扫帚、竹帚、笼帚、鸡笼担、圣堂拂子、竹柴、茹纸、生姜、姜芽、新姜、瓜、茄、菜、蔬等物，卖泥风炉、行灶儿、天窗、砧头、马杓……

此外，还有各种铜铁器、木器材、文具、玩具、日用生活品、花卉及副食品、风味小吃等货物出售。出售这些诸色杂卖的都是零售商，在零售商背后是批发商，由各行行头在批发店确定价格后，然后将货物分俵市内铺家零售，谓之"上行"，每一行业都自有其上行之所，交易数量巨大，发送搬运，也各有船户、脚夫承揽，组织严密，井井有条，各有一套有效的管理制度，这由米铺、肉铺、鳖铺的经营情况可见一斑[1]。

南宋杭州的饮食业十分发达，并形成了多元经营的特色。当时杭州的酒肆很多，一般"兼卖诸般下酒，食次随意索唤，酒家亦自有食牌，从便点供"。有一类"包子酒店"，"专卖灌浆馒头、薄皮春茧包子、虾肉包子、鱼兜杂合粉、灌煎大骨之类"[2]。又有"肥羊酒店"，如"丰豫门归家、省马院前莫家、后市街口施家、马婆巷双羊店等铺，零卖软羊、大骨龟背、烂蒸大片，羊杂㸇四软，羊撺四件"[3]。面食店，不仅"更有面食名件：

---

[1] ［宋］吴自牧：《梦粱录》卷十六《米铺》《肉铺》《鳖铺》，浙江人民出版社，1984年，第148—150页。

[2] ［宋］吴自牧：《梦粱录》卷十六《酒肆》，浙江人民出版社，1984年，第141页。

[3] ［宋］吴自牧：《梦粱录》卷十六《酒肆》，浙江人民出版社，1984年，第141页。

猪羊盦生面、丝鸡面、三鲜面、鱼桐皮面、盐煎面、笋泼肉面、炒鸡面、大熬面、子料浇虾臊面、熬汁米子、诸色造羹"等，而且"又有下饭，则有焙鸡、生熟烧、对烧、烧肉、煎小鸡、煎鹅事件、煎衬肝肠、肉煎鱼、炸梅鱼……下饭。更有专卖诸色羹汤、川饭，并诸煎鱼肉下饭"①。可见宋代杭州城内的饮食业，已经具有饮食合一、多元经营的特点。杭州饮食业的多元经营还表现在经销形式上的多样化。基本上可分为固定经营与流动经营两种形式。固定经营可分专营与兼营。专营是指酒楼、茶店、食店，主要设于城市的主要街道内及交通要道，规模较大。兼营则指在家门附近所设的一些饮食小摊，兼及小百货的买卖，小本小利，规模较小。流动经营也可分为陆上与水上两种形式。陆上，如"夜市于大街有车担设浮铺，点茶汤以便游观之人"②。"又有盘街叫卖，以便小街狭巷主顾"③。水上经营，如西湖，"湖中南北搬载小船甚夥，如撑船卖羹汤、时果，……及供菜蔬、水果、船扑、时花带朵、糖狮儿、诸色千千、小段儿，……。更有卖鸡儿、湖䱉、海蜇、螺头，及点茶、供茶果……"④饮食业的多元经营既适应了城市经济的发展和消费者的需要，也扩大了本身的经营范围，从而能在商业竞争上获取更多利润。

值得注意的是，饮食业的多元经营促进了饮食市场内部分工的发展，有助于饮食业内部新生产关系即雇佣关系的出现。宋代杭州饮食业内部的各种人员很多是通过劳动力交易雇佣而来。《梦粱录·雇觅人力》云：

> 凡雇倩人力及干当人，如解库掌事，贴窗铺席，主管酒肆食店博士、铛头、行菜、过买、外出醫儿、酒家人师公，大伯等人，……俱各有行老引领。

---

① [宋]吴自牧：《梦粱录》卷十六《面食店》，浙江人民出版社，1984年，第146页。
② [宋]吴自牧：《梦粱录》卷十六《茶肆》，浙江人民出版社，1984年，第140页。
③ [宋]吴自牧：《梦粱录》卷十六《鲞铺》，浙江人民出版社，1984年，第150页。
④ [宋]吴自牧：《梦粱录》卷十二《湖船》，浙江人民出版社，1984年，第111页。

他们依靠出卖劳动力为生，与业主、店主之间是雇佣关系。商品生产与商业经营中出现雇佣关系，表明了杭州饮食业的多元经营特色已经超过简单商品生产的水平。它给社会经济带来了新的活力[①]。

杭州之外，苏州、扬州、荆州、成都、建康、镇江、长沙、吴兴、吴江、衢州等地，也都是商业繁盛的城市。苏州位于太湖平原中部，是京杭运河的必经之地。西近太湖，东邻阳城、金鸡、独墅等湖群，是著名的江南古城。两宋时，这里的商业十分兴盛，号为"金扑满"。扑满为古时人们积钱的一种器具，平时只能装钱，钱满后，用时再破开。建炎三年（1129年）底，金兀术屠平江，城中十室九空。战后经过60年的恢复，到淳熙十一年（1184年）有户17万，人口数十万，成为两浙的第二大城市。据《宋平江城坊考》记载，当时苏州已发展为行业组织。行业间分工很细，有米行、丝行、果子行、鱼行、船行等，此外，尚有制作衣帽冠带，金银首饰、胭脂花粉、箫管鼓乐等几十种行业。每个行业都有它的集中处所，因此坊巷的名称，也多依行业而命名，如绣线坊、巾子巷、乐鼓巷、金银巷等。为了满足集中于城市的官吏、地主、富商的消费享乐，勾栏歌馆、酒楼食肆、诸色杂艺等，也都相应地产生了。扬州在唐代即为大型的繁荣的商业城市，当时有"扬一益二"之称。到北宋，扬州的商业继续发展，除了继续转运漕米和盐以外，岭南、川蜀的货物也多集中到扬州，然后由运河北运。扬州在商业上，几乎控制了大半个中国，所以宋沈括在《扬州重修平山堂记》说：

> 扬州常节制淮南十一郡之地，自淮南之西，大江之东南，至五岭蜀汉十一路百州之迁徙贸易之人，往还皆出其下，舟车南北日夜灌输京师者居天下之七。

荆州是长江中游商业兴旺的城市，这里当南北要冲，形成《荆州十

[①] 参见陈伟明：《唐宋饮食文化初探》，中国商业出版社，1993年，第93—96页。

首》所云"北客随南贾，吴樯兼蜀船"的交易盛况。位于长江上游的成都，也为工商繁盛之地。元初意大利人马可波罗游历中国时，曾称成都为西南大都会，商人载货物进出往来，"世界之人无能想其盛者"。其他如荆南、长沙、襄阳、沙市、太平州等地也都是著名的商业城市。

(四)市镇与集市商业的发展

宋代长江流域除了城市商业十分繁盛外，介于农村和城市之间的市镇商业也有新的发展，尤其是水陆交通便利的州郡县城或乡镇，江商海贾可以云集，四方百货由此聚散，因而其繁荣情况也俨然是一个商业都会。在农村交通便利的地区，还有众多的集市，它们拓宽了国内市场，活跃了商品经济，因而也值得一书。

先谈市镇商业：

两宋时期，随着水路交通和商业的发达，长江流域出现了大批的市镇。据《梦粱录》称：

> 杭州有县者九，独钱塘、仁和附郭，名曰赤县，而赤县所管镇市者一十有五，且如嘉会门外名浙江市，北关门外名北郭市、江涨东市、湖州市、江涨西市、半道红市，西溪谓之西溪市，惠因寺北教场南曰赤山市，江儿头名龙山市，安溪镇前曰安溪市，艮山门外名范浦镇市，汤村曰汤村镇市，临平镇名临平市，城东崇新门外名南土门市，东青门外北土门市。今诸镇市，盖因南渡以来，杭为行都二百余年，户口蕃盛，商贾买卖者十倍于昔，往来辐辏，非他郡比也。

杭州郊区的这些市镇，其"南西东北各数十里，人烟生聚，民物阜蕃，市井坊陌，铺席骈盛，数日经行不尽"①。湖州的乌墩、梅溪、四安等镇，都是人烟繁盛之地，派有文武官员驻在此处。庆元府管下的鲒琦

---

① [宋]吴自牧：《梦粱录》卷十九《塌房》，浙江人民出版社，1984年，第180页。

镇，依山濒海，居民数千家，脱离农业，"居廛者则贸迁有无，株守店肆"。"习海者"则下海捕捞为业，"并海数百里之人，凡有负贩者皆趋焉"①。建康周围有14个镇，35个市②。苏州吴江县的平望，是运河上的重要市镇，"宋元间两岸邸肆间列以便行旅"③。江阴县的江下市"以通黄田港，绍熙间商船倭舶岁尝辐辏，故市大于城闉"。南宋嘉定时，"高丽、日本不至，非复曩日。然而通、泰、靖所之贸易者犹翕集焉"④。可见江下市和黄田港在宋代，已是长江边上的重要商业市镇了。嘉定县的钱门塘，"南宋嘉定未立县前，曾设仓储于此，粮艘自徐公浦入吴淞江，漕渠深通，商贾辏集，居室鳞比，东西市连接可四五里，有税务、酒坊。其西北境名紫荡者，尤多富商大户之庭园"⑤。松江南汇县的拔赐庄为宋时巨镇⑥。青浦县的泰来桥"宋元来人烟稠密"，其青龙镇也是宋代的巨镇，倚连江通海的优越地理位置，为海舶辐辏之地，人称小杭州，是海上贸易的商业港口，后因海口东移，逐渐被上海所取代。

有些州郡市镇由于特殊的地理位置，水陆交汇，有发展商业的优越条件，所以这些市镇便成为该州郡的一大商埠，俨然一大都会，其盛况远过于州郡城邑，如湖北鄂州的南市，就是最大的一个商业市镇，陆游在《入蜀记》卷四中这样描述道：

（乾道六年八月）二十三日，便风挂帆，自十四日至是始得风。食时至鄂州，泊税务亭，贾船客舫，不可胜计，衔尾不绝者数里，自京口以西皆不及，李大白赠江夏韦太守诗云：万舸此中来，连帆下扬州。盖此郡自唐为冲要之地。……市邑雄富，列肆繁错，城外南市亦数里，虽钱塘、建康不能过，隐然一大都会也。

---

① 吴潜:《许国公奏议》卷三《奏禁私置团场以培植本根消弭盗贼》，清钞本。
② 参考景定《建康志》卷十五《疆域志》。
③ 光绪《震泽县志》卷四《疆土四》。
④ 嘉靖《江阴县志》卷二。
⑤ 童世高:民国《钱门塘志》。
⑥ 嘉庆《松江府志》卷二《疆域》。

范成大也曾目睹过南市的盛况,他在《吴船录》卷下记述说:

（淳熙四年八月）辛巳晨,出大江,午至鄂渚,泊鹦鹉洲前南市堤下,南市在城外,沿江数万家,廛闬甚盛,列肆如栉,酒垆楼栏尤壮丽,外郡未见其比,盖川、广、荆、襄、淮、浙贸迁之会,货物之至者无不售,且不问多少,一日可尽,其盛壮如此。

南宋诗人戴式之有诗云:"江渚鳞差十万家,淮楚荆湖一都会。"[①]鄂州之盛远远超过江陵,成为长江中游最大的商业中心。湘潭县的储洲市,位于从行在杭州出发,经两浙东路、江南西路与湘江联接的水陆大干道枢纽之要冲,是舍车就船逆湘水前往广南西路的中转站,行旅络绎,"故交易甚伙敌壮县"。陈傅良《止斋文集》卷五十二《行状》:"酒课岁尝至缗钱二十万。"显然,这是一个规模雄壮的市镇。湘水北去,向西拐弯处有下摄市。诗人乐雷发在《雪矶丛稿》卷三《下摄市》中这样吟咏道:

吟到湘潭一叶黄,贾胡踪迹正悲凉。抱琴沽酒异乡客,打鼓发船何都郎?楚女越商相杂沓,淮盐浙楮自低昂。尘埃市井无人识,濯足江头望八荒。

可见,这是一个繁华水市,云帆竞集,商客杂沓,他们来自长江上下,外郡异乡,淮盐堆雪,浙楮流通,简直是湘江中游的商业都会。太平州的黄池镇,其规模不亚于上面几个镇,也是一个商贾辐辏,市内商店林立,"列市如栉"的大的商业中心,据目睹其盛况的周必大在《周益国文忠公集》卷一百七十一《南归录》中所记述,其情况如下:

（乾道壬辰四月丁巳）急登舟解维度湖,……凡三十里至石桥头,

[①] [宋]戴复古:《石屏诗集》卷一《鄂州南楼》,钦定四库全书本。

八溪港，约五十里至太平州河口，两岸多居民，溪流不甚阔，烟树如画，稍前即永丰圩。夜泊黄池镇，镇距固城湖已百一十里，商贾辐辏，市井繁盛。俗谚有三不如：谓太平州不如芜湖，芜湖不如黄池也。

宋代长江流域兴起的这些市镇，除部分为州郡县治所在地外，大都在县城以下的县辖镇。从城市向"镇市"发展的过程，既典型地反映了商品经济由城市向周边伸展的横向进步，同时标志着中国封建专制社会的商品经济逐步把基础建筑在农副业经济的发展之上，也包含着纵向的进步。因此具有双重意义的市镇经济，引起了国内外学者的广泛兴趣。

再谈集市商业：

宋代长江流域的农村中有很多集市，都是些定时一聚、过时即散的临时市。这种初级的农村市场，唐代称草市，到宋，有一些草市已发展为市镇，但大部分仍保留着固有的性质。两浙地区草市甚多，叶适在《水心文集》卷十《瑞安县重建厅事记》中描写温州瑞安县乡间草市时说：

民聚而多，莫如浙东西。瑞安非大邑，而聚尤多。直杉高竹皆从产，复厢穹瓦皆赘列。夜行若游其邻，村落若在市廛、肤挠资决，或赴于令，暮往而朝达也。

"村落若在市廛"，说明草市中商品经济很活跃。理宗端平元年（1234年），刘宰为镇江府丹阳县丁桥乡太霄观所撰的记文中，指出："今夫十家之聚，必有米盐之市。"①10家的聚落当然是蕞尔小村，但必有米盐草市，说明这里草市的密度是很高的。杨万里下乡巡视，途经建康府溧水县时，曾作《方虚日斜再行宿乌山》诗说："多稼村村过，垂杨店店迎。"村村对店店，村必有店，说明不但草市很多，而且乡间市场网已逐步形成。苏州

---

① [宋]刘宰：《漫塘文集》卷二十三《丁桥太霄观记》，清文渊阁四库全书本。

吴县乡间的草市,"其民不耕耨而多富足,中家壮子,无不贾贩以游者"①,说明这里的农民已从农业中分离出来转为工商业者。李元弼在《作邑自箴》"劝谕民庶榜"条下自注说:扬州"镇市中并外镇、步、逐乡村店舍多处,各张一本"。看来当时江淮地区草市是很多的,"逐乡村店舍"尤可重视。江南一带乡间草市也很密集。陈允平《西麓诗稿·过田家》诗云:

村南啼布谷,村北响缫车。
隔浦卖鱼市,傍桥沽酒家。

在古老的乡村中,传统的耕(布谷催耕)织经济,嵌入了鱼市、酒家这类小商品市场,从而给农村自然经济注入了新的活力。四川地区平原上的草市,据目睹其盛况的陆游所记述,颇具特色:"绿树藏渔市,清江绕佛祠。"②密树稠林下,喧嚣的渔市比比皆是。一旦秋光耀金,"丹柿满野店,青帘出江堤"③。累累果实便成为应时货品。一到夏季,"邮亭慈竹笋穿篱,野店葡萄枝上架"④。夜间驰行,"半掩店门灯煜煜,横穿村市马萧萧"⑤。葡萄架下消暑,夜间村店呼饮,使行旅如归,道途方便。可见这里的草市是十分兴旺的⑥。

除草市外,还有一种定时在某地一聚,会毕即散的农贸市场,称为墟或虚,它是比草市更低一级的农村小集市,西蜀称这种市为痎,江南则称亥,陈郁《藏一话腴》甲集卷上:

---

① [宋]范成大撰,陆振岳校点:《吴郡志》卷三十七《县记》,江苏古籍出版社,1986年,第530页。
② [宋]陆游:《剑南诗稿》卷六《戏咏西州风土》。
③ [宋]陆游:《剑南诗稿》卷九《访客至西郊》。
④ [宋]陆游:《剑南诗稿》卷四《瑞草桥道中作》。
⑤ [宋]陆游:《剑南诗稿》卷五《过绿杨桥》。
⑥ 参见傅宗文:《宋代草市镇研究》,福建人民出版社,1988年,第107—108页。

都邑交易之地，通天下以市言，至村落则不然，约日以合，一阒而散，曰墟，以虚之日多，会之日少，故西蜀名墟曰痎，如疟之间而复作也。江南人嫌痎之名未美，而取其义，节文曰亥，……荆吴之俗，取当申、巳、亥日集，故亥日为亥市。张祐诗曰：野桥经亥市，山路过申洲。张籍江南曲有曰：江村亥日长为市。

宋代长江流域，随着商品经济的发展，政府承认墟市的合法地位，并给以优惠政策，《宋会要辑稿·食货十八》载，允许民间"从便交易，不得收税"，这种市场形势便在各地蓬勃地发展起来，较唐为盛。

江西星子庐山脚下有个归宗寺，其附近有个墟市。北宋诗人释道潜曾亲历其境，并作《归宗道中》诗，详细地描写了归宗墟市开市的情景。诗曰：

朝日未出海，杖藜适松门。老树暗绝壁，萧条闻哀猿。迤逦转谷口，悠悠见前村。农夫争道来，聒聒更笑喧。数辰竞一虚，邸店如云屯。或携布与楮，或驱鸡与独。纵横箕帚材，琐细难具论。老翁主贸易，俯仰众所尊。区区较寻尺，一一手自翻。得无筋力疲，两鬓埋霜恨。

由诗篇可知，墟市开市甚早，晨光熹微，农民便筠笼上道。此处墟市是期日市，数日一开。墟市建有很多的邸店。开市时，地上与店头，摆满了布匹、纸张、猪鸡、箕帚等农业与手工业生产品。墟市里不设专职的管理人员，而是委托有威望的长者主持贸易。该墟市所具备的种种特点，集中地反映了宋代长江流域墟市经营的普遍情形，因而具有典型意义。宋神宗熙宁年间（1068—1077年），梓州路"议置镇市税局，以图羡入"，反对者以"村落细民,间日而集,有无相易,苟营朝晡之费"①为由,加以拒绝。这则史料说明间日墟市是当地的一种普通贸易形态。东南地区也有很多墟市,请看几则史料。

《海录碎事》卷五《商贾货财部·市鄽门·子午会》:

> 池州俗喜为问,而市井无交易,聚落至有期日虚集处,谓之子午会。

陆游《入蜀记》卷二:

> (乾道六年七月)二十一日,过繁昌县,南唐所置。初隶宣城,及置太平州,复割隶焉。晚泊荻港,……荻港,盖繁昌小墟也。

《平庵悔稿后编》卷九《佛图市》:

> 兴国军道中,值虚市方合,此俗以卯、酉日趁墟。

宋代长江流域的墟市具有下面两个特点:

一是周期的多样化。有五七日者、二三日者,也有一二日者,这种现象一方面说明不同乡都、聚落之间经济发展的不平衡,另一方面也方便了墟市市民,使周近农民及穿街走巷的小商贩可以在不同的市日到不同的墟市交换不同的商品②。

二是交换关系十分频繁。两浙农村在南宋中后期,成为佃农聚居的地方,佃户们一次携米一石,或五七升,或三四升,到墟市出卖,买回香烛、纸马、油、盐、酱、醋、麸、面、药饵之类。粮店商人得米之后,用

---

① [宋]吕陶:《净德集》卷二十五《著作佐郎李府君墓志铭》。
② 参见傅宗文:《宋代草市镇研究》,福建人民出版社,1988年,第198—203页。

船运往杭、苏、秀等地销售,再买货以归①。在农业经济作物发达的地区,农民也把家庭副业产品向墟市抛售。刘克庄的《萍乡》诗说:"闻说萍乡县,家家有绢机。荒年丝价贵,未敢议寒衣。"这些以丝织物为副业的农民,本身穷困到不能衣暖的程度,为了交税不得不与市场联系起来。在墟市上交流的副业产品还有竹木用具、农具和其他铁制工具、漆蜡等等。另有一些农民则把经商作为副业,或逐步转为工商业者。如岳州的农民,《宋会要辑稿·食货六十九》云,"自来兼作商旅,大半在外",不肯返回故里,农民与商品市场联系的加强,以及从农业中分离出来转为工商业者,为宋代市镇及城市的发展提供了劳动力及原料市场。

(五)对外贸易的兴盛

两宋时期的对外贸易非常发达,在唐代的基础上又向深度和广度大大前进了一步,南宋又超过了北宋,成为对外贸易史上的鼎盛时期。宋代政府为了增加财政收入,对海外贸易极为重视。早在宋太祖开宝四年(971年),就设置市舶司于广州;以后,宋政府又在长江流域的杭州、明州、温州及秀州的华亭县(上海市松江一带)等地设置市舶司或市舶务。《宋会要辑稿·职官四十四》第二十条,绍兴七年(1137年)高宗说:"市舶之利最厚,若措置合宜,所得动以百万计,岂不胜取之于民!朕所以留意于此,庶几可以少宽民力尔。"又绍兴十六年(1146年)高宗又说:"市舶之利,颇助国用,宜循旧法,以招徕远人,阜通货贿。"南宋政府奖励对外贸易的原因,主要是宋廷南渡后偏安江南,半壁河山,版图不及北宋时的三分之二,剥削收入也随之大减。南宋政府一方面必须维持浩大的军费开支,另一方面,每年还要向金贡纳数量相当可观的金银和绢帛、茶叶等物,故此,唯有通过海外贸易来解决财政上的困难。再加上南宋统治者为满足腐朽生活的需要,要进口大量奢侈品和其他日常生活用品、药物等。因此南宋统治者积极采取措施,为了奖励外商来中国,在通商口岸创办外

---

① [元]方回:《续古今考》卷十八《附论班固计井田百亩岁入岁出》。

贸招待所，如杭州有怀远驿，明州、温州有来远驿等，对外商和商船还采取一系列保护措施，如规定市舶官员如果强行征收外商商税和收买货物，允许外商向宋朝廷控告、上诉；对遇风险漂泊而至的外国商船给予援救等。同时规定凡市舶纲首能招诱舶舟，抽解货物，累价及5万贯、10万贯者，可以补官[①]。当时纲首蔡景芳从建炎元年（1127年）至绍兴四年（1134年）招诱贩来货物净利收入高达98万余贯之巨，因此南宋政府便于绍兴六年（1136年）授予他"承信郎"的官爵。这些措施，对奖励和招诱外商来华贸易，起了很大的作用，促进了长江流域两浙地区海外贸易的发展。

两浙路面临东海，《宋会要辑稿·食货五十》第十八条载，这里的海面有"风涛低小"，便于各种船只安全行驶的优越条件，可供船舶停泊的港汊较多。整个两浙地区的社会经济又比较发达，商品经济比较繁荣，出口物质较为丰富，许多商业繁华的城市本身又正是水陆交通的都会。由于这种自然条件和社会经济条件，使得两浙地区拥有众多的贸易港口，如杭州、明州、温州、定海、镇江、平江府、江阴军、华亭县、澉浦及上海等。现择其重要者予以叙述：

1. 杭州港

杭州在北宋时即为全国对外贸易的四大港口之一（另三大港口是广州、泉州和明州）。它位于我国中部沿海，地理位置离首都汴京，较广州近得多，因此北宋政权对两浙市舶司所在的杭州特别予以重视。《宋会要辑稿·职官四十四》第二条，太宗端拱二年（989年）五月宋政府下诏说：

> 自今商旅出海外蕃国贩易者，须于两浙市舶司陈牒，请官给券以行，违者没入其宝货。

淳化年间（990—994年），宋廷虽然一度把市舶司由杭州移往明州定

[①] [元]脱脱等：《宋史》卷一百八十五《食货志下七》，中华书局，1977年，第4537页。

海县,但第二年又以"非便,复于杭州置司"。这个"非便"说明当时的海舶大都是直接从杭州湾进入杭州,其海外贸易的地位,似在明州之上。南宋时,随着商业的发达和航海技术的进步,杭州的海外贸易更加频繁。外国商船,云集临安。据载:"市舶务,在保安门外瓶场河下,凡海商自外至杭,受其券而考验之。又有新务。在梅家桥北。"①市舶务附近的白洋湖一带,建有"塌房数十所,为屋数千间,专以假赁与市郭间铺席宅舍、及客旅寄藏货物,并动具等物,四面皆水,不惟可避风烛,亦可免偷盗,极为利便"②。这些"塌房"就是堆栈和仓库,用以堆放从船舶上卸下或准备起运的货物。当时与杭州有贸易关系的国家有高丽、交趾、占城、安南、真腊(今柬埔寨)、罗斛(今泰国曼谷附近)、三佛齐等国,运到杭州的货物有龙涎、梅花脑片、沉香、乳香、檀香、香药、阿魏、没药、苏合油、蔷薇水、犀角、象牙、玳瑁、珊瑚、真珠、玛瑙、翠羽、高丽纸、人参、驯象、镔铁、木材等数十种,其中以香药为大宗。绍兴十四年(1144年)命诸商之以香药至者,十取其四。十七年(1147年)诏以沉香、豆蔻、龙脑之属,号细香药,十取其一③。香药的大量输入不仅增加了宋政府税收的来源,而且对我国医药学的发展也起了一定的作用。

距杭州城东25公里有澉浦镇(今海盐南),是对外贸易的商港。由于它是杭州港的外港,很多海外来杭州贸易的舶船至此地停泊及进行贸易,澉浦日益发展成为一个有相当规模的港口。到宋宁宗嘉定年间(1208—1224年)。这里出现了"商旅阜通"④的状况。理宗淳祐六年(1246年),宋廷在澉浦设市舶官。淳祐十年(1250年),还在澉浦镇东设立市船场。这说明,这时的澉浦已以一个海外贸易港的姿态出现于杭州湾北岸了。

2.明州港

明州也是两宋时期两浙海外贸易的重要港口之一。据张津《乾道四明

---

① [宋]吴自牧:《梦粱录》卷九《监当诸局》,浙江人民出版社,1984年,第80页。
② [宋]吴自牧:《梦粱录》卷十九《塌房》,浙江人民出版社,1984年,第180页。
③《建炎以来朝野杂记甲集》卷十五。
④ [宋]常棠:绍定《澉水志》卷七《还朝序》。

图经·分野》载：

> 明之为州，实越之东部，观舆地图则僻在一隅，虽非都会，乃海道辐辏之地，故南则闽广，东则倭人，北则高句丽，商舶往来，物货丰衍。

北宋时，日本、高丽等东方国家的海舶来华，都集中在明州。中国去日本、高丽经商的海舶，多由此地放洋，回国时也停泊于此。北宋诗人曾以这样的诗句形容当时明州中外贸易往来的盛况："城外千帆海舶风城"①，"梯航纷绝徼，冠盖错中州。草市朝朝合，沙城岁岁修。雨前茶更好，半属贾船收"②。"悠悠信风帆，杳杳向沧岛。商通远国多，酿过东夷少"③。可见，当时明州海外贸易之盛居两浙地区的前列。到南宋时期，明州的海外贸易活动基本上保持着繁荣的局面。"有司资回税之利，居民有贸易之饶。"④陆游《渭南文集·明州育王山买田记》："惟兹四明，表海大邦……万里之舶，五方之贾，南金大贝，委积市肆，不可数知。""珠宫贝阙竞来还，泉客蛟人争献宝"⑤。这些都是南宋文人描写明州贸易往来盛况的诗句。由于海外贸易发达，明州颇有通晓日本等国语言的译人。据南宋周辉《清波杂志》卷四载：

> 顷在泰州，偶倭国一舟漂泊在境上，一行凡三二十人，至郡馆谷之。或询其风俗，所答不可解。旁有译者，乃明州人，……后朝旨令津置至明州，趁便风以归。

---

① [宋]张津：《乾道四明图经》卷八《前题二首》。
② [元]袁桷：延祐《四明志》卷二十《集古考》。
③ [宋]梅尧臣：《宛陵先生集》卷二十一《送王司徒定海监酒税》，清乾隆文渊阁四库全书本。
④ [宋]胡榘修、罗浚：宝庆《四明志》卷六《市舶》。
⑤ [宋]王象之：《舆地纪胜》卷十一《诗》，清文渊阁四库全书本。

宋代外商来明州贸易的除日本和高丽外，尚有真里富、占城、阇婆、大食等国。外商有因长期留在明州经商老死的，如真富里一个大商人病死后，遗留资产巨万。南宋明州当局派人将其棺木护送回国，一无所取，博得当地人的好感①。这时外商输入明州的物品，细色有金子、砂金、银子、珠子、人参、麝香、红花、茯苓、药珠、鹿茸、蜡等，粗色有大布、小布、硫黄、螺头、皮角、翎毛、青器、铜器、合蕈、杉板、松板、白术、防风、芜夷等②。其中有些货物的输入量是很大的，如理宗宝祐年间（1253—1258年），庆元府（即明州）一年内由日本输入的黄金总额达四五千两③，这对南宋的金融市场影响很大。至于明州输往外国的货物，主要有瓷器、丝织品、腊茶、书籍文具等。货物的大量出口，拓宽了商品市场，增加了税收来源。

3.温州港

温州港位于瓯江下游南岸，有优良的港湾和发达的造船业。北宋后期，《宋会要辑稿·食货五十》载，宋政府规定温州"岁造船以六百只为额"，为当时国内造船定额最高的地区。这里又有丰富的可供出口的物质。瓯江上游的龙泉县，是著名的青瓷产地。温州的漆器素负盛名，在海外受到欢迎。在北宋时，这里就是个繁华的商业城市。哲宗绍圣二年（1095年），杨蟠任温州知州时，曾作咏温州诗："一片繁华海上头，从来唤作小杭州。"④以杭州来比拟温州，可见温州当时商业已相当繁荣。由于这种优越的自然条件和社会经济条件，使宋政府对温州的海外贸易极为重视，早在高宗绍兴元年（1131年）以前，宋政府就在温州设立了市舶务，隶属于此时尚设在杭州的两浙路提举市舶司。温州市舶务设立后，温州的海外贸易更加兴旺，国外的友好往来更为繁多。这时，日本、朝鲜、印度的商人纷纷来温州经商。《建炎以来系年要录》卷一百五十四载，绍兴十五年

---

① [宋]楼钥：《攻愧集》卷八十六《皇伯祖太师崇宪靖王行状》，清文渊阁四库全书本。
② [宋]胡榘修、罗浚：宝庆《四明志》卷六《市舶》。
③ [日]加藤繁著，吴杰译：《中国经济史考证》第二卷，商务印书馆，1963年。
④ 光绪《永嘉县志》卷三十三《艺文·诗外编》。

(1145年)十一月,日本商人男女19人,携带硫黄、布匹等货物乘船来温州贩卖,因风飘入平阳仙口港。其时还有许多日本僧人来温州游历。虽然史籍失载,但南宋后期永嘉诗人徐照《移家雁池》诗中有"夜来游岳梦,重见日东人";《题江心寺》诗中有"两寺今为一,僧多外国人"①。日东人即日本人,可为明证。这些日僧来华全搭东海航路的"商舶"。许多日僧来温州,就说明这一时期外国商船来温州是很频繁的。温州也有商船去高丽、交趾(今越南北部)开展贸易活动。南宋宁宗庆元元年(1195年)以后,政府禁贾舶泊江阴及温、秀州,温州市舶务被撤销了,温州的海外贸易一度比较衰落。到元代,元政府在全国设立7个市舶司,温州市舶司乃其中之一,那时温州的海外贸易又恢复发展起来。

4.华亭与上海港

华亭作为一个县,建置于唐玄宗天宝十年(751年)。五代至南宋初,华亭县属秀州,宋孝宗时又属嘉兴府,元至元十四年(1277年)升为华亭府。华亭地区据江瞰海,地理位置非常优越。所以在北宋时这里"富室大家,蛮商舶贾交错于水陆之道,为东南第一大县"②。由于华亭的海外贸易十分兴旺,北宋政府遂于政和三年(1113年)在华亭县设市舶务,抽解博买,并设监官一人管理日常事务。市舶务设置以后,华亭的海外贸易活动更加频繁。后来因青龙江浦埋塞,很少有外国商船前来华亭,这里的海外贸易萧条起来。宋政府组织疏浚了青龙江,所以到宣和元年(1119年),《宋会要辑稿·职官四十四》第十一条载,华亭又出现了"蕃商舶船辐辏住泊"的盛况。

宋代的上海是华亭县的一个镇。因其地"民物繁庶",元政府于至元二十九年(1292年)把原上海镇的范围扩大,"立县于镇,隶松江府",称为上海县。上海作为一个闻名于世的海外贸易港,是元代立县以后的事情。但早在宋代,上海镇的海外贸易就已很发达,有"蕃商辐辏"之称。

---

① [宋]徐照:《芳兰轩集》卷上《题江心寺》,清乾隆文渊阁四库全书本。
② [宋]孙觌:《鸿庆居士文集》卷三十四《宋故右中奉大夫直秘阁致仕朱公墓志铭》,清乾隆文渊阁四库全书本。

据载，当时上海镇设有市舶务和榷场①。20世纪70年代，在上海奉贤县境内（即宋时的海滩上）发掘出大批瓷器。据专家鉴定，这些瓷碗可能是北宋时期从闽北、浙南的瓷器产地装运而来，临时堆放在海滩上，准备外运，后因故而在此淹没的②。这是上海港在北宋时已成为重要贸易港口的明证③。

此外，两浙地区还有一些贸易港口。如平江府（今苏州）昆山县黄姚税场，是两广福建温台明越等地"大商海船辐辏之地"，《宋会要辑稿·食货十八》第二十九条载，每月"南货商税，动以万计"。江阴军在北宋时已有海舶前来。江阴城北的黄口港，当时是一个具有相当规模的海港。王安石《予求守江阴未得酬昌叔忆江阴见及之作》诗说："黄田港北水如天，万里风樯看贾船。海外珠犀常入市，人间鱼蟹不论钱。"可见当时该港的海外贸易是很发达的。南宋高宗绍兴十五年（1145年），宋廷在江阴军正式设置市舶务，从而使这里的海外贸易更加繁荣。黄田港附近有江下市，其贸易规模比江阴城还要大，高丽商船到此贸易者，有时一年达六七艘之多④。镇江也是一贸易港口，宋廷允许其依市舶法办理对蕃商的贸易。

以上所述都是官府经营的海外贸易，除这一方式外，两浙地区的走私贸易也很盛行。浙西的华亭、江阴、海盐、通州、镇江、泰州等地，一些豪户多从事粮食贩卖活动，他们广收谷米，每船动是数百或千石，或南或北，出国入蕃及在沿海贸易。

(六)纸币的产生及其发展

两宋是中国古代货币经济在长期衰落之后的一个全面复兴时期。

随着商品经济的发展，货币的需求量也大大增加了。北宋每年铸币的数量，在宋太宗时就有80万贯，以后逐年增加，到宋神宗时达到600余万

---

① 弘治《上海志》卷五《建设志》。
② 见《奉贤县出土宋代瓷器》，《文汇报》，1978年7月15日。
③ 本段参见陈高华、吴泰同：《宋元时期的海外贸易》，天津人民出版社，1981年。
④ [宋]袁燮：《絜斋集》卷十七《朝请大夫赠宣奉大夫赵公墓志铭》，清乾隆文渊阁四库全书本。

贯，远远超过唐代货币发行量。由于长江流域的商业十分发达，两宋时期货币大部分在长江流域流通。当时除了铜钱和白银两种货币有少量使用外，纸币已成为长江流域的主要交换手段，这是货币发展史上的一个进步。我国在北宋真宗祥符年间已有纸币流通，在时间上较其他国家都早。在此之前唐宪宗时的飞钱，虽然具有信用货币的性质，但只用于异地汇兑，虽可以说是纸币的先驱，但不是流通中的纸币。只有宋代的交子、会子和关子才是真正意义上的纸币。

先谈交子。

交子是北宋发行的一种纸币，关于交子的起源有多种说法。有人认为滥觞于唐代的柜坊，柜坊出票据在市面上流通转让，商人用现钱交易多有不便，遂将钱存柜坊，换取票据。演变至宋，柜坊变为交子铺，组织同业公会，最后被政府接受发行。也有人认为是由飞钱演变而来。这些看法都似不妥。我们认为，交子的产生是长江流域商品经济和商业发展的产物。北宋时期，由于商业的发展，交易频繁，交易额增大，所需货币量也大增。而铜铸、铁铸钱币，值小体重，携带困难，交易不便。为了解决交易中的流通手段问题，纸币乃应运而生。而北宋时期最早产生的交子，出现在长江流域的四川地区。《续资治通鉴长编》"仁宗天圣元年十一月癸卯"条记：

> 初蜀民以铁钱重，私为券，谓之交子，以便贸易，富民十六户主之。其后，富者赀稍衰，不能偿所负，争讼数起。大中祥符末，薛田为转运使，请官置交子务以榷其出入，久不报。寇瑊守蜀，遂乞废交子不复用，会瑊去而田代之，诏田与转运使张若谷度其利害。田若谷议废交子不复用，则贸易非便，但请官为置务，禁民私造。又诏梓州路提点刑狱官与田若谷共议，田等议如前，戊午诏从其请，始置益州交子务。

这则史料告诉我们，在商业较为发达的四川地区，通行的仍是铁钱，十分笨重（四川流通的铁钱有小钱与大钱，小钱每十贯重65斤，大钱每千钱也重25斤。一匹罗价两万钱，按小钱计算，需铁钱130斤，按大钱计，亦需铁钱50斤），商旅携带很不方便，因此客观上迫切需要轻便的货币。10世纪末，蜀地几家豪商经政府许可联合发行了交子，代替铁钱流通。交子系用纸印造，填写钱数，并由发行的铺户押字后付给交纳现钱的人，可用于流通，也可兑取现钱。其结果对市场交易有利。后来由于有关商人产业渐败，信用动摇，无力兑换他们已发的纸券，因而争讼屡起，被官府禁发。停发交子后，市场交易大受影响，以致"买卖寥索"。这从反面说明，交子的发行确是商业发展所需要的。官府于是设交子务于益州，从天圣二年（1024年）起，发行官交子。规定：交子的发行以3年为一界，界满时以旧换新；每界发行最高限额为1 256 340缗，以铁钱36万缗作准备金；兑换现钱时收取纸墨费30文；流通区域限于四川。后来，发行地区有所扩大。因本钱不足，交子不断贬值。徽宗大观元年（1107年）政府把"交子"改为"钱引"，改"交子务"为"钱引务"，发行新纸券"钱引"。

《神宗宝训》云："始祥符之辛亥至熙宁之丙辰，六十五年，二十二界。"为交子的稳定时期。总而言之，北宋对交子的发行，控制与管理还是较严的，对商业的发展，起着促进的作用。

再谈关子与会子。

南宋纸币的印刷与发行量大大超过北宋。这与南宋工商业的发展相适应。北宋交子是在部分地区使用，南宋纸币会子和关子等则在各地广泛流通，关于关子与会子，《宋史·食货下三》云：

> （绍兴）六年……于是罢交子务，令榷货务储见钱印造关子。二十九年，印公据、关子、付三路总领所：淮西、湖广关子各八十万缗，淮东公据四十万缗，皆自十千至百千，凡五等。内关子作三年行使（三年一界），公据二年，许银钱中半入纳。三十年，户部侍郎钱端礼被旨造会子，储见钱，于城内外流转，其合发官钱，并许兑会子输左藏库。明年，诏会子务隶都茶场。三十二年，定伪造会子

法。……当时会纸取于徽、池,续造于成都,又造于临安。会子初行,止于两浙,后通行于淮、浙、湖北、京西。……(孝宗乾道)四年,以取到旧会毁抹付会子局重造,三年立为一界,界以一千万贯为额,随界造新换旧。……(理宋淳祐)七年,以十八界与十七界会子更不立限,永远行使。

说得很明白,关子的印行在前,会子的印行在后。

1983年,在安徽东至县发现了一套南宋关子印版。这套印版有票面文版、图案花饰版、敕准版、关子库印、关子监造印、国用钱关子、关子富富印、颁行印共8种。均用铜版刻成。关子"票面文版"中部上方横额有"行在榷货务对桩金银见钱关子"13字。正中是"壹贯文省"4个大字,两侧各有3行较小文字,其文为"应诸路州县公民及应于官司去处,敢有擅减钱陌,以违制论,徒贰年,甚者重作施行,其有赍至关子赴榷货务对换金银现钱者听"。"颁行印"印版文字为:"景定五年颁行"。景定为理宗最末一个年号。据《宋季三朝政要》卷三记载:

景定五年元旦,……造金银现钱关子,以一准十八界会(子)之三、出奉宸库珍宝收弊楮,废十七界不用。其关子之制,上黑印如西字,中红印三相连如目字,下两旁各一小长黑印,宛然一贯字。

这条记载与东至发现的印版完全一致。印版的发现,证实了关子于南宋时确曾印行与流通。

文天祥《纪年录》乙丑宋度宗咸淳元年注引赵君厚言,尚说了一件事:

临江(今江西清江县)城中金地坊银匠陈。见负关、会过于市者,叹曰:"我等困苦,止欠此驮耳。"

第二天早晨。"盗杀负关、会人慧力寺后山中，捕司迹盗急。"市中有一个"荷担行鬻馍谈饵者，以所闻陈语告捕司"。捕司即"鞠陈棰楚"，陈银匠吃刑不住，"诬服"，被处以死刑。文天祥出任江西提刑，抓住了真凶，平反了这一冤案。由此可知关子与会子，直到宋末，仍在各地通行，并成为财富的象征。

交子、关子和会子3种纸币都在长江流域出现并流通，首先，有力地促进了长江流域商品经济的发展，同时对全国整个商品经济的发展也有重要带动作用。其次，由于纸币代替了铁、铜钱作为主要货币，从而大大降低了制造货币的成本。当然也必须看到，政府由于财政和军需的需要，渐渐失去对发行的控制，国家又无财力对纸币进行公当和适时的"称提"，便自然地变质为不兑换纸币了。最后，形成滥发无度，纸币价格暴跌。如嘉熙四年（1240年），两浙、南康军、池州、太平州、建康等地，米价增长十倍，斗米十贯，十八界会子200文还买不到一双草鞋。

元代长江流域的商业比宋时稍微逊色，但仍有一定的发展，主要表现在以下两个方面：

一是城市商业继续发展。元代长江流域的一些城市，因受战争破坏较少，保持了南宋以来的繁荣。南宋首都临安，元代改名杭州。南宋的灭亡，并未使杭州衰落。而元时杭州的繁荣又在南宋的基础上有所发展，《马可波罗游记》卷二：

（城内）大道宽四十步，自城此端达于彼端，经过桥梁甚众，此道每四里必有一大市。……此州极为重要，既为都会，而其财富为世界其他诸城所不及也。

关汉卿作曲称颂道："这答儿忒富贵，满城中绣幕风帘，一哄地人烟凑集。""百十里街衢整齐，万余家楼阁参差，并无半答儿闲田地。""看了这壁,觑了那壁,纵有丹青下不得笔。"①加之北方人口不断南迁,至元年间,中原移居江南的已达15万户,而江南又以杭州为之最。城内有较大的职业12种,各业约1.2万户。市民的日常消费量很大,各种生活品不断从各地源源运到。如从25里以外的海洋运来鱼类等水产。"只须数小时鱼市即空"。每天食用胡椒多至44担。当时杭州是东南商业的中心。据载,天历二年(1329年),全国商税收入76万余锭,江浙一省26.9万余锭,占全国商税百分之三十五以上。而江浙行省以杭州的税收额为最大②,可见杭州是全国商业最发达的地区。扬州、苏州、芜湖、江宁(南京)、镇江等,是长江下游的商业中心。南昌、武昌、江陵、潭州等位于长江中游,也为当时的都会,它们西通巴蜀,控扼江湖,地当四方货运的交汇之处,工商业也非常发达。襄阳,地当汉水中游,为南北贸易的枢纽。四川的成都,素有西南大都会之誉,是长江上游商品经济发达的地区。

  元代长江流域除有一批繁华的商业城市外,又陆续兴起了许多城镇和集市。海宁州"其地左以僻,其俗俭以淳。由汉迄今,千百年间,未尝有兵革,元贞初年以户口蕃庶升为州"③。嘉定于元贞间(1295—1297年)由县升为州。《马可波罗游记》第一百五十一章载,湖州市"浚广下塘河为运道,各路商贾悉汇于此,由是市日增展,遂连两县诸市而统一为名"。有的交通要道上的村落,由于地理条件的方便,便逐步发展成为新的商业区或商业中心。如杭州城郊的北郭市,距钱塘2里地,水陆交通便利,商贾云集,每至夕阳西下,则帆樯卸泊,百货登市,篝火烛照,人影杂沓。高得旸《北关夜市》云:

  北城晚集市如林,上国流传直到今。青芒受风摇月影,绛纱笼火照春阴。楼前饮伴联游袂,湖上妇人散醉襟。阆阓喧阗如昼日,禁钟未动夜将深。

---

① [元]杨朝英:《朝野新声太平乐府》卷八《南吕一桂花·杭州景》,四部丛刊景元本。
② [明]宋濂等:《元史》卷九十三《食货志一》。
③ 民国《杭州府志》七十四《风俗》。

又如与海宁州交界的硖石镇，元政府在此设置了税务关卡。可见这些集镇的商业是十分发达的①。

二是对外贸易更加繁盛。元代对外贸易在宋代的基础上又有了发展。元代中叶以降，元帝国陷于分裂，通往西方的陆路驿路发生了障碍。因此，对外贸易主要是依靠东南海路。元代的市舶司都设在东南沿海。当时全国市舶司有上海、庆元（今宁波）、澉浦、杭州、温州、泉州、广州7处，其中两浙地区占了5处。

庆元于至元十五年（1278年）设市舶司。至元三十年（1293年）元政府在制订市舶抽分杂禁时对贸易港进行整顿，温州市舶司并入庆元，大德二年（1298年）上海、澉浦市舶司也并入庆元，自此庆元作为元代三大贸易港之一，海外贸易更加繁盛。"商舶往来，物货丰溢"②。日本、高丽来元的海舶停泊于此，往日本、高丽的也多由此地放洋。此外，东、西洋商船也由此进出。"是邦控岛夷，走集聚商舸。珠香杂犀象，税入何其多。"③这是张翥《送黄中玉之庆元市舶》一诗中称道的情况。庆元附近的定海，元代也是"蛮夷诸蕃舟帆所通，为一据会总隘之地"④。杭州在元代也是"水浮陆行，纷轮杂集"的繁华港口，"旁连诸蕃，椎结卉裳稽首"⑤。马可波罗在《马可波罗游记》中曾说：杭州"各方衢后面和大街并行的，有一条很宽的河，在河的近边上面造有大的石头货栈多所，所有由印度和别处来的商人，皆把他们的货物放在那里，好预备交到近旁各方衢去"。温州元初设有市舶司，后来在那里修有供官府和商船使用的两个码头，外贸繁荣。"百货所萃，廛氓贾竖咸附趋之"⑥。日本僧人元文、元造、元通等人来华，都是搭乘日本商船在温州上岸的。澉浦，元初设有市舶司。印度等国以澉浦作为主要往来港口。《马可波罗游记》说澉浦"有

---

① 李幹：《元代社会经济史稿》，湖北人民出版社，1985年，第287页。
② [元]王元恭：至正《四明续志》卷一《土风》。
③ [明]孙原理：《元音》卷九《送黄中玉之庆元市舶》，清乾隆文渊阁四库全书本。
④ [元]王元恭：至正《四明续志》卷三《城邑》。
⑤ [元]黄溍：《金华黄先生文集》卷八《江浙行中省题名记》，元钞本。
⑥ [元]黄溍：《金华黄先生文集》卷九《永嘉县重修海堤记》，元钞本。

船舶甚众，运载种种商货来印度及其他国家"。上海于宋末已成为外贸港口。至元时"贸易日盛"，"户口繁多"，"民物富庶"。至元二十九年（1292年），"割华亭东北五乡。立县于镇，隶松江府"①。从此，上海港的对外贸易更加发达。至正时，"户才七万二千五百二，又海船舶商梢水五千六百七十五，皆县（即上海县）人"②。由于对外贸易的兴盛，这里出现了一批为外贸服务的专业舶商梢水人员。

第五节 四大发明在长江流域的完成

（一）宋时长江流域雕版印刷业发达的原因

上章说到雕版印刷起于唐五代时期杭州与成都地区，是民间的创造。五代晚季，已用之于刻印甲部经书。后蜀毋昭裔的刻印九经应早于后周冯道的刻印。宋朝时，进入了雕版印刷的大盛期，而所谓大盛，又以长江流域为最。

宋时长江流域雕版印刷之盛，原因概而言之，一为文房四宝：纸、墨、笔、砚，至宋已大备；二为宋朝廷虽然也雕印书籍，但地方、民间都可刻书，出版相对自由；三为文化教育发展的需要。试——论之。

制纸与制墨技术的发展。

考古学家认为由麻料纸过渡到用树皮纤维造纸，是一个进步；由用木本植物韧皮部到用整个茎干造纸，又是一个进步。竹纸即用竹子的整个茎干造成。而竹纸的出现，却在宋朝。苏轼《东坡志林》卷九说道："今人以竹为纸，亦古所无有也。"

宋时竹纸，以长江流域江浙一带所产为最负盛名。南宋陈槱《负暄野录》卷下语及："今越之竹纸，甲于他处。""又吴人取越竹，以梅天水淋，晾令稍干，反复捶之，使浮茸去尽，筋骨莹澈，是谓春膏，其色如蜡。若

---

① 弘治《上海志》卷一《疆域志》。
② 同治《上海县志》卷五《志赋役·户口》。

以佳墨作字,其光可鉴,故吴笺近出,而遂与蜀产抗衡。"嘉泰《会稽志》更说:"然今独竹纸名天下,它方效之,莫能仿佛,遂掩藤纸矣。竹纸上品有三:曰'姚黄',曰'学士',曰'邵公'。"看来竹纸之所以以越产为最佳,是因为越竹品质之精良,非他处所能比,吴笺即用越竹制造。

宋时竹纸已大量用于雕版印刷。今北京图书馆藏南宋乾道七年《史记集解索隐》、绍兴戊辰《毗庐大藏》,都用竹纸刻印。

印刷需要的墨,在江南也已发展成熟。墨以歙墨(又称徽墨)为最有名。歙墨起源于奚超。元陶宗仪《南村辍耕录》卷二十九曾说:"至唐末,墨工奚超,与其子廷珪,自易水渡江,迁居歙州。南唐赐姓李氏。廷珪父子之墨,始集大成。"二李以胶法闻名于世,宋人多承之。宋何薳《春渚纪闻》卷八《记墨·二李胶法》写道:"柴珣,国初时人,得二李胶法,出潘张之上。"《墨工制名多蹈袭》写道:"南唐李廷珪、子承宴,今有沈珪,珪子宴,又有关珪。国初张遇后有常遇,和之子;又有潘遇,谷之子。黟川布衣张谷,所制得李氏法,而世不多有;同时有潘谷;又永嘉叶谷作油烟,与潭州胡景纯相上下,而胶法不及。陈赡之后又有梅赡,云耿德真,江南人,所制精者不减沈珪。"何薳自云儿时曾于彭门寇钧国家见其先世所藏李廷珪下至潘谷十三家墨,"断珪残璧,璨然满目"①。凡此可知墨至宋朝,在南唐李超、李廷珪父子的基础上,取得了很大的发展,墨工辈出。

后人以为宋版书"墨色如漆","墨色精纯",便是因为制墨业的发展,为雕版印刷提供了优良的印墨。

出版的自由与活跃。

宋朝雕版印刷事业非常活跃,这种活跃,来源于出版的相对自由。宋时虽然理学盛行,但尚无文字狱。书,朝廷可刻,地方可刻,书院可刻,私家坊间也可刻。不仅如此,对于本朝历史、历书以及属于国家机密的书,原来不准私人印刷,神宗熙宁元年,连这种禁令也放松了。宋罗璧

---

① [宋]何薳撰,张明华点校:《春渚纪闻》卷八《十三家墨》,中华书局,1983年,第127页。

《识遗》说得好:"禁刻一弛,则私刻坊刻,风起云涌,刻书遍及全国。"

由于出版的自由,版权问题在历史上被第一次提了出来。宋程舍人宅刻本《王称东都事略》目录后有长方牌记,上有"眉山程舍人宅刊行。已申上司,不许复版"之言。宋刊本祝穆《方舆胜览》自序后,有两浙转运司的录白:禁止翻刊、翻版,如有翻版人,允许"陈告追究,毁版施行"。保护版权,也就保护了出版的自由。

教育与编著书籍事业的发达。

宋代教育事业出现了发达景象。除了京城所在地的太学等学校,地方上有州学、府学、军学、县学,特别是书院的出现与民间办学的兴盛,形成一代特色。

著名的庐山白鹿书院、衡州石鼓书院、长沙岳麓书院、绍兴稽山书院、婺州丽泽书院、吉州白鹭洲书院、邛州鹤山书院、福建龙溪书院、桂林象山书院,都是在南方而主要又是在长江流域兴起的书院。书院是各地的较高学府,造就了一大批有名的人物,如宋末的爱国者文天祥,即出身于吉州的白鹭洲书院。

民间办学以江浙、四川、福建为最发达。出现了所谓"学校未尝虚里巷","城里人家半读书"的景象[①]。

学校教育的发达,是要促进雕版印刷的发展的。因为对书籍的需求量,无论经、史、子、集都增加了。

我们还可见到宋代编书的风气很盛。像司马光的《资治通鉴》、王钦若等的《册府元龟》、李昉等的《太平御览》《太平广记》,都是"巨著"。私家著书的风气也很盛。洪迈的《容斋随笔》,有《容斋续笔》《容斋三笔》《容斋四笔》《容斋五笔》。这与雕版印刷业的发展有关,反过来又必将促进雕版印刷业的发展。

---

① 见淳熙《三山志》卷四十二《俗类二》。

(二)以杭州为中心的长江下游的雕版印刷业

说宋时四大发明中的印刷术在长江流域的完成,首先是说雕版印刷在长江流域的发展,其次是活字印刷在长江流域的发明。

宋时长江流域的雕版印刷有三大中心,而又以杭州为最著。叶梦得《石林燕语》卷八所谓"今天下印书,以杭州为上,蜀本次之,福建为下"是也。杭州书坊林立,有"经铺""经坊""经籍铺""书籍铺""文字铺"等,有铺名可考的印刷作坊,在南宋时有19家。这19家是:

临安府棚北睦亲坊南陈宅书籍铺。

临安府棚北大街陈解元书籍铺。

临安府洪桥南河西岸陈宅书籍铺。

临安府鞔鼓桥南河西岸陈宅书籍铺。

临安府太庙前尹家文字铺。

临安府众安桥南街东贾官人经书铺。

临安府修文坊相对王八郎家经铺。

钱塘门里车桥南大街郭宅经铺。

保佑坊前张官人诸史、子文籍铺。

行在棚南街前西经坊王念三郎家。

杭州沈二郎经坊。

杭州猫儿桥河东岸开笺纸马铺钟家。

临安府中瓦南街东荣六郎家经史书籍铺。

住大树下桔园亭文籍书房。

太学前陆家。

钱塘俞宅书塾。

钱塘王叔边。

杭州大隐坊。

临安府金氏。

北宋国子监所刻印的书籍,多数都拿到杭州去刻印,而非在汴京。

《石林燕语》卷八说："京师（汴京）比岁印板，殆不减杭州，但纸不佳。"虽然汴京比岁印板不减杭州，然印纸质量却以杭州为上，何况汴京纸质又远逊杭州。南宋建都临安（杭州），书籍铺如此之多，雕版刻印之盛，更可想见。唐时杭州的雕版印刷业已有基础。杭州之所以成为雕版印刷业的第一中心，是有基础的。

长江下游的雕版印刷业并非集中于杭州一地。除杭州以外，婺州、衢州、明州、严州、越州等地，也都有雕印作坊。如婺州的书坊有婺州市门巷唐宅、婺州义乌青口吴宅桂堂、义乌酥溪蒋宅崇知斋、婺州东阳胡仓王宅桂堂、东阳崇川余四十三郎宅等家。

以杭州为中心的长江下游地区在宋时印了多少书？近人罗树宝《中国古代印刷史》作过详细叙述。兹就所见多卷本列之于下，以见一斑，远非全貌。

1. 浙西路

（1）杭州（临安）：

《临川先生文集》一百卷（两浙西路茶盐司）。

《作邑自箴》十卷（浙西提刑司）。

《刘牧易数钩隐图》三卷，附《遗论九事》一卷（浙右漕司）。

贾昌朝《群经音辨》七卷（临安）。

《姚铉文粹》一百卷（临安孟琪）。

《前汉书》一百二十卷（钱唐王叔边）。

《后汉书》一百二十卷（钱唐王叔边）。

唐赵蕤《长短经》十卷（杭州，净戒院）。

《韦苏州集》十卷（杭州书坊，陈起、陈思父子）。

《李贺歌编》五卷（杭州书坊，陈起、陈思父子）。

《孟东野诗集》十卷（杭州书坊，陈起、陈思父子）。

《韦庄浣花集》十卷（杭州书坊，陈起、陈思父子）。

李咸用《李推官披沙集》六卷（杭州书坊，陈起、陈思父子）。

《常建诗集》二卷（杭州书坊，陈起、陈思父子）。

《王建集》十卷（杭州书坊，陈起、陈思父子）。

宋郑清之《安晚堂集》七卷（杭州书坊，陈起、陈思父子）。

孔平仲《续世说》十二卷（杭州书坊，陈起、陈思父子）。

释文莹《湘山野录》三卷（杭州书坊，陈起、陈思父子）。

郭若虚《图画见闻志》六卷（杭州书坊，陈起、陈思父子）。

邓椿《画继》五卷（杭州书坊，陈起、陈思父子）。

周弼《汶阳端平诗集》四卷（杭州书坊，陈起、陈思父子）。

赵与旹《宾退录》十卷（杭州书坊，陈起、陈思父子）。

俞桂《渔溪诗稿》二卷（杭州书坊，陈起、陈思父子）。

《渑水燕谈录》十卷（临安尹家）。

《北户录》三卷（临安尹家）。

《茅亭客话》十卷（临安尹家）。

《却扫编》三卷（临安尹家）。

《续幽怪录》四卷（临安尹家）。

《曲洧旧闻》十卷（临安尹家）。

《述异记》二卷（临安尹家）。

《金刚经》（临安王念三郎家）。

《抱朴子》（临安荣六郎家）。

《甲乙集》十卷（临安金氏）。

《佛图禅师文殊指南图赞》（临安贾官人宅）。

《重校正朱肱南阳活人书》十八卷（杭州大隐坊）。

（2）苏州（平江府）：

朱长文《吴郡图经续记》三卷（苏州公使库）。

《杜工部集》二十卷（王琪刻）。

《东莱先生诗集》二十卷（吴县）。

《韦苏州集》（平江）。

吕祖谦《大事记》十二卷，《通释》三卷，《解题》十二卷（吴郡）。

《重校添注柳文》四十五卷（姑苏郑定）。

《碛砂藏》六千三百一十二卷（吴县南境陈湖碛砂延圣院）。

《玉峰志》三卷（平江府昆山县）。

（3）严州：

袁枢《通鉴纪事本末》二百九十卷（严州）。

《世说》（严州，陆游父子）。

《南史》（严州，陆游父子）。

《剑南诗》（严州，陆游父子）。

《剑南续稿》（严州，陆游父子）。

《唐柳先生集》四十五卷，《外集》《附录》各一卷（严州）。

《欧公本末》四卷（严陵）。

《开元天宝遗事》二卷（桐江学宫）。

（4）嘉兴：

《九经》（岳珂刻）

《三传》（岳珂刻）。

《孟子注附音义》十卷（岳珂刻）。

《论语集解附音义》十卷（岳珂刻）。

《金刚般若波罗蜜经》（秀州，即嘉兴）。

《陆士衡集》十卷（嘉兴府华亭县）。

《陆士龙集》十卷（嘉兴府华亭县）。

（5）宜兴：

《唐摭言》十五卷（常州宜兴）。

程公说《春秋分纪》九十卷（常州宜兴）。

吴兴（安吉州）：

《魏郑公谏录》五卷。

（6）江阴军：

韦昭注《国语》二十一卷。

（7）镇江：

《说苑》二十卷。

《唐实录》二十卷。

2.浙东路

（1）绍兴（会稽）：

《资治通鉴》二百九十四卷（浙东绍兴府）。

《事类赋》三十卷（绍兴府）。

《唐书》二百卷（绍兴府）。

《周易注疏》十三卷（绍兴府）。

《元氏长庆集》六十卷（绍兴府）。

《战国策》十卷（绍兴府会稽县）。

《战国策校注》十卷（绍兴府会稽县）。

《唐人万首绝句》一百一卷（会稽、鄱阳合刻）。

（2）明州（庆元府）：

《骑省徐光集》三十卷（明州）。

《四明尊尧集》（明州）。

《四明续志》（明州）。

《林钺汉势》十卷（庆元府象山县）。

（3）台州：

《颜氏家训》（台州）。

《荀子》二十卷（台州）。

《老学庵笔记》十卷（台州）。

《石林奏议》十五卷（台州天台县）。

张九成《横浦心传录》三卷（台州黄岩县）。

林师箴《天台前集》（台州）。

（4）衢州：

晁公武《读书志》二十卷

王溥《五代会要》三十卷。

《三国志》六十五卷。

《四书朱子集注》二十六卷。

杨伯岩《六帖补》二十卷。

《新仪象法要》。

（5）婺州：

《周易义海撮要》十二卷（婺州李衡自刻）。

吕本中《童蒙训》三卷（婺州）。

苏洵《嘉祐集》十六卷（婺州）。

《古三坟书》（婺州）。

司马光《切韵指掌图》二卷（婺州丽泽书院）。

巾箱本《礼记》五卷（婺州义乌酥溪蒋宅崇知斋）。

《三苏文粹》七十卷（婺州东阳胡仓王宅桂堂）。

（6）瑞安府永嘉县：

《止斋集》五十二卷，又四十卷。

（7）处州丽水县：

刘安世《元城先生尽言集》十三卷。

3. 江东路

（1）建康府：

《洪适隶续》（建康府）。

《卫湜礼记集说》一百六十卷（建康府）。

陆游《渭南文集》五十卷（建康府溧阳县）。

（2）宣州（宁国府）：

《谢宣城集》五卷（宣州）。

梅舜俞《宛陵集》六十卷（宣州）。

（3）太平州：

《四书章句集注》二十六卷（太平州当涂县）。

《两汉博闻》十二卷（姑熟，即当涂）。

《左氏摘奇》十二卷（当涂道院）。

（4）池州（池阳郡）：

《文选李善注》六十卷，《考异》一卷，《文选》双字三卷。

《昭明太子集》五卷。

《华阳集》四十卷。

《胡铨忠简先生文选》九卷。

（5）广德军：

中字本《史记》。

《史记集解》（桐川郡，即广德军）。

《绛帖释文》（桐川郡，即广德军）。

徽州（新安郡）：

吕祖谦《皇朝文鉴》一百五十卷。

《云麓漫钞》十五卷。

（6）信州：

李复《潏水集》十六卷。

饶州（鄱阳郡）：

《范文正公集》二十卷，《别集》四卷，《尺牍》二卷（鄱阳县）。

《唐人万首绝句》一百一卷（与会稽县合刻）。

（7）南康军：

《卫生家宝产科备要》八卷。

4.江西路

（1）隆兴府（南昌郡）：

《荀子》二十卷。

《吕氏家塾读书记》三十二卷。

洪迈《容斋随笔》十六卷，《容斋续笔》十六卷，《容斋三笔》十六卷，《容斋四笔》十六卷，《容斋五笔》十卷。

（2）九江：

郑侠《西塘集》二十卷。

《集验方》五卷。

《方言》十二卷（浔阳，即九江）。

(3) 抚州：

郑注《礼记》二十卷。

王安石《临川集》一百卷（临川，即抚州）。

《谢幼槃集》十卷（抚州军学）。

筠州（江西高安）：

《栾城集》八十四卷。

米芾《宝晋山林集拾遗》八卷。

(4) 袁州军：

《程公说春秋分纪》九十卷。

小字本《汉书》一百二十卷（萍乡县）。

(5) 建昌军：

《乐书》二百卷。

黄裳《演山集》六十卷。

(6) 兴国军：

《春秋经传集解》三十卷，附陆德明《音义》五卷。

(7) 临江军：

《昌黎先生集》四十卷，《外集》十卷。

张洽《春秋注集》十一卷。

(8) 吉州：

杨仲良《皇朝通鉴纪事本末》一百五十卷（吉州庐陵县）。

朱鉴《诗传遗说》六卷（富川学宫。按：富川在吉州庐陵县，文天祥诞生于此。道体堂所刻文天祥诗文，雕版印刷地点即为富川）。

《欧阳文忠六一居士集》五十卷（吉州）。

《文苑英华》一千卷（吉州）。

《方舆胜览前集》四十三卷，后集七卷，续集二十卷，拾遗一卷（吉州）。

王庭珪《卢溪先生集》五十卷（吉州东冈刘宅梅溪书院）。

(9) 赣州：

《古灵先生集》二十五卷，年谱、附录各一卷。

《文选》六十卷。

《陆佃埤雅》二十卷。

(10) 淮南东路与西路：

淮东：

沈括《梦溪笔谈》二十六卷（扬州）。

《徐积节孝先生文集》三十卷（扬州）。

陈旉《农书》三卷（真州）。

孙览《春秋经解》十五卷（高邮军）。

秦观《淮海集》四十九卷（高邮军）。

《徐积节孝先生集》三十卷（淮安）。

淮西：

曾种《大易粹言》十二卷（舒州）。

《增广注释音辨唐柳先生集》四十三卷，别集二卷，外集二卷，附录一卷（潜山）。

王禹偁《小畜集》六十卷（黄州）。

《孝肃包公奏议集》十卷（庐州）。

王苹《王先生集》八卷（蕲春）。

(三) 以成都为中心的长江上游的雕版印刷业（附荆湖）

成都自唐五代以来，已成为一个雕版印刷业的中心，宋时更有发展，刻印的质量可与杭州媲美。北宋初年不少书籍，除拿到杭州刻印的以外，另一雕印地点即为成都。最有名的是宋太宗太平兴国年间刻成的全部大藏经，被称为《开宝藏》。开宝为宋太祖的年号，雕刻开始于开宝四年。

其他地区如眉山、潼州刻印业也很发达。今列之如下，以见一斑，亦非全貌。

《开宝藏》（成都。此藏为佛经总集，雕版达13万块。亦称《蜀藏》）。

《鹤山大全集》(成都)。

《六家文选》(成都裴宅)。

《七史》(眉山)。

《梅亭类藁》(眉山)。

《淮海先生文集》二十六卷(眉山)。

《东都事略》一百三十卷(眉山程舍人)。

《增修互注礼部韵略》五卷(蜀中秀岩山堂)。

大字本《三国志》(潼州)。

大字本《资治通鉴》二百九十四卷(广都费氏进修堂)。

两湖(湖南路和湖北路)的印刷业,虽然不及下游的江浙地区与上游的四川地区有名,但在宋时,雕版印刷业也很有发展,一并述之。

湖北路：

孔平仲《续世说》十二卷(湖北沅州)。

《河南程氏文集》十卷(湖北舂陵郡)。

《花间集》十集(湖北鄂州)。

《建康实录》二十卷(湖北江陵)。

《添是斋百一选方》二十卷(湖北沔阳)。

张泳《乖崖先生文集》十二卷(湖北崇阳)。

《寇莱公诗集》三卷(湖北舂陵,即枣阳)。

张浚《紫岩易传》十卷(湖北舂陵,即枣阳)。

《襄阳耆旧集》一卷(湖北襄阳)。

湖南路：

胡致堂《读书管见》三十卷(湖南衡阳)。

贺铸《庆湖遗老诗集》九卷,拾遗、补遗各一卷(湖南邵阳)。

《公度知嫁翁集》十二卷(邵阳)。

吴仁杰《两汉刊误补遗》十卷(湖南全州)。

贾谊《新书》十卷(湖南潭州)。

《集韵》十卷(全州)。

《司马公文集》八十卷（湖南武冈军）。

柳宗元《柳州集》三十卷（湖南永州）。

《淮南鸿烈解》二十一卷（湖南茶陵）。

《精选诸儒奥论策学统宗前编》五卷，后集八卷，续集七卷，别集五卷（湖南茶陵）。

（四）以建宁为中心的福州路雕版印刷业

宋建宁府郡名建安、富沙、东欧。本属会稽郡。后分为会稽东、南二部都尉，东称临海，南称建安。吴时分南部为建安郡。宋时初属江南，又属两浙南路，最后划到福建路。南宋称建宁府。

福建雕版印刷最集中的地方，是建宁府的建安和建阳两县。建阳本建平县改名，隋废，唐复置。南宋改名为嘉禾县，元复名建阳。建安、建阳2县又以建阳的麻沙、崇化2地为更著名，号为"图书之府"。刘克庄《后村居士集》称建阳麻沙、崇化"两坊坟籍大备，比屋弦诵"。朱熹《嘉禾县学藏书记》称"建阳版本书籍行四方者，无远不至"。可见建阳雕版印刷的繁盛。福建的刻本称"闽本""建本"。麻沙所刻亦称"麻沙本"。麻沙本以柔木刻板，以当地所产纸张印刷，被认为是用纸质量低劣的版本。叶梦得《石林燕语》把福建的雕版印刷放置在杭州、四川之下，原因在此。

建安、建阳2县书坊以建安余氏书坊为最有名。这有建安余恭礼宅，建安余唐卿明经堂，建安余彦国励贤堂、余氏广勤堂，建安余仁仲万卷堂、余靖安勤有堂。建阳有崇化陈八郎家书坊，麻沙刘仲立，麻沙刘智明，麻沙刘将士宅，麻沙刘通判宅等坊，甚有名望。

除建安、建阳外，像泉州的刻书业，也很有名。各地所印书籍，举例如下：

建宁府：

《尚书精义》五十卷《建安余仁仲万卷堂》。

《春秋公羊传》十二卷（建安余仁仲万卷堂）。

《春秋谷梁传》十二卷（建安余仁仲万卷堂）。

《活人事证方》二十卷（建安余恭礼宅）。

《许学士类证普济本事方》二十卷（建安余唐卿明经堂）。

《古列女传》（建安余靖安勤有堂）。

《韩非子》二十卷（建安府黄八三郎书铺）。

《广韵》五卷（建安府黄八三郎书铺）。

《汉书》一百二十卷（建宁书铺蔡琪纯父一经堂）。

《后汉书》一百二十卷（建宁书铺蔡琪纯父一经堂）。

《贾谊新书》十卷（建宁府陈八郎书铺）。

《回澜文鉴》十五卷（建安江仲达群玉堂）。

《新唐书》二百二十五卷（建安魏仲立宅）。

王宗传《童溪易传》三十卷（建安刘日新宅）。

《资治通鉴纲目》五十九卷（武夷詹光祖月厓书堂。武夷山主峰在建宁府崇安县西南）。

《礼记注疏》六十三卷（建安刘叔刚宅）。

《附释音毛诗注疏》二十卷（建安刘叔刚宅）。

《宋人选青赋笺》十卷（建安王懋甫桂堂）。

《文场资用分门近思录》二十卷（建安曾氏家塾）。

《老子道德经》四卷（建安虞氏家塾）。

《邵子击壤集》十五卷（建安蔡子文东塾之敬堂）。

《圣宋名贤》一百卷（建安陈彦甫家塾）。

《史记正义》一百三十卷（建安黄善夫家塾）。

《汉书注》一百二十卷（建安刘元起家塾）。

《五百家注音辨昌黎先生文集》四十卷，外集十卷，别集一卷（建安魏仲举家塾）。

《晦庵先生朱文公集》一百卷（建安书院）。

《大戴礼记》十三卷（建安韩元吉刻）。

《曾慥类说》六十卷（建安叶昔刻）。

第七章　宋元时期长江流域经济的开发问题

《东观余论》二卷（建安漕司）。

《曾糙类说》五十卷（建阳麻沙书坊）。

《皇宋事实类苑》七十八卷（建阳麻沙书坊）。

《论学绳尺》十卷（建阳麻沙书坊）。

《十先生奥论》四十卷（建阳麻沙书坊）。

《括异志》十卷（建宁府麻沙镇虞叔异宅）。

《新唐书》二百二十五卷（麻沙镇水南刘仲吉刻）。

《增广黄先生大全文集》五十卷（麻沙镇水南刘仲吉刻）。

《王先生十七史》（麻沙镇南斋虞千里刻）。

《朱文公易说》二十三卷（建阳）。

福州（福唐郡）：

《汉书》一百二十卷（福唐郡庠）。

《太平圣惠方》一百卷（福建转运司）。

《胡子知言》二卷（福建漕司）。

《张子语录》三卷，后录三卷（福建漕司）。

《龟山先生语录》六卷（福建漕司）。

徐自明《宋宰辅编年录》二十卷（福州永福县）。

《崇宁藏》（《福州东禅寺万寿大藏》）共五百余函，六千四百三十四卷，由住持慧空大师冲真、智华、契章等通过募捐、化缘而雕印。

《毗卢大藏经》，为福州开元禅寺发起，由民间集资雕印。

《万寿道藏》，共五百四十函，五千四百八十一卷，政和年间，在福建刻印。

泉州：

司马公《传家集》八十卷（泉州公使库）。

《梁溪先生集》一百八十卷，附录六卷（泉州）。

沈与求、沈忠敏《龟溪集》十二卷（泉州军州学）。

《禹贡论》（泉州军州学）。

程大昌《演繁露》六卷（泉州军州学）。

程大昌《禹贡山川地理图》二卷（泉州学宫）。

南剑州：

《石林春秋传》二十卷。

《朱文公校昌黎先生文集》四十集，外集十卷，集传、遗文各一卷。

孙甫《唐史论断》三卷（南剑州州学）。

程俱《班左诲蒙》三卷（南剑州雕匠叶昌）。

兴化军：

刘克庄《后村居士集》五十卷（兴化军莆田县）。

《蔡忠惠集》三十六卷（兴化军学）。

邵武军：

廖刚《高峰集》十二卷（邵武军学）。

《韩昌黎集》四十卷（廖莹中世彩堂刻本。按：廖莹中为宋邵武军邵武人，世彩堂在邵武。所刻书称世彩堂本）。

《柳河东集》四十四卷（世彩堂本）。

《春秋经传集解》三十卷（世彩堂本）。

《论语》二十卷（世彩堂本）。

《孟子》十四卷（世彩堂本）。

《龙城录》二卷（世彩堂本）。

汀州（临汀州）：

晁说之《嵩山文集》二十卷（临汀郡庠）。

《钱塘韦先生集》十八卷（临汀郡庠）。

漳州：

陈淳《北溪集》五十卷，外集一卷（龙溪书院）。

据上可知长江流域不仅是雕版印刷的故乡，而且是雕版印刷最发达的地区。这种发达带有普遍性，即普遍于长江上中下游。而在普遍性中，又形成杭州、成都、建宁三大印刷中心。这三大中心的形成，不在官营而在私营刻印作坊与家宅的众多，技术的精良，连朝廷与地方官府要刻印书籍，也都交给私家去办。在这种情况下，印刷业势必又将突破一个界限，实现新的飞跃。这就是活字印刷术的出现。

(五)活字印刷术在长江流域的发明

活字印刷术的发明,见于宋人沈括的《梦溪笔谈》。《梦溪笔谈》卷十八《技艺》云:

> 庆历中,有布衣毕昇,又为活板。其法用胶泥刻字,薄如钱唇,每字为一印,火烧令坚。先设一铁板,其上以松脂、蜡和纸灰之类冒之,欲印则以一铁范置铁板上,乃密布字印,满铁范为一板,持就火炀之,药稍熔,则以一平板按其面,则字平如砥。……常作二铁板,一板印刷,一板已自布字。此印者才毕,则第二板已具,更互用之,瞬息可就。每一字皆有数印,如之、也等字,每字有二十余印,以备一板内有重复者。不用则以纸贴之,每韵为一贴,木格贮之。……

这写得很清楚,活字印刷术的发明,时间为北宋仁宗庆历年间,发明人为布衣毕昇。现在的问题是地点,即毕昇在何处发明了活字印刷?

沈括未说毕昇籍贯,沈括自己是杭州人,因此人们推测毕昇也可能是杭州人,也许就是杭州雕版印刷的刻字工人。然而,这毕竟是臆测。1993年初,在湖北发现了毕昇墓。落叶归根,毕昇,其湖北人欤?有一点是可以肯定的,即毕昇生于长江流域,死也在长江流域。活字印刷术的发明地,除了长江流域,别无他处。

元朝《农书》的作者王祯,曾任旌德县尹。旌德在宋属于江东路宁国府。王祯于活字印刷术有一个重要贡献,即始创木活字。他在《农书》"杂录"中说:

> 前任宣州旌德县县尹时,方撰《农书》,因字数过多,难于刊印,故用己意,命匠创活字,二年而工毕,试印本县志约计六余万字,不一月而百部齐成,一如刊板,始知其可用。后二年,予迁信州永丰

县，挈而之官。

王祯在旌德用木活字印的百部《旌德县志》，是目前所知我国第一部木活字印本。

我国究竟在何时以金属为活字印制书籍？明陆深《金台纪闻》云：

近日毗陵人用铅为活字，视印板尤巧。

明华渚《勾吴华氏本书·华燧传》云：

既乃范铜板锡字，凡奇书难得者悉订正以行。

则以铅锡为活字，明毗陵、勾吴已有之。毗陵为江苏常州一带，华燧为江苏无锡人。金属活字印刷术的发祥地，仍然是长江下游。在明铜版锡字应用较广。

活字排印邸报亦始于明。清张穆《亭林先生年谱》云：

忆昔时邸报，至崇祯十一年方有活板。自此以前，并是写本。

活字印刷被应用于邸报，表明明末活字印刷术已经大行。

(六) 火药与指南针

炼丹家发明火药，用为火器则在唐末。宋路振《九国志》记天祐初郑璠攻豫章，"发机飞火"，"飞火"为火炮、火箭之属。炮为"抛"意，并非管形火器。宋时火器得到了发展。

人们认为宋朝的火器有三种，一即燃烧性的火器，此种火器唐末五代已有之，那时候叫"飞火"。宋燃烧性火器仍为飞火，具体说来，为火炮与火箭。

二是爆炸性火器，由"霹雳火球"，进而到"霹雳炮"。绍兴三十一年，南宋水军曾发霹雳炮以阻金兵渡江，其声如雷，石灰散为烟雾。杨万里《诚斋集·海鳅赋》解释说，此炮是以纸管装石灰和硫黄制成的。"纸炮"始见于此。后来又有"铁炮"，威力强大。理宗时，李曾伯曾说荆、淮的铁火炮有十数万只，又说荆州（江陵）一个月就制造铁火炮一二千只①。由他的话可以看到荆州在当日已成为一个制造火器的中心地区，而荆州在长江流域。

三是管形火器。南宋高宗绍兴二年，陈规守德安（今湖北安陆），发明一种管形火器，叫"火枪"。火枪是用巨竹制成的，每支由两人拿。先把火药装进竹管，临阵点着后，用来烧敌人。这是射击性管形火器之祖。发明地德安在长江中游②。

理宗时，寿春府（寿县）又创制了一种火器，叫"突火枪"。《宋史·兵志》说："开庆元年，寿春府……又造突火枪，以巨竹为筒，内安子窠，如烧放，焰绝然后子窠发出，如炮声，远闻百五十余步。"③这是以后管形火器使用弹丸的先声。突火枪的发明地寿春府在淮南，地当长江下游。

由此看来，宋时铁火炮（荆州江陵）、火枪（湖北安陆）、突火枪（安徽寿县），都是在长江流域制造、发明的。

文天祥写过一首哭崖山的诗。宋元崖山海战是世界上第一次使用炮火的大海战，为文天祥所目睹，诗中有"一朝天昏风雨恶，炮火雷飞箭星落"之句。"炮火雷飞"4字，表明使用了铁火炮。

宋时，指南针是利用磁石的指极性制造的，与运用机械原理制造的指南车不同。又有指北针，《古今笔记精华》引宋杭州人沈括《梦溪笔谈》并加按语云：

---

① ［元］脱脱等：《宋史》卷四百二十《李曾伯传》，中华书局，1977年，第12574—12575页。
② 参见［宋］陈规：《守城录》卷一《靖康朝野佥言后序》、卷四《汤璹德安守御录下》。
③ ［元］脱脱等：《宋史》卷一百九十七《兵志十一》，中华书局，1977年，第4923页。

>方家以磁石磨针锋则能指南,然常微偏东,不全南也(磁偏角)。水浮多荡摇。指爪及碗唇上皆可为之,运转尤速。但坚滑易坠,不若缕悬为善。其法取新纩中独茧缕,以芥子许蜡,缀于针腰,无风处悬之,则针常指南。其中有磨而指北者。予家指南、北者皆有之。按今人只知中国有指南针,指北者悉舶来之品,不知宋时已有指北针矣。

沈括是磁偏角的发现者。方法,沈括以为缕悬为佳。至于指南指北,因地磁南北与磁针南北二极互异。地磁北极在南,磁针南极指之。如磁针南北二极互调,指南便变成指北了。

徽宗宣和年间,徐兢奉命出使高丽,船上装有"水上浮针",指示航向。其法是将指南针穿上几段灯草,浮于水面,磁针指向南方。徐兢回来,写有《宣和奉使高丽图经》。徐兢之法即沈括所说"水浮"法。徐兢用之于航行高丽。

南宋时,航海"全凭南针",这在吴自牧的《梦粱录》中记述甚明。他说:

>若欲船泛外国买卖,则自泉州便可出洋,迤逦过七洲洋,舟中测水约有七十余丈。若经昆仑、沙漠、蛇龙、乌猪等洋,神物多于此中行雨,上略起朵云……顷刻大雨如注,风浪掀天,可畏尤甚。但海洋近山礁则水浅,撞礁必坏船。全凭南针,或有少差,即葬鱼腹。

《梦粱录》"全凭南针"之言,是指南针普遍运用于航海的明证,时在南宋。这般记述在本章第三节已有引述。此节专述四大发明,特再节引,读者当不嫌其烦也。

附：文化重心的进一步南移

唐宋八大文学家与宋朝著名的哲学家，多为南方人，此为人们所熟知。其实远不止此。

唐宋八大家除唐朝的韩愈、柳宗元以外，其余6人：苏洵、苏轼、苏辙父子为四川眉山人，欧阳修为江西庐陵人，王安石为江西临川人，曾巩为江西南丰县人，均为长江流域地区的人。

宋时江西所出人才之多。非常值得注意。江西不仅拥有欧阳修、王安石、曾巩这些大家，而且拥有江西诗派的领袖人物黄庭坚（江西豫章人），南宋政治家、文学家文天祥（江西庐陵人）。这与江西经济文化的发展有密切的关系。宋时江西有两个著名的书院，一为庐山的白鹿洞书院，二为庐陵的白鹭洲书院。文天祥曾在白鹭洲书院读过书。

宋朝的理学大师朱熹为婺源人。婺源原属安徽，今属江西。陆九渊为江西抚州人，与王安石同乡。理学谈天理、性命。宋朝另有两人提倡功利，反对空谈性命。此二人一为陈亮，浙江永康人；一为叶适，浙江永嘉人。他们都是南宋初年的人物，都是南人。

这里，需要谈一下陈亮与叶适的思想。

陈亮与叶适都主张发展私有制。陈亮曾上书孝宗，语及"加惠百姓，而富人无五年之积；不重征税，而大商无巨万之藏。国势日以困竭"[①]。叶适说得更明白："富人者，州县之本，上下之所赖也。"[②]他二人以富人大商为州县以至国势之本，在当时可谓另具只眼。其意即在发展私有制。他们特别提出了商人的重要性，陈亮《龙川文集》卷十一《四弊》说：

> 古者官民一家也，农商一事也，上下相恤，有无相通，民病则求

---

① ［元］脱脱等：《宋史》卷四百三十六《儒林传六·陈亮传》，中华书局，1977年，第12935页。

② ［宋］叶适：《水心别集》卷二《民事下》，宋集珍本丛刊。

之官，国病则资诸民。商借农而立，农赖商以行，求以相补，而非求以相病。

陈亮看到了官民之间的矛盾，他所说的"大商无巨万之藏，国势日以困竭"，与前代以官营代替民营、打击民间工商业者的做法，完全相左。他认为国势的困竭，原因即在商人无巨万之藏。要使国势振作，工商业者越富越好。陈亮还看到了重农抑商之弊。"农借商以行"，如果抑商，不求农商相补而求相隔，农业要想有所发展，是困难的。叶适《习学记言》卷十九《史记一·书》说：

夫四民交致其用而后治化兴，抑末厚本，非正论也。

无疑，他们的言论，与宋代工商业的发展是相适应的。

陈亮对理学家"举一世安于君父之仇，而方低头拱手以谈性命"[①]，表示了不满。叶适更以为如果在五行八卦之外，再追究宇宙的起源，追求什么"太极""无极"，势必陷入神秘混乱之途。他在《习学记言》卷十六《子华子·阳城胥渠问》说：

五行八卦，品列纯备，道之会宗，无所变流，可以日用而无疑矣。奈何反为"太极""无极""动静""男女""清虚""一大"转相夸授，自贻蔽蒙？

叶适是一个多元论者，他不承认在宇宙起源问题上，在五行八卦之上还有什么神秘的本体"太极""无极""清虚""一大"，如此等等。他这种哲学观点，与他的功利主义思想完全一致。

陈亮主张"本末具举"。他所说的本末，含义较为广泛。"农商一事"

---

① [宋]陈亮：《龙川文集》卷一《上孝宗皇帝第一书》，清乾隆文渊阁四库全书本。

是本末具举，精神与物质生活并重，也是本末具举。而他所谓本，又非"低头拱手以谈性命，不知何者谓之性命"。他这种思想也具有多元论的色彩。

南宋末年，文天祥以一个爱国者、变通不息论者、抗元英雄而崛起于历史舞台。陈亮曾有"天道六十年一变"①之说。文天祥则声称"法天不息"②，他在《文天祥全集》卷三《御试策一道》提出：

> 既往之不息者易，方来之不息者难；久而不息者易，愈久而愈不息者难。……不息于外者，固不能保其不息于内；不息于此者，固不能保其不息于彼。乍勤乍怠，乍作乍辍，则不息之纯心间矣。
>
> 盖不息者其心，变通者其迹，其心不息，故其迹（变通）亦不息。

这是文天祥独有的"变通不息论"，即"改革不息论"。而他所说的变通既是全面的（内外、彼此），又是持久的（既往与方来，久与愈久）；他反对口说变通，但却又"乍勤乍怠，乍作乍辍"，没有纯心。因为他的变通不息论，是在考状元的《御试策》中向理宗皇帝提出的，因此就更具政治性。变通（改革）不息论作为政治主张提出，在我国政治思想史上，是一个破天荒的创举。在文天祥以前，没有一个思想家提出过变通不息论。

南宋末年，社会危机与民族危机交织。文天祥治学，力主"化学来新"，"尽洗旧学读吾书"③。他表现为一个变通不息论者，并非偶然。

至于道，文天祥说："所谓道者，一不息而已矣。"④"天地之化，盈虚消息……流行今古，如此而已。"⑤换言之，道即自然界运行不息的总法则或必然性。人在其中，对人来说，自应法天不息，自强不息。对皇帝、

---

① [宋]陈亮：《龙川文集》卷一《上孝宗皇帝第一书》，清乾隆文渊阁四库全书本。
② [元]脱脱等：《宋史》卷四百一十八《文天祥传》，中华书局，1977年，第12533页。
③ [宋]文天祥：《文天祥全集》卷一《赠叶大明》，中国书店，1985年，第8页。
④ [宋]文天祥：《文天祥全集》卷三《御试策一道》，中国书店，1985年，第42页。
⑤ [宋]文天祥：《文天祥全集》卷十《王通孙名说》，中国书店，1985年，第257页。

国家来说，也是如此。这与理学家所谓道、理，也大异其趣。

他们的思想是经济发展的曲折性的一种折射。陈亮、叶适生活在南宋初年，那时长江流域的经济虽有发展，但仍处于初期阶段。他们的言论，有助于促进人们思想的解放，有助于工商业以至农业的发展。文天祥生活在南宋末年，其时社会经济危机与民族危机纷沓而至，他的变通不息论，成了时代的最强音。

第八章　明清时期长江流域经济开发的新发展及其艰难曲折性

我国的经济重心自唐安史之乱后即逐渐南移。南宋时长江流域（主要是中下游地区）经济的发展实际上已明显超过北方中原地区，其时即有"苏湖熟、天下足"的说法。明清时期长江流域得到进一步开发。随着社会经济的发展，生产力水平的提高，资本主义生产关系的萌芽已在明中后期，出现于长江中下游地区商品经济极为发达的苏、杭一带，并逐渐扩展至其他地区。这是一个新现象。清前期，我国资本主义萌芽继续缓慢发展，在整个长江流域显现得更为突出。然而，由于种种历史条件未能具备，中国资本主义的胎儿始终没有冲出孕育了它的封建社会的母体，滋长壮大，这不能不是中国历史发展进程中的一个极大的令人深以为憾的曲折和不幸。下面我想就几个方面谈谈明清时期长江流域的开发问题，经济发展水平较之前代有了哪些新的进步，其中的原因又在哪里。

第一节　明清两朝初期社会经济的残破及对策

我国古代农业，在唐宋时，已发展到较高的水平。宋以后，在元朝统治下，中国的社会经济处于一个停滞与倒退的时期，一切生产领域都遭受到程度不等的蹂躏和破坏，一切都要重新开始。农业受到的破坏尤为严重：大片农田变成了牧场，大批的劳动力变成了驱丁、奴隶。其他，如赋役的苛重，对水利重视不够，都直接或间接地影响着农业生产的提高。元末 10 多年的战争更是使农业受到不可估量的损失，人口减少，土地荒芜，是明朝初年的普遍现象。长江流域，尤其是中下游地区遭到的破坏和劫掠更是令人触目惊心。例如唐宋以来的交通要道、繁华胜地扬州，为青军（地主武装）元帅张明鉴所据，军队肆意杀害老百姓。《明太祖实录》卷五载，龙凤三年，朱元璋部将缪大亨攻克扬州，张明鉴投降，城中居民仅余18家。新任知府以旧城虚旷难守，只好截西南一隅筑而守之。又如工商业有名的城市苏州，有明初也是"邑里萧然，生计鲜薄"，使"过者增感"①。湖广荆州白水镇，宋元时，曾有"居民万家"，经元末兵燹之后，已成一片废墟②；浙江湖州府乌程县重镇乌镇，也是经"元末之兵燹而民庐、寺观、书馆举为煨烬矣，其仅存者，唯两浮屠之遗迹"③。

17 世纪前半期，正当中国的市民和农民这两种民主势力与腐朽的封建专制势力进行斗争并即将取得胜利的时候，又遇到了满族的入侵。满族贵族和中国腐朽的封建势力勾结起来，绞杀革命，使专制制度不仅维系下去，并有某种程度的加强。在满族贵族的"焚其庐舍，屠掠而行"的政策下，长江流域许多繁盛的工商业城市变成尸骨如山的废墟，许多省县变成为"官虽设而无民可治，地已荒而无力可耕"。顺治三年（1646 年）三月清军攻破扬州后，屠杀十日，死者竟达数10万人，一座有数百年历史的繁华城市化为焦土。八月，清军攻陷江阴县，"满城杀尽，然后封刀"，城内外惨死者 17.2 万余人，仅有几十人幸免于难④。在昆山，居民多被杀戮，妇女被劫掠者数以千计。清军又发兵吴江，杀戮无数。清军破松江，死者数万。嘉定被屠，城内外死者 2 万多人，而农村居民，死者更不计其数。江南的苏、松、嘉、湖、杭等城市，原是纺织业极为发达的地区，经过清军的洗劫，这些地方的生产完全陷入萎缩的状态。清统治者对劳动人民的野蛮屠杀和掳掠，以及对城镇的严重毁坏，直接破坏了中国的生产力、财

---

① [明]王锜撰，张德信点校：《寓圃杂记》卷五《吴中近年之盛》，中华书局，1984 年，第42页。

② 嘉靖《荆州府志》卷一《舆地志·坊市》。

③ 乾隆《乌青镇志》引明嘉靖三年甲申正月陈观《校正乌青志》。

④ [清]韩菼：《江阴城守记》下。

富积累和经济成就。从明末到清初，中国人口大约减少了3000多万。全国耕地面积，清初比明初还少300多万顷。顺治十六年（1659年）五月，清统治者供认：全国各地是"生理未复，室庐残毁，田亩荒芜，俯仰无资，衣食艰窘"。以富庶著称的江南，也是"田园鞠为茂草，郊原尽属丘墟"，当时的中国真是到了穷途末路的危局绝境。历史的反复，兴废的轮替，使人吃惊。

严峻的现实向两朝的统治者提出了这样尖锐的问题：要么为生存而采取措施，调整生产关系，从而促进生产的发展；要么就和前一代王朝一起灭亡。自然，新的统治者是不可能选择后者的。早在洪武元年（1368年），朱元璋便对臣僚们说："今丧乱之后，中原草莽，人民稀少，所谓田野辟，户口增，此正中原今日之急务。"元王朝的灭亡使他深深懂得，如果对人民的剥削奴役超过了限度，到头来也难免灭亡下场。《明太祖实录》卷七十六云："急衔勒、厉鞭策，求骋不已，鲜不颠蹶，马既颠蹶，人独能无伤乎？"据《明太祖实录》卷一百七十七载，朱元璋还曾说过：

> 治民犹治水。治水顺其性，治民顺其情。人情莫不好生恶死。当省刑罚、息干戈以奠之；莫不厌贫喜富，当重农时、薄赋敛以厚之；莫不好佚恶劳，当简兴作、节徭役以安之。
>
> 若使之不以其时，用之不以其道，但抑之以威，迫之以力，强其所不欲，而求其服从，是犹激水过颡，终非其性也。

朱元璋是从社会的最底层登上国家权力的最高宝座的，自然懂得农民生活的艰辛。据《明太祖实录》卷二十五载，他常说：

> 四民之业，莫劳于农，观其终岁勤劳，少得休息。时和岁丰，数口之家犹可足食，不幸水旱，年谷不登，则举家饥困……百姓足而后国富，百姓逸而后国安，未有民困穷而国独富安者。

《明太祖实录》卷二十七"吴元年十一月甲午条"又说：

> 夫农勤四体，务五谷，身不离亩亩，手不释耒耜，终岁勤动，不得休息，其所居不过茅茨草楈，所服不过练裳布衣，所饮食不过菜羹粝饭，而国家经费皆其所出……凡一居处服用之间，必念农之劳，取之有制，用之有节，使之不致于饥寒，方尽为上之道。若复加之横敛，则民不胜其苦矣。

中国所有王朝的收入主要来自农村，粮食、布帛、棉花、人力都靠农民供给，农业生产如不恢复，这个政权是维持不下去的。

在恢复社会经济，巩固新政权这个问题上，清初统治者同明初统治者是有共识的。康熙在战争结束后，便以"柔远能迩，休养苍生"相号召[①]，并且有意识地宣传"民为邦本"的思想。清统治者深知"供我赋役者民也"，如果没有广大的人民群众，便失去了剥削和统治的对象，这就是统治者所提倡的"民为邦本"的根本出发点。

清初统治者接受了"百姓足，君孰与不足？百姓不足，君孰与足"[②]的思想，进而提出了"藏富于民，经久不匮"[③]，是首要任务，也是发展社会经济的基本保证。要想实现这一愿望，就必须首先把广大劳动者从动乱中解脱出来。清统治者深悟此理，提出了"安民""安静""不扰民""多一事不如少一事"的主张，并大造舆论，以迎合人民的心理和要求。《康熙朝圣训》载，康熙曾再三申明："治国之道，莫要于安民"，"为君之道，要在安静，不必矜奇立异。"他告诫臣下："从来与民休息，道在不扰，与其多一事，不如省一事。"在行动上，清朝统治者或多或少贯彻了

---

① [清]章梫纂，褚家伟、郑天一校注：《康熙政要》卷一，中共中央党校出版社，1994年，第8页。

② [清]章梫纂，褚家伟、郑天一校注：《康熙政要》卷一，中共中央党校出版社，1994年，第5页。

③ [清]章梫纂，褚家伟、郑天一校注：《康熙政要》卷十九，中共中央党校出版社，1994年，第375—376页。

这一方针。为使臣属接受和推行"与民休息"的思想,清政府还及时表彰好的典型。康熙"巡幸"江南,看到南方"民间生殖""丰裕"时,便宣扬,这是因为"地方督抚安静而不生事"的结果。这是汉初与民休息思想政策的反复重演。

怎样落实"安民"政策呢?

专制时代实行的是官治。官吏的贪污与王朝的经济利益、政治的稳定直接相联系。因此每个王朝都要养廉惩贪。明清两朝初期的统治者是很重视对吏治的整顿的。朱元璋目睹了元末政治腐败、官吏贪污的种种弊政危害了专制利益,他在建立明王朝后,就用严刑峻法来整顿吏治。

朱元璋执法很严,还在农民战争时,朱元璋因当时粮食困难,命禁酿酒。大将胡大海的儿子犯酒禁,应按禁令惩治。这时胡大海正在浙江绍兴一带打仗,都事王恺便提议不要杀他,以稳住胡大海。朱元璋厉声说:"宁可使大海叛我,不可使我法不行。"[1]竟自己抽刀把胡大海的儿子杀了。明王朝建立后,中书省都事李彬犯法,丞相李善长为其求情,朱元璋不允,反而采纳刘基的奏议,处李彬以死刑[2]。

朱元璋对贪官污吏的惩治和用法严酷是历史上所罕见的。《明太祖实录》卷三十九"洪武二年二月甲午"条记载,洪武二年二月,朱元璋告谕群臣说:

> 尝思昔在民间时,见州县官多不恤民,往往贪财好色,饮酒废事,凡民疾苦,视之漠然,心实怒之。故今严法禁,但遇官吏贪污蠹害吾民者,罪之不恕。

《明太祖实录》卷六十九载,朱元璋四年十一月立法,凡官吏犯赃罪的不赦,下决心肃清贪污,说:"此弊不革,欲成善政,终不可得。"二十五年又编"醒贪简要录",颁布中外。官吏贪赃六十两以上的枭首示众,

---

[1] [清]张廷玉等:《明史》卷一百三十三《胡大海传》,中华书局,1974年,第3879页。
[2] [明]沈节甫:《纪录汇编》卷十四《国初礼贤录》。

仍处以剥皮之刑。府州县衙门左首的土地庙，就是剥皮的刑场，也叫皮场庙。有的衙门公座旁摆人皮，里面是稻草，叫做官的触目惊心，不敢做坏事①。地方官上任给路费，家属赐衣料。来朝时又特别告诫："天下新定，百姓财力俱困，如鸟初飞，木初植，勿拔其羽，勿撼其根。"②违法按法惩办。开国以来，两浙、江西、两广、福建的地方官，因贪赃被法办的很多，很少人做到任满。朱元璋还允许人民直接到京师控诉地方官吏的罪恶。定制：人民均得上书言事，用密封交通政使司，直达皇帝。但在专制时代，惩贪只能行于一时，因为君主到头来还是要依靠官吏进行统治。

朱元璋对江南的富家大族也是很反感的。洪武三年（1370年）二月庚午，元璋问户部，天下民孰富，产孰优？对曰："以田赋校之，惟浙西多富室……"元璋曰："富户多豪强，故元时，以此欺凌小民，武断乡曲，人受其害。宜召之来，朕将面谕之。"于是诸郡富民入见，谕之云云③。明刘玉在《已疟编》里记载了洪武初年，嘉定富户万二因有先见之明而免遭杀身之祸的趣事：

> 洪武初，嘉定安亭万二，元之遗民也。富甲一郡。尝有人自京回，问其何所见闻？其人曰："皇帝近日有诗云：'百僚未起朕先起，百僚已睡朕未睡。不如江南富足翁，日高五丈犹拥被。'"万叹曰："兆已萌于此矣！"即以家资付托诸仆能干掌之，买巨航（船）载妻子泛游湖湘而去。不二年，江南大族以次籍没，独万获令终。其亦达而知几者与！富室与朝廷争利，籍没原因在此。

洪武一朝，"无几时不变之法，无一日无过之人"④。是历史上封建专制政权对贪污进行斗争最激烈的时期，杀戮贪官污吏最多的时期。然而由

---

① [清]赵翼：《廿二史札记》卷三十三《重惩贪吏》，商务印书馆，1968年，第698页。
② [清]张廷玉等：《明史》卷二百八十一《循吏传序》，中华书局，1974年，第7185页。
③ [明]李默：《孤树裒谈》卷一。
④ [清]张廷玉等：《明史》卷一百四十七《解缙传》，中华书局。1974年，第4115页。

于封建专制制度本身的原因，在官治下谁来监督各级官吏？尽管随犯随杀，甚至严厉到不分轻重都杀，还是不可能从根本上清除贪污。

清初统治者对于贪官污吏的倒行逆施所造成的危害也是很清楚的。不严惩贪官，则无法落实"安民"政策，也就谈不上恢复发展生产，巩固清王朝的统治。《世祖章皇帝实录》卷一百二十一载，顺治时江西道御史许之渐曾尖锐地指出："财赋之大害，莫如蠹役。有蠹在收者，有蠹在解者，有蠹在提比者，有蠹在那移支放者，所侵累万盈千。"言语不多，却深切时弊。《顺治朝圣训》卷六载，顺治帝提出："朝廷治国安民，首在严惩贪官。"他对大学士范文程说："贪吏何其多也？此辈平时侵渔小民"，"屡惩弗悛，不得不特立严法，冀人人畏惧，省改贪心。"康熙进一步指出："从来民生不遂，由于吏治不清。长吏贤，则百姓自安矣。"①其子雍正更是反复强调"国家首重吏治"，"吏治不清，民何由安？"②为革除弊端，康熙提出严明政令，《康熙政要》卷二载，"赏有功，罚有罪"，只有达到"法令而政明，令行而禁止"，社会秩序才能得到稳定。康熙还果断地提出："正朝廷以正百官，正百官以正万民。"③即从清朝中央到地方的官吏，要层层做出榜样。但朝廷依旧美女成千，太监成万，金银成山，何从谈"正"？雍正帝则提出了宽严相济的"吏治"方针，《东华录》卷一百八十二《雍正十四》中载，他说：

> 自古为政者皆言宽严相济，所谓相济者，非方欲宽而杂之以严，方欲严而杂之以宽也。惟观乎其时，审乎其势，当宽则宽，当严则严而已。如十人当赏则俱赏之，断无以赏太多而舍一二人不赏之理，十人当罚则俱罚之，断无以罚者太多而宽一二人不罚之理。

---

① [清]章梫纂，褚家伟、郑天一校注：《康熙政要》卷一，中共中央党校出版社，1994年，第4页。
② [民国]王先谦：《东华录》卷一百七十《雍正二》，清光绪十年长沙王氏刻本。
③ [民国]王先谦：《东华录》卷一百五十一《康熙九十三》，清光绪十年长沙王氏刻本。

宽严相济为贪官张开了保护伞。

清初统治者提倡的这些带有虚假和欺骗性的思想，自然是为了维护和巩固其封建专制统治，有些实际上也不可能推行。但在当时，在人民尚无民治要求的情况下，这对于安定人们的情绪，稳定社会秩序等方面无疑起到了作用。

垦荒是恢复发展农业生产的一项重要措施。朱元璋对此极为重视，想了种种办法来解决，而实行屯田就是其中的重要办法。

屯田主要有军屯、民屯。所谓军屯，就是由各地驻军屯种的土地。早在明建国之前，朱元璋为了充实军饷和减轻人民负担，曾命诸将于龙江（今南京）等处屯田，收到很好成效。明建国后，便在长江流域各地大力推广，还制定了一系列具体政策。谈迁《枣林杂俎》卷七《智集·屯田》载：

> 国初，屯军七，操军三，屯军每人二十亩，种谷三石二斗，牛犁。岁征谷五十石，入屯仓。……南京屯制：每军额田五十亩，岁输十八石。即以其租，月给本军一石，计岁每军余米六石，以饷城守之军。后怜屯耗，令十二石存留自赡，止纳六石。《宁国府志》：屯田，正军人给四十亩，岁征米六石。

朱元璋确是很有魄力，决心也很大。由于措施得当，军屯不仅保护了军饷，也大大减轻了农民的负担。

民屯，就是用招募或迁徙的办法，将流民、罪犯以及"狭乡"无田之民，迁往"宽乡"去从事屯垦。如南直隶府凤阳府的临濠一带，明初时"田多未辟，土有余利"。洪武三年六月，朱元璋遂下令徙苏州、松江、嘉兴、湖州、杭州无业农民4000多户到濠州种田，给牛具、种子，3年不征其税。又移江南民14万户于凤阳。洪武二十二年，以两浙民众地狭，务本者少而事末者多，命杭、湖、温、台、苏、松诸郡无田者许令往淮河迤南滁、和等处起耕。二十七年，迁苏州府崇明县无田民500户于昆山开种荒田。三十年二月，将江西丁多及无产业者迁湖广常德府武陵等10县的荒地上耕种①。从上面这些记载尚不完整的史料中，我们仍能清楚地感到这些措施确是解决了长江流域一些"狭乡"人多地少的矛盾。同时，由于政府对那些被迁往"宽乡"屯垦的人户都给予耕牛种子路费，并规定以其所种田为"己业"，皆免3年租税，此种政策必将提高农民的生产积极性，使垦荒一事得以顺利而迅速地进行。

此外，明王朝为调动更多的人力参加屯垦，《明太祖实录》卷九十七"洪武八年二月"条规定：

> 自今凡杂犯死罪者，免死，输作终身；徒流罪限年输作；官吏受赃及杂犯私罪，当罢职役者，谪凤阳屯种；民犯流罪者，凤阳输作一年，然后屯种。

这些规定，对促进凤阳屯垦起了作用，其中单是犯笞罪以上被谪屯凤阳的官吏，就有上万人之多。

在积极发展屯田的同时，明王朝为推动垦荒，还不时下令招抚逃亡。使四处逃亡的农民尽快回到土地上来从事生产。

《明太祖实录》卷三十四载，早在洪武元年八月，朱元璋曾下诏书："州郡人民，因兵乱逃避地方，田产已归于有力之家，其耕垦成熟者，听为己业。若还乡复业者，有司于旁近荒田内如数给与耕种。其余荒田亦许民垦辟为己业，免徭役三年。"《明太祖实录》卷七十三载，洪武五年五月，又下达诏令："流民各归田里，其间有丁少田多者，不许仍前占据他人之业；若有丁众田少者，许于附近荒田内，官为验其丁力，给其耕种。"十三年又诏凤阳、淮安、扬州、庐州等府，田土"许尽力开垦，有司毋得起科。"②政策是关键，"永为己业""永不起科"，并免除徭役3年，对农民来说，确具有极大的吸引力，逃亡在外的广大农民先后返回故乡，辛勤劳动，重建家园。明政府对农业增产有成绩的地方官，也及时加以擢升。

---

① 《明太祖实录》卷二百二十三、卷二百三十六、卷二百四十三。
② [明]王圻：《续文献通考》卷二《田赋二》，钦定四库全书本。

《明太祖实录》卷二十七载，安徽太平知府范常积极鼓励农民耕作，贷民种子数千石，到秋成大丰收，官民都仓廪充实。接着兴学校，延师儒。因此，范常被召为侍仪。

总计洪武一朝开垦荒田约1.8亿亩，长江流域各省当是占了很大的数目，农业生产的恢复是明显而迅速的。洪武二十六年的税粮收入增加到3278.98万石，和元代全国岁入粮数1211.47万余石相比，增加了差不多两倍。人口也增加了，据洪武二十六年统计，全国有户16 652 870，口60 545 812。比之元朝极盛时期元世祖时代，户增加了340万，口增加了700万[①]。受战乱破坏最重的扬州，经过8年时间，已经恢复到收田赋20万石下的中府了。从这个名城的恢复，可以推知长江流域各地尤其是中下游地区社会生产力的恢复和发展的情况。

荆襄附近的郧阳地区，地处鄂豫陕边境，这里"山深地广"，便于农民开荒。明中叶后，由于土地兼并严重，迫使大批流民聚集在这一带耕垦。成化时，流民已聚集到150万人以上。《明宪宗实录》卷七十八载，明统治者对农民大批逃亡、封建统治秩序被破坏，深感恐惧，视为"腹心之疾"，对流民进行种种限制和迫害。荆、襄流民不堪压迫，于成化元年（1465年）在刘通、石龙领导下发动起义，第二年遭政府军镇压失败。成化七年（1471年），原在刘通部下的李原再度起来反抗，建号"太平王"。起义军很快集聚流民百万。明政府派都御史项忠前往镇压，并增派少数民族军队共20多万人协同作战。项忠到襄阳后（今湖北襄阳），一面用允许农民复业作为诱饵，强迫140余万流民还乡，另一方面则采取野蛮的屠杀政策，对流民不分老幼，据《明宪宗实录》卷九十八载，"尽草剃之，死者枕藉山谷"。但许多农民为了争取生存，依然在山区坚持斗争。明朝政府感到屠杀政策失败了，不得不承认既成事实，决定设立郧阳府（今湖北郧阳地区），下辖竹溪、郧西等7县管辖流民。这种允许农民附籍的办法，就是一定程度上承认农民开垦山区荒地的权利。于是有9万余户，数十万

---

① [清]张廷玉等：《明史》卷七十七《食货志·户口》，中华书局，1974年，第1880页。

第八章 明清时期长江流域经济开发的新发展及其艰难曲折性

人定居在郧阳地区。这是农民争取开荒土地长期斗争所取得的胜利。《明宪宗实录》卷一百六十七载，郧阳地区经过农民的开发，无数荒地变成了良田，到成化十三年（1477年）以前，就垦田14 300余顷。

明代中叶，除了荆、襄流民起义外，长江流域内的四川、江西等地也爆发了农民起义。《明宪宗实录》卷十四载，成化元年（1465年），四川德阳赵铎起义，屯田自给。弘治中，江西永新农民到邻郡茶陵州占耕土地，不交赋税①。《天下郡国利病书》卷八十二《江西》载，嘉靖间，江西南部鼎山、白叶山的山田，有一半是农民起义军开垦的。赣州龙南赖清规领导起义，耕种山地，斗争坚持了10年之久，最后明朝政府只好承认农民占有的耕地，并在当地建立定南县进行统治。这些小规模的武装起义，大抵多是农民为了逃避封建地租和赋役剥削，组织起来，向山区进军，开垦土地，并以自己的武装实行自卫。他们对开辟山区和发展生产起了重要的作用。

农业生产是封建专制社会赖以存在的支柱，在清王朝建立的初期，农业生产能否恢复与发展，确是生死攸关的大问题。明朝覆亡的严酷现实，使清朝统治者感到"兵饥则叛，民穷则盗"，一再强调农业生产是"人之根本"，并提出了"五政之本生乎农桑"的口号。康熙指出："民生以食为天，必盖藏素裕，而后水旱无虞。自古耕九余三，重农贵粟。所以藏富于民，经久不匮，洵国家之要务也。"②在当时来说，农业对于巩固封建政治是至关重要的。正如康熙所指出的，"自古国家久安长治之模，莫不以足民为首务。必使田野开辟，盖藏有余"③，这叫作"培养元气为根本"④。

---

① 同治《上海县志》卷十八《人物·张萱传》。
② [清]章梫纂，褚家伟、郑天一校注：《康熙政要》卷十九，中共中央党校出版社，1994年，第375—376页。
③ [清]章梫纂，褚家伟、郑天一校注：《康熙政要》卷十九，中共中央党校出版社，1994年，第375页。
④ 赵尔巽等：《清史稿》卷七《圣祖本纪》第七，中华书局，1977年，第238页。

康熙十分强调"以实心行实政",处处"躬行实践"①。康熙本人经常巡视各地,所到之处,"先察其土田",以掌握实际情况,并及时具体提出一些应如何根据本地土质、气候等条件,实行合理种植的问题。

为使因长期战乱而荒芜的土地重新得到耕种,清政府一方面大力劝民开垦,即动员广大农民重新回到耕地上来,另一方面则竭力推行"屯田"政策。

清政府曾数次下达劝垦令,并于顺治六年(1649年)作出规定,《世祖章皇帝实录》卷四十三"顺治六年夏四月壬子"条载:

> 无主荒田,州县官给以印信执照,开垦耕种,永准为业。俟耕至六年之后,有司官亲察成熟田数,抚按勘实,奏请奉旨,方议征收钱粮。其六年以前,不许开征,不许分毫金派差徭。

以此鼓励农民开垦。不久又于顺治十四年(1657年)颁布了劝惩条例:督、抚官员,一年内主持开垦2000顷以上者,纪录;6000顷以上者,加升一级。道、府官员,垦至1000顷以上者,纪录;2000以上者加升一级。州、县垦至100顷以上者,纪录;300顷以上者加升一级。卫、所官员,垦至50顷以上者,纪录;100顷以上者,加升一级。文武乡绅开垦50顷以上者,现任者纪录;致仕者给匾旌奖。至于贡、监生以及一般富人仍开垦本主土地,如本主不能开垦,由地方官吏招民开垦,发给印照,定为永业。但是,《世祖章皇帝实录》卷四十三"顺治十四年夏四月壬午"条载,"若开垦不实,及开过复荒新旧官员,俱分别治罪"。这一规定,就是保证开垦的具体政策,又是鼓励开垦的可行措施。为扩大影响,清廷还命令各级地方政府,召开隆重的"劝垦荒田之典",由地方官员亲自主持,以示对开荒事业的重视。

这一做法,产生了以下几点积极效果:一、使百姓相信和了解清廷的

---

① [清]章梫纂,褚家伟、郑天一校注:《康熙政要》卷一,中共中央党校出版社,1994年,第5页。

开荒政策。二、取信于地方乡绅,使之敢于投资开垦。三、收获之后,《世祖章皇帝实录》卷一百二十一载,便可"坐收额课之盈"。《世祖章皇帝实录》卷七十八、卷一百一十三载,清初,一些结束了战争的省份的垦荒确是取得了较好的效果。顺治十三、十四两年,长江流域的湖广地区就开垦田地8375顷28亩。

康熙初年,清政府为进一步推进开荒政策,使之有新的发展,提出将田分为新荒、积荒、极荒3等的新办法,并规定新荒者3年起科,积荒者5年起科,极荒者永不起科,解决了顺治朝出现的"科差太急"的矛盾,调动了垦荒者的积极性,同时又进一步制定了对一般贡监生员民人开垦荒地的奖励办法。各省地方根据自己的具体情况制定出切实可行的办法。

据《圣祖仁皇帝实录(一)》卷三十六"康熙十年六月乙未"条载,四川湖广总督蔡毓荣疏言:

> 蜀省有可耕之田,而无耕田之民,招民开垦,洵属急务,……臣谓非广其招徕之途,减其开垦之数,宽其起科之限,必不能有济。请敕部准开招民之例,如候选州同、州判、县丞等及举、贡、监、生员人等,有力招民者,授以署职之衔,使之招民,不限年数,不拘蜀民流落在外,及各省原垦荒地之人,统以三百户为率;俟三百户民尽皆开垦,取有地方甘结,方准给俸,实授本县知县。其本省现任文武各官,有能如数招民开垦者,准不论俸满即升。又蜀省随征投诚各官,俟立有军功,咨部补用者,能如数招民开垦,照立功之例,即准咨部补用;其开垦地亩,准令五年起科。如此,则人易为力,而从事者多,残疆庶可望生聚矣。下吏、户、兵三部会同议行。

这就是想以爵赏来诱致地方官吏和富人投资垦荒,以迅速扩大耕地面积。

康熙八年(1669年),清廷又正式下达了停止圈地的命令,宣布把当年所圈占土地退还原主。这在很大程度上缓和了民族和阶级的矛盾,对推进农业生产和开荒政策的贯彻都有积极作用。

为加快开荒步伐，清廷接连颁布关于开荒事宜、条例及规定。康熙二十九年（1690年）决定，由于四川民少而荒地多，因此"凡流寓原垦荒居住者，将地亩给为永业"①。三十二年（1693年），宣布，"滇省明代勋庄田地照老荒田地之例，招民开垦，免其纳价"，强行剥夺了部分地主对这些田地的所有权，激发了农民开垦的热情。雍正统治时期，继续推行开垦荒地的政策，并对开垦中存在的问题，再次进行了某些改革，决定："嗣后各省凡有可垦之处，听民相度地宜，自垦自报，地方官不得勒索，胥吏亦不得阻挠。"《世宗宪皇帝实录（二）》卷八十"雍正七年四月戊子"条载，对于"贫寒无力者，酌动存公银谷确，查借给以为牛、种、口粮"，资以开垦。在四川、云南等地规定：一夫一妇为一户，给水田30亩，或旱地50亩，若有兄弟子侄之成丁者，每丁增给水田15亩或旱田25亩。《世宗宪皇帝实录（二）》卷六十七载，另给牛、种、口粮或银十二两，使其能安家生产。雍正十一年（1733年）仅南昌13县便开垦田地1500顷。湖北武昌、归州等府州开垦田地4100多顷。

为了扩大耕地面积，乾隆帝鼓励农民大力开辟山头地角不成丘亩而又可耕种的土地，来种植粮食增加收获。他认为：

> 向闻边省山多田少之区，其山头地角，闲土尚多，或宜禾稼，或宜杂植，即使科粮纳赋，亦属甚微，而民夷随所得之多寡，皆是以资口食。即内地各省，似此未耕之土不成丘段者亦颇有之，皆听其闲弃，殊为可惜。

乾隆特下达了"凡边省内地零星地土可以开垦者，悉听本地民夷垦种，并严禁豪强首告争夺"②的命令。

长江流域的一些边远省份，如云南、贵州、四川、陕西南部的这类未

---

① 《清朝文献通考》卷二《田赋考》。
② 《清朝文献通考》卷四《田赋考》。

垦边角土地显然是很多的。为使这部分土地得到开发,鼓励开发者的积极性,乾隆帝还于乾隆六年(1741年)指示贵州等此类地区,《高宗纯皇帝实录(二)》卷一百五十"乾隆六年壬申"条载:

> 凡山头地角,奇零土地……山石掺杂,工多获少,或依山傍岭,虽成丘段,而土浅力薄,须间年休息者,悉听夷民垦种,永免升科。至有水可引,力能垦田一亩以上,照水田例,六年升科;不及一亩者,亦免升科。无水可引,地稍平衍,或垦为土,或垦为干田,二亩以上,照旱田例,十年升科;不及二亩者,亦免升科。

乾隆政府继续雍正朝的做法,仍向贫苦农户提供牛具、种子等必需物品。《高宗纯皇帝实录(六)》卷四百二十九"乾隆十七年丙辰"条载,贵州各地即"按所借给赁牛,制具银"等。这些措施显然有助于耕地面积的扩大。

清廷为了加速农业发展和迅速解决军队用粮问题,还推行了屯田政策。这也是历代统治者所推行的"耕战政策"的继续和发展。

清朝入关前,便采用了屯田办法。清入关后,随着军事镇压规模的扩大,军队用粮匮乏,屯田便成了解决军饷的可靠办法。

清朝的屯田同明朝一样有军屯与民屯之分。民屯是由政府组织的屯垦,与一般百姓的垦荒不同。后者领有土地所有权,收获之后向政府交纳田赋。而屯田者,只有土地使用权,没有所有权,即土地属于国有。因此屯民只向政府交纳屯租,不纳赋税。民屯的屯本,一般分为官府贷给或屯民自备。顺治年间,在六安、合肥等4县开垦了25 508顷82亩荒地,就是由地方政府拨款7.5万两作为屯本。这种做法比一般招民开荒更有保证。军屯是清军即八旗与绿营兵中拨出部分官兵从事屯垦。《圣祖仁皇帝实录(一)》卷二十二"康熙六年戊子"条载,清政府对军屯更为关注,认为这是"养兵裕国之本"。既能保证军饷,又能扩大面积,同时也开辟了财政来源。康熙七年(1668年)四川平定后,清政府便一次拨屯兵7000名,在各驻防地点进行军事屯垦。《圣祖仁皇帝实录（一）》卷二十二"康熙六年戊子"条载，康熙六年（1667年），湖广御史萧震提出了让投诚兵开荒屯田的颇有远见的建议，认为让投诚兵开荒有4点好处：

（一）"投诚之众，所携家口，数倍正兵，若予以荒地，给以牛种，俾无所失，以为招徕之功。"（二）投诚兵数量众多，凡给饷银，每年约需给金钱80万有余。如果分给投诚兵若干亩荒田开垦，每年省饷银若干，假若再按规定3年"照田起科"，既省饷又增钱。（三）"投诚兵无汛地之责"，命令他们屯田，比调负有防御任务的八旗兵容易得多。（四）"查各省荒田尚有四百万余顷"，若将这些土地分给投诚兵丁，令其耕种，就会出现"军储日实、户口渐繁"的好形势。这便是"力田即以阜生"之策。

清廷采纳了这一建议，并制定了一些具体措施。《圣祖仁皇帝实录（一）》卷三十六"康熙十年六月乙未"条载，康熙十年（1671年），清政府又采纳了四川湖广总督蔡毓荣的建议，令四川省"随征投诚各官，俟立有军功，咨部补用者，能如数招民开垦，照立功之例，即准咨部补用；其开垦地亩，准令五年起科"。这同样是要以功级激发投诚官兵开荒的热情，这一措施自然推动了军屯进程。

恩格斯说："农业是整个古代世界的决定性的生产部门。"清政府的垦荒屯田，适应了清前期社会经济恢复和发展的要求，符合人民的愿望对于政权的巩固也起到了一定作用。

附表 （一）嘉庆前长江流域各省屯田面积统计表[①]

省别	屯田额/亩	省别	屯田额/亩
江苏	2 586 978	湖南	3 098 812

---

① 系据《大清会典》卷十一。

续 表

省别	屯田额/亩	省别	屯田额/亩
安徽	4 168 650	陕南	4 007 423
江西	571 168	四川	13 496
浙江	217 304	云南	915 048
湖北	2 047 170	贵州	63 156

(二)清代顺治、康熙、雍正时期四川、云南、贵州三省耕地面积①

单位:顷

年代 省份	顺治十八年(1661年)	康熙二十四年(1685年)	雍正二年(1724年)
四川	11 883	17 261	215 032
云南	52 115	64 817	72 175
贵州	10 743	9597	14 544

(三)乾隆至道光二年四川、云南、贵州三省耕地面积②

单位:顷

年代 省份	乾隆十八年 (1753年)	乾隆三十一年 (1766年)	乾隆四十九年 (1784年)	嘉庆十七年 (1812年)	道光二年 (1822年)
四川	459 303	460 071	461 913	466 296	463 819
云南	75 428	92 536	92 891	94 028	93 177
贵州	25 735	26 730	2104	27 782	26 854

① 系据《大清会典》卷二十、卷二十六、卷二十九。
② 系据《大清会典》《清朝文献通考》《一统志》《户部则例》等史籍。

（四）清代耕地面积①

单位：顷

年代 省份	顺治十八年 （1661年）	嘉庆十七年 （1812年）	光绪十三年 （1887年）
直隶、山东、山西、河南、陕西	2 370 665	3 308 364	3 485 783
甘肃	—	236 838	167 784
江苏、安徽、江西、浙江	1 850 009	2 073 001	2 460 496
福建、广东、广西	408 239	548 969	570 942
湖南、湖北	793 353	89 399	1 521 969
四川、云南、贵州	74 741	588 106	584 963
奉天、吉林、黑龙江	609	228 740	288 110
新疆	—	11 139	114 800
合计	5 497 616	7 084 556	9 194 847

从上表我们可以很清楚地看出清代长江流域主要省份的耕地面积远远超过其他地区。

第二节 赋役制度的调整与改革

减轻赋役对于调动农民的生产积极性、恢复和发展农业生产所起的作用，明清两朝初期的统治者是很清楚的，采取了一系列具体的措施，以达恢复生产、巩固政权之目的。

朱元璋为吴王时，田赋是十分取一，即位后又统一规定了税率：凡官田亩税五升三合，民田三升，重租田八升一合五勺，没官田一斗二升。此税率应该说是较轻的。至于新垦土地，则规定几年或更长的时间内不收

---

① 系据孙毓棠、张寄谦：《清代的垦田与丁口的记录》，载中国社会科学院历史研究所清史研究室：《清史论丛》第1辑，中华书局，1979年。

租。如遇灾荒等原因，还不时下令减免赋税。

明初，长江中下游地区的苏、松、嘉、湖一带，租税特重。丘濬《大学衍义补》卷二十四云：

> 臣按东南，财赋之渊薮也。韩愈谓：赋出天下，而江南居十九，以今观之，浙东西又居江南十九，而苏、松、常、嘉、湖五郡又居两浙十九也……今国家都燕，岁漕江南米四百余万石，以实京师，而此五郡者，几居江西湖广南直隶之半。

其中的原因，有经济上的：此五郡的纺织业特别发达，足供统治者剥削。也有政治上的：据说朱元璋为了惩罚苏、松、嘉、湖6府人民在元末为张士诚坚守。一直到洪武十三年，朱元璋才下令"宜悉减之"。《明太祖实录》卷一百三十并规定，凡"旧额田亩科七斗五升至四斗四升者，减十之二，四斗三升至三斗六升者，俱止征三斗五升。以下仍旧"。到宣德五年二月时，又再度减额。苏州田赋减少了70多石，其他各府也都有不同程度的减少。

明初，为了减轻贫苦农民的徭役负担，确立了"验田出夫"的原则。规定民田每顷，出夫一人。《明太祖实录》卷三十载，"不及顷者，以别田足之，名曰'均工夫'"，南直隶应天等18府州及江西饶州、九江、南康等3府"计田三十五万七千二百六十九顷，出夫如田之数"。《明太祖实录》卷二十六载："每岁农隙，其夫赴京供役，岁率三十日遣归。田多丁少者，以佃人充夫，其田户出米一石，资其费用。非佃人（自由农）而计亩出夫者，其资费则每田一亩，出米二升五合，百亩出米二石五斗。"这样拥有较多土地的地主，就必须多负担一些徭役；而无地或少地的农民，则可以少负担或不负担。另外，出夫的时间，一般是30天，而且只限于每岁农隙服役，不会对农业生产造成严重影响。

朱元璋为使减轻赋役的措施得以贯彻执行，不仅一再告诫臣僚们不得过分盘剥与欺压小民，而且还规定了考核之法"首学校、农桑诸实政"①。对贪暴者一律严惩，前文整顿吏治中已有详述，就不多写了。

明代进入中期后，由于封建剥削的加重，土地兼并日趋厉害，很多地区的农民无以为生，大批逃亡，起义不断。封建专制统治处于严重的危机之中，政治混乱，财政恐慌，地主阶级中有人为了维护本阶级的统治，实行自救，有的主张裁革"冗吏""冗费"来解决当时的财政困难；有的则在地方上局部地区进行赋税制度的改革。其中，以张居正的改革收效较大。而张居正改革的最主要内容，乃是清丈田亩，改变赋役制度，推行一条鞭法。张居正认为财政问题是"邦本"②，因此，理财就成为他改革的重点。万历六年（1578年），张居正下令对全国的土地进行清丈，限3年竣事。清丈结果，垦田亩数达七百余万亩，较弘治十五年（1502年）增加了三百万亩③。原来垦田数字减少最多的湖广等地，经清丈后增额最多。

在清丈土地的同时，张居正又实行赋役制度的改革，于万历九年（1581年）在全国推行一条鞭法，又称"条鞭法"。而实际上早在嘉靖和隆庆时，海瑞就在浙江淳安和南京应天等地实行一条鞭法，庞尚鹏也于嘉靖和万历初在浙江和福建实行一条鞭法，其时便受到当地人民的欢迎。请看史料：

苏南："隆庆中中丞海公巡……革现年之法为条编……向来丛弊为之一清，……于是……民始有乐业之渐矣。"④

"……松江一府大户多轻则之田，小户多重则之赋，论田加耗若便小民……。"⑤

江西："……隆庆中始易为条编，……轻重通融，苦乐适均，则差平而吏不得持低昂之柄，是宜乎万口称便矣。……郡民，诚蒙条编之利，愿

---

① [清]张廷玉：《明史》卷二百八十一，中华书局，1974年，第7185页。
② [明]张居正：《张居正集》卷一《陈六事疏》，荆楚书社，1987年，第7页。
③ [清]张廷玉：《明史》卷七十七《食货志》，中华书局，1974年，第1883页。
④ [清]顾炎武：《天下郡国利病书》卷四十《江宁庐州安庆备录·上元县志·田赋》。
⑤ [清]顾炎武：《天下郡国利病书》卷二十一《江宁庐州安庆备录·上元县志·田赋》。

百世守之。"①

浙江:"嘉靖之四十四年,南海庞公尚鹏来巡浙江,洞悉两役为民大害,乃始总核一县各办所费,各役工食之数目,一切照亩分派……银岁入之官,听官自为买办,自为雇役……此杂泛差役变为一条鞭之始。民至今得保有田户妇子者,皆庞公之赐也。"②

但由于当时土地没有清丈,役法紊乱和豪强地主的阻挠,一条鞭法只能在局部地区实行。而作为统一的制度向全国推广,则是从张居正开始的。其目的是均平赋役。此法具体内容概括如下:

统一役法,并部分地"摊丁入亩"。把原来的里甲、均徭、杂泛合并为一,不再区别银差、力役,一律征银,由政府雇人应役,有似南朝的雇借与唐朝的和雇。一般民人不再亲自出力役。役银也不再像过去按照户、丁来出,而按照丁数和田粮来出,即把丁役部分地摊到土地里征收。丁和粮各占多少比例,没有统一规定,各地实行不一,有的地方以丁为主,以田为辅,采用"丁六粮四"的比例;有的地方以田粮为主,以丁力为辅,田粮多者役银多,"丁居四分之一而粮石居四分之三";也有丁粮各半的。因为各项赋役统一征收,故称这种办法为一条鞭法。

田赋征银。除在苏、松、杭、嘉、湖地区征收本色,以供皇室、官僚用外,其余一律收折色银。

以县为单位计算赋役数目。以原有税额为基准,不得减少。把原有税额按一定比例分摊到田地和人丁上,所谓"包括一州县之赋役,量地计丁"。

赋役银由地方官直接征收。赋役统一交银,轻便易储存、运输,不像过去交本色时体积大,数量多。需要由里长、粮长协助征收和管理,径直改由地方官吏直接征收和运送国库。所以说"丁粮毕输于官"③。一条鞭法的推行可以说在一定程度上缓和了当时的阶级矛盾,对推动生产力的发

---

① [清]顾炎武:《天下郡国利病书》卷八十《江西备录·吉安志·徭役》。
② [清]顾炎武:《天下郡国利病书》卷八十四《浙江备录下·海盐县志·泛差》。
③ [清]张廷玉:《明史》卷七十八《食货志》,中华书局,1974年,第1902页。

展起了某些积极作用。因为在封建社会里，主要是农民和地主两大阶级，土地的多数总是在地主手里，而户丁的多数总是在农民这边，户丁税一部分转加于土地，便必然减轻农民的负担，把这部分负担复归到大土地所有者。此法的另一个特点是"除繁趋简"，征收的项目和数字使人易于知晓，这就给那些善于舞弊和任意敲剥人民的胥吏和粮里长们受到某种程度的限制。据《张太岳文集》，张居正本人也说：

清丈之议在小民实被其惠，而于宦豪之家殊为未便。

清丈事极其妥当，粮不增加而轻重适均，将来国赋既易办纳，小民如获更生。

足见统治者也看到一条鞭法的施行，能够整理财政和缓和阶级矛盾。

一条鞭法的实施从社会发展的角度看也有它积极的一面。当时我国的封建社会已处在逐渐没落时期，资本主义萌芽已经存在，尽管很微弱，但它终究是社会的新生力量。当时代表这个新生力量的主要是那些"工匠主"（如江浙一带的织户）和"商业家"，也就是所谓市民阶层。一条鞭法的施行对这种新生力量的成长是有作用的。为什么这样说呢？从一条鞭法本身看，它减轻了对工商业者的榨取。明初赋役制度不仅以土地为剥削的对象，而且户丁、资产也是榨取的对象。在这种情况下，"逐末者"（商人和手工业者）不仅要向政府缴纳商税和行业税，而且还得缴纳资产税和服劳役。由于差役繁重致使"市民一充商役即万金之产无不立破"①。一条鞭法实行之后，"役归于地"，就使"逐末者"逃脱了，或者说某种程度的逃脱了繁役的剥削，其时的文献中有如下的记载："或问近日有司均编审徭以田土为主，其法如何？曰此非祖宗之法也。……工商之家及放债居积者家不及矣……"②又："（一条鞭法）不论籍之上下，惟计田之多寡，……夫工匠佣力自给以无田而免差，富商大贾操资无算，亦以无田而

---

① 《明嘉靖实录》卷四百五十七，中华书局影印本。
② 《何文定公文集》卷八《均徭私论》，明万历四年刻本。

免差。"①又:"诸所变更难以悉举,语其(一条鞭法)措注大约病农,务本者孑立之身并应租佣;逐末者千金之子不占一役。"②据此可证一条鞭法的实施是减轻了"逐末"之人的负担,因而也就是给"逐末者"的发展创造了某些条件。也正是基于此,一条鞭法的实施促进了当时已经出现的这样一种趋势——即商业资本向土地投资的兴趣逐渐降低,和地主中间有逐渐趋末的趋势的发展。例如安徽的新安"商贾虽余资多",但"多不置田业","齐民困于征求,故视田如陷阱,是以富者缩资以趋末"③。总之,一条鞭法的赋役制度,上承唐代两税法,下启清代"摊丁入亩"制,无疑是中国赋役法上的大事。统一赋役法,简化了赋役制度,在一定程度上抑制了豪强漏税的弊病;赋役征银,既是商品经济发展的必然产物,又反过来促进商品经济的进一步发展,有利于资本主义萌芽的成长;以银代役,相对放松了对农民的人身控制,客观上有利于生产的发展。

一条鞭法虽有其进步意义,但仍然是为封建专制政权服务的。为了稳定封建政权,就必须整理财政;整理财政,就必须整理税源;为了整理税源,就必须清查田地户口和整理赋役制度,就得向那些破坏税源的官僚、豪绅地主进行斗争。因此,一条鞭法实质上是一种改良主义的政策,含有专制主义政权和豪绅地主斗争的性质。但是这个"改良"和"斗争"是极其微弱的,连对当时豪绅地主优免权也要"除外"④。到了明末,封建统治愈加衰败腐朽,皇帝一味追求糜烂生活。神宗朱翊钧在一班守旧官僚的谄谀下,深居后宫,纵欲玩乐,不理朝政。伴随着政治的腐败,是地主阶级疯狂地掠夺农民的土地。此时期王公勋戚占田惊人,动辄百万亩以上。如明神宗的皇庄占地214万余亩。明熹宗朱由校打算赐给惠、桂二王湖广田300万亩,由于无地可授,只给了60万亩,其他200多万亩没有固定土地,便把这些土地租额摊派到各州县,叫作"无地之租"。当时直隶、山

---

① 《明隆庆实录》卷七,中华书局影印本。
② 《明隆庆实录》卷四十六,中华书局影印本。
③ 《明嘉靖实录》卷五百四十五,中华书局影印本。
④ [清]顾炎武:《天下郡国利病书》卷二十三《江南十一》。

东、陕西、四川、湖广等省，王庄密布。地方豪绅也争相置产。神宗时江南大地主有占田至7万顷的。浙江奉化全县田赋额共银2万两，乡宦戴澳一家就占去一半。明末大思想家顾炎武说，太湖流域有田的人只占十分之一，给人做佃户的占十分之九。可见明代土地高度集中的情况何等严重。由此而导致农民生活必然陷于极端贫困。封建社会末期的地主阶级，由于对奢侈品和金钱货币的追求，更加重了对农民的剥削。明代官田"召人开耕"，一般是依"民田例起科"。而太湖流域的官田租额特重。苏州一府担负全国田赋的十分之一，比一般田赋高到8倍。许多官田每亩租额达1石以上，并且要农民自己送到官仓，加上沿途运输的花费，往往耗费二三石甚至四五石才缴上1石租粮，致使农民卖儿鬻女，弃田逃亡。

一条鞭法实行不久，明王朝为了维持其统治的需要，就于正式赋税之外，用加派等手段对人民进行搜刮。万历四十六年（1618年），明王朝借口对辽东后金用兵，开始加派"辽饷"，到万历四十八年（1620年），一年共加征银520万两，以后就作为正式赋役征收。

明末地主阶级对农民的多方面残酷剥削，引起大批农民破产流亡。破产的农民一部分流向城市，或从事手工业生产，或做小贩，或成为无业流民。如当时的瓷器制造业中心的景德镇，人口增加到十数万。但明代城市经济的发展还是有限度的，容纳不了这样多的破产农民。因此农民便被迫只有两条路可走。一条是被迫"投靠"权势之家为仆从，或卖身为奴，供人驱使，担负繁重的劳役。另一条路，即农民在丧失土地之后，只好逃往深山，开荒度日。但明代统治者深惧农民聚山反抗，厉行"禁山"政策，屡派大兵搜索山区，使农民连开垦荒山以取得基本生活资料的自由都被剥夺了，逼得农民毫无生路可寻，只得起义反抗。"水能载舟，亦能覆舟"，明王朝终被农民起义推翻。封建专制统治时期，中国社会经济发展的艰难，于此又可见到。

为适应生产力发展的需要，缓和民族和阶级的矛盾，清朝统治对赋役制度也进行了一系列调整和改革。顺治元年（1644年），颁布了取消"三饷"加派的命令。并在命令中揭露与抨击了明代"三饷"加派的严重危

第八章 明清时期长江流域经济开发的新发展及其艰难曲折性

害,"催科巧取殃民",实是大害,决定"自顺治元年为始,凡正额之外,一切加派如辽饷、剿饷、练饷及召买米石尽行蠲免"①。这种做法显然是得民心的。清廷还于顺治三年(1646年)派冯铨、英俄尔岱等人,根据明万历时的旧籍,编纂成《赋役全书》,以为征税准则。康熙时又删除田赋尾数,编成《简明赋役全书》,与明朝相比,赋役确实减轻了许多。

顺治八年(1651年),清政府决定重新丈量土地,编审丁口,摸清钱粮的实数。顺治七年(1650年),江南英山县,原额人丁是11 135口,其实数仅542口。原额田地1195顷,丈量后实数只有田地26顷。因此,蠲免了该县于顺治五年(1648年)至七年(1650年)这3年中尚未完纳的钱粮,从顺治八年(1651年)照实数征收。当地百姓自然支持。这项工作一直延续到康熙以后,康熙曾指出:田地"若不清丈,以荒田著落他人,征收钱粮,有累穷黎,断不可也。此事綦重,保奏丈量官员"②认真进行丈量。康熙五年(1666年),仅湖南就清出田地620多顷,人丁4787口③。

为保证税收,清政府对抗粮不纳者给予严惩,并迫使一些地主豪绅吐出部分土地。而"绅衿藐法,抗粮不纳"④的情况在江南富庶地区表现得尤为突出。苏、松、常、镇4府及所属之地,未完钱粮的文武绅衿共有13 517名。清廷对此大为恼火,立即命令:"绅衿抗粮殊为可恶","照定例严加议处"。为避免绅衿与地方管钱粮的官吏勾结而蒙混作弊,清政府特地颁布了惩治官吏的条例。各地方官吏为自己前程,不得不认真追逼拖欠钱粮。如江宁巡抚朱国治就苏、松、常、镇4府抗欠钱粮者,分别造册上报,其中绅士13 500余人,衙役240人,结果是"现任官降二级调用,衿士褫革,衙役照赃治罪"⑤,这样一来,使江南地区完纳钱粮的情况大大好转,出现了"旬日之间,完者十万"的局面。

---

① [民国]王先谦:《东华录》卷二十五《顺治三》,清光绪十年长沙王氏刻本。
② [清]章梫纂,褚家伟、郑天一校注:《康熙政要》卷二,中共中央党校出版社,1994年,第29页。
③ 《清康熙朝实录》卷十九。
④ 《清康熙朝实录》卷二。
⑤ 赵尔巽等:《清史列传》卷六《朱国治传》,中华书局,1976年,第377页。

康熙八年（1669年），清廷在人民的反抗下被迫宣布"自后圈占民间房地，永行停止"①，并宣布尚未被圈占的原明朝藩王的土地，"给予原种之人，改为民户，号为'更名地'，永为世业"②。这种更名地在长江流域的陕南、湖南、湖北等省较多。由于原种人即以承种的土地"与民田一例输粮"③，这项土地的承种人，从此便变成了自耕农，必然会提高他们从事生产的积极性和主动性，产量亦必然会有所增加。

清初在恢复赋役剥削后，主要是按照明朝万历年间的一条鞭法征派赋役。一条鞭法已经把一部分丁银挪向地亩征派，即由地亩与人丁共同负担，但丁银从未废除，而且数额依旧相当大。据《圣祖仁皇帝实录（三）》卷二百五十"康熙五十一年五月戊申"条载，农民不堪负担，被迫逃亡，有的"任意行走，结成党类"，严重威胁着清朝的统治。为防止人民起义，维护封建秩序，稳定赋役剥削，清廷不得不变通剥削办法。康熙五十一年（1712年），康熙帝宣布，康熙五十年全国的丁银额定为永久的丁银征收数额，以后额外添丁，不再多征。康熙帝说这是"有益于民"的"盛世"，所以叫作"盛世滋生人丁，永不加赋"④。这一年全国的人丁总数是2462多万，丁银额是335多万两。

"永不加赋"比原先的加赋，有一定积极意义。但并没能防止住农民的逃亡及解决赋税收入不稳定的问题，因为它并没有免除丁银，地主豪富往往勾结官府，使丁银负担大部分落在贫苦农民身上。清朝统治者不得不进一步变通丁银的征收法，这便出现了"地丁合一"的制度。"地丁合一"又叫"摊丁入亩"，也叫"丁随地起"，其办法是把固定的康熙五十年（1711年）的丁银，按照各地原征丁银的不同比数，平均摊入各该地的田赋银中，统一征收。虽然由于各省比数不同，但是，一般的和平均的数字，是每亩地赋银一两摊一钱二厘多银。这一税制的施行，使无地的农民

---

① [清]蒋良骐：《东华录》卷九。
② [清]清高宗：《清朝通典》卷一《食货一》，钦定四库全书本。
③ [清]清高宗：《清朝通典》卷一《食货一》，钦定四库全书本。
④ [清]清高宗：《清朝通典》卷九，钦定四库全书本。

第八章 明清时期长江流域经济开发的新发展及其艰难曲折性

原则上不纳丁银,也不致因此逃亡,《济宁直隶州志》卷五载,因为"家有地亩,始编其丁,使丁系于地,地出丁银","有地有丁,无地无丁,地多者丁多,地少者丁少,尽一均平"。即使有地之家,负担也较为均平,不致过分苛重,与明朝比较,负担相对减轻。对清政府来说,则保证了税收,稳定了财政收入。

"地丁合一"把丁银全部转入田赋之中,使延续了数千年的人头税从此不再单独征收,农民对封建国家的人身依附有所减轻,这是对一条鞭法的重大发展,是清朝生产关系中值得重视的变化。由于"滋生人丁,永不加赋"和"地丁合一"的实行,人民不再需要以隐匿人口的办法逃避丁银,此后清政府的人口统计数字就比以前准确多了。康熙五十年(1711年),全国人口统计数为2460多万,乾隆二十九年(1764年)达到2亿550万,嘉庆二十四年(1819年)超过了3亿。这反映出"地丁合一"之后人口有了较大幅度的增长,在客观上起了某种积极作用。"摊丁入亩"制度亦推进了社会经济的恢复和发展,暂缓了清朝统治者与人民群众之间的矛盾。

长江流域主要省区摊丁入亩表[①]

省份	时间	倡议者	每田赋银一两均摊丁银	特点	备考	资料来源
浙江	雍正四年(1726年)	李卫	1.045钱	—	《会典事例》称2.045(钱)	(1)《熙朝纪政》卷三 (2)《浙江通志》
四川	雍正四年(1726年)	—	每粮0.052石至1.96石不等算一丁,征6升	以粮石计摊	《会典事例》作"六合"。	(1)《熙朝纪政》卷三 (2)《清史稿》卷八十三

---

① 系据彭云鹤:《全国各省(区)摊丁入亩表》,《北京师范学院》,1979年第3期。

续表

省份	时间	倡议者	每田赋银一两均摊丁银	特点	备考	资料来源
云南	雍正四年（1726年）	杨名时	科则缺，其屯军丁银1.5万亩，每丁征2.8~6.2钱	—	—	(1)《熙朝纪政》卷三 (2)《清史稿》卷七十七《杨名时传》 (3)王鸣盛：《杨氏全书序》
江苏	雍正五年（1727年）	—	每亩摊0.011~0.629钱不等	以亩计摊	班匠银三千余两亦摊	《熙朝纪政》卷三
安徽	雍正五年（1727年）	—	每亩摊0.011~0.629钱不等	以亩计摊	—	《熙朝纪政》卷三
江西	雍正五年（1727年）	万柱	田赋一两摊丁银1.056钱，屯地摊0.291钱	—	—	《熙朝纪政》卷三
湖南	雍正六年（1728年）	万柱	地粮一石摊丁银 0.001~8.61钱	以粮石计摊	—	(1)《熙朝纪政》卷三 (2)称"七年"
湖北	雍正七年（1729年）	—	田银一两摊入1.296钱	以两计摊	—	《熙朝纪政》卷三
贵州	乾隆四十二年（1777年）	—	亩摊丁银0.054钱有奇	以亩计摊	—	(1)《熙朝纪政》卷三 (2)《会典事例》

第八章 明清时期长江流域经济开发的新发展及其艰难曲折性

清政府在改革调整赋役制度的同时,还经常及时地下达蠲免令,以减轻农民负担,促进生产力发展。康熙曾指出:"欲使民生乐业,比屋丰盈,惟当已责蠲租",①"政在养民,蠲租为急"。②清顺、康、雍3朝均曾数次下达蠲免令,而以康熙朝为最突出。就地区而论,长江流域被蠲免钱粮的省份占多数。据《清史稿》等史籍记载:

康熙二十五年(1686年),免四川、贵州、湖广康熙二十六年钱粮。

康熙二十七年(1688年),蠲免安徽康熙二十六年钱粮,免江南积欠钱粮200余万两银。

康熙三十三年(1694年),免四川、云南、贵州等省康熙三十三年钱粮。

康熙四十四年(1705年),蠲免湖南、湖北第二年田赋。

康熙四十七年(1708年),免江南、浙江人丁银69万两。再免江南第二年地丁银470余两及浙江第二年地丁银250余两。

雍正朝也有蠲免,最为突出的是取消了江南、松江及浙江嘉兴、湖州等地的浮粮税。自明代以来,这些地方的赋税就比其他地方为重。雍正四年(1726年),雍正帝在"上谕"中也承认,各省之中赋税最多者,莫如江南的苏、松2府和浙江的嘉、湖2府。每府多达数十万。原因在前文已述,主要是朱元璋报复的结果。当地百姓自然非常不满,至清朝,这种不满情绪更为强烈,清廷不得不于雍正二年(1724年)宣布,将苏、松2府的额征浮粮蠲免。雍正五年,又减嘉兴和湖州应征银的十分之一③。

清廷的蠲免对安定民心,促进长江流域地区的社会生产确是起了促进作用。

---

① [民国]王先谦:《东华录》卷九十三《康熙三十五》,清光绪十年长沙王氏刻本。
② [民国]王先谦:《东华录》卷一百四十四《康熙八十六》,清光绪十年长沙王氏刻本。
③《清雍正朝实录》卷六十二。

第三节 土地与水利资源的进一步利用

(一)主要农作物和土地资源的充分利用

我国的粮食作物主要有水稻、小麦、玉米、番薯等。其中,水稻的种植面积最广,地位最重要。明末大学者宋应星在《天工开物》一书中指出:

> 凡谷无定名,百谷指成数言,五谷则麻、菽、麦、稷、黍。独遗稻者。以著书圣贤,起自西北也。今天下育民人者,稻居什七,而麦、黍、稷什三,麻、菽二者,功用已全入蔬饵膏馔之中,而犹系之谷者,从其朔也。

明清时期,水稻的主要种植地区,有江苏、浙江、安徽、江西、湖南、湖北、广东、广西、四川、云南、贵州等省。在中国的水稻种植史上,占城稻的引进和推广是一次重大的革新。明朱国祯的《涌幢小品》里就提到了占城稻的传入:"俗有占米之称,不晓所本,问之亦无能言者。盖宋大中祥符间,遣使至占城国(今越南),取种三万斛,并树艺法,传入中国,自是始有占稻。"[①]占城稻耐旱、早熟,是一种优良稻种。北宋真宗时传入我国,南宋时普遍栽种,产量大增,苏湖一带,一年两熟,上田能有五六石,故有"苏湖熟、天下足"之谚语。经过元明两代,到清代时,占城稻已在我国长江流域各省普遍推广,经不断改良,培育出了许多新的优良品种,例如:"苏州早""云南早""江西早"等。

康熙帝也很重视水稻品种的改良。他曾在中南海丰泽园旁边的水田中,亲自种植稻谷,进行试验,发现了一株茁壮而且早熟的稻穗,经反复

---
① [明]朱国祯:《涌幢小品》卷二《农蚕》,明天启二年刻本。

试种,终于培育出了一种早熟的新稻种——"御稻种"。康熙帝欣喜之余,还召见尚书库勒纳等大臣参观他的高产早熟稻田。康熙五十四年(1715年),康熙下令在江南地区推广"御稻种",令苏州织造李煦在苏州试种,第二年又派有经验技术的农民李英贵前去指导。《清续文献通考》卷四十一《征榷考十三》及《安吴四种·齐民四术》载,这种稻种第一季的成熟时间平均不到100天,最短的只有70天左右,收获后还可再种一季,一年可以连种两季。试种结果,每年平均亩产都在6石以上,可"五年耕而余二年之食"。与此同时,江宁织造曹寅也奉命在南京试种,获得成功。不久,康熙帝又批准在江西、浙江、安徽等地推广试种。《红楼梦》第五十三回提到的"御田胭脂米",第七十五回提到的"红稻米",极有可能就是康熙下令推广的"御稻种"。

小麦是我国北方各省栽培最广的作物之一。《天工开物》卷上《乃粒第一·麦》:"四海之内,燕、秦、晋、豫、齐、鲁诸道,烝民粒食,小麦居半,而黍、稷、稻、粱仅居半。西极川、云,东至闽、浙、吴、楚腹焉,方长六千里中,种小麦者二十分而一。……"可知小麦在长江流域的四川、云南、浙江、江苏、两湖均有种植。因为小麦的收割期在四五月份,而洪水汛期一般是在六七月份,小麦的收割期早于洪水汛期,这对于提高土地使用率,增加粮食作物产量,改善食物结构是大有好处的。

玉米,又名玉蜀黍。种出西番,旧名番麦,"以其曾经进御,故曰御麦。干叶类稷,花类稻穗,其苞如拳而长,其须如红绒,其粒如芡实,大而莹白,花开于顶,实结于节,真异谷也"[①]。玉米是一种高产作物,明代在北方各省已普遍种植,由于它有着耐旱、耐瘠地的优点,因而在清代时,我国南方一些省区,尤其是长江流域的四川、云南、贵州、湖南的山区,也普遍推广种植。

甘薯,也是一种高产农作物。它的传入中国,徐光启在《农政全书》里有一段生动的描述:

---

① [明]田艺蘅:《留青日札》卷二十六《御麦》,上海古籍出版社,1985年,第851页。

甘薯，俗名红山药也。……近年有人在海外得此种。海外人亦禁不令出境，此人取薯藤绞入汲水绳中，遂得渡海，因此分种移植，略通闽广之境也。……番薯，蔓地生，……形圆而长，味……甚甘。山薯为劣耳，盖中土诸书所言薯者，皆山薯也。今番薯扑地传生，枝叶极盛，若于高仰沙土，深耕厚壅，大旱则汲水灌之，无患不熟。闽广人……救饥，其利甚大。

番薯是明代万历时从菲律宾等地传入我国的。由于其耐旱，可食部分是块根，大水冲不走，蝗虫吃不到，极适宜种植在长江流域贫瘠缺水的山坡地带，有利于扩大耕地面积，对解决山区人民的食粮起了很大作用。

明清时期，长江流域经济作物的栽培亦有了新的发展。

明初，政府即重视经济作物的种植，尤其注重桑、枣、柿、漆树的栽培。洪武初年即下令，"凡民田五亩至十亩者，栽桑、麻、木棉各半亩，十亩以上倍之。麻亩征八两，木棉亩四两。栽桑以四年起科。不种桑，出绢一匹。不种麻及木棉，出麻布、棉布各一匹"①。洪武二十四年于南京朝阳门钟山之麓，种桐、棕、漆树5000余万株，岁收桐油棕漆，为修建海船之用②。二十五年令凤阳、滁州、庐州、和州每户种桑200株、枣200株、柿200株。据湖广布政司于二十八年的报告，所属郡县已种果木8439万株。二十九年以湖广诸郡宜于种桑，而种之者少，命于淮安府及徐州取桑种20石，派人送到辰、沅、靖、全、道、永、宝庆、衡州等处（今湖南及广西北部一带），各给1石，使其民种之，发展这一地区蚕丝生产和丝织工业③。还规定洪武二十六年以后栽种桑枣果树，不论多少，都免征赋④。这些政策的制定和推行，无疑有利于经济作物种植面积的扩大，既弥补了

---

① [清]张廷玉等：《明史》卷七十八《食货志二·赋役》，中华书局，1974年，第1894页。
② 《明太祖实录》卷二十七、卷二百七。
③ 《明太祖实录》卷二百一十五、卷二百二十二、卷二百三十二、卷二百四十三、卷二百四十六；《明会典》；朱国桢《大政记》《明通纪》。
④ 《明太祖实录》卷七十七、二百四十三。

第八章 明清时期长江流域经济开发的新发展及其艰难曲折性

一些地区粮食生产的不足,也有利于手工业的发展,增加了政府的收入。

清代长江流域经济作物的种植在明代原有的基础上有了更大的发展。

棉花的种植:江苏的松江、太仓、海门、通州一带仍是最大的产棉区,这里的农田百分之七八十是种棉①。湖北省,明代即以棉花著称,清代有较大发展,其棉田数已接近河北;陕南的汉中府等地也出现了新的产棉区;四川、安徽、湖南、浙江产棉也不少。

桑树的种植仍主要在浙江、江苏、广东的一些集中产区。四川、湖南、湖北植桑也有发展。蚕桑业是我国封建社会里的传统副业,在长江流域一些地区越来越占有突出的地位。像湖州一带,文献中记载说:"蚕桑之利,厚于稼穑,公私赖之。"②嘉兴附近,史料中称"公私仰给,唯蚕丝是赖"③。

甘蔗的生长需要较高的气温和湿度。明代产区集中在福建、广东。清代长江流域上游的四川也发展为大的甘蔗产区。清康熙中商人由福建引入蔗种,逐渐在沱江流域的内江、资中、资阳、简阳推广,形成新的产区。

我国茶的种植历史悠久,主要是在安徽、浙江、湖南、四川等几个著名茶叶产区,从明至清,无大变化。我们今天的饮茶之法,实际上是从明朝开始的。明沈德符《野获编·补遗》卷一云:

> 国初四方供茶,以建宁、阳羡茶品为上。时犹仍宋制,所进者俱碾而揉之。为大小龙团。至洪武二十四年九月,上以重劳民力,罢造龙团,惟采茶芽以进。其品有四,曰:探春、先春、次春、紫笋。置茶户五百,免其徭役。按茶加香物,捣为细饼,已失真味;宋时又有官中绣茶之制,尤为水厄中第一厄。今人惟取初萌之精者,汲泉置鼎,一瀹便啜,遂开千古茗饮之宗。乃不知我太祖实首辟此法,真所

---

① [清]贺长龄、魏源:《清经世文编》卷三十七《请海疆禾棉兼种疏》,中华书局,1992年,第911页。
② 张履祥:《杨园先生全集》卷五十一《农书卷下》。
③ 《嘉兴府志》卷二十二《农桑》。

谓圣人先得我心也。……

俞樾《茶香室续钞》卷二十三引此条，并云："按此则今人瀹茗之法，自明初始也。"

果树的栽培也越来越为长江流域一些地区的人民所重视。浙江、江西、湖北、湖南、四川的柑橘已发展为商品生产。徐光启《农政全书》卷三十《树艺·果部下·橘》载："（橘）生南山、川谷，及江浙荆襄皆有之。……南方柑橘虽多，然亦畏霜，不甚收。惟洞庭，霜虽多无所损，橘最佳，岁收不耗，正谓此焉。"上海的水蜜桃是当时桃中的佳品，甜而多汁，久食不厌。近人徐珂《清稗类钞》植物类云：

桃为吴乡佳果，其名不一，尤以上海水蜜桃为国中冠，相传为顾氏露香园遗种，花色较浅，实亦不甚大，皮薄浆甘，入口即化，略无酸味。……在城西一带者为真种，移植他处则味减。

经济作物的发展，对于扩大农业基础，提高经济效益，改善人民生活，增加政府收入都是大有好处的。亦在一定程度上改变了宋以来过分依靠江南水稻的局面，能供应更多人口的消费。

农业劳动生产率的提高，总是要伴随着生产技术的改进。明清时期，长江流域各地的农民已积累了丰富的生产经验，生产技术也在不断地提高，对土地的充分利用已达到了相当高的水平。越来越多的农民，再也不受那种传统的"土地所宜"说的束缚，特别强调了人力，相信"人定胜天"。徐光启《农政全书》卷二十五《树艺·谷部上·稻》云："土性虽有宜不宜，人力亦有至不至。人力之至，亦或可以回天，况地乎？"

明代的江南农村，对于土地的使用可以说已达到了相当高的程度。"湖民力本射利，计无不悉，尺寸之堤必树之桑，环堵之隙必课以蔬，富

第八章 明清时期长江流域经济开发的新发展及其艰难曲折性

者田连阡陌，桑麻万顷，而别墅山庄求竹木之胜无有也。"①大农业耕作法也在一些地区出现了。明代地主张小山，有地千亩，"辟田治圃，蓺鱼牧豕，树桑沤麻"，"侍儿悉教以女工，织文刺绣"②。苏州人谈参，买大片洼荒地，围以高塍，塍内种田，"岁入视平壤三倍"。最洼处凿鱼池数百，池上架梁搭猪舍，以"鱼食豕下易肥也"；又于塍上种果树，污泽种菰属，做畦种菜，各以千计；"视田之入复三倍"③。这种多种经营的大农业，显然已不是以自用为主，而是突破了家庭制经营，成为一种商业性经营了。

安徽宁国府的泾县，因境内土地硗瘠，过去只种籼稻。后由于"人力渐勤而不懈，地土变恶为美"。故下湿则有粳粘、秋稻、早晚二稻，高原则有来年菽麦，黄赤绿豆，又有籼粟、芝麻、黑黍之属，"与凡水陆所产者，殆与旧时不侔"④。如此改良土壤、经营土地，生活水平自然提高了，也更有保障了。

明代，人们对于肥料在农业生产中的重要性有了更深刻的理解。众多农书都反复强调用粪可以"变恶为美，种少胜多"，"粪田胜如买田"，"地多不如粪多"，"种田地，肥壅最紧"，如果"地多无粪，枉费人工"⑤。

在肥料的利用上，中国向以人粪为主。到了明代，江苏、浙江等地，已开始利用大豆及其制品——豆饼。在16世纪初问世的《便民图纂》一书中，就有将大豆饼和河泥一起作为水稻基肥的记载。天启《海盐县图经》记载说，当地农民习惯于在插秧前施用猪粪、草与大豆饼混合腐烂发酵的河泥。徐光启在《农政全书》中，也有关于大豆饼用作棉花肥料的记载。清代，江苏、浙江等沿海省区，豆饼已比较普遍应用于水稻、棉花生产。

清代康熙、雍正年间，由于社会的安定，生产的恢复和发展，人口亦不断增长，而待垦土地却越来越少。如何解决人口剧增所带来的粮食不足的矛盾？清统治者已意识到这一问题的严重性，并采取了一些切实

---

① [明]谢肇淛：《西吴枝乘》，据《湖州府志》卷二十九《舆地略·风俗》转引。
② [明]费尚伊：《市隐园集》卷十八《外舅张公小山翁墓志铭》，沔阳丛书本。
③ [明]李诩辑：《戒庵老人漫笔》卷四《谈参传》，清顺治五年李成之世德堂刻本。
④ 嘉靖《泾县志》卷二《风俗》。
⑤ [明]王象晋：《群芳谱》。

可行的措施。一是诏令人民向山间旷野之地开荒，扩大耕地面积；二是诏令农民精耕细作，多收粮食。"非率天下农民竭力耕耘，兼收倍获，欲家室盈宁必不可得。"为鼓励农民种好庄稼，多收粮食，清政府规定"每乡中择一二老农之勤劳作苦者，优其奖赏"；每年选举一名"勤劳俭朴"的农民，给以"八品顶带荣身，以示鼓励"。其目的是使"农民知勤，而惰者可化为勤"。由于政府的重视和对各地官员奖惩条例的颁布，粮食作物的增产是较为明显的。长江中下游富庶地区自不待言，连长江上游的一些偏僻山区的粮食作物也有了较大的增长。《世宗宪皇帝实录（二）》卷八十八"雍正七年甲戌"条载，湖广镇箪总兵杨凯在给雍正帝的报告中说，镇箪的苗族地区，所"种之山田水地，黍稷稻粱，盈畴遍野，及致秋成则皆双穗，三穗，四、五、六穗不等，万亩皆然"。《世宗宪皇帝实录（二）》卷八十八"雍正七年十一月乙未"条载，川陕总督查郎在奏疏中也提到了招往安西、沙州等处屯垦民户，"所种小麦、青稞、粟谷、糜子等项，计下种一斗，收至一石三、四斗不等，其余各色种植亦皆丰厚，家给人足，莫不欢欣乐业"。据许涤新、吴承明主编的《中国资本主义萌芽》一书载：明清两代粮食的生产，明盛世比宋盛世约增长百分之五十，而清盛世比明盛世增长在2倍以上。如果说，明代农产品的增产约有百分之八十是由于耕地面积的扩大而来，那么，清代农业的发展就只有百分之二十多是由于开垦新地，而更多的是由于单位面积产量的提高。清代苏、浙、皖、赣水稻的亩产量一般还高于近代的水平。这种提高，主要是由于农艺学的进步而来的，包括深耕、早播、选种、施肥、人工灌溉、推广复种等。

（二）明清两代的水利事业

水利是农业的命脉。朱元璋在攻克集庆后，便认识到这个问题的重要性，并采取了一些具体的措施，设立了"修筑堤防，专管水利"的机构——营田司，以元帅康茂才为营田使。《典故纪闻》卷一载，谕之曰：

第八章　明清时期长江流域经济开发的新发展及其艰难曲折性

> 理财之道，莫先于农，春作方兴，虑旱涝不时，有妨农事，故命尔此职，分巡各处。俾高无患干，卑不病涝，务在蓄泄得宜。大抵设官为民，非以病民。

明建国后，朱元璋越发重视水利，动员了全国的财力和人才兴修大规模的水利工程。尤其是长江中下游地区和四川平原一带，水利工程兴修之多远远超过历史上任何一个朝代。这两个地区是当时最富庶的地方，农业生产的好坏直接影响到明王朝的财政收入和政权的巩固。洪武元年修江南和州铜城堰闸，周回200余里。四年修治广西兴安县灵渠，可以灌田万顷。六年开上海胡家港，从海口到漕泾1200余丈，以通海船。九年修四川彭州都江堰。十四年筑海盐海塘，浚扬州府官河。十七年修江南江都县深港坝河道。二十三年，发动淮安、扬州、苏州、常州民夫25万多人，修筑崇明、海门海堤23 900余丈。同年又疏四川永宁所辖水道。二十四年浚浙江临海横山岭水闸，修宁海、奉化海堤，筑上虞海堤，浚定海、鄞2县的东钱湖，灌田数万顷。二十五年凿溧阳县银墅本坝河道，自十字港至沙子河胭脂坝，动用民夫40万人。二十七年浚江南山阳支家河[①]。同年，朱元璋还特别嘱咐工部官员，凡是陂塘湖堰可以蓄水泄水防备旱灾涝灾的，都要根据地势一一修治。并派国子监生分赴各地"督吏民修治水利"[②]。

明代的归有光对于水利工程有其独到的见解。《明太祖实录》卷二百三十四载，他在谈到长江下游太湖流域的水患治理时说：

> 吴地痹下，水之所都为民利害尤剧，治之者皆莫得其源委，禹之故迹，其废久矣。吴东北边境环以江海，中潴太湖，自湖州诸溪，从天目山西北宣州诸山，溪水所奔注，而从吴江过甫里，经华亭入青龙

---

① [清]张廷玉：《明史》卷八十八"河渠六直省水利"条，中华书局，1974年，第2146页；《明太祖实录》卷二百八、卷二百四十三。
② 《明太祖实录》卷二百三十四。

江以入海，盖太湖之广三万六千顷，入海之道，独有一路所谓吴淞江者。顾江自湖口，距海不远，有潮泥填淤反土之患，湖田膏腴，往往为民所围占，而与水争尺寸之利，所以淞江日隘。昔人不循其本，沿流逐末，取目前之小快，别凿港浦，以求一时之利，而淞江之势日失，所以沿至今日，仅与支流无辨，或至指大于股，海口遂至湮塞，岂非治水之过欤？……余以为治吴之水，宜专力于淞江，淞江既治，则太湖之水东下，而余水不劳余力矣。

他的这一精辟论述在明成祖时为一治水专家夏原吉在实践上加以采用，且取得了显著的成效，基本根治了嘉兴、苏、松诸郡多年的水患。清代学者陈鹤曾说：

原吉浙江治水……原吉至浙西按视咨访利害，奏言："浙西诸郡，苏松最居下流，环以太湖，绵亘五百余里，纳杭、湖、宣、歙诸州溪涧之水，散注淀山等湖，以入三泖，顷为浦港湮，汇流涨溢，伤害禾稼……浚吴淞南北两岸，安亭等浦，引太湖诸水，一自嘉定县刘家港径入于海；一自常熟县白茆港，直注于江。又浚松江府范家丘至南跄浦口，上达大黄浦，以达湖泖之，以复《禹贡》三江入海之迹，水患乃息。

太湖流域的治理自唐到明清，排水问题一直是个突出的问题，明永乐年间算是得到初步解决。

明代学者张瀚对于水利与农业的关系，以及如何开发东南的水利研究颇深。在他的这类文章里，我们可以强烈地感受到张瀚对人的主观能动性的肯定与赞扬，也感受到了那个时期我们的先人征服自然能力的增强。张瀚在《松窗梦语》中谈到水利与农业的关系时说：

开垦荒田，要在尽心沟洫。夫水土不平，耕作难施。必先度地高下，寻水归宿，浚河以受沟渠之水；浚沟渠以受横潦之水，使其接续流通，而于最低洼处，多开池塘以潴蓄之。夏潦之日，水归塘堰；亢旱之日，可资灌溉。由是高者麦，低者稻，平衍者则木棉桑枲，皆得随宜树艺。庶乎人无遗力，地无遗利，遍野皆衣食之资矣。

他还精辟地阐述了对于东南水利的开发见解：

> 谈水利于东南者，以太湖为最，即《禹贡》所称震泽，乃东南一巨浸。五堰居上流，三江在下流，昔五堰筑，则上流有所止，三江导，则下流有所归。其在于今，则深有可虑者。经界久湮，堤防无备，当事者不以时蓄泄。是以霖雨连绵，则弥漫千里，吴越之间，往往汇为巨壑矣。议者谓宜录五堰旧基，更筑堤溧阳，则杀宣、歙、九阳之水，以节其入。按三江故道开百渎，宜兴至陆门江阴，则通吴松之水，以宣其出。庶乎水得所归，禾稼不至淹没矣。

张瀚文中的三江指的是吴淞江、娄江、东江。这在徐光启的《农政全书》里可以找到出处。徐光启是这样写的："刘凤《续吴录》曰：苏之三江，曰吴淞江、曰娄河（即娄江）、曰黄埔（即东江），昔嘉定尹龙晋，以御史左官，浚治吴淞百年以来淤滞，民大被其利，名之御史河。"徐光启还在书里考证了春秋时范蠡在帮助越王勾践灭吴后借西施出三江口，入五湖的史实。《农政全书》卷十三《东南上》载：

> 玄扈先生曰：淞江之侧，有小聚落，名三江口。郦善长云：淞江自湖东北径七十里，至江水分流，谓之三江口。《吴越春秋》载范蠡去越，乘舟出三江口，入五湖，皆谓此也。三江，即《禹贡》所指者。宜兴士人单谔著《吴中水利书》，其说谓：苏、湖、常三州之水，潴为太湖。湖之水，溢于松江以入海，故少水患。

明代江南有不少农民因改良水利，使许多无用之地成为沃壤而致富。《涌幢小品》卷六《堤利》载：

> 堤之功，莫利于下乡之田。余家湖边，看来洪荒时，一派都是芦苇之滩。却天地气机节宣，有深有浅，有断有续，中间条理原自井井，明农者因势利导，大者堤，小者塘，界以埂，分为塍，久之皆成沃壤。今吴江人往往用此法力耕，以致富厚。余日所经见，二十里内，有起白手致万金者两家，此水利筑堤所以当讲也。

江苏常熟的归府君就是一个极善利用水利力耕薄田致富的典型农民，他不仅自己富了，还乐于助人，使当地的很多农民解决了生计。归有光《震川集》卷十九《归府君墓志铭》中云：

> 府君少时亦尝学书，后弃之，夫妇晨夜力作，白茆（常熟）在江海之墟，高仰瘠卤，浦水时浚时淤，无善田。府君相水远近，通溪置闸，用以灌溉。其始居民鲜少，茅舍历落数家而已。府君长身古貌，为人俶傥好施舍，田又日垦，人稍稍就居之，遂为庐舍市肆如邑居云。晚年诸子悉用其法，其治数千亩如数十亩，役属百人如数人。吴中多利水田，府君家独以旱田，诸富室争逐肥美，府君选取其碛者曰：顾吾力可不可，田无不可耕者。人以此服府君之精。

这段史料的确表明了苏南农民的勤劳，耕作土地技术水平之高，劳动生产率自然大大超过其他地区。宋明两代，以江浙为最富，江浙一带又以太湖地区甲于天下。"苏湖熟，天下足"这句话，充分反映了这一地区的经济地位。

在灌溉工具上，明代仍以龙骨车、筒车为主，用人踏或牛转。但在一些水力资源丰富的长江流域地区，如云南、四川等地农民就极其巧妙地利用落差较大的激流带动筒车汲水灌溉田地，不需丝毫人力。其法，《遵义府治》卷十六云：

> 先于溪旁筑石成隘。上流水至隘，势极奋迅。乃设竹车二，围制如车轮，大可二丈。缚数节竹筒，缘于两轮，其筒向内，一面截口受水。每筒相距三尺许，两筒中间，编缚竹板一扇，以遏流水，所以激轮使旋者全在此。盖水势迅则冲扇行，而轮乃随之以转。每激一扇，后扇继来，旋而上升，则筒中满。水已至车顶，筒口向下，水即下倾。于其倾处，刳大竹受之，接引入田，虽远可到。所谓农者坐而观之，无举手之劳，而田已毕溉矣。

此可称为水转筒车。湖南、江浙沿海还出现了风力水车，用风作为动力。洪武年间，浙江人童冀作《水车行》，而所述为湖南零陵："零陵水车风作轮，缘江夜响盘空云。轮盘团团径三丈，水声却在风轮上。……一车之力食十家，十家不惮勤修车。"可见此风轮已相当大，不然是转动不了长江中的筒车的。明末学者方以智在《物理小识》卷八《器用类·转水法》里记载了江、浙沿海农民所使用的风车："用风帆六幅，车水灌田者，淮、扬、海堧皆为之。"对漕运与海运之间的关系以及二者的重要性，景泰时大学士丘文庄（即丘濬）有精辟的见解，《博物典汇》卷十五云：

> 国家都燕极北之地，财赋来自东南，会通一河，譬则人身咽喉，一日不下咽，立有死亡之祸。请于无事时，寻元人海运故道，与河漕并行。江西、湖广、江东之粟，照旧河运。而以浙西东濒海一带，由海道运。一旦漕渠少有滞塞，则此不来，而彼自至矣。是亦思患预防之一策也。

清朝建立后，水利形势可以说是非常严峻。顺治十六年（1659年），归仁堤决口，高邮、宝应等城大水月余不退。康熙六年（1667年），高邮大水，双城水高二丈，城门堵塞。八年，清水潭决口，民田被淹没。九年,淮水大涨,由翟坝入高邮湖,民田淹没殆尽。二十七年(1688年),大雨后中河决口,淹清河民田数千顷。由于黄淮泛滥,两岸"民田皆成巨浸",山阳、盐城、高邮、宝应、江都、泰州、兴化等7县,田地一片汪洋。这一严重形势,自然引起清朝统治者的极大关注,康熙帝自称,"朕听政以来,以三藩及河务、漕运为三大事,夙夜廑念,曾书而悬之宫中柱上"①,多次派遣大臣前往江淮地区视察情况。认为修浚水利"势不容缓",必须"竭力召募",尽快兴修,才能实现"水利一兴,田苗不忧旱涝,岁必有秋,其利无穷"。康熙十六年(1677年),清廷任命水利专家靳辅为河道总督,总管修河事宜。又把水利经费由三十万金增至三百万金。次年,便修筑了江都漕堤。第三年,设置滚水坝于高邮城南。又建山阳减水坝两座。康熙二十二年(1683年),大修运河两堤,建邵伯南减水坝。次年,重挑金湾人字河,建惠济闸。二十七年(1688年),于拦马河之西加挑运河20余丈,筑成两岸长堤。再于遥、缕二堤之中,加挑中河一道,上接张家运口,并骆方湖之清水,下历桃源、清河、山阳、安东以达于海②。中河的开浚,是运河史上的一件大事,它和明初陈瑄凿通清口,具有同样的意义。自此以后,中河内商贾行船不绝。雍正以后,清廷兴修水利的工程继续进行。雍正二年(1724年),于骆马湖东岸筑拦河滚坝,又筑拦水堤600丈,再筑高邮、宝应、江都东西岸堤5024丈。嘉庆二十年(1815年),清政府又花大气力疏浚苏州河:"此河居城之中央,今一开通,则经四纬三之水,左右逢源,如人身气脉无不融会贯通矣。"③可见清廷此举的重要意义。

---

① [民国]王先谦:《东华录》卷一百七《康熙四十九》,清光绪十年长沙王氏刻本。
② 乾隆《淮安府志》卷六《运河》。
③ 苏州博物馆藏苏州城河《三横四直图说》。

第八章　明清时期长江流域经济开发的新发展及其艰难曲折性

第四节　劳动力资源开发问题

(一)匠户徭役制度的废除

历史是曲折的。匠户赋役制度在南朝梁、陈曾废止过。可到元代,奴婢、驱口的使用却相当普遍,工匠沦为官奴。他们的社会地位极为低下,劳动生产效率自然很低。经元末农民大起义后,过去被元王朝和贵族所占有的大批奴婢、驱口逐渐获得了解放;随着元朝统治的结束,大部分奴婢、驱口又陆续被放免。朱元璋做皇帝后,为了减少广大奴婢的反抗,使他们迅速回到土地上积极地进行农业生产,不得不承认现状,而且还先后下令放赎奴婢。《明律》中严厉禁止诱骗和略卖良人为奴婢,违者杖一百,流三千里,而且与"十恶罪"同属"常赦所不原"之列。

少数贵族"功臣"之家虽可占有奴婢,也有一定限制;一般的所谓"庶民之家"则禁止"存养奴婢",违者杖一百,奴婢放免为良。法律还禁止各种形式的人身占有和买卖:包括典雇妻妾子女、收留迷失及在逃子女为妻妾子孙,都在禁止之列。贵族功臣家奴婢亦不许买卖,违者均要严厉处罚。中国历朝都有放免奴婢的记载,表现了掠人为奴和释放奴婢在我国历史上的反复性。但总算反映了当时社会和人民的要求,使越来越多的奴婢解脱出来,这对恢复和发展经济起了作用。

明初,汉族人民摆脱了元朝统治的羁绊,许多的元代匠户从工奴的地位解放出来。洪武十九年,"令籍诸工匠,验其丁力,定以三年为班,更番赴京输作三月,如期交代,名曰轮班匠"[①]。到了洪武二十六年,更按各部门对于工役繁简的实际需要,编定班次,分为五年——一年一班五种轮班制。据统计,各色人匠,包含有62行的匠人,人数共计232 089名[②]。轮班工匠除了分班定期轮流应役以外,其余的时间归自己支配,他们自己

---

① 《明会典》卷一百八十九《工匠》二,文渊阁四库全书本。
② 《明会典》卷一百八十九《工匠》二,文渊阁四库全书本。

制成的手工业产品可以在市场上出售。可见明初的23万多匠户，就是从元朝残酷统治下的工奴地位解放出来的半自由身份的手工业者。这种劳动力的部分解放，在一定程度上，直接刺激了手工业匠户生产创造性和积极性，对于技术的改进和提高起着相当的作用，对于促进手工业的发展，是一种重要的因素。

明初的轮班匠人，对元代手工业中毫无自由的工奴来说，是获得了较多的工作上自由，从而也在一定程度上，促进了手工业的发展；但是轮班制的强制劳动，依旧是束缚生产力的桎梏。况且官定班次，很难恰当，同时受役工匠，更遭到许多折磨，服役的期限也时常被官僚们任意延长。这自然不能不引起匠户们的反抗，除了怠工或故意降低产品质量外，就是逃亡。明廷遂于成化二十年（1484年）令"轮班工匠有愿出银价者，每名每月南匠出银九钱，免赴京……北匠出银六钱到部，随即批放，不愿者，仍旧当班"[1]。这实际上是将徭役制变成了货币税。弘治十八年（1505年）又令"南北二京班匠……每班征银一两八钱。遇闰征银二两四钱"。由于纳银额较高，很多匠户出不起银，仍须当班。所以工匠还是不断逃亡。于是促使明廷采取进一步措施，废除轮班制，一律征银。于嘉靖八年（1529年）令"各处轮班匠役，每名按季征银，如弘治十八年例"[2]。嘉靖四十一年（1562年）改为每名每年征银四钱五分[3]，这已是很低了。这时匠户的匠籍虽然仍旧保留，但是在行动上和一般农民已没有分别了。在南朝与唐朝已有"雇借"与"和雇"制，而后又被恢复为徭役制；到此，中世纪的官工徭役制度，又趋瓦解。读史者常为这种反复，感到气结。

清朝顺治、康熙年间，则进一步废除匠籍，将工匠（手工业者）的代役银并入田赋征收，作为工匠劳役制度的匠籍也跟着取消了。反映了封建国家对手工业工人的人身控制进一步松弛了，自然更有利于手工业和商品经济的发展。

---

[1]《明会典》卷一百八十九《工匠》二，文渊阁四库全书本。
[2]《明会典》卷一百八十九《工匠》二，文渊阁四库全书本。
[3]《明会典》卷一百八十九《工匠》二，文渊阁四库全书本。

自匠户徭役制废除后，不再轮班供役，广大工匠的技术和产品投入市场；另一方面，在农业生产恢复与发展的基础上，广大农村居民中的手工业也和匠户的技术相互结合，在各个地方不同的经营作业，从家庭副业逐渐发展为家庭手工业，或成为小商品生产者，在一定程度上成为初步专业分工。因此自明代中叶以后，手工业的主要劳动者是以小自耕农的同等地位广泛地存在着。这在江南地区，尤其是长江中下游地区表现得更为明显。这些地区，土地肥沃，物产丰饶，但人口众多，加之赋税苛重，这就有可能促使越来越多的农村劳动力寻求新的谋生之道：或从事家庭手工业、或出外经商，甚至弃农外出流入城镇专事手工业，以至社会上手工业行业的数目逐渐增多，这无疑是中国封建社会的生产力异于前代走向进步和发展的一个极重要表现。

(二)农民出外经营工商业的新现象

农业的发展为农民从事家庭副业或经营工商业创造了一定的条件。最初行之于农隙，且外出经商的很少。如湖南桃源县的农民在嘉靖时是"艺不求工，商不致远"[①]。浙江湖州府的安吉州，仍是"小民不出境事商贾，不习工艺"[②]。这说明当时的工商业和农业还没有明显地分离，自然也就谈不上竞争和提高产量、质量了。

然而，随着农业生产的不断发展，能提供的商品粮和原料越来越多。单靠农闲加工经营或单靠地方市场上进行出售，已远远不够了；另外长江流域一些地区由于田少人多，或当地土地贫瘠，物产匮乏，这势必促使一些有商业头脑的农民背井离乡到对自己经营最有利的较远较大的市场上去。

下面举数例谈谈长江流域一些地区农民外出经营工商业的情况。

苏南地区：这是当时全国最富庶地区。但赋重人多，以至明初时，就

---

① 嘉靖《常德县志》卷一《地理志·风俗》。
② 嘉靖《安吉州志》卷三《风俗》。

已是"农作之民日耗,不得已而弃其本业,去为游手末作"①。苏州松江等地区,"奇技工巧者多,所至之处,屠沽贩卖,莫不能之"②。尤其是苏州的吴县人,"(民)以商贾为生,人生十七八即挟资出商楚、卫、齐、鲁,靡远不到,有数年不归者"③。此地的"梓人、甓工、垩工、石工"也是"终年佣外境"④,嘉靖时何良俊对这里的农业人口日益转为工商业人口的情况曾作了很生动的叙述。《四友斋丛说摘抄》卷四云:

> 余谓正德以前,百姓十一在官,十九在田。盖因四民各有定业,百姓安于农亩,无有他志。……自四五十年来,赋税日增,徭役日重,民命不堪,遂皆迁业。……昔日逐末之人尚少,今去农而改业为工商者,三倍于前矣;昔日原无游手之人,今去农而游手趁食者又十之二三矣。大抵以十分百姓言之,已六七分去农。

浙江:万历《常山县志》卷三记:"丁壮者,屏末耜而事负戴,以取日入佣值,务本力农已去十五。"又嘉靖时陆辑说:"今宁、绍、金、衢……诸郡之民,……半游食于四方。"⑤浙江同苏南一样也是全国最富庶地区之一,明初时从事工商业的人即已很多,"两浙民众地狭,故务本者少,而事末者多"⑥。杭、嘉、湖3府虽号称繁富,但土地兼并严重,租额繁苛,以致"细民无田以耕,往往逐末利而食不给"⑦。杭州府居民"多半商贾"⑧。

江西:据《武备全书》卷一《江西》载:"江西之民……弘治以来,

---

① 《古今图书集成·食货典·荒政部·艺文》。
② 《皇明文衡》卷二十七《与行在户部诸公书》。
③ 崇祯《吴县志》卷十。
④ 崇祯《吴县志》卷十。
⑤ [明]沈节甫:《纪录汇编》卷二百四《兼葭堂杂著摘抄》。
⑥ 《明太祖实录》卷一百九十六。
⑦ 嘉靖《松溪县志》卷五十三,明嘉靖十六年刊本。
⑧ 《古今图书集成·职方典·杭州府部·风俗考》。

赋役渐繁,土著之民少壮者多不务穑事,出营四方,至抛家觅于利。"王士性《广志绎》卷四也云:"江、浙、闽三处,人稠地狭,总之不足以当中原之一省。故身不有技,则口不糊;足不出外,则技不售,惟江右尤甚。而其士商工贾,谭天悬河,又人人辨足以济之。又其出也。"特别是江西的抚州,外出的人口更多,以至"云南全省,抚人居什之五六"。

安徽地区:张瀚《松窗梦语》卷四《商贾经》记载:

> 自安太至宣徽,其民多仰机利。舍本逐末,唱棹转毂以游帝王之所都,而握其奇赢,休歙尤夥,故贾人几遍天下。良贾近市利数倍,次倍之,最下无能者,逐什一之利。其株守乡土,而不知贸迁有无,长贫贱者,则无所比数矣。

这段话说明了经营工商业的重要性,株守乡土,而不知贸迁有无,只能是贫困终生。明代商人资本有显著发展,出现了许多势力雄厚的商帮。而安徽的徽商则是其中异军突起的一支,经商范围几乎遍及大半个中国。东晋时已出现新安人出外营生的情况。明嘉靖《徽州府志》卷八载,徽州山多田少:

> 田瘠埆,所产至薄,独宜菽麦红虾籼,不宜稻粱。壮夫健牛,田不过数亩。粪壅缛栉,视他郡农力过倍,而所入不当其半。又田皆仰高水,故丰年甚少,大都一岁所入,不能支什之一。小民多执技艺,或贩负就食他郡者,常十九。转他郡粟给老幼,自桐江,自饶河,自宣池者,舰相接肩相摩也。田少而值昂,又生齿日益,庐舍坟墓不毛之地日多。山峭水激,滨河被冲啮者,即废为沙碛,不复成田,以故中家而下,皆无田可业,徽人多商贾,盖其势然也。

为了求生谋利,徽州人的活动地区非常广泛,据金声说:"尽天下通都大邑及穷荒绝缴,乃至外薄戎夷蛮貊,海内外贡朔不通之地,而吾乡人

（徽州人）足迹无或不到。"①万历《歙县志·序》载，其中休、歙两邑，在成、弘以前，还是"重土著，勤稼事"，然到万历后，则"流寓五方"，"业贾遍于天下"②，明谢肇淛《五杂俎》卷四亦云："吴之新安（徽州）……地狭而人众，四民之业，无远不届，即遐陬穷发，人迹不到之处，往往有之。……盖地狭则无田以自食，而人众则射利之途愈广故。……"

徽州人常年在外经商，自然促进了一些地区和城镇商品经济的发展。扬州便是一个典型的例子。近人陈去病在其《五石脂》一文中竟然戏言扬州乃徽商"殖民地"：

> 徽人在扬州最早，考其时代，当在明中叶。故扬州之盛，实徽商开之，扬盖徽商殖民地也。故徽郡大姓，如：汪、程、江、洪、潘、郑、黄、许诸氏，扬州莫不有之，大略皆因流寓而著籍者也。而徽扬学派亦因以大通。

由此可见，徽商在一些繁华城市的影响是何等之大。

徽商在明清两朝的商帮之中之所以占有举足轻重的地位，同徽州人的极善经营、头脑之精明、用心之良苦是分不开的。商场上的竞争，实际是才智、勤奋的竞争，一步算错，全盘皆输。而徽州人在商场上的竞争中的确是高人一筹，令人叹服的。清代学者许仲云在《三异笔谈》一书中对徽商汪氏的发迹史有这样一段精彩的文字：

> 新安汪氏，设益美字号于吴阊，巧为居奇，密嘱衣工，有以布号机头缴者，给银二分。缝人贪得小利，遂群誉布美，用者竞市。计一年销布约以百万匹。论匹赢利百文，如派机头多二万两，而增息二十万贯矣。十年富甲诸商，而布更遍行天下。……二百年间，滇南漠

---

① 《金忠节公文集》卷七《寿明之黄太翁六袠序》。
② 《金忠节公文集》卷四《与歙令君书》。

北，无地不以益美为美也。

汪氏的经商策略可谓高明，他很懂广告宣传的作用，花小钱给衣工为自己的商品扩大影响，一年就销出百万匹布，增息20万贯，获利之大令人咋舌！可能有人会说汪氏的这种做法未免"缺德"，抢了其他布商的饭碗。但商场即战场，竞争是无情的，只要是合法赚钱，你亏了本，破了产，只能说明你无能。

商业行情与市场信息，对每个工商业者来说，是至关重要的。如果商人能及时了解市场信息和行情，并把握时机，及时予以利用，则肯定能出奇制胜，获得大利。而徽商中的大多数往往在这方面能走在别人前面。前述歙县商人阮弼，嘉靖时来到芜湖，看到这里没有纸行，于是很快筹资开起了纸行，"利且数倍"。后来他又看到染布销路很好而"利归染人"，马上感到这是一个赚取大钱的好行当，对友人曰"非独染人能白（漂白）可采（染色）也"。并很快采取行动，"乃自芜湖立局，召染人曹治之，无庸灌输，费省而利滋倍"。自此以后，"五方购者益集，其所转毂，遍于吴、越、荆、梁、燕、豫、齐、鲁之间，则又分局而贾要津，长公为祭酒，升降赢缩，莫不受成，即长公（阮弼）不操利权，亦犹之乎百谷之王左海"①。徽商阮弼遂成为巨富。

还有一歙商潘惟也颇有头脑，惯于"审时度势，趋时逐息"，认为"左之货殖者，秘因天时，乘地利，务转毂与时逐，毋系一偶"。意思是说，经商要善于掌握时机，当时什么最有利就干什么，不要将经营老固定在某一行。他正是从这一多种经营的原则出发，"以盐筴贾江淮、质剂贾建业，粟贾越，布贾吴"，"卒之赢得过当，皆自以为不如"②。

还有一个徽商汪拱乾及其子孙的发家史也是一个很典型的例子。汪拱乾不但自己善经营，"精会计，贸易于外者三十余年，其所置之货，皆人弃我取，而无不利市三倍"。可见其眼光之远。"自此经营，日积日富"，

---

① 汪道昆：《太函集》卷三十五《明赐级阮长公传》。
② 汪道昆：《太函集》卷五十一《明故太学生潘次君暨配王氏合葬墓志铭》。

但生活上并不奢华,"自奉菲薄,并告诫诸子,不得鲜衣美食,诸子亦能守成"。足见其教子有方。他懂得坐吃山空这个极简单的道理。赚了钱,有了庞大的家产,他又极善理财,不想结怨于乡亲邻里。"然有人告借者,无不满其意而去,惟立券时,必载若干利。因其宽于取债,日积月累,子母并计之,则负欠者俱有难偿之患。"又见其精明。但他的儿子们对这种做法却感到不满了。钱泳《登楼杂记》云:一日,诸子私相谓曰:"昔陶朱公能积能散,故人至今称之。今吾父聚而不散,恐市恩而反招怨尤也。"拱乾闻之,心里暗暗高兴,招诸子曰:"吾有是念久矣,恐汝辈不克体吾志耳,是以蓄而不发。今既能会吾意,真吾子也!"讲完以后,遂即检篋中券(借据)数千张,尽召其人(欠债人)来而焚之,众皆颂祝罗拜。自此以后,诸子亦能自经营,家家丰裕,传其孙曾。今大江南北开质库或木商、布商,汪姓最多,大半皆其后人,当为本朝货殖之冠。

如此精明、节俭、乐施,能不在商场上大获全胜吗?!

然而,并不是所有的徽商都是这样。许多徽商大贾财大气粗后便开始追求一种奢靡的生活方式了,这也不足为奇。明归有光《震川先生集》卷十三云:

> 今新安多大族,而其地在山谷之间,无平原旷野可为耕田。故虽士大夫之家,皆以畜贾游于四方……天下都会所在,连屋列肆,乘坚策肥,被绮縠,拥赵女,鸣琴跕屦,多新安之人也。

谢国桢先生的《明代社会经济史料选编》(中)对于徽商有这样一段按语:"徽商经营盐、茶、木材、当店各项行业。以扬州、苏州、杭州为经商主要地点。而足迹遍及全国,并至海外贸易。明嘉靖时倭寇之乱,与徽商极有关系。"[①]于此可见徽商的财力之雄厚。"茶、盐之利尤巨,非巨商贾不能任……"而且徽商已不满足于在国内做生意了,对海外贸易也产

---

① 谢国桢:《明代社会经济史料选编》(中),福建人民出版社,1980年,第99页。

生了浓厚兴趣,将生意做到了日本等国,以致引发了嘉靖时的倭寇之乱。倭寇是日本的封建主、走私商人和海盗结成的匪帮,他们从元末开始不断骚扰我国沿海地区。到了明朝中期,由于明政府的腐败,防御废弛,倭寇逐渐猖獗。沿海的一些奸商与倭寇勾结,引导倭寇从沿海一带深入到内地(最远达皖南的徽州地区)杀人放火,肆行掳掠,对我国人民的生命财产造成很大的危害。沿海的奸商中自然包括徽商。而这些徽商为什么要将日本人引导去内地干杀人越货的勾当呢?谢国桢先生在《明代社会经济史料选编》(中)引用了一段史料,可能对我们了解倭寇的由来有参考价值。现恭录之:

> 倭寇之起,嘉靖间新安人徐海同其叔惟学,友人汪直、叶宗满等往岭南市易货物,飘洋到日本等国贸易,折阅计穷,惟学将海质于倭主,贷资易货回,复勾其夷入寇岭南,惟学被指挥黑孟阳杀之。倭立责海偿货,海约内掠以偿。癸丑六月入嘉兴、海盐、乍浦等处。甲寅二月劫海盐龙王塘,转攻嘉兴。三月,从硖石至崇德、过石门镇而去。五月,又从石墩泾至崇德杀掠而去。乙卯海偕酋辛五郎入浙西据柘林,乍浦其党叶麻向在崇德贸易,知崇城备寡,拥众数万人薄城下,城陷,俘戮数千人,暮屯邮舍,令妓王翠翘歌而行酒。时胡御史宗宪方巡浙东,星驰至崇德,取酒百余瓶置毒药诱之,倭中药死者过半,余出王江泾,仍督参将卢镗、总兵俞大猷率浙直狼士兵大败之。①

---

① 谢国桢:《明代社会经济史料选编》(中),福建人民出版社,1980年,第143页。

第五节 纺织、制瓷、造纸、制盐等业

(一)丝织业

丝织业在中国发展最早。早在春秋、战国时期,中国养蚕、缫丝、织绸的技术,就已发展到相当高的水平,并先后外传越南、朝鲜、日本等国。丝织业的生产中心较多,西南的四川成都,是形成比较早的丝织中心。蜀锦曾名闻天下,在当时(三国时)对魏、吴的贸易中占有极重要的地位。元明以后,江苏南部和浙江一带的丝织业逐渐兴起,并开始取代成都成为最大的丝织生产基地。苏、杭2州发展成为闻名天下的丝织中心。

由于丝织业生产技术较之于棉纺织业复杂,东南地区农家从事蚕丝生产的较多,而从事丝织的较少。农民生产的丝,一般是通过专门收购蚕丝的商人——收丝客,转贩到城镇,由城镇的丝织业者集中生产。因此,城镇中集中了比较多的与农业分离了的丝织手工业者。例如,苏州"织作,在东城,比户习织,专其业者不啻万家"[1]。南京"织工……,不下数千百家"。杭州"艮山、太平门外,乃机户聚集之地"。桐乡濮院镇,"万家烟火,民多织作绸绢为生"[2]。苏南的盛泽镇居民也都以织绸为生,"明初以村名,嘉靖间始称为市。迄今民齿日繁,绸绫之聚,百倍于昔,四方大贾,辇金至者无虚日。……"[3]由于东南丝织业的发达,对蚕丝的需求量很大;此外,蚕丝还远销其他地区,或远售海外,出口数量也颇大。这无疑促进了东南地区农村蚕丝业的大发展。其中的湖州最为发达,湖丝也最著名。养蚕及缫丝成为当地农户的主要副业。"浙十一郡,惟湖最富。盖嘉湖泽国,商贾舟航,易通各省,而湖多一蚕,是每年两有秋也。""蚕桑

---

[1] 彭泽益:《中国近代手工业史资料(1840—1949)》,生活·读书·新知三联书店,1957年,第214页。

[2] 彭泽益:《中国近代手工业史资料(1840—1949)》,生活·读书·新知三联书店,1957年,第216页。

[3] 沈云:《盛湖杂录》,民国六年铅印本。

第八章　明清时期长江流域经济开发的新发展及其艰难曲折性

之利，莫盛于湖（州）。"①据徐献忠云："大约良地一亩可得八十个，每二十斤为个，计其一岁垦锄壅培之费，不过二两，而其利倍之。"于此可见桑田的收入远胜于粮田的收入。所以江南农家率多植桑，有达万株者。"且田中所入，与桑蚕各具半年之资。故虽荒歉，只半年耳，蚕熟又救恤也。"②到了清代，苏南等地区的蚕丝业更为发达，官租私债，一家生计，很多要依赖蚕丝收入。清唐甄《潜书》下篇记云：

> 吴丝衣被天下，聚于双林，吴、越、闽、番至于海岛，皆来市焉。五月载银而至，委积如瓦砾。吴南诸乡，岁有百十万之益。是以虽赋重困穷，民未至于空虚；室庐舟楫之繁庶，胜于他所，此蚕之厚利也。四月务蚕，无男女老幼，萃力摩他。无税无荒，以三旬之劳，无农四时之久，而半其利，此蚕之可贵也。

浙江嘉兴一些地区，蚕丝业也非常发达，养蚕的农家很多。嘉庆《嘉兴府志·农桑志》云："田收仅足支民间八个月之食，其余月类易米以供。公私仰给，惟蚕丝是赖，比户以养蚕为急务。"

杭州的丝织业很发达，周围乡村从事蚕丝的也不少，但不如湖州之盛。康熙《钱塘县志·风俗志》云："仲春之月，兹邑养蚕，虽少差于苕、霅（两溪水，汇经吴兴）诸郡，然乡村之家较城更密。其时，凡养蚕家揭榜于门云：'蚕月，闲人免进。'"道光《海昌备志·都庄志》载：全县33都，每都辖数庄或十数庄。一都二庄，二都三庄及十三都七庄"栽桑者多，种稻者少"。桑棉并重者有十一庄村。二十四都四庄，"力务农桑，出产丝布"。

四川的蚕丝业，在明代已很发达，曾远销外省，《天工开物》记云："凡倭缎制起东夷，漳（州）泉（州）海滨效法为之。丝质则来自川蜀，商人万里贩来，以易胡椒归里。"

---

① [明]徐献忠:《吴兴掌故集》卷十三《物产》。
② [明]徐献忠:《吴兴掌故集》卷十二《风土》。

明末清初，四川历经战乱，破坏极其严重，造成"民无遗类，地尽抛荒"的悲惨情景。蚕丝业自然也完全荒废了。康熙初年以后，湖广、江西、广东、福建平民陆续大批迁往四川开垦，农业生产逐渐恢复并有所发展，蚕丝业也恢复了。但川东地区养蚕缫丝的不多，川西蚕桑业却很发达。费密《荒书》(抄本)附件载《重庆府佛图关新建蚕神记》中云："吾蜀蚕桑之事，亚于浙右。……今西川之绩丝者，不亚昔时，川东诸郡，则未闻有致力于是，一丝一帛之需，上取给西川，下资之吴越。"

安徽、江西、湖北、湖南、贵州、云南等长江流域省区的蚕桑业亦有不同程度的发展，但比之浙江、苏南等地区却是逊色多了。有一点要强调指出的，即长江上游的一些边远省份原无养蚕纺织习惯的地方，不仅出现了养蚕纺织业，而且有些地区还靠此富了起来。贵州的遵义便是一个典型。

遵义本不养蚕，丝织业更谈不上。道光《遵义府志·农桑志》载，乾隆三年，新任太守陈玉殿发现此地多有槲树，可以养蚕，大喜曰：

> 此青莱间树也，吾得以富吾民矣。四年冬，（陈玉殿）遣人归历城（山东老家），售山蚕种，兼以蚕师来。……（七年）春茧大获。遂谕村里，教以放养、缫织之法，令转相教告，授以种，给以工作之资，经纬之具。民争趋若取异宝。八年秋，会报民间所获茧至八百万。自是郡善养蚕。……纺织之声相闻，槲林之阴迷道路，邻叟村媪相遇，惟絮话青丝几何，秋丝几何？子弟养织之善否？

由于遵义地区丝织业的发展，外地商人来此收购蚕丝做买卖的也越来越多，"秦晋之商，闽粤之贾，又时以茧成来滞鬻（积贮而售之意），捆载以去，与桑丝相掺杂，为绸纨缚之属，使遵义视全黔为独饶，皆玉殿之力也"①。真是为官一任，造福一方。

综上可见，明清时期的蚕丝业已从丝织业中分离出来，成为专门的商

---

① 道光《遵义府志·农桑志》。

品生产部门,农家的不可缺少的副业。"贫家所养无多,而公家赋税,吉凶礼节,亲党酬酢,老幼衣著,唯蚕是赖,……蚕或不旺,辄忘餐废寝,憔悴无人色。所系于身家者重也。"①

浙江桐乡植桑和种稻收益比较②

收益	稻田五亩	桑地五亩
单产	米2.25石	叶104个
总产	米11.25石	叶520个
产值	银11.25两	银52.00两

由表可见,植桑的利益为种稻的4.6倍。

(二)棉纺织业

棉花在中国边疆各少数民族地区的种植,开始的很早。宋元间已有许多地区种棉。但在全国范围内普遍种植和纺织技术的提高,则是明朝初年的事情。"盖自古中国所以为衣者,丝、麻、葛、褐四者而已。汉唐之世,远夷虽以木棉入贡,中国未有其种,民未以为服,官未以为调。宋元之间,始传其种入中国。关陕闽广,首得其利,盖此物出外夷,闽广海通舶商,关陕接壤西域故也。然是时犹未以为征赋,故宋元史食货志皆不载。至我国朝,其种乃遍布于天下,地无南北皆宜之,人无贫富皆赖之,其利视丝枲,盖百倍焉。"③明代以前,平民穿布衣,布衣指的是麻布的衣服。棉布到宋末还是很珍贵的物品。元灭南宋后,浙东、江东、江西、湖广诸地区开始推广棉花的种植,生产量增加,棉布成为商品,服用的人日多。而奠定了我国古代棉纺织业生产技术的当首推元朝的黄道婆。黄道婆,松

---

① 光绪《归安县志》卷十一《蚕桑》引费南辉《西吴蚕略》。
② 系据张履祥《补农书》上。
③ [明]丘濬:《大学衍义补》卷二十二《贡赋之常》,钦定四库全书本。

江乌泥泾人,其家乡土地硗瘠,粮食不够,当地人只好从事副业生产,从闽、广输入棉花种子,"初无踏车椎弓之制,率用手剖去子,绵弦竹弧置按间,振掉成剂,厥功甚艰"①。工具和技术都很简陋。产品质量不高,人民生活还是很艰苦。元成宗元贞间,从小在琼州旅居的黄道婆返回故乡,带回来琼州黎族人民的先进纺织工具和技术,教会家乡妇女以做造、捍、弹、纺、织之具,和错纱、配色等技术,织成被褥带脱,质地精细,花色亦美。一时乌泥泾所制之被成为畅销商品,名扬远近,当地人民生活水平提高,靠纺织生活的有1000多家②。到了明朝初年,不但江南地区的农村妇女普遍参加纺织劳动,连有些地主家庭的妇女,也纺纱织布,以给一岁衣资之用。松江从此成为明代出产棉布的中心。松江税粮宋绍兴时只有18万石,到明朝增加到97万石。其他杂费又相当于正赋,负担特重,主要是依靠纺织业的收入,《农政全书》卷三十五《木棉》云,"上供赋税,下给俯仰,若求诸田亩之收,则必不可办"。

朱元璋在建明以前就夺取了东南纺织业中心松江,目睹了当地的富庶是建立在纺织业发达的基础上,也使他深信推广植棉是增加农民收入和财政收入的有效措施。龙凤十一年即下令每户农民必须种木棉半亩,田多的加倍。洪武元年又把这一法令推广到全国。就全国而论,北方河南、河北气候宜于植棉,地广人稀,种植棉花的面积最大,是原料的供给中心。南方特别是长江三角洲一带,苏州、松江、杭州等地人民纺织技术高,是纺织工业的中心。这样就形成原料和成品的交流情况,原料由北而南,棉布由南而北。从经济上把南方和北方更紧密地联系起来了。明代中叶以后,棉花的普遍种植和纺织技术的不断提高,已使棉布成为全国流通的商品,成为人民普遍用的服装原料。不论贵贱,不论南北,都以棉布为衣御寒,这不能不说是朱元璋的一大功绩。

明代后期至清代,棉纺织业继续有所发展,生产工具和技术也有进步,如去棉核的新式揽车,一人可当3人,句容式一人可当4人。吴中纺

---

① [元]陶宗仪:《南村辍耕录》卷二十四《黄道婆》,中华书局,1980年,第297页。
② 王逢:《梧溪集》卷三《黄道婆祠》序。

车可纺3股纱，个别可纺4股纱，江西乐安可纺5股纱。

苏南地区已成为农村家庭棉纺织业最发达的地区。"江南膏腴之壤，植木棉，女性惟布为多。……遇木棉不登之岁，纺车空悬，女红歇绝，坐致冻馁。"①尹会一在《敬陈农桑四务疏》中说："查江南苏松两郡，最为繁庶。而贫乏之民，得以俯仰有资者，不在丝而在布。女子七八岁以上，即能纺絮；十二三岁即能织布，一日之经营，尽足以供一人之用度而有余。"②这里的农户多"以织助耕"，是农民维持生活的主要来源之一。城市里的纺织业同样兴盛。上海县是"家家纺织，赖此营生、上完国课，下养老幼"③。其地的纺织技术也比其他地方为高，"他邑止用两指捻一纱（即手车）"，而上海则"一手三纱，以足运轮（即脚车），人劳而工敏"④，工作效率和产量都较高。上海县的棉布销售量在明末清初每年已达1000多万匹，衣被天下，市场遍及全国。在明朝按布商资本规模和布价估计，即按每两银子购上色标布5匹，布商资本总额以300万两计，则上海一县年约产销棉布1500万匹。松江全府年约产销几千万匹。按当时劳动生产率（每3个纺工，1个织工，年约产布400匹）估计，松江一带从事棉纺织业的劳动者约有几十万人。

松江府属的南汇县，纺织业极发达。光绪《松江县志·风俗志》中云："（南汇县）妇女纺织佐衣食，不落乡第，虽城市亦然。……织布率日成一匹，甚有一日两匹，通宵不寐者。故男子耕获所入，输官偿息外，未卒岁，室已罄，其衣食全赖女红。"纺织不只是农家的副业，而且也成为城市居民的专业。城镇似乎是织布业的中心，近郊农妇的纺纱业依存于城镇的织布业。就农家而言，纺织已经比耕种更为重要。然而到了近代，

---

① [清]贺长龄、魏源:《清经世文编》卷三十七《布帛赢缩说》，中华书局，1992年，第911页。

② [清]贺长龄、魏源:《清经世文编》卷三十六《敬陈农桑四务疏》，中华书局，1992年，第891页。

③ 故宫博物院明清档案部:《李煦奏折》之《请预发采办青蓝布匹价银折》，中华书局，1976年，第6页。

④ 乾隆《上海县志》卷三十一，清乾隆十五年刻本。

在洋纱洋布大量倾销之下，作为小商品生产的东南地区农村棉纺织业，已无力与之竞争，终于衰落了。民国十八年修《南汇县续志·风俗志》云：

> 纱布之利，肇自元代，贫家妇女赖以生活。近三十年，沪上纱厂林立，所出之纱洁白纤匀，远胜车纺之纱，于是纺织之利完全失败。洋布盛行，幅阔价廉，亦胜土布，于是织布之利亦渐失败。且邑境所产之布，仅销关外奉天等处。而该处利权尽在日、俄掌握之中。主权不收回，即土布不能畅销。

主权是要收回，产业革命亦要进行，不如此，手工生产怎能与机器生产相竞争。

浙江、安徽、江西、四川、云南、贵州、湖南、湖北等地的棉纺织业，明清时期也有了不同程度的发展，这里就不赘述了。

随着江南地区纺织业的发展，为此而服务的染坊业也兴旺起来，染色多样而又异常专业化。松江朱泾镇的染坊就包括有漂坊、红坊、杂色坊①，每一个染坊都雇有一定数量的雇工。苏州城内的染工也有数千之多②。而芜湖的浆染业在当时是最为著名的，《天工开物》卷上《乃服第二·布衣》云，"织造尚松江，浆染尚芜湖……芜湖巨店首尚佳石（踹布石）"。汪道昆《太函集》卷三十五中便记载了徽商阮弼投资组织了大量的商人和染工，不仅在芜湖设了总"局"，而且在其他各地又设了分"局"，获利甚巨。

我国历史上一当民间工商业有所发展的时候，封建专制统治者便想用官营的办法来控制、夺取民间的工商业。其目的一在争利，二在专制主义者向来就害怕"末业"，认为对专制政治不利。汉武帝、王莽是这样，明清也是这样。明清除民间纺织业外，还有官办的织染局和织造局。待遇低、工时长、管束严。清代的织造局主要有江宁、苏州、杭州等3局，江

---

① 康熙《松江府志·物产》。
② 《万历实录·曹时聘疏》。

宁一局就有机匠1700多人。分工细密,专业化程度也很高。如苏州织造局内就有总高手、高手、管工、管经纬、管圆经、管扁全、管段数、管花本、催料、拣绣匠、挑花匠、倒花匠、折段匠、结综匠、烘焙匠、画匠、花素机匠等等①。因此,其产品颇有艺术特色。有名的苏州仿宋式织锦,题材广泛,构图千变万化,色彩复杂而又调和,明朗而高雅。这说明,当时的纺织工人已具有高超的操作技术和染色技术。

明清两代苏州织造局生产规模比较②［清代,截止于康熙二十四年(1685年)］

局名	明代	清代	
	机张数	机张数	机匠人数
织染局	173	400	1170
总织局	—	400	1160
合计	173	800	2330

从上表中可以看出,清代的织染、织造局在生产规模上较之明代扩大了数倍,它反映了清朝纺织业的迅速恢复和发展,这种发展也可由下表所表明的清代土布出口的价值得到说明。

中国土布出口价值和所占东印度公司自中国输出商货总价的比重表③

［乾隆二十五年(1760年)至嘉庆二十四年(1819年)］

年代	价值	占出口商货总值	年代	价值	占出口商货总值
乾隆二十五至二十九年(1760—1764年)	204	0.1%	乾隆五十至五十四年(1785—1789年)	19 553	0.4%

---

① 孙佩:《苏州织造局志·人役》。
② 系据孙佩:《苏州织造局志·机张》制。
③ 严中平等:《中国近代经济史统计资料选辑》,科学出版社,1955年,第14页。

续表

年代	价值	占出口商货总值	年代	价值	占出口商货总值
乾隆三十一至三十四年(1766—1769年)	5 024	0.3%	乾隆五十五至五十九年(1790—1794年)	34 580	0.9%
乾隆三十五至三十九年(1770—1774年)	950	0.1%	乾隆六十至嘉庆四年(1795—1799年)	79 970	1.9%
乾隆四十至四十四年(1775—1779年)	6 618	0.5%	嘉庆二十二至二十四年(1817—1819年)	121 466	2.4%
乾隆四十五年至四十九年(1780—1784年)	8 533	0.5%	—	—	—

(三)制瓷业

陶瓷业也是我国历史渊源最早的手工业部门之一。唐宋时,瓷器制造渐渐成为一门独立的重要手工业。清阮葵生《茶余客话》卷二十云:"磁器始于柴世宗,迄今千年,徒传柴窑之名。周时官吏请瓷器式,世宗批其状曰:雨过天青云破处,者般颜色做将来。旧称:'青如天,明如镜,薄如纸,声如磬'……"①形容可谓生动。明代不仅继承了宋元时代的技术,且有更灿烂的发展,江西景德镇是全国瓷器制造业的中心,明初民窑不多,到了嘉靖年间,景德镇的御器厂(官窑)有58座,民窑已有20座。明末,民窑更发展到二三百"区",工匠人夫不下数十万,借此食者甚众。全镇"延袤十三里许,烟火逾十万家,陶户与市肆当十之七八"②。民窑窑身比官窑一般大三四倍,每次可烧小器千余件。明末的民窑,窑身的制作,更加阔大。大规模的民窑③,已发展到了工场手工业的组织。民窑一

---

① [清]阮葵生:《茶余客话》卷二十,清光绪十四年铅印本。
② [清]蓝浦、郑廷桂:《景德镇陶录》卷八。
③ 《明宪宗实录》卷七十八。

般地都用雇工数十人,"四方远近,挟其技能以食力者,莫不趋之如鹜"①。其时景德镇的瓷器生产情况也是昼间白烟蔽空,夜间红焰熏天。每年要烧造几十万件的瓷器。景德镇的民窑,著名如隆庆、万历间苏州人苏丹泉的"周窑",制造白釉瓷器最有名;万历间吴为(别号十九)的"壶公窑",以造卵幕杯最著称。明李日华《紫桃轩杂缀》一文对此有生动的记载:

> 浮梁人吴十九者,能吟,书逼赵吴兴,隐陶轮间,与众休息。所制精瓷,妙绝人巧,尝作卵幕杯,薄如鸡卵之幕,莹白可爱,一枚重半铢。又杂作宣、永二窑,俱逼真者,而性不嗜利,家索然,席门翁牖也。余以意造流霞不定之色,要十九为之,贻之诗曰:"为觅丹砂到市廛,松声云影自壶天,凭君点出流霞盏,去讯兰亭九曲泉。"……

清代学者朱琰在其《陶说》卷一《陶冶图说》中还记载了一个发生在瓷都景德镇的极感人的故事:

> 景德镇……山环水绕,僻处一隅,以陶来四方商。……有神童姓者,窑户也。前明烧龙缸连岁不成。中使督责甚峻,寄民苦累,神为众蠲生,跃入窑突中以死,而龙缸即成,司事者怜而奇之,建祠厂署祀焉。

这种以生命作为代价来换取别人的解脱和一件艺术珍品的烧制成功,充分体现了中国劳动人民的自我牺牲精神。

明代各种瓷器的制作比宋元时更艳丽了。景德镇窑所烧造的青花瓷器,瓷胎的质料用的是"麻仓"(镇东乡的麻仓山)的陶土,洁白细腻。

---

① [清]蓝浦、郑廷桂:《景德镇陶录》卷八。

"青花"的原料用的是南洋输入的"苏泥勃青",色调很幽静,绘画大多先用细线描轮廓,然后再加渲染。也有红、蓝、翠青、绿、黄等单色釉的,尤以鲜红色的最著名,称为"祭红"或"霁红"。由于劳动人民不断创造,明代景德镇的"御器"开始有脱胎器的镟坯车的制作,最精工的,胎薄如纸,几乎看不到胎土。在施釉的方法上也采用了"吹釉"的先进技法,蘸釉汁吹于坯上,比较均匀而无损坏。每一件瓷器的烧造过程分工都很细。《天工开物》卷中《陶埏第七·白瓷》云,"共计一坯工力,过手七十二,方克成器"。

到了清代,景德镇的制瓷业有了新的发展,官窑分工具体,专业化程度高,资本雄厚,工艺技术都很完善。民窑作坊也有相当发展,一般劳动者也多靠此为生计。

清代瓷器花式品种极多,技术和艺术上都超过了前代,达到异常精湛的高度。如原来的五彩瓷,创始于明朝宣德年间,康熙时加以继承,又有了新的起步,即彩瓷中的青色有时不用釉下青料,而代以釉上的蓝彩,烧成的色调更为浓艳。新制造了一种黑彩,光亮胜黑漆,衬托在五彩瓷器上,光彩夺目;用金彩的,如碧叶红莲,衬以金花数朵,色彩富丽娇艳,为康熙朝瓷器中的佳品。康熙时期还出现了粉彩,至雍正时得到改进,出现了极为精美的粉彩瓷器。粉彩是五彩进一步发展的结果,它的出现是清代瓷器的一个新成就。

乾隆时期,景德镇陶瓷业无论在规模、产量或技术上都有新的发展。康、雍时,烧造瓷器,不过仅用江西藩库正项钱粮或淮关盈余银两。自乾隆五年(1740年)始,"江西烧造瓷器,动用九江关税银"[①]。到嘉庆四年(1799年)每年动支该关盈余项银1万两。制瓷业有了这笔巨款,发展自然更为迅速。

随着制瓷业的发展,与其有关的生产部门如戗金、镂银、琢石、髹漆、螺钿、竹术、匏蠡等手工业也相应发展起来了。与此同时,还出现了

[①]《大清会典事例》光绪卷一千一百九十《内务府·库藏》。

瓷行、油灰行、菱草行（捆扎瓷器用）、船行等。

(四)造纸业

造纸是我国的四大发明之一。明清时期，造纸业的发展更为显著。《天工开物》一书对造纸所用原料、工艺流程均作了详细说明，此处不再赘述。这里仅举长江流域有关省区的造纸业发展情况数例。

《菽园杂记》卷十三载，浙江的常山、开化等县：

> 人以造纸为业。其造法：采楮皮蒸过，擘去粗质，掺石灰浸渍三宿，蹂之使熟，去灰，又浸水七日，复蒸之。濯去泥沙，曝晒经旬，舂烂水漂，入胡桃藤等药，以竹丝帘承之，俟其凝结，掀置白面，以火干之。白者以砖板制为案卓（桌）状，圬以石灰而厝火其下也。

安徽泾县的宣纸中外驰名。清邹炳泰《午风堂丛谈》卷八云：

> 宣纸至薄能坚，至厚能腻，笺色古光，文藻精细。有贡笺、有棉料，式如榜纸，大小方幅，可揭至三四张，边有"宣德五年造素馨纸"印。白笺，坚厚如板面，面研光如玉，洒金笺、洒五色粉笺、金花五色笺、五色大帘纸。磁青纸，坚韧如段素，可用书泥金。宣纸陈清款为第一。薛涛蜀笺、高丽笺、新安仿宋藏金笺、松江潭笺，皆非近制所及。

江西的造纸业也很发达。江西广信府是明代著名的造纸区，府属的永丰、铅山、上饶3县在嘉靖万历时出现了"槽房"式的手工工场，雇佣了大批人工[1]。"纸槽在洪武初始创于玉山一县，至嘉靖以来，始有永丰、铅山、上饶三县，各立槽房。"[2]谢国桢在《明代社会经济史料选编》（上）

---

[1] 雍正《江西通志·土产》。
[2] 雍正《江西通志·土产》。

中说到,明末常熟毛晋汲古阁刻书甚多,派人到江西等地定制或采购大量的纸料,故有"毛边""毛太"等项的纸类,至今还沿用其名称。

清代造纸业的发展也很显著。尤以陕西南部的造纸厂为多。由于当地"丛竹生山中,遍岭漫谷,最为茂密,取以作纸,工本无多,获利颇易",故"处处皆有纸厂"①,造纸业十分发达。仅蔡伦封邑洋县西乡一地就有纸厂20余座。"大者匠作佣工必得百数十人,小者亦得四五十人……借以图生者,常数万计矣。"②

陕西的造纸厂佣工大都是迫于生计而离开家乡的流民,以川人、楚人为多。《秦疆治略》载:"(陕西岐山县)南乡有纸厂七座,厂主雇工,均系湖广四川人。""(汉中府定远厅)道光三年查明男女大小共十三万四千八百余名口。……近来烟户渐多,川人过半,楚人次之,土著甚少……并有纸厂四十五处……其工作人数众多。"

浙江、江西等省的农村造纸业也成了不少地区农民收入的一个极重要来源。杭州府属各县农村家庭手工业以造纸业最发达。康熙《富阳县志·风俗志》云:"邑人率造纸为业,老小勤作,昼夜不休。"③光绪《富阳县志·风俗志》云:"南乡多山少田,居民终岁勤劳,造纸易钱,只足购米,积蓄颇难。"④《富阳县志·物产志》"货之属"载:"竹纸出南乡。……为邑中出产第一大宗。总浙江各郡邑出纸,以富阳为最良。而富阳之纸,以大源之元书为上上品。"⑤又按:"富阳竹纸一项,每年约可博六七十万金。草纸一项,约可博三四十万金。"

江西造纸业发达已遍及各府,大都是农村副业。

广信府属县均产纸。同治《广信府志》云:"竹利七邑皆有,惟上饶、铅山、贵溪之南境尤饶,大半用以造纸。"通志载:"东北乡出楮之所,槽户合倩(请)人治料,施工成纸,费难不可殚述,虽隆冬炎夏,手足不离

---

① [清]严如熤:《三省边防备览》卷十一《策略》,清道光十年来鹿堂刻本。
② [清]严如熤:《三省边防备览》卷九《山货》,清道光十年来鹿堂刻本。
③ 康熙《富阳县志·风俗志》。
④ 光绪《富阳县志·风俗志》。
⑤ 光绪《富阳县志·物产志》。

水火。谚云：片纸非容易，措手七十二。……"前府志载："（铅山）石塘人喜作表纸，捣竹为之。今业之者日众，可资贫民生计。……"

除了造纸外，长江流域很多地区农民还从事制笔、烧炭、制蜡、烧石灰、制石膏、加工笋干，编织麻鞋、蒲包、草帽、席帘，种植杉树、生姜，熬制桐油，制作梳、筐、扇及药材等，有的地方农民还出卖劳动力搞运输，运木材、煤炭出山，"获利虽微，而借以为食者不少"[①]。

总之，农民若不兼营其他副业，只靠种庄稼，是很难维持一家温饱的。

（五）制盐业

盐是人民生活的必需品，也是封建政府税收的主要来源之一。鸦片战争前我国盐的产量在30亿斤以上（包括私盐），海盐占70%左右。而其生产方法也最简单，不外煎、晒2法。池盐产于山西和陕甘盐区，约占盐总产量的8%。井盐产于四川和云南，约占盐总量的18%，且以四川为主，滇盐不过川盐的十分之一。

井盐的主要生产过程是凿井、汲卤、置锅和制盐，其中技术复杂并具有决定性作用的是凿井。宋以前，开凿的井是大口浅井，这种大口井易崩塌，且由于井浅，汲取的卤水含盐量低。宋代，四川井盐的生产技术有了飞跃发展，出现了在当时世界上处于领先地位的钻井工艺——"卓筒井"。元、明两朝有改进。明后期至乾隆年间，四川井盐的生产技术又有了重大的革新，以小口深井为特征的井盐工艺达到了当时手工业生产方式所可能有的高度。技术革新的结果，使井的深度由卓筒井的几十丈、百来丈，发展到100多丈至200多丈。到道光中期，在富荣盐场（富顺县的自流井地区和荣县的贡井地区相连，生产上联系也多，清代合称富荣盐场。也称自流井为富荣东场，贡井为富荣西场。1939年2地区合并，设自贡市）还开凿了300丈的深井。随着井的加深，嘉道年间黑卤和天然气（火井）也被

---

① 同治《巴东县志·职业志》。

开发出来了。据清代学者李榕在《自流井记》中的记述，几十丈至百来丈的卓筒井，只能得到每椀（椀，计量卤水的容器，以直径3寸和高3寸的竹筒计量卤水，达到这标准的为一椀）可烧4～5钱的卤水，而100～300多丈的深井，每椀可烧盐两倍以上。井深达二百六七十丈，还可以得到黑卤和天然气、石油。

出天然气的井，有的还同时出卤出石油。这种井除富荣盐场外，在犍为、乐山和川北邛崃等盐场也有。利用天然气代替煤、柴，火力极大。一个井的天然气，可以煎烧几十口以至几百口盐锅，大大提高劳动生产率，并降低成本。

在运送卤水方面，过去全靠人力担挑。乾隆年间始用盐枧，即竹管导水系统，主要用在富荣盐场。枧用大楠竹通其节，两竹接处用扣笋相衔，缠以细麻，外敷油灰。全枧用竹篾绕箍，每年换箍2次，枧之经过或埋土内，或架空，各随地势。转折处，置枧窝（木桶），旁凿孔以变方向。越山或需升水时，于较高之处建枧楼，楼上置车盘和绞轮，用联串的斗子（方木桶）掏卤提升。山势太高，有迤逦建二三楼以至数十楼者，挨次输送。

嘉道年间，天然气（火井）被开发出来，亦设置火枧输送。火枧的构造，《自流井记》中记述说：

> 火之发也，复以木盆。其盆高一丈，径一丈，围三丈，上锐下丰，以束其气。盆上环置竹枧，引其气以达于盐灶。盆中央仍开一孔，径三寸，环以右圈，附以土围，结为井口。……火井远者可至百余丈，以次减至数十丈。

四川井盐的大量开采已成为明、清封建王朝财政收入的重要来源。四川盐税、盐课的数目，明代为7万两。清代，康熙时7万余两，雍正时增

第八章 明清时期长江流域经济开发的新发展及其艰难曲折性

至30万两。咸丰、同治年间增至200万两，宣统时更高达630万两[①]，成为四川财政收入最多的一项。

明、清两朝四川井盐业的发展除了生产技术革新的原因外，还有一个重要的原因是政府对私人生产的逐渐放松，以收取高额赋税。

明代初年曾行开中法，即令商人纳米，给以盐引，四川井盐亦于洪武二十五年（1392年）行此法。惟灶户除纳盐课外，余盐以200斤为1引，卖给官府，官给米1石，较宋元稍宽。弘治以后，改为纳银取引。万历间实行纲法，将引商编入纲册，成为世袭的盐专卖商，向官府纳银后，直接向盐户收盐，即由官收、商销变为商收、商销。又四川井盐，嘉靖以后，允许"民户私井者，征报常课"[②]，"严令各县将私开小井逐一报官收课"[③]，实际上承认了私井的合法地位，而明初"凡私煎货卖者绞"的法令逐渐废弛。

清代于顺治八年（1651年）实行盐票制，盐商持四川盐政司制发的盐票，即可收盐贩运。而对井灶生产，则放松管制。这是因为明末清初战乱，四川受灾深重，人口稀少，盐井毁圮，遂采取任民凿井、任民销售的办法。康熙时对四川的井灶户增加了一些限制，但由于官府对井灶只着眼于多收盐课，开业一般都是照准。由于四川人口不断增加，市场扩大，额外的私井也有活动余地。乾隆四十九年（1784年），四川盐茶道林儁规定以后对新凿的井永不加赋[④]。总之，明、清以来的盐法是逐步有所松弛的，而就井盐的生产来说，入清以后，私人生产制度就确立下来了。"明以前井灶多由官办，后虽改招灶户，然设官盐之。自清初则任民自由开凿，遂为人民之私产。"[⑤]

---

① 吴炜等：《四川盐政史》卷八。
② 嘉靖《四川总志·盐法》。
③ 雍正《四川通志》卷十四《盐法》。
④ 王守基：《盐法议略·四川盐务议略》。
⑤ 吴炜等：《四川盐政史》卷一。

清代四川井盐销额

年代	井数/眼	盐引或盐票/张	销额/斤
顺治八年(1651年)	—	盐票 4 940	6 192 290
康熙二十五年(1686年)	—	盐引 42 557	53 366 580
雍正九年(1731年)	6 116①	水引 29 018 陆引 136 232	92 277 840
乾隆元年(1736年)	7 704②	水引 45 997⑤ 陆引 205 650	229 520 220
嘉庆二十五年(1820年)	8 688	—	359 081 750③
道光三十年(1850年)	8 832④	—	—

注：1. 表列引、票张数，除⑤是据《清盐法志》所载逐年增加数推算外，其余均引自吴炜等所著：《四川盐政史》卷一《通论》和卷六《清代之销额》。

2. 每张盐引含盐斤数，水陆引各不同，不同朝代亦不同。清康熙时规定：水引每张50包，每包盐100斤，另加耗盐15斤，共5 750斤；陆引每张4包，每包盐100斤，另耗盐15斤，共460斤。

清乾隆六十年时，虽然规定每包增加耗盐15斤，每引包数仍旧，这样每一水引为6 500斤，陆引为520斤，但实际上没实行，故嘉庆时水陆引含盐斤数，仍按旧制计算。

3. 井数：①④见民国盐务署：《清盐法志》卷二百四十四，②见乾隆《大清会典则例》卷五，③见嘉庆《大清会典事例》卷十三。

云南省也是著名的产盐区，康熙年间已有8大井和40多子井。到雍正时，增至20大井和90多子井，比康熙朝增加了一倍多。

云南盐井雍正五年（1727年）和九年（1731年）的年产额①

单位：斤

井名	原额	雍正五年(1727年)	雍正九年(1731年)
黑井(元永)三井	7 042 000	7 042 000	8 230 024
琅井	1 599 996	1 599 996	1 993 996
云龙井	1 510 014	1 510 014	2 601 684
景东井	169 200	169 200	1 481 768

雍正、乾隆两朝云南盐课总额②

单位：两

年代	课额				资料来源
	正课	盈余	额外盈	共计	
雍正元年 （1723年）	224 979 560	—	—	224 979 560	《续云南通志稿·食货志》
雍正十年 （1732年）	278 039 066	47 244 427	25 061 706	350 345 199	《清盐法志》卷二百八十一
乾隆七年 （1742年）	278 039 066	51 924 597	25 061 706	355 025 369	《清盐法志》卷二百八十一
乾隆四十四年 （1797年）	276 039 066	51 924 597	25 061 706	355 025 369	《清盐法志》卷二百八十一

这里谈一下木材的采伐问题。

陕西省终南山一带，深山老林，绵亘800余里。乾隆以来，外省流民进山者日多，木材采伐业逐渐兴起，出现了一些大大小小的木厂。

陕南的木厂分圆木、枋板、猴柴3类。圆木供建筑用，最为名贵。枋

---

① 此表据唐炯等《续云南通志稿·食货志》制。
② 此表据刘隽《清代云南的盐务》制。

板多供作家具用。不成材的树，或大木枝丫，劈作猴柴，供烧柴用。

　　陕南的大木厂，开采的方法还都是原始的，即树木大小皆用斧砍伐。全部使用人力，谈不上任何机械力。"……林内开设木厢，冬春匠作背运佣力之人，不下数万。偶值岁歉停工，则营生无资。"①山区伐木主要问题在于运输，这方面花费最大，亦略有技术改进。因伐木作料之处，多在山沟，穿山越岭，人力难施，运木须作溜子、天车。溜子系用长丈许的小圆木并列顺接而成，如铺楼板状。"沟内地势凹凸不齐，凸处彻石板，凹处下木桩，上承枕木，以平为度，沟长数十里，均作溜子，直至水次。作法同栈阁，望之如桥梁，此木厂费工本之最巨者。"②天车架高六七尺，上置八角滑轮，下装转车，亦八角轮，径七八尺。联以牛皮绳，用牛二头或骡马四五头，挽动转车，将所伐木料提上天车，置于溜子内。山道高者，常置天车三四层。运木系在阳历九十月后，在溜子上浇水结冰，一人挽料，即可滑下。木材在河边堆积，等来年水涨，再顺河漂出。这种运输方法，已使用一定机械，与近代伐木业所使用绞车索道，原理一致。但其设备笨重，"倘无牛骡，用健夫二三十名，如推磨式，将转车（天车）推挽……此木厂用人夫之最多者"③。

　　砍伐后的木材经陆路或水路运往本省各地和其他一些省区。"木自黑水谷出，入渭浮河，经豫、晋，越山左，达淮徐，供数省梁栋，其利不赀。"④

　　陕西中南部的这些木厂确是给流入山区的外省移民（亦称棚民）带来了不少就业机会。但由于政府的无知，缺乏必要的管理，使这些地区森林的采伐处于原始的破坏性的状态，不间株，又只伐不植，林区面积越来越缩小，很多林区已砍伐殆尽。如紫阳，乾隆末年即已伐尽；凤县，道光初年亦已砍空。导致许多木厂歇闭。更严重的后果是造成生态破坏，暴雨成

---

① ［清］严如熤：《三省边防备览》卷十四《艺文下》，清道光十年来鹿堂刻本。
② ［清］严如熤：《三省边防备览》卷九《山货》，清道光十年来鹿堂刻本。
③ ［清］严如熤：《三省边防备览》卷九《山货》，清道光十年来鹿堂刻本。
④ 民国《陕西通志稿》卷三十四。

第八章 明清时期长江流域经济开发的新发展及其艰难曲折性

灾,水土流失。这种滥伐的现象在我们今天的某些地区也并不鲜见。政府一定要加以干预和进行科学的管理,方能有利于今人和后人。

第六节 采矿业和矿业资源的开发

(一)明代的矿业政策

明初沿元制,禁民开矿和承办官矿。后来逐渐弛禁,民矿、民冶发展颇快。朱元璋本人对矿冶国营就采取消极的态度。往往听任人民自由开采。洪武十五年(1382年)有人建议重新开采磁州铁矿,朱元璋未准,他认为,利不在官则在民,民得其利则源通而有益于官,官专其利则利源塞而必损于民。而且各冶铁数尚多,军需不缺,若再开采,必然扰民①。因此,明代官矿总的趋势是走向衰落的。洪武年间官矿的金银课很少,二十三年(1390年)仅课金200两、银29 830余两②。永乐宣德间金银课逐渐有所增加。明初60余年间的金银官矿,主要是在福建尤溪县和浙江温州、处州、丽水、平阳,都是洪武年间所开。永乐年间则陕南的商县、云南的大理、福建浦城有金银矿的开采。

明代矿禁的重点是金银矿,这是和王朝财政分不开的。明律:"凡盗掘金、银、铜、锡、水银等项矿砂,每金砂一斤折钞二十贯,银砂一斤折钞四贯,铜、锡、水银等砂一斤折钞一贯,俱此照盗无人看守物准窃盗论。"③金银矿都是官矿,产地如前所述,以浙江、福建、陕西、云南等省为主,规定各地每年上缴矿产数量即矿课。明代的金银官矿时采时闭,嘉靖万历间,虽屡令开采,以济财源,但成效不大。万历三十三年(1605年)只好下诏:"今开(金银)矿年久,各差内外官俱奏出砂微细。朕念

---

① 《明太祖实录》卷一百四十五。
② 《明太祖实录》卷二百六。
③ [明]佚名纂:《大明律集解附例》卷十八《刑律·贼盗》,清光绪三十四年修订法律馆刻本。

得不偿费，都着停免。"所有金银官矿至此全部"封闭"了①。

明初，铜的产地主要在江西，由官矿开采。明中叶后，云南产铜渐多，也设官矿，但开采量不多。《明史》卷八十一《食货五》载："嘉靖、隆、万间因鼓铸（铜币），屡开云南诸处铜场。久之所获渐少。"云南的铜产量在嘉靖三十四年（1555年）不过156 000斤。崇祯时产量更少，只好熔古钱铸币。

铁对于发展国民经济至关重要。明初实行官铁政策，禁民间开采。到洪武二十八年（1395年）因内库存铁充足，"诏罢各处铁冶，令民得自采炼，而岁输课程，每三十分取其二"②，铁的矿禁不过30年即开放民营了。

明代官矿的劳动大量使用卫军和坑冶户，亦常以农户充役。这样组织的劳动力，或属徭役制、或属军役制、或属征用农民的工役制，都是强制劳动，生产效率自然不高。官矿的开采越来越成问题。成化年间，即有人说："山泽之利，官取之则不足，民取之则有余。"③官矿的衰亡过程，也就是民矿的发展过程，同一个矿，官营总是失败，民营就能获利。尤其是在明中叶后，商品经济有了一定的发展，民矿的发展就更快了。

（二）明代矿冶技术和民矿的发展

明代的采矿技术较之前代有了较大的进步。如从用铁锤点滴敲击，改用火药爆炸，无疑是一项重要发明④。明代铁矿多是露天矿。铜、银、锡矿，除收集散砂外，多伛偻入洞开采，是非常艰苦的。明代已发展用"竖井采煤"，是采矿方面一项进步。据称井深有五丈许，并在井内开横巷，"随其左右阔取，其上置板，以防压崩"。通风只是用大竹筒插入井内，导出"毒气"。宋应星在《天工开物》一书中建议煤挖空后应用土将井填实，这样"经二三十年后其下煤复生长"。煤是不能复生的。但以不破坏地态

---

① 《明神宗实录》卷四百一十六。
② 《明太祖实录》卷二百四十二。
③ [明]丘濬：《大学衍义补》卷二十九，钦定四库全书本。
④ [明]陆容：《菽园杂记摘抄》。

方面来看却是很有见地的。

明代高炉冶铁，按《天工开物》所记，每炉"载土二千余斤（矿砂），或用硬木柴，或用煤炭，或用木炭，南北各从利便。……每旦昼六时，一时出铁一陀"。按每10斤铁砂出铁3斤计，6个时辰（12小时）可出铁600斤，若夜不熄火，日夜可出铁1200斤。

提高炼铁温度主要靠鼓风。明代在这方面有了一项重要发明，制造出了活塞式风箱。《天工开物》所绘风箱图式，几乎有一人高，据说风压可达300毫米水银柱，须二三人推拉。

明代冶铁燃料主要是用煤，而且已采用干馏焦炭用以炼铁。史料出自方以智《物理小识》卷七："煤则各处产之，臭者烧镕而闭之成石，再凿而入炉曰礁，可五日不绝火。煎矿煮石，殊为省力。"这是我国冶金史上一大进步，欧洲到18世纪才有此发明。

灌钢的技术，在明代亦有改进。《天工开物》一书对此有较详细的叙述，这里就不多写了。

总之，明代的冶炼工匠在这方面已掌握了相当熟练的技术。后来清代著名的苏钢，即在此基础上进一步改造而成。

由丁格兰著、谢家荣先生所译《中国铁矿志》一书里也提到了中国近代冶铁、炼钢方面技术的发展。

> 中国以生铁铸为熟铁及钢亦发明甚早。……炼生铁之法或用木炭焦炭，置于小化铁炉，生铁与滓渣同一出口，扇风机甚为简单，运用人力或水力。炼熟铁则多用小炉，燃料多用木柴。炼钢方法或用渗炭法，四川多用之；或用不完全之减炭化法，云南多用之。……明代则已有明言以碎煤（即无烟煤）炼铁者。

明代民矿是按照规定，取得官方许可，向官方交纳一定课额的民矿，总的趋势是走向发展的。根据天顺五年（1461年）编成的《明一统志》，我们来看一下长江流域民营矿业的发展情况：

（一）铁的产地以湖广为盛。浙江、贵州、云南、四川产铁者各有七八县，江西、南直隶也产铁。

（二）铜的产地：四川的中江、宁番卫、乌撒、东川，江西的饶州、广信、弋阳、铅山、九江，云南的路南、永宁、永昌，湖广的南昌、大冶、辰溪、郴州、宜章和浙江、南直隶等处。

（三）锡在湖广、四川、南直隶、浙江有出产。

（四）铅在浙江、江西及南直隶、湖南、贵州有出产。

（五）煤炭：以山西、河南为多（南方未提）。

崇祯年间，民营矿业的发展一方面表现为生产地点比较广泛，另一方面是出现了新的比较集中的生产地区和市场。铁矿被分为锭铁、砂铁两种，成品有生铁、熟铁、钢铁之分。铜以四川、贵州为盛，成品有红铜、黄铜、白铜、青铜、响铜、铸铜。锡"偏出西南诸邑"。大理、楚雄也产锡甚盛。铅的产地除云南的银矿铅外，有贵州盛产的铜山铜和四川嘉定、广元、雅州、剑南，江西上饶、乐平所出的单生铅。铜铅市场常在一处。当时的荆州，"上接黔、蜀，下联江（江西）、广（湖广），商贩铜铅毕集"①，是一个大市场。煤炭，在明初就有多处开采和输运。万历崇祯年间，煤炭的用途日广。我国的优质大煤田多集中在北方地区，长江中下游地区也有煤田，但煤质及蕴藏量明显不如北方大煤田。宋应星《天工开物》卷中《燔石第十一·煤炭》说：

> 凡煤炭，普天皆生，以供锻炼金石之用。……煤有三种，有明煤、碎煤、末煤。明煤大块如斗许，燕、齐、秦、晋生之，不用风箱鼓扇，以木炭少许引燃，熯炽达昼夜。……碎煤有两种，多生吴楚。炎高者曰饭炭，用以炊烹。炎平者曰铁炭，用以冶锻。……

吴楚当指长江中下游地区，此地区煤炭业的发展，对于铁铜等矿业的

---

① [清]张廷玉等：《明史》卷八十一《食货五》，中华书局，1974年，第1969页。

发展肯定是会起促进作用的。煤是明代新兴的矿业，因自始就是民营，矿税又远较金属为低，所以见于正史记载的采煤区较少，长江流域的采煤区见于史载的，仅有正德时的和州含山县牛首山。

明代民矿，在合法的采冶外，还有在政府统治力量薄弱或空白的地方，不经过合法手续，自行采冶的。请看史载：

据《典故纪闻》卷十一，正统三年（1438年），浙江、福建等处军民"不遵法度，往往聚众偷开坑穴，私煎银矿"。

据《明英宗实录》卷二百一十一，景泰三年（1452年），"设陕西、华州、石家坡巡检司，以其地近银矿，逃民多聚采故也。"

《明史·王宗沐传》云："（万历初）宗沐以徐邳俗犷悍多奸猾，滨海盐徒出没，六安、霍山矿贼窃发，奏设守将。"

《天下郡国利病书》卷五十九引"阶州志"云："险要虽以防番，然去郡渐远，矿盗、茶徒、回夷、乱民，不时窃发。"

《豫志》记万历年间"内，召，卢氏之间多有矿徒，……其开采在深山大谷之中，人迹不到，即今之官采亦不敢及。……"

据《续文献通考》卷二十三《征榷六》，崇祯十二年（1639年），湖广的临武、蓝山间，"矿洞二十余处，狂徒数百，倏忽千万"。

这种不经合法手续的开采，有时发展为武装斗争。斗争的对象，有时就是禁止人民开采的官矿。正统十年（1445年）爆发的浙江叶宗留起义就是因开矿和封矿而起。叶宗留，浙江庆元人，因不堪压迫，和许多农民一起进入浙江、福建、江西一带的仙霞岭山区开采银矿，劳动和生活条件都极为艰苦。流民的集聚，引起了统治者的恐慌，他们把山中矿区加以封禁。叶宗留遂于1445年在江西上饶起义。起义军很快攻占了浙江金华、江西铅山、福建浦城等地，控制了3省交界地区的交通。明廷调重兵围剿，直到景泰元年（1450年）才将这次历时6年的农民起义镇压下去[1]，其后，景泰二年"云南军民及诸处逃来军匠常相啸聚，千百为群，盗矿于诸银

---

[1]《鸿猷录·平处州寇》；[清]谷应泰：《明史纪事本末》卷三十一《平浙闽盗》；《天下郡国利病书》卷八十二《江西四·上饶知县李鸿封禁考略》。

场，杀伤甚众"①。正德十年（1515年）有江西民众在广信铜塘山采铁，和铅山周、吴、李等相应而起的斗争②，嘉靖元年（1522年）有苏州"金山矿盗"的斗争③，四十五年（1566年），"江西德兴，浙江开化矿贼作乱，劫掠直隶，徽宁等处，突入婺源县，烧毁县治，大掠而还"④。隆庆三年（1569年）有"矿贼千余人突入徽州婺源县焚库及官舍"⑤。

非法采冶的发展从明代矿业整个发展的形势上看，第一，说明采矿是有利可图的。嘉靖年间，便有人说："金银铜锡之利，人所共趋。公私相角，其势必争。"⑥第二，非法的采冶与合法的民营矿业是互相补充的。民矿一般不能经营白银，但非法采冶则以采冶白银为主要目标。非法采冶的生产不便运销，但一般的矿业人也可以运销这样的生产。这就是所谓"各省有铜矿为奸商专擅（民矿），或封闭未开，为土人窃发"⑦。"常宁、桂阳地产铅锡等多利，富商大贾贸易其中。四方亡命之徒往往依之，凭山阻险，实为盗薮。"⑧因此，非法采冶的发展是和合法民营矿业的发展相平行的，是和官矿的衰落相对比的。嘉靖、万历年间是官矿最衰落的时候，也就是合法的和非法的民营矿业最发展的时候。

在合法的民营矿业中，关于矿课的情形，史料很少，但主要的剥削形态和征收方法尚可看出。洪武二十八年（1395年），规定民铁矿课"每三十分取其二"。这是实物代役制地租，是按产量的比例来征收的。宣德十年（1435年）到天顺七年（1463年）的浙江铁课是74 583斤，《明会典》卷一百九十四记正德元年（1506年）到万历十三年（1585年）的浙江铁课是74 583.54斤，前后150年，可以说没有变化，但这也只是朝廷

---

① 《明英宗实录》卷二百七。
② [清]顾炎武:《天下郡国利病书》卷八十二《江西四》。
③ 《明世宗实录》卷二十。
④ [明]王圻:《续文献通考》卷三十《征榷考》,明万历三十年松江府刻本。
⑤ 《明穆宗实录》卷三十二。
⑥ 《田园闻见录·坑冶》。
⑦ [清]孙承泽:《春明梦余录》卷四十七。
⑧ [清]顾炎武:《天下郡国利病书》卷七十六《湖广备录下·衡州府志·险要》。

向地方官指定的课额,还不是直接向民矿要的课额。《天下郡国利病书》记:"潮矿冶出海阳等五县。每年听各县商民采山置冶。每冶一座,岁纳军饷银二十三两。前去收矿炼铁各山,座数不等。计通共饷银一千两。"[①]这才是民矿交纳的定额矿课,但已不是实物代役制地租,而是货币地租了。这条材料所代表的年代可能在嘉靖、万历之间。

从封建经济发展的通例来说,实物代役制地租是劳役制地租向前发展的较高阶段,货币地租是向前发展的更高阶段。民营矿业所提供的地租形态是较官矿中的地租形态为前进的,因而明代矿业中官矿的逐趋衰落和民矿的相应发展,标志着中国封建社会矿业史上的阶段性的变化,而这种变化必然会导致矿业中商品生产的增长和资本主义生产关系萌芽的出现。此点将在后文述及。

(三)清代的矿业政策

清初40年间,对矿山采取了严格的封禁政策。这主要是鉴于明后期的矿监之祸。人民大规模反矿监矿税的斗争不仅加速了明王朝的崩溃,也使其后的清初统治者心有余悸,以致采取了因噎废食的封禁政策。顺治九年(1652年),清廷以"查故明万历时,差官开矿,徒亏工本,无裨国计,而差官乘机射利,遍肆索诈,据人冢墓,毁人田庐,不胜其扰"为理由,对一些矿山下令"严行禁止"[②],不准继续开采。康熙也以"开矿采铜,恐该管地方官员,借此苦累土司,扰害百姓"为由,在康熙二十一年(1682年)下达了"严行禁场,以杜弊端"的命令[③]。这些错误的认识和做法,自然阻碍了开矿业和冶炼业的发展,间接或直接影响了农业生产的提高。清初统治者阻止矿业的发展,还有一个重要原因,即清初尚有一些地方未统一,各种抗清势力不断,清廷惧怕人民聚集在一起反抗其统治。正如清人王庆云所云:"本朝惩前代矿税之害与矿徒之扰,每内外臣工奏请开采,

---

① [清]顾炎武:《天下郡国利病书》卷一百《广东备录中·矿冶》。
② 《清顺治朝实录》卷七十。
③ 《清康熙朝实录》卷一百四。

中旨常慎重其事。"①

到康熙十四年（1675年），因铸币需要，对铜、铅矿的开采政策略有松动（铸钱成分大体是铜六铅四），矿课是"十分取二"。康熙二十一年（1682年）御批了云南总督蔡毓荣疏请开发云南各矿的奏章。康熙四十三年（1704年）全国已完全平定，社会经济有了一定程度的恢复，矿业政策更有所放宽。康熙五十二年（1713年），四川一碗水地方有万余人聚众开矿，当局差官驱逐，报到清廷。但康熙在"上谕"中却说："……朕念此等偷开矿厂之徒，皆系无室可居，无田可耕乏产贫民，每日所得锱铢，以为养生之计，若将此等乏产贫民尽行禁止，则伊等何以为生？"②无以为生，就要铤而走险。统治者很懂得这个道理。所以康熙责令地方文武官员要想办法，"使穷民获有微利，养赡生命，但不得聚众生事，妄行不法"③。事实上，由于缺铜和铸钱可获大利，康熙中期铜矿已开采颇盛，又因银课收入较高，银矿也已陆续开采。这时的政策是禁新开大矿，对民间已有开采的则听之。《清圣祖实录》卷二百二十五载，康熙曾说：

> 有矿地方，初开时即行禁止乃可，若久经开采，贫民勉办资本，争趋见利，借为衣食之计，而忽然禁止，则已聚之民，毫无所得，恐生事端。总之，天地间自然之利，当与民共之，不当以无用弃之，要在地方官处置得宜，不致生事耳。

雍正一朝，矿政又有趋严倾向，但时紧时松。

到了乾隆朝，社会经济的发展需要矿产日多，国库也急需充实，扩大财源已成当务之急，乾隆二年贵州提督王无党奏请开采铜、铅，而限制银、锡，弘历批示："银、锡亦九币之一，其可即行禁采呼？"④乾隆四年

---

① [清]王庆云:《石渠余记》卷五《纪矿政》。
② 《圣祖仁皇帝实录(三)》卷二百五十五。
③ 《圣祖仁皇帝实录(三)》卷二百五十五。
④ 《清高宗实录》卷四十六。

对一些地方奏请开矿的批示说:"首重在铜","若能多得铜,实属美事,不可畏难而止",同时,"银亦天地间自然之利,可以便民,何必封禁?"①乾隆八年,大学士张廷玉等奉圣命召集九卿对矿政问题进行"廷议"。会后,写了报告给乾隆,《朱批奏折·工业类》载:

> 矿厂"为天地自然之利,固应开采,已资民用。……是以各省出产铜、铁、锡、铅之山场,如经该督抚查明产矿之所,并无妨碍民田庐墓,招商刨挖,酌定章程,不致滋事启弊,保题开采,户部俱照该督抚所题,准其开采,倘遇矿砂淡薄,所出不偿所费,即准题请封闭。现在开采有份,如云、贵、广西之铜、铁、铅、锡诸厂,四川、湖南之铜、铅、铁矿,俱经开采;湖北产铁地方,已令该督抚查明定议;……","各省凡有可采之山厂,俱经该地方官查明保题,先后开采,以济民用"。

这实事求是的报告,立即得到乾隆帝的批准。此后,清代矿业便全面放开了。各地在"多开一矿,即多获一利,盖所抽课税既可上佐国费,而所采各物又可下供民用"的口号下,积极开发矿山,矿业生产呈现出兴旺发达的局面。嘉庆、道光时期,也基本上继承了这一政策。

综上可见,清朝统治者已吸取了明代"山泽之利,官取之则不足,民取之则有余"的历史经验,放弃了得不偿失的官矿政策,而代之以开放民营,官收税课。

清代的矿业由此发展起来。以下分述。

(四)清代长江流域的冶铁业(附采煤)

清代采铁、冶铁的生产技术较之明代并无大的改进。但清代产铁的地区扩大了。炼铁炉也增多了,所以铁的生产仍是发展的。

---

① 《清高宗实录》卷九十九。

陕西原有铁矿开采，清中叶后属于长江支流汉水上游的陕西南部逐渐发展成为一个大的铁产区，铁厂分布在陕南凤县17处，略阳县5处，定远厅2处，宁陕厅3处，共27处铁厂①。高炉约100余座。陕南高炉属中型，其"铁炉高一丈七八尺，四面橡木作棚，方形，坚筑土泥，中空。上有洞放烟，下层放炭，中安矿石。矿石几百斤，用炭若干斤，皆有分两，不可增减，旁用风箱，十数人轮流曳之，日夜不断"②。铁板炼成后，"或就近作锅厂、作农器。匠作搬运之人，又必千数百人。故铁炉川等稍大厂分，常川有二三千人，小厂分三四炉，亦必有千人数百人，利之所在，小民趋之如鹜"③。四川也是在清代发展起来的铁产区，但炼铁炉多属小型。四川威远县所属大山岭，铁炉沟2处有高炉6座。"每炉一座，用夫九名，每日每名挖矿十斤，煎得生铁三斤。因该二处形势低洼，一遇夏秋水涨，浸入硐内，不能采取，惟春冬二季，方可开挖，计每年六个月，共一百八十日。高炉六座，通共用夫五十四名。每日每名挖得矿砂十斤，共挖矿砂九万七千二百斤。每十斤煎得生铁三斤，共煎生铁二万九千一百六十斤。"④四川省的屏山县李村、凤村、石堰3乡，于乾隆二十六年（1761年），在商人请求下，设炼铁炉4座。二十八年（1763年），又在荣丁、利店、茨藜3乡设炉4座。这8座炉，有工人96名，每年春冬2季便挖矿砂12.96万斤，煎生铁38 880斤⑤。江西冶铁业集中在兴国、长宁2县，且多系民办，即商人经营。

---

① 彭泽益：《中国近代手工业史资料（1840—1949）》（第一卷），生活·读书·新知三联书店，1957年，第315页。
② ［清］严如熤：《三省边防备览》卷九《山货》，清道光十年来鹿堂刻本。
③ ［清］严如熤：《三省边防备览》卷九《山货》，清道光十年来鹿堂刻本。
④ 彭泽益：《中国近代手工业史资料（1840—1949）》（第一卷），生活·读书·新知三联书店，1957年，第315页。
⑤ 彭泽益：《中国近代手工业史资料（1840—1949）》（第一卷），生活·读书·新知三联书店，1957年，第315—316页。

江西长宁县商人经营的铁冶工厂①

开办年代	厂主姓名	铁炉座数
乾隆三十九年（1774年）	严永盛（商人）	4
乾隆五十九年（1794年）	钟常丰（商人）	4
嘉庆十七年（1812年）	赖赵兴（商人）	1

彭泽益先生对清代各省的铁厂有个统计，见下表。从表中可以清楚看到长江流域一些主要产铁省区的铁厂数目。

各省铁矿在采厂数②[康熙二十四年至道光十八年（1685—1838年）]

（单位：个）

年代	合计	云南	四川	广东	广西	湖南	陕西（陕南）	江西	其他
康熙二十四年（1685年）	17	16	1	—	—	—	—	—	—
雍正三年（1725年）	18	16	1	1	—	—	—	—	—
雍正六年（1728年）	24	21	1	1	—	—	—	—	1
雍正十一年（1733年）	50	21	1	27	—	—	—	—	1
乾隆元年（1736年）	55	21	1	27	1	4	—	—	1
乾隆三年（1738年）	54	21	1	26	1	4	—	—	1

① 资料来源：陈观西等：道光《赣州府志》卷三十三。
② 资料来源：据清代矿课档案，历朝会典、事例、则例，各省方志及有关官私记载整理。附注："其他"栏内包括甘肃、湖北、福建及浙江。

续 表

年代	合计	云南	四川	广东	广西	湖南	陕西（陕南）	江西	其他
乾隆七年（1742年）	60	21	1	26	1	10	—	—	1
乾隆八年（1743年）	68	21	1	26	1	10	—	—	9
乾隆十年（1745年）	70	21	1	26	1	10	—	—	11
乾隆十一年（1746年）	69	21	1	26	1	10	—	—	10
乾隆十四年（1749年）	69	21	1	25	2	10	—	—	10
乾隆十五年（1750年）	75	21	1	24	2	10	—	—	17
乾隆十六年（1751年）	73	21	1	24	2	10	—	—	15
乾隆十七年（1752年）	75	21	3	24	2	10	—	—	15
乾隆十九年（1754年）	93	21	3	42	2	10	—	—	15
乾隆二十年（1755年）	92	21	3	41	2	10	—	—	15
乾隆二十二年（1757年）	91	21	4	39	2	10	—	—	15
乾隆二十四年（1759年）	71	6	4	38	2	6	—	—	15

续 表

年代	合计	云南	四川	广东	广西	湖南	陕西（陕南）	江西	其他
乾隆二十五年（1760年）	67	6	3	35	2	6	—	—	15
乾隆二十六年（1761年）	78	12	6	35	4	6	—	—	15
乾隆二十七年（1762年）	86	12	8	41	4	6	—	—	15
乾隆二十八年（1763年）	91	12	11	41	4	8	—	—	15
乾隆二十九年（1764年）	89	12	11	41	4	6	—	—	15
乾隆三十年（1765年）	91	12	13	40	4	6	—	—	16
乾隆三十一年（1766年）	90	12	13	39	4	6	—	—	16
乾隆三十三年（1768年）	90	12	13	38	4	6	—	1	16
乾隆三十四年（1769年）	88	12	13	36	4	6	—	1	16
乾隆三十五年（1770年）	89	12	13	36	4	6	—	2	16
乾隆三十八年（1773年）	91	12	15	36	4	6	—	2	16
乾隆三十九年（1774年）	91	12	14	36	4	6	—	3	16

续 表

年代	合计	云南	四川	广东	广西	湖南	陕西（陕南）	江西	其他
乾隆四十年（1775年）	91	12	14	35	4	6	—	4	16
乾隆四十一年（1776年）	93	12	14	34	4	6	—	7	16
乾隆四十三年（1778年）	92	12	14	33	4	6	—	7	16
乾隆四十四年（1779年）	91	12	14	33	3	6	—	7	16
乾隆四十五年（1780年）	90	12	14	31	3	6	—	7	17
乾隆四十六年（1781年）	89	12	14	31	3	6	—	7	16
乾隆四十七年（1782年）	88	12	14	30	3	6	—	7	16
乾隆五十一年（1786年）	86	12	14	29	3	6	—	6	16
乾隆五十二年（1787年）	85	12	14	28	3	6	—	6	16
乾隆五十三年（1788年）	84	12	12	28	3	6	—	6	17
乾隆五十五年（1790年）	82	12	12	27	3	6	—	6	16
乾隆五十七年（1792年）	81	12	12	26	3	6	—	6	16

续 表

年代	合计	云南	四川	广东	广西	湖南	陕西（陕南）	江西	其他
乾隆五十八年（1793年）	83	12	14	26	3	6	—	6	16
乾隆五十九年（1794年）	84	12	14	26	3	6	—	7	16
乾隆六十年（1795年）	82	12	14	25	2	6	—	7	16
嘉庆元年（1796年）	83	12	14	25	2	6	—	8	15
嘉庆二年（1797年）	82	12	14	25	2	6	—	8	15
嘉庆三年（1798年）	82	12	14	24	3	6	—	8	15
嘉庆五年（1800年）	86	12	15	27	3	6	—	8	15
嘉庆六年（1801年）	87	12	16	26	4	6	—	8	15
嘉庆七年（1802年）	85	12	16	24	4	6	—	8	15
嘉庆八年（1803年）	112	12	16	24	4	6	27	8	15
嘉庆九年（1804年）	114	12	16	24	6	6	27	8	15
嘉庆十一年（1806年）	115	12	16	24	7	6	27	8	15

续 表

年代	合计	云南	四川	广东	广西	湖南	陕西（陕南）	江西	其他
嘉庆十二年（1807年）	112	12	14	24	7	6	27	7	15
嘉庆十四年（1809年）	113	12	15	24	7	6	27	7	15
嘉庆十六年（1811年）	113	12	15	24	7	6	27	7	15
嘉庆十七年（1812年）	114	13	15	24	7	6	27	7	15
嘉庆十八年（1813年）	117	13	15	25	7	8	27	7	15
嘉庆二十年（1815年）	116	13	14	25	7	8	27	7	15
嘉庆二十一年（1816年）	114	13	14	25	7	6	27	7	15
嘉庆二十二年（1816年）	125	13	14	25	7	17	27	7	15
嘉庆二十三年（1818年）	127	13	14	25	7	19	27	7	15
嘉庆二十四年（1819年）	126	13	15	25	7	17	27	7	15
嘉庆二十五年（1820年）	123	13	15	25	9	12	27	7	15
道光元年（1821年）	115	13	16	25	9	3	27	7	15

续 表

年代	合计	云南	四川	广东	广西	湖南	陕西（陕南）	江西	其他
道光三年（1823年）	121	13	16	31	9	3	27	7	15
道光九年（1829年）	123	15	16	31	9	3	27	7	15
道光十二年（1832年）	116	15	16	31	9	3	27	7	8
道光十四年（1834年）	115	14	16	31	9	3	27	7	8
道光十五年（1835年）	112	14	16	28	9	3	27	7	8
未详	59	—	—	45	14	—	—	—	—

由上表可知长江流域地区铁矿采厂数之多，较之两广大占优势。

清代的铁矿采冶业生产技术虽然没有多大改进，但安徽芜湖和湖南湘潭的钢坊生产的苏钢却是明代灌钢技术的一个重大发展。许涤新、吴承明主编的《中国资本主义的萌芽》一书对此给予了较高的评价。安徽芜湖：

> 居于廛冶钢业者数十家，每日须工作不啻数百人，初锻熟铁于炉，徐以生镁下之，名曰锼铁，锼饱则镁不入也。于是渣滓尽去，锤而条之，乃成钢。其工之上者，视火候无差，忒手而试其声，曰若者良，若者楛。其良者扑之皆寸断，乃分别为记，橐束而授之，客走天下不訾也。工以此食于主人倍其曹，而恒秘其术。

湖南湘潭：

>冶铁取钢，必于芜湖。乾隆中，黄聚泰身往佣于芜，三年结良工八人，要与归。起炉听钢，岁坐致千金。至今钢坊称聚泰，南北推其良，西商不复往芜湖矣。

第一段史料说的就是著名的苏钢。它的原理和宋、明的淋钢、灌钢相同，都是用烧焙的生铁去淋、灌或"矮"熟铁，经剧烈氧化，成为含碳量比较高的优质钢；锤击则是为除去杂质。但是淋钢或灌钢是把熟铁打成盘条或箔片，与生铁一起封闭或半封闭入炉。苏钢则是用"初锻熟铁"，不封闭入炉。这样，熟铁的组织较松，含有氧化物较多，硅、锰、炭的含量也较多，氧化的过程也更完全，它的氧化物氧化了生铁中的碳以后，铁被还原出来，提高了金属的回收率。当然，采用不封闭法，需要更高的技术掌握火候、时间。所以苏钢作坊里技术工人的待遇比一般工人高一倍。其产品"走天下"。第二段史料说的是苏钢技术由芜湖传到了湖南湘潭，"西商不复往芜湖矣"。苏钢技术的外传，看起来于芜湖的钢坊业是一个损失，但从全国苏钢技术的推广，促进生产工具品质的改进来看，无疑是一件好事。

清代长江流域的煤矿开采，见于史载的很少。《清实录》里只提到湖南、四川的采煤业，文字亦不多，现摘录两段。

《清高宗实录》卷九十六载：

>工部等部议复："护理湖南巡抚布政使张璨疏称：'湘乡、安化二县开挖煤厂，监收磺斤。煤厂散处外乡，监视官刻不可离，请各设主簿一员，专司厂务，并增设书办，择地建署。'应如所请。"从之。

《清高宗实录》卷七百一载：

>是月，四川总督阿尔泰奏："……成都煤炭，远由嘉定运售，脚

重价昂。饬近省州县，查寻煤线，酌无碍处无井。崇庆、灌县现在试采，产煤甚旺。……"得旨："一切要留心民生要计，嘉悦览之。"

嘉庆《湘潭县志》卷三十九提到了湖南湘潭采煤业的发达："大者聚千人。"如下表。

各省煤矿在采厂数① ［乾隆四年至道光十八年(1739—1838年)］

(单位：个)

年代	合计	广东	广西	湖南	奉天	吉林	其他
乾隆四年(1739年)	2	—	—	2	—	—	—
乾隆五年(1740年)	4	—	—	2	—	—	2
乾隆六年(1741年)	3	—	—	2	—	—	1
乾隆七年(1742年)	2	—	—	2	—	—	—
乾隆八年(1743年)	3	1	—	2	—	—	—
乾隆九年(1744年)	5	3	—	2	—	—	—
乾隆十年(1745年)	6	4	—	2	—	—	—
乾隆十二年(1747年)	7	5	—	2	—	—	—
乾隆十五年(1750年)	11	9	—	2	—	—	—
乾隆十六年(1751年)	12	10	—	2	—	—	—
乾隆十七年(1752年)	13	1	—	2	—	—	—
乾隆二十二年(1757年)	14	12	—	2	—	—	—
乾隆二十四年(1759年)	15	13	—	2	—	—	—
乾隆二十五年(1760年)	14	12	—	2	—	—	—
乾隆二十六年(1761年)	14	11	—	2	—	—	1
乾隆二十七年(1762年)	13	11	—	2	—	—	—

① 资料来源：据清代矿课档案，历朝会典、事例、则例，各省方志及有关官私记载整理。"其他"栏内包括四川、甘肃、直隶及山西。

续 表

年代	合计	广东	广西	湖南	奉天	吉林	其他
乾隆二十八年(1763年)	15	11	—	2	—	—	2
乾隆二十九年(1764年)	16	11	1	2	—	—	2
乾隆三十年(1765年)	15	12	1	2	—	—	—
乾隆三十一年(1766年)	16	13	1	2	—	—	—
乾隆三十三年(1768年)	17	13	1	2	—	—	—
乾隆三十四年(1769年)	18	13	2	2	—	—	1
乾隆三十五年(1770年)	18	14	2	2	—	—	—
乾隆三十七年(1772年)	19	13	2	2	2	—	—
乾隆三十八年(1773年)	17	12	1	2	2	—	—
乾隆三十九年(1774年)	18	12	1	2	3	—	—
乾隆四十年(1775年)	29	11	1	1	15	—	—
乾隆四十一年(1776年)	28	11	1	1	15	—	—
乾隆四十二年(1777年)	29	11	1	1	16	—	—
乾隆四十三年(1778年)	27	11	1	1	11	—	3
乾隆四十四年(1779年)	24	11	1	1	11	—	—
乾隆四十六年(1781年)	23	11	1	1	9	—	1
乾隆四十七年(1782年)	24	11	1	1	9	—	2
乾隆四十八年(1783年)	26	11	1	1	11	—	2
乾隆四十九年(1784年)	24	11	1	1	9	—	2
乾隆五十年(1785年)	22	11	1	1	8	—	1
乾隆五十一年(1786年)	24	11	1	1	8	—	3
乾隆五十二年(1787年)	23	11	1	1	7	—	3
乾隆五十三年(1788年)	24	11	1	1	7	—	4
乾隆五十四年(1789年)	22	11	1	1	7	—	2

续　表

年代	合计	广东	广西	湖南	奉天	吉林	其他
乾隆五十五年(1790年)	21	11	1	1	6	—	2
乾隆五十六年(1791年)	20	11	1	1	5	—	2
乾隆五十八年(1793年)	19	11	1	1	5	—	1
嘉庆四年(1799年)	20	11	1	1	6	—	1
嘉庆六年(1801年)	17	10	1	1	4	—	1
嘉庆七年(1802年)	16	10	1	1	3	—	1
嘉庆十年(1805年)	15	10	1	1	3	—	—
嘉庆十二年(1807年)	16	10	1	1	3	—	1
嘉庆十三年(1808年)	15	10	1	1	3	—	—
嘉庆十五年(1810年)	14	0	—	1	3	—	—
嘉庆十九年(1814年)	13	0	—	1	2	—	—
嘉庆二十年(1815年)	19	0	—	1	2	6	—
嘉庆二十一年(1816年)	18	0	—	1	2	5	—
嘉庆二十三年(1818年)	14	0	—	1	2	1	—
道光元年(1821年)	18	0	—	1	2	5	—
道光二年(1822年)	17	0	—	1	2	4	—
道光九年(1829年)	21	0	—	1	2	4	4
道光十年(1830年)	17	0	—	1	2	4	—

从表中可以看出湖南的采煤业在整个长江流域是突出的。

(五)清代长江流域的铜矿采冶业(附银、铅)

云南是我国铜的主要产地,元明两代即已开采。康熙二十一年(1682年)清政府为了筹措当地驻军兵饷,明令广开云南矿藏。当时实行的办法是广召商人富户雇工开采,由政府委官驻厂监收十分之二的矿税,其余八分听民自由发卖①。此后,云南矿业就在官府管理、商民开采的形式下发展起来。到康熙四十五年云南矿税达81 000余两,较康熙二十四年增加20余倍。此间税率未变,产量自必相应增加。铜是云南的重要矿产,铜矿业的发展之迅速是显而易见的。由此看来,滇铜生产的繁盛,实自清康熙年间开始。采冶技术的发展亦在此时。清代滇铜在探矿、采矿、冶炼三方面较之明代都有了进步。道光年间成书的吴其濬《滇南矿厂图略》及所附诸文均有叙述,限于篇幅,就不赘述了。

鉴于铜是铸钱所不可缺少的原料,"向来京外鼓铸,洋铜而外惟仰给滇铜"②。故此,清政府对铜的开采十分重视,且于康熙四十四年(1705年),在云南正式设置铜官。其职责是驻厂收税、铸铁运铜以及监督生产。官治铜政从此开始。清政府为了使云南铜产最大限度地满足各省和京局的铸钱需要,在康熙四十四年就议令云南省城设立"官铜官"来垄断铜的买卖。清廷铜政的失策也就自此开始。清政府是年规定:"于额例抽纳(税铜)外,预发工本,收买余铜。各铜厂每斤价银三四分以至五六分不等。"③这样,预发工本的商民之铜就被迫卖给官府。有些商民因官价过低,不愿领取工本。清政府一方面规定自备资本开采,不愿官价卖铜的商民,在得铜后也必须将铜卖给官铜店;另一方面,又规定铜产不得私自出卖。如果私相买卖,叫作"私铜",一被查获,不只铜被没收,并且要受到处罚。

商民投资开矿是为了赚取利润。他们"有利则赴,无利则逝"④。并不愿受官府的约束。当官府压制商民到无利可图甚至亏本时,有些商民只好歇业,有些商民则冒险"走私"。自康熙四十四年到雍正初年私卖者占十之八九,而铜的生产也没有增加。这种压榨愈甚所得转少的情况,就迫

---

① 蔡毓荣:《议理财疏》。
②《清乾隆朝实录》卷三百八十九。
③ 道光《云南通志》卷七十六《食货志八·矿场四附钱法》。
④ [清]魏源撰,韩锡铎、孙文良点校:《圣武记》卷十四《武事余记·军储篇二》,中华书局,1984年,第556页。

使依赖云南铜产的清政府不能不先后采取准许商民自卖部分铜产和提高官买铜价的措施。雍正时即对云南的铜政开始加以整顿。

雍正元年（1723年），清政府规定："所产之铜除抽税及官买供本省鼓铸外，有余听民间自行贩卖流通。"①雍正五年（1727年）并议酌增官收价格，雍正十一年（1733年）又议酌增收购官价。这样一来，滇铜生产又转衰为盛。雍正二年，铜产只百余万斤，四年便达200余万斤，五年增至400万斤。这种发展的速度是很快的。

进入乾隆朝，滇铜生产达于全盛时期。从下表可见，自乾隆五年（1740年）起，至嘉庆十五年（1810年），滇铜每年产量均在1000万斤以上，多时达1400余万斤，足供京铜、省铸和外省采买三大需要。在采的矿厂通常在30个以上，最多时达46个。这是指正式向清廷报开的厂。因报开即有课额，许多小厂地方官不向清廷申报。据地方志和其他文献载，乾隆盛时滇铜实有300余厂。

清代云南铜厂及产量估计②（1705—1811年）

年代	报采厂数/个	请封厂数/个	在采厂数/个	全省产量估计/斤
康熙四十四年(1705年)	17	—	17	—
康熙六十年(1721年)	1	—	18	—
雍正二年(1724年)	3	—	21	—
雍正四年(1726年)	4	—	25	—
雍正五年(1727年)	1	—	26	—
雍正六年(1728年)	1	—	27	—
雍正七年(1729年)	1	—	28	—
雍正九年(1731年)	1	—	29	—
雍正十一年(1733年)	1	—	30	—

① 道光《云南通志》卷七十六《食货志八·矿场四附钱法》。
② 资料来源：严中平《清代云南铜政考·统计附录》。

续表

年代	报采厂数/个	请封厂数/个	在采厂数/个	全省产量估计/斤
雍正十二年(1734年)	2	1	31	—
雍正十三年(1735年)	4	—	35	—
乾隆二年(1737年)	1	1	35	—
乾隆三年(1738年)	2	8	29	—
乾隆四年(1739年)	—	1	28	—
乾隆五年(1740年)	1	6	23	—
乾隆六年(1741年)	2	—	25	9 349 998
乾隆七年(1742年)	1	3	23	10 295 401
乾隆八年(1743年)	3	—	26	8 985 049
乾隆九年(1744年)	8	1	33	10 252 783
乾隆十年(1745年)	6	2	37	9 272 782
乾隆十一年(1746年)	—	5	32	10 577 662
乾隆十二年(1747年)	1	1	32	10 967 901
乾隆十三年(1748年)	1	1	32	10 352 100
乾隆十四年(1749年)	—	3	29	10 205 437
乾隆十五年(1750年)	1	2	28	9 155 974
乾隆十六年(1751年)	—	1	27	10 955 144
乾隆十七年(1752年)	4	1	30	10 271 331
乾隆十八年(1753年)	2	3	29	11 496 527
乾隆十九年(1754年)	2	—	31	11 595 694
乾隆二十年(1755年)	—	1	30	10 888 782
乾隆二十一年(1756年)	—	1	29	11 155 003
乾隆二十二年(1757年)	4	1	32	11 463 102
乾隆二十三年(1758年)	8	3	37	11 463 102

续 表

年代	报采厂数/个	请封厂数/个	在采厂数/个	全省产量估计/斤
乾隆二十四年(1759年)	6	3	40	11 995 559
乾隆二十五年(1760年)	6	10	36	11 706 966
乾隆二十六年(1761年)	3	2	37	12 324 989
乾隆二十七年(1762年)	3	3	37	12 647 858
乾隆二十八年(1763年)	3	3	37	11 988 040
乾隆二十九年(1764年)	2	3	36	12 685 821
乾隆三十年(1765年)	1	1	36	12 504 668
乾隆三十一年(1766年)	—	2	34	14 674 481
乾隆三十二年(1767年)	—	1	33	14 127 249
乾隆三十三年(1768年)	5	1	37	13 792 711
乾隆三十四年(1769年)	1	—	38	14 567 697
乾隆三十五年(1770年)	1	1	38	11 844 596
乾隆三十六年(1771年)	2	—	40	11 685 646
乾隆三十七年(1772年)	6	—	46	11 891 110
乾隆三十八年(1773年)	2	4	44	12 378 446
乾隆三十九年(1774年)	3	6	41	12 357 442
乾隆四十年(1775年)	1	1	41	13 307 975
乾隆四十一年(1776年)	—	4	37	13 088 522
乾隆四十二年(1777年)	—	1	36	14 018 172
乾隆四十三年(1778年)	2	1	37	13 363 786
乾隆四十四年(1779年)	2	—	39	11 238 032
乾隆四十五年(1780年)	1	1	39	10 945 059
乾隆四十六年(1781年)	4	2	41	10 469 584
乾隆四十七年(1782年)	1	—	42	10 403 857

续 表

年代	报采厂数/个	请封厂数/个	在采厂数/个	全省产量估计/斤
乾隆四十八年(1783年)	—	—	—	10 403 857
乾隆四十九年(1784年)	—	1	41	11 115 406
乾隆五十年(1785年)	—	—	—	11 049 678
乾隆五十一年(1786年)	—	—	—	11 115 406
乾隆五十二年(1787年)	—	—	—	11 049 678
乾隆五十三年(1788年)	—	—	—	11 049 678
乾隆五十四年(1789年)	—	—	—	11 115 406
乾隆五十五年(1790年)	—	—	—	11 049 678
乾隆五十六年(1791年)	—	—	—	11 049 678
乾隆五十七年(1792年)	—	—	—	11 115 406
乾隆五十八年(1793年)	1	—	42	11 049 678
乾隆五十九年(1794年)	—	—	—	10 260 946
乾隆六十年(1795年)	—	—	—	10 260 946
嘉庆元年(1796年)	—	—	—	10 260 946
嘉庆二年(1797年)	—	—	—	11 027 412
嘉庆三年(1798年)	—	—	—	10 968 454
嘉庆四年(1799年)	—	—	—	10 968 454
嘉庆五年(1800年)	—	—	—	10 925 217
嘉庆六年(1801年)	—	1	41	10 897 703
嘉庆七年(1802年)	—	—	—	11 972 056
嘉庆八年(1803年)	—	—	—	9 611 783
嘉庆九年(1804年)	—	3	38	10 355 363
嘉庆十年(1805年)	—	—	—	11 228 475
嘉庆十一年(1806年)	1	—	39	10 355 363

续 表

年代	报采厂数/个	请封厂数/个	在采厂数/个	全省产量估计/斤
嘉庆十二年(1807年)	—	—	—	9 558 720
嘉庆十三年(1808年)	—	—	—	12 025 119
嘉庆十四年(1809年)	—	—	—	9 558 720
嘉庆十五年(1810年)	—	—	—	10 574 916
嘉庆十六年(1811年)	—	—	—	10 538 656

各省铜矿在采厂数[1] [康熙二年至道光十八年（1663—1838）年]

(单位:个)

年代	合计	云南	四川	贵州	广东	广西	湖南	其他
康熙二年(1663年)	2	—	2	—	—	—	—	—
康熙十一年(1672年)	0	—	—	—	—	—	—	—
康熙十八年(1679年)	1	—	—	—	—	—	—	1
康熙十九年(1680年)	2	—	—	—	—	—	—	2
康熙二十年(1681年)	1	—	—	—	—	—	—	1
康熙二十四年(1685年)	2	1	—	—	—	—	—	1
康熙四十四年(1705年)	20	19	—	—	—	—	—	1
康熙四十六年(1707年)	15	14	—	—	—	—	—	1
康熙四十七年(1708年)	16	15	—	—	—	—	—	1
康熙四十八年(1709年)	19	15	3	—	—	—	—	1
康熙四十九年(1710年)	16	15	—	—	—	—	—	1
康熙五十年(1711年)	19	15	3	—	—	—	—	1
康熙五十一年(1712年)	20	16	3	—	—	—	—	1

① 资料来源:据清代矿课、钱法档案,历朝会典、事例、则例,各省方志及有关官私记载整理。"其他"栏内包括陕、甘、并、鄂、豫、浙等省。

续　表

年代	合计	云南	四川	贵州	广东	广西	湖南	其他
康熙五十三年(1714年)	19	16	3	—	—	—	—	—
康熙五十七年(1718年)	16	16	—	—	—	—	—	—
康熙六十年(1721年)	17	17	—	—	—	—	—	—
雍正元年(1723年)	16	16	—	—	—	—	—	—
雍正二年(1724年)	19	19	—	—	—	—	—	—
雍正四年(1726年)	23	23	—	—	—	—	—	—
雍正五年(1727年)	24	24	—	—	—	—	—	—
雍正六年(1728年)	30	25	—	—	—	5	—	—
雍正七年(1729年)	38	26	—	3	—	8	1	—
雍正八年(1730年)	46	26	8	4	—	7	1	—
雍正九年(1731年)	47	27	8	4	—	7	1	—
雍正十年(1732年)	41	27	—	3	—	10	1	—
雍正十一年(1733年)	40	28	—	2	—	9	1	—
雍正十二年(1734年)	40	29	—	2	—	9	—	—
雍正十三年(1735年)	44	33	—	2	—	9	—	—
乾隆元年(1736年)	38	33	—	2	—	3	—	—
乾隆三年(1738年)	35	27	—	2	—	5	1	—
乾隆四年(1739年)	42	26	—	3	9	3	—	1
乾隆五年(1740年)	37	21	—	3	9	3	—	1
乾隆六年(1741年)	40	23	—	4	9	4	—	—
乾隆七年(1742年)	35	21	6	3	—	5	—	—
乾隆八年(1743年)	39	24	6	3	—	5	1	—
乾隆九年(1744年)	48	32	6	3	1	5	1	—
乾隆十年(1745年)	55	36	5	3	3	7	1	—

第八章 明清时期长江流域经济开发的新发展及其艰难曲折性

续 表

年代	合计	云南	四川	贵州	广东	广西	湖南	其他
乾隆十一年(1746年)	47	31	5	3	1	6	—	—
乾隆十二年(1747年)	47	33	5	3	—	5	1	—
乾隆十三年(1748年)	44	32	5	3	—	3	—	—
乾隆十四年(1749年)	41	28	4	3	—	4	1	1
乾隆十五年(1750年)	37	27	4	1	—	4	—	—
乾隆十六年(1751年)	40	27	4	4	—	4	1	—
乾隆十七年(1752年)	44	29	7	4	—	3	—	—
乾隆十九年(1754年)	46	31	7	4	—	3	1	—
乾隆二十年(1755年)	44	29	7	4	—	3	1	—
乾隆二十一年(1756年)	46	29	7	4	—	3	3	—
乾隆二十二年(1757年)	50	32	7	4	—	4	3	—
乾隆二十三年(1758年)	58	38	8	4	—	5	3	—
乾隆二十四年(1759年)	60	40	8	4	—	5	3	—
乾隆二十五年(1760年)	57	38	8	3	—	5	3	—
乾隆二十六年(1761年)	56	37	8	3	—	5	3	—
乾隆二十七年(1762年)	54	36	8	3	—	4	3	—
乾隆二十八年(1763年)	61	37	14	3	—	4	3	—
乾隆二十九年(1764年)	59	36	14	3	—	3	3	—
乾隆三十年(1765年)	58	36	13	3	—	3	3	—
乾隆三十一年(1766年)	55	33	13	3	—	3	3	—
乾隆三十二年(1767年)	52	32	11	3	—	3	3	—
乾隆三十三年(1768年)	61	38	11	3	—	3	6	—
乾隆三十四年(1769年)	64	38	11	3	—	6	6	—
乾隆三十六年(1771年)	62	41	11	1	—	3	6	—

续　表

年代	合计	云南	四川	贵州	广东	广西	湖南	其他
乾隆三十七年(1772年)	67	46	11	1	—	3	6	—
乾隆三十八年(1773年)	71	52	11	1	—	1	6	—
乾隆三十九年(1774年)	73	51	11	1	—	1	6	3
乾隆四十年(1775年)	73	50	11	1	—	1	6	4
乾隆四十一年(1776年)	66	46	11	1	—	1	6	1
乾隆四十二年(1777年)	56	36	11	2	—	1	5	1
乾隆四十三年(1778年)	55	36	11	1	—	1	5	1
乾隆四十四年(1779年)	55	38	11	1	—	1	3	1
乾隆四十五年(1780年)	55	39	11	1	—	1	3	—
乾隆四十六年(1781年)	56	40	11	1	—	1	3	—
乾隆四十七年(1782年)	58	41	11	1	—	2	3	—
乾隆四十八年(1783年)	59	42	11	1	—	2	3	—
乾隆四十九年(1784年)	59	44	10	1	—	1	3	—
乾隆五十年(1785年)	58	42	11	1	—	1	3	—
乾隆五十一年(1786年)	56	40	11	1	—	1	3	—
乾隆五十五年(1790年)	55	40	10	1	—	1	3	—
乾隆五十七年(1792年)	56	40	10	1	—	1	3	1
乾隆五十八年(1793年)	56	41	10	1	—	—	3	1
乾隆六十年(1795年)	55	41	10	1	—	—	3	—
嘉庆元年(1796年)	56	41	11	1	—	—	3	—
嘉庆三年(1798年)	57	41	11	1	1	—	3	—
嘉庆四年(1799年)	56	41	11	1	—	—	3	—
嘉庆六年(1801年)	55	40	11	1	—	—	3	—
嘉庆七年(1802年)	54	40	10	1	—	—	3	—

续 表

年代	合计	云南	四川	贵州	广东	广西	湖南	其他
嘉庆八年(1803年)	53	40	9	1	—	—	3	
嘉庆九年(1804年)	50	37	9	1	—	—	3	
嘉庆十年(1805年)	52	39	9	1	—	—	3	
嘉庆十一年(1806年)	51	39	9	1	—	—	1	1
嘉庆十二年(1807年)	50	39	9	1	—	—	1	
道光五年(1825年)	51	39	10	1	—	—	1	
道光十一年(1831年)	52	39	11	1	—	—	1	
未详	6	6	—	—				

上表说明位于长江流域的云南、四川、贵州、湖南各省，特别是云南省，铜矿在采厂数始终占压倒性优势。

这里说一下银、铅矿与煤矿。银矿在采厂数也以云南为最多。据《中国近代手工史资料（1840—1949）》（第一卷），乾隆十四年，多达34家，贵州1家，广西6家。银、铅往往伴生，但云南的铅矿在采厂数，在乾隆六十年，仍落后于贵州，云南为7家，贵州为9家。到了嘉庆二十二年，跃居第一位，云南为8家，贵州降为6家。其他省四川为2家，湖南为3家，两广无闻。

第七节 明清之际长江流域资本主义的萌芽与缓慢发展

中国社会的发展虽然具有自己的特殊性，但仍然符合人类社会发展的客观规律。19世纪中叶以后，中国社会在具备了一定的历史条件后，也必然要从封建专制社会向资本主义社会逐渐过渡。因此，研究中国明清之际资本主义的萌芽和发展，乃是近代中国经济开发史的重要课题之一，它将把我国古代经济开发的历史带入一个崭新的阶段。

资本主义的萌芽，简言之，即资本主义生产关系的产生，来自民间工商业的发展。它的出现有两个标志：第一，出现了不附带有人身依附关系的雇佣劳动；第二，出现了凭借占有货币、生产资料和生活资料雇佣工人劳动的资产者。因此，一般来说，如果某个地方出现了资产者和雇佣工人，而且资本家是指挥着较多的工人在同一时间、同一空间（或者说同一劳动场所），为了生产同种商品而劳动，那么，这个地方就是产生了资本主义萌芽。

资本主义萌芽的产生，必须具备两个基本的条件：第一，有一批失去生产资料并具有一定人身自由的劳动者；第二，在少数人手中积累了为组织资本主义生产所必需的货币财富。这两个条件，是在封建社会经济结构逐步解体的过程中形成的。正如马克思所指出的："资本主义社会的经济结构是从封建社会的经济结构中产生的。后者的解体使前者的要素得到解放。"在封建社会的前期，封建经济结构基本上还能适应生产力的发展，不会发生解体的现象。因此，尽管封建社会前期的某些时候，商品经济也相当发展，却没有导致资本主义的产生。只是到了封建社会晚期，当封建经济结构日益成为阻碍生产力发展的桎梏时，才会发生封建经济结构解体的现象，才会游离出资本主义萌芽产生所需要的两个基本条件，也才会在简单商品经济的基础上，导致资本主义萌芽的出现。

资本主义萌芽，在人类历史上的最早出现，是14和15世纪前后。当时，欧洲地中海沿岸的一些城市，主要是意大利北部的威尼斯、热那亚、比萨、佛罗伦萨和米兰，在航运、纺织、采矿等行业中，已经稀疏地产生了资本主义萌芽。而我国的资本主义萌芽则在16世纪前后的明代中叶已经有了比较明显的产生。产生的地区则是商品经济最为发达的东南沿海地区，主要是江苏的苏州、松江和浙江的嘉兴、杭州、湖州等地。以下依次分述。

(一) 明清时期商品经济高度发展的表现

明清时期，由于统治者政策的调整，劳动人民的辛勤劳动，农业、手

第八章　明清时期长江流域经济开发的新发展及其艰难曲折性

工业自然很快得到恢复和发展。社会经济的迅速发展、国内市场的统一和扩展以及国外市场的开拓、货币地租的推行，从明朝中叶起，中国封建社会内的商品经济便大量发展起来。一般来说，由明朝中叶起到清朝中叶止，是中国封建社会内商品经济高度发展的时期，它具体表现在以下几个方面：

其一，民营手工业获得了较大发展。

中国封建社会的手工业中，官营手工业不属于商品生产的范围，而民营手工业则与商品交换有密切关系。因此，民营手工业的状况，往往是商品经济发展水平的一个最重要的标志，甚至是唯一的标志。

民营手工业是否能够发展，在很大程度上，决定于封建王朝的工商业政策。对于许多重要的工矿业，历代封建王朝是控制极严的。但自进入明清后，封建政府对于工矿业的控制有着明显放松的趋势。如前所述，自明初洪武年间以后，封建政府便逐步放松了对铁的开采和炼制的控制。所以，铁的商品性生产从明代开始便表现得很明显了。清代对于铁的控制更加放松。乾隆、嘉庆时期，政府不仅允许四川等地铁矿的开采，而且允许铁厂的产品自由买卖，甚至将赋税由征收铁改为征收货币。明清政府对于景德镇陶瓷业的控制，也是逐步放松的。明初于景德镇设"御厂"，拥有官窑数十座。清初，因吴三桂叛乱，景德镇遭受战火，官窑被毁。后来，政府曾一度修复官窑，但"乾隆年间即已塌毁"，因此，官府所需瓷器"数十年来均系附于民窑搭烧"①。四川的井盐，"明以前井灶多由官办，后虽改招灶户，然仍设官监之。自清初则任民自由开凿，遂为人民之私产"②。由于政府的控制放松，因而，私人资本投资工矿业曾一度很活跃。如陕西人跑到四川兴办盐矿。清朝《续文献通考·征榷考九》记载同治帝的上谕说："查川省各厂井灶，秦人十居七八。""三江两湖川广富商大贾"

---

① 刘坤一：《刘坤一遗集》第一册《九江关监督承办新样瓷器恳请展限片》，中华书局，1959年，第340页。
② 彭泽益：《中国近代手工业史资料(1840—1949)》(第一卷)，生活·读书·新知三联书店，1957年，第282页。

则跑到云南开采铜矿①。

其二,家庭手工业的商品率明显提高。

在中国封建社会的手工业中,从数量来说,占大部分的,是与农业紧密结合在一起的家庭手工业。其中,主要是家庭棉纺织业和丝织业家庭手工业,一般是以副业形式存在的,生产的目的是自给自足。出卖,一般只是在自给有余以后才会发生。不过,到了明清时期,特别是在进入清代乾嘉时期以后,这一部分手工业也逐渐发生变化,商品率有明显提高的趋势。

早在明代中叶,松江、上海一带的家庭手工棉纺织业,就已经有相当高的商品率。康熙《松江府志》卷五引明正德年间《华亭县志》的记载说:"里媪晨抱纱入市,易木棉以归,明日复抱纱以出,无顷刻闲。"同书还记载说:"乡村纺织,尤尚精敏。农暇之时,所出布匹,日以万计。""日以万计"的布匹,当然是不会全部用于自给的。黄卬《锡金识小录》卷一所说的无锡的情况,更能说明问题。他说:

> 乡民食于田者,惟冬三。……春月则阖户纺织,以布易米而食,家无余粒也。……及秋,稍有雨泽,则机杼声,又遍村落,抱布贸米以食矣。故吾邑虽遇凶年,苟他处棉花成熟,则乡民不致大困。布有三等,……坐贾收之,捆载而贸于淮、扬、高、宝等处,一岁所交易,不下数十百万。

另外,四川等地也能看到家庭棉纺织业与市场发生密切联系的情况。例如,四川重庆,"女工以纺织为务,……川中棉布及麻布棉带衣被全蜀"②。由于家庭手工棉纺织业日益与市场联系起来,手工棉纺织品商品率明显提高,以至产生了专门经营棉纺织品贸易的布商,并成为与盐商、米商并列的最大的商业资本。例如,清代时,汉口为全国最大的商业中心

---

① 严中平:《清代云南铜政考》,中华书局,1948年,第68页。
② 嘉庆《崇庆县志》卷二。

第八章　明清时期长江流域经济开发的新发展及其艰难曲折性

之一,而汉口的商行中,又"以盐、当、米、木、花布、药材六行最大"①。

丝织业的商品率比棉纺织业还要高得多。如前文所述,丝织业本身包括两个部分:蚕丝生产和丝织生产。明清时代,这两部分生产有着明显的城乡分工的趋势,即:农村家庭副业,一般以蚕丝生产为主;城镇手工业者,一般以丝织生产为主。

恩格斯在《家庭、私有制与国家的起源》一书中,曾论述野蛮时代的高级阶段,手工业和农业分离为"第二次大分工",而在中国,在绝对化的君主专制政治下,重农抑商,家庭手工业与农业的紧密结合,却成了中国封建社会自然经济结构的核心。明清家庭手工业商品率的提高,尤其是家庭手工棉纺织业商品率的提高,可能导致家庭手工业与农业的分离,促进自然经济的解体,从而游离出资本主义生产关系产生和发展所需要的各种条件。

其三,商品性经济作物种植面积迅速扩大。

商品性经济作物,指的是以出售为主的农作物。鸦片战争前,长江流域发展较快的商品性经济作物,主要有棉花、茶、桑等。例如,棉花在中国内陆地区的广泛种植,开始于宋元时期,但到明清时期,已成为中国的主要经济作物之一。明代末年,松江"海上官民军灶垦田几二百万亩,大半种棉"②。清代乾隆年间,松江、太仓、海门、通州一带,"种花者多,而种稻者少。……每村庄知务本种稻者不过十分之二三,图利种花者则有十分之七八"③。此外,陕南、湖北等省种棉花者也很多。棉花的商品率相当高。

其四,粮食生产商品化有了进一步发展。

粮食买卖在我国古代向来是比较普遍的商业活动,粮商和盐商一样是

---

① 《皇朝经世文编》卷四十。
② [明]徐光启:《农政全书》卷三十五《木棉》。
③ 李文治:《中国近代农业史资料》第一辑(1840—1911),生活·读书·新知三联书店,1957年,第83页。

势力最雄厚的大商人。粮食市场的形成比较早，也比较大。

粮食生产的商品化有着多方面的原因：

首先，棉花、桑、烟草等经济作物的扩种，排挤了粮食作物的种植，使得一部分地区对商品粮的需求量增加。

其次，政府赋税由征实改为征银，这在南朝本已如此，可是后来又变为征实，明清改征实为征银，以及货币地租的增加，使得农民手中增加了对货币的需求量。农民为了取得货币，不得不在粮食收获时多卖出粮食，而到缺粮时又不得不买进粮食，从而增加了市场上粮食的流通量。

另外，随着手工业和商业的繁荣，城市人口迅速增加，又必然增加了对商品粮的需求量。

明清时期，四川盆地、长江中下游流域各省普遍推广种植优良稻种，不少地区扩种双季稻，提高了单位面积产量。小麦、番薯的推广种植，加以清廷一再劝垦，湖南、四川等地耕地面积亦迅速增加。这就为粮食商品化提供了有利条件。鸦片战争以前，汉口、苏州、湘潭、重庆、芜湖，已经成为规模巨大的粮食集散中心。四川、湖南、湖北、江西、安徽、江苏、浙江、广东、福建等省，都通过这些粮食集散中心输出或者输进粮食，江浙地区本来是盛产粮食的，但到了明清时期，因为经济作物的发展和人口的猛增，已经成为仰食他省的缺粮户了。取而代之成为粮食供应地的则是拥有洞庭湖平原的湖南，拥有四川盆地的四川，拥有鄱阳湖平原的江西。

其五，社会分工有了明显发展的趋势。

"社会分工是商品经济的基础"。商品经济的发展趋势，是把每一种产品的生产，甚至把一种产品的每一部分的生产，都变成专门的部门。明清时代，商品经济的这种发展趋势是很明显的。

首先，在某些商品经济比较发达的地区，手工业有日益脱离农业的趋势。这种趋势，尤以丝织业更加明显。例如：浙江嘉兴王江泾，居民"多织绸收丝绸之利，……不务耕"①。濮院镇居民"以机为田，以梭为耒"②。吴江震泽镇及附近居民，"尽逐绫绸之利"③。

其次，手工业内部的分工也明显发展了。不少手工业部门生产过程中的某些环节，开始逐步专业化。例如：棉纺织业中出现了轧花、纺纱、织布、印染。丝织业中分离出了缫丝、织造等。至于瓷器制造业，分工就更加精细了，这在前面景德镇制瓷业的发展一节中已有叙述。

另外，农业内部各种作物种植的专业化程度和地区分工也有所提高。以长江流域地区来说，棉花，主要产在江苏、湖北等省；桑树，主要栽种在苏、杭地区；烟草，以四川为多；茶叶，以安徽、湖南为盛；粮食产地，主要是四川、湖南、江西等省。

其六，商业资本活跃，国内外市场扩大。

社会分工的扩大，商品生产的发展，促进了部门之间、异地之间的商品流通。结果必然会出现商业资本活跃的局面。例如：松江、上海一带是有名的布产地，湖北、江西、陕西南部等地的"富商巨贾，持重资而来市者，白银动以数万计，多或数十万两，少亦以万计"④。吴江盛泽镇盛产丝绸，"富商大贾数千里辇万金来买者，摩肩连袂"⑤。

流通的活跃，导致了商业资本的迅速发展。明清时期，家财万贯，富敌王侯的大商人已经不乏常见。其中最有名的首推徽州商人（或称新安商）。万历《歙志》上说："今之所谓大贾者，莫有甚于吾也。"⑥"藏镪有至百万者，其它二三十万则中贾耳。"⑦徽商一向以善于经营而著称，具体史实，前文已有叙述。

商业资本的活跃，导致了国内市场的迅速扩大。有些商品，如棉花、

---

① 万历《秀水县志》卷一。
② 胡涿：《濮镇纪闻》卷一。
③ 乾隆《震泽县志》卷二十五。
④ 叶梦珠：《阅世编》卷七。
⑤ 乾隆《吴江县志》卷五。
⑥ 万历《歙志·货殖》。
⑦ [明]谢肇淛：《五杂俎》卷之四《地部二》，中华书局，1959年，第108页。

布、丝绸、粮食等，已经拥有相当广阔的国内市场。例如，江苏的绸缎，清代时已经是"北趋京师；东北并高句丽、辽、沈；西北走晋、绛，逾大河，上秦、雍、甘、凉，西抵巴蜀；西南之滇、黔；南抵五岭、湖湘、豫章、两浙、七闽、沂淮、泗，道汝、洛"①。

生丝、茶叶、丝织品、瓷器、土布等商品，不仅拥有广阔的国内市场，而且还畅销国外，远销欧洲、美洲和日本。明代瓷业在国际市场的发展，也以中叶以后为最盛。当时对外贸易的出口商品有水陆两路。在陆路方面瓷器出口情形，如《野获编》卷三十载：

> 余于京师见北馆伴□夫装车，其高至三丈余，皆鞑靼、女真诸部及天方诸国贡夷归装所载。他物不论，即以磁器一项，多至数十车。余初怪其轻脆，何以陆行万里？既细叩之，则初买时，每一器内，纳少土及豆麦少许，叠数十个辄牢缚成一片，置之湿地，频洒以水，久之，则豆麦生芽，缠绕胶固，试投荦确之地，不损破者始以登车。临装驾时，又从车上掷下数番，其坚韧如故者始载以往，其价比常加十倍。

想尽办法，克服运输上的困难。陆行万里，尚可获利10倍。比陆行万里方便得多的海运，其获利就可想而知了。

从1498年起，欧洲的一些国家，首先是葡萄牙人来到了东方，其后西、荷等国继之，于是驰名世界的中国瓷器，便成了他们转贩的对象。万历三十二年（1604年），有一艘从中国归程中为荷兰军舰击获的葡萄牙商船"卡列里那"号，船上满载了无数各式各样的瓷器。万历四十二年（1614年），十月，一艘从爪哇的巴达姆港返国的商船克尔德兰号载着碗、碟、盘、皿等瓷器计69 057件，总价值1 154 511弗罗林（荷币名）。

那时西班牙人从墨西哥运白银至吕宋，由吕宋转运中国，换取丝织品

---

① 同治《上元江宁两县志》卷七。

和瓷器，所以到明代后期，墨西哥的银元（鹰洋）也大量流入中国。

瓷器往东输入了日本。日本宽永十八年（1641年）六月二十六日，一艘由郑芝龙派往日本去的海船，内有瓷器1447件。同年七月十日从福州出发的一只小海船有瓷器27 000件。又十月十七日，大小船只97艘驶入长崎，共载瓷器3万件①。因此那时日本宽永铜钱也就大量地流入中国。中国的出口瓷器，正如《天工开物》所说："若夫中华四裔驰名，猎取者，皆饶郡浮梁景德镇之产也。"

瓷器贸易的结果，不仅是经济上促进了国际间交通上和商业上的发展，更重要的还在于发扬并传播着我国人民的智慧创造。意大利的威尼斯于1540年以后才开始模仿中国的烧炼技术制造色瓷，不久这种方法又传到荷兰，最后遂普及于全世界。景德镇瓷器能有这么广阔的市场，不能不与当时处在萌芽状态的资本主义因素有关；相反的，它也在某种程度上促进了此种因素的增长。

其七，商业金融信贷组织——钱庄已经产生。

商业金融信贷组织的产生，是商品流通规模和流通地域范围扩大的必然结果。

钱庄大约在15世纪末或16世纪初就已出现于苏州了。成化时，祝允明曾说："予邻裘三，以兑钱为业。"②后来，由于贸易的不断发展，这种以兑钱为业的钱铺，也随之不断增加。钱庄的主要活动区域是东南各省，以上海为中心。钱庄的业务，主要是对商人办理存放款项，偶尔经营地区之间的商业汇兑。它的特点：规模小；限于一地一业，一般不在外地设分支机构；放款重个人信用，不重压品保证，只同少数熟识商人来往。

其八，商贸交通的发展，导致了城市经济的繁荣。

明至清，我国的商品运输主要是靠水运。长江是最重要的航道，货运量占全国一半以上。明初的长江贸易主要是在下游及太湖流域。宣德间，明王朝为征商品流通税设立了33个钞关，其中有15个在长江流域，即上

---

① 贾敬颜：《明代瓷器的海外贸易》，《历史教学》，1954年第8期。
② ［明］祝允明：《祝子志怪录·裘三》。

游的成都、泸州、重庆；中游的荆州、武昌；而有10个集中在下游，即扬州、镇江、仪征、江宁、常州、苏州、嘉兴、杭州、湖州、松江。明后期，宁波和浒墅、芜湖亦成为新兴的商业城市，说明这个最繁盛的商运区已向东西两向扩展，与中游相接了。明代东西向贸易的发展集中在长江下游和中游，主要是这一区域商品经济的发展所至。

长江以南，我国的南北交通主要有二路：一是由湖南湘江通往岭南；另一条是由安徽经鄱阳湖向南，顺赣江穿越庾岭到广东。南北朝时人口南迁，南昌即已繁盛，到明初，赣江已是水运要津，设有南昌、清江、临江、吉安4个钞关。明代鄱阳湖流域的经济发展仅次于太湖。九江成为重要商埠，而饶州、景德镇也都发展成为新兴工商业城市，经信江达南昌。而铅山县的河口，临信江，由二三户人家"而百而千"，到嘉、万时已"舟车四出，货镪所兴"，成为"铅山之重镇"了①。赣江贸易的发展使得赣州也很快成为新兴的商品城市了。

清代，随着经济的进一步发展，长江东西贸易亦有了重大发展，尤其是长江中上游的水运。川江（即长江宜宾至宜昌段）航运主要是清代开拓的。随着移民的开发，四川成为商品粮基地，川江主要支流嘉陵江、沱江、岷江，又都在粮食和棉、糖、盐产区，汇流而下，集中宜宾、泸州、重庆。乾隆初，为运云南铜矿，还在宜宾以上疏凿险滩，开通金沙江航路1300余里。

长江中游（即宜昌至汉口段）的航运也是清代才大有发展的。这主要是由于洞庭湖流域的开发，长沙成为四大米市之一，而岳阳成为湘江等江河的货运中转站。另一方面，由于陕南山区和鄂北丘陵地带的开发，唐以后陷于停滞的汉水航运重新活跃起来，襄樊成为商业城市。大批的粮食，川陕的木材，江汉平原的棉花，湘蜀的丝、茶以及南北土产、都汇入长江。

长江中上游货运的发展，使汉口镇逐渐成为一个相当大的商业城市。

---

① [明]费元禄：《晁采馆清课》卷上。

汉口明初还是一片荒洲，属汉阳县。嘉靖二十一年（1542年），整个汉阳县人口不过2.5万。到乾隆三十七年（1772年），单汉口镇即有人口9.9万，嘉庆十八年（1813年）增至12.9万，成为巴蜀、关陕与华中和东南贸易的枢纽，号称"九省通衢"。不仅长江上游和湖南、陕南的商货在此汇集，淮盐、苏布、东南的洋广杂货也在此集散。商贾云集，粮食、盐、棉、茶、油、纸、药材、广货号称"八大行"，鸦片战争后，贸易额已达1亿两以上[①]。

（二）资本主义手工工场在长江流域地区的出现

商品经济的高度发展，必然要导致资本主义萌芽的产生。根据现有的资料已经可以确定：在明清之际，在商品经济比较发达的长江中下游地区，在商品生产高度发展的某些手工业部门中，已经出现了由小商品生产者的分化而产生资本主义工场主以及商业资本家直接控制生产而转化为产业资本的种种现象。出现资本主义萌芽最早的部门当首推丝织业。

明代的丝织业，不仅产量、生产规模都比前代巨大，生产技术也比前代进步。到明代中叶，中国丝织业中心的苏、杭、湖、松、常一带的丝织业较前更盛，一些小镇也发展为丝织业的专业市镇。明代《醒世恒言》"施润泽滩阙遇难友"篇有关于嘉靖年间（1522—1566年）苏州府所属的吴江县盛泽镇的描述：

> 镇上居民稠广，……俱以蚕丝为业……络纬机杼之声，通宵彻夜，那市上两岸绸丝牙行[②]，约有千百余家。远近村坊织成绸匹，俱到此上市。四方商贾来收买的，蜂攒蚁集……。

可见当时的盛泽镇已是丝织业的专业市镇，不仅大量生产蚕丝与丝织品，而且是绸丝的运销聚散之地，吸引着市镇四周的农村家庭手工业者来

---

① 范植清：《鸦片战争前汉口镇商业资本的发展》，中南民族学院学报，1982年第2期。
② 牙行：中国旧时为买卖双方说合交易、评定价格、从中抽取佣金的居间商人。

上市，而市镇的丝织品交易完全控制在牙行之手。《醒世恒言》同篇中还反映了这镇上的织户已有大户、小户之分，有些织户对商业资本已极为依赖。它更着重描述了镇上有施复夫妇者，由"妇络夫织"的家庭手工业者，后来发展为"开起三四十张绸机"的资本主义工场主的故事：

> 嘉靖年间，这盛泽镇上有一人，姓施名复……家中开张绸机，每年养几筐蚕儿，妻络夫织，甚好过活。……温饱之家织下绸匹，必积至十来匹，最少也有五六匹，方才上市。那大户人家积得多的便不上市，都是牙行引客商上门来买。施复是个小户儿，本钱少，织得三四匹便上市出脱。……一日，已积了四匹，……到个相熟行家来。……蚕种拣得好，……下丝来细圆匀紧，洁净光莹……照常织下的绸拿上市时，人看时光彩润泽，都增价竞买，比住常每匹平添许多银子。因有这些顺溜，几年间就增上三四张绸机，家中颇为饶裕。……昼夜营运，不上十年就长有千金家事。又买了左近一所大房居住，开起三四十张绸机。

这个故事典型地反映了当时丝织业已有了扩大再生产的必要与可能，而且小商品生产者在不断分化，由于生产条件较好而个人劳动耗费低于平均耗费的商品生产者，出售商品时就处于有利的地位，因而日渐富裕。在商品生产者分化的前提下，于是出现了资本主义的萌芽，个别发了财的商品生产者逐渐转化为资本主义工场主了。明代张瀚在《松窗梦语》中曾叙述他祖上经营丝织业以发家的情况，也说明了同一问题。他在该书卷六中这样叙述：

> 毅庵祖家道中微，以酤酒为业。成化末年，值水灾，……因罢酤酒业，购机一张，织诸色纻币（帛），备极精工。每一下机，人争鬻之，计获利当五之一。积两旬，复增一机；后增至二十余。商贾所货者常满户外，尚不能应。自是家业大饶。后四祖继业，各富至数万金。

第八章　明清时期长江流域经济开发的新发展及其艰难曲折性

这反映了当时丝织业中，小商品生产者不断分化，扩大再生产迅速进行，资本急剧增殖。此外，在《醒世恒言》的叙述中，也反映了当时商业资本已侵入生产，丝织业中已有包买商出现，"大户"的产品由牙行引客商去包买，"小户"则须把绸匹送到牙行去出售。

到明朝末年，苏杭一带的丝织业更加发达，资本主义的萌芽亦有进一步的发展。当时一方面有少数"机户"依靠剥削雇佣劳动者和生产条件的优越而发财致富，例如万历间有个潘壁成，其家"……起机房织手，至名守谦者，始大富，至百万"①。这固然是比较突出的例子，但通常从经营丝织业而积银累千盈万的比比皆是。很多地主、官僚、富商也从事丝绸的生产与买卖以谋利。另一方面，很多织工丧失了生产资料，变成了出卖劳动力以维持生活的雇佣劳动者。例如万历年间的苏州，"东城之民，多习机业。机户各隶官籍。佣工之人计日受值，各有常主；其无常主者，黎明立桥以待唤。缎工立花桥，纱工立广化寺桥，又有以车纺丝者日车匠，立濂溪坊。什百为群，粥后始散"②。可见当时已有大批的雇佣劳动者出现，各有专门技术，或到固定的作坊和工场受雇，或则每天到劳动市场去等待雇主来召唤。根据当时的记载，"机户出资、机工出力"的情况已习以为常了③。当时大批劳动者，已经靠出卖劳动力为生，一旦受雇的作坊或工场停工倒闭，生活即完全无着。万历二十九年（1601年）苏州织工曾被迫起来反抗明朝统治阶级强征织机重税。当时应天巡抚曹时聘在给明神宗的奏疏中叙述织工的情况说："浮食奇民，朝不保夕，得业则生，失业则死。臣所睹记，染坊罢而染工散者数千人，机房罢而织工散者又数千人，此皆自食其力之良民也。"④当时在苏杭一带，这种靠出卖劳动力过活的织工，已经成为一种社会力量，并对腐朽的封建势力，开展了自发的反抗斗争。这无疑是中国历史上的一种新现象，是资本主义萌芽在政治上的反映。

---

① [明]沈德符：《万历野获编》卷二十八《守土吏狎妓》。
② 《吴县志·风俗》。
③ 《神宗万历实录》卷三百六十一。
④ 《神宗万历实录》卷三百六十一。

到了清代，江南的丝织品有着比明代更大的国内外市场。国内市场以南京所产的绸缎来说，几乎行销全国。这在前文已述。江南的绸缎已成为全国官僚、地主的必需品，所谓"朝觐、燕飨、祭祀、宾客，非宁绸贡缎，人或目慢之"①。至于江南丝织品的国外市场，除了经由广东出口以外，还有一部分自江浙运往日本，换取"洋铜"。但是由于清政府严格控制对外贸易，江南丝织品的国外市场不可能自由发展。例如对日本的输出，乾隆二十五年就议定"每船配搭绸缎三十三卷，……每卷照向例计重一百二十斤。……计额船十六只，应携带五百二十八卷"②，此外不得多运。不过，就以这额定输出的数量来看，每年输往日本的总数也在6万斤以上，已是一个不小的数目。尽管江南丝织品的对外输出受到非常严重的限制，但这个国外市场的存在，对当时江南丝织业的发展，无疑起了一定的促进作用。

正是由于清代江南丝织业国内外市场的扩大，织机的数量自然有了很大的增加。以南京为例，"乾嘉间机以三万余计"③，到道光时就增加到"缎机以三万计，纱、绸、绒、绫不在此数"④，而"合计城厢内外，缎机总数常五万有奇"⑤。在织机旁工作的劳动者，实际上都是些赚取工资的雇佣工人，从而可以推想到南京丝织工人的众多了。

明代江南丝织业中已有不少的小生产者逐渐上升为手工业资本家，他们所经营的作坊的规模也随之而扩大，可以说是初期的工场手工业了。而到清代，江南丝织业中的工场手工业有了更大的发展，这首先表现在每一手工业资本家所控制的织机的数量上。以南京一地来说，在康熙以前，官府限制"机户不得逾百张，张纳税当五十金，织造批准注册给文凭，然后敢织"⑥。随着丝织业的发展，这种限制愈来愈受到手工业资本家的反对，

---

① 同治《上元江宁两县志·食货考》。
②《清文献通考》卷三十三《市籴二》。
③ 同治《上元江宁两县志·食货考》。
④ 光绪续纂《江宁府志·拾补》。
⑤ 光绪十二年二月十六日《申报》。
⑥ 同治《上元江宁两县志·食货考》。

第八章　明清时期长江流域经济开发的新发展及其艰难曲折性

到康熙年间曹寅任江宁织造时就不得不取消，而"自此有力者畅所欲为，至道光间遂有开五六百张机者"①。这些大机户除自己设工场织造外，有的还发放原料（经纬丝）给小机户（独立生产者），以至中机户（有雇工者），然后验收成品，发给工资。有人记载南京织缎业中的这种情况："开机之家（大机户）总会计处谓之帐房。机户领机谓之代料（领原料）。织成送缎，主人校其良楛，谓之雠货（验收成品，发工资）。小机户无甚资本，往往恃帐房为生。"②这里所说的帐房就是手工工场主兼包买主。所谓恃帐房为生的小机户，他们的作坊实际上已经变为大帐房的手工工场的场外部分，他们本身实际上已经变为雇佣劳动者，虽然表面上他们还在自己的作坊中工作。似乎也有这样的一种帐房，自己并不设工场，只是"散放丝经给予机户，按绸匹计工资"③。这种帐房实质上就是商业资本的最高形式——商人包买主。在这里，商业资本变成了工业资本，而家庭手工业者的劳动则变成了资本主义的家庭劳动。

棉纺织业。棉花的种植和棉布的织造，则由明代开始发展起来的一种新的手工业。由于棉花的普遍种植和纺织技术的不断提高，明代中叶后，棉布已成为全国流通的商品，人民普遍用棉布制衣物了。当时棉纺织业的中心地区松江所生产的棉布和纱布，"北鬻秦晋，南运闽粤"。而秦晋湖广浙赣闽粤的"富商巨贾，操重资而来市者，白银动以数万计，多或数十万两，少亦以万计"。这种情况直到清朝中叶依然如故。据林则徐的估计，道光初年江苏的太仓州（太仓县）及嘉定、宝山等县，棉花种植在全部农业经营中占百分之七八十，而从事纺织业的男女人数，在该地总人口中亦占百分之六十左右④。

在明清两代，松江一带的棉纺织业，不仅生产规模与生产技术有相当的发展，而且已经有资本主义萌芽出现。明代的松江已不仅是棉花棉布商

---

① 同治《上元江宁两县志·食货考》。
② 陈作霖：《凤麓小志》卷三。
③ [清]徐珂：《清稗类钞·农桑类·镇江江绸业》。
④ [清]林则徐：《林文忠公政书》甲集《江苏奏稿》卷二，四库全书本。

品生产的中心,而且是棉花棉布的贩运聚散之地。"前明数百家布号,皆在松江枫泾、朱泾乐业,而染坊、踹坊、商贾悉从之。"①布号已成为销售和最后加工的中心。松江府属上海县的棉纺织情况,清初《阅世编》卷七记载:

> 棉花布,吾邑所产,已有三等。……上阔尖细者曰标布,出于三林塘者为最精,周浦次之,邑城为下。俱走秦、晋、京边诸路。……其较标布稍狭而长者,曰中机,走湖广、江西、两广诸路,价与标布等。前朝(指明朝)标布盛行,富商巨贾操重资而来市者,白银动以数万计,多或数十万两,少亦以万计。以故牙行奉布商如王侯,而争布商如对垒,……至本朝(指清朝)而标客巨商罕至,……而中机之行转盛,而昔日之作标客者,今具改为中机,故松人谓之新改布。

这段叙述,说明了当时动辄携带白银数十万两到松江牙行奉之如王侯的大布商,已是属于包买商的性质,因为他们完全掌握了当地的棉布市场,从而影响当地的棉布生产,生产者只能织造布商们需要的布匹。清人褚华在所著《木棉谱》中自叙其家由明代起家的经过,其致富完全由于包买布匹:"明季从六世……精于陶猗之术,秦晋布商皆主于家,门下客常数十人,为之设肆收买,俟其将戒行李时,始估银与布捆载而去。其利甚厚,以故富甲一邑。至国初犹然。"这里固然只提设肆收买已经织出的棉布,但由于收买的数量很大,实际上是包买了很多织户生产的全部商品。当时的商业资本已不限于包买商品,而且已经在一定程度上侵入了生产。《吴县志》卷五十二有如下记载:"苏布名重四方,习是业者阊门外上下塘居,多谓之字号。自漂布、染布及肩布、行布,一字号常数十家赖以举火,惟富人乃能办此。"围绕一家布号即有数十家赖以举火,正说明这是在商人雇主支配下的一种"散工制度"。英国在十五六世纪时盛行于毛纺

---

① [清]顾公燮:《消夏闲记摘抄》中卷《芙蓉塘》。

织业和刀剪业等部门中的便是这种制度。上述记载中所谓漂布、染布及看布、行布等，乃布号进行散工时的各种程序；商人雇主制不仅见于棉布生产，且出现于当时棉布的再制品——暑袜的生产中。例如《古今图书集成·职方典》卷六百九十六有如下记载：松江"郊西尤墩布，轻细洁白，市肆取以造袜，诸商收鬻，称于四方，号尤墩暑袜。妇女不能织者，多受市值，为之缝纫焉"。范濂在《云间据目钞》中亦曰："松江……郡治西郊广开暑袜店百余家，合郡男妇皆以做袜为生，从店中给鬻取值，亦便民新务。"这里缝纫暑袜的男妇，已不是在自己的原料上加工、制成后出卖其劳动成果的独立生产者，而是接受商人发给的原料，制成后交回商人，或计件或计时而受一定报酬的工资劳动者；生产的方式表面上虽然没有改变——仍在自己家中用自己的生产工具，但实际上他们已由直接生产者变成了工资劳动者。

无锡的棉纺织业大体上也和松江府的棉纺织业同一类型，所产棉布"坐贾收之，拥载而贸于淮、扬、高、宝等处。一岁所交易，不下数十百万"所产棉布，一种"易米及钱"，其余两种"皆以换花"，那些"坐贾之开花布行者，不数年即可致富"①。这里的市场较之松江稍小，然而也是年产销近百万两，四五百万匹。花布行不仅收购成品，而且还发放原料，已经明显的变为包买主了。

综上可见，明清之际，商业资本已侵入松江、无锡等地区的棉纺织业，并逐渐转化为产业资本。资本主义萌芽的出现已是很明显了。

矿冶业在明清两代亦有了进一步发展。矿冶业投资大，使用劳动力多，是资本主义生产发生较早的部门之一，对国民经济的发展也有重要作用。明中叶后，矿业中的资本主义生产已出现了工场手工业的组织。嘉靖四十五年（1566年）成书的《徽州府志》卷七说：

> 凡取矿，先认地脉，租赁他人之山，穿山入穴。深数丈，远或至

---

① 《锡金识小录·备参上》。

一里。矿尽，又穿他穴。凡入穴，必祈祷于神。或不幸而复压者，有之。既得矿，必先烹炼，然后入炉。煽者、看者、上矿者、炼者、取钩沙者、炼生者，而各有其任。昼夜番换，约四五十人。若取矿之夫、造炭之夫，又不止是。故一炉之起，厥费亦重。或炉既起，而风路不通，不可熔冶。或风路虽通，而熔冶不成，未免重起。

从这条记载看，至少这时的徽州府，矿业中的工场手工业已拥有四五十人以上的雇佣劳动力，并且矿商租地开矿，这从矿主对土地占有者来说，已体现了资本主义地租的出现。明代长江流域矿冶业资本主义萌芽出现的地区从现有的史料来看还是很少，且发展水平也较低。当时全国冶铁业中具有典型资本主义萌芽性质，而且工场手工业规模比较大的当属广东佛山的冶铁业。明代以冶铁致富的安徽商人亦不少，但这类史料过于简略，难以确定其是否就是使用了雇佣劳动力。如正德间，休宁詹安即"以铁冶起富"，嘉靖间，歙县的郑次公是"以铁冶起家"。

清代长江流域矿冶业中出现比较明显的资本主义萌芽的地区和部门，一是陕西的冶铁业，二是云南的铜矿业。

陕南秦岭、大巴山地区各县清代出现了很多铁厂，这些地区的冶铁业是在乾隆以来外省流民大批入山开垦，嘉庆初立厅置县对他们采取安置办法的时候，发展起来的。这些人与当地封建关系本来甚少，严如熤《铁厂咏》中说："一厂指屡千，人皆不耕食。蚩蚩无业氓，力作饱朝饐。"反映他们具有了无产者的性质。清代史料中对陕南的这些铁厂有如下的记载：

"陕西南山铁厂，令商民自出资本，募工开挖。由地方官查明该商人姓名籍贯，取具日结，加具印结，详明藩司，发给执照，方准开采。……"

"各厂匠役，责成商人造具循环簿，按名注明年岁籍贯，及上工日期。如有辞工另募，随时添注。于每季底，送该管官稽核。……"

"所出铁觔，只准铸造铁锅、铁盆、农具，倘有卖给匪徒私制军器等

第八章　明清时期长江流域经济开发的新发展及其艰难曲折性

弊，立即严拿治罪。"①

严如熤对这些铁厂也有很清楚地叙述：

"铁厂山分红山、黑山。黑山为炭窑，……红山则山之出铁矿者……"

"每炉匠人一名，辨火候，别铁色成分。通计匠、佣工每十数人可给一炉。其用人最多，则黑山之运木装窑，红山开石挖矿运矿。炭路（矿）之远近不等，供给一炉所用人夫，须百数十人。如有六七炉，则匠作、佣工不下千人。"

"铁既成板，或就近作锅厂，作农器。匠作搬运之人，又必千数百人。故铁炉川等稍大厂分，常川有二三千人，小厂分三四炉，亦必有千数百人。"②

上述史料，已把炉厂的开业、雇工、管理、产品销售等都讲得很清楚。从雇佣劳动看，作者是把劳动者分为匠作、佣工两类。匠是指辨火候的炉匠，须有技术经验，每炉只需一人。佣工是指煽风箱和场内运料的，一炉需十数人。而需人最多的是场外的采矿工、烧炭工，称为夫，供一炉之用，需百数十人。同时，这里是炉厂制，一个大炉厂有炉六七座，且是属于一个资本（独资，或许合伙），这样的炉厂所需劳动力，就有两三千人了。其中，即使是场外的采矿、烧炭工，也是采取计件给值办法，即买卖关系，单就场内雇主而论，也算得上是资本主义性质的工场手工业生产了。

云南铜矿业中采矿和炼铜的手工工场大多是由"三江两湖川广富商大贾"投资的。他们"厚积资本"来到场地后，有的投资开矿，称为"锅头"；有的投资炼铜，称为"炉客"；有的"锅头亦尝伙同贸易煎铜，炉客又或附本开礁"③。他们都是从事商品生产。在这些从事商品生产的投资者中间，尽管资本有大小，有独办伙办的不同，但他们都是雇工生产，并不参加直接的劳动。康熙年间，云南铜矿场的内部分工很细：由"槌手"

---

① 道光《户部则例·铁矿征课》。
② [清]严如熤：《三省边防备览》卷九《山货》，清道光十年来鹿堂刻本。
③ [清]吴其濬：《滇南矿厂图略》卷一。

"凿手"打洞，由"龙手"排水，还有"砂丁""领班"之类。矿砂出土后有"捶矿"工人，"洗矿"工人，"配矿"工人在那里工作。此外"煅窑""炼炉"又各有其专门的技术工人。矿丁和投资人是一种雇佣与被雇佣的关系。这种关系又可分为两种形式：第一，是"月活"，不论开采是否有得，矿丁按月领工资。第二，是"亲身"，矿丁只按规定的比数分得矿砂，不另取工资。一个大场往往开凿二三十个礑硐，但投资范围一般是以一个礑硐为其基本单位的。官府丝毫不干涉铜矿场的生产过程，只委人监收百分之二十的矿税，其余百分之八十的出产听民自由贩卖①。开矿和冶炼需要的大量矿工，"非独本省穷民，凡川、湖、两粤力作功苦之人，皆来此以求生活"②。也正因此，云南铜矿业中的生产单位并不完全是较大规模的手工工场，而是同时存在着小规模的贫民伙开的形式。这种情况特别在边远小厂，如青龙山、日见泛、凤凰坡、红石岩、大风岭、大屯、白凹人、老箭竹、金沙、小岩等厂大量存在着。他们自办粮米，自备工具开来，开矿是为了"苟图谋食"，"既无资力"开硐入山，只好"仅就山肤寻苗而取矿。经采之处，比之鸡窝；采获之矿，谓之草皮、草荒。……一引既断，又觅他引；一处不获，又易他处。往来纷藉，莫知定方"。及得矿后，在"炉房"加工冶炼成铜时，除纳税和缴一定的加工铜外，"余则听其怀携，远贾他方"③。这显然是小商品生产，和前述的以雇佣矿工劳动为基础的大生产是不相同的。

综上所述，我们可以得出结论：鸦片战争前的云南铜矿业生产基本上是资本主义手工工场制和小商品生产两种形式。

造纸。据《江西通志·土产志》记载，从明朝嘉靖万历以来，在永丰、铅山和上饶兴起过很多造纸作坊，被槽户雇佣的造纸工人不少，他们"日日为人佣役"。《清代刑部钞档》记有乾隆四十八年江西省纸坊的雇佣关系和工人的工资情况："陈黑因喻梅家雇伊破竹造纸，每日议价工钱二

---

① 参见严中平：《清代云南铜政考》，中华书局，1948年，第65—69页。
②《续云南通志稿·厂员》。
③ [清]贺长龄：《清经世文编》卷五十二《户政二十七·铜政议上》。

十五文。喻梅请陈黑饮酒开工。陈黑查知各蓬破竹每工均系钱三十文,当即辞工不做。"乾隆《铅山县志》有关记载中,还写到铅山造纸工人的罢工。此书转载的官方档案曾谓:"顺治十五年六月十八日……槽户郑以仁等具禀词称:槽工人等,佣众歇槽。"这就是罢工。铅山为当时我国著名的产纸区之一。《铅山县志》记此县石塘镇造纸作坊的生产分工,清晰地展现出清时工场手工业造纸情况,所云"每一槽四人,抉头一人,舂碓一人,拣料一人,焙干一人,每日出纸八把",与上述雇佣劳动在造纸行业中的使用相印证,表明资本主义生产在造纸业中也萌芽了。

清代江西景德镇瓷器制造业中,四川的井盐业中,也都有比较明显的资本主义萌芽出现,且发展水平相当高。不再写了。

(三)我国资本主义萌芽发展缓慢的原因

以上是我国明清时期长江流域资本主义萌芽的产生及发展的简述。令人遗憾的是这种萌芽的产生不仅比西欧晚了约两个世纪,而且其发展也是相当迟缓的,究其原因,主要有四个方面。

第一,封建专制政府的重农抑商政策。农业是封建社会最重要的物质生产部门,也是封建赋税和地租的基本来源。历代王朝都实行重本抑末,即重视农业、抑制工商业以保证农业劳动力的政策。这一政策到明清时期略有改变,如朱元璋曾有使农、士、商、工"各安其生"的思想,并对汉武帝之抑商表示不同意。其后,张居正提出"厚农而资商""厚商而利农"的双轨政策见解;至黄宗羲等人而有"工商皆是本"的思潮。清初,康熙也提出了"恤商"和"利商便民"的口号,并"首除烦苛"。雍正帝也有类似的提法。然而,封建专制政权的重本抑末政策的出发点和归宿本来是重本,也就是重视农业生产。明清以来,抑末的一面虽然已有松弛,但始终紧抓住重本这一面,采取了垦荒、招抚、赈恤、蠲免、治水等一系列政策措施,以保证农业的不断再生产和防止小农经济的分化。这就从根本上维护了整个地主阶级和专制政权的经济利益。地主经济和自然经济的巩固和稳定,当然会给商品经济的发展以障碍和束缚。由于手工业的发展,手工工人必然增多,这种生产方式必然形成集中居住,明清政府对这种力量的集聚,担心不利于统治秩序的稳定,因而顽固推行传统的重农抑商政策。如明王朝十分重视官营手工业,对"山泽之利"把持尤严、依恃封建特权垄断了手工业的某些部门,特别是垄断了各种矿产、盐、茶等,不准私人经营;直接开设"皇店",与商人争利;加重工商业税,严申海禁,唯恐工商业者发展成更大的势力。另一方面,随着商品经济的发展,统治者追求土地、金钱和财货的贪欲与日俱增,于是又对工商业者展开了疯狂的掠夺。明王朝经常借"采办"和"制造"来掠夺民间工商业。采办的范围非常广泛,从金银、珠宝到果品、海味、香蜡、药物几乎无所不包了,"制造"是掠夺当时两种最主要手工业(丝织品和瓷器)的手段。

另外,明王朝又以采矿、开矿为名,大肆抢掠。这种情况发展到神宗时尤为严重,从万历二十四年(1596年)起,派许多宦官出任矿监,到处以勘矿、开矿为名搜刮钱财,两年后,又在各大城市增设许多税监,从此矿、税两监遍于全国,大肆掠取民间的金银。万历二十九年(1601年)一年之中,由宦官直接送往北京的税款就有白银90余万两,黄金1575两,又有金刚钻、水晶、珍珠、纱罗、红青宝石等物,而装进宦官及其爪牙私囊的还不在内。

矿、税监任情搜括人民(主要是城市市民),遇有良田美宅,则指以为下有矿脉,毁人房屋,掘人圹墓。收税掠夺的范围,极为广泛细苛,"榷网之设,密如秋荼",妄立名目,"擅自加征",甚至"视商贾懦者,肆为攘夺,没其金资,负载行李亦被搜索;又立土商名目,穷乡僻坞米盐鸡豕,皆令输税"。他们不仅横征暴敛,而且任意捕杀人民和官吏,到处骚扰,弄得"贫富尽倾,农商交困",民不聊生,严重阻碍了工商业的发展,迫使各地市民起而进行猛烈的反抗斗争。

湖广人民反对宦官陈奉的斗争是各地反对宦官征商的先声。万历二十七年(1599年),陈奉在荆州征商。商民恨奉入骨,一呼而聚者数千人,向他抛掷砖石,陈奉逃窜武昌。次年,陈奉又在武昌征商,武昌商民聚众万余人,"甘与奉同死",包围奉宅,捕其爪牙16人投入长江,陈奉逃匿楚王府月余，才得幸免。当时，仅在湖广各城镇，前后因征商引起的激变，就有10余次之多。

万历二十九年（1601年），宦官孙隆在苏州征商。他规定机户"每机一张，税银三钱"，又创立新法："凡缯之出市者，每匹纳银三分。"①此法颁行后，"机户皆杜门罢织"，于是机工失业，生活无着。这年六月，苏州织工、染工两千余人在织工葛贤、钱大、徐元、陆满等4人的领导下，于苏州玄妙观誓神焚香，宣言"欲为吴民剿乱"。他们前后击毙宦官孙隆的爪牙2人，捶死税官多人，又火焚了豪富皂隶等10家住宅，并在城郊遍贴榜文，"必欲得宦官乃已"。封建专制统治者企图进行大屠杀。织工首领葛贤挺身而出，独任事责；并警告统治者不要"株连平民，株连则必生乱"。迫使暴君神宗作一定让步，匆匆结"案"，调走孙隆，孙隆"自此不复到苏"，强加到机户头上的各项重税从此也"皆得免"。

反税监、监的斗争在长江流域的其他各地也此起彼伏。万历三十年（1602年），宦官潘相在江西景德镇征商，引起了当地窑工的激变，烧毁许多厂房，迫使其离去。万历三十四年（1606年），云南人民万人因遭受税监杨荣虐害，在指挥贺世勋等率镇下暴动，毁税场，焚荣第，杀荣投火中，并杀其爪牙200多人。

长江流域城市居民反矿监、税监的斗争有力地打击了封建专制统治者。如前所述，这样的暴动在中国历史上还是第一次见到。参加这一斗争的基本群众是城市的手工业工人、小商人、手工业者和城市贫民，其中有很多是流入城市从事佣工、小贩的破产农民。这种斗争，反映了在封建社会内部商品经济日益发展的情况下，城市的贫民，特别是手工业工人已经开始作为一支力量参加到反封建反专制压迫的斗争中来了。由于宦官的征商，一些居住在城市的地主兼工商业者、中产以上的商人、作坊主、窑主等类人也有一部分参加到斗争中来，因为他们的利益也受到一定的损失。当然，当时市民的力量还是有限的，他们的斗争只能给明王朝以有力打

---

① 沈瓒：《近事丛残》。

击，而不能推翻腐朽的封建专制制度，但是，这一广泛而深入的全国范围的市民斗争，却深刻地说明了中国社会在前进，在发展。

清入关之初，虽暂时废除明末害民甚烈的矿税，但却严禁开矿，严重地窒息了矿冶业的生产。直到康熙十四年（1675年）才开始弛禁，许民呈报开采，但只许恢复旧矿，不许开采新矿，且委官监督，抽收其生产物十分之二。雍正时，更恐招商开矿，"各省游手'无赖'之徒（失业流民），望风而至，人数众多，为害甚巨"，限制开矿尤严。乾隆时，限制稍宽，矿冶业得到一定发展。但另一方面，清统治者也进一步加紧控制和掠夺。矿税一般是征收十分之二，官价收购十分之四，其余四分才许商人流通贩运。或官发工本，招商承办；亦有竟归官办者。所谓"发价官买"，实际上是强制的不等价交换，变相的掠夺。云南的铜冶，清政府推行"官督商办"的方法，控制生产。在开矿冶炼的地方，清政府委派官员吏役，严格监督铜矿的采炼，"（煎铜）有巡丁监守，铜一出炉，即押赴官厅称兑"①。产品的一部分要以税课的名义无偿缴给政府，其余的部分，政府还要按一定比例收买，最后余下的出资采炼商才能自己出卖。在官督商办或官商合办之矿场，在地方官勒索盘剥之下，投资商人往往赔本破产，因而多"裹足不前"。这样就严重阻碍了矿冶业的发展。在丝织业中，清朝政府的经济掠夺也很厉害。如在江南地区，清政府的织造局对民间机户实行领织制，官局把钱粮银两发给民间机户，或预先买丝分发给民间机户，让民间机户为它织造，然后按官定各种缎匹的价格计价。通过这种办法，民间机户陷入了徭役义务之中，而且官价很低，民间机户赔累不堪。

清王朝对于民间各种手工业还以"采办""采买"的手段，进行掠夺。这不仅残酷地剥削手工业者，同时也大大地阻碍了它们的发展。此外，清统治者还垄断盐、茶，来剥削生产者和消费者，所得盐课、茶课，占其财政收入的重要部分。由此可见，它也阻碍了盐、茶等工商业的发展。

清统治者还通过各地的层层关卡，来掠夺工商业者和劳动人民的财

---

① [清]莫庭芝、黎汝谦：《黔诗纪略后编》卷五。

第八章 明清时期长江流域经济开发的新发展及其艰难曲折性

货。乾隆十八年（1753年），全国关税达433万两，乾隆六十年（1795年），税额增至646万余两。贪婪的官吏更额外重征，以饱私囊，或"借亏缺为名，日加苛敛"，"以致商贾不前，物价昂贵"，这一切都阻碍着国内贸易的发展。

第二，苛重的封建剥削，造成农民的贫困，农民无力改良土壤、增加投资、发展生产，这便无法为手工业的发展提供充足的原料。农民收入微薄，为了维持生活，不得不在从事农业生产的同时，兼作一些家庭副业，这便使他们无力、也不需要从市场上购买大量的手工业产品，严重限制了手工业产品的销路。

封建赋税剥削率，在一定的生产力条件下，要受客观条件的限制，有着自己的极限，不是可以任意变动的。这就是我国史籍上所称的"度"。遵守这个度，生产就能正常进行，突破了这个度，生产就会遭受破坏。明后期的税监四出，"三饷"加派，勒索无度，招致亡国。清初，首除三饷，田赋漕粮"悉复明万历之旧"，大体是控制在这个度内，但是，封建统治者与地主为贪婪的阶级本性所决定，总是要在实际执行过程中，破坏这个度。从康熙起，除国家规定的正额赋漕之外，其他徭役杂差，附加税、私派以及官吏之需索陋规，即名目繁多，层出不穷。《清圣祖仁皇帝实录（一）》卷二十二载，通常是"私派倍于官征，杂项浮于正额"。有权势的衿绅地主还要转嫁赋税，江苏吴江县地方豪绅与官府勾结，按纳粮户的"贵贱贫弱"，定"所收之多寡"[①]。浙江桐乡县的地方官吏，则把官绅拖欠的田赋加派到中小地主与自耕农身上，"以小户之浮收，抵大户之不足"[②]。《清圣祖仁皇帝实录（一）》卷二十二载，清代蠲免钱粮次数很多，但许多地方是"蠲赋则吏收其实，而民受其名；赈济则官增其肥，而民重其瘠"。在繁重的封建剥削之下，许多自耕农失去土地而成为佃农。加之人口急增，人均耕地面积减少，农业生产力的发展又相对停滞。这些因素都导致了小农经济的贫困化。商品经济当然也就难于发展，财富积累

---

① 光绪《吴江县续志》卷十。
② 光绪《桐乡县志》卷七。

和社会生产也就难于扩大了。

第三，高利贷和封建地租吸引商业资本。手工业的发展在清代遭受着种种束缚和限制，而当时高利贷的利润却很大，封建地租也很重。因此，商人手中的资本，除了少数转向手工业领域外，很大一部分转向了高利贷和土地兼并。如安徽的徽州商人，足迹遍天下，有"无徽不成镇"的谚语，但他们经营的多是典当业[①]。当时的地主、商人认为，"凡置产业，自当以田地为上"[②]。这是当时土地兼并盛行，并吸引地主、商人的客观现实的反映。社会财富不能大量转向手工业，对于资本主义萌芽的发展无疑是一个极大的妨碍。

第四，闭关禁海政策的危害。中国海外贸易具有悠久历史。唐宋以来已有很大发展。明代闭关主要是为了防止倭寇。明后期的南洋贸易，实际上已经放松。清初四十年间，为对付抗清势力，曾严格禁海，令"片板不准下海"，"片帆不准入口"。直到康熙二十三年（1684年）进入台湾，始开放海禁，允许中国商民出海贸易，但限制颇多。清统治者对于出口贸易，不是采取鼓励和保护自由通商的政策，而是垄断、控制和压抑。对外贸易，除了要受广东督抚关道的严厉监督之外，一切都要通过清政府特别指定的官商之手（康熙五十九年改组称公行）。皇帝、官吏和官商勾结一起，不仅对出口商品课以重税，而且用种种卑鄙手段，层层勒索敲诈，进行无耻的掠夺。乾隆二十四年（1759年）甚至一度下令禁止丝织品出口。对外贸易的发展因而遭受到严重的阻碍。在当时的历史条件之下，这就窒息了国内工业发展的重要契机。

清政府的闭关海禁政策，不同于通常的严格管制对外贸易的政策，而是一项主要从加强封建与专制统治的政治观点出发的，它在政治、经济、文化上，既有加强对人民控制的倾向，又有闭关自守、夜郎自大、盲目排外的倾向，所以马克思说它是"一种政治制度"。这种"政治制度"造成

---

① 民国《歙县志》卷一《舆地志·风土》，民国二十六年旅沪同乡会印。

② [清] 钱泳撰，张伟校点：《履园丛话》卷七《臆论·产业》，中华书局，1979年，第187页。

的后果必然是阻滞了中国民族资本主义生产的发展，延续了中国垂死的封建专制社会。

第八节 明清长江流域地区的科学文化

中华民族曾经创造了光辉灿烂的古代文化。中国古代科学技术曾经发展到了当时世界的最高水平。一直到明代，中国在经济和科学技术上还没有明显落后。明代在自然、人文、医药、历法等科技方面，都有重大贡献。李时珍的《本草纲目》，宋应星的《天工开物》，徐光启的《农政全书》，这几部科学巨著，都产生在明代。黄宗羲、顾炎武、王夫之这三个著名的启蒙思想家，也都产生在明代。世界地理学名著《徐霞客游记》也产生于明代。而这些巨著的作者及思想家的出生地也都集中在长江流域经济发达的区域。一定的文化是一定地区经济发展的产物。明代中叶以后，中国社会已进入了一个新的时代，腐朽的封建生产关系已日落西山，而新萌的资本主义萌芽正呈现出勃勃生机。经济基础中发生的这种变化反映到上层建筑中来，从民俗到社会风尚，从艺术到科学，各个领域都在发生着变化，出现了令人惊喜的新风貌。"人杰地灵"，正是由于长江流域，尤其是中下游地区在宋以后的大规模开发，经济的迅猛发展，成了我国最重要的经济区域，资本主义萌芽在这一地区的最早出现和发展，那就必然要在这块沃土上产生出一批杰出的科学家、思想家、文学家。

(一)科学著述的成就

1.东方医药巨典《本草纲目》——医药科学之王李时珍

李时珍（1518—1593年），湖北蕲州（今湖北蕲春）人，出身于一个医药世家，其父李言闻是位乡间名医。李时珍小时常随父亲上山采药，在家也帮助制药，年深岁久、耳濡目染，他对医药学产生了浓厚的兴趣。可是，父亲却不同意儿子学医，强要他去读经书，指望他金榜题名，光宗耀祖。时珍无奈，谨遵父命，伏案苦读，14岁考中秀才。后去省里参加举人会试，3次名落孙山。几经挫折，小秀才已经成年，决心放弃仕途，继承父业学医。他向父亲表示："身如逆流船，心比铁石坚，望父全儿志，至死不怕难。"事已至此，父亲只有颔首了。时珍果真心坚如铁，终生不渝，最后成了一位举世敬仰的杰出的医药学家。

李时珍一生著述很多，主要成就是编著了《本草纲目》一书。古代药物原以草类为主，神农氏尝百草发明药的传说，也反映了最初的药典是以草类居多的，最古老的药典则称为《神农本草》，或简称《本草》。久而久之，"本草"一名就成了药物典籍的代称了。

李时珍为何要以毕生精力编修《本草》呢？原来，他在行医中发现古代药典几百年未修，其中错误百出，分类杂乱，漏列药物，常常因此而误人性命。他决心重新编写药典，费时30年，"阅书八百余种"，并到河南、江西、南直隶等地区实地考察，经3次修改，写成《本草纲目》这一医药学巨著，时年已61岁。

《本草纲目》全书52卷，190万字，记载药物1892种，附药方11 091个。《本草纲目》对每一种药物的名称、性能、用途、制作方法都作了详细的说明，并绘制成图，全书共有动植物插图1110幅。李时珍还对前人的著作作了校正。《本草纲目〉不仅是对前人研究的总结，也将我国药物学的研究提高到一个新的阶段。

《本草纲目》的药物分类，先矿物，后植物，最后动物。各类药物的排列顺序也大致是先简单后复杂，体现了自然发展史由无机到有机、由低级到高级的过程。在当今世界上这已是普通的常识。然而，李时珍所处的时代，世界上生物进化论的创始人达尔文还未来到世间。200多年以后，当达尔文看到李时珍作出如此分类的科学巨著时，给予了极高的评价，赞赏不已。

《本草纲目》一书在李时珍逝世后3年才得以刻印出版。因其宝贵的实用性，至今为我国和世界许多国家所重视。《中华人民共和国药典》采用《本草纲目》的药物和制剂在100种以上。这本巨著在初版问世后10年，即传入东邻日本、朝鲜。尔后又陆续被译为拉丁文、法文、俄文、德文、英文等多种文字，流布于世界各地。目前仅英文版本就有十几种。李时珍的心血结晶至今仍在为全世界人民的健康与幸福做着贡献。

2.古农学经典《农政全书》——近代科学的先驱者徐光启

徐光启（1562—1633年），字玄扈，松江府上海县人。明万历二十五年（1597年）乡试第一，又七年（1604年）中进士，选为"庶吉士"，入翰林院。

徐光启39岁北上应试路过南京时，意大利耶稣会传教士利玛窦正在那里传教并讲授西方古典科学知识。徐光启景仰其学识渊博，遂与其结识。在北京翰林院学习时，仍与利玛窦保持密切联系，并开始向他学习西方的天文、数学、测量、水利等科学知识。经过艰苦的努力，徐光启终于将利玛窦口授的13卷拉丁文《几何原本》的前6卷平面几何译成了中文。徐光启深知数学是一切科学的基础，欲学习西方科技，自当首先从数学始。他曾经预言：几何原理"举世无一人不当学，窃意百年之后，必人人习之"。历史已经证明了他的科学预见。《几何原本》的数论和立体几何部分因利玛窦不想再译而中断译著，后由清代数学家李善兰补译出来，而成为完书。

徐光启还翻译过《测量法义》《泰西水法》。泰西，犹言极西。当时用以称呼西方国家。通过徐光启的这些译著，使中国人了解了西方的一些崭新的科学知识，诸如地圆学说、地球经纬度的概念等。

徐光启还曾经将西方古典天文学介绍到中国来，对中国古典天文学进行了改造。崇祯时，徐光启建议修正历法，"帝（崇祯）从其言，诏西洋人龙华民、邓玉函、罗雅谷等推算历法，光启为监督"。在他晚年编成了一部74卷的《崇祯历书》，成为后世几近300年间修历的基础。徐光启也因此成为与张衡、祖冲之、僧一行、沈括、郭守敬并列的中国古代六大天文学家之一。

徐光启一生中最大的科学成就乃是积几十年功夫编著的古农学经典《农政全书》。正是这本经典农书，使徐光启成为中国古典农学的集大成者，成为继西汉氾胜之、北魏贾思勰、宋代陈旉、元代王祯之后的最杰出的古代农学家。

《农政全书》共60卷,约60万字。包括农本、田制、农事、水利、农器、树艺(谷物、蔬菜、果树)、蚕桑、蚕桑广类(木棉、麻)、种植(经济作物)、牧养、制造(食物、房屋)、荒政等12类,将古典农学的各个领域概括无遗。对农具、农业技术、土壤、水利、施肥、选种、果木嫁接等各方面都有详尽的记录,特别是对于番薯和棉花的种植技术与经营方法,作了重点的介绍。徐光启十分强调农业生产在我国经济中的重要作用。他有人定胜天的思想,提倡农作物的推广,如主张在北方种水稻,在沿海地区种甘薯等。他在书中还引进了《泰西水法》,对西方的水利知识进行了介绍。《农政全书》可以说是我国明代的一部农业百科全书。

徐光启于崇祯六年(1633年)十一月八日去世。归葬于家乡上海的法华泾与肇家浜两水的汇流处。后来子孙居此,人口繁衍,其地遂被称为"徐家汇"。上海市的"徐汇区"之名称也缘此而来。徐光启墓址今为徐家汇南丹公园。

3.宋应星著《天工开物》

宋应星,江西奉新人,是一个具有朴素唯物论思想的科学家。出生于万历十五年(1587年),卒年不详。所著科技巨著《天工开物》,于崇祯十年(1637年)刊行。此书在当年曾风行一时。乾隆以后由于政治原因,问津者日少。然而,这部巨著传入日本后却受到欢迎,又从日本传入欧洲,被译为多种文字,广为流传。其中法文译本誉称为《中华帝国古今工业》。实际上,这部著作不仅包括中国的古今工业,也包括中国的古今农业,是中国古今工农业汇编,称之为中国古典科技总汇是不过分的。当代英国科学家李约瑟博士就称宋应星为"中国的狄德罗"。狄德罗是法国的大学者,著名的《百科全书》的主编。很显然李约瑟博士也是视此书为中国科技全书的。

宋应星28岁时与其胞兄同时中举。崇祯七年(1634年)(时年49岁)出任江西分宜县教谕(县学教师),公余即着手著述总结明朝生产技术的《天工开物》,崇祯十年(1637年)巨著写完在友人徐伯聚的帮助下付印了。这年是崇祯十年，故而《天工开物》的初版又叫崇祯版。

《天工开物》共3卷18篇，对砖瓦、陶瓷、铁铜、器具、车船、石灰、硫黄、烛、纸、兵器、火药等的生产技术，都有较详细的记载。本书的特点是对各种产品，从原料到制成品的全部生产过程的工序、方法都有较详细的说明。书中还绘有123幅精美的插图，所绘内容，结构准确，比例恰当，立体感强。依其图样与数据，即可将所给的各种机械，设备重新制造出来。其中所绘提花机。钻井设备、轧蔗机、大型浇铸和锤锻千斤锚、阶梯式瓷窑、玉石加工磨床等都是较早的科技图录，在科学史上有很高的价值。

《天工开物》不仅注重总结传统的科学技术，对当朝的新技术也注意研究，比如其中就记述有当时世界上最先进的炼锌技术。这一记述早已引起欧美化学家的注意，凡化学文献论述到金属锌的最初冶炼时，通常都要提及《天工开物》。

宋应星的研究非常深入，提出了许多难能可贵的科学见解，比如在生物学方面，宋应星根据作物品种往往因环境差异而引起变化，蚕蛾也因不同性状的品种杂交引起后代变异等情况，提出了"土脉历时代而异，种性随水土而分"的看法，这在人类对动植物生态变异的认识上是一大进步。英国大科学家达尔文在谈及生物进化与变异时，也曾引述过宋应星的这一见解。在物理方面，宋应星研究了声音的传播，他以投石击水引动水波由中心向外扩散的现象，推断声音在空气中的传播其原理也是类似的，得出了声音是气波的概念。在化学方面，他以汞和硫炼朱砂的化学过程和结果为例，初步提出了质量守恒的看法。同时，他还以铁失（磨损、风化、腐蚀）而化为土为喻，阐发了物质不灭的观念。

《天工开物》一书中讲述的肥料、品种、土壤、气候等方面的知识，对于提高农业生产水平是很有益处的。书中关于陶瓷、纺织生产的记载。至今仍是我们研究明代社会生产力水平的宝贵资料。

宋应星的重要政论著作和科学著作，还有20世纪70年代末在江西宋氏故乡发现的明崇祯年间刻本《野议》《论气》《谈天》《思怜诗》等。他在《论气·气声二》中说:"盈天地,皆气也。"这就是说,充满天地中间的都是气(物质),他在《谈天·日说四》中指出,日食是由于"纯魄与日同出,会合太阳之下,日方得食"。这就是说当月球(纯魄)会合到太阳之下,挡住了地球上人们的视线时,才产生日食的情况。他还写诗讽刺封建统治者散布的迷信说法和愚妄举动:"两仪道合暂韬光,枉责群阴伐鼓忙。万劫历元千载秘,何因直待此时彰。"上述观点,表明了宋应星具有朴素的唯物论思想。

在人和物的关系上,宋应屋的观点既是唯物的,又是辩证的。既强调以"天工"为基础,即世间万物乃天然工就,又强调人的主观作用,资源只有去"开",才能生产出"物"来。这一点确是宋氏哲学思想的精华。

4.世界溶洞学名著《徐霞客游记》

徐霞客(1586—1641年),名弘祖,字振之,霞客为其号。江苏江阴人。他不应科举,以艰苦卓绝的精神,在30余年中登悬崖、临绝壁、涉深涧,走遍祖国的大半山河,考察山川河流,溶洞地貌,风土人情,写下了几百万字的游记。经后人将其存世部分整理成书,成为中国古典地貌学,也是世界溶洞学的名著《徐霞客游记》。

徐霞客的出游,初始有观奇览胜之想。而后期则是真正的科学考察了。他考察了中国大西南的100多个洞穴,做了详细考察记录。初步揭示了我国西南广大石灰岩地区溶蚀地貌的特征。徐霞客是世界上第一个对这种地貌进行大规模考察的人,比德国地理学家对岩溶地貌的研究,要早200年之久。而且他对溶洞、石笋、钟乳形成原因的解释,也是与近代科学相一致的。

徐霞客不仅在溶岩学上做出了杰出的贡献,在水文研究上也有重大成就。长期以来,人们根据《禹贡》的记载,认为岷山是长江的发源地。而徐霞客的调查表明,认为"推江源者,必当以金沙为首"。过去人们"第见《禹贡》'岷山导江'之文,遂以江源归之;而不知禹之导,乃其为害于中国之始,非其滥觞发脉之始也;导河自积石,而河源不始于积石;导江自岷山,而江源亦不出于岷山。岷流入江,而未始为江源,正如渭流入河，而未始为河流也"①。论证了长江的源流来自金沙江而非四川岷山。300多年过去了，1978年有一科学考察队，溯江而上，查明江源位于唐古拉山各拉丹冬峰下的沱沱河源头，全长6300公里，为世界第三大河。

徐霞客还著有《盘江考》，纠正与澄清了史志中的不少谬误，其许多记述，至今仍是无可辩驳的科学结论。

5. 方以智和《物理小识》

方以智（1611—1671年），安徽桐城人，明末清初的著名科学家。《物理小识》是其颇有影响的名著。全书12卷，包括天文、地理、动物、植物、矿物、医学、算学、物理等，是一部集古今知识大成的科学著作。作者在书中提出的时间和空间彼此不能单独存在的观点，尤令今人佩服。他说："盈天地间皆物也"，"物皆气所为也，空皆气所实也"。因此进一步提出"宇中有宙，宙中有宇"，空间和时间互相联系，互相渗透，不能孤立存在。方以智还要求当时的人们不要崇尚空谈，而要讲求实际，探求世间万物变化之规律。《物理小识》卷首《总论》说：

> 今日文教明备，而穷理见性之家，反不能详一物者，言及古者备物致用、物物而宜之之理，则又笑以为迂阔无益，是可笑耳！卑者自便，高者自尊，或舍物以言理，或托空以愚物，学术日裂，物习日变。……安得圣人复起，非体天地之撰，类万物之情，乌能知其故哉。

他自己正是以"体天地之撰，类万物之情"为己任的精神来编著《物理小识》一书的。

6. 王锡阐著《晓庵新法》

王锡阐（1628—1682年），字寅旭，号晓庵，江苏吴江人。他一生"专力于学，尤嗜天文历数"，是清代著名的天文学家。

---

① [明]徐弘祖：《徐霞客游记》卷十下《溯江纪源》。

王锡阐治学严谨，对于前朝的文化遗产，他的态度是"考古法之误，而存其是"①。对于外国的科学文化，他同样采取"择西说之长，而去其短"②的态度，正是由于王锡阐的这种实事求是的治学态度，使他能够"贯通中西之法"③，对两家异说"皆能条其原委，考镜其得失"④。所著《晓庵新法》轰动一时，影响颇大，奠定了作者本人在中国古代科技史上的不朽地位。王锡阐在《晓庵新法》第三卷中，就是用中西法相结合，求朔、弦、望和节气发生的时刻，以及日、月、五星的位置。他在此书第六卷中，对日、月食的初亏和复圆的方位角的计算有独到的见解。在求交食各限的时刻时，加上了月亮次均的改正数，从而订正了明朝《崇祯历书》之误。这种算法为王锡阐首创。他对金星凌日（金星或水星运行到太阳和地球之间，人们看见太阳表面出现小黑点，这是金星或水星在日面上的投影，这种自然现象，叫作"凌日"）和五星凌犯的计算法，在我国天文历书上也是第一次出现，是他的重要发明。王锡阐在其著作中还指出一些西方天文学理论的缺点和错误。如西方天文学家认为，月球离地球最近的时候，人们见到的月球直径最大，所以这时发生的月食，食分（食分，表示月球被地球遮挡的程度。计算时，以月球的直径为单位，如食分0.5，就是地球的影子掩蔽了半个月球）最小；月球离地球最远的时候，人们见到的月球直径最小，所以这时发生的月食、食分最大。王锡阐指出，人们见到月球直径的大小，是通过人眼观测的，而食分的大小，是根据月球实际直径而定。太阳的实际直径不变，地球遮掩月球的多少，却因它们距离近远而增减。月球离地球越近，地球遮掩月球越多，食分不会反而减小；月球离地球越远，地球遮掩月球越少，食分不会反而增大。

王锡阐的天文学著作除了《晓庵新法》外，还有《大统历》《西历启

---

① 王钟翰:《清史列传》卷六十八《儒林传下一·王锡阐》，中华书局，1987年，第5455页。

② 王钟翰:《清史列传》卷六十八《儒林传下一·王锡阐》，中华书局，1987年，第5455页。

③ 阮元:《畴人传》卷三十四。

④ 阮元:《畴人传》卷三十四。

蒙》《丁未历稿》《推步交食测日小记》《三辰晷志圆解》《历说》《历策》《左右旋问答》等书。当时的一些著名学者对于他的天文学成就给予了高度的评价。顾炎武云："学究天人,确乎不拔,吾不如王寅旭。"梅文鼎曰："从来交食者,只有食甚分数,未及其边。惟王寅旭则以日月圆体分为三百六十度,而论其食甚时所亏之边凡几何度,今推衍其法,颇精确云。"①孙静庵在此书中还写道："……康熙中,《历象考成》所采梅文鼎以上下左右算交食方向法,盖实本于锡阐云。"②

7.梅文鼎与《古今历法通考》

梅文鼎（1633—1721年）,字定九,号勿庵,安徽宣城人。一生致力于数学、历法的研究,是清代著名的历算家。所著历算书达80余种。他参考了70多种古代文献,对回历、西洋历作了许多研究,编成《古今历法通考》,该书是我国第一部历算学史。清人论历算学"王氏（王锡阐）精而核,梅氏博而大,各造其极,难分轩轾"③。

梅文鼎研究历算,兼用中国的传统办法和外国传入的方法,取长补短,成果显著。跟随他学习的人很多,所以他对清代数学研究,有一定的影响④。清圣祖玄烨,对天文历法亦很重视,颇有研究。康熙四十三年（1704年）,吏部尚书李光地将梅文鼎所著《历学疑问》呈奉康熙。康熙龙颜甚悦："朕留心历算多年,此事朕能决其是非,将书留览再发。"康熙阅读甚细,还亲加批注。当康熙把书退还给李光地时,说道："所呈书甚细心,且议论亦公平,此人用力深矣。"⑤对梅文鼎的成就很是赞赏。

康熙四十四年（1705年）,康熙赴江南视察途经德州时,得知梅文鼎

---

① 孙静庵:《明遗民录》卷二十五《王锡阐》,浙江古籍出版社,1985年,第196—197页。
② 孙静庵:《明遗民录》卷二十五《王锡阐》,浙江古籍出版社,1985年,第197页。
③ [清]阮元:《畴人传·清儒之部》。
④ 赵尔巽等:《清史稿》列传二百九十三《畴人一·梅文鼎传》,中华书局,1977年,第13948页。
⑤ 赵尔巽等:《清史稿》列传二百九十三《畴人一·梅文鼎传》,中华书局,1977年,第13948页。

也在此地,立即邀请梅文鼎到所乘船上会面,与其畅谈天文、数学等自然科学方面的各种问题。梅文鼎亲呈所著《三角法举要》5卷,气氛极为融洽。这样的晤谈一连进行了3次。事后康熙对人说,我也很留心历象、算法方面的科学,然而,"此学今鲜知者,如文鼎真仅见也"①。为表彰梅文鼎的成就,康熙亲书"绩学参微"4字,赠送给他。

康熙五十三年(1714年),康熙主持编纂的《律历渊源》中的《律吕正义》刻印成书,即命梅毂成(梅文鼎的孙子、《律历渊源》的编辑之一)寄一部给梅文鼎,说:"汝祖留心律历,可将《律吕正义》寄去,或有错处,指出甚好,古帝王有都俞吁咈。"②"都俞吁咈"出自《书·盖稷》,都,赞美;俞,同意;吁,不同意;咈,反对。此4字用以形容君臣之间融洽地谈论问题。康熙还曾将西方的"借根方"(即代数),教给梅毂成。

8.数学家戴震和焦循

戴震(1724—1777年),字东原,安徽休宁隆阜人(今属黄山屯溪),清代著名数学家。他的《策算》《勾股割圆记》等,都是很有价值的科学著作。他还校勘了《周髀算经》《九章算术》等书籍,对保存我国古代数学成就作出了贡献。

数学家焦循(1763—1820年),字里堂,江苏甘泉(今扬州)人,著有《加减乘除释》《天元一释》《释弧》《释轮》《释椭》《开方通释》等,为我国古代自然科学的宝库增加了新的珍贵遗产。

9.张履祥著《补农书》。

明末浙江湖州沈某作《农书》,桐乡张履祥(1611—1674年)为它作了补充,因此叫《补农书》。此书完稿于顺治十五年(1658年)。张履祥在书中总结了南方农业生产(主要是水稻和蚕桑生产)经验,尤其是土壤、季节、肥料、选种、培植、田间管理等方面的经验。对水稻增产提出关键

---

① 王钟翰:《清史列传》卷六十八《儒林传下一·梅文鼎传》,中华书局,1987年,第5453页。
② 王钟翰:《清史列传》卷六十八《儒林传下一·梅文鼎传》,中华书局,1987年,第5453页。

在于抓春季这一季节，要做到深耕通晒，施足基肥，多备稻秧，合理密植等项。对小麦移栽的技术也作了记述。张履祥还指出生产要有计划性，要做到心中有数，农、桑、副业相结合，对人力、物力支配要有计划。他在书中要求地主要善待雇工、佃户，不要因饮食恶劣，使雇工在生产上怠工，造成"灶边荒了田地"的不利后果。张履祥的这些思想，为研究清初农村生产关系提供了宝贵资料。

（二）自然科技的新成果

天文学和数学的进步，必然影响和推动物理与化学的发展。一些科学家也在努力把数学方法引用到物理学中去。早在明末，徐光启即深感"数学久废，即有专门名家，代不一二人，亦绝闻以勾股从事"[①]。于是他致力于研究测量和勾股。在他看来，数学方法是"终不可废"的科学方法。同时，他也理解实验方法在科学上的重要意义。因为科学不但需要精密地观察大量的现象和材料，更必须了解这些现象之间的数量关系和他们之间的规律性。徐光启的这一思想，对当时和后来的科学家们有着深远的影响，促进了实验物理学的发展。

清代光学的发展已到了一定水平，它集中表现在显微镜的研制上。应该承认，显微镜这一新科技产物最早是从西方传入我国的。清代学者刘廷玑《在园杂志》卷四云：

> 自西洋人入中华，其制造之奇、心思之巧，不独见所未见，亦并闻所未闻。如风琴、日规、水轮、自鸣钟、千里眼、顺风耳、显微镜、雀笼之音乐、聚散之画像等类，不一而足。其最妙通行适用者，莫如眼镜。古未闻眼昏而能治者，杜陵老年花似雾中看，唯听之而已。自有眼镜，令昏者视之明，小者视之大，远者视之近，虽老年之人，尚可灯下蝇头。且制时能按其年岁，以十二时相配合，则更奇矣。

---

① 《勾股义·序》。

用光学显微技术制造的眼镜的确使当时的中国人感到惊奇、叹服。也促使我国的一些科学家、能工巧匠加以研究，仿制并予以新的发展。江苏吴江县的民间光学家孙云球就是一个杰出的代表。

孙云球，字文玉，江苏吴江人。自幼聪明好学，"有巧思，善制眼镜。镜之类不下数十。以年别者，老少花；以地分者，远近光；百倍其明者，存目镜；能化一物为数十者，万花镜；其他以鸳名者，以夕阳名者，以多面名者，以幻容名者，以察微名者，以放光名者，以夜明名者，凡七十二种，巧妙不可思议，而千里镜尤奇绝"①。这里说的"以察微名者"以夜明名者"和"千里镜"，显然就是显微镜以及探照灯和望远镜。孙云球还根据自己光学研究的实践经验，撰写了《镜史》。

清朝力学的发展也较引人注目。利用水力的水车已比较普遍地使用。黄履庄（浙江杭州人）根据我国传统方法和西方的科学知识，制造了多级龙尾车。车上有一个扬水器，形状为长圆筒，内有像宝塔的梯子似的螺旋。将一端投入水中，螺旋飞快转动，水就被汲了上来。这是黄履庄在机械学上作出的贡献。黄履庄还创造了"造发条器"，而发条则是制造自动装置中的关键动力和机构。有了发条，就能大量生产自动装置。

瓷器是一种工艺化学产品，在世界上以我国的发明最早。明清时期，我国瓷都景德镇的制瓷业由于此时期化学科学的发展，烧瓷技术较之前代有了很大的进步。明代景德镇烧瓷技术的成就首先表现在精致白釉的烧制成功。这种细腻莹澈的白釉，由于所含的氧化铝和二氧化硅特别高，同时熔剂含量又很低，所以釉色透亮明快，纯白如牛乳色。白釉质量的提高，为一道釉和彩瓷的发展提供了优越的条件。

彩瓷一般分为釉上彩和釉下彩两大类。先在胎坯上画好花纹图案，再上釉后入窑烧制的彩瓷叫作釉下彩；在上釉后入窑烧成好了的瓷器上再彩绘，又经炉火烘烧而成的彩瓷叫作上彩。景德镇著名的青花瓷器就是釉下彩的一种。所谓青花瓷器，它是一种白地蓝花的作品，也是明代瓷器生产

---

① 《吴县志》卷五十一。

的主流之一。据分析,在它的釉料中,含有氧化钴青料,这种青料的色调,随着温度的高低和火焰的性质情况而有很大的变化。如果瓷器不是在还原焰中烧成,那么青料中的钴便不会显现出美丽的蓝色;温度太高或太低,也会使青花大大减色。因此,就必须严格地掌握火焰的性质配制釉药的准确性。在这方面,景德镇制瓷技工已经取得了很大的成就,所产青花瓷器质地优美,畅销中外。

明代景德镇制瓷业的另一项重要成就,就是铜红呈色的一道釉瓷器,获得了很大的成功。明代瓷器丰富多彩,就一道釉瓷来说,永乐年间有鲜红、翠青,宣德年间有宝石红,弘治年间有娇黄,正德年间有孔雀丝、回青,嘉靖年间有孔雀蓝。其中鲜红、宝石红等铜红釉成品格外优异。铜红釉虽是从宋代的钧窑窑变开始的,但是经过元代的继续发展,到了明代,已经很成功地烧成了色调别致的釉里红和鲜红的宝石红。这是由于在烧炼的过程中,既掌握了还原焰技术,又能够把铜转变成游离状态的铜,使它均匀地分散于釉药中,并且把金属铜转化为胶体状态,这种成就不是偶然得到的。

明代景德镇瓷器加彩方法的多样化,标志着我国造瓷技术的高度发展水平。如成化年间的斗彩,嘉靖、万历年间的五彩,就是驰名中外的杰作。所谓斗彩,就是在烧成青花瓷器上加红、黄、绿、紫等彩料,经炉火烧炼而成的。所谓五彩,不一定是五种颜色,而是包括红彩在内的多彩瓷器。

到了清代,景德镇的造瓷技术达到了更辉煌的境界。在一道釉方面,康熙年间烧制的天蓝、翠青、苹果绿、娇黄、吹红、吹紫、吹绿最好,乾隆年间生产的各种宋釉、五彩最好,而雍正年间的胭脂水、油绿、天青以及仿汝、仿官、仿钧、仿龙泉等仿古瓷器,都能准确配料,恰如其分地掌握好火候,使器皿在烧成的时候和原样无异,真假难辨。在红釉方面,康熙年间的鲜红、郎窑红和乾隆年间的仿宣德霁红以及矾红、釉里红等,都是继承并发展了明代造瓷技术之后所取得的新成果。

在彩瓷方面,康熙年间的素三彩、五彩和雍正、乾隆年间的粉彩、珐琅彩等都是闻名中外的。粉彩、珐琅彩都是属于釉上彩。所谓粉彩，就是在色料中加入铅粉或色料上面另外涂上铅粉制成的，利用控制温度的办法，使它在烧成的时候釉面呈现不同的色泽。由于浓淡协调，光泽柔和，能表现出明暗分明的立体感，所以很受人们欢迎。珐琅彩也是用粉彩的手法制造的，瓷胎画珐琅，它和粉彩瓷器在胎质、形态、款式、图样、风格等方面都是精美无比的。

在清代的青花釉中，所含的氧化钙和铁的成分都比较高，因此胎、釉的色调常常是白黑泛青，这是我国清代瓷器色泽上的显著特征之一。就技术上来说，青釉中的青色，来源于胎、釉中含有的氧化亚铁成分。根据有关单位分析得知，它的釉中所含的氧化亚铁成分，在总铁量中已经占百分之九十以上。

为了减少瓷胎变形，清代采用了过量的高岭土配比作胎的技术。根据物理性能测定，由于原料淘洗加工极其精细，石英颗粒比前代细小，而且分布均匀，在烧炼温度适当而又稳定，并且能够准确控制烧炼时间的条件下，瓷胎中有一种外国人叫"莫来石"的含铝硅酸盐晶体发育很好，所以瓷器的白度和透光性更好，清代雍正年间的彩盘白度已经超过了百分之七十五，烧成温度已经达到了一千三百一十摄氏度。在这样高温下烧成的瓷器，胎、釉自然更加坚硬优美，根据显微结构分析，瓷质已经达到了现代硬瓷的各项标准。这显示出了科学技术的进步与开发之间的密切关系。

（三）外国科学技术的传入

明朝万历九年（1581年），耶稣会（天主教）教士意大利人利玛窦来中国传教，与当时的中国科学家李之藻（工部员外郎）和徐光启（礼部右侍郎）关系甚好。他们共同译著了许多科学技术书籍，如《西国纪法》《万国舆图》《西字奇迹》《乾坤体义》《测量法义》《几何原本》《浑盖通宪图说》《圜容较义》《同义算指》《测量异同》等书，从此，西方科学文化在中国得到传播。以后天主教士来中国传教者渐多，在明清之际，著名的传教士有意大利人龙华民、毕方济、艾儒略、熊三拔、罗雅谷、王丰肃，

第八章　明清时期长江流域经济开发的新发展及其艰难曲折性

葡萄牙人阳玛诺，日耳曼人邓玉函、汤若望等。他们在进行传教活动的同时，也尽力宣传所掌握的科学技术知识，以吸引中国人的兴趣，取得明清统治者的信任。譬如，邓玉函在李之藻的协助下，用中文撰写了《人身说概》《奇器图说》等。艾儒略著有《几何要法》，罗雅谷撰有《测量全义》《比例规解》，汤若望则撰写了《浑天仪说》《远镜说》等，万历二十九年（1601年），利玛窦上表，陈说西洋器具、天文和地学。熊三拔著《泰西水法》，说明几种水利器具的原理。崇祯（1628—1644年）时，设西洋历局，任用西洋教士（主要有邓玉函、汤若望、罗雅谷等）协助徐光启督修历书。崇祯六年（1633年）徐光启病逝，由李天经继修，最后完成计130卷，这就是著名的《崇祯历书》。次年，中国科学家吸取《远镜说》中的构造原理，自制成中国第一架望远镜。崇祯时还命汤若望监修大炮，传授西洋火器及其用法。清代顺、康、雍三朝（尤其康熙时期）对科学技术亦采取鼓励的政策，一些西方科学书籍纷纷出现，仅算学方面的著译就有：《几何原本》（满文本）、《测量高远仪器用法》、《比例规解》、《八线表根之法》、《借根方算法节要》、《借根方算法》、《算法纂要总纲》等等。

(四) 黄宗羲的民主思想

与资本主义萌芽相适应，近代民主启蒙思想产生了。这里谈谈黄宗羲的民主思想。

黄宗羲（1610—1695年），字太冲，号南雷，世称梨洲先生，浙江余姚人。曾参加浙江南明鲁王政权的抗清斗争。鲁王政权失败以后，隐遁于山林，潜心于学术，成为一代宗师，黄宗羲的著作很多，最著名的有《明夷待访录》《南雷文集》《宋元学案》《明儒学案》等。《明夷待访录》是在康熙二年（1663年）写成的一本字数不是很多的著作，但是很能够表达他的民主思想，因此被清政府长期列为禁书。黄宗羲在这本书中，对专制的暴君政治和现存的封建秩序进行了激烈的批判。他深刻地指斥历代帝王们争夺天下的残暴手段和目的："其未得（天下）之也，屠毒天下之肝脑，离散天下之子女，以博我一人之产业，曾不惨然，曰：'我固为子孙创业也!'其既得之也,敲剥天下之骨髓,离散天下之子女,以奉我一人之淫乐,视为当然,曰:'此我产业之花息也!'"毫不知耻地"以天下之利尽归于己,天下之害尽归于人"。以"一人一姓""之大私为天下之大公"。他反对"小儒规规焉以君臣之义"来束缚人,臣对君的关系不是奴仆而应是师友,治天下"不在一姓之兴亡,而在万民之忧乐"。他更指出帝王所制的法律,不过是"一家之法,非天下之法也",其目的是保护他的产业和特权,"传诸子孙,受享无穷"而已。黄宗羲极端痛恨君主专制,认为"凡天下之无地而得安宁者,为君也","为天下之大害者,君而已矣"[①]。他的民主政治的要求也十分可贵,认为"天子之所是未必是,天子之所非未必非",应该"公是非于学校","使治天下之具皆出于学校",这样就会使"天子亦遂不敢自为是非"。这是一种议会政治思想。他主张"天下之法",要从法制上限制君权,他把官僚看作"分身之君",要求提高相权,建议广泛吸收各阶层人物参加政治活动和参与政权。他还主张"以天下为主,君为客,凡君之所毕世而经营者",应该为天下之大公与大利。

黄宗羲思想的另一个特点是主张发展手工业和商业。他提出工商"盖皆本也"[②]。要求禁止"不切于民用"而为佛、巫服务的手工业、商业,以利于发展一般的工商业。他所指的一般工商业为民间工商业。

总之,资本主义萌芽、开发与绝对化君主专制政治是对立的,封建专制政治不变,不仅萌芽无法伸展,开发也将停滞,不可能前进。黄宗羲反对专制主义的民主思想的产生,有巨大的历史意义。戊戌变法时期,康有为曾斥责清廷"各省皆为厉禁吾民制造",事实上是对黄宗羲反专制思想的继承与发展。

---

① [清]黄宗羲:《黄宗羲全集》(第一册)《明夷待访录·原君》,浙江古籍出版社,1985年,第2—3页。

② [清]黄宗羲:《黄宗羲全集》(第一册)《明夷待访录·财计三》,浙江古籍出版社,1985年,第41页。

编后记

历时四载,经过大家的辛勤努力,《万绳楠全集》今天与大家见面了!

万绳楠(1923—1996),江西南昌人,安徽师范大学教授,著名历史学家。1942年万绳楠先生考入西南联合大学历史系,受教于翦伯赞、陈寅恪、吴晗等。1946年大学毕业后他考取清华大学历史研究所,师从陈寅恪教授。新中国成立后,先生先后任教于安徽大学、合肥师范学院、安徽师范大学,是安徽师范大学历史系创办者之一。

万绳楠先生在其近50年的治学生涯中,始终潜心育人,笔耕不辍,在魏晋南北朝史、宋史、区域经济社会史等诸多领域都作出了重要学术贡献,而于魏晋南北朝史研究用力最勤。先生著述宏富,发表专业论文近百篇,著有《魏晋南北朝史论稿》《魏晋南北朝文化史》《陈寅恪魏晋南北朝史讲演录》《文天祥传》《中国长江流域开发史》等著作。先生治学不因陈说,锐意创新,持之以恒,晚年生病住院期间,仍坚持写作,带病完成《中国长江流域开发史》等著作。除了在史学研究上的成就外,先生在人才培养方面也做出了杰出贡献,他于20世纪80年代即招收研究生,为史学界培养了许多杰出人才。

安徽师范大学历史学院历来注重学术传承,近年来先后整理了诸如胡澱咸、陈正飞、光仁洪、张海鹏、陈怀荃、王廷元、杨国宜等老一辈的文集十余种。2019年学院又组织专门力量,启动汇编《万绳楠全集》工作,通过整理先生著作,继承先生事业,光大师大史学,并为2023年纪念先生百年诞辰做准备。本次整理先生全集，除了汇编先生已经出版的论著外，我们还通过多方努力征集先生手稿，收集先生文稿，将先生发表在各种报刊、文集中的文章和尚未发表的40余万字成果编入全集中。先生治学功力深厚，著述宏富，因整理者学力不逮而导致的错漏在所难免，请读者批评指正，以俟来日修正。

借此机会，向指导和帮助全集整理和出版工作的汪福宝、卜宪群、陈力、马志冰、庄华峰、于志斌等表示诚挚的感谢！万先生文稿收集和全集编纂的具体工作由安徽师范大学历史学院庄华峰、刘萃峰、张庆路、林生海、康健等老师负责，尤其是刘萃峰老师，在协调和统校方面做了大量工作。参与收集、录入、校对工作的有蒋振泽、谭书龙、马晓琼、丁雨晴、白晓纬、姜文浩、李英睿、庞格格、罗世淇、王吉永、刘春晓、蔡家锋、谷汝梦、黄京京、吴倩、武婷婷、姚芳芳、刘瞳玥、张丽雯、高松、张昕妍、宋雨薇、陶雅洁、王宇、郑玖如、冯子曼、程雯裕、包准玮、李静、李金柱、欧阳嘉豪、郭宇琴等师生。在此，对参与全集整理工作的师生们表示衷心感谢！

还要感谢安徽师范大学出版社的张奇才、戴兆国、孙新文、何章艳、蒋璐、李慧芳、翟自成、王贤等同志，他们对文稿的编校至勤至谨，付出很多。安徽师范大学档案馆提供了万先生手迹、照片等珍贵资料，庄华峰为全集书写了题签，在此也一并致以谢忱！

还要特别感谢万先生哲嗣万小青、女儿万小莉的无私授权和大力支持，使我们能够顺利完成全集的整理和出版工作。

2023年是万绳楠先生一百周年华诞，这部《万绳楠全集》的出版，是我们对先生最好的纪念！

安徽师范大学历史学院
2023年10月